U0138899

人事行政學
——論現行考銓制度

蔡良文　著

七版序言

　　為因應國內人事法制之變革，暨考政主管機關在強化文官體制功能，就其相應之文官政策執行面等，為本次修正之重點。茲以民國106年國內政局面臨極大的變遷，而政黨再次輪替，對於考銓文官體制之變革，雖不似行政系統對公共政策的改變幅度之大。但就公務人員退休年金制度，以及政務公務人力體制建構與配置有極大的政策改變，亦即政府用人制度在政務人員、常務人員及契約進用人員之板塊推移，有其相對不同的思維與政策方向，而為期國家長治久安與政府穩健發展，論者以為如何找到動態平衡點，必須要正視。

　　再者，公務人員退休撫卹制度方面，由於內外各種環境的變化，或謂政治社會未臻和諧，在公務人力資源運用上，包括對應整體人力結構急速改變，公務人員退休年齡偏低，而相對國人餘命增長，以及對應人力高齡化，公務人力退撫基金之經營績效與操作限制，在基金管理及運作之制度設計未能及時調整。如今，必然間接產生對公務人力運用之衝擊，與公務人力士氣的影響，值得有司共同重視與妥為因應改革。

　　最後，感謝同仁提供資料與指教，暨承楊董事長榮川及編輯團隊的協力，併致謝忱。再就版稅用途一節，仍維持初衷，惟轉為提供公益助學之用，其報答師恩之情不渝矣！

　　對本書之改版修正，仍虔誠信守「謙卑是最高貴的因」，敬祈方家指正。

蔡良文　誌於世賢居

107年4月24日

許序

　　公務人員是推動國家建設的基石及主要動力，其素質與能力乃政府施政成敗之所繫。人事行政制度的良窳直接影響公務人員素質及能力的提昇；公務人員的素質與品德，攸關國家長遠的發展至深且鉅。良好的人事行政制度可以拔擢、培養優秀文官，使其樂在工作，也就是能達到選甄適當人才，放在適當地點，在適當時機去作適當事情的目標（Put the right men, on the right place, to do the right thing, in the right time）。良好的文官制度，是國家進步不可或缺的助力；反之，則為阻礙國家發展的絆腳石。過去台灣的「經濟奇蹟」及進行了「寧靜革命」，當歸功於國家領袖的領導與全體國人的努力，其中優秀公務人員認真參與執行國家發展各項政策，亦功不可沒，以往文官制度可說發揮了積極的功效。

　　展望二十一世紀，「全面提昇國家競爭力」，為世界各國政府重視之政策作為。各國莫不期望在新世紀大幅提升國家競爭力，維護並擴大昔日努力建設之成果。在此一情勢下，為使我國在國際間具有優勢地位、本國企業在國際間具有競爭力、國民生活品質持續提高，政府施政績效兼顧效能及公平正義等民主價值，政府再造工程順利完成，再創造第二階段的「經濟奇蹟」，我們需要一批具有專業素養、積極主動、勇於任事、國際視野、有創意、應變力、回應民眾需求能力及清廉的公務人員來進行奠基工程，進而塑造一個「主權在民」高效能的現代化政府，帶領全國上下昂首闊步，迎向新世紀的挑戰。考試院為全國文官制度最高主管機關，當然負有責無旁貸的任務。

　　近幾年來，考試院推動改革考銓制度，已實施公務人員高普考試分試制度；舉辦高科技或稀少性技術人員考試，配合國家用人需要；研擬公務人員基準法制，統攝全盤人事法規；研訂公務人員陞遷法制，激勵文官士氣，通盤檢討職務列等架構，合理調整文官職等，受惠公務人員多達十五萬餘人；改進公務人員考績制度，落實獎優汰劣；強化文官培訓制度，提昇文官素質；充實保障功能，鼓勵文官勇於任事等項改革。未來考銓制度仍應朝以下方向積極進行改革：一、靈活考試方式，消除考試與用人需要的差距。二、擴大辦理分試制度，促使應考人涉獵基本性知識、培養宏觀視野。三、健全考績陞遷培訓，賡續發揮獎優汰劣功能。四、加強保障制度，組織公務人員協會，維護公務人員合理權益。五、研究建立公務人員彈性退休制度，以利生涯規劃。六、調整地方機關

公務人員職務列等，提高基層人員士氣。七、檢討警察人員制度，促進警察人事制度全面現代化。八、推動文官心靈改革，促進社會再造，衷心企盼透過考銓制度的改革，提昇公務人員的素質及效能，建立「小而美」、「小而能」的政府，進而開創國家璀璨的新局。

　　蔡良文副秘書長服務於考試院多年，以其專注於我國文官制度之研究，學有專精，於考銓業務之推展裨益良多。本書據告為紀念繆全吉教授逝世六周年，爰就與繆全吉、彭錦鵬、顧慕晴教授等合著之「人事行政」一書，將其原負責撰擬之部分，加以增刪改寫，出版後願將所得版稅悉捐與繆全吉教授獎助學金基金，以嘉惠後進，或獎助繆教授子女就學，余甚佩其佳意；良文學棣公務繁重，猶於公餘戮力研究，融合其實務經驗與學術理念，以四年時光完成此書，余亦甚佩其毅力。觀諸本書計十六章，分就人事行政架構與考銓法制、公務人力資源策略管理等各項重要環節，暨政府再造的配套方案、公務人員的倫理作為與退撫基金的運作等議題，深入探討評析，理論與實務兼備，不僅可作學術研究之用，尤足供政府推動人事改革之參考，故樂為之序。

許水德 於考試院

中華民國88年5月

自序

恩師逝世倏忽將近六年，友好、受業間集議籌設繆全吉教授獎助學金基金，獎掖優秀學子，或籌資獎助恩師子女就學，以報答 恩師。恩師繆教授全吉先生生前應空中大學之邀，與彭錦鵬先生顧慕晴先生及著者共同編纂「人事行政」乙書，為感念 恩師教誨之澤，謹就前書由著者負責撰擬部分，參酌近年研究管見及最新資料補之，並以本書所得版稅，悉數捐作前開用途，用誌紀念。

人事行政的範圍與如何運作（how to operate）等重要內容為本書論述之核心議題，要即：一、人事行政的體系架構，如人事行政之建構、人事分類法制建立與改革、人事機關的建制；二、公務人力資源的策略管理，如公務人力資源之規劃與運用；三、人事行政的體系運作，如公務人員及其引進、考選、任用、陞遷、俸給、福利、考績、保障、培訓、退養、撫卹；四、人事行政的倫理作為，如行政中立、行政倫理；五、人事行政的民主發展，如政府再造與文官政策暨人事行政之革新與發展等。在撰述過程中，務求其內容能達理論與實務兼備，故除就人力資源策略管理（Strategic Human Resource Management）學理闡述外，並就我國政府在強化其導航（steering）角色與治理能力，迎接國家競爭力（the competitiveness of nations）的挑戰時期，其重整人事制度、政策與法制之形成過程，酌作說明，當可供學術研究、實務工作及有志公職者參考。著者服務於考試院、考選部多年，公務冗繁，惟為求學用配合，公暇戮力研究，撰寫此書，歷經四年，雖謹慎將事，疏漏之處，在所難免，尚祈 方家不吝賜正，俾作為日後修訂時之參據。

本書蒙考試院 許院長水德先生賜序：將永銘五內，對同仁提供資料與指教，暨承五南圖書公司楊董事長榮川慨允出版，併致謝忱。也要感謝內子精神鼓勵支助，共同完成心願。

 蔡良文 序於世賢居

中華民國88年5月

目次
CONTENTS

學習重點

- ■人事行政的意義
- ■釐清人事行政與相關名詞概念
- ■人事行政的目的與特質
- ■人事行政的範圍
- ■現代人事行政制度的內涵
- ■人事行政與環境的互動關係

關鍵名詞

- ■人事行政
- ■人事管理
- ■文官制度
- ■人力資源發展
- ■勞工管理
- ■雇用管理
- ■人事機構
- ■公務人力運用
- ■人才管理
- ■考試
- ■任用
- ■考績
- ■俸給
- ■政治體制
- ■多元化管理
- ■社會價值觀
- ■企業行政

第一節　人事行政的理念界定

　　我國人事行政（Personnel Administration）在近數十年來，始有系統的闡述，成為一門獨立的學科。此一學科，實際上是融匯中國傳統文官制度及現代人事行政的理論與實務而成的。就人事行政學而言，當前世界各國政府為解決日漸繁重任務，完成國家現代化的使命，自需運用大量的公務人員來推動國家政務，提昇公務績效（performance）。當然，相對地，政府也對公務人員負有社會責任等。

　　人事行政，著重在人，它有諸多名稱「公務人員制度」、「官僚體制」（bureaucracy）或「文官制度」（civil service），另與「策略性人力資源管理」（strategic human resource management）等為同義語。茲就其意義、目的與範圍分述如次：

壹、人事行政的意義

　　人事行政，係指政府機關為達成任務及使命時，對其所需要人員的考試、任用、考績、級俸、陞遷、獎懲、保障、撫卹、退休、訓練等行為與措施。要之，所謂人事行政，為機關組織有關「人力資源運用」及「人員行為管理」之措施。人力資源運用，係包括人力的考選、運用、考績、獎懲、俸給、福利、保障、培訓、退休、撫卹等業務。人員行為管理則有行為激勵、人性尊嚴、行政倫理、組織士氣、態度調查、工作情緒等動態管理方式。並舉數位學者專家對人事行政一詞之界說如下：

　　魏勞畢（W. F. Willoughby）說：「人事行政係指政府處理公務時，選任並維持最有效能公務人員的各種程序和方法，並施以有效管理與指導的制度。」[1]

　　賽蒙（H. A. Simon）謂：「就廣義而言，所有行政都是人事行政，因為行政所探討的，就是人員之間的關係與行為。就狹義而言，通常所謂人事行政，指組織中工作人員的選任、陞遷、轉調、降免、退休、訓練、俸給、衛生、安全及福利等事宜。」[2]

　　史陶爾（O. Glen Stahl）以為「人事行政，是指組織中與人力資源有關的一切事務之總體。」[3]

　　狄馬克（M. E. Dimock）則謂：「人事行政就是機關的輔助功能（staff function），係有關考選、任用、激勵與人員訓練等工作，目的在增進人員的士氣及功能之有效性。」[4]

　　奈格羅（F. Nigro）說：「人事行政是新進人員的選拔與原有人員之運用的一種藝術，因此，使組織人員工作的質與量達到最高的境界。」[5]

　　張金鑑認為：「人事行政就是一個機關或團體為完成其使命，對其工作人員作最適切最有效的選拔、任用、教養、維護、督導、考核時所需的知識、方法與實施；其目的在使人盡其才，即人的內在潛能的最高發揮與利用、使事竟其功，即以最經濟的手段獲得最大的效果。」[6]

　　許濱松指出：人事行政與人事管理「二者均係指用人較多之公私機關或團體，在工作推動及使命完成過程中，所使用有關人與人關係的調整，及工作人員個人身、心、才、力之最高而有效率的利用與發揮上之諸般技術、方法、理論及實施。」[7]

　　趙其文說：「人事行政是屬於組織中工作人員的管理，而不是組織服務對象的管

1　W. F. Willoughby, The Principles of Public Administration (Baltimore: John's Hopkins Press, 1927), p. 221.

2　Herbert A. Simon, Donald W. Smithburge, & Victor A. Thomson, Public Administration (New York: Afred A. Knopf, 1950), p. 342.

3　O. Glenn Stahl, Public Personnel Administration, 5th ed. (New York: Harper & Row Publishers, 1962), p. 15.

4　Marshall E. Dimock & Gladys O. Dimock, Public Administration, 4th ed. (New York: Holt, Rinehart & Winston, Inc., 1969), p. 216.

5　Felix Nigro, Public Personnel Administration (New York: Holt, Rinehart & Winston, 1959), p. 36.

6　張金鑑，人事行政學（台北：三民書局，68年），頁6。

7　許濱松，人事行政（台北：華視文化事業公司，80年），頁6。

理。」並謂：「人事管理為『管理』的一部分；人事行政則是『行政』的一部分。一般而言，人事行政涉及政策、原則的層面較多，而人事管理則涉及技術及執行的層面較多。」[8]

許南雄認為：「人事行政即：一、機關組織『人的管理』問題；二、探討『人力資源管理』及『人性化管理』為旨趣；三、行政首長與主管運用人事權責的技巧；四、機關組織人事業務的措施。」[9]

綜上所說，人事行政之意義，可歸納其概念於下：（一）以研究政府機關人事有關問題及原理為主；（二）須憑科學方法付諸實施與管理，惟運用之妙存乎一心，既為一門科學，亦為一項藝術；（三）機關為達成任務、研究人的資源，使發揮最高效能的一種科學；（四）人事行政的對象，不外「人」與「組織」，不但重視人與事之配合，更規範組織與個人之關係，俾組織中的個人，安其位、稱其職、展其才、伸其志，一方面能為健全獨立的個體，另方面使人與事均配合，成為有效率、效能的組織；暨（五）闡述人才主義、效率主義、合作主義與人本主義之人事行政要旨。[10]

人事行政在實際運作上，其相關名詞為數不少，茲擇要分述於下，俾能釐清概念：

一、人事管理（personnel management）

人事行政有時學者亦稱之為「人事管理」，指稱二者均對成員較多之公私立機關或團體，在工作推動及使命完成過程中，有關人與人關係的調整，參與者身、心、才、力發揮之最高效能的思想理論、技術、方法及實踐。嚴格言之，兩者尚有不同，人事行政範圍較廣，層級較高，係指政府組織中人事上全盤關係的調整及大體政策的決定而言，其作用在制定人事政策、方針與制度，具有若干立法之意義，及大量之自由裁量，其性質為政治的、行政的、整體的。至於人事管理係一般公私組織的人事工作，在政府人事行政中，是指既定的人事政策之具體執行及實際應用而言，所涉及者係為人處事的各種方法、技術與實施，其性質為實行人事行政的事務工作。易言之，政府人事的推動力來自政治和部分層級回應需求，私人機構的動力來自市場價格和利潤，[11]所以，公、私部門之目的不同，其手段、方法則有差異。

其次，私人企業中之人事管理，其知識與運用就方法、技術與實作而言，與政府中人事管理工作並無二致，然在目的範圍與法律地位上顯有不同，茲為求劃清界限起見，此種政府的人事行政與私人機構之人事管理，不能互用。要之，人事行政在法律、學理與習慣上，為政府機關之專用名詞，私人組織僅稱之為人事管理，不得援用；而政府機

8　趙其文，人事行政（台北：華視文化事業公司，82年），頁7-8。

9　許南雄，人事行政學（台北：商鼎文化出版社，105年），頁2-3。

10　See: P. Hervey & K. H. Blanchard, Management of Organization Behavior Utilizing Human Resources, 2nd ed. (Englewood Cliffs, N.J.: Prentice-Hall, Inc., 1972), p. 9.

11　D. Farnham & S. Horton (eds.), Managing People in the Public Services (London: Macmillan Press, Ltd., 1996), pp. 31-33.

關人事行政中之事務層次，逕稱為人事管理，則無不可。所以，政府在推展引介「企業型政府」概念時，只可謂引介企業家精神，而非全盤引進企業管理方法於政府體系，畢竟政府職能與目標與私人企業職能與目標是不同的。

二、文官制度（civil service）

凡政府任用之文職人員，一般稱為公務人員，是以對公務人員之考用、銓敘、陞遷、獎懲、訓練、進修、保障、俸級、福利等措施及其相關體制，即稱為文官制度。又文官制度，或稱之為人事行政。嚴格而言，兩者還是有所區別。文官制度多屬靜態的，多偏重於人員權責關係與法令規章的制定；而人事行政卻是多屬動態的，尚涉及人員之心理面向，並且具有政治性及行政性。易言之，文官制度是以探討各種人事法制措施為主，人事行政則深入瞭解形成人事問題的因素，並闡述其運作之原理原則。

三、人力資源發展（human resource development）

現代人事行政以探討人力資源之運用措施為意旨，人力資源是各機關組織的基本要素，也是管理核心。如何有效規劃人力、運用人力、以發展人的才能及事的績效，即稱為人力資源發展，也稱人力管理。[12]晚近以策略性人力資源或績效導向的人力資源管理為核心工作。[13]所以，人力資源管理有助於各團體有效整合其相關需求，使其符合長期策略計畫與目標。人力資源發展的目標在激發人員的潛能及發展工作知識、技能，俾人力資源作最有效之運用。要之，機關組織之人力運用為人力資源發展的基石，亦即人事行政之主要課題。

四、行為管理科學（behavioral management science）

行為管理科學則深入地探析人員行為的本質，從而採取適切的人事管理措施，獲致「管理人性化」的目標。[14]行為管理科學確立以行為為管理的樞紐。所以，現代人事行政學的兩大主題——公務人力運用與行為管理，即緣此而起。

五、勞工管理（labor management）

通常泛指私部門工業界對其基層人員的一套基本的工作要求與標準，如上、下班的

---

[12]　J. E. Pynes, Human Resources Management for Public and Nonprofit Organization (San Francisco: Jossey-Bass Publishers, 1997), pp. 1-3.

[13]　Donald E. Klingner & John Nalbandian, Public Personnel Management: Contexts and Strctegies, 4th ed. (New Jersey: Prentice-Hall, Inc., 1998), pp. 386-405.
　　Robert B. Denhardt, Public Administration: An Action Orientation (New York: Harcourt Brace & Company, 1999), pp. 202-244.
　　Jay M. Shafritz & E. W. Russell, Introducing Public Administration, 3rd ed. (New York: Addison Wesley Longman, Inc., 2002), pp. 346-391.

[14]　同註6，頁8-12；同註7，頁21-23。

時間、工作規範、薪資標準、請假規則，甚至勞工關係等，其範圍應注於勞工事務與績效、相關權益之界定確實比人事管理狹窄，由於勞工不屬文官體系，其管理當然不屬人事行政之課題，討論人事行政體系的實際運作時，該細部論述亦常被引入探討，但容易引起不公平對立的聯想。所以，勞動基準法其適用對象不包括公務人員任用法之適用、準用之人員，其理至明。

六、雇用管理（employment management）

通常雇用管理所涵蓋之範圍較勞工管理為廣，在觀念上也比較民主，把受雇者（employee）的地位，提高與雇主（employer）對立，不僅規範工作的工作標準，也顧及到勞工的福利、訓練與發展等。這種契約關係在我國憲政體制與人事法制中之與任用關係之文官制度權責相當不同，難以完全納入公務人員部門中成為人事行政之課題，但於西方政府中，往往將此類似契約關係，亦作相關之探討，以吾人必須釐正確認，免得引喻失據，影響我國人事法制之建立與運作。擴充解釋公組織與公務人員間之僱傭關係，並以此契約是否良善作為公務人員集體協商之基本論點，在此引介西方之人事行政的研究中，勢必多所觸及，但人事法制與契約關係不同，人事法制為公權力行使，契約是經雙方同意自由意志行為也。

七、人才管理（talent management）

人才管理係指對影響人才發揮作用之內在因素與外在因素所進行之計畫、組織、協調和管控的過程。廣義之人才管理包括：人才的預測、規劃、選拔、任用、考核、獎懲、交流、遷調等。狹義的人才管理僅包括考核、獎懲、交流、遷調等。人才管理的目的在充分發揮人的才能，開發人的潛能，達到「人盡其才，才盡其用」之目標。人才管理是人才能量之重要影響因素，亦為人才開發之必要條件。

貳、人事行政的目的

長久以來政府機關或企業機構對於人事行政極為重視，應針對人事行政的理論、技術、方法與實施不斷作積極研究，其主要目的不一，但依據著名學者張金鑑教授對於人事行政之人才主義、效率主義、合作主義、人本主義等要旨，可歸納出主要有四大目的：[15]

一、經濟的目的

在利用最少的成本代價，以獲致最大的利益或效果。以往工商企業固需講求效率，

---

15 繆全吉、彭錦鵬、顧慕晴、蔡良文著，人事行政（台北：國立空中大學，79年），頁14-16；許濱松，前揭書，頁18-21。

其經營之成敗，亦以此為判斷之標準。然現代政府機關，其行政效率之衡量，有很大的部分，亦以此為準繩。政府機關對效率之要求，雖不如企業機構之迫切與顯著，對效率之衡量，亦難如企業機構之精確；但無可諱言，政府機關之行政，同樣需講求經濟與效率，同樣需以最少的投入，期以獲致行政上之最大效果，政府機關之行政，既講求經濟與效率，則更需優秀賢能之公務人員，為適當與妥善之處理以達成經濟的目的。是以欲賢能在位，勢必有良好的人事行政以為配合，亦即應從人員之選拔、任用、培育、訓練、待遇、考績、保障等做起，以人事政策之指導與一系列連串的人事措施，方能實現此一理想。

二、社會的目的

人事行政的目的，依西方學者觀點，在使作為「雇主」之政府與作為「雇員」之公務人員間、公務人員與人民間、公務人員與公務人員間，得到合理與合人性的關係及和諧氣氛，使人人皆能樂業敬事，以親愛精誠、合作無間之團隊精神與服務精神，各盡所能，共赴事功，在健全與和睦之社會關係下，使社會的生產成本或工作成本，得以降低至最低限度，以達成社會的目的。要之，人事行政之目的，在使政府、公務人員與人民三者間，達到合理、和諧的關係。

三、個人的目的

人事行政的目的之一，消極上在設法消除浪費人力資源，積極目標在使公務人員的聰明才智、知識能力等，皆能獲得最大的運用與發展，使人事之運用，適才適所、人盡其才、才當其用，而提高公務人員的行政效率，並使能具有高尚的情操、豐富的知能、健康的體魄及敬業樂群的精神。

四、技術的目的

茲以人事行政專業知識之不足、技術之不良、方法之不善，往往為導致人事行政失敗的主要根由，以及產生浪費與無效率的重要原因。人事行政的目的之一，即在於運用科學的方法，客觀分析、研究人事管理標準化的技術與方法，使之為普遍的有效的運用。因此，現代人事行政工作，是一種專業性的工作，人事行政人員為專業人員。

綜合上述目的而言，人事行政係以「人」為中心的學問，在能解決機關裡「人」的問題後，其他問題均可迎刃而解，所以人事行政的宗旨，又可以概括為下列四點：

一、求才

人事行政在爭取最優秀的人才來為政府服務，惟有最優秀的公務人員才能認真負責的推行公務，而政府的使命才能有效的達成。世界各國人事行政的基本要求即在於「為

國掄才」，其所涉及的因素很多，諸如考選的方法、待遇的高低、陞遷的機會，以及社會的評價與地位等，如果想求得真正的人才，就必須在這些方面多加改進。

二、用才

人才求得以後，應當加以有效的運用，使人人發揮所長，個個得到重用，「考用合一」的政策，僅能達到消極的目的，要設法配合人員的專長、個性與潛力，賦予最適當的工作。這就牽涉到考試技術、職位分類，與公務人員培訓發展等問題。

三、育才

人才往往要靠培育而產生，如何使教育制度與人事行政制度相配合，實為國家走向現代化的一項重要目標。這也是長時間才能見效的工作，不僅需要政府在政策上領導，更需要社會各界的合作與支持。對於人才的培育還可以透過職前訓練及在職訓練的方式來輔助達成。人員固然在學校可以學到許多基本學識，惟一旦成為公務人員進入政府機關後，可在實際的工作上學到不少的經驗，如果再給予一段時期的職前及在職訓練，公務人員更能具備優秀人才的條件。我國政府對於公務人員的訓練，推行不遺餘力，其主要目的即在於「育才」。

四、留才

人才的培養、求取與運用實屬不易，既然政府花了很大的力量來爭取人才，那麼就要賡續使這些人才留在政府，不能任由私人企業「挖」走，否則實為政府莫大的損失。如何留才，並展其才，這又與俸給、陞遷、地位、保障、福利及獎懲等有密切關係的問題。

參、人事行政的特質

衡鑑人事行政業務之處理，參考張金鑑教授認為可得五大特質，析述如下：

一、處理特別之困難

古云：「人為萬物之靈。」其意即謂人類具有較高的智慧與豐富的感情，為一種富有靈性的動物。由於人有個性、有感情，所以，不能如其他管理對象財、物、事等，可以由他人任意處置而不發生直接反應。換言之，人對於他人所加之一切，在心理上都會很快的引起反應。此種反應或者是喜悅，或者是厭惡，不獨對於不同的個人，由於個性之差異而不易捉摸；即使對於同一個人，也常因情緒的變化而變幻莫測。類此問題，往往涉及人的個性、興趣與情緒，很難透徹瞭解，並予以絕對之控制。

其次，人事行政的對象是人，而人之思維複雜，變化萬端，要觀察分析人之心理狀態、精神變化及行為動機，目前尚十分困難。再者，人為感情動物，其一切行為不能完

全依理智科學之因果關係來推斷，且個人難以排除主觀的好惡。復因人事關係之錯綜複雜，亦非常理所能臆度，此即其特異之處。要之，人事行政之內容與目的，不僅在管人，尤其在管人以治事，管事易而管人難；管人以治事，則為難之尤難。所以，人事行政是政府運作的核心工程。

二、特殊重要之地位

人事行政為政府行政事務之一部分，除此之外，尚有財務行政、物材管理、行政組織以及工作方法與技術等，但其中則以人事行政占最重要之地位。皮格斯（Paul Pigors）及麥爾斯（Harles A. Myers）於其所著《人事行政學》中曾云，管理雖涉及金錢、物材等，但如無人力資源，組織將不足以達成其目標，組織人力資源與鼓舞工作動機為管理者之中心責任。[16]由此可見人事行政在管理中實具特殊重要之地位。

三、三方利益亟待協調

人事行政必須權衡三方面之利益。其一，為公共的利益，即所有的公民皆應享有擔任公職之平等機會和權利，是以主張要杜絕因政治或私人關係的操縱及把持，並贊成官職輪調之主張，增加任職機會；其二，為政府機關之利益，就政府立場言，甚願以最低之代價選任最優秀之人員，以發揮最大之工作績效；其三，為公務人員之利益，就其受職之立場言，優厚的待遇及穩固的保障為其所希望。這三方面之利益難免相互矛盾衝突，而人事行政者之任務，即在使此三方利益經由申審度後得到適當的調和與平衡。[17]

四、首長與主管之職責

人事權為政府行政機關首長及各級主管執行職務時重要權力之一，故人事行政為各級行政主管的重要職責。機關首長應確定其機關的人事政策，而各級主管負有監督屬員，解決人事問題的責任，蓋人事行政既為管理上最重要的一環，若缺此功能，則行政首長與各級主管將無從負起行政責任，機關與單位，亦將無從產生效率。

五、人事行政業務之不易客觀

任何問題的處理，其基本原則應本客觀態度，求其公平合理，人事行政工作尤應如此，方能使公務人員心悅誠服。然而，人事問題涉及主客觀因素交錯的互動關係，本質上即具有不易絕對客觀之缺陷，因此造成人事行政業務，無窮盡之困擾。人事行政工作不易客觀公平的主要原因，不外乎下列三因素所致：（一）人員資源之研判易受主觀的

16　Paul Pigors & Harles A. Myers, Personnel Administration (New York: McGraw-Hill, 1977), p. 6.
17　張金鑑，行政學典範（台北：中國行政學會印，60年），頁490-491。

好惡偏見所左右；（二）人事處理上難免情面與權勢的影響；（三）人事之決定易受一時感情衝動所矇蔽。

綜上所述，人事行政所探討的人事問題，皆與人員的才能及行為有關，又人員的才能有個別差異，人員的行為更具複雜性與特殊性。相形之下，人的管理較之財、事、物尤具重要性；但成事除在於領導者與人員之推動外，對於財、事、物的管理，亦不可分割，必須適當配合，相輔相成，方能健全人事行政體制，完成人事行政的目標與功能。

第二節　人事行政的範圍與內涵

壹、學者界定與法定範圍

茲以人事行政範圍，在學者之界定相當分歧，僅舉傳統較代表性看法如下：

一、史陶爾（O. G. Stahl）在《公共人事行政學》（*Public Personnel Administration*, 1976）中，指出人事行政範圍為：（一）人員的考選；（二）公務人員等級與職位分類；（三）薪俸；（四）激勵；（五）訓練；（六）衛生；（七）福利；（八）行為標準；（九）紀律；（十）考績；（十一）獎懲；（十二）退休；（十三）撫卹；（十四）人事機構等。

二、魏勞畢（W. F. Willoushby）在《行政學原理》（*Principles of Public Administration*, 1927）第二編「人事行政」中，認為人事行政包括：（一）幾個基本問題；（二）從事公務為常業；（三）公務人員訓練；（四）官職之分等與標準化；（五）公務人員之運用；（六）人事之提昇與獎懲；（七）人事行政之特殊問題；（八）人事行政之組織；（九）公務人員之團體及（十）退休或養老制度。

三、馬塞爾（W. E. Mosher）與金斯來（J. D. Kingsler）在《公共人事行政》（*Public Personnel Administration*, 1936）中對人事行政範圍之探討頗為完備，全書共分五編：第一編為公務之發展及重要現代官吏制度之演進、美國公務制度之發展、公務人員之地位與範圍，以及人事行政機關之組織與職能；第二編為公務人員之任用考選、登記、面洽、測驗、給照及試用；第三編為公務人員之訓練及任用條件訓練、陞遷、調動、工作時間、簽到、計時、請假、紀律、權利及義務；第四編為薪給及其他積極鼓勵俸給水準與政策、俸給之標準化與行政、工作考績及退休養老制；第五編為任用關係、工作環境與報告合作與服務精神、公務中之勞動組合、工作環境、衛生、安全與福利及人事行政機關與公眾。

四、我國憲法第83條所定考試院職掌，亦即人事行政的範圍包括：考試、任用、銓敘、考績、級俸、陞遷、保障、褒獎、撫卹、退休、養老。而憲法增修條文第6條則有綜合性及法制與執行事項之區分（將養老一項刪除），即將人事行政範圍，就性質

或實務運作之需要，加以區分。憲法增修條文第6條規定其職掌為：（一）考試（含公務人員及專技人員）；（二）公務人員之銓敘、保障、撫卹、退休（含法制及執行事項）；（三）公務人員任免、考績、級俸、陞遷、褒獎之法制事項。

貳、綜合性的界定

由上述學理與憲定內容觀之，傳統的人事行政偏重於考試、任用、銓敘、陞遷、考績、賞罰、級俸、福利、訓練、進修、服務、懲戒、保障、保險、撫卹、退休等靜態事項。時至今日，由於環境因素變遷，現代的人事行政學者更深入探討人員人格尊嚴，義利或權益平衡與滿足，才能發展，人性管理，行為激勵，行政倫理，態度調查，工作士氣等動態問題。因此，人事行政的範圍，實應涵括：一、人事機關（構）與基本原理（含政府再造工程）；二、公務策略人力運用的原理原則（含公務策略人力資源開發規劃與管理）；三、激勵管理與士氣（含人事管理原則與方法）；四、人事行政的作用（含權利義務、行政中立與行政倫理）。茲分別臚列說明於下：

一、人事機關（構）與基本原理

依據我國憲法第83條及憲法增修條文第6條規定，考試院名雖為國家最高考試機關，實也為我國最高人事機關。其下設考選部、銓敘部、公務人員保障暨培訓委員會、退休撫卹基金監理委員會。考試院於必要時得設各種委員會。

政府為加強行政機關之人事管理，提高行政效率，於民國56年7月27日依照動員戡亂時期臨時條款（80年5月1日總統令公布廢止）第5項授權之規定，公布行政院人事行政局組織規程，並於同年9月16日正式成立，其基本任務為在動員戡亂時期，統籌行政院所屬各級行政機關及公營事業機構之人事行政，加強管理，並儲備各項人才。但有關於人事考銓業務，須受考試院之指揮監督。民國82年12月立法通過行政院人事行政局組織條例，正式成為法定機關，其有關考銓業務，並受考試院監督。其詳於後述之。

各機關辦理人事業務之機關與單位，統稱人事機關（構）。其設置等別與層級有銓敘部、行政院人事行政局、人事處、人事室及人事管理員等。至其區分，均依有關法規及人事管理條例之規定。

再者，為配合政府再造之組織再造與人力服務再造，人事機關（構）的業務，依其性質區分包括人事政策的擬議，人事法令的頒行及人事體制的實施。若依其業務範圍而言，則包括人力運用及行為管理措施。又人事機關（構）的運用是動態的，為期解決各項人事問題，須匯合行政首長、行政（line）主管、其輔佐（staff）主管、人事主管、人事人員之權責與角色，加以有效運用。[18]

18　繆全吉，行政革新研究專集（台北：聯經出版公司，67年），頁201-209。

二、人事行政運作的原理原則

對於各機關組織之公務人力資源管理措施，其範圍甚為廣泛，包括所有人事事項，將於以後各章述明，本項僅略述如次：

（一）考試

考試係國家選拔人才之正途，而考試制度在我國歷史上有其光輝一頁，歷代賢臣良相，大多出身考試。國父有鑑於此，乃主張考試權[19]獨立，建立良好的考試制度。憲法明定公務人員之選拔，應實行公開競爭之考試，非經考試及格者不得任用，是以凡有從政者，除選舉的公職人員、政務官或特殊任用者外，必須參加考試，方能任用。蓋國家政治之隆污、繫乎公務人員之賢否，而公務人員之賢否，則視考試制度之優劣。梅雅士（M. Mayers）說：「除非能獲致優良而忠誠的人員至政府服務，則無論組織如何健全，財力如何充足，工作方法如何優良，均不能對公務作有效率的實際推行」，馬賽爾也曾說：「人員選用是吏治的中心，為人事行政的基石。蓋非選適當人員，擔任適當工作，則不論管理方法如何精密，均屬無補於事。若選用人員不適合公務需要的能力與條件，而欲產生勝任的服務力量，乃是絕不可能的事」；「人事行政的流變，不能高過其源泉，人員選拔便是人事行政的源頭」。

要之，以現行考試制度為例，考試區分為下二體系：一為一般公務人員考試；二為專門職業及技術人員考試。各國人事制度之建立，均與考選制度有關，傳統之考試取士制與現行考選制度皆以取才為鵠的，非只重專業詞章，而品德、工作技能……尤屬重要。易言之，德才兼備為上選人才也。

（二）任用

任用為整個人事制度的重要一環，所謂「選賢任能」本是一體兩面，若考選而不任用，則考選失其意義，且任用必須慎於始，然後服務、考核始能事半功倍，充分發揮其功能。

公務人員之任用，依憲法第85條「非經考試及格者，不得任用」之規定，自應以考試及格為主要之任用資格。品性與忠誠，為任用公務人員時應特別注意之事項，如美國對於公務人員之任用，首即作忠誠之調查，是其適例。復依公務人員任用法第4條規定：「任用公務人員時，應注意其品德及對國家之忠誠。其學識、才能、經驗及體格，應與擬任職務之種類職責相當。……」同法第28條第2款規定，具中華民國國籍兼具外國國籍者，不得為公務人員（包括政務人員）。期以提高任用機關之警覺，促進公務

---

[19] 考試制度首創於我國，考試取才為我國政治制度之特色。現今考試權之內涵根據憲法及相關法律規定，除考試外，尚包含任免、銓敘、考績、級俸、陞遷、保障、培訓、褒獎、撫卹、退休、保險等事項，此乃完整之考試權。就考試權之特徵言，包含：（一）公開競爭與機會均等；（二）考試用人與配合需求；（三）甄拔人才與管道多元；（四）技術進步與方法完備。考試權之作用則在於：（一）健全人事制度樹立廉能政府；（二）行政中立與貫徹法治；（三）選拔專技人才提升執業水準。

員能竭智盡忠於國家。

（三）考績與陞遷

考績者，對於公務人員平時及一定時間內的工作績效，作科學的考核，並給予一定之獎懲或陞遷調動。其原則方法應本綜覈名實、信賞必罰之旨，作準確客觀之考核，以期公允。考績的主要功用，在整個人事行政中，提供確實的依據，以為級俸、陞遷、獎懲及紀律方面之參考。亦即在於求名實相符，獎優汰劣，再輔以績效考績，以提昇積極正面之功能。

陞遷為建立公務人員永業化，不可或缺的重要措施，公務人員陞遷法制之重點內容包括：1.公開評比選才，活絡陞遷管道；2.妥訂陞遷標準，彰顯功績制度；3.推動逐級陞遷，有效運用人力；4.實施職務輪調，增進行政歷練；5.重視培育訓練，配合職務陞遷；以及6.建立通報系統，擴增選才空間等。本法制之建立在使訓練、考績與陞遷建立聯結關係也。

（四）獎勵

在公務人員獎勵方面，要有對國家或社會著有勳勞者，得授予勳章；對國家著有功績者、勞績或特殊優良事蹟者，分別頒予功績、楷模、服務、專業獎章；為獎勵對考銓或人事業務具有特殊貢獻之人士（包括人事人員等），頒給考銓或人事專業獎章。

（五）俸給與福利

俸給不僅為公務人員之工作代價，且俸額給付之多寡，恆視其職務之高低，工作之繁簡與責任之輕重為標準。俸給制度之範圍與對象是公務人員，故公務人員之俸給制度與企業薪資性質不同，其有如下三種作用：1.促使公務人員俸給之標準化。國家選用公務人員，無論其工作性質之輕重、繁簡、難易有所不同，但其待遇依俸給制度釐定合理標準，可促使公務人員同負公務責任；2.增進服務之效率化。公務人員從事公務，貢獻全部身心智能，在一定辦公時間，依靠俸給仰事俯畜，國家亦惟有安定其生活與心理情緒，才能提高工作效率；3.配合任用考績之制度化。公務人員任用後須經常予以考核，視其服務情形而陞降獎懲，期能充分發揮其服務效能。至於，在福利方面，其給與措施較俸給體制更具彈性，俾便彌補俸給之不足，惟兩者應相配合以健全待遇制度。

（六）保險

公務人員之保險，乃國家為保障公務人員生活並增進其福利，使其生有所贍，老有所養，藉以提高行政效率，促進社會安定，而規定的公務人員所應享受各種給付之權利。此不但一般生活賴以保障，增進行政效率，而且人類互助之精神得以充分發揮。其內容包括保險的對象、內容、給付、主管機關及保險費率與負擔比例。

我國於民國47年1月公布公務人員保險法，88年5月將教育人員納入至今，其名稱修正為公教人員保險法，復於89、91、94、98及103年修正之適用對象為：1.法定機關編

制內之有給專任人員；2.公立學校編制內有給專任教職員；3.依私立學校法規定，辦妥財團法人登記，並經主管教育行政機關核准立案之私立學校編制內之有給專任教職員。

（七）保障與培訓

保障者，旨在公務人員之權益，其內容主要有公務人員身分、工作條件、官職等級、俸給等有關權益之保障；其法制思潮發展主要係由「特別權力關係」發展至「公法上平權關係」。至於目前公務人員保障法之適用對象，主要包括法定機關依法任用、派用之有給專任人員及公立學校、編制內依法任用之職員（不包括政務官、民選公職人員）。

培訓主要包括考試及格人員、升官等人員訓練，暨職前訓練及在職訓練。無論何種訓練，不但為增進工作人員知識、經驗、品德與才能之有效方法，亦為提高行政效率之有效途徑。由於現代公務，因科學之進步，業務日趨專業化與技術化。考試及格人員、或平時通識專業訓練、或升官等訓練，乃至各種增進知能訓練，可以推知機關組織對成員之業務知能，應予有計畫、有系統之訓練。公務人員之進修，多出於個人自我研究，與公務人員訓練之由機關主動調集，其方法雖有不同，但為充實公務人員學識與技能之目的，則無二致，均為發展人員知能與組織之道。為因應社會日趨多元，對公務人員施以有系統、有計畫之訓練，並提供進修機會，以充實工作知能，進而激發潛能，提昇行政效率與效能，制定「公務人員訓練進修法」，未來期發揮訓練資源統合與有系統培訓公務人力，期以提昇公務人力素質及工作績效。

（八）退休與撫卹

公務人員退撫制度原為「恩給制」，於民國84年7月以後，改為「共同儲金制」，茲就其目的與意涵分述之，在退休方面，國家為使公務人員盡忠職守，而免於退職時有後顧之憂，必須對其晚年之生計，有適當之保障或贍養，故在人事行政上有退休之措施。同時退休人員之遺缺亦可引用新進人員，發揮新陳代謝之作用。未來擬配合年金制度對退撫法進行法構性改革，值得關注。

撫卹者，係對因公死亡或病故或意外死亡之現職公務人員，依據法律規定，政府對其遺族予以相當給付，以保障其遺族之生計。退休撫卹負有救濟勉勵，優遇賢勞之意。不但能增加服務情緒，更可促進從業人員之常（永）業化及無後顧之憂，保持在職之廉潔守正，使機關充滿活力，工作效率自可隨之提高。其改革如退休制度，於後述之。

三、激勵管理及士氣

機關組織之行為，分個體行為與群體行為，個體行為係探討人在組織中行為的本質，如動機、願望、態度、意見、人格系統及反常行為等型態。群體行為則以研究人的行為、工作情境及組織活動，交互影響所形成的群體意識與士氣。說明此等學理在管理上之應用，稱為人性（群）關係學派。

在組織運作而言，所謂人性（群）關係就是依人性的管理，不僅是行為理論，更是管理技巧，是行政首長與主管管理屬員應具備之知識技術。其技巧以激勵管理為最切要，激勵是誘導人員發展潛能，及鼓舞人員激發工作熱誠之技術。其應用必根據人類行為的瞭解而採行，如物質獎賞與精神鼓舞等有效的方式。激勵所產生之效果，可由態度調查之途徑獲悉，態度調查旨在瞭解人員對管理措施之意見與反應。傳統的管理型態，強調上令下行與強制方式，現代管理則重視人員參與及工作情緒。態度調查，即現代機關組織行為之診斷工具，故受重視。採行合乎人性（群）關係與激勵法則之管理技巧，歸根究底在高昂士氣。士氣是組織管理的靈魂，其形成係工作滿意感及群體意識的結合體，個人士氣的提高及群體士氣的鼓舞，實為現代人事管理的基本目標。要之，激勵技巧、態度調查及工作士氣等，均為行為管理的範疇。

在實際作為上，考試院訂有「公務人員品德修養及工作潛能激勵辦法」，旨在提昇公務人員品德修養、鼓勵工作意願及發揮工作潛能，以提高服務品質及工作績效。倘能賡續強化激勵機制，當能有助於人員潛能與士氣之提高，以服務社會國家。

四、人事行政的作用

人事行政體制是歷史傳統與社會背景所形成的，有關人事行政問題的癥結，必須探本溯源的加以解析，始切乎實際。其次，我國人事行政，顯著的本質，為人情主義行政之因素。人情主義指以人情恩惠破壞用人法制之舉措，其與人才主義或功績制度，背道而馳。人才之運用若不以才能為依據，而以人情恩寵或特別勢力為斷，則所謂人事行政學理技術似無意義。故對人情主義之形成及其重要性必須瞭解，進而破除之。其他如：發展中國家人事行政，建立系統的人事資訊系統與制度，開拓比較人事行政的領域，健全行政中立法制與強化行政倫理觀念及發展常（永）業制度等。尤以行政中立的理論與法制暨行政倫理的理論與應用，為近十餘年各界所關心的課題，將於本書第十三、十四章分別論述之。

綜之，人事行政之運作原則，乃至於其涵蓋範圍與內涵，均相當廣泛，如上所述，其係行政學分枝而出，後自成系統之學科。但此學科在理論探討與實際運作時，仍與其他學科息息相關，諸如行政學、政治學、心理學、行為科學、歷史學、法律學、經濟學、社會學、統計學等學理，均構成人事行政研究之基礎，且亦對本學科之學理與價值產生影響。

第三節　人事行政與環境之互動

人事行政屬於行政範疇，也是歷史傳統與社會環境的產物，欲瞭解人事行政，應從內外環境著眼，否則是見樹不見林，無以窺其全貌。簡單地說，人事行政不能孤立於行

政外來討論,因為人事行政脫離了行政,便失其依附意義;同樣地,行政也不能孤立於內外社會環境外來觀察,因為行政也不過是社會環境中的一環,行政如果脫離了社會環境,便失去了對象和基礎。

奈格爾(F. A. Nigro)在其《人事行政》一書中,所標示人事行政的網形圖,計列舉與人事行政有關社會環境因素為:行政組織、企業管理、教育體制、人力規劃、利益團體、社會輿情、工會組織、司法體制、立法程序、政策過程、研究機構、公務團體等十二項。[20]由此可知:人事行政是由內外社會與政治環境、習俗、理念、法制及心理等因素,所融鑄成動態體制。再者,我國於民國89年經歷首次中央政府輪替,帶來了國內政治勢力的重視、經濟力的擴張、社會力的奔放、文化力的彰顯,民眾期待的政府是深具創造力、生產力、治理能力與倫理、責任、關懷的。而民國97年及105年的政黨輪替,對考試權或人事行政產生不少衝擊,但政府的核心是公務人員,所以強化文官體制,健全人事法制是必要的。研究人事行政必須注意及此,方能掌握各項人事行政之來龍去脈與未來發展。茲舉重要內外環境因素,扼要說明於下:

壹、政治體制與人事行政

政治體制之結構,往往決定人事行政之制度與運行。各國有關文官制度的規定,雖有許多相似之處,但由於各國政治結構之不同,歷史傳統之殊異,文官制度之實際運作,亦有極大之差異。因之,研究人事行政之學者,不僅需對各國之文官制度法規有所瞭解,更需對各國社會、文化、政治、經濟等背景所產生人事制度之影響,詳加研究。開發中國家之文官制度較具恩惠制之色彩;而歐美開發國家之文官則重功績制,且較有制度化的管道可循,基本上反映了政治結構分化成熟的程度。不過,從世界各國加以整體觀察,則可發現福利國家觀念下,各國政府之職能已大幅擴充,人事行政之結構性膨脹及專業分工之明顯成長,已使人事行政業務日趨複雜,而人事行政與政治結構之連結更形密切。西方民主國家,通常是政黨政治初期,落入分贓制度之困境,再發展至功績主義時期;而我國則先建構功績的文官體制,再進入政黨政治時期,而其凸顯的則是行政中立法制之建立與執行議題,與西方民主國家是有別的,此不可不察也。

貳、社會價值觀與人事行政

中國考選制度,歷兩千多年而能維持不墜,是社會價值觀影響人事傳統的最鮮明例子。社會尚賢重士,將士列為四民之首,所謂士農工商之說,使知識分子能犧牲一切以博取功名,希望有朝一日能金榜題名,飛黃騰達。這種社會價值觀,使得尊重考試以選拔公務人才的慣例,牢不可破。農業社會中,由於公務職位的稀少與尊重,故社會價值觀與公平考選、光榮致仕,均能密切配合。進入工業社會後,傳統的公務職位,因具有

---

20 Felix A. Nigro, Public Personnel Administration (New York: Holt, Rinehart & Winston, Inc., 1959), p. 58.

相同或更好條件的私人企業職位，比比皆是，則其原有的吸引力，自然日益降低。在此情形下，公務人員的社會地位，自然也就隨之逐漸降低，公務人員既然社會地位降低，則公務人員之士氣也難以提高。如此循環，形成一種惡性傾向。因之，現代福利國家，為求公務人力素質的提昇，首須社會大眾對公務人員服務與貢獻的積極肯定，才能吸引更多更優秀的人才進入公務體系。

參、教育體系與人事行政

　　教育體系是人才的搖籃，而公務人力的素質與能力，則完全取決於教育的成果，因之，優良的教育體系才能奠定人事制度的優良基礎。人事行政業務中，一向強調訓練與進修，期能補充公務人員的知能，與發展領導、統御能力，以達歷練公務全程的效果。惟培育人才，不可能在吸收公務人力後開始進行，蓋優秀的公務人力之基礎，在學校的正規教育，端視其是否養成了德智體群各方面均衡發展的成果。實際上，人事行政業務之考選、任用、訓練、進修等，均是配合學校教育的正規體制而進行。例如考選、任用，即以特定的學歷或特定的科系畢業為條件。要之，現代教育制度對人事行政最重的影響，乃是平等觀念的樹立，即在相同學歷的基礎，進行公平的選拔，以測試成績之高低決定任用先後的標準，排除政治、家庭背景等考慮，而使文官制度能建立在功績制的基礎上。

肆、企業行政與人事行政

　　傳統的人事行政與管理學以經濟成本出發，認為在組織的管理與發展之中，組織的成員是組織運作的成本，如能以最經濟效率減少成本即為最佳的目標。相對地，人力資源學說是堅信組織的成員對組織的忠心與承諾，是組織的最大資本來源，是以，如何針對多樣性的員工以配合組織的策略，做最妥當的規劃、工作設計、選拔、訓練、績效評估，並以此些為考量基礎，做薪資給予、激勵、保障，進而改造組織等，皆是人力資源管理的研究議題。美國政府，晚近亦針對文官系統進行改革，引進私人企業有關成本效益觀念或企業管理人才，以進行公務人力的改革。[21] 美國前人事管理總署拉薔斯（Janice R. Lachance）於1999年1月在考試院主辦之公務人力資源發展國際會議，也特別強調為配合政府再造工程，暨提昇聯邦生產力與人員職務輪調上，應重視永續教育與終身學習。[22] 均為公務人力資源策略管理的要務。

伍、多元化管理與人事行政

　　多元化管理（Diversity Management）就人力資源管理角度來論，事實上其貫穿的核

---

21 D. Farnham & S. Horton, ed. Managing People in the Public Services (London:Mackllan press, 1996), pp. 93-94.

22 Janice R. Lachance, American Civil Service on the Threshold of the 21st Century. Conference on Human Resource Development for Public Service（台北：考試院，88年1月25日），pp. 12-19.

心價值理論，即是社會平等論，其時間架構論述，大致可分四個時期：[23]（一）平等就業機會（Egual Employment Opportunity, EEO）時期，此階段即在呈現競爭領域整平（Leveling the Field）的表徵；（二）弱勢優先（Affirmative Action, AA）時期，即從少數群體與婦女中尋求人才，並助於保留工作機會，期間亦遭受許多的批評與爭議，於是有（三）重視差異（Valuing Differences）時期，強調真正有效的工作團隊應該反映「人口結構上的異質性」，用以呈現國家多元輪廓。又為進一步改變組織的核心文化與系統，即進入（四）多元化管理（Managing Diversity）時期，強調有效的多元化管理，必須是深植於組織的基本結構（Infrastructures），以改變組織系統與調適核心文化的重心，藉以邁向友善的多元系統（Diversity Friendlly System）。申言之，在強調組織文化與系統的改變，以及強化對組織成員的授能（Empowerment），以促進成員自我能力的發展。要之，在探究多元化管理與人事行政的聯結性時，至少應知悉：平等就業機會與積極保障弱勢行動的內涵，積極保障弱勢行動所導行的自願性與非自願性，且其爭論之轉移在於從就業優惠到契約之保有，最後進程到公務人力多元化管理。當然其推動在於持續的社會、政治之變遷與回應力，以及經濟壓力與競爭力。各各多元團體在職場上，如何讓他們都做出改變，且是變得更有效能與更有競爭力，則有賴人力資源與人事行政，故其地位也愈形重要，而多元化管理方案是有效提昇人力資源運用的最佳法則與方式。[24]

　　綜合上述，有關政治體制、社會價值、教育體系、企業行政、多元化管理等人事行政的互動關係後，又根據French（1993）的看法，人力資源管理是一種管理流程的開放系統，其組織內部活動互為牽連，整體人力資源管理活動過程皆需以組織效能為依歸，並以人力資源資訊為中心網路，是以人力資源管理影響所有成員的一種系統、發展與控制的整體流程，一個企業的所有人力資源管理活動，包括：人力資源規劃、工作設計、員工招募、訓練與發展、績效評估、薪給與酬勞、員工保護、利益代表，以及組織改進等。公務人力資源，本質上是經濟體系資源利用的一環，而公務人力之取得與私人企業人力之取得，處於相當程度的競爭地位。以勞工關係的演進史來看，美國公務人員在權利保障上，即受到企業勞工爭取權利經驗很大的影響。私人企業勞資談判的權利，隨即為人事行政部門所引用與效法。我國晚近情勢發展亦然，所以，人事行政必然要同時考量企業、經濟環境因素之衡平，尤其是私人部門的人事管理趨勢，方為可行。最後，就總體經濟環境而言，一國經濟財力充裕，其文官體系必定人力充沛，運用廣泛，而待遇福利優厚及保障之配套措施，使文官體系所提供之服務效率與效能也較高，如德國、新加坡等國。反之，經濟情況較差之政府，其考、用、訓、退等人事業務，必是將就其事，得過且過，人事行政之運作也不求進步。要之，由於全球化思維，凸顯經濟大環境之良窳，與人事行政之推動

23　孫本初，公共管理（台北：智勝文化公司，94年），頁238-241。

24　Donald E.Klingner & John Nalbandian,Public Personnel Management:Contexts and Strategies 5 (New Jersey: Pearson Education, Inc. 2003), pp. 160-176。

運行，具有因果關係。當然文官的忠勤認事，廉政作為更是文官體系永續發展的基石。

第四節　小　結

政府為因應日益繁重職務的挑戰，完成現代化的任務，必須有精實的公務員。蓋國家功能可否完成，政府職務能否有效執行，端視公務人員是否優良與勝任。因之，國無分先進後進，為了達成現代化國家政府的使命與任務，莫不致力於健全公務人員制度，以期發揮有效的人事行政功能。

所謂人事行政，即為機關組織、人力資源運用及人員行為之管理措施等。又與人事行政有關之名詞，如人事管理、文官制度、策略性人力資源管理、人才管理、行為管理科學、勞工管理及僱傭管理等，必須先加釐清，方能正確瞭解人事行政。人事行政，至少包含人才、效率、合作、人本四面向，究其目的，約有：經濟的、社會的、個人的、技術的等四項，其宗旨亦即概括求才、用才、育才、留才也。

就人事行政的範圍言，從學者界定、法定範圍及綜合性的界定，概括而言，包括人事機構與基本原理，人事行政運作的原理、原則，激勵管理與士氣，人事行政的作用等。倘就現代人事行政制度之內涵而論，主要有：1.良善的人事機構之設計；2.文官體制架構之完整、統一；3.公務人員常業發展之設計；4.福利及保障制度之強化；5.人本化人事行政運作的配合；及6.賡續改善科學、客觀的考試方法。

至於人事行政與內外、政、經、社、文、科環境之互動上，必要考量其習俗、理念、法制及心理因素。而在政治體制設計是否考量人事體制角色，社會的價值觀是否尊重公務人員服務與貢獻，教育進修與人事行政業務之互動，以及企業精神、經營理念、多元化管理如何導引至人事行政的機制中。要之，人事行政不但不能自外於各環境、價值、法制，及須要增加彼此之互動，有效發揮公務人力資源策略管理，提昇服務品質及國家競爭能力。

學習重點

- ■人事分類法制的意義
- ■品位分類與職位分類之內容
- ■我國現行人事分類法制的類型
- ■簡薦委「法制」之等級區分
- ■官職分立制、聘派制、資位制、資位職務分立制等

- ■說明「兩制」合一新人事分類法制的原則
- ■新人事分類法制的要項與內容
- ■職組職系之實施現況及檢討建議
- ■「職務列等表」的實施現況及檢討與改進

關鍵名詞

- ■人事法制／職位
- ■文官制度／職等
- ■公務人員制度／職級
- ■職務列等表／職組
- ■聘派制／職系
- ■進用管理／職位分類

- ■官制官規／官職分立制
- ■品位分類／資位制
- ■特任／聘派制
- ■簡任／聘任制
- ■薦任
- ■委任

- ■聘任
- ■派任
- ■僱用
- ■約僱

第一節　人事分類法制的意義與分類

壹、人事分類法制的意義

　　所謂人事分類法制，其意義即用以處理公務人員事務之一套完整體系，通常指涉常務人員為範圍。本章所述之「人事分類法制」稱為「人事制度」，又稱為「公務人員制度」、或「文官制度」（civil service）或「人事體制」或「文官體制」。事實上，就政府所任用的人員稱為公務人員，則對於公務人員所施行的一套選拔、任用與管理的制

度，可稱之為「公務人員制度」。惟人事制度應不侷限於公務人事制度，舉凡私人機構中人員之選拔、儲訓、聘僱、管理等一套完整體系，亦稱為人事制度[1]。故人事制度的內容即人事行政之範圍，包括人事分類、人才培育、考選、儲備、任用、俸給、福利、遷調、銓敘、考核（績）、保險、訓練、進修、資遣、退休（養老）、撫卹等有關之管理工作各類之常務人員、司法人員、審計人員、主計人員、關稅人員、外交領事人員、警察人員，其任用等法制，均另以法律定之，即各該人員自成一個別法制系統，吾人名之為人事分類法制也。要之，包括各類人員選定前之培育（教育），以迄於任用後之退離、養老及死亡撫卹之全部過程。

貳、人事結構的類型

人事分類法制之基本原理，係依據組織的層級體系（hierarchy）及工作專業化的原則，決定分類的性質與列等。人事分類必須合乎組織管理之目標，故分類有狹義與廣義之分。狹義人事分類係指一般文官或職位之分類及列等，各國制度計有品位分類、職位分類及混合制三種。廣義的人事分類，除上三種外，尚包括古代人事制度中之官等分類，及現代人事制度中之人才分類與專長分類。本項所稱人事分類，係指狹義的分類體制而言。

通常各國採行之人事分類體制主要有兩種，即品位分類（rank classification）與職位分類（position classification），茲就兩者略加比較分析於下：

品位分類制之特點──是對「人」的分類而非對「事」的分類。對「人」的分類，係指對人員的品級官階加以分析，而不涉及各等級人員所擔任之「事」（工作職務）的分類。如我國以往公務人員由下而上分列為委任十五級、薦任十二級、簡任九級，這是品位等級的分類，並未涉及各等級應擔任之工作性質與職責輕重的詳細類別。要之，品位分類法制，重視人員的品級、名位、年資與資格，而不是工作職責的性質與程度。

通常公務分類計有兩種，一為管轄分類（jurisdictional classification），首見於美國1883年潘德爾頓文官法（Pendleton Civil Service Act）；一為職位或職務分類（classification on positions or duties），於1912年始為芝加哥市政府所採用。管轄分類是將文官依政治的或行政的責任，劃分為政務官與事務官兩大類，即在決定何種官吏應適用功績制，須受考銓法規的管轄；何種官吏則無須受此限制，其係政治性質者，多由立法機關決定之。職位分類乃是就考銓法規管轄的事務官，依其職務、責任、工作等劃分為若干級類，乃行政性質，多由人事行政機關辦理。

職位分類是以工作為基礎的人事分類法制，係將公務人員所擔任的職位

1　制度指處理事務或解決問題所行的成文或不成文之原則、方法與程序，足供團體內共同遵守之一套完整體系。制度之於今日社會，非任何一個先知或聖賢所能憑空創造，實為人類營群居生活之需要而形成，故制度是演進的。成文法典國家中，政府機關處理公務必須制成法令規章以為依據，法令規章是制度之型塑。要之，就成文法國家之公務處理而言，法規只是外表形式，制度則為其內在實質。

（position），依其工作性質區分類別，是為縱的分類。再依其工作程度包括責任輕重、繁簡難易及所需資格條件，分別評定職等，是為橫的分類。前者為職系（series）的劃分，後者為職等（grade）的品評。最後並將職系與職等相似者歸為同一職級（class）。在人事管理措施上，對同一職級之工作人員均予相同方式之處理。要之，職位分類法制，須在工作、報酬及資格三要件中，建立合乎邏輯的關係，即：一、各職位所具的職務與責任；二、各職位的資格標準；三、各職位的俸給等要能合理相互配合。易言之，凡使工作種類，工作繁簡難易，責任輕重與所需資格及報酬等要件上，維持正比例關係，即是一種合理化、科學化與制度化的人事行政的方法。亦是現代人力資源管理學中之工作分析與工作設計。

第二節　我國人事法制的類型

我國的人事制度的主要內容，首要依據中華民國憲法第83條規定：為考試、任用、銓敘、考績、級俸、陞遷、保障、褒獎、撫卹、退休、養老事項。基本上早期是屬定型的人事制度，並未及於選用前之培育工作，亦忽略任用後之發展訓練以及福利、士氣等，而且有關人事管理事項，僅以公務人員人事運作為限。

我國人事制度發展甚早，自漢代之鄉舉里選，至魏晉南北朝的九品中正、隋唐的科舉制度，都在其時代發揮應有的功能。復從人事管理法令而論，明確地劃分官制與官規二大部分。前者概指有關人事之基本法度，例如人事管理基本結構、組織編制、職稱、品位（職位）等方面之規定。後者概指有關人事實際運作之制度，例如考試、任用、考績、俸給、退休等規定。要之，官制大約指靜態結構種種體系而言；官規大約指動態運作種種規範而言。現行人事制度，實包括官制與官規兩大部分，且明定於憲法內，其目的在選賢任能，期人能盡其才，事能竟其功。

我國現行人事制度其法制之分類除將簡薦委與公務職位分類兩制合一外，尚有交通事業人員人事法制、警察人員人事法制、衛生事業人員人事法制、公立學校人事法制、關務人員人事法制、國營生產事業人員人事法制、臺灣地區省市營事業人員人事法制、金融保險事業人員人事法制八種人員之人事分類法制，歸納為下列六大類別：

一、**簡薦委與職位分類合一的新制**：包括一般行政機關、司法、民意等機關；

二、**職位分類**：包括生產事業機構及金融行庫等；

三、**官職分立制**：包括警察機關及關務機關；

四、**聘派制**：包括公立學校及臨時機關；

五、**資位制**：交通事業機關；

六、**其他**：另銓敘部於民國87年起研訂聘任人員人事條例草案、醫事人員人事條例，以解決科技研究及文化專業人員任用問題，暨解決公立醫療機構醫事專業人員需求問

題併予述明。

茲就上述一至五項人事法制分項述其沿革如下：

壹、簡薦委人事法制

我國自魏文帝時創九品官人法以來，官分九品，沿行以迄清亡。民國建立，始創新制，民國元年10月16日，中華民國臨時政府公布「中央行政官官等法」規定官等除特任官不分等外，文官分九等，第一、二等為簡任官，第三至五等為薦任官，第六至九等為委任官。

上述簡薦委，原非官等高低之區分，蓋官等之高低，已由第一至第九依序予以區別，而所稱簡任、薦任、委任官者，取其任命之意。簡者，簡拔、選取也。古時帝王授官予人稱簡，有隆重之意，簡任者，由執政者本身簡選以任命之。薦者，推舉、進獻也。孟子曰：「諸侯能薦人於天子。」薦任者，執政者接納下屬所推舉以任命之。委者，任也，屬也，有委託之意，委任者，由執政者委託下屬代為任命之。由是而稱簡、薦、委者，乃其任命權力行使之不同。然民國初年各機關員額編制表，均明定某職為簡任、薦任或委任，卻未明註官等，足證斯時稱簡、薦、委者，已能表明官等品位之高低。其後，官稱未有改變，直至民國18年10月29日國民政府公布「公務員任用條例」，全文十三條，方才明定全國事務官，區分為簡任、薦任、委任三種，未再有官等之區分。爰以憲定總統依法任命文官，其範圍當以薦任以上之人員也。

民國22年3月13日，國民政府公布「公務員任用法」，全文共十五條，區分事務官為簡薦委三種。同年9月22日，公布「暫行文官官等官俸表」，規定文官區分為特任、簡任、薦任、委任。

民國38年1月1日，總統公布「公務人員任用法」，全文二十一條，規定公務人員分簡任、薦任、委任三等。

民國43年1月9日，51年9月1日，57年12月18日，三次修正「公務人員任用法」部分條文。43年1月9日修正「公務人員俸給法」部分條文，均採簡任、薦任、委任三大官等及簡任九級、薦任十二級、委任十五級，共三十六俸級之區分。

其次「簡薦委」之由來，已如前述。自我國引進職位分類，誤將此種管理方法稱為制度後，為與職位分類制區別起見，「簡薦委」一用語，隨口說說也稱為制度，嗣廣泛為人所使用而流傳至今。但有關法律，仍稱之為「公務人員人事制度」，以別「分類職位公務人員人事制度」，而其適用對象自亦不同。

一、簡薦委人事法制之等級區分

「公務人員任用法」第5條規定，公務人員分為簡任、薦任、委任三官等。其中以簡任為最高等，委任為最低等。同法第37條第1項規定：「雇員管理規則，由考試院定之。」由是可知雇員為簡薦委任公務人員品位等次外之一種，猶如前清「未入流」之

官。雇員之所以稱僱用，不採僱任，乃因其非國家任用之文官，且「雇員管理規則」第5條明文規定：「雇員由各機關自行僱用。」依同規則第4條所定，充雇員之資格，較簡、薦、委任之資為低，故知雇員品位低於委任官。同條第2項規定，前項規則適用至民國86年12月31日止，期限屆滿仍在職之雇員，得繼續僱用至離職為止。其第3項規定本條文修正施行後，各機關不得新進雇員。所以，自此行政機關已無新進雇員，其初任人員均依公平、公正、公開之考試制度予以取才。

二、簡薦委為品位分類制

　　人事制度之法制分類中，依個人資格條件而評定高低等次者，謂之品位分類。在簡薦委體系中，各等級人員所擔任之工作，主管人員依組織法規規定，需負責一部門業務，職責甚為固定，其等級之高低序列與職責輕重，大致尚能相符；其他非主管人員，除少數組織法規中有大致規定外，多未加規定，常憑主管自由裁量指派工作。因此，人員等級高而擔任簡易工作者有之，人員等級低而擔任繁重工作者亦有之。是以非主管人員職務，常依個人資格條件，來排列等級序列，而無法根據，擔任職務實有之職責輕重，來排定等級序列。從等級觀點看，此為與職位分類之最大差別，所以說簡薦委是品位法制之一種。

三、簡薦委等級資格之銓敘

　　簡薦委資格銓敘，包括簡任、薦任、委任三等，均須依據「公務人員任用法」第9條所定，取得銓敘資格。

四、雇員、約僱人員

　　雇員非在任用文官範圍，由各機關自行僱用，前已言之，餘不再贅。其次，約僱人員非「公務人員任用法」所定之雇員，亦非「聘用人員聘用條例」所定之聘用人員，在任用法律上無所根據。目前之有關依據為行政規章，即「行政院暨所屬機關約僱人員僱用辦法」。

貳、職位分類人事法制

　　我國政府採行職位分類法制，為民國38年1月修正公布之「公務人員任用法」，該法第3條規定：「公務人員之任用……應與擔任職務之種類或性質相當。職務分類以法律定之。」此條文中尚稱之為職務分類。民國38年政府遷台，於39年10月修正「公務人員任用法」第3條。該條第2項規定：「職位分類由考試院定之。」考試院於民國40年成立「職務分類研究委員會」，於41年撤銷。再於43年6月至46年初，在考試院設「職位分類計畫委員會」。46年7月，考試院改設「職位分類督導委員會」。銓敘部並增設一司專掌職位分類有關工作。47年10月30日，總統公布「公務職位分類法」。至此法制與

機構均已初步建立。民國56年6月8日分類職位公務人員考試、任用、俸給、考績四法公布，並於56年12月19日、58年8月25日及62年11月6日，三度修正，惟結構本身未作變更，只對制度適用之範圍及程序，加以修正而已。

　　我國職位分類法制之整個結構體系，由職系、職等、職級三者組成，而職級又是職位所聚合的，因之「職位」為最基本單位；以工作性質相似之各職位，結合而成「職系」；以工作繁簡難易、責任輕重、及所需資格條件相當之各職位，結合成「職等」；以工作性質相似、工作繁簡難易、責任輕重及所需資格條件相當之各職位，結合而成「職級」。為求具體準確，對職位、職級、職等、職系分別定有「職位說明書」、「職級規範」、「職等標準」、「職系說明書」予以描述，俾資遵守。

　　此一公務職位分類，對於職位高低等次之品評，採用兩個因素：一、為職位之工作性質或機關層級；二、為職位之工作繁簡難易、責任輕重、任職所需資格條件。上述兩個因素以職位為品評的對象，而以工作為依歸，均屬「事」為中心的人事分類法制。此與前述品位制以「人」為建制中心者不同。

　　或謂區分職系應以多少為適當，無一定論，通常依國情、政策、事實需要而定。同一機關內固定之職位數量，粗區分則職系少，精區分而職系多。我國自職位分類之初，即區分為一百五十九個職系，嗣有刪減變更，如何考量專才與通才之融合衡平。至於職等應區分若干為適當，此亦與職系同，或因國情、政策、實際需要，而有不同數之職等。美國聯邦政府區分為十八個職等；我國國營生產事業機構區分為十五個職等；省市營事業機構區分為十六個職等。我國公務職位分類制度自始至終，區分為十四個職等。

　　職系、職等區分之精細或粗大，影響結構體系之運用價值及得失甚鉅。如何區分基於不同之實際需要，在目的上亦有其實際運作之要求。能否符合需要，對於完成其目的，或有助於人事管理目標之達成，均發生根本性影響。

　　在分類結構體系中，第3項為職級。職級之重要，較之職系、職等尤有過之。其原因有三：

一、職級，係職系與職等縱橫交叉重疊後，所形成之物。亦即每一職級，均兼具有某一職系與某一職等兩項特性，與職系或職等之僅具本身之一項特性不同。

二、職位歸級，乃歸入一定職級之意，非僅歸入某一職系或某一職等之謂。

三、在人事管理實際運用上，職系與職等，固皆發生限制作用，職級則發生原職系與職等所具之雙重限制作用。

　　若以一百五十九職系及十四職等來決定，最多能有二千二百二十六個職級。但實際上，終未達此數。因為在原一百五十九個職系中，僅少數職系，自第一職等至第十四職等，均有職級。其他大多數的職系則僅在部分職等上有職級，此種無職級之處，謂之空級。有些職系，其職級偏重在低職等。茲附簡薦委、分類職位等級如表2-1。

表2-1　簡薦委、分類職位等級對照表

簡薦委等級		分類職等	簡薦委等級		分類職等
簡　任	一級	十四等	委　任	一級	五等
	二級	十三等		二級	
	三級			三級	
	四級	十二等		四級	四等
	五級			五級	
	六級	十一等		六級	
	七級			七級	三等
	八級	十等		八級	
	九級			九級	
薦　任	一級	九等		十級	二等
	二級			十一級	
	三級			十二級	
	四級	八等		十三級	
	五級			十四級	
	六級			十五級	
	七級	七等	雇　員	一級	一等
	八級			二級	
	九級			三級	
	十級	六等		四級	
	十一級			五級	
	十二級			六級	
				七級	

參、其他人事分類法制

一、官職分立的人事分類法制

此制係指警察人員之人事制度。稱警察人員者，指依法任官授階執行警察任務之人員。民國24年11月9日國民政府公布「警察官任用條例」，經26年及34年兩度修正。民國65年1月17日，公布「警察人員管理條例」，歷經多次修正，96年其名稱修正為「警察人員人事條例」茲擇要分述該制度如下：

（一）**官職分立**：官受保障，職得調任，非依法不得免職或免官（同條例第4條）。

（二）**等階高低區分**：警察官等分為警監、警正、警佐。警監官等分為一、二、三、四階，以特階為最高階，警正及警佐官等各分一、二、三、四階，均以第一階為最

高階（同條例第5條）。

（三）職務區分：警察人員之職稱，依各級警察機關組織法規之規定（同條例第8
條）。

二、聘派之人事分類法制

此制主要指公立學校及臨時機關人員之聘派而言，除臨時機關之聘派另有規定外，
一般公立學校人事分類法制，指有關各級教師之遴聘、薪級、成績考核、退休及撫卹等
主要人事規定，至於其他各種人事管理，則多適用，或準用，或參照一般公務人員任用
之規定辦理。

公立學校人事分類法制，屬品位分類之一種。專科以上學校教師，分為教授、副教
授、助理教授、講師四等。而高級中學以下則一律稱教師（教育人員任用條例第12條至
第14條）。但學校學術行政人員，僅有職稱，而無品位等次之制。例如大學之校長、院
長、系主任等，均以職銜稱之，未另配以品位等次。

其次，各級學校教師已於民國86年修正均為聘任，所需之資格條件，以學歷為主，
偶亦採用資歷。然專科以上學校，副教授以上教師，則必須學歷、資歷兼採。

各級學校教職員之薪級有全國統一性體制。薪級共三十六級，俸額從最低一級的九
〇至最高一級的六八〇。本俸幅度外，並各有一定幅度之年功俸。如何因應全球化發
展，規劃特殊薪級制度或特別專業加給或給與，是值得重視的議題。至於各級公立學校
之校長、教師、職員之退休撫卹，分別公布有學校教職員退休條例及學校教職員撫卹條
例，以為辦理之依據。

三、資位制

此制主要指交通事業機構。稱交通事業者，為隸屬於交通部之事業機構，及其他非
交通部所屬依法準用之其他交通通訊服務與營運之機構，目前包括：航空、鐵路、公
路、海運、港務、郵政、儲匯、電信、氣象等營運機構。此與行政機關行使公權力之制
定政策及執行政策之性質，大不相同，其為適應實際需要，另訂人事制度。

交通事業人員人事制度，主要依據為「交通事業人員任用條例」，稱條例者，蓋僅
適用於特殊性的對象，不若「公務人員任用法」，具廣大普遍性。該條例於民國36年12月
22日由國民政府公布，歷經修正，92年5月28日修正第5條、第8條條文，並增訂第11條
之1。其制度結構簡述如下：

1. **資位制之性質**	即資位受保障，同類職務可以調任（同條例第3條）。按此處所稱資位，乃指人員因本身所具備之資格條件而取得之品位；機構可依法在同類（業務、技術）中調動人員之工作，但其資位則不因調動而受影響。由此可知其屬品位分類制度之一種。
2. **職務性質分類**	一為業務類，二為技術類（同條例第4條）。既不似簡薦委制度中雖有類之區分，但無統一任用之區分；又不似職位分類有一百五十九個職系之繁多，而僅區分為業務與技術兩大類。人員在兩類內部，可合法自由調動，彈性甚大。
3. **資位分等規定**	即長、副長、高員、員、佐、士等六等。配合兩類性質，分稱業務長、副業務長、高級業務員、業務員、業務佐、業務士；以及技術長、副技術長、高級技術員、技術員、技術佐、技術士（同條例第4條）。此六等之區分，較簡薦委附添雇之四分，略多而相近，遠較職位分類之十四個職等為少。
4. **資位之取得**	兼採考試與內部升資兩種方式。中低級人員必須經考試及格方式取得資位，高級人員（副長級以上）以陞資甄審合格方式取得資位。此即保持中低級人員之學識技術水準、及高級人員之實際經驗水平。
5. **轉任規定**	交通事業人員得轉任交通行政機關相當職務，交通行政人員取得交通事業人員各級資位者，亦得轉任交通事業機構相當職務。交通事業人員轉任交通行政機關相當職務後，再改任非交通行政機關職務時，應依各該任用及俸給法規，重新審查其資格俸級（同條例第8條）。
6. **適用他法之規定**	在「交通事業人員任用條例」中未規定之事項，適用「公務人員任用法」規定（同條例第10條）。
7. **準用本法之規定**	公營交通事業人員之任用，準用此一人事管理制度（同條例第12條）。

四、關務人事制度官稱、職務分立制

此制係緣於民國80年2月1日制定公布之關務人員人事條例，該條例82年12月31日及87年11月11日經二次修正。

茲就其結構體系略述於下：

（一）關務人員之官稱、職務分立，官職受保障，職務得調任。

（二）關務人員之官等職等依照公務人員任用法規定，即分為簡、薦、委三個官等及第一至第十四職等十四個職等，並分關務、技術兩類，各分為監、正、高員、員及佐五官稱；其官階區分如下：

　　1. **關務類**：關務監（簡任第十職等至第十三職等）分為第一階至第四階；關務正（薦任第八職等至第九職等）分為第一階至第二階；高級關務員（薦任第六職等至第八職等）分為第一階至第三階；關務員（委任第三職等至第五職等）分為第一階至第三階；關務佐（委任第一職等至第三職等）分為第一階至第三階。

　　2. **技術類**：技術監（簡任第十職等至第十三職等）分為第一階至第四階；技術正（薦任第八職等至第九職等）分為第一階至第二階；高級技術員（薦任第六職等

　　至第八職等）分為第一階至第三階；技術員（委任第三職等至第五職等）分為第
　　一階至第三階；技術佐（委任第一職等至第三職等）分為第一階至第三階。

（三）關務人員之任用，關務類之關務佐、高級關務員須經考試及格始能取得任用資
　　　格，關務員、關務正及關務監除了考試及格外，尚得以經陞任甄審合格或考績年
　　　資方式取得任用資格。技術類各官稱資格之取得準用關務類人員之規定。

（四）關務人員官階之晉陞，準用公務人員考績法考績升職等之規定。

第三節　「兩制」合一的現行人事分類法制

　　我國自北伐統一後，國民政府行五院制組織，考試院於民國19年1月6日正式成立，
並積極建立現代化的人事制度，惟47年10月30日公布職位分類法，嗣於58年10月16日實
施職位分類的人事法制，由行政院人事行政局於考試院授權之下，負責推行，此後逐漸
擴大，幾遍及中央以致地方行政機關。從此，職位分類與簡薦委成為兩種並行的人事分
類法制。首先將行政院秘書處、人事行政局及財政部三機關，先納入職位分類的範圍，
再逐次推廣施行。

壹、簡薦委與職位分類之人事分類法制比較

　　公務人員由於簡薦委與職位分類之權益不等，性質不同及結構迥異，引起兩制人員
間之紛歧，在管理上倍加困擾，整體人事制度亦難趨穩定。民國67年對於分類職位公務
人員的考試、任用、考績、俸給四法，曾作大幅度的修正，使兩制稍趨平衡；但兩制因
結構不同，相互轉調仍諸多不便。復因一個國家之中，同樣的公務人員，卻訂立兩種不
同的法規，兩制並行實施，徒使人事制度趨向複雜，在業務上形成困境。

　　由上情形，各方將職位分類與品位分類以人事法制相互比較，從學理上言，兩者同
為人事分類法制，雖為人事行政之基礎與依據，但仍有極大的差別。品位分類是對人的
分類，以人員之品級資歷為分類基礎，職位分類則為對事的分類，以工作職務責任為分
類基礎。品位分類體系僅作品級等第區分，是縱的分類體制，較為簡便；職位分類則為
工作性質與程度的區分，包括縱的及橫的分類體制，較為繁複。品位分類制度重視人員
之身分與年資，職位分類則重視工作之知能與績效。品位分類人事法制以資歷為中心，
滿足及加深人員任官觀念及品級意識。品位分類人事法制之管理措施頗富彈性，惟不易
獲致專業行政目標；職位分類管理措施缺乏彈性，卻符合專業行政原則。可見兩種體系
各有優劣，惟其取捨則須以國情及人事行政目標為權衡標準。

　　茲以民國73年7月11日銓敘部部長鄧傳楷先生於立法院法制委員會報告，指出兩者
之得失為例，列於表2-2：[2]

2　鄧傳楷，銓敘部工作報告（銓敘部印，73年），頁1-5。

表2-2　公務人員兩種人事分類法制的得失表

制度類型	優點（特徵）	缺點
簡薦委品位制	1. 具有榮譽感；簡薦委之精神，與我國傳統之品位制相適應，公務人員自感榮譽，且因才器使，如有不適，改進容易。 2. 建立體制之手續簡便，綱舉目張，器使靈活，如依組織法規定職務及其職等，由考試院訂定職務等級表，即可據以辦理人員任用與銓敘。 3. 職務等級幅度較大，利於晉陞，足資鼓勵久任；且調任靈活，不生窒礙。 4. 雇員可憑學經歷僱用，便於機關進用低級人員。	1. 設官分職，缺乏一定標準，未能盡合實際需要。 2. 工作指派，間有出於主觀之需要與好惡，人與事不能配合，名與實難免背離。 3. 俸給係按照敘定之等級核支，有違同工同酬之旨，且多勞者未必多酬，責任報酬不盡相同。
職位分類制	1. 在建制精神方面：以職位工作（事）內容為基礎，較為客觀。 2. 在分類方法方面：以適當方法從事工作分析品評，進而樹立體系完整之分類結構，較為科學化。 3. 在機關內部編組方面：有助於合理確定編制，使機關組織益臻健全。 4. 在人員考選方面：因事擇人，使適當之職位容易羅致適當之人才；目前之金融人員考試、基層人員考試於分類職位實際需要頗有助益。 5. 在人員任用方面：可收適才適所之效。 6. 在俸給方面：以同工同酬與責任報酬相當為目標，便於延攬人才且各種加給之實施，如技術加給，偏遠地區加給，主管職務加給及工作補助費支給，在在顯示，客觀合理。	1. 職系區分過細：依所有職位之工作性質共分為一百五十九個職系，區分過細，雖經集系分組，仍待合理調整。 2. 職級規範不明確：上述一百五十九個職系，又依職責程度區分職級，現共有一千一百九十九個職級，每一職級，訂一規範，用語抽象，不夠明確，難以作為客觀之標準，以致歸級結果尚難完全公平。 3. 歸級程序較繁：職位歸級及調整所用書表眾多，作業程序較繁，不為一般人所熟知。 4. 調任限制較多，不易調任，雖經調整，尚待改進。 5. 忽視人的因素：職位分類以工作（事）為建制中心；未將職員（人）列為建制重要因素，難免偏而不全。 6. 歸級結果欠周：現行有關歸級方法，理論雖屬正確，但一涉實際，難謂周全。

　　要之，職位分類經過多年的實行，發現若干不盡理想之處，而簡薦委的品位制亦有不少優點值得保留，乃有兩制合一的新人事分類法制的產生，於是公務人員考試法、任用法、考績法及俸給法等四個主要人事法律，民國75年立法院相繼通過，使得所有行政機關、司法機關、醫療院所及公立學校職員均納入同一人事法制系統，利於靈活用人等。考試院也依據上述主要法律訂立相關法律的施行細則，自民國76年1月以後，我國公務人員的考試、任用、俸給及考績等均按新法實施，一個嶄新的人事分類法制於焉誕生。

貳、「兩制」合一的整合原則

如上所述，為簡化人事體制，各方面對簡薦委及職位分類，紛紛提出兩制合一的呼籲；主管機關亦進行研究，擷取兩制之長，採官職分立制，即官受保障，職得調任，以人為經，以事為緯，研擬出一種允執厥中的人事分類法制，來解決兩制併行發生的困擾。茲將兩制合一之要點，列述如下：

基本原則	人事分類法制，應本品位制人才適用之傳統優點，兼採職位分類專才專業之精神。
架構性質	人事分類法制應以簡薦委為經，職位分類為緯。
官位區分	公務人員之官位暫分四等，即「簡、薦、委、雇」或「監、正、員、佐」（其實雇員及佐級不應列入，因為民國86年底止，即禁止進用雇員，尤為顯例）。
官職分立	公務人員採官位（職等）與職務分立制，官位受保障，職務得調任。
職等區分	公務人員之職位，依其性質應分為若干職門、職組及職系。
彈性資格	公務人員之任用資格，應以考試及格、銓敘合格，考績升等者為限。但對於科技職位，或業務性質特殊難以羅致之人才，亦得兼採學經歷或以檢覈方式，予以調任。民國87年考試院銓敘部提出聘任人員人事條例草案，已對高科技人才之進用，新闢管道，待完成立法程序，即可執行。
訂定職責	各機關應於其組織編制中，依人員職位之高低、工作之繁簡、責任之輕重修訂標準，以便作為列等歸級之準據。
轉任辦法	公營事業人員、公立學校教育人員之任用，以其性質不同，以法律定之；但其轉任一般行政人員，應另訂辦法。

民國75年4月21日，總統公布之「公務人員任用法」，確已採取了兩制合一的原則。茲將其重要條文，列明如下：

其一、將簡薦委任與分類十四職等合一規定，即第5條規定：公務人員依官等及職等任用之。官等分委任、薦任、簡任。職等分第一至第十四職等；以第十四職等為最高職等。委任為第一至第五職等，薦任為第六至第九職等，簡任為第十至第十四職等。

其二、將合一後之重要名詞加以界定，即第3條就本法所用名詞定義如下：

（一）官等：係任命層次及所需基本資格條件範圍之區分。

（二）職等：係職責程度所需資格條件之區分。

（三）職務：係分配同一職稱人員所擔任之工作及責任。

（四）職系：係包括工作性質及所需學識相似之職務。

（五）職組：係包括工作性質相近之職系。

（六）職等標準：係敘述每一職等之工作繁、簡、難、易，責任輕重及所需資格條件程度之文書。

（七）職務說明書：係說明每一職務工作性質與責任之文書。

（八）職系說明書：係說明每一職系工作性質之文書。

（九）職務列等表：係將各種職務，按其職責程度依序列入適當職等之文書。

參、現行人事分類法制的要點

回顧現行人事分類法制的四項基本法律──公務人員考試法、公務人員任用法、公務人員俸給法及公務人員考績法，均經過了長時間的研擬與審議，立法院於民國75年1月至7月分別通過，而考試院也據以訂定施行細則，並自76年1月開始實行，從此公務人員納入新的人事分類法制之中。茲將當時銓敘部徐有守次長歸納之要點八項摘錄於下：

一、採用並簡併職系

簡薦委制度的任用和調任，幾乎不受工作性質的限制，容易發生人與事不配合的缺點。所以，新人事分類法制採取了職位分類的職系。不過，以往一百五十九個職系過多，而職位分類被批評為窒礙難行，這是重大根源之一。擬將職系簡併為原有的半數以下，並且區分為技術性與行政性兩大部分。技術性職系相互之間的調任，必須有合理的資格條件（例如土木工程職系不能調任化學工程職系）。行政性職系相互之間的調任資格條件，則予適當的放寬。這種設計，是適度採取職位分類的職系來補救簡薦委分類法制過於寬濫的缺點。

二、官等與職等併列

官等來自品位制度，是對公務人員所具資格條件的區分，也是我國傳統人事制度中的重要部分。現行簡薦委制度的簡任、薦任、委任，本來就是三個官等，並且共計區分為三十六個俸級。由於公務人員已習慣這種區分和名稱，所以新人事分類法制照現狀採用不加更動。

至於職等則來自職位分類制度，是對職位工作責任輕重的區分。用以表示每一職位的重要程度。職位分類有十四個職等，新人事分類法制也照現狀採用，亦不加改變。

在新制度裡，官等與職等是一種相互配合的關係。配合的辦法，也是完全依照現行規定，第一到第五職等配屬於委任，第六到第九職等配屬於薦任，第十到第十四職等配屬於簡任。

三、依官等辦理考試

這是完全採取簡薦委制度的高普考試和原設計之甲、乙、丙、丁四等特考體制相予配套。同時，廢除分類職位考試。

四、一職務得跨列二至三個職等

職位分類的人事法制，對每一個職位都限定歸列一個職等。例如第八職等專員、第九職等科長、第十二職等司處長。不具備該一職等資格的人員，即不能合格任職。職位分類被評為窒礙難行，這也是主要病根之所在。新人事分類法制將之放寬規定：一個職

務可以跨列二至三個職等。例如一個專員職務，職位分類原歸列為第八職等，依新制度則可能列為跨第七、八、九三個職等。這種設計的優點有三：其一、無論具有第七、第八或第九職等資格的人員，均可合格擔任專員職務；其二、一位只有第九職等資格的人，很可能合格擔任專員、科長、專門委員、甚至副司處長的職位；其三、如初任專員是第七職等，積資多年仍無較高空缺可以陞遷，照原來的規定，只好留任第七職等之專員。而依新制度，則縱使在專員原職上不動。但仍可以依考績條件逐步累計升到第九職等。所以這種跨等的設計，具有彈性任用、激勵人員和安定人員的多種價值。當然，相對人員退休金增加，國庫負擔重。而職等標準或職務說明書亦應配合調整修正。

五、任用資格兼依官等職等而定

簡薦委人事分類法制的任用資格，是兼依官等和俸級兩個因素來認定。例如中央部會的專員，從最低薦任八級到最高薦任二級。不具這一範圍內資格的人員，就不能合格任用。而職位分類的任用，則只依固定的一個職等資格來認定。新人事分類法制的任用資格，則並依官等和職等兩者來認定，假定任用一位專門委員，在不同機關層級，具有薦任第九職等和簡任第十職等、第十一職等資格的人員，都可以合格任用。

六、同官等內職等均依考績晉陞

在同一官等範圍內的各職等，例如薦任第六、七、八、九職等之間，因為已經沒有職等考試，所以完全可依考績條件陞任。其考績條件仍然是採取現行規定，考績連續兩年列甲等，或連續三年至少有一個甲等兩個乙等，都取得晉陞高一職等的資格。

七、官等依考試或其他條件晉陞

新制度對官等的晉陞，與職位分類制度的晉陞規定一樣。委任（第五職等）陞薦任（第六職等），薦任（第九職等）陞簡任（第十職等），應依考試晉陞。不過，薦任（第九職等）陞簡任（第十職等）同時還有從寬規定，如果曾經高考或相當高考的考試及格人員，或者曾經大學或獨立學院畢業人員，就不必參加陞等的考試，也可以依考績條件晉陞第十職等。其考績條件是：合格實授薦任第九職等職務滿三年，連續三年年終考績至少有二個甲等一個乙等，並敘薦任第九職等本俸最高級。

八、薪俸依官等、職等和俸級標準

新人事分類法制的薪俸，仍採用職位分類的俸表和俸點，最低俸點一六○，最高俸點八○○，依俸點折算現金。採用職位分類俸表有許多好處，最主要的是，職位分類制度下的人員，可以完全不必換敘俸級；只有簡薦委架構下的人員需要換敘，但其已有比敘成規，所以也不會發生實質的增減。[3]

3　徐有守，「新人事制度研訂經過及內容要旨」，人事行政，期82（75年8月15日），頁5-6。

第四節　現行人事分類法制相關問題之探討

我國文官體制結構，脫胎於九品官人法的士族政治，創始官品的結構分類，蓋人的才性總體比較，不外上中下三等，而每等中亦能分上中下三品。如此三等九品可以窮盡其類，苟有需要尚可在每一品中，再分正、從，以十八個等級建構官僚體制，大體上既合邏輯、又符實用。清代自大學士以降，依品序班，構成秩序井然之結構，亦是下僚末秩，循資陞遷的階梯。民國以來，改九品為簡薦委之等級，最後定制為簡任三階九級，薦任三階十二級，委任三階十五級，加同委任一級相當前清之未入流官。此種以上中下理則的三分法，俗稱為「簡薦委制」。

自美國的以「事」為標準，建構職務體系的所謂「職位分類」的人事管理方法移植國內，必須將舉國大小機關的事務，用科學的方法分析歸納行政人員的職務，自最高的常務次長以至最基層的書記，共十四個職等，俗稱「職位分類制」。當年雖雷厲風行的推行，實際上，似未真正以科學的方法徹底改變舊有的文官制度，不過是將「簡薦委」換敘為某某職等而已。未旋踵，若干機關正式立法恢復舊制，形成所謂「簡薦委」與「職位分類」的兩制並行。

一個國家的公務人員，採用兩套的法律，除了形式的人事用語略有不同外，實際的文官體質並無變化。如此一國「兩制」，徒增困擾，無不有分久必合的需要，於是相關之考試、任用、俸給、考績等新的人事法律在民國75年陸續公布。現行制度之規劃，目的在去除兩人事分類制之短，為我國公務人員人事制度開創新局，揆其用心，堪稱良若。惟自民國76年1月16日之人事分類法制實施後，為求此制更趨健全，學者專家迭有改進之議，其有關各人事分類法制中，最主要之考試、任用、俸給、考績等法制之改進暨其相關的輔助性法規，分別於本書後述各相關章節述明。近年各界對「職組職系」及「職務列等表」之調整關注和討論最眾，本節僅就其實施動態情形及對其之檢討與建議，分別敘述於後：

壹、實施動態情形

一、**職組職系其主要功能要有**：為管理基礎，便利專才專業、利於調整人力供需（包括考試取才、調整加給標準等）。[4]在職位分類制初期，其細分為一百五十九個職系，雖利於管理，然不利於人員之調任，因此於民國75年起之新人事分類法制設計時，即將上開職系簡併為五十三個職系、二十六個職組。其原則係將工作性質相近者予以簡併，尚稱良好。爾後，歷經多次調整，現行職組職系可參見職組暨職系名稱一覽表之規定。

二、職務列等表發布施行之初計八十五表，其中包含職務名稱，計有三千三百七十九個

4　吳泰成，「職組職系改進芻議」，公務人員月刊，期7（台北：公務人員月刊社），頁23-24。

職稱。職務列一個職等者，計一千零九，占29.86%；列兩個職等者，計一千五百零二，占44.45%；列三個職等者，計八百六十八，占25.69%。而職務列等表所依據之相關法規約為下述：

（一）公務人員任用法第5、6、31條。

（二）公務人員任用法施行細則第4條。

（三）地方機關委任職務得列薦任官等比例審議原則。

現行人事制度自民國76年起實施迄民國82年為止此段期間，該制主要法規之一的「職務列等表」，業經三次修正，終使各機關之職務列等，更臻穩定平衡，但間有機關或個人建議提高部分職務之官等職等者，據悉均經銓敘部詳予審議，報考試院核定後，分別加以處理，凡該職務之官等職等顯屬偏低，確須調整者，在職務列等表未能配合修正前，則循組織編制修正之途徑，予以個別辦理，以濟職務列等表不能隨時修正之窮。

然於民國82年縣、市長選舉時，地方機關對提高職務列等有強烈的反應，因此，李前總統於是該年9月間在一項座談中明白指出，地方政府職等偏低，應予提高。銓敘部乃隨即在82年全國人事主管會報中提出「地方機關職務列等表改進之擬議」。而考試院邱前院長創煥指示銓敘部研議因應83年7月公布實施之「省縣自治法」與「直轄市自治法」，而於84年、85年分二階段修正，由於調整之職務（位）關係致使目前薦任官等人數比例日益升高，形成薦任層級職等產生難有配置空間之困境，跨列官等亦造成比附援引問題，而委任一、二職等之實際難以發揮配置功能均使整個十四職等架構產生極大的衝擊。案經考試院第九屆第三十三次（民國86年5月15日）院會責成銓敘部研處，該部遂會同人事行政局對此特作專案研究，以因應全面實施地方自治及相關新情勢之需要，於後述之。

貳、檢討分析

一、職組職系方面

（一）職務分類與職組之設計主要問題

1. 茲就區分為兩個類別言，此為新制產物，存有早年簡薦委制之遺跡，致在職系設計上不得不將某些職務，硬拆成兩個職系，分別列入行政及技術兩類，如原衛生行政職系改為衛生環保行政及衛生環保技術兩職系，又如消防行政、消防技術兩職系也是如此。再以區分二類別，致使某些職系之歸屬顯得相當勉強，如資訊處理職系屬於技術類等。

2. 就職組而言，原雖區分為9個職組，然58個職系分屬各職組之職系數多寡頗為懸殊，固然相近職系才可列為同一職組，然而新制施行之初，希經職組之設計而使人員之調任較為靈活，而形成行政類職組，過於粗略，例如法制及地政兩職系與其他五個職系同屬普通行政職組，造成人才不夠專業及人才流失現象，又如文教

新聞行政職組之文教行政、新聞編譯及圖書博物管理三職系，其差異性頗大，均常遭詬病。由於依任用法第13條之規定，考試及格人員可以取得同職組各職系之任用資格，是以職組之區分不應過於粗略，否則職務歸系以及設系分類將形同虛設，徒有其名。爰經多次修正，於100年10月修正「職系說明書」及「職組暨職系名稱一覽表」，計有職組43個，職系96個，未來因應102年下半年擬議完成之中央行政機關組織再造與地方直轄市改制後之需要，銓敘部於105年擬議就職系、職組相關問題通盤檢討，進行簡化與增加人員調動彈性，藉此培育公務人員兼具專業性之通才能力，以適應全球化時代之國家發展需要。如何配套修正，值得觀察與研處。

3. 公務人員任用法中，雖對職組曾予以界定，並明定其說明書由考試院定之。但影響調任實務之現行「職組暨職系名稱一覽表」卻無法源依據。再者，歸系作業為新制施行之重要業務，早年職位分類制係於法制之根本大法——公務職位分類法中，明文規範其基本原則；然而新制卻將職務歸系辦法列為施行細則第7條之輔助規章而由銓敘部定之。又現行公務人員任用法第32條及第33條，原係對未實施分類制度之特殊機關，規定在制度上另為特別立法，目前已無法制之需要。

（二）職系設計在實務運作的主要問題

1. 職系說明書，自76年施行以來，曾有多次之修正，惟其內容，仍有語意不清或職系之間區分不明者，如地政職系及經建職系行政職系之都市計畫項目，均列有土地使用管理（制），又如醫事技術與醫學工程兩職系之區分亦難明確等。

2. 職系之間調任規定上，其設計目的，係對性質相近之職系，其應具之專長近似，故擔任該職系人員，得予調任，以利人才之流通。故其設計宜考量寬嚴適中，過寬則有違專才專業之精神，過嚴則人力運用僵化，均應避免。目前依職組暨職系名稱一覽表備註欄之規定，有單向調任以及雙向（相互）調任之設計，惟以前者占絕大多數，後者甚少，論者或認為因職組設計已經給予彈性，故不宜再增相互調任之規定，然而就實務看來，以粗略之職組設計來加以放寬，實弊多利少，應該慎重。最好參考原職位分類制後期之「工作性質及所學相近職系名稱表」甲及乙兩部分之設計，以期靈活合理。

3. 關於職系與職等之配合，早年實施職位分類時，對於各職系之職等分布，列有「公務職位分類職級列等表」，對於每一種職系其現員可以歸級之高低職等，有其上下幅度之限制，如早期推檢職系為第七至十四職等間，技藝職系為第二至七職等，稽核職系為第四至六職等間。目前新制並無此表之規定，以致歸系機關得任意歸系，似有不宜。

對於新人事分類法制的「職務列等表」實施後之一般批評如下：[5]

1. **法定職務列等之考量因素問題**。依規定職務列等應依機關層次、業務性質及職責程度列等，就新人事分類法制之規劃言，既將兩制融合，並未放棄職位分類精神，於制定職務列等表時，應盡量避免考慮機關層次，如強調層級，認為中央機關所有職位之職責程度均較省級為重，省級均較縣市鄉鎮為重，從而機關愈高則人員職等愈高者，乃偏執「內重外輕」，不符憲法中央與地方均權的精神與觀念。

2. **關鍵性職務的列等彈性問題**。中央及地方機關均有些列等較高、人數較少的代表性職（如薦任九職等之「科長」職務）。此等職務之調動甚難，常使機關首長對於不適任者無力加以調整；另者，擔任該職務者，往往因無法調動而一職到底，成為公務生涯的終站。復受職務列等的限制，終其退休，亦無法獲得陞等機會，這對追求永業化的文官制度，無異是種缺陷。

3. **官等與職等是否有於機關組織法中明定之必要性問題**。中央行政機關組織基本法施行前，我國機關組織法不但明定內部單位名稱及職掌，而且把每種職務置多少人，及其官等職等都予規定。現代國家的機關組織，雖然必須經過立法程序。但因立法程序甚繁，有時難以適應時代變遷之需，故於立法時，應賦予行政機關較大的裁量權。其次，行政機關為期本身的職務、官等、員額能依業務需要機動調整，各機關的組織法中官等和職等似不必明確訂定。

4. **調整地方機關職務列等問題**。地方機關職務列等偏低，以及委任職務得列薦任官等比例亦低，影響人才下鄉及留鄉之意願，亟待檢討改進。五都一準改制後，其職等相對提升，彼此差距已有改善。當然倘職務列等調整過高，造成中央與地方之失衡，亦非美事。

如上所述，經由銓敘部於民國84、85年二度修正職務列等表後，上述之跨官等缺失外，明顯造成許多基層之列等上限與中層主管職務產生重疊，甚至造成權理之中層主管之本俸等等均低於其所屬同仁，可能造成管理上的問題；另跨官等過多亦違兩制合一人事分類法制之旨，而「職等標準」有必要大幅修正，以為因應。

參、改進建議

現行人事分類法制施行，已逾三十年，後經政府推動各項再造工程與提昇國家競爭力之時刻，允宜秉持「根據現代化的行政原理與國家的實際情況，從中央到地方建立一套完整的行政架構，並在健全的文官制度下，培養廉能的現代化政府」之前提理念，共同推動文官制度之改革與人事政策的革新。有關議題，將於本書以下各項敘述之，本項僅就前述檢討，提出以下數點建議：

5　參照吳泰成，同上，頁27-32。另五都一準改制後的職務列等及員額管控至關重要。

一、職組及職系之調整方向

（一）廢除類別之區分及增設職組。對於過去硬拆分為行政以及技術兩類職系之職務重新整合，現行行政類別較寬、技術類別過嚴之情況，理應衡平考量；另職組之區分，應採較精細之區分，使職系之性質極為相近者，始列為同一職系，以利辦理考試選拔優秀富有專長之人才，以免用非所考。

（二）善用職組暨職系表之備註欄，放寬調任規定，使跨職組之職系，其性質相近者，仍得相互調任或單向調任，但應明定以任現職滿二年人員調任為限（不適用考試初任）且調任後不得再次調任其他職系，避免輾轉遊走各職系間，形成投機取巧而違反專才專業情事。如何取得衡平點，是重要原則。

（三）配合前述職組暨職系表中將類別取消，今後對於職稱亦不再分為行政職稱或技術職稱，均依其實際職務之工作內涵加以歸系（此舉亦有助於日後機關職稱之簡併）。惟對於十二職等以上之職務應歸列較非專業之職系，以利高級人才之流通及通才之延用。

（四）對於部分職責程度明顯偏高或偏低之職系（前者如醫療職系、審檢職系；後者如醫藥、護理、職能治療等技藝職系、攝影放映職系），應於擬訂職務列等表時，注意各種特殊職稱之列等高低，以使職稱與工作職責相符。

（五）其他，如職等標準大幅修正因應、研修職務歸系辦法、簡化工作流程以及檢討得歸雙職系之規定，以期公務人員專業化，自主性之落實執行。

二、職務列等方面

其他有關職務列等之建議僅提出以下四點分析：

（一）中央與地方機關的職務列等，宜循職位分類的基本理論，依該職位所需知能條件與所負職責程度以定，兼顧中央及地方均衡原則來加以調整。因此，調整職務列等之依據，或可按百分比指標，如機關層級占幾分，管轄範圍（人口）占幾分，業務預算占幾分，所屬人員占幾分等，以較為科學的數據詳比調整。

（二）對部分具有關鍵性之職務，雖機關層次及業務性質相同，惟如機關編制員額數、轄區人口數及所轄機關數不一，其列等可有差異。亦或，中央與地方公務人員各依法律陞遷；另者，亦可考慮如何打通中央與地方的陞遷管道。然後兩者，一與我國人事制度之一貫性及隸屬性不合，且臺灣地區幅員小及科技網路通訊等之發達，應無必要中央與地方分別立法；一則牽涉問題至繁至廣，於釐清及人員互動上應特別慎重。

（三）一個職務設定何種官等、職等，應是人事主管機關之責。爾後，各機關組織法中只要明定每一職務的員額，至於官等和職等，則由人事主管機關依據公務人員任用法之規定，分別予以訂定，並依業務需要適時調整，當可解決目前機關組織法

缺乏彈性的缺失。

（四）地方機關職務列等偏低情形，應設法適度提高。如地方機關科（課）員、技士、工程員等之職務列等，由原列「委任第四職等至第五職等」修正為「委任第五職等或薦任第六職等至第七職等」；戶籍員、村里幹事、護士等之職務列等，由原列「委任第三職等至第五職等」修正為「委任第四職等至第五職等」。至地方機關委任職務，得列薦任官等之比例，應與中央機關審議標準趨於一致，似可檢討修正提高為二分之一。又（為解決此問題考試院於民國84年1月26日、85年11月25日先後二次修正職務列等，已照此原則將地方機關之職務列等酌予提高，使其與中央機關趨於平衡其他職務列等，允宜再深入評估，包括與公務人員任用法相關之考試法、俸給法、考績法……等應配合修正，其執行技術之現職人員改任換敘及相關權益保障，暨各類人事法制之平衡，均應通盤考量規劃之。

考試院為因應上述職務列等的結構上問題，乃責由銓敘部會同予行政院人事行政局等相關機關組成「職務列等及相關法制研究小組」，[6]就本論題擬訂八個研究主題，積極進行檢討，完成總報告，經提考試院民國86年9月25日第九屆第五十一次會議決議：交付審查，嗣經召開四次審查會，其審查結果分別提經考試院第九屆第五十四及八十三次會議審議通過。

本案八項研究主題中，除「公務人員官等職等併立制之檢討」、「現行十四職等架構之檢討改進」、「職務列等表之定位、功能及法令位階問題通盤研析」、「公務人員俸給表結構之檢討調整」等四個主題，以及「現行中央與地方機關列等應予調整職務之研議」已依考試院會決議，先行檢討調整少數列等顯不合理之職務，並經考試院於民國87年4月8日修正發布職務列等表在案外，其餘各研究主題均涉及職系簡併，以及現行人事法規之檢討，均賡續研究改進中；另為配合「中央行政（政府）機關組織基準法」草案及「中央政府機關總員額法」草案之立法施行，考試院銓敘部於87年7月1日已成立「職稱簡併及官等職等配置基準研議專案小組」，就中央暨各機關現有職稱進行檢討簡併以及研擬各機關職稱之官等職等配備基準，希冀早日定案，以利文官制度之運作更臻健全。[7]此外，配合88年1月25日「地方制度法」之公布施行，亦適時提高縣（市）政府一級主管及相關職務之列等，以因應地方自治用人需求。內政部早於民國89年起研修地方制度法時，即對人事一條鞭下授問題及縣（市）政府一級單位主管職務列等問題提出建議，其職等為簡任第十二職等或比照簡任第十二職等。復據91年4月內政部之修正草案中，及進一步研議縣（市）一級單位及所屬機關首長均改為政務人員，其職務比照

6　有關「職務列等表」問題，請參閱許濱松，人事行政（台北：華視事業公司，82年），頁197-198。趙其文，「從職務陞遷論職務列等」，人事月刊，卷15，期6（81年12月），頁39-47。吳堯峰，「新人事制度十年回顧與展望」，公務人員月刊，期7，頁35-39。徐有守，「現行官職併立制度建立與檢討」，同上，頁3-21。以及作者實際參與法制改革的心得與看法。

7　考試院，「考試院院長就職二週年記者會參考資料」（台北：考試院秘書處印，87年8月），頁4-5。

簡任第十二職等。本草案確實涉及民主、分贓（spoils system）與功績效率、效能價值之平衡問題，值得各界深思，亦不可不慎重。[8]嗣96年7月11日修正公布地方制度法於第56條及第62條規定，縣（市）一級單位主管及所屬一級機關首長，除主計、人事、警察、稅捐及政風之主管或首長，依專屬人事管理法律任免，其總數二分之一得列政務職，其職務比照簡任第十二職等，其餘均由縣（市）長依法任免之。暨有關縣（市）政府一級單位或機關之名稱等規定，均對中央與地方官制官規產生重大衝擊，應慎重因應。又為因應五都一準之需要，有關各職稱官等職等配置準則亦應檢討之。

第五節　小　結

　　人事分類制，指用以處理各類公務人員事務之一套完整體系。通常亦稱為「公務人員制度」、或「文官制度」等。我國人事制度發展甚早，自漢代之鄉舉里選以還，均能發揮其應有功能。又人事制度範圍廣泛，惟其支柱為安排人員的間架；而分類即以人事間架之類型來劃分，其劃分原理不外依據組織的級層體系及工作專業化的原則，決定分類的性質與列等。

　　品位人事分類法制之特點，是對人的分類，重視人員的品級、名位、年資與資格的制度。職位人事分類法制是以工作為基礎，將公務人員擔任的職位，依工作性質、工作程度加以劃分。其他人事分類法制尚有官職分立制、聘派制、資位制及海關資位職務分立制。

　　在民國75年起，整合品位分類與職位分類「兩制」，而成現行的人事分類制。該制之要點有：1.採用簡併職系；2.官等與職等整合；3.依官等辦理考試；4.一職務得跨列二至三個職等；5.任用資格依官等職等而定；6.同官等內職等均依考績晉陞；7.官等依考試或其他條件晉陞；8.薪俸依官等、職等和俸級調整標準等。要之，現行人事分類法制之整合為一艱鉅工程，其亦為我國人事制度開啟革新契機，當然考試院已提出因應的改革方案。惟該制之「職組職系」與「職務列等表」問題，尤其是中央與地方機關公務人員之職務列等，暨其相關人員之配置準則等議題近年來備受大眾關注，對其實施現況，及檢討與改進之議，實應加以重視。

8　蔡良文，「我國中央與地方人事之運作與發展」，載於行政管理學報，期4（台北：中國文化大學行政管理學系印，92年3月），頁1-35。

學習重點

- 人事機關（構）設置之理由
- 人事機關（構）的地位與職能
- 人事機關（構）與行政部門之配合關係
- 部外、部內折衷、獨立制之優、缺點
- 我國人事機關（構）的範圍與內容
- 目前人事機關（構）應注意之原則方向

關鍵名詞

- 機關／單位／機構
- 憲法價值
- 專業整合／行政部門
- 輔佐部門／部外制部內制
- 折衷制獨立制（院外制）
- 人事一條鞭、快速陞遷方案、文官長
- 考試取士
- 人事機關／人事法制
- 人事政策／人事法規
- 分贓制度／功績制度

第一節　人事機關設置與職能

　　現代國家發展與社會變遷迅速，人民需求政府應提高國家競爭力，也對公權力、公信力、公能力的依賴與信託要求日增，則政府的職能亦日益繁多，而政府既工作增加，公務人員的數目、素質亦大量增加與提昇。因之，面對此種情勢，如何有效的處理人事工作，乃成為現代政府所追求的目標之一，於是成立專門的機關（構）來從事人事行政工作，實為政府組織發展過程中必然的現象。析言之，可分下列三點：

壹、人事機關設置的理由

一、政治的理由

　　政府為保持政治清明，以及免除任用私人及贍恩徇私所滋生的各種弊端，有識之

士，起而呼籲倡導，主張公務人員的任用須經公開競爭加以考選，考選權必須脫離行政權。設置地位超然的人事機關（構）。在消極方面固可以監督牽制行政權力，以免危及民權，澄清吏治；在積極方面亦足以考選有能力、勝任的人員，為政府工作，以增進行政效能。國父主張考試權獨立，即在於保持政治清明，建立萬能政府。其核心價值觀以調和或消除政黨分贓、恩寵、酬庸等政治價值期以過渡至以才能、中立、公平、民主的功績價值兩者之目的，均為政治上的理由。

　　復以民國38年政府遷台以來，實施戒嚴、戡亂體制整個文官體制延續訓政時期以國民黨領政的作風，為因應國家安全需要，在人事機關（構）、人事制度均呈現戰時化的體制。[1]民國56年成立行政院人事行政局，更為偏重政治價值職能最有力的明證。

二、行政的理由

（一）員額龐大的理由

　　政府職能日漸擴張，行政系統為因應內外環境的壓力，無不急速添官設職，在組織結構中，改變或創設新興事務的單位或人員。由於現代機關組織規模動輒成千上萬的員額，就必須成立或擴大人事機構或人員以處理人事問題。

（二）專業整合的理由

　　依據行政結構分化與功能專化的原理，凡性質相同事務之整合，由專屬的業務部門掌理，人事業務也應劃歸一個部門掌理，為政府專事最理想的人事設計、安排與管理，使能發揮人事專業的功能。茲以政府為配合科技專業發展與倫理道德需求，確立合理的專家政治體制是必要的。相對地，有關政府機關組織設計與職掌配當，均有賴專責機關（構）來負責規則，以發揮統籌人力資源運用與機關間相互配合之組織運作功能。

（三）輔佐職能的理由

　　輔佐機構（或人員）近年來受到行政學者的重視，以其分擔首長瑣碎行政事務，更能向首長提供建議。人事工作本為極繁瑣的事，若首長事必躬親，不勝負荷，勢必有專職的幕僚機構（或人員）以資輔佐，蓋人事機構（或人員）為首長提供人事資料，處理例行人事業務，以及人事改進的建議，充分發揮專業幕僚的功能。

　　復且政府正推動以顧客為導向的電子化政府與單一窗口運動，其中人事資訊化，網路化是必要的，又此亦為人事機關（構）所極力推動的工作。所以說人事行政可謂政府施政作為的基礎，良好的人事行政作為，必然可以促進行政效率與效能，配合政府再造工程之落實執行。

1　蕭全政，「文官政策的時代意義與改革方向」，重建文官體制（台北：國策中心，83年），頁10-11。

三、經濟的理由

由於政府面對公共事務專業化與科技發展，任何決策或方針計畫，切須需求獲致各方資訊方能達其周全與可行，又此亦需有賴政府部門眾多的人力、物力的支持，但因政府支持多門，民眾需求日益提高，所以，如何以最少的資源達到最大的產生，如何以最少的人力完成組織的目標與任務，則為當前各國政府所應面對的課題，所以，在官僚體制主導政務之時，其人事業務之規則、設計與推動，則有賴專業的人事機關（構）來協助推動完成。

再以企業規模日益龐大，不但分支機構遍布各地，而且員工眾多，尤其勞資衝突的糾紛更是層出不窮。因之，企業組織為提高經營效率，乃設置人事部門，也有專設勞工關係部門等，從事於員工的遴選、工作分析、工作評價、陞遷、考核、福利、退休等業務，多年來經不斷地改進，成效卓著，遂使企業人事管理之學大放異彩。同樣地，現代政府猶如大規模的企業組織，公務人員較之企業職員不僅更為龐大，而且所負之使命非僅營利賺錢為考量，而包括國家安全、社會安定、社會救助……等事務，其內涵特顯繁鉅，當然政府雖與企業不盡相同，但對人、財、物、事等，莫不需藉科學的管理方法以發揮效能。因之，企業經營有效的方法，尤其改革或專設人事機關（構）處理人事業務，以減低成本與支出的觀念與方法，乃為各國政府基於經濟理由而廣泛吸收，急起直追來加強政府的人事機關（構）的功能。

四、社會的理由

在民主國家中，政府之文官系統扮演著憲法價值的保障者，[2]政府同時也於扮演著憲法維護者[3]、社會正義執行者[4]、公共利益促進者[5]角色，所以，在民主政治體系中，文官應保有其專業組織、有效率、有效能價值外，尤須因應民主政治中，保有倫理道德，[6]促使公務人員確實反省人與人之間的社會互動，形塑現代化官箴等。又上述憲法價值等之執行，均有賴文官體系來完成，而負責協調、規劃文官結構設計與執行，則有賴人事部門協力推動創新文官體制。

又以現代社會變遷急遽，人與社會之快速互應，無論為適應或調整，包含改造環境，其一切社會改革的主張，如人本主義、公道主義、價值取向、人格尊嚴、民主觀念、充分就業、行業訓練、社會福利、健康保險、多元化、自由化、社會化、效能化，

2 　John A. Roho, To Run a Constitution: The Legitimacy of the Administrative State (KA: U. Press of Kansas, 1986).

3 　翁岳生，行政法與現代法治國家（台北：台大法學叢書，74年），頁475-480。

4 　H. G. Frederickson, "Public Administrative and Social Equity" Public Administration Review, Vol. 50, No. 2 (1990), pp. 228-237.

5 　D. K. Hart, "The Virtuous Citizen, The Honarable Bureaucrat, and Public Administration." Public Administration Review, Vol. 44, No. 2 (1984), pp. 111-119.

6 　D. F. Keffl, "The Perils and Prospects of Public Administration." Public Administration Review, Vol. 50, No. 4 (1990), pp. 411-419.

均發生重大的社會衝擊力量，因之，表達人民意志而又是社會精英組織的政府，其公務人員更是深受影響。現代政府已是開放的系統，為因應社會的變遷，增加許多積極性的工作，故必須有專責機構辦理與研究。尤其社會改革主張，大體上與人關係密切，則致力於人事專業的工作，為強化人事機關（構）功能，不僅由消極的管理進步到積極的發展激勵；而且使政府人事行政產生發展行政的動力，達到國家社會進步的理想境界。

綜上理由，可知人事機關（構）當前之發展，不僅是現代化政府結構的新興功能，也是象徵國家社會進步之特色。

貳、人事機關的地位

人事機關（構）在行政組織中之角色以及與行政首長、行政部門（line）的關係，構成一種所謂「地位」。傳統的人事機關（構）不論是何種體制或何種編制，均具「輔佐幕僚」（staff）的地位。惟現代人事機關（構），除須盡其幕僚角色外，尚須主動研擬人力運用的積極計畫與措施，及維護工作意願的管理方案，以配合行政組織發展的需要。對行政首長與行政（目的）主管而言，現代人事機關（構）固以幕僚性質為主，亦扮演著非幕僚機構之角色。

一般機構通常包括行政部門（line）與輔佐部門（staff）兩種專業幕僚單位。前者指直接完成各機關目標功能之單位，後者則指為配合行政部門所需之人力、財力、物力，提供必要輔佐或服務之單位。通常行政部門是各機關的骨幹，輔佐部門則為支持行政部門，並提供必要之諮詢（advisory）與服務（service）功能的單位。這絕非兩者之地位高低的問題，而是專業功能性質，彼此不同之故。

任何機關首長最重要之輔佐幕僚，不外人事幕僚、會計幕僚與總務幕僚，其中尤以人事幕僚機構的地位最為突出，正如奧普森（L. D. Upson）所說：「一位成功的行政首長，必須具備四分之一的處事技能，及四分之三的用人才能。」[7]行政首長的用人才幹，既為其最需具備的能力，則其有賴於人事幕僚的佐理與協助，至為明顯。

尤其在大組織中，員額編制極多，行政首長或高層主管與一般人員未必經常接觸，欲知人善任，惟賴人事幕僚機構之功能。由此觀之，用人行政之權責操諸首長，但用人行政之成敗，則繫於人事幕僚角色之運用。健全的人事幕僚機構，應能協助首長達到五項功能：

一、規劃與執行人事法制。
二、擬訂人力運用與發展之計畫與措施。
三、提供有關用人行政的諮詢意見。
四、編製系統與完整的人事資訊（料）。
五、推行福利與維護工作意願的措施。

7　M. E. Dimock & G. O. Dimock, Public Administration, 4th ed. (New York: Holt Rinehart & Winston, Inc., 1969), p. 214.

人事機關（構）雖為首長之主要幕僚，但政府機構的人事法令（即文官法）都是統一的，自中央以至地方之人事機關（構），形成「一條鞭」體系，故人事機關（構）除為所屬行政首長的幕僚外，同時又是其上級人事機關（構）的分支單位。所謂「雙重隸屬性」，即是一般人事機關（構），同時隸屬於兩個主管機關。

再者輔佐機構的另一項職責，即為與行政部門的配合，人事幕僚需要行政單位的支持與合作，行政單位則需人事幕僚的支援與服務。

人事幕僚與行政部門，如不能相互配合，難免發生衝突。此種衝突可能因本位主義造成，但並無必然性。行政首長若善於領導與協調，則輔佐與行政單位必能摒除本位主義而相互尊重。倘人事機構能深入瞭解行政單位人力需要與運用的情況，規劃推行合乎實際的人事管理措施，必能贏得行政部門的支持與合作。至若執行既定的人事政策與法規，不僅為人事機構之職責，亦是行政部門所應遵行的。要之，人事權責的運用實為行政首長，行政單位主管與人事幕僚的共同職能。

參、人事機關的職能

人事機關（構）的職能（function），以人事業務為其範圍；茲從縱的與橫的兩方面觀察，包括：人事政策的制定，人事法令的頒行及人事措施的管理三種，分述如下：

一、制定人事政策

人事政策為處理人事行政業務的綱要原則，即有關適用的人才考選方針、人力運用計畫、人員訓練培育等方案，依據組織發展與行政需要而制定。在一般民主國家人事政策雖由行政首長提出，但在「人事行政專業化」的背景下，人事機關（構）即為實際上研議人事政策的主要機制。在我國之考試院，則係遵依憲法規定，實際負責人事政策之決策機關。究其具體內容如決策者決定實施職位分類制度，則政策的擬議及規劃出自人事機關（構）。此與各機關組織行政部門之擬訂業務發展計畫，屬於同樣的幕僚作業性質。

二、制定與執行人事法規

根據人事政策訂定明確的法規，以為執行的依據，才能井然有序避免雜亂無章，而維建制。如民國45年決定推行職位分類，47年頒行公務職位分類法，嗣即在56年分別訂頒分類職位公務人員考試、任用、俸給、考績四法，75年再訂頒新的公務人員考試、任用、俸給、考績等四法，此等法律固由立法機關制定，但其研擬過程皆屬最高考銓人事機關的職掌，殆無疑義。

三、推行人事管理措施

　　包括人力運用及行為管理兩方面，主要目標為發展人力運用及激勵工作意願。發展人力運用係依據人事政策與法規多以推動，如實施職位分類，獲致適格人員、規劃合理俸給、辦理考核獎懲、舉辦訓練進修、建立退撫法制等措施。至激勵工作意願，則須瞭解人員行為的本質，並據以採行有效的管理方法，如健全組織的採行人性的管理，增進工作情緒與效能，改善工作態度與方式，激勵人員潛能與才智等行為管理的措施。

　　從各級人事機關（構）的組織法及組織功能學理方面觀察，憲法第83條規定：「考試院為國家最高考試機關，掌理考試、任用、銓敘、考績、級俸、陞遷、保障、褒獎、撫卹、退休、養老等事項。」可知中央政府最高人事機關之考試院的原憲定職能，計有上列十一項。在憲法增修條文第6條中，除刪除養老外，其餘亦區分法制、執行或合一事項，係屬考量現行憲政運作與人事體制之權宜設計。其如考選部組織法、銓敘部組織法、行政院人事行政局組織條例（規程）（100年11月14日行政院人事行政總處組織法制定公布後，101年2月6日配合行政院組織改造，調整為行政院人事行政總處），人事管理條例，各部會組織法（條例）及省市政府組織條例中，有關人事機構的職掌範圍，均有詳細的說明。

　　綜合人事行政學者的觀察，人事機關（構）的職能略有十項：
（一）制定與執行妥善的人事政策與法令規章，以落實推行功績制度。
（二）掌理人力需求的資訊，積極延攬人才，並精確甄選人才，使之適才適所。
（三）採行合理的任用制度，並實施工作分析與人事分類法制。
（四）建立合理的俸給制度，建立績效（職位）考核與獎金制度。
（五）健全陞遷、獎懲、離職、申訴及上班時間及休假等人事措施。
（六）健全監督方式與工作考核，以及工作條件、康樂活動、安全設施等管理措施。
（七）積極培育訓練人才，建立終身學習環境。
（八）確立合理的退休撫卹保險等制度措施。
（九）加強行政管理，提高工作士氣，營造良好的組織氣候。
（十）維持良好的公眾關係，並改善人員與人員之關係，型塑良善組織文化。

　　要之，人事機關（構）之功能，由單純至複雜；由消極而積極；由機械而機動，由靜態法制建立到動態人力資源管理，目前多人事機關（構）之職能運作甚為廣泛，在行政組織體系中所扮演之角色，益形重要。

第二節　人事機關體制與類型

壹、外部組織形式

　　人事機關（構）體制者，指建制之外部組織形式。論者一般將此體制類型區分為部內制、部外制與折衷制三種。[8]然而，若從我國現行人事行政運作的角度以觀，前述三者皆屬「幕僚制」，與所謂「人事一條鞭」之「獨立制」（或稱院外制），實際上有相當差別。[9]蓋吾人若把人事行政權劃分為文官考選權、人事法制權、人事執行權三個層次（表3-1），則西方民主國家（美、日、德、法、英）各體制類型，無論有無獨立之人事行政機關（構），也不管該機關（構）所掌職權範圍大小為何，運作上至多僅及於文官考選權與人事制度權，而不直接涉入各行政機關的人事業務執行權。我國特有五權憲政體制，獨立的考試院制定（訂）多項考銓政策，其人事行政部分，則有人事一條鞭制度，主要係透過「人事人員獨立於正式行政指揮系統之外」，另闢一條特別針對人事行政的監督體制。茲將上開四類組織形式之特色分別概述如下：

表3-1　人事機構體制類型

內涵類型		考選（銓審）權	人事法制權	人事執行權
幕僚制	部內制	各部會	各部會	各部會
	折衷制	獨立機關（構）	各部會	各部會
	部外制	獨立機關（構）	獨立機關（構）	各部會
獨立制	（院外制）	獨立機關（構）	獨立機關（構）	獨立單位（一條鞭）

說明：

1. 本表所列為制度原型（ideal type）。實務演進上，各國常有變革，其中如人事主管機構之組織、名稱、決策型態、權限大小等，皆多所不同。論者常將美國（1883-1978）、日本（1947-1965）二個「典型部外制」以外之各國人事機構組織情形，謂為皆趨「折衷制」，應係以訛傳訛之誤解。

2. 雖1967年除原有考試院外，另增設行政院人事行政局（現行改為行政院人事行政總處），但基本制度精神並未改變，只是增設另一主管機關而已。此和日本1965年在內閣人事院之外，增設隸屬總理大臣之人事局，情況類似，惟皆未改變既存人事機關體制類型。

參考資料：

1. 傅肅良，各國人事制度，台北：三民書局，民國78年11月，增訂初版。
2. 許南雄，「人事機構幕僚制與獨立制之比較」，中興法商學報，期24，民國79年6月，頁117-151。
3. 許濱松，各國人事制度，台北：華視文化公司，民國81年2月，2版。
4. 江大樹，「人事行政機構組織與職權之調整」，重建文官體制論文研討會論文，國家政策研究中心，民國82年5月，頁3-2。
5. 蔡良文，「憲政改革中考試權定位之評析與建議」，五權憲法考試權之發展，台北：正中書局，民國82年5月，頁433-462。

8　See: Robert Presthus, Public Administration, 6th ed. (New York: The Ronald Co., 1975), pp. 158-159; O. Glenn Stahl, Pubilc Personnel Administration, 7th ed. (New York: Harper & Row Publishers, 1976), pp. 433-434.

9　張金鑑，各個人事制度概要（台北：三民書局，65年，4版），頁23-27。

一、部外制

部外制，係行政組織系統外，設立獨立超然的人事行政機關（構），而不受政黨及行政首長的干預控制，全權掌理整個政府的人事行政事宜。例如美國1883年立法設置的文官委員會（U. S. Civil Service Commission）；日本戰後（1943年）設置之人事院。

（一）部外制之優點

1. 因為人事機關（構）獨立於行政部門之外，不受政黨和行政首長的干預控制，較能客觀公正的為國家選拔人才，且可不受政黨影響，人事安定。
2. 能夠集中人力、財力、物力，對人事行政作周詳的計畫考慮，易於延攬人才；通盤籌劃，避免支離破碎。
3. 採用公開競爭的考試方法，可以避免賣官鬻爵，循私舞弊。

（二）部外制之缺點

1. 行政機關、立法機關等常不能與人事機關（構）密切配合，甚或給予牽制，人事機關（構）因而感到掣肘太多，不能發揮功效。
2. 人事機關（構）獨立於行政部門之外，對實際行政的需要，並不十分瞭解，所作之措施不能對症下藥，總有閉門造車之憾。
3. 人事業務中，原應屬於行政機關首長者，如獎懲、陞遷、編制及待遇，一旦強行分出，可能削弱領導權；而且破壞組織功能及行政責任的完整性。

二、部內制

部內制，係各行政部門，均有單獨的人事制度，各自設置人事行政機關（構），掌理所屬的人事業務。此為德國和法國所採行，也稱德法制。因為德法傳統上講究各個機關的集中權力，人事行政權自然不能從行政部門劃出。

（一）部內制之優點

1. 因為各行政部門的人事業務，由各部門的人事機關（構）掌理，對本部門情形有相當的瞭解，所作的措施較能切中時弊，配合實際需要。
2. 人事機關（構）與行政機關合而為一體，職權上既無衝突，易收事權統一、步伐整齊的作用，可以增進效率。
3. 工作業務無須往返協調商榷、較能掌握時機。

（二）部內制之缺點

1. 部內制人事組織，因力量分散，難於羅致專業人事人才，既辦理例行人事事務之不足，何能期望積極性人事制度的建立。如此，其人事管理技術不易精進發展。
2. 人事組織分散於各部，則各部人才、設備兩缺，自不能符合有效管理原則。

3. 人事行政事務之處理，各部各自為政，參差不齊，步調不一之流弊滋生。

4. 各部自成人事行政體系，不免囿於固習，畏於更張，其人事革新進步，誠然障礙重重。

三、折衷制

折衷制亦稱英國制。其係中國往昔考試由禮部；銓選歸吏部的職權，[10]加以現代化的包裝。易言之，其即將人事權一分為二：一為考試權，屬於超然獨立的文官委員會（Civil Service Commission）；其二為銓敘權，舉凡錄用人員的薪俸、陞遷、考績、懲戒以至退休事宜，歸諸內閣所屬的文官部（Civil Service Department）現為管理暨人事總署（The Management and Personnel Office）掌理。此種除考選以外的人事行政事宜，統由行政系統的文官部門掌理。其優點：

（一）考試權獨立行使，公正客觀，行政首長既無權任用私人，政黨又無法染指分贓，確保用人唯才之精神，以1995年之「文官委員會」，置九位獨立行使職權之文官委員，其主要事權在負責規劃及監督角色。

（二）除考選外之人事行政事宜，能配合行政機關實際需要，可因時、因地而制宜，並保持行政責任之完整性。

近年來由於福利國家理念興起，各國政府職能迅速擴張，非但公務人員人數遽增，其角色亦益形重要，如何合理有效強化管控文官體系，已成各國多所重視的課題。因此，原屬折衷制的英國，亦擴充人事主管機關（構）職權以及有關文官的永續與變革之推動，加強文官考選的功績原則之落實等，而成部外制之人事機關（構）形式，其1997年以來的人事體制改革，亦值得研究。

四、獨立制（院外制）

於民國31年公布，72年修正之「人事管理條例」第1條明定：「中央及地方機關之人事管理，除法律另有規定外，由考試院銓敘部依本條例行之。」第6條規定：「人事管理人員由銓敘部指揮、監督」；第8條規定：「人事主管人員之任免，由銓敘部依法處理」等相關條文，考試院對全國文官體制，並非如其他歐美民主國家，多侷限在法規之統籌擬訂與執行之協調、監督而已；實際上乃透過人事人員的任免權，具體影響各級行政機關實際人事運作（執行權）。此即所謂的「人事一條鞭」，是我國特有之人事機關「獨立制」的設計方式。當然，在憲法增修條文制定之後，有部分調整，而人事管理條例亦未能完全落實執行，值得檢討。此種制度與前述三種較之，其最大的差異在：

（一）考試院及考銓兩部、保訓會等均係獨立行政院之外的人事機關，包含「人事職權

10　參閱許南雄，「行政機關設置人事行政機構體制之研究兼論行政院人事行政局之改制」（台北：中興法商學報，期25，80年6月），頁229-261；江大樹，「人事行政機構組織與職權之調整」（台北：國家政策研究中心，82年5月），頁3-1~3-23。

獨立」與「人事機關獨立」體制，既與行政機關分立為五院之一，不相隸屬，則人事考銓主管機關不是最高行政機關之幕僚機構，此與部外制最大不同點。

(二) 依「人事管理條例」，考試院所屬銓敘部是各級行政機關所屬人事處室之主管機關，包括任免、考核等管理事項皆自成系統，而構成「一條鞭制」，曾任考試院首任院長其任期幾近二十年之戴季陶先生在民國18年曾謂：「考試院是替國民政府做一個總當家」，這一超然獨立於各院之外的型態，行憲後亦未改變，此即獨立制，考試院是總統或國民大會的「總當家」其「人事一條鞭制」為部外制所無，更具獨立自主地位，所以人事管理條例之存廢，關係五權憲政體制其理至明矣。

(三) 歐美各國行政機關與其所轄人事機關，處於「監督─隸屬」關係，各該人事單位不受中央人事主管機關之管轄，人事單位為各行政機關之人事幕僚，但在我國現行體制下，各級行政機關（各院以下）與其所屬人事機關（構）成「雙重監督與隸屬」關係，這對人事機關的幕僚職能是有其影響的。部外制、部內制與折衷制均可稱為幕僚制，而我國院外制則為典型的獨立制，各有歷史背景與制度設計。

貳、組織內部運作類型

　　人事機關（構）之組織，可分為首長制、委員制與混合制三種。所謂首長制或一元集中制，係一個機關的事權交由長官一人單獨負責處理者。所謂委員制是一個機關的事權交由若干人共同負責處理者。根據行政學者的研究，認為立法性、設計性、顧問性的機構，應採委員制，而執行性、行政性、技術性的機構應採首長制，因前者可收集思廣益之效，後者可收執行迅速之功。[11]

　　人事機關（構）工作繁複，其內部運作方式，應採用何種組織，論者觀點不一，而事實上各種組織型態均有。茲以我國考試院為例，雖然有院長，但所有重要決策是經由考試院會議而決定之，乃全體考試委員及部會首長共同負責之，並非取決於院長個人之意志，所以可以視為委員制。再以行政院的人事行政總處來看，因為人事長綜攬局務，則為首長制。

　　首長制與委員制，各有利弊，學者論述甚多，惟於人事機關（構），王世憲教授主張採行混合制，他說：為求人事管理法令執行之有效，與實施管理之嚴密起見，人事管理機構應以一元集中制為主，正如今日中國大陸一樣，各級人事管理機構均設主管一人主持其事，但是為顧及訂立人事規章的集思廣益起見，應斟酌機關範圍之大小，於人事管理機關內酌設人事規章委員會或聯席會議。此二者之分別，即範圍大者應將人事規章委員會列為固定組織，其範圍小者則以隨時召集有關主管人員聯席會議，共同商討人事規章為其任務，不過無論其為經常的法規委員會或為臨時的聯席會議，規章一經訂立之

11　王世憲，人事管理（台北：臺灣商務印書館，56年），頁22。

後即交由主管人事負責執行，兼顧主法與執行的目的即可達到。[12]

當然，混合折衷制，運用得當可兼兩者之長，反之，則有兩者之弊，以現行考試院為委員制（合議制），銓敘部為首長制，其政策受考試院院會決定，人事行政總處雖為首長制，上則受行政院之指揮與考試院之監督，倘能各守分際，相互協調溝通，則俱見混合制之功能。

參、人事機關（構）與行政部門之配合

人事行政是行政的一環，人事機關（構）是行政機關的部門，則二者之間的隸屬，原為點與面的關係。惟欲比較英國的「管理暨人事總署」、美國的「人事行政總署」、日本的「人事院」及我國的「考試院」，如果僅從文官法或組織法比較其優劣，將失真實。因為人事主管機關（構），不過是整個政府組織的一角。人事機關（構）的體制，固有優劣得失，但必須著眼於政府行政組織與管理的效能加以權衡。由此可知，人事機關（構）如無法與行政組織各部門配合，而自詡於一條鞭的權力系統，忘卻幕僚的角色，豈非自閉症的表徵而已。

民主與效率、效能，是現代政府組織的目標。任何人事機關（構）的體制，如不能配合開拓民主行政與管理效能的功能，無異自甘孤立與消極。英國的文官部（1968-1981）所以改組為「管理暨人事總署」（The Management and Personnel Office），著重在管理效能的提昇；目前則改組為「公職局」（OPS, 1995迄今），其若重於文官員額之精簡與組織效能之提高；美國文官委員會（Civil Service Commission）改組為「人事管理總署」（Office of Personnel Management）及「功績制保護委員會」（Merit Systems Protection Board），也著眼於人力資源運用與管理效能的結合，在1993年起由副總統高爾（A. Gore）主持之「全國績效評估委員會」（National Performance Review Commission），則從事重新改造政府組織架構，以強化政府施政績效。在民主行政方面，英國的惠特利委員會（Whitley Council）制，已有集體協議的基礎，實較美國的勞動關係局，更具特色。至於戰後的日本，在文官考選與培育方面，目前由人事院及其他地方分院或其指定之機關辦理，實扮演極為顯要的角色，高等文官已成為政治領袖不可或缺的僚屬，日本官僚體制的傳統雖未盡消逝，但人事院以推動功績制為核心，極有助於行政管理的革新。我國人事機關（構）的組織結構，係建立在五權憲法體制之獨立制的基礎上，但考銓機關的興革，已漸能配合國家行政管理的發展，惟我國文官行政應脫離傳統官僚制與人情的束縛，以及加強任使、培育與鼓舞忠貞吏才，仍是人事機關規劃人事政策制度的目標。

---

12 同上。

肆、人事管理機構與人事訓練機構之健全

　　人事主管機關，均屬職能廣泛之體制，如我國的考試院，並不只是考選機關，而是考、銓（含保訓）業務的總機關，日本人事院、英國管理暨人事總署、法國文官署、美國人事行政總署，亦皆屬人事總機關體制。各國亦有部分人事業務負責機關（構），如考選機關（構）（我國考選部、英國前文官考選委員會，現在為九位獨立超然的文官委員），人事管理機關（我國銓敘部、美國聯邦勞動關係局……），訓練機構（法國國家行政學院、德國公務員研究院、美國聯邦行政主管研究院等）。此等專設人事機關（構），大部為人事行政總機關（構）之附屬單位，也可說是人事輔助機關（構）。

　　取才用人是人事行政的主題，人事機關（構）之措施，貴能獲致取才用人的目標，取才有賴於考選機關（構）對考試權的適切運用；至於用人措施，則與一般人事管理及訓練機構之作為息息相關，自任免、俸給、考核、訓練、獎懲、體恤、保險以至公務人員行為管理與工作情緒等管理措施，無不影響用人行政的成敗，故現代各國幾皆有不同類型的人事管理與訓練機構。我國最主要的人事管理機關（構）為銓敘部、行政院人事行政局（總處）及其所屬人事處室，機關（構）體制的健全、人事工作的效能及促進行政管理的發展，仍是當務之急。至於我國的訓練機構，如何有系統規劃人才訓練措施，統籌運用訓練資源，而不流於紛歧與零星，並確立行政體系內專業科技與行政人力發展制度，均屬要務。

　　因此，自民國81年5月27日第二屆國民大會臨時會議第27次大會三讀通過憲法增修條文第14條後，行政、考試兩院為明確劃分公務人員訓練進修業務權責，於民國82年6月起經多次副院長層級協商，筆者均親自參與，獲得結論略為：「考試院掌理公務人員訓練、進修之政策及法制事項；行政院以外機關公務人員進修之執行事項；公務人員考試筆試錄取人員之訓練；文官中立訓練及其他有關訓練。行政院掌理所屬公務人員進修之執行事項及其專業訓練；一般管理訓練及其他有關訓練。」兩院有關組織法規及相關訓練機構（如人事局（總處）之公務人力發展中心、保訓會之國家文官培訓所（99年3月26日改制為國家文官學院），亦均已分別配合此項研商結論制定或修正之，以解決多年來權責未明確劃分之困擾。91年1月30日公務人員訓練進修法制定公布，對於公務人員訓練進修事項，予以明確規範，有助於相關業務之推動。

　　各國人事主管機關（構），因國情與政治、社會背景的不同，而有不同的體制，優劣得失互見。在文官制度史上，我國是人事行政的古國，但「用人唯才」的制度，仍應不斷的改進，亦繫於制度環境的成長與公務人員人心的振靡，倘因不當的政治考量與「選票壓力」，將敗壞取才用人與功績制度原則的行政作為，所以，確立人事機關的體制，強化新文官體制時，自不能不正視此一問題，力圖改進之。

第三節　主要國家的人事機關

壹、英國人事機關（構）體制

現代英國人事機構的體制，歷經三個階段之演進：文官委員會及財政部人事局（1855-1968年）、文官部（1968-1981年）、管理暨人事總署與財政部人事業務單位（1981年迄今）以及目前內閣辦公室之公職局（1995年迄今）。茲分述如下：

一、文官委員會及財政部人事局（1855-1968年）

英國政府現代的人事機構，最早的是文官委員會（Civil Service Commission, 1855年迄今），職掌文官考選事宜，迄今未變。英國1853-1854年的「文官組織研究報告」，建議成立文官考選專責機構，1855年成立文官委員會。1870年起，舉行文官考試。

1920年後，並按行政級、執行級及書記級之考試。文官委員會係以樞密院令（Order of Council）設置，直屬內閣，與其他部會處於平等獨立地位。初由首相提報英王任命委員三人，其中一人為主任委員（First Commissioner），職掌考試及銓定資格。這就很近似國父所說：「大小官吏，必須考試，定了他的資格。」英國機關原來用人之方式，不脫離恩惠分贓（patronage）之色彩，自1870年採行文官考選制度後，才逐漸走上考選取才制度。考選以外的用人行政，英國自始認為：人事行政為行政機關組織之管理業務，於文官委員會成立，樞密院即令：1855年起，文官考選以及人事業務，授權由財政部主掌，而有「財政部掌握人事權」的體制（Treasury Control of Civil Service）。財政部創設人事局（Establishment and Machinery of Government Group, or the Establishment Department或譯編制局），其下分組織管理處及人事業務處等單位，主管組織編制、任用考績、俸給福利等人事管理措施，相當於我國銓敘部所掌管的人事業務。迄今，財政部仍為中央主管人事機構之一，說明英國的經驗、強調人事行政始終是機關之組織管理方式。

二、文官部（1968-1981年）

1968年，英國政府依據「富爾頓委員會報告書」（The Fulton Committee Report, 1968），[13]建議設置直隸內閣的人事主管機構，統籌原文官委員會及財政部人事局的人事業務，並設文官學院。1968年11月1日，即成立「文官部」（Civil Service Department），裁撤財政部人事局，改組擴編，由首相兼任名義文官部長（Minister for the Civil Service），而上議院議員出任的掌璽大臣（Lord Privy Seal）負責實際部務，而

13　T. C. Hartley & J. A. Griffith, British Government and Law (London: eide-feld & Wicolson, 1975), p. 72.

常務次長亦即文官長（Official Head of the Home Civil Service），綜理文官部人事行政業務。文官部設人事管理、綜合計畫、統計資料、行為科學研究等司外，於1970年又設文官學院（Civil Service College）。文官部之職權，為推行人事管理業務，頒訂與執行人事政策及文官法令，強化行政與管理效能措施，及實施人事服務措施，包括薪給待遇、人事分類及人員福利事項，並督導文官委員會及文官學院。要之，文官部管理考銓行政業務，直隸首相，與其他部會屬於平行地位，為英國有史以來，體制最完整的人事主管機構。

文官委員會於1968年歸併於文官部後，其組織調整如下：（一）四位委員：依序為主任委員（文官部助理之長兼）、甄選委員會主席、遴選委員會主席及各司處之主管；（二）設置行政級考選、執行與書記級考選、一般人員考選、科學人才考選五司及技術人員考選司等單位。文官委員會職掌文官考選及有關延攬及遴選人才之政策，須向首相、政務及常務副首長負責，但文官考選及銓定任用資格，樞密院令規定獨立行使職權。換言之，考試權存在於行政權的體系之內，其人事考選機構雖屬人事機關，但仍獨立行使考試權。我國的大學聯考，若改設為專職機構，即屬其例。

文官部成立後，與其他行政機構維持良好關係，俾使人事措施更為有效外，尤其是財政部雖將其原人事局的業務併入，惟「財政支援文官體制」的傳統，其關係更為密切。同時文官部內部組織結構作適切的調整，包括健全高層文官（administration group）體制、擴增科技專業人力（scientific and professional classes）、改進人事分類制度、普及文官訓練措施，以求適應環境需要。

三、管理暨人事總署與財政部人事業務單位（1981年迄今）

文官部成立，其組織員額及人事業務，經過十三年的擴增調整後，需求「財力資源」（financial resources）之配合極為迫切，為有效達成財政經費支助，惟有將文官部編制縮小，改組為管理暨人事總署（The Management and Personnel Office），復在財政部恢復及增置有關人事業務單位。英國1981年的改組，距我國創設行政院人事局後十四年，美國設置人事管理總署及功績制保護委員會之後三年。

管理暨人事總署為人事主管機關（構），「在首相監督之下，由掌璽大臣負責日常業務，職掌為負責文官組織與管理，文官考選、訓練、效能、人事管理及高等文官之任免」，可見管理暨人事總署與文官部的地位，並無差異。其主要功能：（一）提高政府機關之管理效能；（二）維護人事政策之發展並提供有效的管理措施，尤以文官考選、訓練及福利措施、健全人事管道。文官部之功能在集中人事權，有效推動人事行政措施；管理暨人事總署則著重推展行政管理措施及維護實施人事政策；即由人事管理而兼顧行政管理，這是進步之處。至於一般人事業務中的俸給待遇、組織編制以及人事分類等職掌，又劃歸財政部人事業務單位負責，人事權反不集中運用，未免過分遷就財力資源了。

　　管理暨人事總署相當於內閣各部會之地位，在名義上，首相兼財政部第一大臣及文官大臣（Prime Minister and Fist Lord of the Treasury, Minister and Minister for the Civil Service），掌璽大臣兼管理暨人事總署政務大臣（Lord Privy Seal and Minister with Day-to-Day Responsibility for the MPO），內閣秘書長兼常務次長及文官長（Secretary of the Cabinet, Permanent Secretary to the MPO, and Joint Head of the Home Civil Service），下並設第二常次長。其內部主要單位包括：

（一）輔佐幕僚系統

　　總務及秘書處計有編制、資料、管理計畫、資訊、人事、會計、庶務等科室。

（二）行政幕僚系統

1. 管理與效能處（Divisions of Management and Efficiency）：配合管理發展業務。
2. 政府組織、文官行為、體恤及安全處（Machinery of Government, and Conduct, Retirement and Security）。
3. 人事管理、考選訓練及醫務處（Personnel Management, Recruitment, Training and Medical Advisory Service）：掌管任用、計畫、遷調、住宿、考績、福利、研究發展等及醫務措施。

（三）附屬機構

　　在文官委員會時期，其隸屬關係雖經演變，但仍不失其「獨立考選」的體制，其功能為：「負責文官考選（Recruitment and Selection），在考試及銓用資格方面，獨立行使其權限」，由委員四人組成之，其中一人為助理次長兼主任委員，下設：秘書室（Secretariat and Common Services），行政級考選司（Administration Group Division），一般人員考選司（General Competitions Division），科技人員考選司（Science Division）及專技人員考選司（Technology Division），有關考試機構，為文官甄選委員會、文官決選委員會（Civil Service Selection Board, Final Selection Board），其組織編制小，為配合委員會的輔助機構。直至1991年該文官委員會分成文官委員會辦公室（The Office of the Civil Service Commissioners）及「甄補暨評量服務中心」（The Recruitment and Assessment Services Agency）。

　　又英國自1950年代其文官入仕考試以行政（Administrative）、執行（Executive）、書記（Clerical）三級為主，直至最近其考試的程序與方式改變甚多，如行政級的初任考試，演變成「快速方案」（Fast Stream），由中央負責測驗與面試，其及格者可取得較高之任用資格；其他如執行級、書記級等級、低層級考試則授權各部會、多用人機關辦理，但應受文官委員（Civil Service Commissioners）的監督，發揮逐級授權，及指揮監督功能。

　　另文官學院分設於兩個地區集中訓練文官。學院設院長（Principal）一人，下設政

策與行政研究、管理研究、訓練、統計及經略研究、經濟及會計等組。

其次，財政部處理人事業務單位，說明如下：

財政部是英國最主要的部會、首相兼財政第一大臣，財政部以度支大臣（Chancellor of the Exchequer）為首長，其下設七位次長、若干助理次長，其中一次長為「文官事務首長」（Minister of State Civil Service），主管人事管理事務。

財政部各單位中與人事業務有關者有：

（一）編制與組織司（Establishments and Organization Group）。

（二）俸給司（Pay Group）。

（三）度支司（General Expenditure Division）：屬公共事務度支單位，主管公務人員相關經費支出，工作評價及人事查核等事務。

（四）管理會計及購置司（Management Accounting and Purchasing Policy Division）：主管政府機關財務、經費運用及管制業務。

要之，上述各司及有關科室職掌，為組織編制、人事經費、俸給待遇與工作評價等人事及管理事務。

四、內閣辦公室（1998年迄今）

英國現行最高人事主管機關為內閣辦公室（Cabinet Office），其於人事行政上之主要職責為績效管理、考選政策及監督、高級文官任用、便民服務與現代化、人事訓練培育、管理與發展等。尤其1995年文官樞密院令（Civil Service Order in the Council）將大部分人事權移轉給各部首長，如公務員的分類、等級、薪給、假期、工時及行為規範等工作條件，均得由各部會首長依所需制定內部人事規則或行政命令規範，所以雖然須配合政府政策的指導（如高級文官認命），然各部會首長對人事有很大的自主權。在組織體系上，各機關之人事單位，均是直接受機關首長的指揮監督，且人事主管均係由各機關首長自行認命，並不隸屬內閣辦公室、文官委員辦公室、財政部或其他單位，亦不受其指揮監督。[14]

再者，英國政府為解決其財政問題及提昇政府施政績效、行政效能，其機關組織大幅裁併、重組與精簡員額，其人事行政機關亦然，就以1995年起之「公職局」（OPS），其組織縮減，其員額亦由當時文官部之三千餘人，經歷次改組精簡成目前之一千餘人（Cabinet Office, Personnel Statistics, 1998）可謂改革成功著有績效的範例，值得參採。最後，英國人事主管機關、除管理暨人事總署、財政部人事業務單位外，就是頗具特色的「惠特利委員會」（Whitley Council）。所謂惠特利制（Whitleyism）是聞名於世的文官協議制度（Collective Bargaining in Government），創始於1919年，為下議院議長惠特利經深入調查勞資爭議問題後所提出，先試行於企業機構，行之有效後，乃普

14　高明見、蔡良文等，考試院98年度考銓業務國外考察英國考察報告（考試院，99年，頁19-20）。

及於政府機關。惠特利委員會共分三級，依序為全國委員會、各部會委員會及區域性委員會。全國惠特利委員會有54位委員，政府與文官代表各半、政府代表由財政部及人事行政總署聘任出席，委員會主席由文官長擔任。惠特利是以協議方式處理人事問題爭議（如薪給、福利、工作條件等），並促成政府與人員之溝通與合作。協議制度已是人事制度重要的一環，惠特利制使文官協議制由理論而實踐，極有行於管理措施之改善，因之，英國全國惠特利委員會，也是值得重視的人事機構。

　　總之，英國中央人事主管機關（構），可得而述之要點如下：

（一）英國不是考試權與行政權分立，而是在行政權管轄下獨立行使考試權。英國的文官委員會自1855年以來，皆在行政權管轄下（或直隸首相、或隸文官部、人事行政總署、公職局及獨立的文官委員（Civil Service Commissioners）來一貫獨立行使文官考選權（recruitment and selection）。當然有關實踐執行業務，在公職局所屬考試與訓練機構，其政策、方案評估業務外，已委由民間企業來經營，值得參政機關參採。

（二）英國的人事主管機關（構），不僅考選機關（構）不離行政組織體系，而且人事機關亦無獨立型態。自財政部掌握人事權，以至於文官部，或人事行政總署、公職局，均屬如此。惟強調人事管理與行政組織之配合，管理暨人事總署以降的改制，更能密切結合相輔相成。

（三）自百餘年來，英國人事機關（構）體制歷三大階段之演變，其中文官部僅成立十三年即改組，足見英國重經驗主義，人事機關（構）是成長的，也須隨政治情勢及行政管理之需要甚或考量財政情形而持續的改進。

貳、美國人事機關（構）之體制

　　美國聯邦政府人事主管機關（構）發展，得分兩階段，茲將其演進之體制分述如下：

一、聯邦文官委員會（1883-1978年）

　　英國的文官委員會（1855年迄今）是人事考選機構，專司考試及銓定資格事宜。美國最早成立文官委員會（Civil Service Commission, 1883年迄今）不僅是考選之機構，而且有人事、管理及訓練等職權，為隸屬於總統（行政首長）的聯邦政府最高人事機構。

　　1883年，美國參議員潘德爾頓（G. H. Pendlton）呼籲改革分贓制度（spoils system）提出主張考試用人的法案，這就是潘德爾頓法（Pendlton Act of 1883），也稱文官法。美國獨立百年、始終未建立文官制度而政治分贓極為普遍，復因迦斐爾總統（J. A. Garfield）竟為求職未遂者所暗殺，因之刺激了人事改革的決心。依照美國康乃爾大學雷波教授（P. V. Riper）的說法，潘德爾頓法之提出，旨在採行考試用人的英國文官制度，當時英國文官委員會已成立28年，實施公開競爭考試制度也逾13年。

美國的文官委員會，經過將近一世紀的演變，其職掌範圍為：「在總統管轄下，督導各行政機關之人事行政業務，輔佐總統制定人事政策，並施行國會制定之人事法規，包括考試、職位分類、薪給、訓練、退休、保險、福利、休假、獎金、考績、文官之政治活動，退伍軍人之任職優待，及各機關人事業務之聯繫。」[15]由此可見，美國文官委員會是聯邦政府之人事行政主管機關（構），其職掌遠比英國文官委員會為廣泛。

文官委員會成立，建立一套不受政治分贓干擾的文官制度，於是逐步推行人事行政的措施，謹慎地擴展其職權（caution in extending its authority），並且維護免於政治勢力干涉的獨立、公正及集中事權的角色，1952年美國政府撤銷由各部會人事主管組成的「聯邦人事委員會」（Council of Personnel Administration or Federal Personnel Council, 1940-1952），其後各部會人事主管所組成的人事諮詢委員會（Inter-Advisory Group），即係隸屬於文官委員會的管轄。文官委員會的地位與功能，隨著人事制度的成長而確立。文官委員會成立之初，僅有委員三人、考試官一人及職員三人（總計七人）。1970年代，全部員額已逾6,000人；華府本部2,600餘人，全美各地十個區域機構（regional offices）、六十五個分支機構（area offices），以及配屬各機關數以百計的考選委員會，成為極具規模的人事主管機關（構）。

美國文官委員會由委員三人組成，委員由總統提名，經參議院同意後任命，任期為六年，至少一位須屬少數黨，總統就委員中指定主席與副主席，主席即委員會的首長。文官委員會的總機關（構）與所屬區域、分支機構，雖成一條鞭系統，但對聯邦政府各機關的人事行政措施，除貫徹國會通過的人事法律外，乃居於幕僚、諮詢與參贊的地位，各部會首長與主管仍掌握人事權責，頗合胡佛委員會報告書所主張的：「考選及人事管理的主要職責，歸諸各行政機關」。要之，文官委員會為屬於行政機關的「人事幕僚機關（構）」。學者比喻其角色由「警察」而變成「僕役」。

1938年後美國聯邦政府各部會分別設立人事處室。此等人事單位，並不隸屬於文官委員會，但彼此間則保持必要的聯繫與諮商。其與各州政府人事組織體制之聯繫，則依據1970年的「聯邦與各州政府間的人事法」（Intergovernment Personnel Act）實施。

二、人事管理總署與功績制保護委員會（1978年迄今）

1978年，美國卡特總統在國情咨文中說：「文官體制的改革、將是任期中改組政府組織的核心」，同年10月13日卡特簽署文官改革法（Civil Service Reform Act, 1978），正式改組文官委員會的組織結構。

依據文官改革法，改組文官委員會分別設立三個人事機構——人事管理總署（Office of Personnel Management）、功績制保護委員會（Merit Systems Protection Board）及聯邦勞動關係局（Federal Labor Relations Authority）。首先，人事行政總署的

15　Robert Presthus, op. cit., p. 174.

員額編制最多，職掌業務最廣，原文官委員會的機構、員額及職掌，幾均納入此一機構。文官改革法的立法精神，在改進有關人事制度的措施，諸如人事權與行政權的配合，甄補及離職程序的健全陞遷、俸給與考績的合理化等。人事管理總署取代文官委員會，改委員制為首長制，以發揮行政功能，俾加速人事行政措施之改進。其次，則為進一步貫徹功績制度之實施，在文官改革法中明確揭櫫功績制度之九項原則，包括才能取向、公平待遇、同工同酬、維護紀律、工作績效、獎優汰劣、訓練培育、保障不受政治迫害、合法運用資料等。故在人事管理總署之外，特設功績制保護委員會，以審議人事管理總署之人事措施有無違背功績制度。再者，文官改革法亦兼顧勞資關係及人員申訴體制，除由功績制保護委員會審議裁定有關文官之申訴事項外，並成立聯邦勞動關係局，以改進及維護勞資關係與人員關係。

　　人事管理總署設署長（Director）一人，由總統提名經參議院同意後任命，任期四年，綜理署務並監督所轄機構與人員，為直屬總統之人事行政幕僚首長（在英國則稱文官長）。署長之下設副署長（Deputy Director）一人，其任命程序與署長相同。正、副署長各設特別助理二人。

　　人事管理總署設下列機構及單位：

（一）人事長室（Office of the Director）：署長、副署長、助理署事長（Associate Director）、特別助理等。

（二）任用室（Affirmative Employment Program）：掌理甄選任用及婦女任用方案等。

（三）機構關係處（Agency Relations Program）：掌理各地區人事分署及人力資源管理業務。

（四）人事交流委員會（Commission on Personnel Interchange）。

（五）白宮聯絡室（Commission on White House Fellowships）。

（六）俸給福利處（Compensation Program）：掌理俸給與福利政策、俸給行政與管理、體恤保險業務、醫療業務及管理方案，人員達1,300餘人。

（七）行政主管及管理發展處（Executive Personnel and Management Program）：掌理行政主管培育與儲用，及管理聯邦行政主管研究院（Federal Executive Institute）。

（八）政府部門間人事業務處（Intergovernmental Personnel Program）：各部會相關之人事調任及人事支援業務。

（九）薪給諮詢委員會（Prevailing Rate Advisory Committee）：提供薪給資料建議。

（十）人事管理局（Staffing Systems and Services Program）：職掌考試制度、遴選技術、人事研究發展及人事調查，人員逾1,500餘人，是最重要之單位。

（十一）效能發展處（Workforce Effectiveness and Development Program）：主掌訓練方案、考績考核、職業衛生及獎勵措施等事項。

（十二）顧問室（Office of the General Counsel）：掌理法規顧問事務。

（十三）政府倫理局（Office of the Government Ethics）：掌理公務人員紀律與品德操

　　守。

（十四）勞動關係處（Office of Labor Management Relations）：掌理勞動關係業務。

（十五）管理處（Office of Management）：掌理財務、購置管理及資訊業務。

（十六）人事處（Office of Personnel）：處理署內人事業務。

（十七）政策分析處（Office of Policy Analysis）：掌理人力政策規劃事宜。

（十八）工作評價處（Office of Internal Evaluation）：處理署內事務及工作評價。

（十九）公眾事務處（Office of Public Affairs）：掌理對外公眾事務。

（二十）區域機構（人事行政分署）：由文官委員會十個區域機構調整而成，職員逾
　　　　4,100餘人。

　　美國聯邦行政機關，區分為行政各部（Executive Departments，以國防部員額最多
有90萬人），與專業機構（Independent Agencies），人事管理總署為中型規模組織，除
與所屬區域機關（構）及分支機構，保持密切聯繫外，以其為聯邦政府之人事幕僚主管
機關（構），故對各部門與專業機構，均得提供基本的人事管理督導方案。人事管理總
署承繼原文官委員會的職能，負責測驗、訓練、執行考選工作，及監督聯邦機關（構）
的人事運用，其直隸總統，所以，其獨立性相對降低。在文官考選方面，於1976年施行
之「專門及行政永業考試」亦於1982年起廢止此一統一性考試，其後十餘年來，則有逐
次授權各部分，用人機關分別辦理文官考選工作；就聯邦政府之用人方面，於1990年採
以新的行政永業職（Administrative Careers）考試，以拔擢優秀文官為國服務，另外，
並授權各機關以簡便方式進用加權相當3.5或以上之成績為公務人員，至於高級行政主
管職（Senior Executive Service）之進用，亦均本於法制、管理與監督之立場來辦理。有
關人事管理措施，近些年來且多授予各部與機構之人事行政權限，俾人事措施能與行政
組織管理緊密結合。此即主管機構的人事「授權管理」（delegate authority or
decentralization of personnel function），實為加強行政首長人事權責的途徑。另筆者於
1995年6月9日陪同考試院邱院長創煥先生拜會署長金恩先生（James King），渠表示在
柯林頓總府的「政府再造」的計畫中，強調對官僚體系的政治控制，強調企業家精神政
府，許多人事業務逐次委託民間辦理，甚至也包括每年10萬人的人事背景調查，亦改以
民間協辦，其授權民間，多以負責管理監督的政策取向，值得觀察。在時任署長拉薔斯
（Janice R. Lachance）於1999年1月在台北國際會議中指出，該署已精簡人事達30%以
上，完全配合政府再造與精實人力政策。

　　與人事管理總署配合的功績制保護委員會，是保護功績制度及保障文官合法權益的
獨立性機構。由三名委員組成，其中一人為主席（chairman），均由總統提名經參議院
同意後任命，任期七年，期滿不得連任。主席即為委員會之行政主管。副主席一人，協
助主席處理委員會會務。此外，復設特別檢查官（Special Counsel）一人，由總統自一
般檢查官體系內提名，並經參議院同意後任命，任期五年。特別檢查官的主要任務是，
負責調查文官控訴案件及訴訟事件，對違法公務人員的懲處控訴及提出改正申訴結果的

措施。

　　功績制保護委員會的職權：(1)準司法性權限：即申訴案件的聽證、決定及改正措施：(2)聯邦機構或其文官申訴案件裁決；(3)研究人事行政功績制，並向總統及國會提出報告；(4)審查人事行政總署的法令規章是否違背功績制的原則。可見功績制保護委員會係準司法性、準監察性及具懲戒性之人事行政機構。

　　其組織分行政管理部門及特別檢查官。即行政管理處：設處長（Managing Director）一人，副處長二人，下設法律顧問室、上訴室、行政法裁判室、功績制審察室、立法室、秘書室、事務室及區域機構。特別檢查官：設特別檢查官、副檢查官，下設起訴室、調查室、行政管理室及分支機構聯絡室。要之，功績制保護委員會，為人事管理總署的制衡機構。其成立以來其保護公務人員權益等成效至為卓著，同上筆者1995年陪同拜會該委員會主席艾德瑞許（Ben L. Erdreich）表示該會審理案件不服再提申訴或審理者一年約五件或六件以內，證明其公信力為各界及當事人所信賴與肯定。

　　至聯邦勞動關係局，由聯邦勞動關係委員會（Federel Labor Relations Council）改組成立的新機構，掌理聯邦機構的勞動關係及集體協議措施（Collective Bargaining）。勞動關係局，設委員三人，至少一位須屬少數黨，委員由總統提名經參議院同意後任命，任期五年，由總統任命委員之一為主席（chairman）。主席每年須向總統及國會提出年度報告，說明勞動關係的政策及勞資爭議與協議的案情。勞動關係局為協助勞工處理申訴及訴訟案件，特置檢查長（The General Counsel）一人，由總統提名經參議院同意後任命，任期五年。檢查長之職務係調查勞動關係之控訴案，及提出勞資爭議案的訴訟事項。聯邦勞動關係局在各州主要地區設置分支機構，以處理各地區之勞資關係事務。勞動關係局之主要職掌為：（一）提出勞動關係的政策與方案；（二）決定勞工組織參加集體協議的代表及監督勞工組織選舉事項；（三）處理協議制定的有關措施，包括申訟訴訟、仲裁及調解的方法。勞動關係局並得要求人事管理總署提供人事行政業務的諮詢意見，俾利於處理人事問題的爭議。

　　1940年代，美國建立聯邦政府集體協議制度，處理勞動爭議及推動勞動關係措施（Labor Management Relations, Employee Relations）；1969年代，成立聯邦勞動關係委員會；經過十年，又改組為聯邦勞動關係局。此等機構原係仿效英國惠特利委員會制度，但美國的工會組織勢力極複雜，而致文官參與協議之權限與地位尤受限制，能否因之改善勞動關係，非人事機構所能竟其功。

　　綜之，美國現行的人事主管機關（構），其體制可得而言者：

（一）美國人事制度，係朝著專業化、幕僚制及積極性人事功能發展，其目標以功績制度為核心。為期配合政府再造與各機關需要，各部會及各用人機關均授予大幅的自主性、彈性化的人事管理措施。[16]人事管理總署以功績制人事措施為其職掌，

16　David H. & Deborah D. Goldman, Public Administration: Understanding Management, Politics, and Law in the Public Sector, 4th ed. (New York: McGrow-Hill, 1988), p. 226.

而功績制保護委員會則輔佐並監督其實施，以保障人才運用及行政發展之功能，蓋文官改革法特別著重功績制及高級文官職門（senior executive service）之管理措施。

(二) 人事機關（構）的改制，既有集權制與人事獨立制的傾向；又在加強行政首長與主管對人事主管機構的領導權責，因之人事機關（構）的體制確立為專業幕僚的地位，但從未脫離行政權而獨立或孤立。這與我國最高的行政機關，而無集中運用人事權的組織體制特設最高考試（人事）機關，大異其趣。但美國的人事行政制度之問題，不在組織體制，卻在其文官聲譽、地位及素質之低落；且處於大工業化結構中，文官角色每下愈況，則人事主管機關（構）的職能，亦不易顯著突出。所幸，在柯林頓政府責成高爾副總統所推動的各項政府再造、人力精簡計畫，使政府財政大幅改善至無赤字情況，行政改革人事分權化、彈性化、效率化已具有成效，相信文官地位角色更形提高與重要。而在2009年歐巴馬（B. Obama）政府提出績效管理改革系統，強調績效導向、跨機關的目標設置與評量，重視不斷評估與課責及過程透明化，以提昇政府治理能力，有效提昇文官形象。

參、日本人事機關（構）之體制

近代日本自明治維新後，政府採行中央集權之官僚制度。文官分為高等官（分為敕任官及奏任官兩種）及判任官兩種，官吏地位崇高，為「日皇御用之家臣」，蓋其淵源於我國歷代文官制。二次大戰後，日本修改憲法，1947年10月復制定「國家公務員法」，1950年12月並頒訂「地方公務員法」。依據國家公務員法第二章，日本內閣設人事院，為中央人事行政機關；[17]次依地方公務員法第二章，地方機關亦各設人事委員會，為地方人事機構。

1948年7月的「國家行政組織法」，內閣統轄中央行政組織（如總理府、外務省等），人事院就是隸屬於內閣的獨立機關（其他如內閣官房、法制局等）。要之，人事院隸屬最高行政機關內閣之人事主管機關，其地位頗似英國的管理暨人事總署及美國的人事管理總署，但與我國的考試院，則不屬相同的類型。

人事院的組織體系，大別為人事官與事務總局兩層次。人事官三人，由內閣提名，經國會同意後任命，其中一人由內閣任命為人事院總裁，綜理院務，出席國會，為人事院之首長，亦即為日本內閣之人事幕僚長，很顯然的這是仿自美國文官委員會（1883-1978）三人委員制度。人事官之資格條件極嚴格，須專精於功績制及人事行政，年在35歲以上，無犯罪紀錄，且最近五年不曾出任政黨幹部及選舉公職，更限制不得有兩人屬於

17　淺井清，國家公務員法精義，頁35，轉引自陳固亭編：日本人事制度（台北：考試院考銓研究發展委員會，56年），頁35-36。

同一政或同一大學學院畢業校友。人事官之任期4年，最長不得超過12年。人事官是人事院的決策者。其資格條件及地位如此崇高，實為維護人事決策者之超然形象（不受黨派或政爭之影響），而非顯示人事院之獨特地位。

人事院採委員制，定期舉行會議（每週至少一次），人事院總裁為會議主席，議決人事政策及法令規章，僅人事官三人有表決權，其餘與會人員僅有建議與報告的權限。人事幕僚機構首長制（executivetype personnel agencies）的體制趨向，普遍於世，但日本人事院卻仍保持「三頭馬車」之制，確屬特殊。

人事院除參事與法律顧問外，依國家公務員法第13條規定設有事務總局，即人事官會議決議的執行機構，處理人事院實際業務。置事務總長一人，輔助人事院總裁執行人事行政職務，並指揮監督人事院職員處理人事業務。事務總長下設四局，其名稱職掌：（一）稅務局（法制、人事、會計及公務高齡化對策、職員服務）；（二）人才局（考選、任免、身分保障及人才育成，設有試驗專門官）；（三）勤務條件局（俸給、勤務時間、休暇規定、健康安全管理及公務災害補償等勤務事件）；（四）公平審查局（對降任、免職等不利益處分與懲戒處分及公務災害認定與給與不服之申訴等準司法的公平審查）。此外，尚有公務員研修所等單位及事務總局在各主要地區設置地方事務局，自北海道以至沖繩事務局，共有九個事務局所。在1982年，人事院員額超過七百人。另於2000年4月，依國家公務員法第3條之2及國家公務員倫理法第10條規定，人事院設國家公務員倫理審查會，該會由會長及委員四人共同組成，其任期為四年，並得連任。

人事院之法定職權：（一）人事院規則之制定、修正或廢止；（二）向內閣、國會及有關機關首長提出人事行政之報告、建議與說明事項；（三）決定考試標準及考選措施；（四）處理人事爭議之判定與處分；（五）提出對公務員俸給、加薪之改進事項及其他人事管理之改進措施（如1951年有關職位分類之立法，惟並未付諸實施）。要之，人事院之職權，為職位分類、考試、任用、俸給、訓練、體恤、保險、考績、人事規則及其他有關人事業務。人事院並無專設的人事考選機構，自然也無所謂考試權獨立於行政權之外的說法，故人事主管機構——人事院，亦即考選機構。依據日本國家公務員法第47條規定：「考試依據人事院規則之規定，由人事院指定之考試機關實施之。」第48條規定「人事院得取消或變更已公告之考試……」。人事院及其地方分支機構（地區事務局所）、與人事院指定之各部會（省、廳），皆得辦理公務人員考試（稱為「試驗」），人事院人才局設有試驗課及試驗專門官、試驗審議官等，以掌管考選事宜，易言之，各種委託辦理之考試，人事院（人才局、試驗課）均負責監督之。

其次，考試與任用的關係，依據日本「國家公務員法」第55條規定：「任命權，除法律另有規定外，屬於內閣、各大臣、會計檢查院長、人事院總裁、以及各外局之長官。此等機關長官之任命權範圍，以屬於該機關內之職位為限」。換言之，行政機關首長具有任命權，而考試權則操諸人事院，蓋日本的人事院（主管考試等）及行政機關（主管任用），同屬於中央行政體系（即不屬於國會及司法體系），故考試與任用雙方

均隸屬於最高行政首長（內閣總理），這與我國行政機關擁有任用權，考試機關擁有考試權之體制不同。人事行政學上所說的「考用合一」，其主要內容僅在強調「考取任用」的體制，考與用如由行政機關統籌掌理，才有考用合一之可能，如由行政機關及其他機關分別掌管，則「考用配合」已屬不易，遑論考、用之合一？

1965年，日本修正之「國家公務員法」第18條至第21條，「內閣總理大臣」亦列為中央人事行政機關。依據第18條：「內閣總理大臣對各行政機關人事管理方針、計畫等，掌理其保持統一所必要之綜合調整事務。」及第19條：「內閣總理大臣令總理府、各省及其他機關，應就各該機關職員有關人事之一切事項，製成人事記錄並保管之。」依其規定，原由人事院掌管之部分人事職權移由總理大臣管轄，而總理府設置總務廳（人事局）掌理有關法定人事行政職權。其主要職務包括：（一）掌理公務員之效率、福利（稱為厚生）、服務等事項；（二）統籌協調各行政機關之人事管理方針與計畫；（三）管理各行政機關之人事記錄；（四）編訂實施各行政機關人員在職情況之統計報告制度。以上職務，如由人事院掌理並無不可，但移由內閣總理，除為加強行政首長人事行政功能（如統籌協調各機關人事管理方針），亦有限制人事院擴張及獨攬人事職權之意。美國文官委員會經改組而成為人事管理總署，卻又將委員會一部分職權歸諸新設之功績制保護委員會，諒係此意。基本上，行政系統的人事權附隸於行政權，人事機關即為行政機關的幕僚機構，自易於限制人事權的膨脹。這與我國不同，考試院不是行政院的幕僚機關，而行政院就不能限制考試院的職權及其施政事項。

日本中央行政組織，包括總理府及各省（部、會），均各置人事管理官，為人事主管，依據「國家公務員法」第25條規定：「總理府及其他各機關須設置人事管理官。人事管理官為人事部門之主管，協助機關首長掌理有關人事事務，人事管理官應與中央人事行政機關保持緊密之聯繫，並協調。」依本條規定，人事管理官係由各機關任命及管轄，在組織系統上並不隸屬於人事院，但與人事院則須保持密切之聯繫與協調。為加強人事工作之配合，例由總理府總務廳（人事局）或人事院定期召開人事管理官會議，人事管理官因非人事院之下屬，如何與人事院緊密聯繫配合，就成為各人事機構間重要的工作關係。在我國考試院組織法第7條第3項規定：考試院就其掌理或全國性人事行政事項，得召集有關機關會商解決之。據此考試院於民國84年首次舉辦全國人事行政會議；88年度籌劃舉辦第二次，以就重要考銓政策、議題提出討論，以期達成共識與具體方案結論，配合推動國家建設，其詳於後述之。

日本戰後的人事行政，實即其古代官僚制與現代功績制的揉和型態，傳統文官素重忠勤、紀律與資歷、品位，而經過數十年來的培育與興革，已兼重治事才能與服務精神。國家與地方公務員法、國家行政組織法及行政管理的革新，已使人事制度，具有穩固的基礎，但日本的文官制度，迄今仍不免受諸政黨派閥及恩惠主義所影響。1946年10月，美國對日人事行政顧問團協助日本研訂國家公務員法草案時，即力主日本文官制度朝向以民主與效率為目標。事實上，歷年來，日本人事主管機關（構）的興革措施，

卻也扮演了重要的角色功能，惟如何使人事行政措施，更能落實而有助於行政管理之效能與發展，仍將是日本人事機關（構）重要的管理目標。[18]

最後，在1948年日本中央政府積極推動「國家行政組織法」，以限制機關或單位之設置，相對地，在1969年國會並通過「行政機關職員員額法」（總員額法），以抑制公務人員增長的幅度，員額減少，其人事費自然相對減少，國家財政負擔自然減輕，相對地，配套推行品管措施，以提高行政效率與效能，使得日本能平穩渡過或降低因泡沫經濟所帶來的衝擊與影響，且於1996年11月21日成立行政改革會議其核心重點在於透過強化內閣機能、中央行政組織的精簡與重建促進地方分權創設獨立行政法人制度等。歷經多次會議與立法，終於2000年6月間，陸續完成，而新的中央省府組織架構也於2001年1月6日正式運作，未來賡續落實。與公務人員員額之精實與公務人員士氣之提昇，應是人事政策推動的配套措施與重點。

肆、法國與德國人事機關（構）之體制

一、法國人事機關（構）之體制

法國文官制度為政治穩定的基石，為各國學者所肯定者。在人事主管機關方面，於戰後1945年10月成立文官總局（Direction de la Fonction Pubique），次年公布文官法或稱公務員法（A General Code for the Civil Service, Act of 19th Oct, 1946）為其作用法。之後擴編為行政及人事總局（1959年），再改組為文官部（1981年），在1988年6月強化改組為人事暨行政改革部（1988年）。以上各階段均以內閣總理為人事行政最高首長，該部內設置文官局及文官制度協議會，以為人事的設計幕僚及協調機關。各部另自設有人事室或人事管理處，辦理機關內之人事業務。

復於1992年將「人事暨行政改革部」改為「人事暨行政現代化部」，以強調政府組織管理的現代化功能，另在1993年3月大選後，右派巴拉杜（E. Balladur）組閣，又將原人事主管機關改組為「人事部」（Ministere de la Fonction Publique），其內部組織仍係分為：

（一）行政體系中心：設行政及人事總局，局下設總務與預算局、統計局、考選與訓練局、人事考選政策局、法規處、編制訓練處、現代化與人力素質處。

（二）訓練機構：包括國營事業管理委員會、國家行政學院、國際行政學院及地方行政學院（許南雄，1994：266-270）。

（三）人事暨國家改革部：法國內閣於1995年改組人事主管機關為「人事、國家改革與

---

[18] 本節取材：「英美日及中國人事機構體系簡介」，行政學補充教材（二）（教育部，空中教學雙週刊，期64，75年4月13-26日），頁81-98；摘錄許南雄，「中英美人事機構體制之比較」；蔡良文，行政中立與政治發展（台北：五南圖書，87年），第四章之比較法制分析；邱聰智等，考試院考銓革新日本考察團考察報告（台北：考試院，92年）。

地方分權部」，自2003年後，改為「人事暨國家改革部」，並分為「行政人事總局」與「附屬訓練機構」國家與地方行政學院、國際行政學院兩大體系。此一部級機關直接受內閣總理督導，屬部內制。其職權包括人事考選任用以至退撫事項；以及行政革新與地方分權等（Direction des Journaue officels, Gouvernment et Cabinets, Ministeriels, 1995）。法國內閣現設十四大部，上述「人事、國家改革與地方分權部」之內部體系實際區隔為「人事部」（或譯「公職部」）與「國家改革部」兩大部門。人事部為國家最高人事行政機關，內部體系以「行政及人事總局」及「附屬訓練機構」為主，掌理人事考選任用俸給考績以至退撫事項。至於「國家改革部」，內部體系以行政現代化、品質管理、組織改革與管理發展為主。職掌事權涵蓋政治行政改革、地方分權與施政革新等範疇。[19]（許南雄，2009：231）

由於各階段之人事主管機關均非如我國考試院之獨立自主體制，係隸屬於內閣總理，其體制皆維持部內制型態，惟其職權有逐漸增加強化的趨勢，人事部時期係掌理人事行政權與行政革新事項，其職權可謂相當擴充。再以係屬於官僚貴族型人事制度，強調培訓素有專精的文官，擔負國家重責大任之理念，一直是法國文官制度建制之目標，也是人事主管機關的規劃人事業務的重要方針。尤其是法國屬多黨制國家，政局不穩時期，文官制度扮演著穩定礎石的角色功能。

二、德國人事機關（構）之體制

在二次大戰前，德國之人事行政並無職權完整、統一與集中之人事主管機關。由內政部與財政部兼掌人事法制與財力資源配合事項，其中內政部兼理部分人事職權，而各機關首長全權處理。二次大戰結束後，西德聯邦政府為因應政經社文環境情勢及政府機關如何運用人力資源，爰於1953年頒行德意志聯邦公務員法，依第95條規定設立「聯邦人事委員會」（Der Bundespersonal Ausschuss），其設立宗旨在於達成公務員法規之統一實施，並於法律限制範圍內賦予該會以獨立超然的地位以行使職權。其組織成員由七名正式委員與七名副委員組成，以審計部部長（委員之一）為該會主席（聯邦公務員法第96條）。由於聯邦人事委員會之職權為聯邦公務員法第98條之5項任務及第8條、第21條、第22條、第24條及第41條所規定事項加以決定等，整體而言，主要為參與制定公務員權利的一般規則，及參與制定有關人事行政之條例及聯邦政府委託執行等事項。其直接處理人事職權亦屬相當有限，依德國傳統，其內政部仍執掌聯邦公務員法、薪給法、懲戒法等法令制定，及公務員分類分等與公務員公會集體協商等一般人事法制、政策的制定與運用。財政部及聯邦公務員協議會（主要為參與有關公務員權義關係之協商）亦有相當的人事權限。

19　許南雄，各國人事制度，增訂10版（台北：商鼎文化出版社，98年），頁231。

　　要言之，德國人事機關體制，基於實際職權運作，雖其聯邦人事委員會之職權不似法國人事暨行政改革部之強化與擴充，惟與法國體制相似，類屬「部內制」。

伍、中國大陸人事機關（構）之體制

一、中國大陸人事系統變革

　　人事行政學素來是行政的主導靈魂（personnel administration is the commander- the soul in everything of public administration），而其組織結構與功能更是政治系統轉化過程的關鍵，吾人認為現代人事制度之內涵主要有：（一）良善的人事機構之設計；（二）文官體制架構之完整；（三）公務人員常業發展之設計；（四）福利及保障制度之強化；（五）人本化人事行政運作的配合；以及（六）賡續改善科學、客觀的考試方法。[20]而整個制度之設計，亦可歸結為創造優秀公務人員發展的環境也。中共人事機關（構）體制在形式上觀察亦然，其早期在只有「官僚主義」而無國家官僚體制，使其「四個現代化」舉步維艱，其積四十年浩劫之經驗，爰不得不從頭創建所謂「公務員制度」。茲簡述中共人事系統結構功能及其體制分析：[21]

（一）一九四九年以前之人事系統結構與功能：中共的幹部管理機構，主要是基於革命的需要以及幹部管理體制設置的：在不同時期，幹部管理辦法雖有一些更動，某些機構亦有對應調整，為黨管幹部的管理制度和分部分級的管理員則始終如一。

（二）一九四九年以後之人事系統結構與功能：整體而言，幹部管理機構的設置情況如次：（一）政務院人事局（1949年10月-1950年11月）；（二）中央人事部（1950年11月-1954年9月）；（三）國務院人事局（1954年12月-1959年7月）；（四）內政部政府機關人事局（1959年7月-1969年12月）；（五）民政部政府機關人事局（1978年3月-1980年7月）；（六）國家人事局（1980年8月-1982年5月）；（七）勞動人事部（1982年5月-1988年4月）（八）人事部（1988年4月-2008年3月）。

　　次按中共七屆人大決定組社人事部，其主要職能是：推行國家公務員制度；代國務院管理高級公務人員和專家；負責政府系統的公務員計畫工作和整體控制；負責機構改革的具體工作；負責企業人事制度改革工作；統籌知識分子工作；負責專業技術隊伍管理和職稱改革工作；負責人才流動和人才立法；負責選派除外交系統之外的國際組織的職員；負責回國留學生和來華外國專家的管理；負責軍隊轉業幹部的安置和管理等工作。而在省（自治區、直轄市）、地（市）、縣亦建立人事機構鄉鎮設專職人事幹部。此外，各級國家機關和企業，專業單位亦設有人事機構。所以，倘中共當局希望其人事

20　繆全吉、蔡良文等，人事行政學，頁29；另參閱楊百揆等，西方文官系統（台北：谷風出版社，76年）。
21　蔡良文，「中共人事制度之研析」，人事行政，第97期，80年，頁76-90。

制度出現生機和活力，允宜貫徹功績制原則、鼓勵公平競爭原則、貫徹公開、公平考核監督原則，以及大幅修正其所謂之「社會主義人才市場」原則，採用合乎人性、正義、民主、自由的人力市場供需原則，讓人才得以發展，使中共政府體質改變，人事體制走向民主、自由、中立的途徑。

二、中國大陸1993年人事系統結構功能分析

（一）1993年改革情形分析

　　筆者茲就1993年中共之人事部事權與我國之考試院、考（以下簡稱選部）銓（以下簡稱銓部）兩部與公務人員保障暨培訓委員會（擬議中）及行政院人事行政局等內部單位設置的功能，就法規形式觀察並略加比較如次（蔡良文，1994：14）：[22]

　　　1. 相近部分：中共人事部政策法規司、綜合計畫司、職位職稱司之如我國考試院之第一至第三組，考選規劃司（選部）、法規司（銓部）等；中共人事部之考核獎懲司及培訓與人事司、國家行政學院（相當獨立）與我國之登記司（銓部）及考試院下設之公務人員保障暨培訓委員會（該會擬設國家文官學院）；中共人事部之離休退休司與我國之退撫司（銓部）。中共國務院之國家編制委員會與人事部之中央國家機關機構編制管理司、地方機構編制管理司，之與我國之人力處（人事局）等。

　　　2. 相異部分：我國各人事主管機關均成立電子處理資料室（或資訊管理處室），而中共方面似未設置專責單位；我國之設置銓審司、特審司（銓部），而中共無之，其中之職位職稱司之職掌當有部分相關性；中共設置國際交流與合作司，我國則無專責單位；中共於人事部下設軍官轉業安置司，我國則隸屬於行政院退輔會而非設置於人事機關內等。另中共僅設考試錄用司，而我國則設立考選部負責，其權責範圍差異極大，殊值爾後進一步研究之。另外，有關參事（室）之職責，在我國為掌理法案、命令之撰擬、審核事項，而在中共則是具有統戰性、榮譽性與顧問性的直屬機構，其人選主要從民主黨派和無黨派愛國人士中遴選有代表性、有社會影響者擔任，併此述明。

（二）1993年公務員制度試析

　　從大陸地區1993年建立國家公務員制度以來取得了重大進展，但也暴露出一些問題，[23]一般而言，其主要成就方面：其一、由傳統的幹部人事制度向國家公務員制度的過度工作已經完成；其二、公務員管理的激勵機制開始運行。其三、通過競爭上崗的選拔形式；其四、正常的公務員培訓制度也已形成；其五、公務人力素質上升。

　　惟就當時暴露出之問題看，則主要集中在以下四方面：其一、職位分類不盡合理；

22　摘自蔡良文，「中共人事系統結構功能分析」，發表於1994年7月9日國立政治大學公共行政研究所三十周年所慶暨中共行政研討會，83年，頁14。

23　摘自蔡良文，評析「現階段中共的行政制度改革」，抽印本，頁19-22。

其二、考試錄用制度有待進一步完善；其三、公務員的工資福利和待遇過低，帶來了一些不良後果；其四、領導幹部的競爭上崗和社會公開選拔，也需要進一步完善。所以，中共於2000年提出人事工作主要任務有五：其一、調整專業技術人員隊伍結構；其二、優化公務員隊伍結構；其三、改善農村人才隊伍結構；其四、實施西部人才開發戰略；其五、為國有企業改革和發展提供人事人才服務，可謂相當切中時弊，勇於改革。

三、中國大陸2008年人事系統結構功能概況

中國大陸的「公務員管理機構」之內涵，依據國內學者桂宏誠[24]指出：公務員的管理機構又可分為「綜合管理機構」和「部門執行機構」。具體言之，所謂「綜合管理機構」是指：「人力資源和社會保障部」下設的「國家公務員局」、縣以上地方各難公務員主管部門；「部門執行機構」是指設在國家機關各部門的人事機構，如國務院各部委、辦事機構、直屬局、各部委歸口管理的國家局等內設的人事司（局），省、自治區、直轄市政府各部門的人事處。如以臺灣的人事管理體制來理解，「綜合管理機構」類似各級政府的「人事主管機關」，如中央政府的銓敘部和行政院人事行政總處，以及直轄市政府和具「準直轄市」地位之縣政府設置具有「機關」地位的「人事處」：而銓敘部的上級機關考試院，則可謂是全國最高人事行政機關。

至於中國大陸公務員管理機構職權與實際運作權責而言，筆者贊同桂宏誠教授研究主張在上述「國家公務員」局明列的職權[25]中，除了公務員考試錄用制度的完善及辦理、考核制度的完善、公務員培訓事項、公務員申訴控告制度及聘任制公務員人事爭議仲裁制度的完善等，應係由國家公務員局負主要的職責外，涉及政策之起草、公務員分類、錄用、考核、獎懲、任用、培訓、辭退等方面的法律法規草案，以及擬訂國家榮譽制度和政府獎勵制度等草案，均尚須會同有關部門共同決策，而這也意味另有一擁有公務員制度決策權的「有關主管部門」。所以，經由引據相關立法原意的資料及法規後，釐清黨的「組織部門」才是公務員主管機關，而並非政府的「人事機構或部門」。並且，政府人事機構或部門所有擁有的人事管理權，係出自於黨的授權而非直接依據「公務員法」的明定，此為無人不可不察者。

---

24 桂宏誠，「中國大陸黨管幹部原則下的公務員體制」，中國大陸研究，102年，第56卷第1期。
25 有關國家公務員局人事行政之主要職權有七：（1）會同有關部門起草公務員分類、錄用、考核、獎懲、任用、培訓、辭退等方面的法律法規草案，擬訂事業單位工作人員參照公務員法管理辦法和聘任制公務員管理辦法，並組織實施和監督檢查；（2）擬訂公務員行為規範、職業道德建設和能力建設政策，擬訂公務員職位分類標準和管理辦法，依法對公務員實施監督，負責公務員資訊統計管理工作；（3）完善公務員考試錄用制度，負責組織中央國家機關公務員、參照公務員法管理單位工作人員的考試錄用工作；（4）完善公務員考核制度，擬訂公務員培訓規劃、計畫和標準，負責組織中央國家機關公務員培訓工作；（5）完善公務員申訴控告制度和聘任制公務員人事爭議仲裁制度，保障公務員合法權益；（6）會同有關部門擬訂國家榮譽制度、政府獎勵制度草案，審核以國家名義獎勵的人選，指導和協調政府獎勵工作，審核以國務院名義實施的獎勵活動；（7）承辦國務院及人力資源社會保障部交辦的其他事項。

第四節　我國現行的人事機關

壹、我國人事行政制度之特色

一、歷史最悠久的人事制度

我國的文官制度，周秦迄今，已歷二千餘年，源遠流長，「賢者在位、能者在職」之思想根深柢固。考試取才制度，發皇最早，故人才主義為文官制度之核心。但另一方面如「考選其外，蔭任其內」及「一人入仕，子孫親族俱可得官」等之少數人情行政，甚至捐納，偶亦成為文官制之包袱。在強調考試用人政策下，或許技術人員任用條例（已於99年1月29日廢止）、聘用人員聘用條例、派用人員派用條例，則是一個「變通」的方法，惟若運用不當，則其流弊生矣。

二、考試取士制為我國行政制度之基石

我國實施考試用人制度兩千餘年後，英、美、德、法及日本等國才有人事考選機關及考試制度。但今日如何適切運用考試權，使之成為政府行政組織管理的基石，卻是項嚴肅的課題。古制之考試，係屬於行政權之範圍，現制則脫離於行政權範疇之外，此其一。憲法規定考試院掌理考試及其他人事項目，而在五權分立的憲政制度下，不僅是考試權獨立於行政權之外，而且人事行政權（其實人事行政範圍應包括考試權在內）亦竟獨立於行政權之外，致「考試權獨立」有扭曲的困境，此其二，當然自民國83年起之修憲後，已有所改善，賡續改進之處更有之。

三、人事機關在行政體系中之獨立精神歷史

我國文官制度完備，始自周秦，奠基於隋唐，詳備於兩宋明清，但現代人事制度是否能如古制之突出？制度乎？環境乎？人心乎？「官之位，高矣！官之名，貴矣！官之權，大矣！官之威，重矣！」的做官觀念，是否能解決人事制度的癥結？何種人事機構體制，最能發揮人事功能，以破除官僚制、恩惠制、人情制，才是值得重視的。

我國現代人事行政機關，人往往謂是因完全襲歷代之官制，但未必盡然。歷代的人事機關皆不脫離禮部、吏部之職權，而禮部與吏部又皆隸屬於行政權之管轄範圍。以唐代為例，將考試與任用體制分途實施，禮部掌管科選而授任官資格，吏部則主掌官職派任，前者考試經、史、詩、賦，後者重身、言、書、判。至於禮部選士，則以侍郎主考，或以他官主之，「禮部考試畢，送中書門下詳覆」。要之，貢舉由禮部主持，制舉由天子親主其事，或由禮部主考。論及銓用，則「唐因隋制，尚書六曹，吏部、兵部分掌銓選，文屬吏部、武屬兵部」，銓選合格始獲吏部任用。從上可知唐代職掌文官考試及銓選任用者，分由禮部、吏部掌管；禮、吏兩部為尚書省所屬六部之二部，直接隸屬於宰相而受命於天子。再者，禮部侍部、佗官（權知貢舉）等主考官是否獨立行使考試

權？古之所謂「考選獨立」者，要不受上司或權貴巨室之干擾，即以帝王、宰相之尊，亦不妄加干預指使。故主考者從出題、閱卷至榜示，每每審慎將事迴避親屬、防止冒濫，親自考選以絕請託。試畢覆核，如有不實則貶官。以上雖係唐制，但自隋唐以迄明清，主考制度極明確，在行政權管轄下獨立行使考選取才，並無疑義。

　　自清末、民初，人事主管機關之體制發生變化，其演進約如下述：

（一）清末頒布內閣官制後，將吏部改設敘官局，隸內閣，掌文官考試、任免等事宜。

（二）民國元年3月11日公布中華民國臨時約法，臨時政府設銓敘局。

（三）民國3年5月1日袁世凱頒布新約法，總統府政事堂設銓敘局，掌理文官考試、任免、恩給等事宜。

（四）民國6年8月，國父護法南下，10年5月國父在廣州就非常大總統職。12年10月獲選任中華民國軍政府海陸軍大元帥，於13年4月19日成立大本營法制委員會，5月23日決議「考試與任用罷免分為兩途」：「考試是考試院之職權，任用罷免是行政職務，兩者各不相侵」。案經大元帥核定後於13年8月26日公布「考試院組織條例」第26條，其第1條，「考試院直隸於大元帥，管理全國考試及考試行政事務。」

（五）民國14年6月18日改組大元帥府為國民政府，7月1日國民政府成立於廣東，秘書處下設總務科兼掌銓敘。

（六）民國17年頒行國民政府組織法，第37條規定：「考試院為國民政府最高考試機關，掌理考試銓敘事宜。」

（七）民國17年10月20日公布「考試院組織法」，設考選委員會及銓敘部。同年12月17日公布「銓敘部組織法」。

（八）民國19年1月6日，考試院正式成立，設考選委員會（民國37年1月改稱考選部）及銓敘部。

（九）民國25年5月5日公布五五憲草，第四章中央政府總統及五院，該章第五節（第83條至第86條）考試院，第83條規定：「考試院為中央政府行使考試權之最高機關，掌理考選銓敘。」

（十）民國36年1月1日公布憲法第83條規定：「考試院為國家最高考試機關，掌理考試、任用、銓敘、考績、級俸、陞遷、保障、褒獎、撫卹、退休、養老等事項。」

（十一）民國56年7月27日公布行政院人事行政局組織規程，第1條規定：「行政院在動員戡亂時期，為統籌所屬各級行政機關及公營事業機構之人事行政加強管理，並儲備各項人才，特設人事行政局。人事行政局有關人事考銓業務，並受考試院之指揮監督。」

（十二）民國100年11月14日公布行政院人事行政總處組織法，第1條規定：「行政院為辦理人事行政之政策規劃、執行及發展業務，特設行政院人事行政總處（以下

　　簡稱總處）。總處有關考銓業務，並受考試院之監督。」

　　要之，我國近代人事機構之體制，初以繼承傳統，在行政系統下，分割考試與辦理人事行政，包括國父主張之五權憲法，及其最後核定之考試院，仍是專掌考試而不管人事行政，至國民政府，將考試權擴充包括了任用、俸給、考銓、退撫等人事行政成為特有的獨立制，直至行政院人事行政局之創立，始在行政系統建置統籌的人事機關。

貳、我國現行人事機關

　　我國人事機關不僅採部外制，且與立法、行政、司法與監察四權並立之一種考試權，由考試院統轄各機關所屬之人事機構，形成一條鞭式的人事行政系統。[26]

　　憲法第87條規定：「考試院關於所掌事項，得向立法院提出法律案」；增修條文第6條第1項規定：「考試院為國家最高考試機關，掌理左列事項，不適用憲法第83條之規定：一、考試。二、公務人員之銓敘、保障、撫卹、退休。三、公務人員任免、考績、級俸、陞遷、褒獎之法制事項。」，對考試院主管事項已有明確規定，與憲法本文第83條所定之職掌（考試、任用、銓敘、考績、級俸、陞遷、保障、褒獎、撫卹、退休、養老等事項）相比較，已略有調整。因此，綜上規定，試分析考試院職權如下：[27]

一、最高考試權之內容

（一）人力考選權

　　考試的目的，在於考選賢能、登庸人才，蔚為國用。依憲法增修條文第6條第1項第1款只列明「考試」。在考試之前並未冠上公務人員字樣，故凡依法舉行之考試，不論為公務人員之考試，專門職業及技術人員之考試，公職候選人之檢覈，均由考試院主管，且包括考試政策之決定、考試法案之提案、考試規章之訂定及考試實務之執行等在內，但考試院如認有必要，自可將試務委託有關機關辦理。

（二）人事行政權

1. 第2款為「公務人員之銓敘、保障、撫卹、退休」。則是只限公務人員之銓敘等，屬非公務人員而與此相當之業務，自不包括在內。再公務人員銓敘等四項職權，應包括有關政策之決定、法案之提案、規章之訂定及實務之執行等在內，但如考試院認有必要，自可將其中某部分職權以授權或委託其他有關機關辦理。
2. 第3款為「公務人員任免、考績、級俸、陞遷、褒獎之法制事項」。除限於公務人員之任免等事項外，且對此五種職權亦只限於其法制部分。換言之，公務人員任免、考績、級俸、陞遷、褒獎之政策，法案之提案、依法律授權之行政規章之

26　參考蔡良文，「憲政改革中考試權定位之評析與建議」，五權憲法考試權之發展（台北：正中書局，82年），頁433-462。

27　傅肅良，「從憲法增修條文談考試院、銓敘部與行政院人事行政局之權責劃分，暨行政院人事行政局研究人事行政革新之方向」（台北：人事月刊，卷16，期3），頁17-18。

　　訂定，仍由考試院主管；至任免、考績、級俸、陞遷、褒獎之依法之執行，則為
　　各機關之權責，各機關為執行上述法制，自得依法發布執行命令。
　　又上述之級俸，嚴格言之，只限於「級」與「俸」，即各官等及職等公務人員，俸
應分哪幾種？各分若干級？每一俸級之俸點（或如警察人員俸表之俸額）為何？俸級如
何晉敘等等，至「俸」之外的「給」有學者認為不屬級俸範圍之內。吾人，則不以為
然。按有關憲法中所定級俸事項，多年來一直以俸給法定之，在俸給法中則又包括
「俸」與「給」兩部分。有關公務人員現行之福利、訓練、進修、保險事項，在憲法增
修條文中並未列明除福利，需再加協調外，其餘歸考試院，以建構完整的五權憲政體制
亦無不可。

（三）法律提案權

　　憲法第87條之規定，所謂法律案是指與人事行政有關之法律，如考選、任用、考
績、保障、訓練進修、獎懲、陞遷、退休、撫卹等法律。

二、考銓決策與監督

　　考試院為考銓行政之樞紐，由於考試院是委員制之機關，其決策與督導執行有明確
之分際，一切決策由特任的考試院院長、副院長、考試委員、部會首長組成的考試院會
議決定。其職權如下：
（一）關於考銓政策之決定。
（二）關於考試院施政綱領、年度施政計畫及預算之審定。
（三）關於向立法院提出之法律事項。
（四）關於院部會發布及應由院核准之重要規程、規則、細則、辦法、綱要、標準、準
　　　則及事例。
（五）關於舉行考試與主持考試人選之決定。
（六）關於院部會共同事項。
（七）出席人有關考銓事項之提案。
（八）其他有關考銓重要事項。
　　其討論經決議後，交由考試院長監督所屬機關執行之。

三、執行機關（構）

　　考試院組織法於民國36年3月制定公布，在37年6月24日施行之前，曾於36年12月修
正過一次，其後經49年11月及56年6月兩次修正。因為經濟發展及考銓行政業務不斷成
長，更歷經解嚴與國會改選，政治環境變遷，政黨政治日漸形成，國人期望建立健全的
文官制度與強化公務人員行政中立至為殷切。故於民國83年6月，考試院組織法部分條
文修正草案經立法院審議通過。而行政院人事行政局亦於民國82年12月31日，根據憲法

增修條文第9條第2項規定，正式定位為「憲定機關」即按80年5月1日總統公布之憲法增修條文第9條第2項規定：「行政院得設人事行政局。」但於83年8月1日修正公布之增修條文，已刪除上開規定。有關人事執行機構之變化情形及個別職權，茲分項闡明於下：

（一）考選部

掌理考政事宜，依考選部組織法第1條規定：「考選部掌理全國考選行政事宜」。為維護國家考試之公平公正，依法舉行之考試，均由考選部報請考試院核定設「典試委員會」。典試委員會係一臨時性之機構，每次考試時，除檢覈及考試院認為有特殊情形，派員或凡舉辦有關之國家考試時均組設典（主）試委員會辦理交由考選機關或委託有關機關辦理外，成立典試委員會，乃直接主持考試、命題、閱卷的臨時性組織，於考試前一個月組成，並且在考試完畢後撤銷。

（二）銓敘部

掌理全國文職公務人員的銓敘及各級人事管理機構的指揮監督，依銓敘部組織法第1條之規定：「銓敘部掌理全國公務員之銓敘，及各機關人事機構之管理事項。」

（三）公務人員保障暨培訓委員會

為求健全文官制度並樹立公務人員行政中立化目標，以期政黨政治健全運作，考試院於考選、銓敘兩部之外，另增設該委員會。依現行之考試院組織法第6條規定：「考試院設考選部、銓敘部、公務人員保障暨培訓委員會；其組織另以法律定之。」該委員會之組織法於民國85年1月26日公布施行，並於同年6月1日正式成立該委員會開始運作。該會下設國家文官培訓所，負責公務人員各相關訓練。並於99年3月26日改制為國家文官學院，其職能充實擴大，更擔負高級文官的培訓工作，地位愈形重要。

（四）公務人員退休撫卹基金監理委員會

隸屬考試院，負責公務人員退休撫卹基金收支、管理運用之審議、監督及考核等事項。

（五）行政院人事行政總處

依總統頒布之組織規程，於民國56年9月16日成立，82年12月30日根據憲法增修條文第9條制定其組織條例，配合政府組織改造，於100年11月14日通過行政院人事行政總處組織法，並於101年2月6日名稱改制為「行政院人事行政總處」依該組織法第1條：「行政院為辦理人事行政之政策規劃、執行及發展業務，特設『行政院人事行政總處』（以下簡稱總處）總處有關考銓業務，並受考試院之監督。」與原條例第1條第2項規定：「行政院為統籌所屬各機關之人事行政，設人事行政局。本局有關考銓業務，並受考試院之監督。」是不變的。

行政院人事行政總處之人事行政系統，其約有下列四種特色：

1. 人事行政總處雖同時受考試院之監督，但其地位為行政院所屬機關，而非如「人事管理條例」規定為考試院或銓敘部的派出機構。

2. 人事行政總處所管的是行政院暨所屬機關有關之人事管理工作，考選不在其內。

3. 關於公務人員任免、考績、級俸、陞遷及褒獎等五項業務，在行政院系統以下各級行政機關應如何切實依法執行，及為執行法律所必須補充訂定之執行規章，自得由人事行政總處加以規範、督導及考核，必要時得將此五項執行成果報請考試院或銓敘部備查。[28]

4. 行政院暨所屬機關的人事管理工作劃歸人事行政總處以後，銓敘部所管理的，僅限於國民大會、總統府及其所屬機關、立法、監察、司法、考試四院，為數不多，故人事行政學者認為已然取代銓敘部成為我國中央人事管理總機構。事實不然，有關憲定職掌中，除考選外，銓敘部掌理其餘全部的法制權責，及有關銓敘、退休、撫卹等之執行事項。

四、各級人事管理機構的職權

各級人事管理機構，計分為人事處、人事室及人事管理員三種，依法配屬於中央及地方政府機關、公營事業機構與公立中等以上學校內，辦理各該機關的人事管理事宜，其職權多為事務性之人事工作。

人事管理機構為各機關辦理人事業務旳輔佐單位，設置的依據是「人事管理條例」、「人事管理機構設置規則」（94年5月4日廢止）、「人事管理機構辦事規則」（89年3月23日廢止），另行政院訂有「行政院所屬各級人事機構人員設置要點」，其設置標準如下：

（一）總統府、五院及其所屬的各部會處署、各省政府及院轄市政府，設置人事處或人事室。

（二）總統府各處局、各部會附屬機構、各省政府廳處局（省已虛級化）、各縣市政府，設置人事室（配合地制法已改為處）或人事管理員。

（三）公立學校，按其班級的多寡、業務的繁簡，分別設置人事室或人事管理員。

（四）公營事業機構各視業務需要，分別設置人事處、甲、乙、丙等人事室或人事管理員。

此外，我國幅員廣大，各省區的考銓業務，如全由考選、銓敘兩部直接辦理，必有困難，故考試院於一省或二省以上設考銓處，掌理各該省之考選、銓敘事宜。自民國38年撤守臺灣後，各省的考銓處相繼裁撤。僅臺灣省尚設有臺灣省委任職公務員銓敘委託審查委員會，在該省未成立銓敘分支機構前辦理委任職公務員考績及登記事宜。惟78年，因其近在咫尺，將其編制員額併歸銓敘部而裁撤。

28　參考同上註，頁19，並作部分事實權責劃分之整正，且提出看法。

　　綜之，自憲法增修條文公布後，考試院的職掌形式上是減少，但實質上是增強的，因為徒有形式未有實際執行權是空的。在國內政治生態下，考試院擁有的職掌得以落實執行，且以實際的作為觀之，如考試院組織法修正案增設公務人員保障暨培訓委員會強化幕僚單位、加強對各機關有關考銓業務之監督權、召集有關機關會商解決全國性考銓問題暨依法成立公務人員退休撫卹基金管理、監理兩個委員會等，均是強化五權憲政體制的具體證明，未來如何強化考試院與其他四院之配合、因應國內政黨政治發展有關行政中立的要求，暨與地方機關之互動，尤其是在「精省」之後，五都一準、地方機關考銓業務之統籌，監督等更形密切重要。

　　復從理論與實務角色，大凡行政機關首長，必須掌握人事與財務兩種權力，始能確保機關任務之達成，惟此兩項權力最易濫用，因之，有所謂超然的主計會計與人事制度以控制之。此種控制雖有一條鞭之主計系統與人事系統，但仍屬中央最高首長通盤運作之範圍，即使國會之外部控制，也是預算、決算的審議與人事法制的議決，未如我國將人事行政執行權歸諸一獨立的考試機關。檢視國內政治發展環境，考試院確實發揮獨立、中立、民主、合議的特色與功能，如何在賡續強化考試院的職權，或在五權憲政精神下，適度調整行政人事行政總處的事權，或調整考試院之組織職能下，均必須以不影響政務運作之責任政治的建立、行政效率、效能之提昇，配合政府再造為首要考量，以建構負責任、高效能的政府，確實是研究人事行政學者未來研究方向與用功之要務。

第五節　小　結

　　現代政府必須有效的處理人事工作，其理由不外：政治的、行政的、經濟的及社會的四方面。人事機構的發展，說明其不僅是現代化政府結構的新興功能，亦是象徵社會進步的特色。

　　一般機關通常包括行政部門與輔佐部門兩種幕僚系統。後者，包括人事、會計、總務等幕僚，其中人事機構之地位尤為突出，而主要職能有：人事政策的制定，人事法令的頒行及人事措施的管理等。

　　就我國現行人事行政運作角度以觀，人事機關體制分為部外制、部內制、折衷制及獨立制（院外制）四類。次就其組織內部運作情形，又分為首長制、委員制與混合制三種。

　　在分析主要開發國家之人事機構，俾能瞭解英、美、日、法、德等國的人事機構之類型、地位、職能與特色，以資參考；其中英國的文官學院、美國的功績制保護委員會、日本的人事院、法國的國家行政學院、德國的文官制與教育配合政策……等，尤其值得我國參考。惟各該國人事機關（構）變革甚大，雖其體制變化尚不離部外、部內、

折衷制分類，然必須時時更新，客觀撰文論述之。

　　我國考試（銓）權與人事制度沿革久遠，在行政體系中之獨立精神等特色，值得發揚。現行人事機構職權之調整、及考試院兼具公務人員與專技人員之考選權、制度權與執行權之問題，誠值吾人深思與探討。且於精簡省府組織業務與職能後，如何賡續合理調整地方自治機關之事權，地方機關之考銓業務之統籌、監督事項更形重要。

學習重點

- 釐清人力資源相關概念與其重要性
- 說明人力發展各階段的特徵
- 分析總體與個體人力資源規劃之特徵
- 瞭解我國公務人力資源規劃與策略管理之現況
- 說明公務人力計畫之政策目標、內容與績效評估
- 釐清公務人力資源規劃與策略管理的正確觀念及健全之規劃系統觀念

關鍵名詞

- 人力資源
- 人力規劃
- 人力發展
- 公務人力計畫
- 公務人力資源規劃
- 人力運用
- 政府績效
- 人力供需
- 人力市場
- 精英治理
- 公務生產力

第一節　人力資源的意涵與重要性

壹、人力資源的意涵

　　一個國家的力量，由許多因素所構成。基本上我們可區分為有形的力量與無形的力量兩大類。所謂有形的力量是指天然資源的多寡，幅員的大小，以及地理位置的優劣等。無形的力量是指人力資源開發運用的情形，而非僅指人口數量的多寡。但兩者之中，照美國甘迺迪總統所說：「人力才是基本資源，是轉變其他資源，供人類受用必不可少之因素。」因為僅僅保有天然資源並不能使一個國家強盛，最重要的是要能運用這些資源。而想要運用這些資源，其關鍵全在人群資源，尤其是「有效益的」人群資源，

亦即我們所稱之「人力」。[1]人力之重要性，除表現在對各種資源的運用外，更因自然資源是有限的，而人力資源的創意價值是無限的。戴維斯（Keith Davis）認為：「在組織中重要的一點，是人類價值不同於經濟。假如你擁有一部汽車A，我也就不能擁有汽車A；假定你擁有B預算，那些預算上的基金，對於我的部門不能有所幫助。因此，經濟價值的主要是分配的，然而人類價值主要是增加的。」[2]從而可知，人力資源本身，具有「自我生產」的功能，是人自己創造出來的。人力資源（Human Resource）的概念由麥爾斯（Raymomd E. Miles）在1965年首先發表於哈佛企管評論（Harvard Business Review）。[3]而賴德樂（Leonard Nadler）以為人力資源係指被僱用者，人力資源與組織中其他兩種資源財與物（financial and physical resouces）同等重要。[4]吾人以為，人力資源是組織中最具價值的資產，如何開發、運用人力資源是刻不容緩的議題。

雖然人力資源對組織具有重要價值，可是過去，人力資源的理論與實際，並未獲相對的關注。郝賽（Paul Heresey）等曾說：「我們最大的失敗，是不能確保彼此的合作與瞭解。」[5]在二次大戰後，梅堯（Mayo）亦承認此一問題，他說：「技術與社會技巧發展的不平衡，為社會所帶來的結果是重大災禍。」[6]梅堯所說社會技巧（social skill），係指解決人與人之間衝突的方法與手段。梅堯又指出，社會技巧之所以不能與技術均衡發展，其主要原因，是技術可在實驗室中實驗；而社會技巧為「不成功的科學」（theunsuccessful sciences），學習者不能加以實驗。事實上，除了梅堯所說的上述情形外，更重要的是政府、企業及有關機構，投資此一研究的經費太少。根據郝賽指出，在美國所支出的三十塊錢中，僅有一塊錢用於此一方面，其餘的經費都是花費在物的問題研究上。[7]開發國家如此，開發中國家可想而知。所以，人力資源雖然不是最具體的一種資源，可是未受到應有的重視，無論政府、企業、醫院及學校等，充滿了問題，諸如工作情緒不高、生產力低落、個人之成長與發展遭受阻礙、勞資糾紛，層出不窮。甚至認為有些國家工會林立，與資方對抗，即為長期管理方面的失敗，以及忽視人力資源造成的結果。組織若忽視人力資源價值，未能善用，其經營管理人，無異怠忽職守，不僅組織之損失，亦構成國家整個社會無比的傷害。因此，人力資源發展（HRD）各方案在美國正以極快的速度成長，1989年政府投資在HRD的方案就達600億美元，工作中正式非正式的訓練費用估計更高達1,800億美元，而爾後這方面投資亦將更為可觀，值得我國借鏡。[8]

---

1 行政院研究發展考核委員會，「形成國力之人力資源」，人力發展叢書（行政院國際經濟發展委員會人力發展工作小組編印，60年1月再版），輯41。

2 Keith Davis, Human Behavior at Work: Organization Behavior (New York: McGraw-Hill Book Co., 1977), p. 1.

3 Raymomd E. Miles, "Human Relations or Human Resources?" Harvard Business Review, July-Aug, 1965.

4 Leonard Nadler, Corporate Human Resources Development (New York: Van Norstrand Reinhold Company, 1980), pp. 2-7.

5 Paul Heresy & Kenneth H. Blanchard, Management of Organizational Behavior: Utilizing Human Resources (Englewood Cliffs, New Jeresy: Prentice-Hall, Inc.,1977), p. 1.

6 Elton Mayo, The Social Problem of an Industrial Civi lization (Boston: Harvard Business School, 1945), p. 23.

7 Paul Heresy & Kenneth H. Blanchard, op. cit., p. 3.

8 Jerry W. Gilley & Steven A. Eggland, Princeiples or Human Resource Development (Reading, Massachusotts:

貳、人力資源的重要性

　　在整個人力資源管理的學術研究方面，晚近如杜拉克（P. F. Drucker）指出人力資源與資本資源、物質（設備）資源併列為組織的生產因素。而1980年哈佛大學企管學院開設「人力資源管理」課程，開啟了引進企業人力管理、策略管理的先河；至1990年則有將人事職能與策略管理加以整合。而策略性人力資源管理（Strategic Human Resource Management），逐漸被行政界所引介。在國內吾人同意陳金貴教授的觀點，認為公共部門採用人力資源管理觀念的文獻不少，但人事行政（Public Personnel Administration）的理念界定仍為主流，又近年來以《公共人事管理》（Public Personnel Management）為書名已漸次出現（Ban & Riccnccic, 1997; Klingnel & Nalbandian, 1998），而正式冠以人力資源管理在政府、公共組織及非營利組織之專書亦相繼出現（陳金貴，1994；Pynes, 1997; Tompkins, 1995）；但整個觀之，大部分書的內容或是沿用傳統的人事行政架構，或套用企業之人力資源管理架構，尚未建立一套公部門的人力資源管理體系，其於公務部門中的應用亦不普遍（Ben & Riccucci, 1997）。究其原因在於人力資源管理的運作和公共部門的特性有其相衝突的地方。[9]所以，我國未來公共部門，如何引界企業界有關人力資源管理的策略與方法，再輔以憲法精神與考銓法規之調整、研修等法制再造工程是刻不容緩的課題。

　　至於美國公務部門對於人力資源的策略管理甚為重視。茲以美國人事管理總署為例，根據該國之「政府績效及效果法」（Government Performance and Results Act of 1993，簡稱GPRA）規定，應在1997年提出多相關的策略計畫與績效計畫書，則提出「邁向二十一世紀的聯邦政府人力資源管理」（Federal Human Resources Management for the 21th Century, FY1997-FY2002），該計畫中前提說明人力資源管理的主管機關如何自我定位，暨美國聯邦政府人事政策的發展方向[10]以及策略性人力資源管理、人才管理等內涵，其具體內容，於後分述之。

第二節　公務人力資源規劃之類型

　　社會科學之發展，常有總體（macro）之研究與個體（micro）之研究，如經濟學，有總體經濟學與個體經濟學，而政治學之研究，亦然如此，有對國家、政府（法制）之總體研究；亦有對個人政治行為之個體研究，至人力資源規劃，旨在配合組織計畫及達

Addision-Wesky Publishing Company, 1989), pp. 347-348.

9　陳金貴，「結合效率與民主的人事政策：政府再造中人力再造計畫的探討」，公務人員月刊，期28（台北：公務人員月刊社，87年10月），頁3-21。

10　施能傑，「策略管理與美國聯邦政府的改革」，人事月刊，期152（台北：人事月刊社，87年4月），頁28-44。

成組織目標所決定人力資源需求的程序。而時下也常見總體、個體人力資源之規劃。茲簡析於下，藉以瞭解公務人力之規劃。

壹、總體人力資源規劃

人力資源規劃是檢視過去及現在的人力資源加以分析，對未來人力變動的情形預知推估，先作安排。惟人力發展是長期的，大致可分三個階段：

一、對當前人力供需及制度調查研究、分析及評估。

二、根據國家經濟發展計畫，對未來人力需求之展望及預測。

三、根據人力供需情形，研訂計畫與方案，充分運用現有人力與尋求未來人力供需之平衡發展。[11]

人力資源之總體規劃，通常為近程、中程及長程規劃，惟各階段開始前應分別注意以下各點：

（一）現況之分析

第一階段中人力狀況資料報告，包括有關勞動市場、現在與未來人力供需、人力之趨勢，以及就業、職業結構改變等資料，詳細的分析，為人力預估之基礎。

（二）人力需求之預估

人力需求預估，為計畫的主體，依據第一階段現狀分析，對經濟活動人口的估計。人力需求預估最簡單方法，由各用人單位提出所需人力之類別及數字。惟此僅能判斷短期需要，不能作為長期之預估。

（三）人力供需之平衡

第一階段狀況分析及第二階段人力需求預估之後，明瞭當前人力資源能力、當前及未來需求之間的差距；必須發展各項人力計畫及實施程序，以平衡人力需求與人力資源間的差距。其重點就是開發人力資源以滿足人力之需求，而教育體系實為其要角。

茲以前述之美國聯邦政府人力資源管理的策略計畫中，提出五大策略方向，即「提供甄補和留住二十一世紀聯邦政府所需之人力的人事政策方向與領導」、「經由有效的監督與評鑑，保障與促進功績基礎的文官制度和公務人員薪資相關的福利計畫」、「提供並協助聯邦政府各機關改善其人力資源管理計畫，以能在二十一世紀的經濟、人力結構和環境中有效運作」、「提供各機關、公務人員、退休人員及民眾高品質、成本效益高的人力資源服務」、「將人事管理總署塑造成一個健全、多元與合作性的工作環境，並成為聯邦政府的領導模範」等，可謂總體人力資源規劃；並在五個會計年度內必須完成，且每三年應重新修正。易言之，上開策略計畫書屬中長期的總體策略計畫，而一定

---

11 陸光，「我國勞動人力調查述要」，人力資源管理資料專輯，輯1（台北：行政院國際經濟發展委員會人力發展工作小組編印，60年），頁5。

年限應檢討修正、更新補充（期中檢討評估更新），可供我國總體公務人力資源規劃之參考。

貳、個體人力資源規劃

一、個體人力資源規劃之目的

（一）規劃機關組織之人力發展

機關組織人力發展，包括人力預測、人力甄補、人力培訓及人力運用等項，構成循環的系統。人力規劃一方面分析現有人力現況，以考慮機關人力之增補汰減，擬定人員甄補與訓練計畫，所以人力規劃作業為人力發展之基礎。

（二）合理配置機關人力

任何機關之人力配置，是無法符合理想，將因人員能力不一，勞逸不均，而難能充分利用；人力規劃可以改善人力分配不平衡的狀況，進而謀求合理化，使人力資源能有合理的配置。

（三）適應機關業務發展需要

現代社會是複雜多變的，問題層出不窮，因應新的問題，業務配合變更，而組織亦隨之調整；由於現代科學技術的不斷創新，業務也不得不革新發展，因此人力規劃就是針對發展需要，對所需各類人力預為培植，使機關組織與人員發展相互配合。

（四）減低機關用人成本

影響機關用人數量的影響因素很多，如業務、辦公設備、組織與制度、人員之能力等，人力規劃即對機關人力結構分析檢討，找出影響人力之瓶頸，使人力效能之充分發揮，減低總成本支出中人事成本所占的比例。[12]

二、個體人力資源規劃之原則

個體人力計畫之實施及未來情況，必須先有長期業務計畫為根據，對於外界環境及未來情況，必須加以瞭解；其次對於企業之環境及各種生產因素，應設立各種具體的假設，再就各種假設，以決定目標及從事策略之選擇。其實施原則如下：

（一）根據長期業務計畫之分析，確定各種各類程度的人力需求。此不僅須研究人力市場變化趨勢，而且須掌握科學技術革新的方面。

（二）研究機關組織的變革，以確定是否由於：1.機關設備的變更；2.機關活動範圍之擴大；3.社會經濟之發展或人民生活及教育的改善；而須調節組織的原則及型態。因為組織調整，就是分工的改變，這對人力的需求影響極為重大。

---

12 吳靄書，企業人事管理（台北：大中國圖書股份有限公司，69年，版4），頁75-76。

（三）分析現有人力的素質及年齡性別分配，異動率的高低，並研究人性需求的發展，工作情緒的漲落趨勢，以決定完成業務所需各類的人力。

（四）研究分析人力市場的供需狀況，確定可自社會供給中取得某類人力，則必須與教育及訓練機構合作，預為培植的人力。如發現某類人力，無法獲致，尚須單獨自行建立人力發展計畫。[13] [14]

　　茲為達上述目的，除遵循其原則外，亦須依據人力計畫（manpower projection）而實施。又人力計畫即是配合機關組織的業務，對人力需求所作的推估工作，同時綜合對人力獲得、培訓及運用等措施與方法，彙成完整的人力計畫。所以個體人力資源規劃作業是以完整的人力計畫為主體，所有需求、獲得、培訓、運用等，均包括在人力計畫內，不需要另行擬定個別計畫。在擬定人力計畫時，必須配合機關中、長期的業務計畫和年度計畫，訂定機關之人力近、中及長程等各期程計畫，以達成個體人力資源規劃的目的。

　　再以美國人事管理總署為例，其在提出聯邦政府二十一世紀人事政策之人力資源時，其工作目標主要有：「整體人力資源管理」（甚至包括更新人事資料檔等）、「人力資源系統自動化」（期人力資源管理各層面藉助於現代化自動化科技得以改善）、「待遇、職位分類與福利」、「任用與考選」及「績效管理與公務人員（力）發展」、「員工與勞資關係」、「高級（階）行政主管資源」、「人事查核」等其對法規鬆綁與彈性運用的理念與方法，可供我國借鏡參考。另外對於提供及協助各機關改善其人力資源管理計畫方面。如促進各機關運用現有彈性人事管理措施、提供各機關有效能與效率技術協助等等，均可作為各考銓、人事主管機關在要求各機關、單位作個體人力資源規劃之重要參考。

　　綜之，公務人力資源規劃，必然要考慮公、私人力供需競爭與平衡外，更應包括其近、中、長程的計畫的妥當性與可行性，當然，對於公共部門之需求將決定公務人力資源管理的策略與方向，諸如整合人力資源的功能，重新定位人事法規的角色功能，以及在要求改善機關組織的績效與領導優勢的創造前提下，如何經營公務人力資源，即為人事行政學者與實務者所應關心的重要課題。

參、公務人力體制之建構與設計

一、政府再造中用人政策之作為與運用模式

　　政府再造之相關理論，至少有五：其一、新公共管理理論（New Public Management Theory）；其二、公共選擇理論（Public Choice Theory）；其三、組織經濟學理論（Organizational Economics Theory）；其四、企業管理理論（Entrepreneurial Management

---

13　鎮天錫，現代企業人事管理（台北：中華書局，66年，版4），頁226。

14　施能傑，「政府的績效管理改革」，人事月刊，期153（台北：人事月刊社，87年5月），頁35-53。

Theory）；其五、新公共服務理論（New Public Service Theory）。筆者認為政府用人政策之規劃與運作，除依據現行憲法規定及精神外，似可再參照Lepak & Snell所提人力運用模式，如圖4-1，配合政府改造政策，建構彈性用人政策之思維與策略[15]。

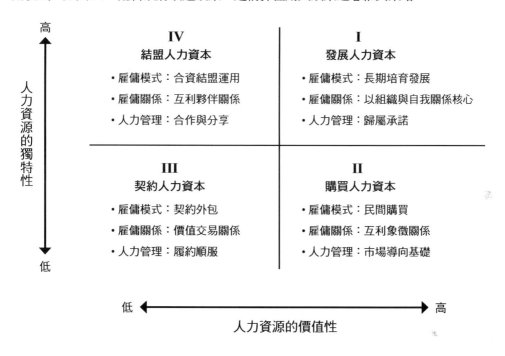

圖 4-1　人力運用的四種模式

資料來源：參照Lepak & Snell, 1999: 37.

　　從Lepak和Snell所提出的人力運用策略來看，除人力資源價值性高，同時人力資源獨特性高的職務，須由組織長期僱傭培育發展之外，其他三個象限的職務，均可採其他彈性方法取得。這四種模式各有不同的僱傭關係，分別引介如次（參照Lepak & Snell，1999：35-42）：（一）第一象限（Ⅰ）：此一象限的僱傭模式稱為「發展人力資本」，傳統的文官進用關係傾向於第一象限，文官接受組織的規範，並以組織之需求為生涯發展方向，雙方締結類似「社會關係」的契約，長期的相互投資，成員是組織競爭力的來源，組織提供成員生涯發展的機會，公務人力資源管理的重點在於培養成員對於組織的忠誠與承諾；（二）第二象限（Ⅱ）：此一象限的僱傭模式稱為「購買人力資

15　有關Lepak和Snell所述橫縱座標所示之人力資源的價值性，係指人力資源對組織的價值程度，亦即人力對顧客產生的效益與組織僱傭成本間之比值；人力資源對組織的獨特性，即所具知能的特殊性、難以學習模仿之程度。

本」，與一般私部門的雇用模示相近，雙方只是象徵性的關係，組織直接購買成員的能力，僱傭關係是維繫在對雙方都有利的前提，成員效忠自己專業與生涯的程度甚於組織，公務人力資源管理的重點是以市場為基礎；（三）第三象限（Ⅲ）:此一象限的僱傭模式稱為「契約人力資本」，公務人力採「契約外包的模式」，雙方為交易關係，一方以勞務交換價值，透過議價的方式各取所需，公務人力資源管理重點是取得契約人力之順服關係；（四）第四象限（Ⅳ）此一象限的雇傭模式稱為「結盟人力資本」，採「結盟運用」的方式，組織間合資成立機構，以利用此一獨特人力，雙方是一種夥伴的關係，人員接受委託，依其專業處理事務，各盡所能，創造價值，然後分享，公務人力資源管理的重點在於促進彼此之合作關係。

　　我國政府改造的思維與規劃方向，以及OECD國家僱傭關係發展，均傾向於將第Ⅰ象限之部分人力，改以第Ⅱ、Ⅲ象限之人力進用，故政府改造建議方案中，擬採之彈性用人政策即仿此建構。此在人力需求與調整方面，固可取得彈性運用的高效率需求，但因此類人力流動性高，對組織之承諾與忠誠度低相對較，吾人由臺灣地區SARS傳染期間，部分醫院人員離職率增高可得證明（蔡良文，2004：31）。我們同意政府人力雇傭關係多樣化，是提昇國家競爭力的關鍵，Lepak & Snell的人力運用分類模式、取才的雇傭關係與管理取向值得參考。惟在公部門用人政策逐漸傾向與私部門交流取才之際，如何在我國憲法所規定「考試用人」前提下，尋求彈性取才專業倫理與忠誠承諾間之平衡，為作者關切的重點與原則。

二、政府公務人力體系建構與配置設計

　　筆者認為公務人力體系，主要依賴下列系統層次及其相互間之配合，以落實民主政治和增進治理能力，如圖4-2：

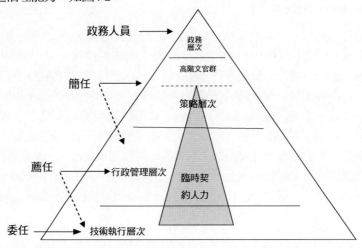

圖 4-2　政府公務人力體系建構系統

資料來源：作者整理。

　　依圖所示，通常政務層次的功能主要係決定政府政策和公共資源分配的方向，政務人員必須為政策決定負起政治責任；而策略層次、行政管理層次及執行技術層次則是維持政府持續運作之三個層次，這三個層次必須依政務層次所制定的方向運作，不能背離政策方向。其中高階文官群則介乎政務層次及策略層次，扮演關鍵角色（參照彭錦鵬，2003：1-4）。高階文官群，即政府強力培育之高級精英，扮演市場型態（market type）的協調角色（施能傑，收編於彭錦鵬，2003：5-7）。當然每一層次均有其應負之職能設計，每一層次系統的主要職能應定位清楚，扮演不同之政策角色。政府運作之良窳，端賴上述四個層次是否密切結合，更必須思考各層次所需人力本質上之差異，制定完善之人事制度，始能維持、激勵或吸引具有各項職能之人才。

第三節　我國公務人力資源的規劃

　　大凡「人力」能善加運用，為有效人力；反之，則為無效人力，由於晚近人力資源管理的理論為人事行政學者所引介，尤其著重於人力資源的策略管理與其原理原則之參採，使得人事行政內容更加充實與豐富，[16]而人力資源管理融入公共部門，吾人即可稱之為公務人員資源管理，由於公務人力資源成為公共部門的策略夥伴，其有關之實務作為與技術方法同樣為公共部門所借鏡參採。就其內容要項，似可區分為公務人力資源的規劃，至於公務人力引進、任用、訓練、發展、保障及公會（協會）關係……等，亦可稱為公務人力資源運用。易言之，人力資源管理的主要功能，在於規劃和實施發掘人力資源，保養、激發、運用人力資源，並且避免此種資源之浪費。[17]

　　我們社會中的人力資源豐富，而人力資源獲致有效的發展和運用，端視有無妥善的人力規劃而定，惟觀察分析與規劃，不能忽視環境之考量因為人力資源管理的發展，主要為因應管理哲學的演變、資訊發達造成人力資源管理的改變、日趨國際化需求、配合科技發展企業發展等。其管理原則，宜包括重視組織與個人發展、人性管理、共同參考、人才第一及彈性管理等原則。[18]所以本節先扼要簡述環境因素，再敘明公務人力資源之規劃過程等。但如何與上節論述之規則類型與人力配置型模結合，是重要議題。

壹、環境變遷下的公務人力需求

　　政治體系之運作，受到環境因素之影響，同樣的政治系統的次系統：行政、人事行政、考選運作等，自不能孤立於環境之外，茲分述於下：

---

[16] 趙其文，人力資源管理（台北：中華電視公司，86年），頁8-13。

[17] 陳德禹，「人事行政的基本理念」，載吳定等編，行政學（台北：空中大學，87年），頁267-268。

[18] 趙其文，前書，頁27-35。

一、外在社會環境的變遷

主要之特徵為：（一）政府職能擴大——行政權之擴大；（二）後工業社會（post-industrial society）的特徵60年代之西方科技先進社會；[19]（三）科學技術與專家行政——社會高度分化結果，各次級系統相互依存的關係，日形複雜，大量事務，非由專門人才擔任不可，尤其因應資訊工業之需要（資訊工業係一項集腦力、智識、技術與資金於一體的工業），必須注意專業人才、技術水平、資金與環境配合，而技術水平之提昇更有賴專業人才在質量上的配合。所以，人力資源的發展，基本上，即應延攬專業人才以蔚為國用。又人力資源以追求績效為前提，公共部門則追求國家績效為目標，當然個人、團體、不同組織層級之績效標準與需求亦須併同考量，以提供國家、機關、組織績效的參考架構，戮力完成，以提昇國家競爭力。

二、內在社會環境的改變

主要之特徵分為：（一）國內環境因素的變遷；（二）開發中國家困境發展的借鏡；（三）高級行政專才、通才與考試制度等。要之，現代政府的公務行政由於高度科學化、專業化、技術化，而步入專家政治時代，[20]政府各部門亟需引進專才與通才，其運用一套客觀選拔的衡鑑標準，以拔擢人才的方法中，認為較公平、公正、公開的考選方法，便是考試制度。有關公務人力引進與考選，將於第六章討論之。至於公務人力資源之開發後之運用，以展現人力資源的策略能力，則有賴系統思考與策略計畫之推動，其評於第五章以次述明之。

貳、人力資源規劃之概述

國家的人力資源，可分為勞動人力與非勞動人力，在勞動人力中可就其人力素質加以區分不同層級，有以領導知能條件，有以技術能力等，所以人力資源的種類與質量等，則有不同的分類標準與區分指標。大體而言，人力資源規劃的內容，趙其文教授指出略有八項，其主要內容略有：[21]

19　華力進，「高級行政人員的角色與修養」，張金鑑八秩榮慶論文集（台北：聯經出版公司，71年），抽印本，頁2-3。本名詞係於Danial Bell著：後工業社會的來臨（The Coming of Post-industrial Society, New York: Basic Books, 1973）提出，闡釋此一社會意義、背景、及其對人類文化、社會、經濟、政治之影響。

20　張劍寒，「直接民主與專家政治」，中華日報（67年11月19日），版9。

21　趙其文，前書，頁51-63。就規劃內容，雖其方法技術有所精進，然其程序大致不變。

22　A. F. Sikula, Personnel Administration and Human Resources Management (John Wiley, 1976).

設立組織發展目標 （organizational goal）	組織發展目標亦即組織未來所欲獲致的成果，也是組織努力追求的方向。在設定目標時，宜注意：（一）目標的一致性；（二）目標的層次性；（三）目標的聯貫性；（四）目標的社會性；（五）目標的挑戰性；（六）目標的可行性等。
確定未來組織需要 （organizational needs）	在確定未來組織需要之前，必先對現有組織作「基礎評估」（base line evaluation）根據基礎評估的結果，參考未來事業一般的趨勢，依據事業發展的目標，審慎研訂未來組織的需要。研訂未來組織需要時應該考慮之項目，與基礎評估時之項目相同。
現有人力的核實	通常指現有人力狀況的統計分析，包括：教育程度、專長、工作經驗、年齡、性別、服務年資、生產力以及退、離情形等。如需進一步瞭解用人有無浮濫，人力運用是否有效等問題，則應採取時間研究法（time study）、工作抽樣法（work sampling）或業務審查法（operational audit），加以核實。
未來人力的預估 （human resource requirements forecast）	指依據業務發展計畫及其他相關因素，輔以人為的分析與判斷，對於未來某特定時期所需各種程度人力數量之預估。 人力預估最主要的因素，是必須瞭解事業組織內部人才需要，與外界人力供應兩種情況，始可據以擬定延攬人才方案及其程序、技術等問題[21]。人力預估的主要方法有三：一為用人費用分析法，二為人力結構分析法，三為相關與迴歸分析法。
未來人力的獲得 （human resource acquistion）	未來人力需求如能較為精確的預估，則所需人力必須適質、適量、適時的獲得。人力獲得的方式，通常以培訓現有人力為主，以提振士氣，如仍有不足，始考量自外界引進。
未來所需人力的培訓 （human resource training and development）	現有人力的培訓與發展，注重倫理價值與創新觀念，為未來人力獲得的主要途徑。
現有人力的運用 （human resource utitization）	人力規劃不僅要滿足未來人力的需要，更須對現有人力作充分的運用。人力運用所涵蓋的範圍至廣，而其關鍵在於「人」與「事」的圓滿配合，使事得其人，人盡其才。
人力計畫（human resource plan）	訂定人力計畫所依據之基本資料，即為：組織未來發展目標，組織未來發展需求，現有人力的核實，未來人力的預估，未來人力的獲得及培訓，現有人力運用等。

　　要之，人力資源規劃的流程，如圖4-3。

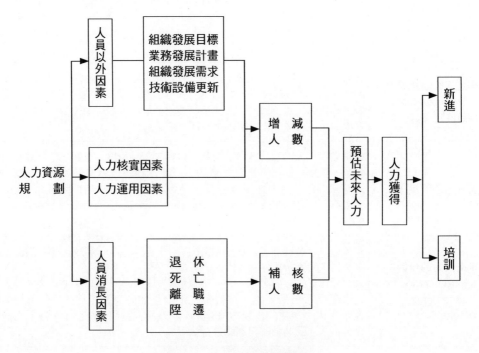

圖 4-3　人力資源規劃流程

資料來源：趙其文，人力資源管理（台北：中華電視公司，民國86年），頁63。

　　人力資源規劃是將組織目標策略轉化成公務人力的需求，透過人事行政體系，有效達成質量均衡，暨長、中、近程之人力供需平衡，通常其過程可分為分析、預測、計畫與控制四階段。茲簡述如下：

一、分析

　　好的規劃，首須瞭解組織內外之人力現狀與問題，在這階段的主要的工作，是藉人力資源的評估過程，發掘人力潛在問題，以為妥予因應。

二、預測

　　預測階段主要工作，是考慮組織整個策略與其目標和計畫，預估人力需求質量數；及從內外環境之人力供給分析，預測公務人力供給數，以使組織之人力的供需平衡。

三、計畫

由分析組織人力整體結構與目標,及預測人力質量供需數後,隨即的計畫就是制定人事行動方案或政策,諸如生產力改善、人員進用、陞遷、退休政策、人員訓練計畫與褒獎福利等,同時考量人力分布狀況、績效水平等因素,以達成人力質與量的配合。

四、控制

控制階段就是人力的運用、發展及績效的回饋過程。按任何組織運作,人力供需調配,必須有良好的新陳代謝作用,與人事功能的各項配套措施,當然對於各項作業成果或反應,組織本身應適當的予以回應。

就我國現行人力計畫的主要內容言,基於人力資源發展是一個長期而不斷變動的過程,其目標是整個的、是多體的、也是多元的,所以必須循多方面的政策措施才易達成。

參、公務人力資源規劃內涵

一、目標

公務人力資源是各級機關賴以推行政令,發展業務的原動力,其供需與質量,均應與社會環境,國家人力資源,機關組織目標,社會生態環境,以及人事規章相配合。並在人事行政範疇內,規劃公務機關人員之進、訓、用、退、儲之管道,使公務機關之人力,如同水資源之管理一般,有儲存之水庫,有供輸的管道,有淨化和調節的機能,真正成為公務機關存在和生命泉源。而公務人力計畫最主要在分析現有人力狀況,考量有關因素,預測未來人力需求,制定人力政策,訂定人力計畫,據以羅致增補人力,促進新陳代謝,提高人力素質,健全人力結構,發揮人力潛能,使能適應機關業務(工作)需要。因之,公務人力計畫之政策目標,約有下列五項:

因應業務需求,預籌人力來源	即配合各機關當前及未來業務發展計畫,預籌所需之人力,使機關未來人力無匱乏之虞。
維持供需平衡,消除無效人力	預測人力供需,計算增補人力,在適時、適地、適質、適量的要求下支應機關人力。同時,對機關內不適任現職之人力,藉訓練、轉用、調整或退休、資遣諸措施消除於無形。
提高人力素質,健全人力結構	機關公務於進用前後,必須加以訓練或進修,以發展人力效用,促進人力成長,提高人力素質。同時藉人事內陞及外補之功能,提高教育及專技水平,降低年齡,充實工作經驗,以健全人力結構。

經濟運用人力，節省人事經費	機關人力務期向能力密集與專長方向邁進，並利用技術或機具設備之改進，代替人力；簡化工作報序或改進工作方法，以節約人力，期能發揮經濟有效運用人力之功能，進而減少人事經費支出，俾能提高公務人員之待遇。
發揮主導功能，實施計畫人事	人事管理中之各項業務，相互關聯，必須配合推展，然就人事管理之全盤運作合理有效之解決外，並涉及所有人事管理業務，例如：機關之組織編制、人員之選任陞遷、考績考核、退休撫卹、待遇福利等，影響人力變項甚大，不得不同時考量。由此可知人力規劃實具人事管理程序中之主導作用，亦是各機關實行「計畫人事」之張本。[22]

二、作業體系內容與作業要領

（一）內容

　　我國公務人力計畫，由主管機關訂立完成之作業體系，即按人力現況分析，預估所需公務人力，計畫獲得培訓，有效運用公務人力等之程序，循序進行，周而復始，以使發揮規劃作業之功能。故在說明公務人力計畫內容前，先簡述一般人力作業體系於下：

人力現況分析	人力現況分析與建立公務機關資料之目的相似，係對現有人力結構與人力分配之檢討。以作為改進或調整未來人力結構的基本資料。其主要的目的有： (1) 適應業務發展之需要； (2) 合理分配人力； (3) 節省人事經費； (4) 提高公務生產力。 同時在分析人力現況時，須先明瞭下述三種背景資料： (1) 人力供需平穩或員額增減有限之機關； (2) 人力供需擴張或員額增加較大之機關； (3) 業務萎縮或組織精簡之機關。
預估所需人力	對人力現況從事分析後，即可依照業務發展計畫與施政計畫所訂工作項目，參照實施工作簡化後之成果。綜合預估為未來必須增減之總人數。易言之，配合統計公務人力動態，預估所需人力。[23]
計畫獲得培訓	依據所需人力預估之數量與類科，計畫如何開拓獲得之途徑。對所增加人力，須補充之人力，或不易獲致之人力，應分別研究獲得之方法。另為增進工作人員之學識知能或工作技術，必須辦理有關訓練，以資培育。
有效運用人力	對於獲得之人力，必須予以有效運用，激勵人員向上之方法，除有計畫之訓練外，職位陞遷，亦為激勵及安定人心主要措施。同時對於人力調節，亦應縝密策劃，對於人力之運用，更須注意檢查，以免無效人力成長，浪費人力資源。[24]

23　何忠俊，「公務人力規劃擬論」，公務人力規劃課程講義彙編（人事行政局公務人員訓練班印，71年9月），頁19-20。

茲將公務人力計畫作業體系依人事行政局較早提出手冊方案內容，例示如圖4-4，以明政府機關有關公務人員計畫作業概況，至於民國85年起之全國人事業務資訊化五年實施方案，似可作為強化公務人力供需作業之輔助工程。當然，由於人力預測工具之進步，其作業流程可大幅簡化改進，然其原則項目尚可參考。

（二）作業要領

公務人力計畫內容包括：人力需求、人力獲得、人力培訓、人力運用四部分，茲將其作業要領分述如下：

1. 人力需求

預估原則與作業，分列其項目如下：

(1)人力預測之原則

　a. 人力預估應以施政計畫或業務發展計畫為準則。

　b. 業務項目如有增減，所需人力必隨同調整。

　c. 業務或工作之數量或質量發生增減，則人力亦隨之調整。

　d. 因重大之專案計畫必須增加之人力。

　e. 技術或改進應節省所需轉換的人力。

　f. 機械設備改進（新設備或自動化）應節省之人力。

　g. 工作程序簡化或工作方法改進應節省之人力。

　h. 因新設單位（附屬機構）所需增加之人力。

　i. 組織變更應增加或減少的人力。

　j. 因退休所需補充之人力。

　k. 因離職、死亡應補充之人力。

　l. 因服役臨時補充之人力。

　m.內部晉陞、或調整後，空缺職位必須補充之人力。

　n. 因長期訓練或進修人員遺缺、所需補充人力。

　o. 從預估應同時列出所需人力的類別。

　p. 每一機構所需人力之估算，應朝向人力結構或改進的目標。

　q. 人力預估應採不易獲得人力所需進用時間，訓練時間等併同考慮。

　r. 機關內每一單位所需人力之預估，應併同考慮公務生產力之提高。

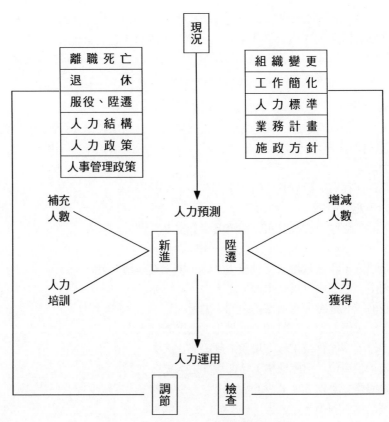

圖 4-4　公務人力計畫作業體系圖

資料來源：行政院人事行政局，公務人力規劃手冊，頁17。

(2)人力預估作業要點

　　公務人力預估之方法有多種，在一般行政機關之預估方法，宜採人力結構分析法，較易瞭解，即從現有人力數量與素質之瞭解中，決定目前及未來之人力需求，並包括了質的因素。諸如：人員才能、訓練需求、管理潛力、年齡及職務指派等，均應考慮在內。對於現有生產技術之改進之參考，有關之計算方式如下：

a. 未來所需人力

　未來所需人力＝現有人力±未來擴展或縮減業務所需增加或減少人力——因技術或設備改良所能節省之人力＋退休離職所需補充之人力。

b. 人力成長率

　人力成長率＝近四年合計增減人數÷近四年合計職員實有人數。

c. 退離率及退離人數預估

    (a) 退離率＝近四年合計退離人數÷近四年合計職員實有人數。

       按退離率求出未來年度中可能退職人數。

    (b) 未來某年預估退離人數＝某年度預估之實有人數×退離率。

       依以上預估所需人力，並按其類別及等級列表顯示之。

2. 人力獲得

公務人力計畫中最重要工作，即為「人力獲得」。

因人力為機關之活力，人力需求經過預估後，如無法獲得，則人力計畫形同空談，人力培訓則無目的，而人力運用更無對象。是以公務人力資源規劃之是否發揮功能，其根本關鍵在能否獲得所需人力，尤其是不容易羅致的人力，更需及時開拓來源。有關作業事項，分述如下：

(1)人力獲得之原則

a. 須能獲得足夠人力，以滿足機關當前及嗣後連續性之需求；

b. 須能獲得各類人力，尤以目前人力供應最為缺乏，而又為機關所必要者為然；

c. 獲得人力需能對機關之任務及長期發展，提供貢獻；

d. 人力獲得之來源：

  (a) 內部來源：其途徑有二，一高職位人員出缺，由內部人員擇優陞補；另一般職位人員出缺，以現有待消化之臨時人員補實。此為目前一般機關所最常用之方法，因一般高職位出缺，最先應考慮自機關內部物色適當人員陞任，如此方能產生一連串之連鎖陞遷。不但能激勵內部物色適當人員陞任，更可吸收外界具有才幹人員來機關服務。

  (b) 外界來源：其能獲得適當人才之機會較多，根據本機關性質、任務，暨規定人員任用之有關法令，例如：考試分發，或採用「聘用人員聘用條例」等有關規定進用，研究其獲得之時間性，以確定獲得方式。如實施向學校或社會公開延攬，或洽就業輔導機構推介，以及由內部補實，均可作為獲得方法，惟須有法令依據。至於警察，由主管機關依據人力需求，先行實施養成教育，以獲得所需人力。至於在實施十二年國教後，國高中、國小教師等人力，亦請留意。

(2)人力獲得作業要點

先做所需人力分析，再決定獲得方法，並對增加或補充困難人力，確實研究其原因，與提出可行之改進意見。

3. 人力培訓

為提高從業人員工作效能，激勵人員上進有效途徑，有關作業事項，分述如下：

(1)人力培訓之原則

應依公務人員訓練進修法有關法令辦理，各種訓練之訓練計畫，由各主管機關定之。其培訓之著眼如次：

a. 訓練能量與需求應加配合，如有差距，則應按優先次序考慮。

b. 訓練計畫應根據需求，勿為訓練而訓練，需求之調查分析，應力求科學化。

c. 各類訓練內容應避免重複，階層力求明晰劃分。

d. 自辦訓練以不妨礙業務推行為原則。但訓練時間如過於短促，訓練效果難免遜色，故須考慮訓練方式。

(2)人力培訓作業點

a. 確定訓練目標：依據業務發展計畫之需要，配合人力計畫之期程，以確定訓練目標，例如：(a)提高工作效能，達成任務要求；(b)促進組織安定性與彈性；(c)減輕督導負荷。

b. 訂立訓練政策：按年度決定訓練類別，訓練方式，訓練內容，訓練對象，參照訓練容量與緩急性以決定下列事項：(a)訓練種類之優先次序，(b)調訓機關或單位之優先次序；(c)受訓中人員優先次序。同時，配合一般訓練需要，應貫徹之原則，不徒學理與觀念之介紹，尤其在實施方面多加演練。

c. 運用訓練成果：(a)為發揮訓練效能，貫徹選、訓、用合一之原則，自以即訓即用為主。但如因職缺限制，一時不能調整時，應先儲備，以適應未來業務之需要；(b)主管人員之儲備訓練，作用更為重要；(c)以上訓練人員，均為人員補充之資源。在現行公務人力計畫內，配合業務需要及有關訓練進修規定，辦理培訓工作，以提高工作效能。

4. 人力運用

為配合機關工作推展，對公務人力之有效運用，實為最重要之課題，擬於第五章詳述之。

三、功能

我國公務人力計畫，係總體人力規劃下，所發展出來的一項措施。公務人力計畫雖以政府機關所需之各級人力為對象，但其人力之來源相同，故就人力規劃下層次與對象而言，公務人力計畫為總體人力規劃之一環，兩者同屬一體，具有不可劃分的相關性；且更由於公務人力計畫之實施，將使總體性之人力規劃工作益趨完整。[24]

公務人力計畫作用，在於有效運用人力，實施計畫人事。同時，對遏止員額膨脹，補充所需人力，調節人力盈缺，消除無效人力等，均有助益。歸納言之，可知公務人力計畫功能，主要有以下四項：

（一）員額方面

各級機關以往對員額運用之檢討，其狀況有五：

24　同上，頁14。

1. 人力進、訓、用、退，如同一盤散沙，既無一定管道可循，更難發揮新陳代謝之功能。
2. 遇有缺額即臨時羅致人員，難免有濫竽充數，不符適才適所之要求。
3. 由於公務機關人力運用未加規劃，一旦人力來源普遍缺乏，使各機關遭受人力真空恐慌，影響機關業務之正常推動。
4. 不重視既有人力之培育發展、訓練進修，以致人員不易獲得新知，難免發生固步自封，保守落伍，績效不良，人才無法產生等現象，自難圓滿達成機關本身的任務。
5. 當機關因業務推展或增加特定任務時，未經規劃運用之人力，大多經不起實際考驗，形成機關之絆腳石，甚至影響機關良好之運作功能，降低工作效率。[25]

　　上述各項情形，至今，政府大力改革，雖未普遍存在於當前各機關中，但部分存在之事實，則不容否認。各級機關如能屬行公務人力計畫（規劃），強化公務人力資源管理功能，當能改進上列缺失，真正發揮員額運用之功能。

（二）人事管理方面

　　公務人力計畫的考慮因素和基本原則，係從需求預估與羅致人力著手，實質為先行做好各項有關的準備工作。例如：人力供給與需求之配合，人員考選與任用之配合等，必須預為辦理。上述事項，均與人事管理相關法令及人力政策關係密切。從人力資源之觀點而言，公務人力必須珍惜運用，以達成機關目標，即能充分運用機關中各種職位，依個人之發展性向，予以歷練，再配合進修，以恢宏其工作能力，逐次培養高級人才。如能以公務人力計畫之手段，配合人事管理之工作，不僅能使人力密集之情形轉變為能力密集之狀況，將可使人才輩出。人力節約，預期產生之效果，較之處處以法令限制，或則偏向防弊之靜態人事管理方法合理進步。

　　故公務人力計畫為導向之人事管理思想，是先預計公務人力的需求，依照所需增補人力之類科、數量，然後從國家總體人力資源中，選拔所需人力，使機關人力之供需，臻於平衡，避免人力流散或浪費。

（三）計畫人事方面

　　從推行公務人力計畫，進而實現計畫人事之理想，首先須機關之領導者及組織成員，共同建立公務人力計畫觀念。其次，負責規劃設計人員，必須確實瞭解機關內各單位之實務，並據以運用專業知能，從事有效之計畫作業。為達成計畫人事之目的，須將人事管理之工作項目，納入公務人力計畫中合併研究，完成適切計畫，期對人事管理工作發生導引功能。茲就人事管理業務之主要項目，分析如下：

25　同上，頁16-18。

組織編制	當前機關組織編制之建立，係以傳統思想和法制觀念為基礎，普遍缺乏公務人力計畫之人力衡量標準，因此組織的內部單位或附屬機關之編制員額、職稱、等級、類科等，照例都是仿效已有之機關組織編制，或比照相似機關編制而訂定，以致在訂定編制時，見仁見智，漫無標準，造成機關組織業務不能配合，人力不斷擴增，使機關之員額與人事經費消耗俱增，國家財力負擔甚重，亦影響公務人員待遇調整之困難。改進之道，由公務人力規劃著手，提供制（修）訂機關組織編制與核定員額，不失為一有效可行之途徑。
職位設置	職位為人與事相互配合之工作單位，亦係預估人力須求標準之一。人力計畫中人力需求和人力運用所考慮各項因素，以及形成具體之數字和要求，足可提供職位設置之客觀標準。
考試分發	考試分發，主要在能達到考用之有效配合，期能適時、適量、適質供應有效之人力。當前考試分發作業未臻理想之關鍵，由於無人力計畫作根據，致使人力需求之數量，僅賴臨考試前之應急式調查，機關之人力素質與平日異動，均缺完整之正確資料可供利用。因之，此種狀況之下，考試分發，易生緩不濟急，而產生供需失調現象。如有人力計畫作依據，對於現存考試分發之困難問題，當可有效改善。
人才儲備	公務機關用人，非經考試不得任用，而考試之政策，又要求考用配合。換言之，凡考試及格之應考人，就需依機關既有的缺額分發任用。此種先有缺後考試的用人辦法，人才儲備便不易推行，新成立之單位需要新人進用，現有的機關需向外吸收新秀，都非現行人才儲備方法所能適應。因此，惟有依據完整的人力計畫，根據人力需求，人力獲得，進而實施人力培訓，則人才儲備，始有來源，人才儲備目標，方能正確。
任用陞遷	任用陞遷，為發展人力效用，和發揮人力潛能之主要人事措施。但任用陞遷如要公平、公正，而能符合機關目標和個人意願，則應有完整之任用陞遷計畫作根據，僅有評審和考核作為任用陞遷手段，是不夠的，必須以公務人力計畫作基礎，方能達到公平、公正之目的。
退休資遣	人力離退資料，是預測人力需求和預籌人力供應重要因素。在人力計畫中，退休資遣列有具體之數字可供參考。如依人力計畫付諸執行，不僅可促進人力新陳代謝，更可消除無效人力，提高人力素質。
人力報告	人力之統計報告，為人事管理推行之依據，例如人員之進、訓、用、退，必須依正確之人力報告資料，適時而有效之提供，方能據以處理人事問題，保持人事管理之暢通無阻。公務人力計畫，基於實際的需要，對於人力報告正在建立有效之資料系統，以便運用於人事管理作業上。
人事經費	公務人力規劃間接的功能，就在節省人力需求與發展人力效用，因之，相對的節省人事經費。人事經費是羅致人力與運用人力的先決條件，公務機關即使基於任務，必須擴增人力時，如果人事經費無法支援，亦無可奈何。又如機關應退休或資遣之人力，如遇人事經費不夠，只有因循拖延，無法解決。故為適切支應人事經費或預籌人事經費來源，均有賴人力計畫先期策定，始克有濟。

（四）人事發展方面

　　人事制度之功能，以人盡其才，事竟其功，為其終極目的。惟在傳統作為上，人事行政卻以功績制度守護者之立場，設法阻擋庸劣人員充任公職，為其唯一任務，導致在

制度上制定各種法令規章、資格條件等，作重重限制。在管理措施上，係以注重考試之公開舉辦與及格人員公開分發，對於員額的消極管制，任免銓敘手續辦理，職位分類之措施，釐定待遇報酬標準，執行考核獎懲，登記人事資料，與待遇福利等工作，但求維持常軌，致使人事行政偏向於防弊、限制與程序而已。

近年來，由於文官制度逐已步入正軌，濫用私人情事多已漸絕跡，政府本身及社會各界普遍主張，並需求應進一步注重公務人力資源之有效運用，使每一公務人員得以盡其才、展其能。故人事行政之取向，乃由傳統性之常規管理，轉注於工作與生活品質之增進，提高至公務生產力的層次上，且以一些不確定的外在因素伴隨著日漸改變的組織需求，加速人力資源管理（HRM）的重要性。組織要求成員具有專業知識、能力及其他特質，同時也須具備彈性和意願，以應付無結構性的變化，所以人事專家（或人力資源專家）被要求能體察各種政、經、社會科技發展、財務等改變，並能協助員工適應這些改變。[26]因此，管理措施轉向於公務人力資源之整體規劃與開發、工作意願之激勵、人際關係之溝通，組織之靈活應用及人才之培育訓練等。

要之，今後人事行政之發展，乃是以積極性人事管理為原則，以人力資源管理與人際行為管理為兩大主幹，充分運用管理科學、行為科學及系統理論、批判理論與均衡理論等知識方法，因應政府再造、行政革新及社會時代之改變。在此新發展要求下，人事人員之職責，除不再限於維持人事之法令規章與文書作業處理之境界外，尤應培養敏銳之時代意識，深切瞭解環境之變動需要，以組織設計師、管理顧問師、人力資源專家、革新帶動者自任，對公務人力資源妥為規劃，謀求公務人力資源之有效運用，激發人力公務潛能，以提昇政府組織動能及國家競爭力。

肆、公務人力資源規劃之探討

公務人力規劃是一龐雜、多變之人力工程中的主幹，牽涉許多制度、政策、技術之研究設計，而人力需求與供給之間，除先天存在許多不易克服之矛盾外，在人力供需推估程度與技術上，存在許多困境，待吾人建立正確之觀念與健全之規劃系統。所以，除強化人事行政在公務人力資源管理價值概念之改變與策略管理運用，期以公務人力資源與國家建設密切配合外，茲再簡要分述如下：

一、加強負責公務人力規劃者之專業能力

公務人力資源規劃乃是提高公務生產力之必要措施，而人力資源規劃工作，須具有前瞻、宏觀理念、系統分析、政策分析之能力，目前負責預測之人事機關（構），普遍缺乏人才，致使公務人力預測上顯得嚴謹評估不足，亟待強化與補充，今後人事人員之

---

[26] J. E. Pynes, Human Resources Management for Public and Nonprofit Organizations (California: Jossey-Bass, Inc., 1997), pp. 5-16.

羅致、培育、訓練時，應使其具有人力經濟、策略管理的學養，暨強化其依法行政與守經達變能力俾落實公務人力資源規劃工作。

二、建立公務人力規劃資訊系統

由於早期人事系統中，對於人力資源管理系統運作過程、人員之數量、人力成本分析與人力素質等龐大資料，無法精確計算、分析。目前銓敘部、行政院人事行政總處仍賡續針對是項問題，進行建立公務人力資源系統，除於89年度完成推動全國人事業務資訊化五年實施方案，即將公務人力資料納入電腦管理，運用系統分析與程式設計，將人事業務利用電腦處理、查詢、統計分析，以提昇人事服務績效，有效運用公務人力資源外，及擬結合人事單位、就業輔導中心、教育單位與駐外機構，利用資訊設施，建立一完整的公務人力情報網，以獲取迅速正確的公務人力資訊，俾有效掌握與運用人才，以推動國家政務。

三、強化公務人力資源規劃的整體觀念

吾人認為對負責公務人力資源規劃人員應強化其整體觀念，達成下列三項目標：（一）合理推估所需人力，開發人力資訊，以期達成教、考、訓、用配合之計畫性人事政策或方案；（二）繼續實施專長任職，加強職位功能，落實適才適所目標，以有效運用公務人力；（三）運用人力資訊，有效平衡公務人力供需，並健全行政組織功能，暢通人事管道，均衡人力結構與質量。另機關組織在分析過去、現在、未來的人力資源需求，在擬訂未來選才、訓練目標前，應同時評估現有人員的能力和潛能；又此工作分析可資運用。[27]另學者指出為增進國家競爭力，必須引導文官體制之改造上的四方面能力：[28]

（一）具備全球化與本土化衡平治理觀念的政策規劃能力；
（二）具備有效執行與管理政策的能力；
（三）展現高度中立、公正、廉潔的公共服務倫理行為；
（四）發揮同理心與關懷情的行政行為。

四、重視人力資源發展取向

因為人力資源管理的基本價值觀是：精英治理、公正、客觀與效能，所以，其發展的新取向則略為：（一）以培訓改善工作素質；（二）通過管理以提高工作效能；（三）有系統培訓，合格者給予證書；以增加工作技術與程序能力之培訓；（五）訓練、再訓練之強化；（六）管理技術訓練日益殷切；（七）追求更主動、積極的人力發

27　Ibid., pp. 90-91.
28　參照施能傑，「文官體制改造與政府競爭力」，臺灣經濟戰略研討會論文集（台北：財團法人臺灣智庫，93年），頁223-236。

展的部門。[29]

　　要之，公務人力資源規劃工程，關係公務生產力與服務品質，進而增進國家競爭力。除強化工作意識、觀念互動、價值確立暨全面評估公務人力來源外，亦須透過學者專家，以瞭解有關公私部門之人力市場研究，公務生產力研究，財物分析等因素，並獲得最高決策階層之認可與管理階層之支持，方能落實公務人力資源規劃工作，進而促使公務人力質、量，提昇達到高效能的公務人力資源策略管理目標，以提高行政效率與效能，當然對第二節之人力運用型模、體系建構與配置型模，均應併同思考的。

第四節　小　結

　　人為萬物之靈，也是複雜的社會動物。人要發揮功能，即為人力。因為人力是基本資源，同時關係國力之強弱。所以，組織若忽視人力資源價值，未能適當善用，其經營管理，無異怠忽職守，不僅組織之損失，亦構成國家整個社會無比的傷害。

　　人力資源規劃之發展除強調價值理念之導正與重視人力資源之策略管理外，時下常見總體與個體人力資源之規劃。前者，應注意現況之分析，人力需求之預估及人力供需之平衡；後者，旨在完成規劃機關組織之人力發展、合理配置機關人力、適應機關業務發展需要及減低機關用人成本等。

　　我國公務人力資源之規劃，係先評估環境變遷下的公務人力需求，採取各項因應措施。通常其過程可分為分析、預測計畫與控制等階段；其內涵包括政策目標，即：1.因應業務需求，預籌人力來源；2.維持供需平衡，消除無效人力；3.提高人力素質，健全人力結構；4.經濟運用人力，節省人事經費；及5.發揮主導功能，實施計畫人事等。又在實際作業時，應注意：1.人力現況分析；2.預估所需人力；3.計畫獲得培訓；及4.有效運用人力。推而言之，公務人力計畫對組織編制、員額配置、人事管理、計畫人事、人事發展等均有其功能。當然，也需要考銓人事政策配合推動，與相關法制建立，方可致之。

　　目前公務人力計畫，已逐步推展，以及多元管理的引介與相關配套措施之推行，惟就強化負責公務人力資源規劃者之前瞻理念，重視人力資源的開發，其職能分析與專業能力的需求，配合e化政府，建立公務人力規劃資訊系統與強化人力資源策略管理的整體觀念，均是為當前努力之課題。

29　參照公務人員保障暨培訓委員會，87年赴新加坡考察研究報告（台北：保訓會，87年），頁20-21。又公務人員為政府政策的推動者，亦為政府的靈魂角色，必須與時俱進，賡續強化其人員素質及決策品質。

學習重點

- 公務人力資源現況
- 公務人力資源運用之原則與途徑
- 公務人力運用作業之重點
- 公務人力資源績效評估之意義與內涵
- 分析我國行政組織員額編制之現況與未來發展
- 員額編制合理運用之原則、目標與精實之方法

關鍵名詞

- 公務人力資源
- 人力資源運用
- 通才
- 專家
- 合理
- 工作衡量
- 工作分析
- 人力調節
- 績效評估
- 工作簡化
- 調遷員額評鑑
- 精實原則
- 員額編制
- 人事查核制度
- 定員管理

第一節　公務人力資源運用的意義與現況

壹、公務人力資源運用之意涵

　　首先就人力資源運用而言，行政學者強調：對於人員只求忠誠度是不足的，必須要能兼具傑出的才幹。[1]惟有人員具有傑出的才能（包括工作經驗、技術、能力均有優異表現），與品德、優秀、高忠誠度，提有用的人力資源，而人事工作者，則必要「知人」與「善用」，發揮最佳功能。

　　次就人力運用之過程言，可分為人力之引進、遴選、任免、陞遷、考績、獎懲、俸

---

[1]　John M. Pffifner & Robert Presthus, Public Administation, 5th ed. (New York: The Ronald Press Co., 1967), p. 329.

給、福利、教育、訓練、退休、撫卹等,而健全的公務人力運用,必須根據行政組織發展而決定人力政策,故公務人力運用不僅是人事政策之一環,亦兼人事管理之實務作為。再就功能而言,人力運用包含引進與甄補(procurement)、發展性(development)、激勵性(motivation)和維護與保障性(maintenance)四種決策功能。[2]各功能相互關聯,自成或聚合成次級系統。其詳另於第16章中述明之。

我國政務人員人事制度與政策的設計有其諸多特點。和高度民主工業化國家相比較,臺灣地區政府部門的人事管理是非常「制度化」、「一致化」和「體制化」,最重要的特點是,政府文官人力資源管理的制度化是依賴高度法律化和命令化構成,舉凡政府人力資源的遴選、任用、陞遷、薪俸、訓練、退休、保險、撫卹、服務行為和保障等,都單獨訂有法律以為規範。這種發展,與憲法將人事管理視為一種憲法創設的權力機關有關,這些都是其他國家較少的特點。[3]

要之,公務人力運用,旨在發掘、運用人才,其基本前提,應維護人性尊嚴,強化功績制原則,建立積極性人事功能,及重視人力資源策略管理的人力政策之規劃與實行,所謂「驥不稱其力,稱其德也」。茲將人力運用引申其義,簡述於下:

一、激發潛能與發揮技能之互應

激勵者,可由內在探討驅策人的需求或動機;外在探討人之特定行為誘因。其目的,在於如何激勵工作士氣與效能和潛能(potential ability):指人內在之才質,小至於使用文字、數字、利用空間、形狀感覺、文書觀察、運用手指、協調四肢;大至於領導統御、推理創思等蘊藏人心深處,欲發未發的潛在才能。兩者互為表裡,構成公務人力資源運用的基礎。

技能(acquired skills):指習而具備的才能,如工作的知能技術。技能使人專精於職務,是達成組織目標之要件;潛能則使人能大展鴻圖,為上進之基礎。公務人力運用所謂人盡其才,即包括技能之專精與潛能之發掘,兩者不可偏廢。一般重視表現之技能而忽視蘊藏之潛能,捨潛能而談人力運用,自難深切入裡。現代有關人才選拔測驗之方式,有所謂成就測驗、性向測驗、人格測驗及體能測驗,均係兼顧潛能與技能,考政機關允宜適切運用,以選拔真才,蔚為國用。

在人力資源管理上,面對社會環境之挑戰,強調組織應更有彈性外,尤應借重SHRM(Specific Human Resources Management)來改善服務品質,在甄選人才策略應有創意、工作分配有彈性、對表現優異者應立即獎賞,並要求能更公平、效率與有效性。[4]此亦為人力有效運用的意涵之一。

2　cf.: Wendell French,The Personnel Process Management, 3rd ed. (Boston: Houghton Mifflin Company, 1974), p. 107.

3　施能傑,「文官體制改造與政府競爭力」,臺灣經濟戰略研討會論文集(台北:財團法人臺灣智庫,92年),頁223。

4　J. E. Pynes, Human Resources Management for Public and Nonprofit Organizations (California: Jossey-Bass,

二、通才與專家之配合

玻森等（J. J. Bosson）在《現代社會之行政》一書來說：生存在行政的世紀中，就應有行政機器（administrative machine）之用。[5]而運用行政機器的必須是專家（specialists），與行政通才（generalists）。由於政府職能擴大，而社會行業分工密而精，凡是專業人才自成為時代的寵兒，惟從人力資源運用的總體看，專家常欠缺平衡的觀念，協調甚難。又行政通才既宏通而易協調，本身雖非專才，但能領導專家辦事，因之公私機構之首腦與高層主官類屬通才。此種專家之可稱為「技術人力」，通才之為「管理人力」，[6]均為現代組織之主要人力資源，惟兩者必須相輔相成，始為公務人力運用之極則。

通常，在高級行政文官是通才重於專才，而初級、中級文官是專才重於通才，如此各能發揮所長，以期組織目標圓滿周延之達成。

三、適才適所之要求

專家與通才均為珍貴的公務人力資源，惟欲公務人力資源之發揮，則需才職相稱，各展所長，以臻適才適所之境界。切忌大才小用、小才大用，以免人力的浪費與濫用，即繫辭傳所云：「子曰：『德薄而位尊，知小而謀大，力小而任重，鮮不及矣。』易曰：『鼎折足，覆公餗，其形渥，凶』，言不勝其任也。」然才職相稱之途徑，不外因材器使與以位取人兩種方式。而現代學者多強調上述以位取人之途徑[7]，機關旨在建立公務人力預測制度，預估所需人才之數量與素質，進行選拔任用，達成適才適所之任務。[8]

要之，人力因素係參與組織運作（生產）成員工作效率之表現，成員之工作效率會影響所屬單位效益，而成員之工作效率乃決定於本身之潛能、學識與內在動機等。故公務人力運用之要義為有效運用人力（才），更重視人力資源之價值。

據此所論，則人力資源管理，則為公務人力資源運用之前提，又公務人力資源管理之特色，要有：（一）公務人力資源為組織中最有價值的資產，是以機關組織必要投資培養人員之知能與技術；（二）機關組織應考量人員需求與組織目標之平衡外，必須進一步將人力資源策略管理與人事政策結合於組織發展與方略之中；（三）複雜繁瑣的人事法令規章，非能解決所有人事問題，必須結合法規鬆綁，引介人力資源策略管理的理念與方法；（四）如何使人力資源素質、知能才識等，既能符合機關組織需要，更能預

Inc., 1997), p. 12.

5　J. J. Bosson & J. P. Harris, Public Administration in Modern Society (New York: McGraw-Hill Book Company, 1963), p. 1.

6　A. T. Wasterman et al., Public Policies and Manpower Resources (New York: National Manpower Council, Columbia University Press, 1964), p. 17.

7　以上三項，參考調整自許南雄，人事行政（台北：漢苑出版社，69年版），頁107-109。

8　考試院，91年考銓統計指標（台北：考試院統計室，92年3月），頁5。

測未來的公務人力資源需求，以因應新科技發展，服務人民之需求。

貳、公務人力之現況分析

一、類別與結構

　　我國現行公務人員分類方法，主要有下列數種：

（一）按機關性質別：區分為機關行政人員、公營事業機構人員、公立學校人員等。

（二）按所屬政府級別：區分為中央人員及地方人員（省市以次各級政府人員）等。

（三）按所適用之人事制度別：可區分為一般公務人員及其他人事制度人員等。

　　目前政府之文職公務人員之公務人員之職務等級、聘派任用結構，列如表5-1以明之。

二、人員素質

　　吾人知悉，原則上教育系統之運作，使全民之教育水準日益提高，由於外在環境之人力素質提高，相對地，使得各用人機關之學歷素質亦提高。就我國公務人員之學歷觀察，民國91年底大專以上程度占當年公務人員總數約68.87%。銓敘部網站（http://mocs. gov.tw）106年公務人員人力素質統計季報第四季季報統計資料顯示，至106年12月底上開比例增至91.11%，其中研究所學歷之比率由7.57%成長至23.37%，增加約三倍，可見公務人力素質不斷提升。

第二節　公務人力資源運用的原則與途徑

　　前述界定公務人力資源運用之意涵，與現況之靜態數據資料之分析，均屬人力資源運用之基本條件分析。對於人力資源運用之目的，與整體之公務人力資源運用原則與途徑，試進而分述於下：

表5-1　各類型機構文職公務人員任用結構一覽表

職務階層	高級層次職務	中級層次職務	初級層次職務	初雇職務
類型區別	簡任 14-10 職等 警　　　監 監級、正級（關務） 長級、副長級（交通） 12 職等以上（生產） 14 職等以上（金融） 簡任14-10職等（學校）	薦任 9-6 職等 警　　　正 高員級（關務） 高級員（交通） 12-7 職等（生產） 13-8 職等（金融） 薦任9-6職等（學校）	委任 5-1 職等 警　　　佐 員級、佐級（關務） 員級、佐級（交通） 6-3 職等（生產） 7-5 職等（金融） 委任級5-1職等（學校）	雇　　員 相當雇員 級（自民 國 85 年 起已廢止 有 關 規 定）

資源來源：自製。

壹、人力資源運用的目的

人力資源運用之目的，視整體人力資源運用與機關組織人力資源運用而不同，前者屬整體人力資源運用之規劃，其目的強調人力之均衡分配及人力之充分就業，為一般人力之運用，非本節研析之主題，於茲從略。而本節所論機關組織人力資源運用之目的，其要如下：

一、規劃人力來源，提高人力素質，並注意「質」、「量」均衡之原則。

二、激發組織成員士氣，發揮工作潛能，即無論內陞或外補，均需善用激勵方法，增進成員之工作意願，提高工作效率、效能。

三、有效配合組織發展，完成組織目標，即對組織任務有明確之瞭解，整合組織內之各種資源，以達成目標。

四、有效與工（協）會組織聯合協商，以解決成員個人發展、工作、獎金、彈性工時、育兒福利……等。[9]

要之，公務人力資源運用之目的，主要在使機關人力作最佳之配置與運用，輔以各種激勵方法及技巧，以提高組織成員之工作意願與潛能，完成組織目標。

貳、公務人力資源運用之原則

公務人力資源運用之目的在求人與事的適當配合，以增進工作效率與效能，其主要原則有：

一、人與事配合原則

必須時時刻刻明瞭機關人力素質、所具專長、工作性質及職責配合之狀況，進而追求民主與效率之達成。其方法除強調組織法制之健全外，諸如上述之人力資源管理之運用，以求公務人力能配合組織架構、新科技、技術方法加以調整，當然品管圈之引介，亦是重要的方法。學者指出將全面品管引介到人事政策中，組織必須要實施員工參與制度、人事部門要隨時瞭解成員需求、成員要有妥善的教育與訓練、成員有科學方法以追求效率等，進而能有助益於人事政策的民主與效率需求的結合。[10]

二、合理遷調原則

目的在於適才適所，使人能按志趣能力發揮所長；而陞遷指轉換職務後，獲得較多之薪給與福利，較大之權力與利益，較高的成功與地位，較廣的發展與潛力，但亦負擔更重要之責任與義務。

9　J. E. Pynes, op. cit., pp. 250-252.

10　陳金貴，「結合效率與民主的人事政策：政府再造中人力再造計畫的探討」公務人員月刊，期28（台北：公務人員月刊社，87年10月），頁9-10。

　　所以民國89年5月制定公布之「公務人員陞遷法」，其七項立法要旨分別為：
（一）公開評比選才、活絡陞遷管道；（二）妥訂陞遷標準彰顯功績制度；（三）推動
逐級陞遷、有效運用人力；（四）實施職務輪調、增進行政歷練；（五）重視培育訓
練、配合職務陞遷；（六）建立通報系統、擴增選才空間；（七）暢通申訴管道、消除
陞遷不公等。其影響如何及民國97年後續修正案之變革，亦值有志者及考銓機關研究。
將於本書第八章述明之。

三、滿足需要原則

　　人類的基本需要，依馬斯洛（A. H. Maslow）之需要層次理論言，先分生理的需
要，安全的需要，歸屬與愛的需要，尊榮感的需要及自我實現的需要暨再提出第六層次
之美學（審美與靈性）等需求。而公務人力資源透過此一需要層次理論，作最佳之運
用。諸如，俸給調整、保障工作、民主參與、褒獎鼓勵、考績晉級、適切陞遷等，均是
公務人力資源運用的方法。

四、激勵士氣原則

　　目的在採取有計畫的措施，針對人員的生理、心理等動機，使其潛力發揮。依赫茲
伯格（F. Herzberg）提出之保健因素與激勵因素，前者，包括工作保障、合理薪給、工
作條件與環境、社會地位、機關組織的政策目標、福利措施等。後者，包括自我成就、
褒獎、工作權責、合理陞遷、個人目標達成與成長等，而公務人力資源運用，宜在此一
方面配合運用，以尋求突破。

五、運用行為科學原則

　　即尊重人格平等，瞭解個別差異，使其尊嚴受重視與肯定；再以行為科學家較重視
人性本善的觀點，由正面的激勵與運用管理公務人力，就人員之工作分配上，則給予適
質適量的工作，以及注重主管與部屬溝通之原則。暨注重同僚之互動協調，以求分工合
作，達成組織目標。

參、公務人力資源運用的途徑

　　各國政府用人制度，強調文才、幹才並重，由於受政、經、社、文、科等環境因素
影響，造成政府機關人才外流企業機構之現象，於探討公務人力資源運用途徑時，實不
能不注意及之。古時學優則仕，現代人未必樂意如此；當然，人才皆集中於政界未必理
想，但文官未能久居其位而又跳槽，究係人力資源運用途徑之失策，如何維持優秀人
才，也為人力資源運用之重要課題。又人才選拔、人才任使、人才教養、人才維持等諸
端，實乃說明強化公權力之人力管理運用之主要途徑也。茲簡述如下：

一、人才選拔

　　人才選拔包括延攬與遴選兩大步驟，前者指羅致所需的人才前來應徵任職；後者則係鑑別所延攬之人才以適任工作。人才選拔的基本原則是廣收慎選，廣收即延攬的目標，慎選即遴取人才的程序。選拔得當，則天下英才盡入吾彀中；選拔不當，則雞鳴狗盜之徒充塞其門，其間之差別大矣哉。

　　當然人才選拔涉及價值取向，如以工具成就取向（instrumental achievement）、政治回應（political responsiveness）、功績取向（merit）、社會公正（social equity）等；[11]而國內學者施能傑、林鍾沂先後持以功績型、恩寵型、代表型的文官（甄補）制度與價值辯證來，來探討我國文官考選的特質及現況，並提出應改進「偏執的慣性」以恢宏考選制度。[12]

　　當然，人才選拔的價值可能因不同時空與政、經、社、文、科環境而有不同，如何掌握時代脈動，選拔國家需要的各類人才這點而言，則是一致的。又人才之延攬最忌消極被動，坐等人才上門求職；古人禮賢下士而三顧茅蘆，今欲廣收英才，亦應「出獵」（go to and find excellence）；現代機關組織延攬人才方案，不外大眾傳播媒體之報導及深入校園或工商界挖掘人才。人才由延攬而來，但須經遴選而用，遴選最主要的方法即考試。現代考選除有智能測驗外，尚重視性向、人格與體能之考驗，且技術方法推陳出新，比唐代吏部擇人兼顧「身、言、書、判」之旨趣。而目前公務人員考試法第8條規定公務人員考試，得採「筆試」、「口試」、「測驗」、「實地考試」、審查「著作或發明或知能有關學歷、經歷證明」等方式行之。除筆試外，其他應採二種以上方式。所以，其考試方法可善加運用，以選拔各類真才，適合各機關任用。至於身心障礙者特考之舉辦（公務人員考試法第3條第2項），可適切照護弱勢團體；而舉行高科技或稀少性工作類科之技術人員考試，可應機關特殊需要。要之，人才之選拔，貴在蔚為國用，對於不同機關的需求與人才特質，可以運用適切的考試方法，以提高考試的信度與效度，當然，目前國家考試之方法、技術，尚有未精當處，仍須力求改進。

二、人才任使

　　人才選拔在知人，人才任使則在善任，知人於先，善用於後，相互聯貫，始具成效。所謂人才任使，即將遴選所得之人才加以適切地任用，故亦稱為人才運用（employee utilization），[13]包括進用、派任、晉陞、調遷、考課、獎懲等人事管理措

[11] C. H. Levine et al., Public Administration: Challenges, Choices, Consequence(Glenview, Ill.: Foresman & Company, 1990), pp. 329-331.

[12] 施能傑，「我國文官甄補政策的回顧與檢討」，行政管理論文集，輯11（台北：銓敘部，86年），頁377-410；林鍾沂，「文官甄補政策的價值意涵及其實踐」，文官制度與國家發展研討會（台北：考試院，87年），頁1-32。

[13] N. J. Powell, Employee Utilization through Administrative Analysis (Englewood Cliffs, N.J.: Prentice-Hall, Inc., 1956), p. 402.

施，皆以適才適所為依歸。我國銓選敘進之法則，唐杜佑：通典「銓衡」，所謂「設吏職、置等級、立選限」，即此原理。而銓敘尚須配合其他人事管理措施，以期黜陟臧否，才盡其用，而不因循資與年勞而掩抑人才。故任使人才常須藉考試與考績途徑，要求考試與任用配合運用，所謂考用合一，即為基本原則。考選與任用皆為用人行政之範疇，其程序雖不同，卻不宜分由不同性質之機關掌理，英國於1855年成立文官考選委員會，已於1968年併入文官部組織，即一明顯之實例。又考績與考試不同，考試係測度學識能力，考績則在銓衡工作才能，以為擇優銓敘陞遷，拔擢人才之依據。

在文官制度的改革上，應能配合整體政、經、社、文、科環境的變遷與特質需要，以確保國家永續的生存與發展。又當前政府再造過程中，如何使政府改造成一種「更好的治理型態」—「善治」（good governance），並將「官體體系改變成富於創造精神的有機體」。[14]當然，在引介企業家的精神，若一味的反對傳統人才任使與人力資源運用、管理的價值與原則，則可能衝擊民主政治的倫理與價值，亦可能讓人才任使的標準、原則、程序因不同的主管，不同機關而有極大的差別，因而破壞社會權威和有效溝通與整合的基礎以及社會公平、正義與挑戰現行公務人員的任用、考績等制度。按公務人員任用法第2條（民國97年）指出公務人員任用，應本專才、專業、適才、適所之旨，初任與升調並重，為人與事之適切配合；同法第4條規定略以各機關任用公務人員應注意其品德及對國家之忠誠，並強調才德與職務相配合原則。在公務人員考績法（民國96年）第2條規定，考績應本綜覈名實、信賞必罰之旨，作準確客觀的考核。如何強化考績激勵功能，係考績制度改革的前提，再能配合績效、獎金與陞遷、訓練制度，當有助於人才任使與久任。99年4月考試院將本法修正草案送請立法院審議，於後述明之。

三、人才教養

凡經延攬、遴選及任用之人才，皆已具備相當程度之學識才能，但人才之培植是無止境的教育歷程，何況現代工作知識技術能力日新月異，非不斷學習歷練實不足以稱職。此一教育學習的過程，在人事行政稱之為「訓練與發展」，為現代機關組織培育人才主要途徑。又現代之培育，並不固守「學優則仕」途徑，而繼之以「仕優則學」之發展，故訓練與發展是學校教育之延長與翻新，訓練旨在針對行政之需要，增進工作智能與改變工作態度，發展高度工作潛能，維持人才優異素質。要之，訓練與發展皆以工作成就為取向（job oriented），但古時之培育文官，極重視人才之器識與志節，卻是今日所不及者。蘇軾「賈誼論」曰：「賈生志大而量小，才有餘而識不足也」，以此而權衡今日才俊之標準，人才之訓練與發展，實不只僅限於工作成就之範圍，尤其高階層行政

14　歐斯本、蓋伯勒，新政府運動，劉毓玲譯；David Osborne & Ted Gaebler, Reinventing Government-How the Entrepreneurial Spirit is Transforming the Public Sector (Reading, Mass: Addison-Wesley, 1993)，台北：天下文化公司印，頁32-33。

人員之儲訓，更應兼顧學識、才能、器度與資望，方是人才發展之境界。人才培育應本「教養有道、鼓勵以方」之原則。而教養鼓勵，除訓練發展途徑外，更須輔以酬勞、獎賞之措施，此即人事行政「俸給與福利」之主題。人才之酬勞與獎賞猶如千里馬之飽飼，蓋俸祿不足以供養，則如之何士騰而馬肥，故優厚的待遇為培養人才之資具。要之，訓練、發展、俸給與福利相配合，則人才教養必具成效。

在公務人力資源的教養方面，除應重視教育體育之培養人才、與民間人才交流外，應自視才識之培訓。在現行公務人員的訓練發展上，實可參照公務體系為追求功績制原則，公務人員應具備的五項特質：市場導向的理念（Market-based）、行政倫理的重視（Ethical）、回應的態度（Responsive）、衝突管理的能力（Interdependent）、轉型的認知（Transformational）。[15]目前保訓會所辦理各項訓練已朝向上述特質、方向辦理；而行政院所屬各機關亦然。其中公務行政倫理、企業家精神與國家競爭力、政府再造、危機與衝突管理、行政革新等課程，期以培訓符合時代潮流與國家需要的人才。當然，如何加強人才培訓與考績、陞遷、績效獎金制度之整全配套是必要的。

四、人才維持

維持有效的公務人力資源，是現代機關發展人力運用極為重視的課題，尤其政府因受人才外流之衝擊，更加重視。所謂維持人才，實即維持人才之優質化，包括維持人才之優異才能（capacity）、士氣（morale）與聲望（prestige）及尊嚴等。詳言之，即要運用公務人事行政措施，保持公務人力潛能的發展與民主專家才能的基準。人才除才能依賴長官、同僚互動之教導、學習及加強培訓以增進才能等因素外，為高昂士氣因素。士氣即工作意願的動力與工作環境氣氛，高昂的士氣則績效顯著，消極的士氣則暮氣沈沈，故如何維持人才的士氣，也就是人盡其才與激勵發展的途徑。

至於維持人才之聲望與尊嚴，吾人以為，必須配合建構新的公務倫理與文官尊榮文化，以代表國家行使公權力。所以公務人員的尊嚴與社會聲望，為現代政府發展人力資源運用與常（永）業制度所不可忽視者，因為如文官聲望之低落，將形成用人行政的嚴重問題，[16]文官社會地位與尊嚴漸受社會忽視，人才外流成為必然趨勢，影響機關之發展人力運用，欲提高人才之社會地位，則管理措施應顧及保障人員之權益，重視其成就，提高其合理待遇，從而改變社會評價，提高社會地位。[17]當然，亦可透過各機關選拔模範傑出貢獻公務人員、考績陞遷配合、待遇結構比照民間企業作適度調整等方法。易言之，有關公務人力之維持質量均衡、高能力、高士氣的公務團隊，有賴於內發激勵機制之健全與良善的民間社會人才互動交流，方能致之。

15　江岷欽，「功績制度政策討論會與時代新憲」文官制度與國家研討會，同上，頁25-38。

16　M. E. Dimock & G. D. Dimock, Public Administration, 4th ed. (New York: Holt, Rinehart & Winston, Inc., 1969), pp. 196-197.

17　以上三項，參考調整自許南雄，前書，頁118-120。

肆、公務人力資源運用的程序

公務人力資源運用，與機關各部門、成員，皆有密切關聯。所以人力運用應有具體的步驟，可循序推展。早期公務人力運用作業要點，不外：

檢討人力狀況	國家人力分析、公務人力分析。
健全機關組織	組織之基本原則與建立組織的基本程序。
加強職位功能	實際作為： (1) 檢討現有職位之職位說明書； (2) 編製工作分配表； (3) 檢討並改進工作分配。
釐定人力標準	工作衡量方法包括： (1) 工作時間研究法； (2) 業務審查法； (3) 工作抽查法等。
建立人員資格標準	先作工作分析（責任、工作知識、所需經驗與教育、智力運用）；再運用筆試，實作測驗、教育、訓練、約談、口試、資格調查、體能條件、試用時間等方法以衡量資格條件。
建立用人計畫	把握： (1) 陞遷之依據（個人才能、個人品格、服務年限、工作效率）； (2) 陞遷之方法（循序陞遷、考試陞遷、考核陞遷）； (3) 調任原因； (4) 合理之調職； (5) 運用用人計畫表，瞭解人力供需運用情形。
實施人力調節	對於人員調動、訓練與分派等，應先完成法令與制度，經常辦理有關業務，並針對外在情況與發展趨勢，隨時作適宜之調節。[18]

目前，強調公務人力資源的策略管理與運用，可謂作為上述公務人力資源運用具體步驟的最高指導原則。首先，針對政府機關未能通盤規劃統一標準，造成組織僵化、機關名稱混亂、體例不一，輔助人員比例偏高、組織規模缺乏標準及組織職能、權責等未能釐清，行政院與考試院會銜提出「中央政府機關組織基準法草案」（註：93年6月23日制定公布、97年7月2日及99年2月3日兩度修正）、「中央政府機關總員額法草案」送請立法院審議，99年2月3日制定公布，自同年4月1日施行。當然行政院與考試院應繼續推動其配套措施如：（一）整併機關業務，簡化內部層級，合理調整中央與地方機關權責劃分、職務列等；（二）彈性活化員額結構配置，機動調整機關內部組織及人力運用，鬆綁人事法規，促進人才交流等；（三）政府應強化人力資源培訓管理，建立學習型組織（Learning Organization）與「教導型組織」（Teaching Organization）併重的組織文化

---

18 李若一，「公務人力運用與檢查」，公務人力規劃課程講義彙編（人事行政局公務人員訓練班，71年9月），頁118-135。上開原則與精神尚有參考價值，至個案可隨時更新。

及確立每年固定受訓時間的終身學習體系，以強化政府再造過程中的公務人力資源策略與管理，以提昇國家競爭力。[19]

　　總之，公務人力資源運用的範圍至廣，包括人才之選拔、任使、教養及維持等，其具體作為，亦包括組織設計、人力設置標準、加強職位功能、人力調節、適才適所及人事管理等各項，本節僅作扼要簡介，其詳見後述各專章。

第三節　公務人力資源的診斷

　　人事行政的目的，在使行政組織中的人員形成整體的合作關係，以高昂的士氣及完善的工作方法，來完成機關的使命，達成組織的目標。因此，組織的人事工作，在於促使組織功能的健全發展。但是機關組織在運作的過程中，也不免發生弊病，此時人事人員就要擔負起「人事醫師」的責任，來作對症下藥的診治。人事工作除消極診斷外，更應該積極保健，從事主動的規劃，發揮保健的功能，使組織能夠健康的發育、成長。依學者彭錦鵬教授指出我國早期公務人力資源管理之問題要有：（一）人力資源管理觀念與制度落後；（二）主管管理誘因薄弱；（三）考選制度改革低落；（四）訓練機制缺乏整合與適量資源；（五）獎優汰劣之激勵機制不足；（六）公務人員陞遷機制不理想；（七）人事一條鞭制度備受批評。並擇其要提出建言，於後相繼併同政府機關改革等引介述之。[20]

　　在美國繼《政府再造》一書為聯邦政府90年代改革的指導理念後，David Osborne（1996）出版《驅逐官僚體制》一書，指出政府組織再造須先確立其目標（核心策略），再力行績效導向的競爭管理。即政府必須學習民間企業的績效管理與技術。績效管理的基本概念是在組織層面應勵行策略管理，在人員人力資源管理誘因上應採績效俸給制度，再者配合組織與個人目標均能彰顯。[21]所以，對於公務人力資源的診斷或績效評估，除對公務人員考績內涵、工作簡化、機關員額評鑑與管控外，對於策略管理、績效俸給，其他退撫與年金改革等理念原則亦加扼要介述，其詳容於後各章時探討。

壹、公務人力績效評估

　　公務人力（public manpower）係從事公務之全部人力資源，而績效評估（performance evaluation），則為對從事公務之人力，所生工作績效的一種科學的考評

19　蔡良文，「推動政府再造期求國家長治久安」，公務人員月刊，期28（台北：公務人員月刊社，87年10月），頁2。另有關公務人力資源管理與人事行政權責之下授，涉及如何調控文官體制維持與法制規範的衡平，所以強化整體法制與規劃能力，亦是重要課題。詳參見蔡良文：我國文官體制之變革：政府再造的價值（台北：五南圖書，97年），頁13-31。

20　彭錦鵬，「我國公務人力資源改革方向之研究」（台北：行政院研究發展考核委員會，98年）。

21　施能傑，「政府的績效管理改革」，人事月刊，期153（台北：人事月刊社，87年5月），頁35-53。

方法與程序。因此，以績效評估公務人員平時或定期之一般性作為成果。此外，以績效評估尚包含以下兩個重要的意義：其一、人力運用績效之評估，即從事評估公務之人力績效，旨在探討是否均對公務人員（力）促以維持高昂的工作意願，發揮工作潛能，以獲致最大之工作績效；其二、研究改善工作方式或方法，以增進公務人力績效。因為公務人力之績效，與工作方法有密切關係，而在相等的工作意願與工作知能的條件下，如能改善工作方法，亦可增進工作績效。

根據上述廣義之績效評估，再予考量將評核性和發展性功能分開；改善績效評估的量度和方法；評核（估）者的訓練；及注意其他如績效評估的反饋會議等細節問題，以解決績效評估的矛盾和困難後，[22]再參照政府所作之各種措施，並就公務人員考績，工作簡化，及機關員額評鑑暨公務人力資源策略管理與績效俸給等方面，說明公務人力績效評估之目的及作用。

（一）公務人員之考績

目前有關績效考評僅在於公務人員個人之考績，且以考績制度已無激勵功能，無法實質獎勵優秀人員；以及考績制度之效能不足，無法充分有效淘汰低劣人員[23]。再者，對機關（或團體），亦尚乏一套評估機關整體績效作為的方法，俾機關績效考核（績）與個人（含主管）考核（績）予以聯結辦理。申言之，如何建立個人考績與團體績效扣合機制是重要的議題。[24]

公務人員考績（performance rating）工作之作用與目的如下：

肯定公務人員之工作成就	工作上的成就感，是公務人員的最佳報償，也是激勵情緒重要因素之一。工作成就感的獲得，客觀上肯定工作績效，而此種肯定，通常係經由平時或年終考績程序而達成。
比較公務人員績效的優劣	就整個機關組織而言，考績含有工作成績的意味在內。在一個機關組織內，每人通常均有「我比你強」的自我肯定，若有公平、公正、客觀的等第之考評，有助於機關組織成員之工作情緒。如果統統有獎，未必皆大歡喜，故考績必須能有標準的評鑑方法、重視組織目標達成、以及重視人性、人權尊嚴前提下來比較優劣，客觀決定順序。
依考評結果實施獎懲	考績既在比較工作成果之優劣，之後，隨之獎懲，否則欠缺實質之意義。所謂獎懲，通常是指人員合理陞遷、績效俸給制度或淘汰、留原俸級、減薪而言。
發掘人事問題以利改革	實施考評時可能發生人事問題，諸如：工作分配勞逸不均，公務人員專長不符，工作方法不合要求，公務人員怠工現象，工作進度落後，管理上缺失，均應隨時改進，包括工作態度與品德修養等之改善。
從考核中拔擢人才	考績不僅是公務人員已有的工作績效，予以肯定，更重要的是對其人格（personality）及發展潛能予以衡鑑與考核，從而拔擢人才。

22　何永福、楊國安，人力資源策略管理（台北：三民書局，82年版），頁118-119。
23　彭錦鵬，「我國公務人員資源改革方向之研究」（台北：行政院研究發展考核委員會，98年），頁99。
24　蔡良文，個人考績與團體績效評比扣合相關學理與做法之研析（發表於99年1月9日，考試院舉辦之「變革中的文官治理國際研討會」抽印本）。

（二）工作簡化

工作簡化（work simplification），即是運用科學方法，對現行工作，作有系統的分析，以尋求更經濟、更有效的工作方法與程序，達到工作的目標。

工作簡化最重要的功能如次：

簡併工作項目	在實施工作簡化時，必須檢討工作項目，盡量予以精簡，減少不必要的工作項目。
改進工作指派	工作分配之妥適，對工作績效影響甚大，辦理工作簡化時，對工作分配情形，應加檢查，以便重新指派工作。
簡化工作流程	工作流程的簡化，能直接增加公文速度，間接防止弊端。
增進工作績效配合措施	要為權責劃分、法令修訂、應用現代化辦公用具、簡化報表等。

行政院自民國67年底推行簡化以來，對於提高行政效率、加強為民服務及合理運用人力，雖已達預期目標，惟近年來民眾對政府之期望更為提高，工作簡化有待與時俱進，以擴大實施成果，其實施要領為：[25]

檢討工作項目	各機關對現有業務應配合政策及任務而要檢討歸併，非屬法定職掌事項，又非迫切需要者，應考慮緩辦或廢止；另就本機關業務項目，進行作業流程分析，凡非屬必要者，其程序應予刪除或歸併，耗費時間較長者，應予縮短時程。
調整辦公處所及運用現代化機具	各機關辦公處所之配置及辦公機具之運用，均應以便民服務，提高作業效率為目標，進行規劃改善。
加強實施分層負責	各機關應檢討調整權責劃分，力求逐級授權，以減少行政層級，並縮短作業流程及時限。
檢討法令規章	各機關對現行法令規章，有關作業程序及權責之規定應配合檢討，如有不合時宜或繁瑣不當者，應即修訂或建議權責機關修正。一般而言，實施工作簡化，可以帶動行政的改進。而工作簡化的原則，就是工作中求進步，惟有檢討與研究，多少會發現「更好」、「更簡單」及「更有效」的程序和方法。因此，工作簡化是一項永無止境的改進工作[26]。在美國的「國家績效評估（NPR）報告書」的四大原則為：（一）鬆綁法規，簡化程序（cutting redtape）；（二）顧客導向、民眾優先（putting customers first）；（三）逐級授權追求績效（empowering employees to get results）以及；（四）撙節成本、提高效果（cutting back to basics）等，與我國推動之行政改革的具體作為之目標原則是相仿的，相信能確實執行，其成效可以預期的。

---

25 陳庚金，「激發行政革新之原動力——從精進人事行政談起」，研考雙月刊，卷17，期5（82年10月），頁39-40。

26 參閱趙其文，「公務人力績效之評估」，政策評估的理論與實務（行政院研考會編印，74年12月），頁179-182。

機關組織員額評鑑	組織員額評鑑，客觀的評鑑標準，有系統的評鑑方法，對於機關的組織結構（organizational structure）、功能職掌（function）及人力運用（manpower utilization）等，加以評估（evaluation），以便發現人力運用之缺失，從而謀求改進。

　　所以，上述「中央政府機關總員額法」制定公布施行後，應落實立法目的，積極就有關機關員額、官等、職等配置，配合機關業務需要，做彈性、機動有效調整是必要的。

　　組織員額評鑑之目的與功能如次：

對組織員額的客觀檢查	所謂組織，是指人類社會中一種級層節制，分工合作的有機體。我們也可從靜態的與動態的兩種觀點來看組織：就靜態言，組織是一種人員的配置，其內部層級及各成員間，有命令與服從，分工合作的關係；就動態言，組織是各個成員在一定目標下各種行為所集結的功能體。就此而言，組織也是成長的，與外在環境不可分的。由於科技發達，社會進步，外在環境變動不居，而對機關組織形成強大的衝擊。於是，機關組織就像身體一樣的需要定期檢查。組織員額評鑑，即是一種檢查組織功能的設計。
對人力資源運用優劣的評斷	現在政府由於職能日益擴大，員額隨之不斷膨脹，其人力運用之情形，則為行政上亟待探討的問題。所謂人力運用，包括工作分配（assignment）、分層負責、權責劃分、職等結構、員額設置及專長運用等，其優劣得失，均有加以檢查評斷的必要。
依評斷結果採行改進措施	組織員額評鑑的最終目的，在健全機關組織，合理編制員額，有效運用人才，改進工作方法及提高行政效率，故實施評斷後，如發現組織上的缺失，應及時謀求改進或補救措施。

　　自民國86年起，行政院推動政府再造運動，而且上述「總員額法」「行政院組織法」等法案，均已於99年2月3日制定或修正公布，在各種主要法案完成立法程序後，對於政府績效評估是必要的政策作為。茲就美國人事管理總署所提五大策略目標中，有關「經由有效的監督與評鑑，保障與促進功績基礎的文官制度和公務人員薪資相關福利計畫」中，提出於2000年，完成各主管機關人力資源管理效能評估；暨促成各機關建立自己的內部責任監控制度，以瞭解人力資源管理是否切合功績制原則。而歐巴馬（2008年）政府的績效管理與改革方案亦為明證。另整個人力資源管理，旨在使公務人力資源運用能因應二十一世紀的政、經、社、文、科環境與人力結構的變化與有效運用；同樣地，在我國的人力資源管理方面，除建議行政院與考試院共同研擬「中央機關績效評估辦法」或「團體績效考核辦法」草案，以評估各機關業務績效，當然有關績效評估的指標，有可量化者，有不可量化者，如何進一步運用評量方法，值得實務界研究推行之。

貳、員額編制之評鑑與合理運用

現代福利國家之政府職能日益擴大，公務人力因之日形膨脹，實為必然之現象。但因公務人力之運用不當，亦難免發生浮濫。上目業已就組織員額評鑑之學理加以析述。

今後機關組織員額編制之合理運用，根據謝延庚教授研究，所提出之積極改進辦法，頗具參考價值，雖歷有年代，然其方法步驟之精神亦可參酌之。擇要並略加補充，引述於下[27]：

一、合理運用之原則

（一）精實原則

所謂精實原則，並非硬性規定每一機關員額「不許增」，「只許減」。精實的意義是尋求合理之精簡並力求人力素質之提昇，亦即「該增的就增」、「該減的就減」、「適切的訓練」，使員額編制與業務需要密切配合，進一步達成組織目標。換言之，員額編制必須視「需要」而決定，保持幹才、真才後、求才時「當用即用，當減即減」。

（二）職位功能原則

合理的員額編制，必求人與事的密切配合，以達到專才專業，適才適所的目的。因此，員額職位的設置標準，一定要以職位功能之資料為主要依據，使每一職位均有一定範圍的工作項目，以避免空缺或事權不一，勞逸不均的產生；有明確的工作權責，方能增進效率與效能，而配置適當合格的人員，才足事竟其功。

（三）公平審核原則

各機關應避免浮報員額，以求僥倖的心理，而主管機關在審議各機關員額編制時，除徵求有關主管單位的意見作為參考外，應派視察人員實地查核，做深入的調查與瞭解其實際之需要。公正客觀的審核，配合人力訓練，才可使精實員額以配合業務需要。

二、合理員額編制之目標

政府機關之員額編制的改進目標為：[28]

（一）帶動行政革新

建立能適應社會、經濟情勢及國際環境變化之精簡且高效率之政府，以組織再造、組織革新帶動行政革新與政治改革。

---

27 謝延庚，調整機關員額編制，健全組織功能之探討（行政院研考會編印，68年7月），頁48-62。
28 參閱「行政院暨所屬各機關組織及員額精簡計畫」，研考雙月刊，卷17，期5（82年10月），頁126。及行政院人事行政局86年度重要工作報告。

（二）員額管理合理化

針對機關性質與業務需求，研訂裁減計畫及執行目標，以避免機關員額持續虛胖，使機關員額編制漸趨合理化，臻達有效合理管制之鵠的。

（三）完成階段性之人力精簡計畫

為健全機關組織功能，合理配置員額，充分運用人力，敦促行政機關按民國83年後職員預算員額為準，三年內精簡5%預算員額，並於民國83年後先減2%，並民國86年的統計資料顯示已精簡7%，當時此一數據，不包括新增機關與配合教育之班制所增之人員數。易言之，公務人力之精實有待全力以赴。

三、精實員額之平衡

（一）觀念確立

過去機關之組織，大多注意「人」的配置，而不注意「事」的安排，人與事間更乏科學之管理技術。因此往往因人設職，而非為事擇人。而其結果自然極易冗員充斥，及有事無人做的現象。所以要改進員額編制，雖須建立以事為中心的正確觀念，但亦不應忽視人的價值與尊嚴，必須轉換工作，增進第二專長激發其潛能，務使組織每一部門的人與事，都能適應機關特殊的個性與功能，這樣的員額編制，才合乎科學與藝術的精神。

（二）研究實施人事查核制度

為對各機關員額有效管理及深入瞭解機關公務人力運用情況，宜由組織編制審核單位輔導各機關實施職務普查，同時由員額主管機關成立「人事查核組」，積極督導各機關建立完善的人事查核系統，平時並可明察或暗訪深入瞭解各機關人力使用是否合理適當，廣泛蒐集資料，作為審查各機關組織編制及年度預算員額增減的依據，尤應進一步能協助各機關設計、執行管理與評估人事改革與精神方案或其他可行替代方案，以求因應未來人力結構質量之需要。

（三）妥訂完整裁員制度

參酌我國國情研究建立一套完整之裁員制度，可依人員之任用型態、年齡、年資、學歷、工作能力及績效等相關因素分別建立競爭序列，當一個機關經評估業務萎縮或無績效時即評定應裁減名額，從競爭序列中之人員積分由低而高依序裁減，被裁減人員如其他機關有適當職缺，可優先調撥安置；其餘預定裁減人員已屆退休年資者，由政府寬列退休經費鼓勵其退休，未達退休年齡願意資遣者，可辦理資遣，積極推動彈性退休制度與建立淘汰機制。

（四）規劃實施定員管理

擬採下列定員管理措施：

1. 建議每年根據總體施政目標，參酌財政預算狀況，規劃擬訂年度員額成長或減少之百分比，報經行政院核定後，作為編訂年度預算員額上限。
2. 各主管機關員額數，由行政院在總員額上限內，依年度施政需要，審酌各主管機關業務消長情形核定之。
3. 各主管機關之附屬機關員額數，授權各主管機關在不超過總員額內核定之。
4. 為使員額運用彈性化，各主管機關得依實際需要，在行政院核定之員額內實施所屬機關或單位間員額調撥。

（五）研定員額精實計畫，從嚴審核增員案件

1. 由行政院擬定員額精簡計畫，規定各機關現有職缺，凡非確屬業務所需者，應予凍結不補，對現有冗閒人員，應予檢討處理，並以主管機關為單元，規定一定期間內應精簡之預算員額百分比，各機關實際應精實之員額，由各主管機關依各該機關業務及人力運用狀況統籌檢討決定後，逐步精實員額。
2. 規定各主管機關（如各部會）在申報年度預算員額時須先統籌所屬應增及應減員額，即如當年請求增加員額一百人，各主管機關即必須以所屬機關為範圍通盤檢討相對減少相當的數額，迫使各機關加強人力資源運用，使員額當增則增，應減則減，日趨合理化。
3. 根據年度員額上限，審查各機關請增員額案件時，對於空缺太多之機關，行政院得逐序刪減其下年度之預算員額。擬增減員額如互抵後超出年度預算員額之上限時，應再依業務緩急之優先次序重新審查刪減部分機關員額。
4. 對於機關大量請求增加員額之案件，必要時由行政院組成專案小組前往實地深入瞭解其增員之必要性。請求增加員額機關應將其必須增加員額之具體理由透過媒體對外公布，使其接受社會監督，迫使機關非確屬特殊業務需要不敢輕易要求增加員額。

（六）定期處理聘僱人員

1. 責成各機關全面清理約聘僱人員，凡聘期已屆滿且經檢討業務上已無繼續聘僱必要者，應一律分年解聘僱。
2. 由各主管機關分析所屬各機關臨時性或季節性工作之種類與數量，訂定各機關可進用聘僱人員之期限及最高比率。各機關聘僱人員超出比率者，應於五年內納編或解聘僱。
3. 為減少人情困擾及避免各機關首長任用私人，各機關擬進用聘僱人員時宜依業務性質及所具條件之需要，委由甄選機關（如青輔會）代為公開甄試後進用，又規定聘僱人員在同一機關任職不得超過五年、期滿不得以任何理由續聘僱。
4. 明定各機關不得隨意挪用業務費聘僱臨時人員，未經核准而自行僱用者，除經費不予核銷外，違反規定之機關首長及人事會計主管均從嚴議處。

（七）加強精簡技工工友名額

我國為配合資訊管理及辦公室自動化的發展，行政院已訂頒「事務勞力替代措施推動方案」；今後各機關學校對各項事務工作，應盡可能改以機器代替人力；此外，原本由技工、工友擔任之勞務工作，亦應盡量採行外包民間專業單位承攬，或全面推行職員自我服務，或以改進工作分配方式處理，以逐步縮減技工、工友名額。

（八）加強實施員額調撥靈活人力運用

目前各機關業務繁忙單位恆感人手不足，乃由於機關內部單位係採固定分工之方式配置員額，機關整體人力無法統籌靈活使用，故今後宜請各機關根據所屬機關或單位業務的消長及人力盈虛狀況，澈底實施，將業務萎縮單位之剩餘人力挹注於業務較多而必須增員之單位，使人力運用漸趨合理。

（九）樹立用人成本效益觀念

私人企業用人以成本為度，錙銖必較，政府機關動輒請求增人，導致員額膨脹，故樹立機關首長正確之用人成本觀念，洵屬精實員額之基礎。

（十）全面檢討資訊化人力運用

我國近幾年來政府機關推展業務資訊化，形成變相之大量增加資訊人員。為求改善爾後對於各機關因辦理資訊請增人員之現象，應盡可能由現職人員訓練轉化運用或採外包方式，以節約用人。

（十一）加強在職訓練提升人員素質

今後政府機關人力結構的變化必然逐步的邁向「能力密集」的「精兵主義」，而非僅考慮量的擴充，因之除應注重新進人員的素質外，尚應積極規劃公務人員訓練培育體系，將現職人員依其職位納入各階段之訓練，並擴大赴國外研究進修的範圍，使中低層人員亦有充實新知的機會，充分開發公務人力資源，提昇人員素質，用人自然日趨精實。[29]

在上述十一項有關精實（簡）員額之平衡，各一級機關掌控本機關及各所屬機關之施政業務與員額配置，有關法定編制員額與預算員額（包括約聘人員）、臨時人員等之合理配置，均應時時檢討改進；至於因依據「中央法規標準法」規定，中央機關之組織均須以法律定之，且以各機關所定之職稱、員額數均作硬性規定，使得機關為配合政府業務需要時，或特殊用人需求時，均難有合法、彈性的配置方式，必須經由國會之法案審查是曠日費時的法案修正審查程序，所以為使當前員額管理法制及實務，契合施政計畫，因應行政業務多元化發展，並將政府造成精實、創新、有應變、回應能力的「企業

29　參閱繆全吉等著，人事行政（台北：國立空中大學，79年），頁303-305；施旺坤，「從行政革新論政府機關組織員額精簡之途徑（下）」，人事月刊，卷17，期6（82年11月），頁57-59。

精神」的組織，爰參考日、韓二國對機關員額管理的方法，依憲法增修條文第3條第3項規定略以，國家機關之職權、設定程序，得以法律為準則性之規定，而擬具「中央政府機關總員額法草案」，期由行政院及考試院會銜函送立法院完成三讀程序，並呈請總統制定公布，政府機關員額為組織結構之要素，其管理能否適時配合政策與業務需要，發揮彈性調整之功能，攸關政府整體施政效能之展現。中央機關之組織原依中央法規標準法第5條第3款規定應以法律定之，而以往立法體例，對各個職稱需用員額數，均詳作硬性規範，使機關因配合政策及業務實際需要調整編制，或遇有特殊用人需求時，即須修正組織法律，造成立法部門審查法案之負擔，亦欠缺即時適時調整之彈性，有必要制定機關員額總數之基準法律。為使當前員額管理法制及實務，能因應行政事務多元化發展，達成精簡、彈性、不斷創新、有應變能力之政府改造目標，經審慎檢討現行員額管理相關問題，依憲法增修條文第3條第3項及第4項規定：「國家機關之職權、設立程序及總員額，得以法律為準則性之規定。」「各機關之組織、編制及員額，應依前項法律，基於政策或業務需要決定之。」及中央行政機關組織基準法第7條第5款至第7款明定，除機關首長、副首長、政務人員、幕僚長以外之員額無須於機關組織法規訂定爰擬具「中央政府機關總員額法」案，計14條，[30]期從員額管理面之改造，在尊重立法部門透過預算案監督下，活化員額管理，訂定政府合理用人水準之指導原則，建構員額彈性調整機制。有關總員額法自民國99年4月1日施行，其實際作為可留意觀察分析之。

　　總之，機關員額編制之問題，有屬於制度因素者，亦有屬於工作簡化者。以目前而論，朝精實員額目標，隨時檢討人力資源運用情形，改善工作方法與流程，加速完成「中央行政機關組織基準法」及「中央政府機關總員額法」等相關配套法規之法制作業與因應措施，並加強定期訓練方式，提高人力素質（尤其是人事主管人員）等，均為當前改進員額編制、精實人力素質，發揮高效率、高效能機制，所亟需努力的方向。

第四節　小　結

　　人力資源運用之最主要意義，不外發掘人才與運用人才；就其過程而言，可分為人力之引進、遴選、任免、陞遷、考績、獎懲、俸給、福利、教育、訓練、退休、撫卹

30　中央政府機關總員額法第4條規定：「機關員額總數最高限為十七萬三千人。第一類人員員額最高為八萬六千七百人，第二類人員員額最高為四萬一千二百人，第三類人員員額最高為一萬三千九百人，第四類人員員額最高為六千九百人，第五類人員員額最高為二萬四千三百人。本法施行後，行政院人事主管機關或單位每4年應檢討分析中央政府總員額狀況，釐定合理精簡員額數，於總預算案中向立法院提出報告。本法施行後，因組織改制或地方政府業務移撥中央，中央機關所增加原非適用本法之員額，不受本法規定員額高限限制。因應國家政治經濟環境變遷，或處理突發、特殊或新興之重大事務，行政院於徵詢一級機關後，得在第一項員額總數最高限之下彈性調整第二項第三類人員以外之各類人員員額最高限。」

等。茲因人力資源運用之基本前提為維護人性尊嚴、建立積極人事功能，及人力政策之規劃與實行，故而引申其義，旨在適才適所之要求等。

在探討公務人力現況時，可就其類別與結構、素質加以分析。至於公務人力資源運用之目的，不外：（一）規劃人力來源；（二）激發組織成員士氣；（三）有效配合組織發展；（四）與協會組織有效的聯合協商等。依之推論公務人力資源運用之主要原則有：（一）人與事配合原則；（二）合理調遷原則；（三）滿足需要原則；（四）激勵士氣原則；（五）運用行動科學原則。其途徑通常依循著：人才選拔、任使、教養、維持等程序；亦即落實於公務人力資源運用作業中。

公務人力診斷屬政府績效評估工作，即是要求人事人員擔負起「人事醫師」的責任。即除消極診斷外，尤應積極保健、激勵，從事主動的規劃，發揮保健與激勵的功能，使組織能健康的發展。易言之，公務人力資源績效評估，包括人力資源運用、工作簡化與工作分析、機關組織員額評鑑等，進而達到員額編制之合理運用，使人力資源得到最佳的配置與運用。就目前而論，朝精實員額目標，隨時檢討公務人力運用情況，改善工作簡化方法與流程，均為當務之急，亟需努力研究規劃之。

學習重點

- 公務員、公務人員等概念
- 政務官、事務官之概念與範圍
- 政務官與事務官的政治及法律地位
- 政務官與事務官之區分
- 公務人員角色與應有之尊嚴
- 人事人員的角色與定位

關鍵名詞

- 公務人員
- 公務員
- 特別選任
- 地方自治團體
- 無定量勤務
- 公職人員
- 聘僱人員

- 文官
- 政務人員（官）
- 事務人員（官）
- 特任
- 特派
- 民主政治
- 政黨政治

- 政務次長
- 常務次長
- 公務人員的保障
- 公務人員的尊嚴
- 自我教育
- 人事功能
- 人事人員的角色

第一節　公務人員的定義

　　公務人員之定義，我國係採個別立法主義，其範圍屬性，係採分別界定。而公務人員之概念，可分為形式與實質二種：公務人員之形式概念，指法令上規定之公務人員而言；公務人員之實質概念，則指學理上之公務人員而言。茲分述如次：

壹、實質的概念

　　公務人員實質概念，林紀東教授之界定，甚為嚴謹，且已成為行政法學界之共識。惟林教授基於習慣稱之為「公務員」。茲為澄清概念及便於人事行政研究起見，本章摘錄林教授公務員之精義，並予一律改稱公務人員。林教授說：公務人員者，由國家之特

別選任，對國家服務，且負有忠實之義務者也。並進而析其要如下：

一、公務人員關係因國家之特別選任行為而成立

公務人員以外之為國家服務者，蓋亦多矣，如議會議員，由於人民之參政權，而行使其職務；士兵，由於一般人民之兵役義務，而服兵役；自治團體人員之鄉鎮長，由於法律之委任，而管理國家事務；船長，因法令之規定，而掌一部分警察之事務。凡此人員，其所掌理者皆為國家事務，然皆非公務人員也。蓋公務人員關係，由於任官行為而成立，其任官行為或因考試之結果，或出於其他特別法，要為特別選任行為之結果，任何人均不因某種權利或義務之結果，而當然得為公務人員也。

二、公務人員對國家負有服務之義務

公務人員之參與國務，固為其權利，然國家之任命公務人員非予以權利，實欲使其服勤務耳，故義務為其主眼，權利則其附帶之結果也。就此點言，公務人員與議員又有區別，蓋議員固亦對國家負有服公職之義務，然係由國民之參政權，代表國民而參與國務，學者仍認為權利為主，義務為從，與其謂為服務，毋寧認為權利也。又公務人員服勤務之對象為國家，故與在地方自治團體服勤務之地方自治團體公務人員，亦有區別。

三、公務人員負有忠實之義務

忠實之義務，謂公務人員處理公務而提供其勞務之際，既應消極的服從國家之意志，更應積極的考慮國家的利益。蓋公務人員之執行職務即其提供勞務之方法與限度，既應根據法令或上級機關之命令，而於決定或執行國家意思之際，又應誠實的考慮國家之利益，依公務人員自身之判斷而決定之。此種忠實之義務，學者稱為公務人員之倫理的義務，謂此種義務之違反，為引起懲戒問題之原因，其與對於國家僅有經濟上的勞務關係人員之區別，亦即在此。蓋如政府所使用之僱員、外國顧問、土木建築工程之承攬人員等，固亦對國家服其勤務，又均係依特別方法選定，然此等人員純為民法上僱傭關係，其義務僅在某種有經濟價值之勞務的給付，不具倫理之性質。即在服公法上之勞務義務者，如由軍事徵用法而被徵發之人伕等，亦僅負有經濟上之勞務而已，不具倫理之性質，故亦與公務人員不同。

四、公務人員負有服無定量勤務之義務

公務人員因負忠實義務之結果，對於國家服務之範圍及方法，概依國家之要求決定，故通說謂公務人員對於國家負有服無定量勤務之義務。蓋公務人員所擔任之事務，有時雖亦預定一定之範圍，而於其範圍內各個勞務之給付，則不預先指定。就此點言，公務人員與由民間選任之各種委員、破產管理人等，經由選任以處理特定事務者不同，其區別蓋猶民法上僱傭與委任之區別。就其對於國家服公法之勤務言，二者固屬相同，

就其所任事務之分量言，則有差異也。

　　要之，公務人員與其他為國家服務者，法律上之重要差異，在於上述諸點，其與國家之法律關係，為公法關係，不受民法規定之適用。又議員，由民間團體選出之委員等，雖仍與國家構成公法上之關係，然仍與公務人員不同，蓋公務人員與國家之間，構成前述之行政法之特別權力關係，國家在一定範圍內，有命令強制之權利，公務人員從而負有服從之義務，故不僅推行國家事務而已，身分上亦隸屬於國家，此為公務人員關係要點之所在。[1]

　　然而，晚近特別權力關係理論受到無情之批判，[2]並有相當程度的改變，我國從民國55年起陸續有新理論之介述，[3]對於傳統理論有悖於民主憲政之基本原則，迨已成學者間的共識。民國73年大法官會議釋字第187號解釋，首先突破特別權力關係事項不得爭訟的藩籬，繼之74年、78年、79年、81年以迄至101年又分別作成釋字第201號、第243號、第266號、第298號、第312號、第323號、第338號、第395號、第396號、第430號、第483號、第491號、第614號、第618號、第637號、第653號、第655號、第658號及第684號解釋，又公務人員基準法草案亦積極針對公務人員與國家關係問題，進行符合社會發展需求的修正工程。因此，遂有不少學者主張不應使用特別權力關係之名稱，而提出「特別義務關係」（Sonderes Pflichtsverältnis）、「加重依附關係」（Gesteigertes Abhängigkeitsverhältnis）、「人事結合關係」（Personales Kontaktverhaltnis）或「特別法律關係」（Sonderre chtsverhältnis）等不一而足之替代稱呼。[4]甚至有高呼：「再會罷！特別權力關係」者，[5]事實上，若干教科書於論及此一概念時，認為若非改用其他名詞，則所謂特別權力關係終將為時代潮流所完全淹沒。[6]此種理論的演變應特予注意。

　　再者，林紀東教授論公務人員，維持傳統只限於國家官吏，排除地方官吏，惟憲法第98條有「中央與地方公務人員」及第108條有「中央及地方官吏」等規定，足證除中央與地方之政務官外，其實質概念之公務人員，無分國家與地方，此一定義，均得通用，自不待言。

1　林紀東，行政法新論（台北：三民書局，67年），頁237-239。

2　特別權力關係曾被不同之學者譏為「法治國家前期之叢林事物」，「法治國家前期隔代遺傳之退化器官」或「法治國家所陌生之殘渣」等，因此主張將其拋入海中者，早有人在。參閱吳庚：行政法之理論與實用（台北：三民書局，81年），頁184-185。

3　吳庚，行政法院裁判權之比較研究，台大碩士論文，55年，第四章；林紀東，中華民國憲法逐條釋義，第一冊，59年，頁63；翁岳生，論特別權力關係之新趨勢，台大社會科學論叢，輯17，56年7月；楊日然，我國特別權力關係理論之檢討，台大法學論叢，卷13，期2，73年；陳敏，所謂特別權力關係中之行政爭訟權，憲政時代，卷10，期1，73年7月；湯德宗，公務員之權利保障與身分保障，台大碩士論文，70年6月；張劍寒，特別權力關係與基本權利之保障，憲政時代，卷10，期1，75年10月；董啟禎，內部行政行為與行政訴訟，中國比較法學會，80年會論文；吳庚，前書，第五章，頁170-186。

4　Vgl. I. V. Münch in Erichsen/Martens, aaO., S.82; auch Giemulla/Jaworsky/Müller-Uri, Verwaltungsrecht, 4. Aufl., 1991, S. 101.

5　D. Göldner, GesetimÖssigkeit und Vertagsfreiheit im Verwaltungsre-cht, JZ,1976, S.353.

6　學者H. Mayer對特別權力關係之貶語，見其所著Recht der Schule, Wien, 1979, S.7, zitiert nach Antoniolli/Koja, aaO., S. 220.

貳、形式之概念

公務人員依憲法相關之規定有，第18條：「人民有應考試服公職之權」；第24條：「凡公務員違法侵害人民之自由權利者……。」；第28條：「現任官吏不得於其住所所在地之選舉區當選為國民大會代表。」；第41條：「總統依法任免文武官員。」；第75條：「立法委員不得兼任官吏。」；第77條：「……及公務員之懲戒。」；第97條、第98條：「中央與地方公務人員……。」；第99條：「監察院對於司法院或考試院人員失職或違法之彈劾，適用本憲法第95條、第97條、第98條之規定。」；第103條：「監察委員不得兼任其他公職……。」；第108條：「中央及地方官吏之銓敘、任用、糾舉及保障。」；第140條：「現役軍人不得兼任文官。」尤其在第八章考試中，第85條特別強調：「公務人員之選拔，應實行公開競爭之考試制度，並應按省區分別規定名額，分區舉行考試。非經考試及格者，不得任用。」；第86條更規定：「左列資格，應經考試院依法考選銓定之：一、公務員任用資格。」共十四條之多。

綜上所述，我國憲法對於所謂公務人員，可概括為下列七種名稱：一、公務員，二、公職，三、文武官員，四、官吏，五、司法院與考試院人員，六、文官及七、公務人員。上述名稱涵蓋之範圍，又可從有關法規中區別之：

（一）廣義之公務員

依刑法第10條第2項規定，公務員指：1.依法令服務於國家、地方自治團體所屬機關而具有法定職務權限，以及其他依法令從事於公共事務，而具有法定職務權限者；2.受國家、地方自治團體所屬機關依法委託，從事與委託機關權限有關之公共事務者。國家賠償法第2條第1項規定：「稱公務員者，謂依法令從事公務之人員。」在此定義下公務員包括了：政務官、事務官、文武職人員、民意代表以及農、工、商等公共團體，依法令行使法定職務權限之人員。所謂「公職」，依大法官會議釋字第42號解釋：「憲法第18條所稱之公職，涵義甚廣，凡各級民意代表、中央及地方機關之公務員及其他依法令從事於公務者，皆屬之。」以及於民國87年6月5日司法院大法官議決釋字第455號解釋指明軍人為公務員之一種，及軍中服役年資採計權益問題之解釋。另參考大法官會議釋字第15、17、19、22、24、27及30號解釋文，以及宣誓條例第2條之重要公職人員之規定及公職人員選舉罷免有關法規等，均宜為其同義辭。

（二）狹義之公務員

依公務員服務法第24條規定：「本法於受有俸給之文武職公務員，及其他公營事業機關服務人員，均適用之。」及依公務員懲戒法第9條第4項規定：「第1項第4款、第5款及第8款之處分於政務人員不適用之。」可知其範圍包括了政務官在內，所謂「文武官員」與「官吏」均屬同義辭。

（三）公務人員

依公務人員任用法第5條規定：「公務人員依官等及職等任用之。」同法施行細則第2條規定：「（第1項）本法所稱公務人員，指各機關組織法規中，除政務人員及民選人員外，定有職稱及官等、職等之人員。（第2項）前項所稱各機關，指下列之機關、學校及機構：一、中央政府及其所屬各機關；二、地方政府及其所屬各機關；三、各級民意機關；四、各級公立學校；五、公營事業機構；六、交通事業機構；七、其他依法組織之機關。」

此義之公務人員，除不包括政務人員及民選人員外，依憲法第140條規定：「現役軍人不得兼任文官。」而排除了軍官。又公務人員任用法第32條：「司法人員、審計人員、主計人員、關務人員、外交領事人員及警察人員之任用，均另以法律定之。但有關任用資格之規定，不得與本法牴觸。」與第33條：「教育人員、醫事人員、交通事業人員及公營事業人員之任用，均另以法律定之。」兩條之規定不同。前者有「但有關任用資格之規定，不得與本法牴觸。」換言之，第32條規定之人員，既然必須具有同法第9條規定之公務人員任用資格（即1.依法考試及格，2.依法銓敘合格，3.依法考績升等），其屬公務人員無疑。而後者，可不受公務人員任用資格之規定，則第33條之人員，若另定任用法律不受公務人員任用資格之規定者，如教師，當然不在公務人員之列；若其中規定若干人員必須具公務人員任用資格，如學校職員，亦屬公務人員無疑。如此，公務人員定義，就比較確定在一定形式之文職人員之中。

此外，依歷年來人事法制之變革，尚有1.邊疆地區特殊情形者；2.在非常時期，因特殊需要，在特殊地區，得對一部分公務人員之任用，另以法律定之；3.臨時機關與臨時任務派用人員，及各機關專司技術性研究設計而定期約聘、約僱人員等。雖非屬形式概念之公務人員，但在有關人事行政運作時，也常常視同公務人員。

綜合形式與實質概念之內涵，公務人員原為具有任用資格，依官等、職等特別選任，服務國家，具有忠實義務之文職人員。與所謂「文官」、「事務官」及「行政人員」，幾屬同義辭，本書為期遵循五權憲政體制及考試院為國家最高考試（人事）機關，有關公務人員之論述，即以「公務人員基準法草案」為基準，其餘個別法制或論著則併同參考。

（四）公務人員基準法草案的定義

本法之制定，旨在彰揚憲法精神，統攝全盤人事法規，除確立全國公務人員共同適用之基本規定外，同時兼顧各種個別人事制度之差異，俾在大同之中容有小異，於分殊之中求其共通；以收綱舉目張，相輔相成之效，並促成整體人事制度之健全。其過程為：民國87年7月16日考試、行政兩院協商確定名稱，民國91年10月再度會銜送請立法院審議。至民國95年及101年兩院會銜，就公務人員定義與範圍幾至相同。[7]

7　有關公務人員基準法草案名稱關係其規範內涵，為此於民國87年7月16日考試院與行政院舉行兩院副院長

之協商，筆者亦參與討論，獲致結論為尊重考試院為人事最高機關法案名稱定為「公務人員基準法」。茲為有助於其間兩院立論之依據與理由，謹依協商之「不同主張對照說明」列述如次，此亦有助於公務人員定義之釐清。本法草案於民國91年10月再度由考試、行政兩院會銜送立法院審議。又95年6月16日兩院三度會銜送立法院審議，至97年因立法院職權行使法之屆期不續審原則，退回考試院研議中。嗣於101年銓敘部重新研議陳報考試院通過後，再度會銜行政院函請立法院審議中，截至107年3月因部分觀點不同，亟待協調。

公務人員基準法草案名稱考試院行政院不同主張對照說明

考試院意見	行政院意見	兩院不同意見之比較分析	
法案名稱： 公務人員基準法 主要理由： 一、人事法制立法趨勢：目前學界雖多認為「公務員」之定義與範圍較「公務人員」為廣，惟依現行人事法律如：「公務人員任用法」第32條、第33條及第38條規定觀之，「公務人員」涵括教育人員、公營事業人員及政務人員等，又顯非一般所認知之狹義公務員。復以行憲前所制定之法律，除「公務員服務法」、「公務員懲戒法」、「刑法」等法律中之「公務員」相沿未改外，其他以「公務員」冠名之人事法規，行憲後均相繼於修正時改為「公務人員」，憲法增修條文第6條規定考試院職掌，亦以「公務人員」為範圍，採用「公	法案名稱： 公務員基準法 主要理由： 一、原始法案名稱即為「公務員基準法」：本案前於民國74年4月5日由行政院研究發展考核委員會委託吳庚教授進行專案研究，並參酌各國立法例及擬訂之公務員範圍，均以「公務員基準法草案」作為法案名稱，並送銓敘部作為研擬草案初稿之參考。銓敘部於民國79年5月及81年7月兩度陳報考試院之法案名稱亦均為「公務員基準法草案」。 二、憲法已予「公務人員」較狹義之規定：查憲法第85條規定：「公務人員之選拔，應實行公開競爭之考試制度，非經考試及格者，不得任用。」第86條規定：「左列資格，應經考試院依法考選銓定之：一、公務人員任用資格。二、專門職業及技術人員執業資格。」以憲法對於公務人員應予考試方式進用及依法考選銓定規定至為明確，故如將本法草案名稱定為「公務人員基準法草案」，由於本法草案之適用範圍涵蓋至廣義之公務員，則本法草案中之	行政院之比較分析意見： 一、將本法草案名稱訂為「公務員基準法草案」，不僅與學理上對於廣義公務員之範圍認知相符，且可涵蓋本法草案中之政務人員、常務人員、司法審檢人員、教育人員以及公營事業人員等各類人員，並較能顧及現行公務員法制，不致牴觸上開憲法對於公務人員須考試進用及依法考選銓定之規定。 二、「公務員」及「公務人員」之定義固因各該法規之立法目的而有不同之界定，惟對照現行刑法、國家賠償法、公務員懲戒法對於公務員一詞並未變更且採較廣義之定義可知，反適足以證明「公務人員」之定義範圍顯較「公務員」狹，故本法草	考試院之比較分析意見： 一、本法立法的目的之一在於重行界定公務人員定義與分類，因此需有前瞻性之看法，作為規範未來之準據，在我國現行法規中，公務人員用語極不一致，引據使用時迭生疑義紛爭，正宜藉由本法予以釐清。 二、考試院於第8屆全院審查會審查本法案時，曾針對法案名稱及「公務員」與「公務人員」之涵義深入討論後進行表決，最後依多數意見決定採法案名稱為「公務人員基準法」。嗣考試院第九屆全院審查會經再審慎研酌，最後仍決定以「公務人員」為法案名稱，其過程至為嚴謹慎重。是以，並不能因為銓敘部兩度陳報考試院之法案名稱或委託研究時均以「公務員基準法」為名，即不許其後因更深入之研究結果而變更原有名稱。 三、憲法條文僅係原則性規範，必須藉由法律來落實。憲法第86條規定公務人員任用資格，應經考試院「依法」考選銓定之，僅係原則性規範，至於如何考選銓定，則需以公務人員考試法、公務人員任用法等法律予以落實，故現行公務人員任用法第11條規定之機要人員、第36條規定之派用及聘用人員、第38條規定之政務人員雖均無須經考試及格，依法仍均為公務人員；又憲法第97條第2項規定監察院對公務人員得提出糾舉或彈劾。另司法院大法官會議釋字第262號解釋謂：「監察院對『軍人』提出彈劾案時，應移送公務員懲戒委員會審議……」足徵憲法所稱「公務人員」之涵義及範圍至廣，並不全然以狹義之公務人員

考試院意見	行政院意見	兩院不同意見之比較分析
務人員」一詞，較符合人事法制之立法趨勢。 二、憲法相關條文規定：政務人員、機要人員及聘用人員雖非依憲法第85條、第86條規定經考試及格任用，其有關之人事法制事項仍為考試院之職掌範圍；又憲法第98條第2項規定監察院對公務人員得提出糾舉或彈劾，其所稱「公務人員」亦非僅指依法考試及格任用者，故憲法增修條文所稱「公務人員」，當非以經考試及格任用之公務人員為限，考試院原擬草案名「公務人員基準法草案」與現行法制用語並無不一致。 三、作用法與組織法分立之法理：「公務人員」與「公務員」之涵義，應非取決於其名稱之不同，現行有關法律規定，「公務員」多用於作用法，以規範公務人員之行	政治性任命之政務人員、以及部分公營事業人員等依上開憲法規定均須經「公開競爭之考試制度」及銓定資格，此與現行人事進用規定不符，且於學理及實務運作均有未妥。基此，本法如以「公務人員」為名，則許多條文規定將與憲法第85條有關公務人員之非經考試及格不得任用之規定，以及第86條有關公務人員任用資格應經考試院依法考選銓定之規定發生牴觸而有無效之疑慮。 三、現行人事法規對「公務員」及「公務人員」已略為廣義狹義之區隔：現行人事法規中冠用「公務人員」或「公務員」者，大多以「公務人員」代表狹義之公務員，而以「公務員」代表廣義之公務人員；其中以「公務人員」冠於名稱者，例如公務人員任用法施行細則（第2條）係指各機關組織法規中，除政務人員及民選人員外，定有職稱及官等職等之人員；公務人員保險法（第2條）則係指法定機關編制內之有給人員；公務人員撫卹法（第2條）則指以現職經銓敘機關審定資格登記有案者為限。另「公務員」一詞於刑法（第10條第2項）、國家賠償法（第2條第1	案所規範之對象既非以須考試進用及依法考選銓定之規定為限，考諸上開憲法第85條、第86條對於「公務人員」之狹義界定，以及現行刑法、國家賠償法等對公務員一詞均採較廣義之解釋，本法案使用「公務員」一詞應較能涵蓋本法所規範之各類人員。 三、至憲法第97條第2項規定：「監察院對於中央及地方公務人員，認為有失職或違法情事，得提出糾舉案或彈劾案，如涉及刑事，應移送法院辦理。」其中「公務人員」一詞，迄未正式作廣義解釋，況憲法對「公務人員」或「公務員」之涵義，原已依不同條文之立法用意，而有不同之涵蓋範圍，故有關憲法對「公務人員」一詞之涵義，仍應以與考試院權責有關之條文（即第85	為限。故以公務人員涵蓋本法草案之五類人員並無問題。 四、刑法及國家賠償法均非人事法規，其所稱「公務員」係指「依法令執行公務之人員」，尚包括與國家或地方自治團體不具有公法上職務關係之私人，不宜據以作為本法草案名稱。 五、行憲後，除公務員服務法、公務員懲戒法、刑法及國家賠償法中之「公務員」一詞，均相沿未改外，其他凡以「公務員」冠名之人事法律，均相繼於修正時改為「公務人員」，例如：公務人員任用法（原為公務任用條例）、公務人員俸給法（原為公務員敘級條例）、公務人員考績法（原為公務員考績條例）、公務人員退休（原為公務員退休法），公務人員撫卹法（原為公務員撫卹法）皆是。故採用「公務人員」一詞，適可符合人事法規之立法趨勢。 六、「公務人員」與「公務員」之涵義，並非取決於「公務人員」與「公務員」名稱之不同，而係由各該法規之適用對予以界定。故不同之法規，雖分冠「公務人員」或「公務員」，惟其涵義，仍視其適用對象與實際內容而定。因此，學理上一般係以刑法中所稱之「公務員」為最廣義之公務人員，而以公務人員任用法施行細則中所稱之「公務人員」為最狹義之公務人員，此僅係代表各該法律適用對象之範圍廣狹，並非指「公務員」之範圍必較「公務人員」為廣。例如公務人員保險法之規定範圍，係以法定機關編制內之有給人員為適用範圍，其範圍並非一般認知之狹義公務人員。 七、依民國87年6月5日司法院大法官議決釋字第455號解釋，軍人為公務員之一種，如依行政院意見將草案名稱定為「公務員基準法草案」，將產生軍人應否

本法草案界定公務人員範圍包括：

1. 於各級政府機關、公立學校、公營事業機構（以下簡稱機關）擔任組織法規所定編制內職務支領俸（薪）給之人員。（第2項）前項規定不包括軍職人員及公立學校教師。

2. 公務人員分為政務人員（政治性任命之人員）、常務人員（除政務人員及司法審檢人員外，定有職稱及依法律任用、派用、聘任之人員。）、司法審檢人員（法

考試院意見	行政院意見	兩院不同意見之比較分析	
為；「公務人員」多用於組織法，以規範公務人員之身分及相關事項。又目前一般以「刑法」中所稱之「公務員」為最廣義之公務人員，而以「公務人員任用法施行細則」中所稱之「公務人員」為最狹義之公務人員，僅係代表各該法律適用範圍之廣狹，並非指「公務員」之範圍必然較「公務人員」為廣。 四、釐清相關名詞定義：長期以來「公務員」、「公務人員」定義不一，各界輒有反映應予釐清，以解決困擾，考試院職掌文官法制，而本法為文官法制之基準，允宜本於權責，對相關名詞予以統一釐清，奠定法制基礎。	項）中均規定公務員係依法令從事於公務之人員，即採廣義之定義。至有關作用法採「公務員」，而「組織法」採「公務人員」之說法，似乏學理依據。 四、較符合行憲後人事法規之趨勢：行憲後各種規範常任公務員之人事法律，如公務人員任用法、公務人員俸給法、公務人員考績法、公務人員退休法以及公務人員撫卹法等，均相繼改用「公務人員」一詞，且上開法規大多係針對事務官所為之規範；至規範廣義公務員者，則仍維持「公務員」一詞，如刑法、國家賠償法、公務員服務法等。 五、符合學術界及一般人之認知：於憲法第85條及第86條有關「公務人員」之狹義規定緣起甚早，且現行人事法規及行憲後之趨勢，均以「公務人員」代表狹義之「公務員」，故學術界及一般人之認知及共識已相當深遠，如今遽予改變，必受質疑。	條、第86條）為界定之依據。	納入本法規範之疑慮，增立法上之困擾。 八、從現行法規及實務現況比較觀察，公務人員任用法之規定範圍，除依該法施行細則第2條所定之一般公務人員外，他如該法所列舉之司法人員、審計人員、主計人員、關務人員、稅務人員、外交領事人員、警察人員、技術人員、教育人員、醫事人員、交通事業人員、公營事業人員、派用人員及政務人員等，亦均係統攝於「公務人員」任用法中，僅其任用方式，允許另以法律定之或不適用若干條文而已。另公務人員俸給法及公務人員考績法均規定，教育人員及公營事業人員之俸給、考績另以法律定之，亦即教育人員及公營事業人員均統攝於「公務人員」俸給法及「公務人員」俸給法及「公務人員」考績法中，僅因考量其特殊性故允許其另以法律定之。 九、考試院為人事法制最高主管機關，「公務人員基準法草案」為考試院主管之法案，自應本於職權，對「公務員」、「公務人員」之定義予以統一釐清。目前學界固有認「公務員」之定義與範圍較「公務人員」為廣者，但對一般人而言兩者交互為用，於認知上並無不同，藉由公務人員基準法草案重行建立「公務人員」定義，誠有必要。

官、檢察官、公懲會委員）、公營事業人員（指對經營政策負有主要決策責任之人員）、民選地方首長（指直轄市長、縣（市）長、鄉（鎮、市）長）。

本法案如經立法院完成立法程序，則人事行政法制將邁入新紀元，值得研究觀察。

第二節　政務官與事務官

壹、事務官之範圍

我國行政法制上，對於公務人員之定義，係採個別立法主義，如公務人員之考試、任用、退休、保險、服務、考績、俸給、懲戒、撫卹……等，分別訂立專法，而各法及其他憲法、刑法等所稱之公務員，範圍又各不相同，並無同一的概念。其實依照一般國家的通例，教師及事業人員當然不在公務人員範圍之內，而我國無論就傳統與現行法律，如職位分類公務人員或公務人員任用法、考績法、俸給法、均有「教育人員、事業人員另以法律定之」之規定，而退休法及撫卹法，亦均另訂教育人員之條例與事業人員之法規。

再就憲法第99條規定：「監察院對於司法院或考試院人員失職或違法之彈劾，適用本憲法第95條、第97條及第98條之規定。」足證第98條所稱「中央及地方公務人員」，不包括司法與考試人員。此屬分權制度之常例，如英國對於公職之分類，法官就不在公務人員範圍內。我們知道英國人稱所有行政人員為英王的僕人（servantof the crown），稱議員為人民的僕人（servant of the people），稱法官為法律的僕人（servant of the law）。此處所謂「英王的僕人」，即是「公務人員」，為與「軍官」（military service）有所區別，又稱文官（civil service），因之，習慣上「文官」與「公務人員」往往相通。次就美國而言，美國是嚴格的三權分立，其非行政部門的人員，當然不是公務人員。由於美國人常把總統當作「總經理」，視政府為「雇主」；故將服務於行政部門之公務人員逕謂「政府雇員」（government employee）（此與我國機關中，依僱用關係所僱之雇員不同），此種習稱的「雇員」，在較正式的場合，還是依據英國的傳統，稱為公務人員（civil service）。

要之，公務人員的範圍，應包括以行政機關中除政務官外，依法任用的行政人員為限，也可稱為文官，學理上稱為事務官，在公務人員基準法草案第5條（民國101年3月）則稱之為「常務人員」，即指各級政府機關及公立學校組織法規中，除政務人員及司法審檢人員外，定有職稱及依法律任用、派用、聘任之人員。其次，我國為單一制國家，依據均權制度，實施地方自治，雖地方分民意機關與行政機關，確有地方行政人員，故公務人員範圍，理宜包含中央與地方行政機關之文官。至總統府、司法及考試兩院之行政人員，以及各級民意機關之性質上屬於事務官者，亦當屬之。

貳、政務官的範圍

　　政務官一詞，不見於憲法，原屬學理上與「事務官」對待之術語，中國自古發展出來的官僚系統，在世界政治史中，獨樹一幟，為公認的事實，也是當今學術界探索的重點。至於政務官的概念，遲至民國18年中國國民黨中央政治會議第198次會議的議決案，始有籠統的幾款提示。其要點為：凡經政治會議決議任命的官吏為政務官，包括：一、國府委員；二、各院院長、副院長及委員；三、各部部長、各委員會委員長；四、各省政府委員、主席及廳長；五、駐外大使、特使、公使及特任、特派官吏之人選。嗣於民國21年增加下列兩種人員：一、國府主席；二、政務次長、副部長及副委員長。基此，可簡析為下列兩要點：

一、**以官等及職位標準**：特任及特派人員、中央部會政務副首長及省府委員（廳長自始一律由委員兼任，嗣後直轄市長比照省主席）以上人員。

二、**以任用程序標準**：須經過政治會議議決通過（嗣後行憲，中國國民黨還政於民，依民主政治常規，執政黨對重要政治職位，必定推出從政黨員，而國民黨現仍屬執政黨，其黨內提名程序，屬於中常會通過）。

　　民國18年的原決議，僅屬當時國民黨在以黨治國時代，代表國家最高決策的一種宣示，並非法律。政治官一詞真正見諸法律，係在次（19）年國民政府公布的「宣誓條例」，其第2條對於「政務官」，列有專款，略謂：下列公職人員，應於就職時宣誓：

一、中央及省縣各級民意代表。

二、中央政府各機關政務官（各部次長及文職簡任以上、軍職上校以上單位主管人員）。

三～五、主要司法人員（除司法院副院長）、考試委員及外交人員。

六、省（市）、縣（市、局）政府首長（委員）及其所屬機關之主管人員。

七～八、學校及公營事業主管。

　　由上第2款與其他各款並列，依據法律的通義，既在第2款中列明「中央政府各機關政務官」，當然排除其他各款為「中央政府各機關政務官」。茲以此條例對照前述之決議，則法定之政務官應為：

一、國府主席及委員（行憲後，總統為國家元首，不在政務官範圍）。

二、行政院院長、副院長及政務委員，司法、考試兩院院長及副院長。

三、各部部長、政務次長及副部長，各委員會委員長及副委員長。

　　嗣後，公務人員任用法第38條及公務員懲戒法第9條第4項後，雖有「政務人員」之字樣，但無具體之定義。61年2月5日公布，74年11月29日修正之「政務官退職酬勞金給與條例」，其第2條規定：

　　本條例適用範圍，指下列人員：

一、特任、特派之人員。

二、總統府副秘書長、行政院人事行政局局長。

三、各部政務次長。

四、特命全權大使及特命全權公使。

五、蒙藏委員會副委員長、委員及僑務委員會副委員長。

六、省政府主席、委員及直轄市市長。

七、其他依機關組織法律規定比照第十四職等，或比照簡任一級之正、副首長。

　　據此，政務官似已獲法定的界說，其實不然。此一條例並非就政務官之定義、任免、權責……等作積極之規定，而是對於服行公職而未受公務員保障之一類人員，使之退有所安而致送酬金的一種概略規定。當其始議之初，只限於動員戡亂時期，後通過的名稱雖未再冠以「動員戡亂時期」，但仍屬人事業務補充性之管理規定而已。次查該條例第2條原文，實是民國84年修正公布前之「公務人員撫卹法」第17條（本法於左列在職有給人員準用之：（一）特任、特派及相當於特任職人員；（二）各部政務次長及相當於政務次長人員；（三）特命全權大使及特命全權公使；（四）蒙藏委員會委員及僑務委員會常務委員；（五）省政府委員及地方政府首長。若將之容納在「公務人員退休法」中，列一條「本法於左列在職人員準用之」，原無不可，惟酬勞金之標準，牽涉年資、基數……。質言之，此條例，僅是就不適用一般公務人員及聘僱人員退休制度若干重要職位人員，規範其退職酬勞金的致贈標準。復據67年5月3日公布的「卸任總統禮遇條例」，可知此種崇功報德的法律，就法論法，並非專屬界定「總統」或「政務官」的根本法，自難謂此即是政務官的法定範圍。

　　基於以上考量，銓敘部爰於最初草擬之「公務員基準法」第4條規定政務官係指下列人員：「一、行政院院長、副院長、不管部會政務委員；司法院院長、副院長、大法官；考試院院長、副院長、考試委員；監察院院長、副院長、監察委員、審計長。二、除前款人員外特任、特派之人員。三、總統府副秘書長、行政院人事行政局局長。四、各部政務次長。五、特命全權大使及特命全權公使。六、蒙藏委員會副委員長、委員及僑務委員會副委員長。七、省政府主席、委員及直轄市市長。八、（甲案）其他依機關組織法律規定比照簡任第十三職等以上之正副首長及委員。（乙案）其他依機關組織法律規定比照簡任官等之人員。政務官法，另定之。」

　　87年4月考試院院會通過之「公務人員基準法草案」，基於我國實務上對於政務官之認知，與學理上之嚴格定義，並不一致，為顧及現況並避免引起爭議，特別採用「政務人員」一詞，以資區別。依據該草案第4條規定：「政務人員指各級政府機關政治性任命之人員。政務人員之範圍任免、行為規範及權利等事項，另以法律定之。」按以「政治性任命」人員，係指人員之任命係以政治性之需要為主要考量因素。例如必須隨政黨進退；或隨政策變更而定去留；或以特別程序任命等。至於考試院與行政院於89年1月會銜函送立法院審議之「政務人員法草案」所定其範圍為：一、依憲法規定由總統任命之人員；二、依憲法規定由總統提名，經國民大會或立法院同意任命之人員；三、

依憲法規定由行政院院長提請總統任命之人員；四、特任、特派之人員；五、其他依法律規定之中央或地方政府比照簡任第十二職等以上職務之人員。民國94年兩院再次會銜之政務人員法草案則將政務人員區分為六級，其中較特別者為總統府及行政院置政務五級之政務顧問。另行政院版建議再置政務六級之政務參議等，惟均尚未完成立法程序。[8]惟據民國101年送請立法院審議之政務人員法草案，將政務人員[9]之職務級別，區分為特任及政務一級制至政務三級，特任指組織法律所定特任職務者；政務一級，指各部政務次長及其相當職務及直轄市副市長等職務；政務二級，指部會合議制委員、行政院各部會所屬一級掌理決策決定或涉及國家安全維護機關之首長、直轄市政府列政務職之所屬一級機關首長、縣（市）政府副縣（市）長。政務三級則指縣（市）政府列政務職之一級單位主管及所屬一級機關首長。

參、政務官與事務官的劃分問題

一、政務官與事務官的政治及法律地位的不同

一般行政法學者，對於政務官、事務官所下的定義，大概都作如下的解釋：凡是決定國家大政方針，並隨政黨選舉成敗或政策改變而負有政治責任的人，稱政務官；凡是依照既定方針執行，負有行政責任的人，稱事務官。就法律地位而言，政務官與事務官大致有下述幾點不同：

（一）事務官之任用，須具有一定的任用資格，通常須經過考試及格，始能任用；政務官之任用，則無此限制（近年有人主張擴大政務官的範圍，就是為了避免任用資格的限制）。

（二）事務官之身分，法律上予以相當的保障，非具有一定的原因，不得任意將其免職；政務官則不具此項保障。

（三）事務官適用退休制度；政務官則不適用。

（四）事務官若有違法失職之情形，須受懲戒；政務官不適用懲戒制度。然自行憲以來，我國政務官與事務官一併適用公務員懲戒法（於休職、降級及記過三種不適用），這是值得我們注意的問題。

就政治觀點而言，行政法學者認為：事務官乃奉其一身，服無定量之勤務，政務官則隨政策而進退。詳言之，政務官多為政黨的領導人物，具有一定的政見，恆隨政潮之變動，民意之向背而進退，以求政治之進步；事務官則以考試及格者充任，以執行政策

8　參閱民國94年7月28日考試院考台組式一字第09400056511號、行政院授人企字第09400628461號函會銜立法院審議。又司法院對政務人員定義另有不同意見，併此敘明。

9　依政務人員法草案第2條：「本法所稱政務人員，指各級政府機關依據憲法、中央機關組織法律或地方制度法規定進用之下列政治性任命人員：一、依政治考量而定進退之人員。二、憲法或法律定有任期及任命程序獨立行使職權之人員。前項各款人員，不包括司法院大法官、最高法院院長、最高行政法院院長、公務員懲戒委員會委員長及最高法院檢察署檢察總長。」

為任務，故宜保障其職位，以維持政治之安定。由此可見，政務官雖無具體資格之限制，但要獲取社會的敬重及政界的景從，並非易事。所謂政治家與政客的分際，亦在此種無形資格中體現出來。

二、學者對政務官與事務官劃分的觀點

政務官與事務官劃分的標準，行政法學者認為：

（一）政務官與事務官的劃分，在於政策之決定與執行，與官等無關。如中央研究院院長、國史館長、大法官、考試委員等，雖為特任官，但並非政務官。反之，政務次長雖比照簡任第十四職等支領待遇，卻是政務官。

（二）政務官與事務官係分指決定國家行政方針與奉行國家方針者而言，僅為中央之分類，不適用於地方公務人員，因為地方公務人員，不過依照中央既定之方針，執行職務，所以地方官吏並無政務官。但是地方自治實行後，地方可否也有政務官呢？可否也有「自治政務官」、「自治事務官」或「地方政務官」、「地方事務官」之分呢？因為就自治事項之政策而言，地方首長可以決定；而國家行政事項，不問奉行與交辦、委辦，均無決策可言，因之，這是值得我們深思的問題。

（三）林紀東教授認為：在實行五權憲法之我國，舊日政務官與事務官劃分之制度，尤有酌予修正與補充之必要。蓋五權憲法之第一特點，在於權能區分，使政府有能，以建立萬能政府。五權憲法之第二特點，在於行政、立法、司法三權之外，增加考試與監察兩權，其構造較三權憲法複雜。由五權憲法之第一特點言，所欲建立者，為有能之政府，盡量希望達到專家政治之境界，乃政務官與事務官劃分制度，以政務官可以不問學識與專長，得以主持任何部門，為其重點之一，則與五權憲法之精神，顯不相符。再由五權憲法之第二特點言，建構之憲政體制，既較三權憲法為複雜，有若干既非政務官又非事務官之官吏，如在法官之外，強將所有官吏，分為政務官與事務官兩種，「不歸楊，則歸墨」，不另設其他分類，加以補充，在各種人事法規之適用上，必有若干窒礙難通之處。故在實行五權憲法之我國，政務官與事務官之分類，尤有酌加修正與補充之必要。[10]所以，「政務人員法草案」之立法，誠屬進步可貴的。

（四）吳庚教授認為：政務官乃參與國家大政方針之決策，並隨政黨選舉成敗或政策改變而進退之公務員，如行政院各部部長、政務次長、政務委員等；事務官是指依照確定方針執行之永業公務員；[11]所以政務官為具政治取向的政府官員（Politicol offical）。政務官能影響群體生活，在於他所在的地位與權力足以發揮領導作用，[12]在人事行政學理上，政務人員至少應具備六種能力：「（1）分析

10　林紀東，前書，頁244-245。

11　吳庚，行政法之理論與實用（台北：作者自印，81年9月），頁188-189。

12　吳定、張潤書、陳德禹、賴維堯，行政學（一）（台北：空中大學印，87年），頁277。

內外情勢與界定公共問題的能力；（2）尋求或提出備選方案之智識，抉擇能力及決心；（3）策動與運用政治資源的能力；（4）發揮政策說明論辯及斡旋妥協的能力；（5）可依其地位與權力掌握及推動組織變革的能力；（6）依隨政黨選舉成敗或政策改變而進退之理念與情操。」[13]要之，政務領導的能力或條件，若以周易表達，則可以豫卦（上動下順）闡明，而以鼎卦之第六爻之引喻：「德薄而位尊，知小而謀大，力小而任重」為自我檢討與借鏡。

（五）前述我國法律，如公務員懲戒法第9條規定：「前項第2款至第5款處分，於政務官不適用之。」似亦默認政務官與事務官之劃分。惟我國政黨政治尚在發展階段，文官制度正在逐步健全之中，政務官與事務官之界限，並不明確，茲舉最明顯之例如下：

1. 行政院改組，往往看到常務次長、司、署、處長等也隨同辭職，似有不宜；

2. 大眾傳播與社會上，均有所謂常務次長陞任政務次長的錯誤觀念，文官長制度應予建立；

3. 內閣改組，雖名為某黨執政，而常常發現標榜社會賢達與無黨無派人士之加入，既非「聯合內閣」，類此情形，似可避免，除非是在立法院未過半數或不穩定多數時，執政者的權宜措施；

4. 政治責任與行政責任不明，如發生純行政治安事故之，竟有部長因之遞辭呈，而既遞辭呈，又有予以慰留之故事；

5. 地方首長在地方議會中或大眾傳播界，公然發表國家行政方針之意見或反對顯然屬於國家階層之政策；或謂在「精減省府組織」後，政務官的廳處首長不會「降調」事務官……等，似是而非有待釐正的議題。諸如此類，均為國家之領導人與國人等在推動民主憲政時，應加以探討的嚴肅課題。

三、政務官與事務官在歷史的演變[14]

James H. Svara在1985年根據政務官和事務官的「職責領域」，提出政策與行政二分的模式，後於2001年修正，即以政務官「控制」程度與高階文官的「獨立」程度區分成四個向度。

政策與行政二分模式如下圖6-1，其中「任務」與「管理」是可以二分的，主要分屬政務官和文官的個別職責領域，中間的「政策」與「行政」則很難分離，是共同的職責領域。其演化過程在學理上，茲以Svara為例。

2001年Svara修正主動型模與向度，[15]並從政務官「控制」程度與高階文官的「獨

---

13 吳庚，行政法之理論與實用（台北：作者自印，81年），頁188-189；吳定、張潤書、陳德禹、賴維堯，行政學（台北：空中大學印，87年），頁277；任德厚，政治學（台北：作者自印，81年），頁286-288；蔡良文，人事行政學──論現行考銓制度（台北：五南圖書），頁199-200。

14 參考繆全吉，理性政治的共識（台北：黎明文化事業公司，73年），頁328-342。

15 參閱Svara, 2001: 178-180；資料來源：Svara, James H. (1985). Dichotomy and Duality: Reconceptualizing the

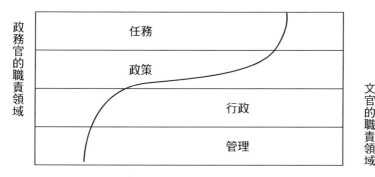

圖 6-1　James H. Svara 之政策與行政二分模式

資料來源：Svara, 1985.

立」程度加以區分。政務官之「控制」，係指有能力設定方向並維持監督，而高階文官之「獨立」，即指在政策形成時堅持其專業觀點，在實行時遵守職業標準。如果政務官的控制程度高，而高階文官的獨立性低，則會出現下圖6-2左上角的情形，即政治主宰（political dominance）。如果政務官的控制程度低，高階文官的獨立性也低，就會呈現下圖6-2右上角的情形，不是僵持局面（stalemate）就是自由放任（laissez-faire），若是政務官的控制程度低，但文官的獨立性高，那麼公務機關享有極大的自主性，稱之為文官自主（bureaucratic autonomy）。最後一種模式則是控制程度和自主程度都高，雙方願意互相報答對方的價值，強化另一方的地位與立場，也就是互補關係。從理論上而言，在第四種模式中，雙方既能維持其角色與職責，又能維持合作的關係，在規範意義上值得做為彼此合作的參考。

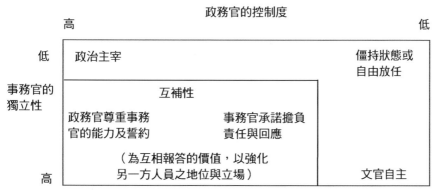

圖 6-2　政務官與高階文官的互動關係

資料來源：Svara, 1985: 228.

Relationship Between Policy and Administration in Council-Manager Cities. *Public Administration Review*, 45(1), p. 221-232.

從歷史上看，政務官與事務官劃分之由來，與民主政治、政黨政治、議會政治的發展，有很大的關係。

（一）英國的情形

英國的內閣是由議會產生，而內閣閣員幾乎全是議會議員，所以我們常說：英國的行政與立法不分。其行政領導階層——內閣，只不過是議會的一個委員會而已。英國國會的會場，原來的席位只有400左右，現任議員有600多人，二次大戰時重建的議場，仍按傳統的座位數目布置，所以資淺的議員根本無座位可坐，亦無發言機會。開會時，只有在外面喝咖啡聊天的份，一直要等到表決時，經由「黨鞭」的通知，始進入會場，參加表決。至於稍資深坐在後排的議員，也很少有發言的機會。惟有資深坐在前排的議員，一方是執政黨的領導人物：包括首相及其內閣；另一方是在野黨的領導人物，包括「英王的忠實反對黨」的領袖及其「影子內閣」，他們才有資格在會場中發言。對於議案的討論，執政黨與在野黨雙方均以議員身分，永遠站在平等的地位參與辯論。實際上，所有議案都是由政府提出的，議員個人提出的法案，是絕無僅有的。換言之，議案的進行，是由行政機關所領導，而行政機關與議會是一體的，所以不管在何種情況下，議員可以抨擊內閣，內閣亦可立於平等地位，還以顏色。由於內閣要出席議會，故英國各部除部長外，次長依其是否出席議會，可分為政務次長（parliamentary secretary）與常務次長（permanent secretary）；政務次長就是各部在議會中的聯絡人，在議會中佐理部長的意思；常務次長即是在各部中處理常務的意思，顧名思義，其分際十分明確。其次，英國少有事務官想作政務官的，當然政黨也會在事務官中物色政務官人才，但必須經過競選議員或封為上議院議員的程序，英國人從未感覺這是常務次長晉陞政務次長或大臣。茲就薪給而言，英國有三個人薪給最高，即內閣秘書長、財政部常務次長以及人事行政總署常務次長，其年薪十幾年前為1萬5,000磅，比首相年薪1萬4,000磅尚多1,000磅，比部長年薪僅8,500磅幾乎多達一倍。至於一般常務次長與首相相同，也有1萬4,000磅，所以常務次長在部裡的地位最高，是真正部裡的主官，但目前已有調整。再就理論而言，今日知識爆炸時代，科技發達、分工專精，事務官所具有的專業知識，是政務官及議員所不能比的。所以，兩類人員之釐清與分別規範是有其必要的。

（二）美國的情形

美國政府官員到議會，只是以作證身分列席，並非施政報告，更非所謂質詢。所以通常議會委員會中，議員先生很少接受部長的意見，反而樂於接受經驗豐富的事務官之意見。因此，在美國政治社會中，部長的地位不高，倒是議會中的委員會召集人或主要委員會的委員，頗受重視。由此可見，美國政務官與事務官雖有概略的分別，但就議會而言，並無太大的意義。這與內閣制國家，政務官與事務官必須劃分得很清楚不同，蓋內閣的政務官要向議會負責，如英、日等國家，內閣與議會合為一體，行政機關的事務官不必也不宜列席議會，自無政治責任可言。

（三）我國的情形

　　我國的制度介於英、美兩者之間，所以對於政務官的觀念，更有早日界定的必要。除自憲法第54條、第57條及第58條之規定，得知我國依憲法而定的政務官範圍。但事務官與政務官的兩極式劃分法，畢竟過於簡化，且為回應各方重視文官中立與釐清政治責任的期求下，建立政務官法制已成當務之急。因此，銓敘部研擬「政務人員法草案」，該項草案的規範重點，涵蓋政務官定義與範圍之界定、有關政務官任免程序、行為規範、請假權益及有關政務官享有之待遇福利、退職與撫卹事項。依84年中央政府總預算案立法院聯席會4月18日審查考試院主管收支部分，通過附帶決議：「考試院應於一年內，將政務官法送立法院審查並將政務官及比照政務官待遇公職之退休給付改編在銓敘部（原在行政院人事行政局，現已改制為「行政院人事行政總處」）。」考試院已依附帶決議，將銓敘部所擬政務人員法草案完成審議，並與行政院於民國87年9月間送請立法院審議。立法院因立法院職權行使法規定、法案屆期不連續原則，致政務人員法草案、政務人員退職撫卹法草案、政務人員俸給法草案等，均配合91年起之政府改造委員會相關議題重新研議新的法案，其中政務人員退職撫卹條例於93年1月7日制定公布，政務人員法草案及政務人員俸給條例草案於98年4月3日由考試院及行政院會銜函請立法院審議。嗣因第7屆立法委員任期於101年1月31日屆滿，依法案屆期不連續原則，考試院及行政院續於101年4月30日再度會銜函送立法院審議中。

肆、事務官的重要性與事務官的責任問題

　　在過去決策與執行很容易分辨，現在則難分辨；從目標管理、決策理論等而言，人人皆參與政府政策目標的形成，所以高級事務官常常是政策的幕後制定者，然而事務官對議會不負責任。那麼事務官向誰負責呢？第一、事務官若有犯罪行為者，須接受法律制裁；若有違法、失職行為者，須受懲戒處分；第二、受社會團體的控制，換言之，須向社會團體負責。

　　今天是一個科技發達，專業分工的時代，每個人與其從事的行業結合為一體，事務官在今日政府組織專業化的分工下，係其以專業知識取得職務，若對於本身的專業工作毫無表現，就保不住專業地位。如以政府中的法制事務官為例，如果所做的法律事務，經常錯失，則可能不再保有其律師公會會員之資格，如此就為法學界或社會大眾所排斥（如美國前副總統安格紐即為其顯例，總統尼克森亦然）。一個人若與所屬的社會行業團體疏離，縱然政府機關不加處分，亦很難從事該一專業工作。因此，事務官無形中，受到社會大眾無所不在的嚴密控制。

　　另一方面，在民主法治國家，事務官的人數龐大，實非少數政務官所能監督控制，且其所具的專業知識，亦非政務官所能瞭解。所以在現代民主國家，常有人說：立法權、司法權及行政權外，另外有所謂「官僚權」，亦即立法院、司法院、行政院外的所謂「第四院（權）」（fourth branch），蓋許多國家的重要決策，均由事務官所提供，故

又有所謂「行政國」（administocracy）之說法。

　　要之，現代國家面臨知識爆炸時代，公務人員不僅各具專業知識，抑且組織龐雜，其本身除受法律及懲戒拘束外，實受社會之控制。

第三節　公務人員的角色與尊嚴

壹、公務人員應有的角色

　　吾人對公務人員有了正確認識之後，對於奉公守法默默為民服務奉獻的事務官權益，應給予合理的照護，以促進人事穩定，達成公務人員永業化之目標，並維護其應有的尊嚴。再者，公務人員對外代表官方，依有關法令，規定必須忠於國家，愛護人民，為國家、社會、公共利益受務；對內之行事作為至少包括依法行事、廉潔奉公、遵守法令、嚴守機密及不得有非法兼職等。其整體的形象，可以文官是政府政策的執行者，是推動國家建設發展的動力來總結。所以，提供高素質的服務，以大公無私、平等、誠實的態度對待民眾，具有前瞻、創意、應變能力以因應民眾需求是其必備的條件。另外考試院關中院長指出[16]文官要清除「一試定終身」、「畢其功於一試」或「鐵飯碗」的消極保守心態，進而創造出讓文官「樂在工作」與「勇於接受挑戰」的機制，讓一流文官建構一流的政府。

　　茲再以考試院邱前院長創煥與許前院長水德及姚前院長嘉文的看法，說明全國最高「文官院」首長的理念期許，雖時間稍久，為期知悉其脈絡，特提供參考。

　　邱先生認為建立公務員四項基本觀念：[17]

（一）對立國精神與國家目標應凝聚共識

　　公務員執行國家政策，是維護民主憲政的中流砥柱，把握政策方向的舵手，必須充分理解立國精神，國家建設的目標，民主憲政的真諦及具有恢宏的國際觀，為全民謀最大的福祉，創造國家的新機運。

（二）羅致全國優秀人才

　　得人者昌，失人者亡，為促進國家發展，必需有完善的考銓制度，羅致全國優秀人才出任公職，並配合功績制原則，使能專業專才，適才適所，由幹練、清廉的公務員群忠勤執行職務，方能推動國家建設，服務人民。

16　關中，「繼往開來，贏得信賴」（台北：考試院，98年），頁191。

17　邱創煥，「整建文官制度屬行政革新」（台北：考試院印，84年），頁5-10。

（三）依法嚴正執行職務

公務員的服務對象是全體人民，制定政策應從國家與公共利益著眼，並應重視制度之可長可久，而執行職務必須嚴正執行，並保持超然公正的立場，尤應以廉潔、效能，率身為天下倡。故澄清吏治，轉移社風，亦為當前重要的課題。

（四）尊重公務員的人格與人權

公務員雖為公僕，但同時亦具公民身分，其基本人格應受尊重，執行職務應有適當保障，工作條件亦須相應配合，諸如改進待遇、福利、暢通陞遷管道、提昇社會地位，使能各安於位，各盡所能，竭盡職責，而為國家人民做最大的奉獻。

所以，他認為一個現代公務員應該是：有尊嚴、有操持的政府代表者；有正義、有擔當的法令執行者；有熱情、有耐心的全民服務者。

許先生認為跨世紀公務人員應有的角色有：[18]

（一）依法行政，積極為民服務

主權在民觀念的落實，在於政府的施政，需以民意為依歸。因此，公務人員在規劃、執行政策之時，必須以民眾的利益與福祉為依歸。以「民之所好，好之；民之所惡，惡之。」之信念，以及「依法行政」之作為，善盡服務人民的責任。公務人員的薪俸、國家建設公共工程的經費等各項支出，都是經由人民納稅而來，公務人員的所作所為，應讓人民感覺其納稅具有意義及價值。

（二）溝通協調，破除本位主義

公務人員必須有公共意識，能注意公共利益而不重形式，能有人民福祉為優先的認知，即不以一己之私，損及機關的服務功能，不以專注於本身機關業務的推動，忽略與其他機關溝通協調，而影響整體的政府施政作為。因為政府是為人民提供福祉的工具，公務人員在從事政策規劃、執行之時，必須本於人民的立場，考量政策的可行性，不偏於特定政黨、利益團體，這有賴加強公務人員的公共意識，以徹底打破個人的私利心及機關的本位主義，方得實現。

（三）國際視野，因應時代變局

公務人員必須具有國際視野與前瞻眼光，才能掌握國際變化的情勢。在一互依、競爭的國際體系中，任何一個國家的政治情勢、經貿策略發生變化，都將直接或間接影響他國的發展或他國人民的權利，特別是對缺乏自然資源、國內市場規模不足，必須仰賴出口以發展國內經濟的我國，公務人員若不能瞭解與掌握國際經貿變化，勢必難以提供

---

18 許水德，「邁向新世紀公務人員應有的角色」，公務人員月刊，期32（台北，銓敘部：公務人員月刊社，88年2月），頁4-10。

決策者充分的資訊，以為正確的決策，將致損及國家利益。

（四）專業知能，提昇服務效能

因為公務人員具備此一知識與創新的能力，才能進行細部的政策規劃與提昇執行政策的效能，才能有效的管理、監督民間部門各項活動；或更簡單地說，才能洞悉問題之所在，而對症下藥。以管理營建、土木工程為例，政府部門從事該項業務之人員，如不諳營建技術或缺乏實際工作經驗，則發覺營建廠商偷工減料的機率就會減少，而公共工程的安全與品質也就難以確保。

（五）終身學習，自我超越期許

因為知識潛能是人類無限的資源，公務人員如能保持終身學習的精神，可以恢宏生涯發展；對政府機關而言，可以避免發生導航偏差。在這個向前躍進的世界中，公務人員的知能如停留原處，以不變應萬變，會與現實脫節，進而造成錯誤的決策，浪費國家資源。

（六）人文情懷，尊重人性尊嚴

公務人員除具備專業知識外，更要有人文素養、並重視心靈改革，才能以關懷鄉土、重視生命的素養與情操，改善專業化社會所產生之冷漠的人際關係，使生活於此塊土地上之所有人們能夠正確的瞭解到生命的意義與人性的尊嚴，進而能摯愛自己的鄉土與國家。

（七）廉潔操守，塑造文官形象

公務人員廉潔與否，此不僅影響一國國民對政府的信賴程度，亦影響一國的國際形象及總體競爭力。有廉潔操守，自然可以重振公信力，為民眾、企業起帶頭示範作用，以新形象，新作為共創二十一世紀新局。

姚先生分別就主管人員與一般公務人員提出看法，[19]即對新時代高階主管人員指出應有的新思維，包括有：（一）開拓國際視野，發揮領導功能；（二）推動政府改革，提昇競爭優勢；（三）加強危機管理，積極為民服務；（四）落實終身學習，發展永續組織。至於對全體公務人員，姚嘉文院長提出：（一）公務人員應以服務民眾為工作導向；（二）公務人員應保持行政中立；（三）公務人員應建立正確的工作價值觀；（四）公務人員應認清改革目標，建設活力政府；（五）公務人員應效法民營機構。

19　姚嘉文，「高階主管研究班第四期開訓典禮致詞」（台北：公務人員保障暨培訓委員會，91年10月），抽印本；以及「91年公務人員高等考試普通考試係取人員基礎訓練開訓典禮致詞」（台北：同上，92年1月），抽印本。

貳、公務人員的尊嚴

繆全吉教授早期對此問題曾有精闢的論析，茲將其見解分述如下：[20]

一、面對民意機構，公務人員應保持自己的尊嚴

民意機構的議會，只問政策的問題。政策的責任由政務官或機關首長負責，常任文官的公務人員是不負責任的。公務人員若觸犯刑章或瀆職，可依公務員懲戒法，或刑法予以制裁，是不負政策性的責任。因此，對議會應該無所畏懼。事實上，常任文官根本不應該到議會去，這是民主政治的通例。在先進國家，如美國議會，常請公務人員以證人的身分列席議會的委員會，議會對公務人員的專門知識與經驗，非常尊敬，他們提出來的建議，往往比政務官還受重視，公務人員自己也以長久的行政經驗與專門知識而自豪。因此，常任文官的成就，在社會裡，形成上述所謂行政、立法、司法三權之外的「第四權」（fourth branch），普遍受到重視與尊敬。

二、公務人員與民意代表的良性互應、依民意維持平衡

行政機關為人民服務，公務人員就是公僕，行政機關政策的形成，本身也應考慮民意的動態，接受多方面的支持與意見的回饋（feedback），所以行政系統本身就屬開放系統，也具有群眾與民意的基礎。民意代表對行政機關應有這種認識，不應認為只有自己才代表民意，而對公務人員侮辱或無禮。要知道，民主社會政策的執行，若沒有民意為基礎，是行不通的，民意代表有這層認識之後，知道「民意」不是他們所獨占的，就大可不必利用「民意代表」的身分，傲慢自大，做出有失身分的言論與行為。要之，行政系統人員，本身也具有民意的基礎，民意代表為了自重，對公務人員應予尊重。

三、公務人員應確定一項觀念、他的言行對外代表政府

公務人員為人民服務，尤其是基層人員，與民眾接觸的機會更多，而民眾習慣把他們作政府看待，因此公務人員自身必須有這種體認。民眾認為公務人員代表政府，政府的工作是延續性的，而非片斷性的，是整體的而非零碎的，所謂公務有常，不為張三而存，不為李四而亡。尤其現在服務性的福利國家政策，凡法規上沒有規定的事項，只要不違背禁止或強制規定，政府都應主動去做，政府應積極製造為人民服務的機會，也正是公務人員貢獻才華的時刻。古人所云：「身在公門好修行」，或亦可供參考。

四、公務人員生涯的成就融合在機關目標與任務的達成

在行政系統裡，公務人員是不可缺少的角色，整個機關的運作，有賴於他們的貢獻心智與體力，自己既是機關的成員，機關的目標與任務，需藉自己的工作來完成，公務

---

[20] 繆全吉，行政革新研究專集（台北：聯經出版社，67年），頁187-192。

人員應有一種認識：機關的榮辱，建立在每個分子之上，因此該講的話就講。而機關的領導階層也應有所認識：大家為達成機關共同的目標與任務而工作，他和每一成員，雖職務有區別，但基本人格都是平等的。基層人員尤其要建立團隊的觀念，不要說不是自己的事就不管，主動地告訴人家，應找誰辦。個人與機關必須記住「機關團體的成就，也就是個人生命的最高成就。」要之，在行政系統裡，若落實「目標管理」等作為，則個人的成就融合在機關的目標與任務中，機關目標的達成，就是個人成就的最高表現。又平衡計分卡（BSC）與策略地圖（strategic maps）方式之引用，均有其效益。

五、公務人員應不斷自我成長

現在是知識爆炸的時代，社會變遷非常快速，知識的領域愈來愈廣，機關組織的發展也日趨龐大複雜，公務人員雖不能作為時代的先鋒，至少須保持與時代並進，充實自己，以配合機關組織的發展。現代公務人員雖不必「作之師」，但必須「作之徒」，隨時向社會大眾學習，充實自己，落實「終身學習」理念，才能完成服務人民的任務，更可進而發展行政的進步。另公務人員除具備專業知識外，更要有人文素養、並重視心靈改革，才能以關懷鄉土、重視生命的素養與情操，改善專業化社會所產生之冷漠的人際關係，使生活於此塊土地上之所有人們能夠正確的瞭解到生命的意義與人性的尊嚴，進而能摯愛自己的鄉土與國家。因此，在職時即應積極參與公共服務，參與NGO、NPO團體及其他公益團體等之志工服務，由應將公務生涯融入志工精神，將職業轉化為志業，以開拓生命領域，期建構更祥和之社會。

六、公務人員觀念上的革新帶動政府推行新政

行政機關有些地方積習已久，不可能一朝一夕完全耳目一新，很多地方也不可能做到全盤的改革。最重要的，如果公務人員在觀念上，先確立一種革新的辦事態度，在民眾感覺上能塑造一個新的形象（new image），這可能是表現新政最簡捷的辦法，也是革新政治的基本原動力。社會上廣大民眾目睹這種現象，當然會易抱怨而為尊敬了。至於早期政府推動之心靈改革指出：尊重與關懷、守法與倫理、勤儉與整潔、效率與品質、溝通與和諧等理念五項修為，更可作為公務人員推動各項行政革新的內在動力與指標。而民國98年考試院提出廉正、忠誠、專業、效能與關懷之五項核心價值，亦必要融入公務人員的行政作為之中，方可致之。

要之，公務人員的新形象、新精神，一定可以使政府推動政治的革新，完成時代使命，真正做到「周雖舊邦，其命維新」的境界。

第四節　人事人員的角色與職能

民主政治之下，文官角色雖有改變，其重要性卻與日俱增。人事行政既是行政的核心，而行政系統與整體社會環境之間，有密切交互的影響作用，則人事行政與社會環境也無可避免的互有影響。人事行政既與社會環境互為影響，則人事人員與社會環境之交互影響作用，所謂人事人員的角色與職能，理宜加以檢討。人事人員雖非機關首長，但卻在各級機關中負責實際人事業務之推行，故其重要性不在其職位之高低，而在其所擔負之功能。蓋行政在人，人事之運用得當，即屬人事人員職能之發揮。[21]人事人員除了負責靜態的應用一套法規、政策等各種技術活動，扮演幕僚機關中的技術專家（technical specialists）外，宜注重動態的企業精神之人力資源策略管理角色；亦即重視其協力作用（synergy）本質的活動，如何調和衝突的價值、環境之變遷與機關內利害關係人間人力之運用等使用機關（構）成為一個和諧與動態的組合體。[22]

壹、人事人員的角色

一、人事之專家與通才

中國素來重視人事，古時之「六部」，將掌理人事行政之吏部列為各部之首，垂十五個世紀之久外，在美國的管理發展史上，人事人員的地位原不受重視，往昔許多公私機構的人員，如認為能力不足，打入「冷宮」的方式，就是分派到人事部門任職。此種情形，隨行政的發達，人事人員的角色，日漸受到重視。根據人事行政學者在70年代末調查美國一般公私機構之人事人員，指出人事人員中約70%，得到學士學位，其中大部分主修企業管理、經濟學、文學及其他社會科學。又20%得到碩士學位，10%獲有博士學位。全美國人事管理專家約有十餘萬，60%服務於企業界，30%任職於政府機關。大多數的人事主管雖仍缺乏專業訓練，但人事部門的地位，卻已普遍地受到重視。足見現代人事機構與人事人員之地位，均已提高，大多數人事人員亦都具備專家知識。

各國文官制度，其人事行政機構設立之初，以消極之人事登記業務為主，自無專業化基礎可言，當然人事人員的地位，亦未受人重視。目前公私機關健全的行政，必須以人事行政為起點，則人事機構不能不以積極的人力運用為主，人事人員也就歷練為人事行政專家（personnel specialist），其地位日受重視。要之，人事行政專業化與人事人員專家化，確為現代政府人事行政的主要趨勢。

人事人員既以專業精神及專家知識為要務，則現代人事行政的知能，例如人力運

21　本節主要參考自許南雄，人事行政（台北：漢苑出版公司，68年），頁66-70，並依國內外、理論與實務發展趨勢加以調整增補之。

22　Klingner Donald E. & John Nalbandian (1998), Public Personnel Management: Contexts and Strategies, New Jersey: Prentic-Hall, Inc., chap14.

用、福利措施、勞動關係、人性管理、行為管理等，均為其必備之基本學識與衡量之專業水準。

人事行政者之知能，固貴專精，亦須博通，前述人事行政為行政的核心，而行政又與國情、政治、經濟、社會、文化等因素息息相關；則人事業務之處理，尤須與行政部門之措施相配合。如此，人事人員之知能，豈能自囿於一隅？故現代一般行政的知識，如行政學、政治學、經濟學、社會學、心理學、政治思想與制度及其他人文學科等，無不是人事人員應備學識之基礎。

要之，人事人員在人事行政範圍內，其專業化之專家角色，應可界定為「專家與通才」。

二、人事人員的服務態度

在機關組織中人事人員是輔佐幕僚人員，所謂幕僚人員，為機關內部在首長之下，分別處理行政部門業務之人員（line），及支援或輔佐行政首長或行政部門之人員（staff）。而人事幕僚人員，則為支援或輔佐行政首長或行政部門之人事業務，故人事人員應具備幕僚觀念與服務態度，所謂「人事人員係居於幕僚之地位，蓋其角色即屬支持行政部門者。」因之，人事人員不能干預行政部門之權責，否則難免有濫權之傾向。這不是說人事人員不能與一般人員接觸，而是說其推行人事措施，須能配合行政部門之需求。這種角色雖易造成閉門造車與懼怕越分而畏首畏尾，但若真能瞭解角色性質及功能，則服務態度當能恰如其分。所以，行政院人事行政局前局長魏啟林指出：今後人事人員不應再擔任機關「人事警察」的角色，應該從企業人事管理角度重新出發並賦予反應及追蹤整體公務人員服務民眾績效的任務。[23]

貳、人事人員的職能

人事行政的角色與職能，隨著科技發展、社會潮流脈絡流變，產生極大的轉變，而人事功能亦面臨大幅調整，以適應此一巨大的變革，其特點要分有五：其一、人事功能強調策略性而非行政性；其二、人事管理風格從父權化轉為更理性化；其三、任用方式更具彈性化，不求統一標準化；其四、公務服務更仰仗企業人事管理概念與作法，非在作為企業的榜樣；其五、此種策略性角色與做法，將因機關不同，而有所調整。[24]當然有關政府的政策目標、公務目標、文化與架構的改變，亦將影響人事功能內涵的改變。

基於現代人事行政的專業精神、專門知識、幕僚觀念與主動積極服務態度以及人事功能之轉變等，由此而可引申說明人事人員應有之功能，茲分項說明於下：

23　魏啟林，「公務人員的心靈改革與政府再造」（台北：人事月刊社，卷25，期5，86年），頁10-11。

24　D. Farnham & S. Horton. Managing People in the Public Serrices (London: Macmillan Press, Ltd., 1996), pp. 323-324.

一、辦理人事行政業務

各級機關的人事主管為其首長之人事幕僚，佐理各機關之人事行政業務，並執行人事政策。各級機關的人事人員則在其人事主管督導下，承辦其所在機關之人事業務。基於人事系統為一條鞭式的體制，人事主管與人事人員更須執行上級人事行政機構規定的人事業務。如此，人事人員的雙重隸屬關係，人事行政業務也益形繁重。故人事人員，除善用人事行政之基本原理與技術外，必須瞭解所屬機關人員與業務之特性，俾能處理實際的人事問題，支援機關任務之達成。其次，人事部門之業務，千頭萬緒，必須以「人事行政制度化」為準則，始能綱舉目張。所謂制度化，就是人事部門及組織成員對人事法制的尊重。現代各公私機構人員對人事制度最感困惑者，莫過於繁複的人事法令，故人事人員首以簡化人事法規，為辦理人事行政的要務之一。當然，應進一步規劃人事電子化，網路化資訊服務，推動無紙化人事管理，並共同建構人事系統網際網路資訊服務網，以活絡人事行政業務。

二、辦理人事調查人力評估分析

現代人事機構為瞭解人事業務之動態面，如工作情緒、群體士氣及人員對人事措施之需求與反應等，須經常辦理調查統計分析之工作。此種人員態度調查、人力資源運用計畫等分析，不僅在深入瞭解人員工作行為的本質以及人員公務之質量分析，而且更能發現人事問題的癥結。蓋人事決策者未必能瞭解人員的問題，而人員對管理的感受亦未必能適切的反映，人事人員之功能，即在藉運用人事調查分析之途徑，溝通彼此交流之管道。尤其現代人事制度必須具備社會化的基礎，即自人事考選、組織員額管制以至退休撫卹保險等舉措，應與社會需要相配合，亦應取得社會之認同，而對於社會情境的瞭解，亦靠人事，調查分析而得知。故現代的人事人員也應該是人事調查分析之專家，諸如善用訪談諮商、問卷調查、抽樣研究、統計分析等技巧，切實把握住人事行政組織員額、行政作為等動態的面向。近年來，我國各級人事機構對於人事調查分析工作，亦日漸加以重視，相信不久將來，在處理人事問題上，更能瞭解人員及社會之反應，以免訴諸主觀之判斷。

三、辦理人事聯繫、溝通工作

人事業務牽涉甚廣，人事人員既不能孤立，勢必從事協調溝通，以盡其效，足見人事聯繫之重要。所謂人事聯繫，包括人事部門與行政部門之協調，及人事部門與其他機關或大眾傳播媒體之溝通。人事人員之聯繫，無論在辦理人事考選、遷調、訓練、福利互助、康樂措施、安全業務等方面，均有必要，應非消極被動而是自動自發，獲致其成效。首先，人事部門與行政部門聯繫，居於輔佐而非干預之動機；出自友善而不狐假虎威。其次，人事部門與其他機關之聯繫，包括與有隸屬關係之人事機構及不相隸屬之行

政機關間，從事協調溝通，必須以相互容忍及避免本位主義，為其要務。至其聯繫方式不論為直接或間接，總以迅速有效為原則，而推拖式的文書往返，每每影響辦事效果，故經常須以口頭溝通及面對面。至於人事部門對各種大眾傳播媒體或社會團體之聯繫，實即人事部門之公眾關係工作，亦即對外關係之回饋溝通。現代人事業務，如人事行政、人事法令、以至考選任免、福利保險等措施，均須經常透過報紙、電視、廣播等傳播媒體，向外界報導（publicity）說明，以取得社會大眾的瞭解及支持。因之，人事人員必須具備公眾關係的宣傳技巧，以盡其對外聯繫溝通的角色，這是人事部門的社會責任。

四、協助推動行政革新與政府再造

就政府當前急務，由人事人員建立一支種籽部隊，來推動行政革新與政府再造，[25]首先，必須在強化人事構造功能後，進一步協助政府建立高效能的服務民眾的機制，策劃人事人員作為政府再造與行政革新的種籽部隊，加強政府公務服務的品質管理，協力政府推動「全國行政單一窗口運動」，以建立政府為民服務的機制；其次，秉持政府再造及「政府大學」理念，共同協助機關首長辦理服務品質管理訓練，建立以顧客為導向的現代文官團隊。最後，配合政府組織調整，人員改派之安頓身心工作，以及專長轉換訓練等，申言之，應協助機關首長加強照護各機關人員權益，積極激勵人員之士氣，協力建立文官體制倫理，期使公務人員有尊嚴、能自重，以增進團結和諧精神，提昇行政效能。

五、從事公務人力資源管理專家工作

在本書第四章、第五章討論公務人力資源的規劃與公務人力資源策略管理運用時，均論及美國的「國家績效評估」（National Performance Review），英國的「續階改革」（The Next Step）等，均為公務人事行政與管理中，引介對公務人力資源的策略管理，用以提昇機關組織的回應力與提高行政效率與效能的政策作為。所以人事人員如何研析與經營公務人力資源；如何建立「顧客服務導向」的心思作為；如何以績效管理為前提，展現人力資源運用策略能力，使其更具創意價值與增進能量功能等，均為現代人事專家的新課題。

六、從事人事行政之研究發展

行為科學發達之影響及專業化之趨勢下，人事學術之研究發展（personnel research），已為現代人事機構之要務。一般學者也強調人事學術，對於處理人事業務之重要性，所謂「健全的人事行政，基於人事學術之研究基礎。」英、美、日各國中央

25　魏啟林，「行政院人事行政局未來努力的方向」於考試院第九屆第51次會議報告，86年9月25日。

政府人事部門，均有研究人事學術協調之專門單位，而我國現在各機關人事部門雖然人少事繁，但經考試院銓敘部與行政院人事行政局（總處）之不斷重視，亦漸加強人事行政知識之研究，且亦收相當之成效。

　　人事學術的研究發展，應由各人事機構作有計畫的安排，並有效地推動。每一機構的人事問題不盡相同，惟賴各機關人事人員針對問題，作學理之探討，提出研究報告，俾助於問題之解決。人事人員雖非學者專家，但仍須著意於人事學術之研究發展。復且人事人員在面對全觀型治理（Holistic Governance）政府需求，其服務對象是全體公務人員，而全體公務人員之服務對象則包括顧客、公民、納稅人三種，為分別就其角色的需求提供服務，[26]則人事人員如何針對不同機關公職人員提供人事相關專業諮詢與服務，以提昇其素質及工作士氣是值得思考的。要之，人事行政既與國內外社會環境互有影響，故人事行政的社會功能，不容忽視。人事行政專業化與人事人員專家化，確為現代政府人事行政的趨勢，而人事人員如何協力推動聖嚴法師提出之「心六倫」運動，[27]亦為重要議題。專業化之專家角色應為「專家與通才」。

　　綜之，基於現代人事行政的專業精神與人力資源管理之改革，除應秉持專門知識，幕僚觀念與服務態度外，人事人員至少應具有下列功能：辦理人事行政業務、辦理人事調查分析、辦理人事聯繫工作暨從事策略人力資源管理與人事法制之研究發展等。即強調學術與經驗的累積，正是現代人事行政人員所應扮演的角色。

第五節　小　結

　　公務人員的概念，可分為形式與實質兩方面。前者指法令上規定之公務人員；後者指由國家之特別選任，對國家服務，且負有忠實之義務者也。

　　依我國憲法，對所謂「公務員」，可概括七種名稱，即公務員、公職、文武官員、官吏、司法院與考試院人員、文官、公教人員等，亦可分別從有關法規中區別之。若「公務人員基準法草案」能完成立法程序，則目前有關論述公務人員之界定與範圍應作通盤的調整，值得注意。

　　在政府行政人員中，可分為政務官與事務官，兩者區別，依現代行政理論大致認為：凡是決定國家行政方針，負有政治責任的人，稱政務人員（官）；凡是依照既定方針執行，負有行政責任的人，稱常務人員（事務官）。又從歷史上看，政務官與事務官劃分之由來到目前之政務人員與常務人員等之劃分，與民主政治、政黨政治、議會政治的發展，有很大的關係。

26　彭錦鵬，「全觀型治理——理論與制度化策略」，民主治理與臺灣行政改革研討會，抽印本，（台北：政治大學，92年），頁1-32。

27　法鼓山網站，https://www.ddm.org.tw/。

　　再者，對公務人員之概念釐清，與對公務人員有正確認識後，對於奉公守法默默為民服務奉獻的事務官權益，應給予合理的保障，並維護其應有的尊嚴。而公務人員應有的尊嚴即：1.面對民意機關，公務人員應保持自己的尊嚴；2.公務人員與民意代表的良性互應，依民意維持平衡；3.公務人員應確定一項觀念，即其言行對外代表政府；4.公務生涯的成就，融合在機關目標與任務的達成；5.公務人員應不斷自我教育與成長；以及6.公務人員觀念上的革新帶動政府推行新政。

　　人事行政既與社會環境互有影響，故人事行政的社會功能，或請人事主管協力「心六倫」運動，是不容忽視。人事行政專業化與人事人員專家化，確為現代政府人事行政的趨勢，而人事人員在行政範圍內，其專業化之專家角色應為「專家與通才」，甚至可稱為「公務人員資源管理專家」與「公務人事法制通才」等角色與功能。

　　最後，基於現代人事行政的專業精神，人力資源管理之專門知識，幕僚觀念與服務態度，引申說明人事人員至少應具有功能為：辦理人事行政業務、辦理人事調查分析、辦理人事聯繫工作、從事公務人力資源管理與研究發展等。即強調學術與經驗的累積與融合，正是現代人事行政人員所應扮演的角色。

學習重點

- 公務人員與國家的關係
- 特別權力關係之意涵、演變與特徵
- 公務人員權利之具體內容
- 公務人員義務之具體內容
- 公務人員責任之具體內容
- 懲戒的意義與相關法制內涵
- 懲戒處分與刑事裁判之關係
- 懲戒與懲處法制實務運作相關議題分析

關鍵名詞

- 特別權力關係
- 俸給權
- 保險金權
- 休假權
- 費用請求權
- 刑事責任
- 政治責任
- 懲戒
- 身分保障權
- 退休金權
- 撫卹金權
- 結社權
- 民事責任
- 行政責任
- 專業責任
- 懲處

　　國家行政權運作，主要關涉國家及人民的關係。行政法制之運作，除完成行政目的外，亦同時在保障人民的權益。憲法第二章規範人民之權利與義務，公務員因具有一般公民之身分，固享有基於人民身分所當享有之權利與義務，惟以公務員為國家執行勤務，其與國家的關係與一般人民和國家的關係又有不同，昔日特別權力關係理論盛行時期，認二者之關係為「力」之關係，而無「法律」關係存在。今日則認其為法律關係之一種，而法律關係之具體內容，不外乎權利與義務。此亦即應證國家法治理念的動靜流變關係。茲就公務人員身分而言，所謂權利，係指對於特定公務員所認許應享受之特定利益，並予以保障，亦即可享受特定利益的法律上的力。所謂義務，指法律所加於公務員的行為或不行為的拘束。權利與義務為相對待的名詞，享有權利者，亦必須負擔義

務，反之亦同，而所謂責任，即指對於違反義務者法律給予一定之制裁，[1]當然面臨全球化（globalization）與「新民主」（new democracy）的挑戰與變遷，公務員之範圍與內涵及其與國家、政府、人民之關係、權利、義務與責任，將受到衝擊，進而進行調適，均將併同探討。

第一節　公務人員與國家的關係發展

壹、特別權力關係時期

　　過去我國對於公務人員與國家的關係，在法律上雖未為具體規範，但實務上係採德國學者在君主立憲時代倡導的特別權力關係理論，相信法治國家的公法原則不能適用於特別權力關係，行政法院52年判字第209號等判例即揭示公務人員與國家間，係屬「特別權力關係」。該學說以「法主體（國家）密閉說」為前提，認為「法」僅存在於權利主體相互間，若存在國家內部者，如公務員，則無「法」可言，而將公務員之勤務關係定為「力」的關係，而非「法」的關係。是以，特別權力關係內所為行為，對該行為不服，不能訴請法院保護，Otto Mayer對特別權力關係之定義為：「經由行政權之單方措施，國家即可合法的要求負擔特別的義務」。傳統特別權力關係忽略法治，缺乏權利救濟，固然需要修正，但是以其重視自治自律，高度效率，而有可取之處。以權利與義務的觀點，特別權力關係下的公務員，權利之保障不足，義務分量超過權利的分量，違反義務受懲處時，亦無完善申訴管道。[2]

　　通常特別權力關係具有以下特徵：

（一）**義務不確定性**：在特別權力關係下，特別權力人對相對人享有概括的下命權。在達成行政目的範圍內可與以對方相當之義務。[3]如在公立大學與其學生的關係中，學生進入公立學校後，除要遵守國家法律外，還須遵守校內紀律規定，如不能衣著暴露出入公共場所、考試作弊要勒令退學等，又如林紀東教授所稱公務員有服「不定量」勤務之義務。

（二）**無「法律保留」原則適用**：在特別權力關係範圍內所產生之權利與義務不同於人民一般之公法義務，故依古典特別權力關係學說，可以不必嚴格依循「法律保留」之原則，即使在無法律授權情況下，仍可許可行政機關限制其相對人之基本權利。[4]

1　趙其文，人事行政學——兼論現行考銓制度，2版（台北：華泰文化事業，90年），頁554。
2　吳庚，行政法之理論與實用（台北：三民書局，94年），頁218。
3　陳新民，行政法學總論（台北，三民書局，94年），頁132。
4　陳新民，前書，頁133。

（三）**欠缺法律救濟途徑**：行政機關之為特別權力人，以內部規章之方式限制他方基本權力，且這種限制方式不同於行政機關對於一般人民限制，既不能視為行政處分，亦不能因此提起任何行政救濟，權力相對人只能忍受特別權力人所給與任何不利之處分。

又依據Otto Mayer的論點，係將特別權力關係歸納為三類：

（一）**公法上勤務關係**：特定人因特別之法律緣故，對國家或地方自治團體或其他行政主體，提供無定量勤務所賦予的義務關係。這種關係一般為具忠誠服從義務，要者如公務員與國家的關係。

（二）**公法上營造物利用關係**：公法上營造物管理人在實現特定目的之範圍內，對利用人有適度之支配與管束權，利用人則有服從容忍之義務。如學校與學生關係。

（三）**公法上特別監督關係**：國家為實現特定目的而授予相關人特定權益，並加以監督。此種關係包括國家對地方自治團體或其他行政主體、國家對特許企業、國家對接受委託處理行政事務者、國家對接受補助者及國家對其保護者等5種特別監督關係。[5]

貳、公法上職務關係階段

在行政法治基本理念的流變中，晚近特別權力關係理論受到極大批評及修正，公務員與國家關係產生變化，所謂「公法上職務關係」係特別法律關係之一種，此種公法上關係以職務為前提，主張「特別法律關係」代替特別權力關係，作為公務員關係之法理依據。而臺灣地區特別權力關係事項不得爭訟藩籬之突破，首推大法官釋字第187號解釋，之後陸續提出涉及公務員因公法上金錢給付、改變身分、重大影響之處分或對審定之級俸有爭議，得提起訴願及行政訴訟之解釋，如釋字第187、201、243、266、298、312、323、338、396、483、491、583號等，並認為以「特別法律關係」作為公務員關係之法理基礎，其特徵有四：[6]

（一）特別法律關係與其他公法上的法律關係在本質上並無不同，有當事人之對立及相互間權利義務存在，不再是單方面的權力。

（二）作為相對人之公務員固然對國家負有義務，此種義務的履行與權利之享有，不具有絕對的對價關係。但加諸公務員之義務不僅應有法的依據，且必須明確。

（三）為維持公務運作，所謂「特別規則」的存在，仍不可避免。但行政體系內部規章，必須符合目的合理，且構成公務員基本權利限制之事項，受法律保留原則支配。

5　林以文，公務人員權益保障救濟（台北：鼎文書局，90年），頁32。
6　同註2，頁237-238。

（四）公務員權益受侵並非不得爭訟，尤以公務員憲法上所保障之權利受到不法侵害時，得依法定程序尋求訴訟救濟，不因公務員身分而受影響。

　　近行政法之發展趨勢，已由權利救濟制度推移到正當法律程序，特別在全球化時代潮流下行政法制基本理念，亦從對基本權利保障理解，轉移到建構程序正義行政法制。特別是臺灣地區行政程序法於90年施行後，逐漸建立公正、公開、民主之行政程序。復以司法院大法官釋字第396、433、455、466號解釋理由書中，均有「公法上職務關係」之論述，故公務員與國家的關係，由特別權力關係到公法上職務關係，不但符合民主開放步伐，亦兼顧政府效率與公務員之人權。考試院與行政院會銜送請立法院審議之公務人員基準法草案（101年3月27日兩院會銜版）第7條規定：「公務人員自就職之日起與國家發生公法上職務關係，並依法行使權利及履行義務。」將公務人員與國家之關係重新界定為公法上職務關係，其主要係因應社會發展結果，認為公務人員經國家選任後，所具有之基本人權並未喪失，並配合司法院大法官會議釋字第187、201、243、266、298、312、323、338等號解釋，修正傳統特別權力關係之見解，將釋字第395、396號解釋理由書及第433號解釋文中指明的「公務員公法上職務關係」概念，落實於法律條文之中，第491號解釋再度確認國家對於公務員權利之限制須有法律之授權。

　　再者，由於全球化之競爭壓力與在地化的回應，行政法正面臨空前未有的挑戰與衝擊。全球化潮流以及新興網路科技的發展帶動了全球「新經濟」的發展，在政治層面也改變了民主政治的內涵與民眾參與的實質，形成了「新民主」。不僅削弱了傳統國家的主權概念，也對行政權之運作產生實質而具體的衝擊；包括政治與官僚關係之脫鉤、分散化與分殊化的行政管理與工具與程序的正當化議題，日受重視。而「行政」的觀念以及行政組織與模式，是否有必要重新調整？臺灣刻正進行中的政府改造，是否應該或如何對全球化的挑戰有所回應？[7]行政法人或許是可以考慮的一條路。行政法人之建制，主要是考量某些公共任務較需講究績效或具相當的服務導向（service orientation），且較接近民眾，又不一定非得要由公務員來執行。對於這一類的公共事務，以「行政法人」作為執行機關。以我國第一個行政法人──「國立中正文化中心」為例，其設置條例第2條規定該中心為行政法人，監督機關為教育部。在改制之前，它隸屬於教育部，所以經營與管理上包括經費、人事制度，都受到相當限制。由於它一方面具有公共任務，另一方面它的藝文功能又具有極大之全球性質，為了因應全球化競爭，予以改制後，相關營運更具彈性，但它內部的人事制度，有一部分因保障原有任職者權益，仍採用公務人員之人事制度，而對於新進人員，則採契約用人方式。因此在行政法人中任職之人與國家間之關係，即形成一種新的態樣，似乎不全然是公法上之職務關係，此值得吾人進一步研究。

7　葉俊榮，「全球化對行政法的挑戰──從行政法人的建制談起」，法治與現代行政法學──法治斌教授紀念論文集（台北：元照出版公司，93年），頁365-380。

第二節　公務人員與國家關係之內涵

公務人員與國家關係從傳統的特別權力關係，演進發展至今已屬公法上的職務關係，使公務人員之權利與義務漸趨於調和均衡。由於公務人員與一般民眾不同，公務人員與國家之間的權利與義務正在重新建構中，基此，旋轉門條款之目的在使公務人員執行職務，防止不當利益輸送，制約貪污，建立廉能政府。公務人員受任於人民與政府，服務民眾與處理政府一般事務，必然享有相當之權力，而諸般權利主要使彼等在執行公務時，能無後顧之憂，專心致力於工作，且公務人員亦是國家事務的執行者，為能完成交付任務，對於職務的履行，以及非屬職務的履行，均須承擔一定的義務。是故，公務人員之權利與義務有著密切不可分割的關係，兩者似為對立，又似相生。總之，權利與義務是對立又並存，彼此為對方存在的條件，沒有權利就沒有義務，沒有義務亦沒有權利。

在美國文官制度之論述中，有關平等原則（標準）被廣泛運用在文官制度內涵中，諸如：公開競爭的考試、功績制原則、同工同酬、文官薪資（俸給）與企業同層級人員之衡平性，以及無任何的政黨、種族、血統、宗教、性別、年齡及生理障礙的歧視等。據此推注其公務人員之權利與義務，則指除特殊情況下，較諸一般人的公私行為不應受到更多的約束與限制。通常在權利方面，比較關注在組織工會與集體談判、隱私權，以及政治活動的規範。[8]當然就聯邦法律和憲法保障而擁有之主要權利，均在組織的人事手冊及工作規定中，通常在組織的正義（organizational Justice）中最重視的包括性騷擾（sexual harassment），弊端揭發（whistle-blowing）身障保護言論自由、結社自由、信仰以及隱私財產權、組織員工的公平感等權利。[9]其詳細法制之內涵與發展，於後相關章節論述之。

在我國公務人員之權利包括身分保障權、俸給權、退休金權、保險金權、撫卹金權、休假權、結社權、費用請求權等。公務人員之義務則包括忠實義務、服從義務、保密義務、保持品位義務、執行職務義務、迴避義務、善良保管義務、不為一定行為義務、申報財產義務等。[10]茲就其權利及義務析述如下：

8　James W. Fesler & Donald F. Kettl, The Political of the Administrative Process (New Jersey: Chatham House Pwolishers, Inc,1996), pp. 183-193.

9　Donald E. Klingner & Nalbandian, Public Personnel: Contexts and Strategies (New Jersey: pearson Education, Inc. 2003), chap. 13.

10　同註2，頁249-255。

壹、公務人員的權利

一、身分保障權

身分保障權，謂公務員非有法定原因，並經法定程序，不受撤職、免職或其他處分之權利。憲法及法律對一般公務員身分之保障，雖不若對司法官之明確，但公務員不僅事實上享有身分保障，現行法律中亦有與保障相關之規定。公務員懲戒法第1條規定：「公務員非依本法，不受懲戒。但法律另有規定者，從其規定。」即明示公務員身分應受保障，無法律規定即不受懲戒，詳見本書公務人員的保障與培訓之專章說明。

二、俸給權

俸給為公務員關係存續中，國家或地方自治團體對公務員所負擔之公法上金錢債務，亦即公務員對行政主體一方之金錢請求權。惟公務員之俸給與受僱於私人間之報酬不同，私人之報酬可按事務繁簡、工作時間長短，甚至工作量多寡而給付，公務員之俸給則不僅反映其等級之高低，且須提供公務員維持與其身分相當之生活水準，以體現國家應負公務員生活照顧之義務，詳見本書公務人員的俸給與福利之專章說明。

三、退休金權

退休金係公務員因年老或其他原因不堪或不欲任職，而自現職中退休時，得向國家或地方自治團體請求之金錢給付。目前公務員退休，依公務人員退休法規定，分為任職5年以上年滿60歲者，或任職滿25年者之自願退休，及任職5年以上年滿65歲已屆齡退休者，或任職5年以上，心神喪失或身體殘廢不堪勝任職務者之命令退休。退休金之給付方式如下：任職5年以上未滿15年者，給與一次退休金；任職15年以上者，退休人員有權自下列退休給與擇一支領：（一）一次退休金，（二）月退休金，（三）兼領部分一次退休金與部分月退休金。與退休金相似，同為公務員關係終了後之金錢給付者為資遣，資遣原則上準用公務員退休之規定，得資遣之原因有：（一）因機關裁撤、組織變更或業務緊縮而須裁減人員者；（二）現職工作不適任或現職已無工作又無其他適當工作可以調任者；（三）經公立醫院證明身體衰弱不能勝任者。詳見本書公務人員的退養與撫卹之專章說明。

四、保險金權

保險金係公務員參加公務人員保險，於保險事故發生時，由公務員或其受益人受領之金錢或其他給付。公務人員保險乃強制保險，為我國各項社會保險中最先建立之一種。公務人員保險之項目原包括生育、疾病、傷害、殘廢、養老、死亡及眷屬喪葬七項。其中發生生育、疾病、傷害事故時，給與免費醫療；發生殘廢、養老、死亡及眷屬

喪葬事故時，則給與現金給付，其數額以被保險人之當月俸給數額為計算標準。民國86年公務人員保險納入教育人員，成為公教人員保險，保險項目並配合全民健保之實施，僅列殘廢、養老、死亡及眷屬喪葬4項，為因應少子化與老年化現象，104年修正為失能、養老、死亡、眷屬奔喪、生育及育嬰留職停薪等6項。

五、撫卹金權

撫卹金係公務員在職病故、意外或因公死亡時，給與其遺族之金錢給付。撫卹金之權利乃基於公務員關係而發生，但權利之行使者為公務員之遺族。撫卹金之給與依公務人員撫卹法規定，在職未滿15年者，按年資給與一次撫卹金；在職15年以上，除一次撫卹金外，另按年資加發5個基數之年撫卹金。受領撫卹金之遺族順位，及停止年撫卹金給付之期限等，法律均有明文規定。詳見本書公務人員的退養與撫卹之專章說明。

六、休假權

休假指公務員連續服務相當期間後，於每年之中得享有休閒度假之日數。我國現行公務人員請假規則對公務員休假亦有規定，但係按服務年資計算，服務滿1年者，第2年起，每年應給休假7日、嗣後依年資加多，服務滿9年者，第10年起，每年應給休假28日，至服務滿14年者，第15年起，每年應給休假30日。

七、結社權

結社權謂公務員得依公務人員協會法等組成及參與代表其利益之團體。公務員有為國家忠實服務之職責，為保障公務員之共同利益，應承認公務員之結社權，以組成全國性或地區性之公務員利益代表團體，依民主原則產生各類職員。法律並保障公務員不因參與其利益代表之活動或擔任職員時，受不利之對待。

八、費用請求權

公務員因執行職務，支出之必要費用，有請求服務機關支付之權利，乃法理之當然。此項支付預先提出或事後要求返還，均無不可，公務員出差得支領差旅費，外交官奉派出國得支領服裝費或交際費，均屬此類。

貳、公務人員的義務

一、忠實義務

「公務員應遵守誓言，忠心努力，依法律命令所定執行其職務」，為公務員服務法第1條所明定。關於忠實之涵義，於公務員概念一節中，已有說明，不再贅述。至於所謂有誓言，如解釋為出任公務員時所明示或默示之信心與決意，並非不可，若解釋為公

開宣誓之誓詞，則有窒礙之處，蓋現行宣誓條例規定應行宣誓者，僅限於少數公務員及公職人員，而不及於一般公務員，自亦無所謂誓言或誓詞之可言。

二、服從義務

依公務員服務法第2條：「長官就其監督範圍以內所發布命令，屬官有服從之義務。但屬官對於長官所發命令，如有意見，得隨時陳述。」第3條：「公務員對於兩級長官同時所發命令，以上級長官之命令為準，主管長官與兼管長官同時所發命令，以主管長官之命令為準。」是為公務員服從義務之規定。對職務命令之服從在學理上有下列三說：1.絕對服從說：凡長官在其監督範圍發布之命令，無論是否合法，屬官皆有服從義務。2.相對服從說：謂屬官服從者僅限於長官合法之命令，如命令違法，屬官自得拒絕服從。3.陳述意見說：謂屬官對長官之命令，如認為違法者，得隨時向長官陳述意見。三說各有缺點：絕對服從說未尊重公務員人格之自主獨立，易造成盲從，且違法命令，公務員亦予執行，有違法治國家之原則。相對服從說等於承認屬官對長官命令是否違法，有權予以審查，妨害行政上之指揮監督關係，影響行政效率，有礙公共行政之推行，陳述意見說僅允許陳述不同意見，至於是否接納仍取決於長官，如長官拒絕接受固仍須服從，陳述意見說實偏向絕對服從，能否單獨成為一說，值得懷疑。上述公務員服務法第2條，即屬偏向絕對服從之陳述意見說，而刑法第21條第2項規定：「依所屬上級公務員命令之職務上行為，不罰。但明知命令違法者，不在此限。」因此，涉及刑事責任者，應適用刑法第21條第2項規定。另公務人員基準法草案第28條規定：「（第1項）公務人員對於長官監督範圍內所發之命令有服從之義務，如認為該命令違法，應負口頭或書面報告之義務；該管長官如認其命令並未違法，而以書面署名下達時，公務人員應即服從；其因此所生之責任，由該長官負之。但其命令有違反刑事法律者，公務人員無服從之義務。（第2項）前項情形，該管長官非以書面署名下達命令者，公務人員得請求其以書面署名為之，該管長官拒絕時，視為撤回其命令。（第3項）公務人員對於長官所發命令，以上級長官之命令為準。其有主管長官與兼管長官者，以主管長官之命令為準。（第4項）依據法律獨立行使職權之公務人員，就其職權之行使，不適用前三項之規定。」

三、保密義務

此項義務規定於公務員服務法第4條，謂「公務人員有絕對保守政府機關機密之義務，對於機密事件，無論是否主管事務，均不得洩漏，退職後亦同。」；「公務員未得長官許可，不得以私人或代表機關名義，任意發表有關職務之談話。」

四、保持品位義務

此項義務規定於公務員服務法第5條：「公務員應誠實清廉，謹慎勤勉，不得有驕

忿貪惰，奢侈放蕩及冶遊賭博吸食煙毒等，足以損失名譽之行為。」條文之立意甚佳，旨在使公務員皆能品行端正，以維觀瞻，但其用語皆為修身之德目，而非法律上之辭句或概念，似可以下列較精確之法律用語加以總括：「公務員應注意品行，不得有不良行為，致損害公眾對其執行職務之信任」，即為已足。

五、執行職務義務

公務員服務法第7條，執行職務，應力求切實，不得規避、推諉或稽延；第8條，奉派之後應依規定期間到任；第9條，奉派出差應迅速出發；第10條，不得擅離職守；第11條，應按法定時間到公；第12條，遵守關於請假之規定，均屬執行職務義務之範圍。

六、迴避義務與旋轉門條款

迴避義務規定於公務員服務法第17條，謂「公務員執行職務時，遇有涉及本身或其家族之利害事件，應行迴避。」旋轉門條款，則為第14條之1所定：「公務員於其離職後3年內，不得擔任與其離職前5年內之職務直接相關之營利事業、監察人、經理、執行業務之股東或顧問。」

七、善良保管義務

此項義務規定於公務員服務法第20條，謂「公務員職務上所保管之文書財物，應盡善良保管之責，不得毀損變換私用或借給他人使用。」

八、不為一定行為義務

不為一定行為義務，包括公務員服務法第6條，不得假借權力圖利本身或他人，或加損害於他人。本條所謂他人兼指法人或團體而言，圖利或損害則可解為泛指經濟上及非經濟上之利害，故公務員應嚴守文官中立，負有不偏袒任何政黨或政治團體之義務，亦可從本條衍生；第14條，非依法令，不得兼職或擔任業務；第15條，不得推薦人員或關說；第16條，不得贈送財物或接受餽贈；第18條，不得接受招待；第19條，不得動用公物或公款；第21條，不得訂立互利契約，或享受不正利益；第13條，不得經營商業或投機事業。

九、申報財產義務

公職人員財產申報法施行後，公務員新增申報財產之義務。凡屬於該法第2條所定適用對象之公職人員，包括正副總統、五院正副院長、政務官、司法官、機關首長、副首長、簡任第十職等以上之幕僚長、主管、民選首長、軍事單位上校以上主官、副主官、主管、公營事業總、分支機構之首長、副首長及相當簡任第十職等以上之主管、各級公立學校校長、副校長，以及各級民意代表等人員，均有定期或財產有重大變動時，

予以申報之義務。受理申報之機關為監察院或申報義務人服務機關（或其上級機關）之政風單位。未依規定申報、或申報不實者，監察院或政風單位之共同上級機關法務部，得對之科處罰鍰並限期命其申報或補正，仍不遵行者，應負刑事責任。為擴大適用範圍，本法對縣級以上公職候選人亦有準用之規定。值得注意者，監察院在行使公職人員財產申報法之職權時，完全居於行政官署之地位，其所為之罰鍰處分，公職人員如有不服，自得提起行政爭訟。

關於公務員服務法中有關行政倫理之規定，有學者將之分為：（一）義務性規定，如忠誠義務（第1條）、服從義務（第2條）、保密義務（第4條）、保節義務（第5條）、切實執行職務之義務（第7條）、堅守崗位之義務（第9條）、依法定時間辦公之義務（第11條）；（二）禁止性規定，如濫權之禁止（第6條）、經商之禁止（第13條）、離職後擔任事務之禁止（第14條之1）、推薦人員及關說請託之禁止（第15條）、贈受財物之禁止（第16條）、視察接受招待之禁止（第18條）、任意動用公款之禁止（第19條）、與職務有關係者互利之禁止（第21條）等；（三）限制及迴避規定，如兼職之限制（第14條）、執行職務之迴避（第17條）等；（四）處罰性規定，違反本法者予以懲處（第22、23條）、或處以刑罰（第22條之1），足資參考。本書將在行政倫理的理論與應用一章中，加以分析之。[11]

第三節　公務人員的責任

憲法第24條規定：「凡公務員違法侵害人民之自由或權利者，除依法律受懲戒外，應負刑事及民事責任。被害人民就其所受損害，並得依法律向國家請求賠償。」由本條規定，可知公務人員的責任，至少包括民事責任，刑事責任及懲戒責任，而懲戒責任屬於行政責任的一環，從行政倫理的角度來看，行政倫理責任之踐行，則包括行政之治理責任、專業責任、個人責任。以下分別加以說明。

壹、民事責任與刑事責任

前者，民事責任指公務員執行職務，因故意或過失不法侵害他人權利，所發生之損害賠償責任而言。公務員之民事責任又分為二類：一係公務員從事私經濟行政之行為，此際其所發生之一切法律效果，包損害賠償責任，均有民法之適用。國家或其他行政主體與公務員之關係，並非民法上之僱傭關係，而為公法上之職務關係，但私經濟活動不受公法之支配，故公務員之侵權行為，應分別情形，適用民法第28條法人與職員之關係，或民法第188條僱用人與受僱人之關係，由國家或其他行政主體負連帶賠償責任。

11　周世珍，公務人員保障制度之理論與實際（台北：作者自印，90年），頁132-133。

一係公務員執行職務行使公權力之行為，此際屬於國家賠償法規範之範圍，民法第186條原本定有公務員個人之賠償責任，因國家賠償制度之建立，無適用之餘地。

後者，刑事責任指公務員之行為，違反刑事法律而應受刑罰制裁之責任而言。公務員之刑事責任與一般人民原則上並無不同，至於法律所設之例外情形有三：（一）阻卻違法：公務員依所屬上級公務員命令之職務上行為，不負刑事責任，但明知命令違法者，不在此限（刑法第21條第2項）；（二）職務犯：因公務員身分而成立之犯罪行為，例如貪污罪、瀆職罪等；（三）準職務犯：指犯罪之成立與公務員身分無關，一般人民均可能觸犯之罪名，而公務員為之者，特加重其刑罰之謂（刑法第134條）。

貳、行政責任

就行政法學而論，由於國家的意思表示及權力行為，均透過機關進行，而充當機關之執行者即為公務員。因此公務員的行為即為國家的行為，其意思表示即為國家的意思表示。[12]由於國家與公務員結合在一起，為維護政府機關內部指揮監督系統的運作，使各項施政得以順利推展，由具有法定權限者對於違反職務上義務和紀律之公務員，施以制裁或「不利處分」，乃成為制度上所必要，亦即一般行政法論述之行政責任之主要內涵也。

憲法第77條規定：「司法院為國家最高司法機關，掌理民事、刑事、行政訴訟之審判及公務員之懲戒。」有關公務員之懲戒，為司法院之權限。又監察院雖已從當年的國會之一轉型為如今的準司法機關，但是，監察院依據憲法第97條之規定，得對違法失職之公務人員提出糾舉或彈劾之權限並未改變。[13]對於公務員違反法定義務所為的制裁或「不利處分」，依現制除公務員懲戒法所定之「懲戒」外，尚有依公務人員考績法所為之「懲處」。憲法第83條規定：「考試院為國家最高考試機關，掌理考試、……考績、……等事項。」憲法增修條文第6條第1項第3款規定，公務人員考績之法制事項，為考試院掌理事項。故有關規範「懲處」事項之公務人員考績法，係由考試院主管；公務機關之考績係指政府機關各級長官依考核要項對所屬公務人員之工作實績及品德操行，平時詳加考核，於年終時予以併計考績，並依成績優劣予以獎懲，以達獎優懲劣的目的，[14]其中懲處之權，歸諸受懲處者所屬機關長官。懲戒與懲處適用之對象相仿、處分事由有待分際，除依據之法規有別外，其性質均係對公務員違反公務行為義務者施以紀律責任罰。有關懲處責任部分，詳見本書公務人員的考績之專章說明，以下先就行政倫理之責任內涵加以說明，再於第四節中，就懲戒責任相關議題部分說明。

---

12 翁岳生，「公務員懲戒之重要性」，公務員懲戒委員會主辦公務員懲戒業務座談會專題演講（台北：司法院，90年）。

13 法治斌，「論行政法院對人事行政裁量及不確定法律概念之審查權限──從公務人員制度之多元複合價值談起」，行政訴訟論文彙編──人事行政爭訟，輯3（台北：司法院，91年），頁1-39。

14 蔡良文，人事行政學──論現行考銓制度，2版（台北：五南圖書，92年），頁401。

　　有關行政倫理之責任踐行，[15]哈蒙（M. Harmon）認為有賴於行政之政治責任（political responsibility）、專業責任（professional responsibility）、個人責任（personal responsibility）三者的合成（Harmon, 1990 & 1995; Harmon & Maryer, 1986: 398-401）。

1. 行政的政治責任：強調行政的政治責任的基本觀點，是傳統行政學者如威爾遜（W. Wilson）、韋伯（M. Weber）和賽蒙（H. A. Simon）等學者之基本主張。渠等對行政的政治責任之基本假定為：

   (1) 政治與行政各有界限，彼此分立，前者是設定政策目標，後者是執行政策目標；

   (2) 政治不但是設定政策目標，而且是明確地陳述並能排定各政策目標間之優先順序，俾具有因果關聯（causation），以資作為政策執行的主要依據；

   (3) 行政的主要責任既在忠實地執行政策，所以行政應以中立的、客觀的、效率的、科學的方式為之；

   (4) 行政應設計一套嚴謹的職責規範與獎懲制度，使政策得到適當的順從，並從嚴考核，以達課責（accountability）之民主治理目的。

2. 行政的專業責任：基本上，在官僚行為中，講究專業責任的主要立意，在於行政現象錯綜複雜與變化多端，實非有限的法規條文或政治命令所能規範窮盡，必須授予行政人員必要的裁量權，即憑其專業知能與職業倫理，針對特殊的環境狀況，作出妥善的因應，達成公共利益的要求。也就是說，面對著日益分殊化與專業化社會，以有限之法令規章規範多元的行政現象已非易事，所以應能讓行政人員秉持自身專業倫理與原則，適確運用裁量權，造福民眾，較諸墨守上級意志被動行事來得有其意義。

3. 行政的個人責任：行政的個人責任，它並不講究外在之標準和原則，係重視行為者內在之看法，強調負責行動，以及行為者個人意志的展現與實踐。學者Harmon視此種負責任之行為表現為：「受煎熬的靈魂」（tortured soul），似對個人責任作最佳之詮釋（Harmon, 1990）。又依Harmon看法，個人責任之踐行，有賴自我反省的能力（the self-reflexivity），與人與人之間的交互主觀性（yntersubjectivity），以互動機制發揮其作用。就前者言，人於自我反省之後，方能掌控內在的生活世界，以明瞭自身之意向行為及其行為背後所反映之內在精神驅力關係；就後者言，在達成個人責任的實踐上，除自我的反省能力外，應具備人類行為互動的「交互主觀性」。易言之，個人並在社會群體中鍛鍊、淬礪自身之個性，學習別人之理念、判斷和風格，進而與他人建立「真實關係」（authentic relationship），經由彼此相互尊重與瞭解，共同營造融合的社會。

15　參閱林鍾沂，行政學（台北：三民書局，93年），頁640-645；蔡良文，「論公務人員行政倫理理論與實踐」，人事行政，期152（台北：人事行政學會，94年），頁18-20。

另由於行政倫理包括四個層面：管理（層面）的倫理、專業的倫理、法律的倫理、政治的倫理，由此亦可引申出公務人員應負之行政責任，詳見本書有關行政倫理的理論與應用專章之論述。

第四節　公務員懲戒責任相關議題分析

公務員違反行政義務所應付之責任，除上述行政倫理面向論析外，在公法上則分別有懲戒與懲處，本節將分就懲戒的意義、原因、對象、機關等，暨懲戒處分與刑事裁判、懲處之關係；懲戒法制修正要旨及其實務運作相關議題加以分析。

壹、懲戒的意義與相關內涵

一、懲戒觀念的界定

公務員懲戒法第1條規定：「公務員非依本法不受懲戒，但法律另有規定者，從其規定。本法之規定，對退休（職、伍）或其他原因離職之公務員於任職期間之行為，亦適用之。」所謂懲戒，是國家為了維持公務員紀律，對於公務員有違反行政義務時，所課予之處罰。公務員懲戒法第2條規定：「公務員有下列各款情事之一，有懲戒之必要者，應受懲戒：一、違法執行職務、怠於執行職務或其他失職行為。二、非執行職務之違法行為，致嚴重損害政府之信譽。」所謂違法，指公務員違背法令之行為，至於違反何種法律或法令，在所不問。只要與公務員執行職務有所關連即可。至於與公務員職務及身分無關之違法行為，例如觸犯行政罰法、民事法等，雖與公務員之職務行為無關，但若嚴重損害政府之信譽，仍屬之[16]。又該項觸犯法令之行為，只要有違法行為為已足，不以造成國家或人民損害為必要。

至於怠於執行職務或其他失職行為，怠於執行職務是指在職務上有應盡之義務，而未達成者，謂之怠於執行職務；其他失職行為乃概括指公務員有在職務上或在職務以外行為應注意、應作為之義務，卻未履行者，概稱之為失職。這些是追究公務員的行為不論在執行勤務或是職務外之私人行為在質的不足及有可議之處。

由於公務員違法的行為，皆屬於怠於執行職務之行為，而所有怠於執行職務、失職行為，依公務員服務法的規定，公務員執行職務應力求切實，不能畏難規避、互相推諉或無故稽延，以及應保守品位之義務。因此公務員有任何廢弛職務及失職行為，已屬違反公務員執行職務及保守品位之法定義務。故不論公務員之違法或怠於執行職務皆屬違

16　就本款而言，若公務人員下班後酒駕或參加宗教團體進行斂財等，其懲戒事由應否與職務行為作不同要件之規範，就法理或其主客觀之整體評價，值得探討。參見林明鏘，人事月刊，期372，頁17-29。

法之概念。[17]

二、懲戒處分之種類

依公務員懲戒法第9條規定，懲戒處分分免除職務、撤職、剝奪、減少退休（職、伍）金、休職、降級、減俸、罰款、記過及申誡九種。

（一）免除職務： 是最重的懲戒處分，免其現職，應不得再任用為公務員。

（二）撤職： 除撤銷公務員的現職外，並於一定期間停止任用；其期間為1年以上、5年以下。撤職人員於停止任用期間屆滿，再任公務員者，自再任之日起，2年內不得晉敘、陞任或遷調主管職務。

（三）剝奪、減少退休（職、伍）金： 剝奪退休（職、伍）金，指剝奪受懲戒人離職前所有任職年資所計給之退休（職、伍）或其他離職給與；其已支領者，並應追回之。減少退休（職、伍）金，指減少受懲戒人離職前所有任職年資所計給之退休（職、伍）或其他離職給與百分之十至百分之二十；其已支領者，並應追回之。前二者所定退休（職、伍）金，應按最近一次退休（職、伍）或離職前任職年資計算。但公教人員保險養老給付、軍人保險退與給付、公務員自行繳付之退撫基金費用本息或自提儲金本息，不在此限。

（四）休職： 休其限職，停發俸（薪）給，並不得申請退休、退伍或在其他機關任職；其期間為6個月以上、3年以下。休職期滿，許其回復原職務或相當之其他職務。自復職之日起，2年內不得晉敘、陞任或遷調主管職務。前項復職，得於休職期滿前30日內提出申請，並準用公務人員保障法之復職規定辦理。

（五）降級： 依受懲戒人現職之俸（薪）級降一級或二級改敘；自改敘之日起，2年內不得晉敘、陞任或遷調主管職務。受降級處分而無級可降者，按每級差額，減其月俸（薪）；期間為2年。

（六）減俸： 依受懲戒人現職之月俸（薪）減百分之十至百分之二十支給；其期間為6個月以上、3年以下。自減俸之日起，1年內不得晉敘、陞任或遷調主管職務。

（七）罰款： 其金額為新臺幣1萬元以上、100萬元以下。

（八）記過： 自記過之日起1年內，不得晉敘、陞任或遷調主管職務。1年內記過3次者，依其現職之俸（薪）級降1級改敘；無級可降者，準用公務員懲戒法第15條第2項之規定（即按每級差額，減其月俸（薪）、其期間為2年）。

（九）申誡： 至於申誡是指對被懲戒人的一種申斥告誡，也是一種對被懲戒人最輕的處分，屬於非實質式的懲罰，依公務員懲戒法第19條之規定應以書面為之。

---

17 陳新民，前書，頁243-244。

三、懲戒處分之對象

懲戒法之懲戒對象，係指公務員而言。至於何種公務員才包括在內，原則上應和公務員服務法之規定一致，即受有俸給之文武職公務員及其他公營事業機關服務人員都應適用。其理由乃公務員服務法是規律公務員行為及職務義務之準據法，而懲戒法乃執行公務員官箴整肅的主要法律，故兩者之適用對象宜一致。惟懲戒法第1條規定，可由其他法律作例外之規定時，自不在其限。武職公務員因為有陸海空軍懲罰法可資適用，故不適用本法。而政務人員依懲戒法第9條第4項規定：不適用休職、降級及記過處分，是政務人員之懲戒異於其他公務員之處。

四、懲戒機關

公務員的懲戒機關是司法院公務員懲戒委員會（以下簡稱公懲會）。各院、部、會首長、其他相當之主管機關首長，認為所屬公務員有公務員懲戒法第2條所定情事者，應備文聲敘事由、證據，送監察院審查。對九職等以下之公務員，得逕送公懲會審議。

公務員之懲戒皆由公務員懲戒委員會行之，公務員懲戒委員會既隸屬司法院，其委員依據法律不分黨派，獨立審議公務員懲戒事件，已由司法院釋字162號解釋獲得確認。公務員懲戒委員會組織法第4條規定公務員懲戒委員會應分庭審判，另懲戒案件之審理及裁判，以委員5人合議行之。公懲會既然是司法之機關，依懲戒法所規定之懲戒程序也採取頗多類似司法之制度。

貳、懲戒處分與刑事裁判、懲處之關係

一、懲戒處分與刑事裁判之關係

公務員因違法或其他失職行為而移送公懲會審議，若公懲會認為公務員有觸犯刑事法之虞時，應移送檢察機關或軍法機關偵辦。由於公懲會並非刑事法院，故公務員的懲戒程序與刑事程序可以併行。因此，即會發生懲戒與刑罰競合之關係，也會產生一事二罰的問題。依通說，如果公務員同時觸犯刑事法及行政法令而分別遭受到刑罰及懲戒時，因後者屬於公務員的紀律罰，而非一般人民所遭受的行政罰，所以不構成一事二罰的結果，這是所謂的併罰制裁。如果懲戒處分應以犯罪是否成立為斷時，公懲會認為有必要時，得在刑事確定判決前議決暫停審議程序之進行。這項暫停之議決，公懲會得依被懲戒人或移送機關之聲請或依職權決議撤銷之，而續行審議，是懲戒法第31條所明定。惟被懲戒人或移送機關可否聲請暫停審議，以俟刑事確定判決，由於公懲會可裁決有無暫停進行懲戒審議之必要，故法理上可允許當事人有提起聲請暫停審議之權。

同一行為已為不起訴處分或免訴或無罪之宣告者，只是刑事責任之免除，如有懲戒理由存在，如公務員誠有冶遊之行為，亦得為懲戒處分。至於受免刑或受刑之宣告而有

無褫奪公權，皆在所不問。故刑事程序可和懲戒程序為不同之結果。不過鑒於刑事程序之認定事實遠為嚴謹，其認定之事實應作為懲戒之基礎。否則，同屬國家司法及準司法之公權力，對同一事實卻作南轅北轍之認定，殊不合乎法安定性原則。倘刑事程序完全認定公務員無違法、無責任以及認定之事實內亦未有可致懲戒之事由，即不可以其他理由作為懲戒理由。如果懲戒後，刑事判決有不同的認定時，當可循再審議的方式尋求救濟。

二、懲戒與懲處之差異

（一）處分本質不同：懲戒屬司法權範疇，為司法機關（公務員懲戒委員會）所議決而作成，如同判決一般，屬司法上的處分；懲處屬人事行政權範疇，為機關長官依其指揮監督權中之賞罰權所作成，屬人事行政行為或行政處分。[18]

（二）處分依據不同：懲戒之權力來源依據為憲法第77條：「司法院……掌理……公務員之懲戒。」至其權力行使之依據則為「公務員懲戒法」；懲處之權力來源依據為憲法第83條及憲法增修條文第6條第1項第3款之考績權，至其權力行使之依據則為「公務人員考績法」中有關平時考核及專案考績之規定。

（三）處分機關不同：懲戒之處分機關為隸屬司法院之公務員懲戒委員會，懲處之處分機關則為考績法上所定之平時考核或專案考績之核定機關（各主管機關或其授權之所屬機關）。其中一次記二大過免職處分於核定後，雖須送銓敘部審定，惟因免職令係自合法送達之日起生效，送請審定不影響效力之發生，故雖曾有不同意見，然實務上仍係以核定機關為處分機關，而不以銓敘部為處分機關。

（四）適用對象不同：一般而言，懲戒對象之範圍大於懲處對象。前者適用對象包括文職公務員，依相關解釋觀之，其文職公務員之範圍除一般公務人員外，甚至涵蓋國民小學教師、中等學校及大專院校教師兼行政工作者、民選地方首長、政務人員等；後者適用對象則限於公務人員考績法之適用或準用人員，亦即僅限於一般常任公務人員。

（五）處分事由規定不同：應受懲戒之事由，依現行公務員懲戒法第2條規定為「違法執行職務、怠於執行職務或其他失職行為」及「非執行職務之違法行為，致嚴重損害政府之信譽」，其規定係採抽象概括方式，所稱「違法」、「失職」範圍廣泛，違法且不限於職務上違法，尚包括身分上違法在內，實不符明確性原則。應受懲處之事由，除一次記二大過事由係於考績法明定外，記大過事由則於該法施行細則中作一般性規定並授權各該主管機關得另行訂定，至記過、申誡之標準，則完全授權各機關訂定，就法制面而言，似較符明確性原則。

（六）處分種類不同：懲戒種類，由重而輕分為免除職務、撤職、剝奪、減少退休

18　朱石炎，「公務員懲戒制度之探討」，月旦法學雜誌，期32（台北：月旦法學雜誌社，87年），頁30。

（職、伍）金、休職、降級、減俸、罰款、記過、申誡等九種。懲處種類則分為一次記二大過（免職）、記大過、記過及申誡等四種。其中「記過」及「申誡」二者，名稱相同，效果不同，懲戒處分之記過及申誡，其處罰效果較重。

（七）處分程序不同：懲戒有經彈劾而移送者，亦有不經彈劾而移送者，惟因懲戒係司法處分，本諸司法機關不告不理之原則，其須經有權機關移送後，始得由公懲會予以判決，則屬理所當然，故其程序可概分為「移送」及「議決」等二階段。懲處之程序依考績法相關規定，約可分為主管評擬→考績委員會初核或核議→長官覆核或核定等三大階段。

（八）處分效果不同：一般而言，懲戒處分之效果重於懲處處分，已如前述。惟另須注意者為同一事件，如行政機關已依考績法規定予以懲處，惟其後復經移付懲戒時，依現行公務員懲戒判決執行辦法第10條規定，不論該懲戒案件是否議決予以懲戒或不予懲戒，於移送當時，原懲處處分即失其效力。

（九）刑懲關係不同：懲戒與刑事裁判之關係，以「刑懲並行」為原則，同一行為，在刑事偵審中不停止審理程序，惟懲戒處分涉及犯罪是否成立者，基於訴訟經濟及證據共通原則，經公務員懲戒委員會合議庭認有必要時，得裁定停止審理程序。又為免懲戒案件因刑事案件久懸未結致生延宕，而無法對公務員之違失行為產生即時懲儆之實效，並考量我國刑事訴訟程序已透過強化交互詰問制度，充實堅強的第一審，是同一行為於第一審刑事判決後，已有充分之證據資料，可供公務員懲戒委員會合議庭加以審酌。爰規定僅得於第一審刑事判決前停止審理程序。

（十）救濟方式不同：懲戒為一級一審制，公務員懲戒委員會之議決為終局裁判，目前無審級救濟之途徑（按：再審議不屬審級救濟）。懲處之救濟，則依其係平時考核或專案考績一次記二大過而有別。前者之救濟途徑為申訴（向服務機關為之）及再申訴（向公務人員保障暨培訓委員會為之）二級；後者之救濟途徑為復審（向公務人員保障暨培訓委員會為之）及行政訴訟，其中行政訴訟採二級二審制，故其救濟途徑實為三級三審制。

參、懲戒法之修正要旨分析

　　現行公務員懲戒法自民國74年5月3日修正，迄今二十餘年間，我國政治、經濟及社會結構已有重大變革，公務員懲戒法制自須因應時勢發展需求，以符實際。司法院大法官已就公務員懲戒制度之程序保障、撤職停止任用期間、休職期間、懲戒權行使期間及再審議期間等疑義分別作出解釋。為完善公務員懲戒制度，並加強保障公務員權益，公務員懲戒法自有遵循前開解釋意旨及社會發展之需求，加以修正之必要。

　　此外，少數公務員一但涉及違法失職，旋即辦理退休或離職，依現行懲戒制度，如予撤職、休職、記過、申誡等懲戒處分，因其已離職，實質上無法發揮懲戒之效果。即使予以降級、減俸，依本法第21條規定，亦僅得於其再任職時執行，致未能有效處罰已

離職公務員之違失行為，亦無法對於現職公務員達到懲儆預防並維持官箴之目的，自有修正相關規定之必要。再則因現行法對停止審議期間未設限制，致有因停止審議期間過長，而未能及時懲戒之情形，為提升懲戒案件審理效能，自應一併檢討相關規定，故於104年5月20日修正公布公務員懲戒法，並於105年5月2日施行。

　　本次公務員懲戒法之修正，係以「懲戒實效化」、「組織法庭化」、「程序精緻化」為取向，期以透過懲戒案件審判法庭化，達到提升審理效能之目標，並增加懲戒處分種類，落實懲戒處分之實效，維護公務紀律。相關修正要旨如下：

（一）健全公務員懲戒制度： 為免少數公務員一旦涉及違法失職，旋即辦理退休或離職，如予撤職、休職、記過、申誡等懲戒處分，因其已離職，實質上無法發揮懲戒之效果，故本次修法明定已退休（職、伍）或其他原因離職公務員於任職期間之違失行為，亦適用本法予以懲戒，復增訂軍職人員因案在公務員懲戒委員會審理中，或經監察院提出彈劾案者，不得申請退伍。此外，本法增訂公務人員懲戒處分種類，除現行撤職、休職、降級、減俸、記過、申誡外，新增「剝奪或減少退休（職、伍）金」及「罰款」等財產性懲戒處分，其中，罰款金額上限最高可達100萬元，用以增加懲戒實效。另為配合財產性懲戒處分規定，本法亦明定主管機關或退休（職、伍）金之支給機關得以懲戒判決為執行名義，移送行政執行機關準用行政執行法強制執行，並得執行退休（職、伍）金或其他原因離職之給與及遺產。再則，本次修正增訂「免除職務」之懲戒處分，除免現職外，並不得再任用為公務員，藉以淘汰不適之公務員，建立公務員退場機制。復本院釋字第433號、第583號解釋意旨，增列撤職停止任用期間之上限為5年以下、休職期間之上限為3年以下，並明定不同懲戒處分之行使期間也維護公務員權益。

（二）強化正當法律程序保障： 參照司法院大法官釋字第396號解釋意旨，懲戒案件之審理應本正當法律程序之原則，對被付懲戒人予以充分之程序保障，例如採取直接審理、言詞辯論、對審及辯護制度，並予以被付懲戒人最後陳述之機會等，以貫徹憲法第16條保障人民訴訟權之本旨。為此，本次修法明定懲戒案件改採合議庭審判，採取直接審理、言詞辯論，被付懲戒人得選任辯護律師為其辯護，經審判長許可亦可委任代理人到場，並予被付懲戒人最後陳述之機會，另明定聲請迴避事由，以確保人民獲得公正、獨立之審判，實現憲法所保障之訴訟權。

　　另因懲戒判決影響公務員權益甚鉅，爰參照本院釋字第446號、第610號解釋意旨及相關訴訟法例，修正再審事由、提起期間、提起再審之訴及受判決人已死亡時得為其利益提起再審之訴之人，暨再審裁判之方式與不利益變更禁止原則之適用等規定。

（三）提升懲戒案件審理效能： 懲戒案件係以刑懲並行為原則，同一行為，在刑事偵審中不停止審理程序，惟懲戒處分涉及犯罪是否成立者，基於訴訟經濟及證據共通原則，經公務員懲戒委員會合議庭認有必要時，固得裁定停止審理程序。惟考量

我國刑事訴訟程序已透過強化交互詰問制度，充實堅強的第一審，是同一行為於第一審刑事判決後，已有充分之證據資料，可供公務員懲戒委員會合議庭加以審酌。爰於本次修法明定僅得於第一審刑事判決前停止審理程序，以免懲戒案件因刑事案件久懸未結致生延宕，而無法對公務員之違失行為產生即時懲儆之實效。另增訂懲戒案件如移送程序或程式不合法之情形可以補正者，應予補正之機會，如逾期未補正，應為不受理之判決，以解決移送懲戒事實記載不明確，難以特定審理範圍之問題。並規定懲戒案件經撤回後，同一移送機關再行移送者，公務員懲戒委員會合議庭應為不受理之判決。

肆、懲戒與懲處法制實務運作相關議題之分析

公務員懲戒在實務運作上涉及行政、司法、考試、監察四院之職掌，由於關係較為複雜，衍生若干議題，就上述考試院歷來無論是參與修正委員會議或正式函復建議意見，似乎對非關鍵議題均較有共識，而涉及各院之核心權責與職掌，則不易達成共識，本節爰就兩者在法制實務運作上較核心議題，如：行政首長對所屬應否享有懲戒權？懲戒與懲處雙軌制度是否合憲？及雙軌制度在實務運作上有無困擾？等略予分析如下。[19]

一、行政首長對所屬公務員應否享有懲戒權？

從人事行政觀點看，懲戒（處）之本質為一種矯正或汰劣之手段。尤其政府部門人力進用方式，多數非屬契約性質之僱用關係，而係具有強烈保障性質之任用關係，因此政府機關確實需要一套員工懲戒（處）制度以資運用，始能約束公務員行為，促其善盡義務，達成績效。是以，近代民主國家政府莫不將公務員懲戒（處）制度，視為政府課責機制之一環，並將之列為政府改革之重要政策。簡言之，此種制度存在之必要性，實毋庸置疑。

公務員係國家公權力之執行與負擔者，對其違法犯紀有失職守，或績效不彰，課予責任，施以處罰，固屬應然。惟其方式究應採行政監督方式處理？司法方式處理？或如我國尚有以監察方式介入處理？則各國作法不一。然須注意者，即令採行司法方式之國家，如德國者，其公務員之懲戒仍係由主管長官與聯邦懲戒法院依聯邦公務員懲戒法分別掌理之，[20]從未曾有任何立法例，完全否定行政首長對其所屬公務員之處罰權。即令我國現行法律採取懲戒與懲處雙軌制度，然有關懲戒制度中仍允許機關長官得對所屬九職等或相當九職等以下人員逕為記過或申誡之懲戒處分。亦即行政首長對所屬公務員應享有懲戒權乃屬必然，僅其權限範圍是否宜予適度限縮，各國作法有所不同而已。申

19　蔡良文，「考試院對公務員懲戒法修正草案建議意見之析述」，公務員懲戒制度相關論文彙編（台北：司法院，93年），頁475-527。

20　王廷懋，「懲戒與懲處的迷惑」，司法周刊，期874（台北：司法周刊社，87年），頁3。

言之，行政機關（包括立法行政與司法行政）之擁有公務員懲戒權，現代法治先進國家均視為當然，蓋此種權力係行政機關固有之任免、指揮、監督、考核公務員之權力的一部分，[21]懲戒（處）與獎勵對機關主管長官行使其指揮監督權而言，係不可或缺之工具，猶如鳥之雙翼，當失其一翼，何能飛翔？質言之，賞罰權係行政指揮監督權之核心，賞罰權是否合一，關係指揮監督權之能否完整行使，亦惟有主管長官擁有完整之指揮監督權，政府與人民始得要求其負擔機關任務成敗之責。是以，行政首長應有懲戒權，乃係古今中外不易之理。

　　惟以時至今日，公務員之權利保障倍受重視，如何在兼顧「行政首長之懲戒（處）權」與「公務員之基本權利保障」間求取衡平，漸成重要課題。就此議題而言，凡愈重視指揮權一體者，其主管長官之懲戒（處）權限即愈大；愈重視行政效率與國家競爭力之提昇者，其行政主管長官之懲戒（處）權限亦愈大；愈能提供受懲戒（處）公務員完善之救濟管道者，其主管長官的懲戒（處）權限也愈能允許有較大之範圍。要之，在管理者高權的理論盛行下，今日各國有關公務員懲戒（處）之發動權，幾乎率由主管長官執行，至懲戒（處）之決定權，亦多數由主管長官逕行為之，再佐以準司法或司法之事後救濟，僅極少數攸關公務員身分變更之處分，始有部分國家將之劃歸司法決定之範疇。

二、懲戒與懲處雙軌制度是否合憲？

　　依據我國憲法第77條規定，司法院掌理公務員之懲戒事項。可知憲法將公務員之懲戒權賦予司法院。然為加強主管長官對於所屬公務員之指揮監督能力，公務人員考績法另賦予行政機關考績賞罰權，亦即在該法有關平時考核之規定中，明定當公務員有特殊優劣事蹟時，得予以輕重不等之獎懲處分。以懲處言，計有申誡、記過及記大過三種平時考核懲處種類。惟當公務員有重大功過時，尚可經由「專案考績」程序，予以一次記二大過免職或一次記二大功之獎懲措施。由於「免職」處分近似於司法懲戒中最嚴厲的「免除職務」處分制裁手段，允許行政機關自行做出如此重大之處分，有無必要？是否合憲？遂不免有所爭議。

　　就懲戒與懲處雙軌制度是否合憲，司法院大法官會議本於司法不告不理的被動性原則，始終並未針對此一爭議明確表態。但於釋字第243號解釋中指出：「中央或地方機關依公務人員考績法或相關法規之規定，對公務員所為之免職處分，直接影響其憲法所保障之服公職權利，受處分之公務員自得行使其憲法第16條訴願及訴訟之權。……至公務人員考績法之記大過處分，並未改變公務員之身分關係，不直接影響人民服公職之權利，……不許其以訴訟請求救濟，與憲法尚無牴觸。」並於解釋理由書中強調免職處分實質上屬於懲戒處分；另釋字第298號解釋進一步指出：「憲法第77條規定，公務員之

21　林紀東，中華民國憲法逐條釋義冊三（台北：司法院，71年），頁288-289。

懲戒屬司法院掌理事項。此項懲戒得視其性質於合理範圍內以法律規定由其長官為之。但關於足以改變公務員身分或對於公務員有重大影響之懲戒處分，受處分人得向掌理懲戒事項之司法機關聲明不服，由該司法機關就原處分是否違法或不當加以審查，以資救濟。」至釋字第491號則重申：「憲法第18條規定人民有服公職之權利，旨在保障人民有依法令從事於公務之權利，其範圍不惟涉及人民之工作權及平等權，國家應建立相關制度，用以規範執行公權力及履行國家職責之行為，亦應兼顧對公務人員權益之保護。公務人員之懲戒乃國家對其違法、失職行為之制裁，此種懲戒得視其性質，於合理範圍內，以法律規定由其長官為之。」又吳大法官庚於釋字第491號解釋文之協同意見書中指出，懲戒與懲處併行為訓政時期所建立，是先憲法存在之制度。憲法第77條規定，公務員之懲戒為司法院職權之一，第83條則定有考試院掌理考績等事項之權，憲法作此規定，足以顯示制憲當時並無變更既存制度之用意。若謂憲法對考績賦予賞罰之效果，構成違憲，則現行賞優黜劣之考績功能將喪失殆盡。雖然同時亦有二位大法官基於顧慮行政長官權限過大與監察院、司法院公懲會職權勢必被架空等理由，而認為考績免職違憲，惟自上開三解釋公布後，司法院大法官多數意見對於此一雙軌制度是否合憲之問題，表面上雖未裁判，實際則形同默認合憲，惟此默認合憲殆著眼於實際需要與尊重成例（含司法解釋先例）。至其理論似冀望以事前之「正當程序」、「要件明確」與事後之「司法救濟」、「救濟確定後，始得執行；確定前僅應先予停職（救濟停止免職之執行）」，使懲處免職臻於合憲。[22]

要之，多數大法官既認為公務人員考績法賦予行政機關一次記二大過免職的專案考績權，仍在行政監督與指揮的合理需求範圍內，與憲法第77條規定並未違背。[23]則我國憲法及現行相關法律規定所承認之對公務員之人事處罰，得分採由司法機關懲戒，或由行政機關懲處之雙軌併行制度，事實上已不存在所謂的重大違憲疑義。[24]今後尚待努力者似應為，如何兼顧公務員之「權利保障」與「課責制度」，從長遠角度建立一套完整之公務員處罰制度，俾使執行公權力及履行國家職責之公務員行為，獲得妥善規範，進而達到依法行政與提昇競爭力之積極目標。

三、雙軌制度在實務運作上有無困擾？

對於公務員懲戒與懲處雙軌制度所衍生之問題，在我國文獻上提出探討者，不乏其論。茲就實務運作上之困擾，擇要歸納如下，以供參考：

22　林三欽，「考績懲處免職合憲之檢討──大法官釋字第491號解釋之評釋」，全國律師，卷4，期1（台北：全國律師月刊社，89年），頁41-51。

23　湯德宗，「論公務員不利人事處分的正當程序──司法院大法官釋字第491號解釋評析」，臺灣本土法學，期10（台北：臺灣本土法學雜誌社，89年），頁27-47。

24　林明鏘，「行政懲處與司法懲戒」，公務員法研究（一）（台北：臺灣大學叢書編輯委員會編，89年），頁41-61。

（一）關於明確取捨標準

同一違失行為，主管長官究應自行懲處或移付懲戒，現行法並無一定標準，除經彈劾者，由監察院移付懲戒外，任由主管長官為之。蓋懲處與懲戒之事由，幾無二致，當公務員遇有違法失職情事，究應依憲法及公務員懲戒法規定，送請監察院審查或公務員懲戒委員會審議？抑或依公務人員考績法由主管長官自行予以懲處？完全由機關首長自己決定，此種併行制度無異予以主管長官手握司法懲戒與行政懲處兩個大權，甚而使機關主管長官成為公務員去留進退之主宰。質言之，此兩套制度同時併行，未能慮及行政權與司法權彼此分工之界限，以及各自權限中（含考試權在內）應由何機關依何程序分別執行其懲罰權之問題。[25]要之，上開雙軌制度如何協調運作，其取捨依據均付諸闕如，往往連資深之人事專業人員也摸不著頭緒，誠如前於公務員懲戒法草案研修時筆者建議「懲戒原因」可予具體規範，目前尚有待改進者也。

（二）關於互為重疊規定

考績法中有申誡、記過之懲處規定，而懲戒法中亦有申誡、記過之懲戒規定，兩者顯有重複規範的情形存在，難免產生適用何法之問題。懲戒處分之記過、申誡與懲處處分之記過、申誡，其處罰效果實有不同，前者不但重於後者，且無法功過相抵，另懲處之免職與懲戒之免除職務與撤職，均為剝奪公務員身分之處分，兩者名異而實同。司法院大法官釋字第243號解釋理由書早已認定「免職為具有懲戒性質之處分，不論其形式上用語如何，實質上仍屬懲戒處分。」釋字第491號解釋理由書更直指其「實質上屬於懲戒處分」。要之，兩套制度之內容上雖有不同，惟其重疊程度頗高，難怪有學者批評兩者間「看似不同，實際混同，殆已達於『你中有我，我中有你』的地步。」[26]

（三）關於形成差別對待

現行懲戒制度，係憲政實施之初，將我國固有傳統法制、德國公務員懲戒及英美彈劾制度，混雜而成，[27]此種彈劾懲戒制度，因違反「政務官不受懲戒，事務官不受彈劾」之法理及「行政機關對懲戒法規之執行享有優先權」之原則，以致實施以來，發現不少重大缺失，不得不依賴考績懲處制度予以補救。惟此兩套制度在處罰種類、輕重標準、程序及救濟等各方面仍屬有別，兩者併行，實有違法律處罰之公平原理。同一違失行為，其依法懲戒者與依法懲處者，往往下場不同、結果殊異，豈能令受處分人心服口服。此種雙軌制度之存在，實有公然違反「相同之事物，應為相同之對待」之平等理念之虞，此有待改進者也。

25　林明鏘，前書，頁45。
26　同註22，頁32。
27　王廷懋，「公務員懲戒制度改革芻議」，司法周刊，期938（台北：司法周刊社，88年），頁2。

（四）關於懲戒功能萎縮

由於移付懲戒或逕行懲處之選擇權，主要操之於主管長官之手。所以行政機關或基於行政績效之考量，或基於官官相護、家醜不宜外揚等心理，除涉社會大眾關注之案件外，對於違法失職之公務員，莫不捨司法懲戒而就行政懲處，遂致懲戒制度之功能日趨萎縮。目前實際移送懲戒者，占公務員違失總件數不到0.5%，論者曾謂「懲戒已被懲處扼殺，公務員懲戒法之生命已奄奄一息，只差宣告『懲戒死了』。豈有制定實際實行率如此低之法律之理。」實為的論。[28]或許目前已至考量變革兩者規範時刻，而針對不同對象或不同官職等級予以不同懲戒與懲處，似亦值得考量。

要之，就實務法制運作而言，兩制併行如何從長遠角度，做較大幅度之修正，甚或規劃兩制合一，此其時矣。

第五節　小　結

由臺灣地區長期以來的公務人員制度實踐經驗觀之，對於公務人員與國家的關係，以及權利與義務之配置，隨著法制意識的抬頭，已從昔日重義務，輕權利之特別權力關係，逐漸走向重視公務人員的權利，進而形成公法上職務關係。其次，隨著全球化時代之來臨，部分原屬政府機關掌握之公共事務，為期肆應全球化競爭，應使其人事、會計等制度更具彈性，而有「行政法人」之建置，其機構內人員與國家間之關係究竟如何？值得進一步研究。

再者，公務人員關係內涵，依美國文官制度論述中，有關平等原則被廣泛運用，在聯邦法律與憲法保障的核心在於組織的正義的落實執行。依我國公務人員相關法制有關權利至少包括身分保障權、俸給權、退休撫卹金、結社權等。至於義務包括忠實、服務、保密、保持品位，不為一定行為義務及申報財產等等。

再次以公務人員違法侵害人民之自由或權利，或行政倫理之違背行為等，均應分別負起責任，要為民事、刑事責任及行政責任；而後者，以倫理層面來析述亦有行政的政治、專業、個人責任。至於公務員懲戒責任相關議題如懲戒與懲處之差異及其實務運作問題分析，公務員懲戒法修正要旨分析等等，均為吾人關切的重要議題。

最後，隨著公務人員公法上職務關係之演進，相關正當法律程序之建立及實體權義之規範，益受重視。在公務人員人事管理上，除應重視公務人員身分與職務之保障外，亦應保留行政管理之彈性，始能激勵公務人員的服務熱忱，如果過度強化權利保障，忽略公務人員的義務，亦將使公務人員應享的權利與應負的義務失去平衡。是以，公務員

28　王廷懋，「我國公務員彈劾懲戒問題」，全國律師，1月號（台北：全國律師月刊社，89年），頁20-32。

服務法等涉及公務人員權益之重要法律，允宜妥適修正。吾人期待相關權責機關能審慎研修相關法令，經由事前充分溝通，化解歧見，使相關法制益臻周延健全，俾建立更健全的公務人員權義相關法制。

學習重點

- 考選的意義與地位
- 考選的目的與學說類別
- 考試的方法
- 考試的程序
- 現行考選制度之特點與國家考試體系概況
- 文官考選與公務人力運用之檢討與建議
- 文官考選制度與執行技術之檢討與建議

關鍵名詞

- 考試信度與效度
- 鑑別度
- 社會流動
- 分贓制度
- 官職輪換
- 學經歷評估
- 實地考試（測驗）
- 分階段考試
- 典試委員會
- 高等考試
- 普通考試
- 初等考試
- 特種考試
- 升官等（資）考試
- 高資低考
- 評審（量）中心
- 高級主管核心能力
- 指標

第一節　考選的理論

壹、考選的意義及地位

一、意義

　　政府為執行政策與處理業務，必須任用適格而勝任的人員，在任職中之公務人員，因隨時有考績、傷亡、退休、去（離）職者，亦須選用新人，以資補充。且政府功能時有擴張，除加強訓練人才外亦不能不羅致新血，藉以推進。如何選得適格的新人才為政府服務，即成為人事行政中一大課題。

　　考選者，係以考試的方法為國家選拔人才。換言之，政府為推行公務，採用公開、

客觀、公正、科學的考試方法，來測量並衡鑑拔擢合乎標準之所需人員，進而錄用的一套制度。對考選一詞，定義眾多，茲舉兩位學者之主張如下：

張金鑑教授說：「考試者，即對應試者的知識能力，作抽樣的測量或估計，用以推斷其全體。」[1]

梅伊（John F. Mee）：「人事上的考試，係指一種科學化設計的工具，用以測量應試者之性向、技能、興趣及人格等因素，作為遴選、任用、訓練、調動、陞遷之重要依據。」[2]

在公務體系中，由於人員職位之等級、類別不同，其所需人才特性、標準亦有不同，所以，如何彈性運用考試方法與技術選拔最適格人才，是必要考量的。

二、地位

公務人員選用，為人事行政中極重要的關鍵，茲引下列學者看法以明之：

（一）張金鑑教授說：公務甄募（選拔）一階段，乃全部人事行政的大門，若守衛不嚴，豺狼入室，則一切不堪收拾。[3]

（二）美加文官協會（Civil Service Assembly of the United States and Canada）對於公務人員之考選，曾作如下之敘述：考選為用人程序的第一步驟，就基本意義而言，整個人事計畫的成敗，端賴考選政策之功效如何，及執行考選政策的辦法是否適當。除非能吸引賢能之士前來參加考試，否則日後政府不論如何經營，均不能使吏治蒸蒸日上。……因而舉世莫不認為考選實為人事計畫的中心問題。[4]

（三）美國公務人事調查委員會（Commission of Inquiry on Public Service Personnel）曾作結論說：常（永）業化文官制度之下，沒有比考選更為重要的問題，所以未經適當分析研究或草率決定的考選政策，可能敗壞整個人事計畫（方案）。[5]

（四）梅雅士（M. Mayers）說：除非能獲得優良而忠誠的人員到政府服務，則無論組織如何健全，財力如何充足，工作方法如何優良，均不能對公務作有效率的實際推行。[6]

（五）美國公務人事考察團（Commission of Inquiry on Public Service Personnel）在其考察報告良好吏治（Better Government Personnel）一書中說：在常（永）業化的公務人員制度的各要素中，未有較之人員選用一事更為重要者。[7]

（六）馬塞爾等（Mosher Kingsley）說：人員選用一向是吏治問題的中心，為全部人事

1　張金鑑，行政學研究（台北：商務印書館，55年），頁93。
2　John F. Mee, Personnel Handbook (1975), p. 353.
3　張金鑑，人事行政學（台北：政大公企中心，55年），頁78。
4　Civil Service Assembly of the U.S. and Canada Recruiting Applicants for the Public Service (1946), p. 3.
5　參閱考試院譯，公務員的徵選（考試院印，45年），頁1。
6　張金鑑，行政學典範（台北：中國行政學會印，60年），頁495。
7　同上。

行政的基石。因非選得適當人員，使之擔任適當工作，則不論管理方法如何精密，均屬無補於事。若選用的人員不足以適合推進各種公務所需要的能力與條件，而欲於其中產生勝任的服務力量，乃是決不可能的事。[8]

要之，當前政、經、社、文、科技環境下，為因應各項變革與挑戰，有賴政府推動行政革新與政府再造，其實際負責落實執行者為公務人員，所以，公務人員考選、公務人力資源的管理至為重要，而其引進措施與方法，則為配套的作為。易言之，有關公務人力的引進選拔，其觀念上與做法上應配合調整，使能與時俱進，增顯公務人員選用地位之重要。

貳、考選的目的與學說

一、考選的基本前提

考選之目的，在獲取最優秀的人才，蔚為國用，其基本前提為：

（一）承認個別差異存在

阿羅森（A. H. Aroson）提出：「人對上智下愚的差異，常是習焉不察，惟據詳實研究，其差異遠超出吾人想像外，如美國某大工廠中，有一百位工人參加閱讀能力測驗，結果發現，最少者僅能讀完四段，最多者可讀七十段，其間之差異性龐大……。」[9]由於智力、能力之差異性存在，則有賴考選方法、技術加以鑑別，以達適才適所。

（二）為社會大眾所重視

由於公務人事行政較之私人企業人事管理，易為社會大眾所關注與批評。公務人力考選過程，為人人所重視，亦即社會大眾將公務人才之考選，視為人民參與政府工作之機會，所以考選理論、方法之研究，刻不容緩。

（三）基於公職特別保障之需要

因公務人員正式任用後，其身分地位受到保障，非有法定要件或行為，不得令其去職。同時人事行政學者奈格羅（R. A. Nigro）指出一般公務機關，多未重視試用階段之作用與功能。所以如何考選優秀人才，就顯得特別重要了。

8　W. E. Mosher, J. D. Kingsley, & O. Glenn Stahl, Public Personnel Administration(New York: Harper & Row Publishers, 1950), p. 65.

9　Felix A. Nigro, Public Personnel Administration (New York: Holt, Rinehart & Winston, Inc., 1959), p. 172.

二、考選的目的

考選的目的，扼要言之，計有下列的四點：

（一）選拔優秀人才，造成有為有能政府

國父在五權憲法講詞中說：「沒有考試，就是有本領的人，我們也沒有方法可以知道，暗中便埋沒了許多人才，並且因為沒有考試制度，一般不懂政治的人，都想去做官，弄到弊端百出。在政治方面是烏煙瘴氣，在人民方面便是非常的怨恨。」、「且今日任用官吏，往往用違其學，或毫無學識，僅有私人援引者，政治日趨腐敗。」故「如果實行了五權憲法以後，國家用人都要照憲法去做。凡是我們人民的公僕，都要經過考試，不能隨便亂用。」

（二）救濟選舉之窮，才俊得以出頭

西方之民主政治，只重選舉，而選舉結果，每變為權勢與財富之選舉，並不能選出有能力的人來為國家服務，造成了盲從濫選之弊病，目前臺灣的選風，亦難免有此種傾向。

（三）促進社會流動，人人可登仕途

以考試方法來選拔人才，是目前最民主、最客觀的方法，無論貧富，均可藉著公開競爭的考試而登仕途，為國服務。國父在「用五權分立制以救三權鼎立之弊」中說：「泰西各國，大都係貴族制度，非貴族不能做官。我國昔時，雖亦有此弊，然自世祿之制廢，考試之制行，無論平民貴族，一經考試合格，即可做官，備位卿相，亦不為僭，此制最為公允，為泰西各國所無。」

（四）消除分贓制度，確保政治清明

有些國家像美國，曾有一段為人所詬病的「分贓制度」時期，即官吏的任用不經考試，而是憑藉政黨或私人的關係進入政府。美國傑克遜（Andrew Jakson）當選總統以後，就提出「官職輪換」及「分肥者即選勝者」。將國家名器當作政黨競爭的戰利品，於是選舉勝利之政黨，就取得政府中所有的大小職位，所謂「一人得道，雞犬升天」、「一朝天子一朝臣」，一些庸碌小人反而躍居高位，政府職位便成為酬庸的工具，公務人員不僅不具備應有的工作知識與技能，甚至營私結黨，貪污腐化。實行結果，便造成政治風氣的腐敗，同時也造成行政效率的低落。美國終於在1883年開始實行考試用人的功績制度，從此美國的國勢才走入興盛之途。所以當今之世，凡是民主自由的國家無不實行考選制度。這樣才能摒除分贓制度，保持政治清明。

三、考選的學說

對於如何選拔優秀的人才到政府來工作，學者意見不一，將之歸納為四種：

（一）選舉說

一般民主主義的信徒，均主張以選舉方式用人，因人民應有選舉公僕的權利，認為欲保障人民權利與幸福，並防止官吏濫權及枉法，官吏應由人民選舉之，方能控制監督，更主張縮短任期，實施官職輪換制度，平均人民服官之機會。此為官吏民選說者所持之理由。

但官吏民選，只注意於政治控制，而忽略行政效率。以選舉方式選拔之人才，每因政治因素的影響，甚難才得其用及事得其人的效果。

尤有進者，如果政府大小官吏皆經由選舉產生，則人民每日必忙於投票，無暇從事其他工作，就事實而言，是根本行不通的事。所以選舉應該只限於某些政府之職位，如政務官、議員、地方政府首長等。

（二）委派說

主張政府機關之公務人員及工作人員，應由其主管長官負責委派之，可獲得較為合理的專門人才，而收人適其才，才適其用之效，而選舉制下必難有此收穫。在此制度下，其優點雖為權力集中，責任確定，指導統一，不受牽制，自易造成有力效果。惟主管長官之權力過大，既無客觀條件為委派之標準，又無外界力量之牽制，常易憑個人之好惡，引用私人，或因個人判斷不當，委派不堪勝任之庸才，更易造成人治而非法治之弊。

（三）考試說

為免除選舉制與委派制下之弊端，吏治改革運動者，乃主張採用考試方式辦理公務人員或工作人員之甄補，並以客觀標準，舉行公開競爭考試。凡合乎所規定之標準及成績最優良者，可當選為政府之公務人員或公務人員候選人。在此制度下，足以避免主管長官之武斷，循一定標準與制度而選拔人員，並予人人以平等競選之機會，在政府方面更能依據一定標準選得最合適之有用人才。此制既無選舉制下漫無邊際之混亂危險，又免委派制下引用私人之分贓可能，故為現代行政學者所極力稱揚。所謂功績制，即以此為基本精神。

（四）混合說

現代民主的制度，純以考試或選舉而產生之官吏，似不能完全適應社會的需要，於是乃有折衷說之興起。此派主張將選舉制與考試制混合應用。其辦法：1.對政府負有政治責任之政務官與擔任統率責任之行政首長，如總統、省長、縣長、市長，以及各地民意代表，如國會與地方議會之議員等，均以選舉方式產生，定有任期。2.對執行政務，以具備技能為資格要件之事務官，則應以考試方法任用之，不受政治主張或社會環境變遷之影響，其地位是常業的或終身的。[10]

10　張金鑑，人事行政學，頁80-85。

　　國父更進一步主張：人民代表之議員或政務官，亦當經過考試及格後（即公職候選人資格），再由人民選舉之，期能獲得才德兼優之民意代表或政務官，並可以防止狡黠者之賄選及無能者之當選。此更是考試式與選舉式之整合使用，尤其在當前金錢派系影響的選風之下，確為針對時弊最適切的辦法。

四、考選的甄補價值取向

　　制度是成長的，其價值取向，則影響其成長的內涵與方向。由於文官制度的發展深受憲法設計與政治發展的影響，在功績行政價值與民主政治價值的鐘擺中，文官制度作不同設計，其運作亦有不同，當然文官的考選政策依然配合時空、政、經、文環境之改變而做調整。

　　由於國家特有的處境與政治情勢發展，在國內政治發展脈絡中，早期文官系統呈現泛治政化的特質，印證了公務人員行政中立價值取向的必要性，至今文官系統呈現由強調國家忠誠、意識型態、政治課責、分贓制等政治價值，逐漸走向功績、中立、才能、效率、理性等行政價值，[11]整個人才考選價值走向沒有特定身分限制的公平考選人才取向發展。

　　綜上，在人事行政的價值變化，依美國學者愛略特（Elliot）在「人事行政：多元化價值的觀察」（Public Personnel Administration: A Values Perspective）依美國人事行政不同年代的實際運作歷程提出不同時期盛行的價值，即由精英主義、種族主義、性別主義（1780's起）⇒分贓制（1820's）功績制（主義）、中立主義、保護主義（1880's）⇒政治回應、理性主義及效率、主官領導（1930's起）⇒多元主義、社會代表性（1970's起）⇒專業主義（1980's）等。[12]茲就人才考選的甄補價值觀察，即經歷威權者或權貴圖一己或政黨之私利，以政府人事作為工具的「分贓、恩寵」的價值觀，再到追求公平競爭考試、用人、才能、中立、理性、專業的功績制價值觀，又為能配合潮流思考，著重社會公平、正義與照護弱勢族群、其他代表性團體的代表型的價值觀，乃至多元化取才的價值觀。所以，現行公務人員考選有關之人才甄選價值如何取捨調和，是吾人應關心的課題。

第二節　考試的方法與程序

壹、考試方法

　　考選旨在選拔真才，考試的方法與內容關係著考選之成敗，所以考選學理均須先把

11　蔡良文，我國公務人員行政中立法制之研究（台北：政治大學中山社會科學所博士論文）。

12　R. H. Elliott, Public Personnel Administration: A Values Persepective (Virgina: Reston Publishing Co., Inc., 1985), p. 7.

握正確性（validity）、可靠性（reliability）、客觀性（objectivity）與廣博性（comprehensiveness）。至考試的方法，可分為筆試、口試、調查、審查著作或發明、知能有關學歷經歷證明、實地考試（測驗）等。期間或因時代因素而改變，惟取才目的不變。茲分述下：

一、筆試法

包括論文式的筆試及測驗式的筆試：

（一）論文式的筆試

是以長篇大論對問題的看法，並表達其所具有的知識。此法優點為：1.易於編製試題；2.易於測試應試者文字表達的能力；3.易於考察應試者的推理力、創造力，及材料整理力。但亦具有下列的缺點：1.缺乏客觀性，評分無統一的標準；2.命題範圍若欠廣博，失卻抽樣的代表性；3.評分時易受不相干因素，如書法、別字、潦草等之影響。

（二）新式筆試法

亦稱直答式筆試，或客觀筆試法，普通稱之為測驗法（test）。在這種方式下，應試者無須自為文字，發表意思，僅就已編妥的試題中，作辨別、選擇或補充的填答。新式筆試就形式論，可分為：1.正誤或真偽測驗；2.完成或填空測驗；3.對偶測驗；4.選答測驗；5.綜合測驗；6.雜式測驗等數種。新式筆試法，不但可以清除舊式筆試法的缺點；且有以下的諸優點，故採行者漸眾，日趨盛行：1.能排除記分上的主觀成分，而收公平客觀之效；2.足以免除模稜兩可的取巧答案；3.與答案本題不相干的拉雜插話，能完全排除；4.包括的材料範圍，甚為廣博，有充分的代表性；5.記分單位是標準化的，統一的，無寬嚴不一的毛病；6.有精密客觀的記分單位與方法，評分者不能任意出入或上下其手；7.試卷易於評閱分數或批改；8.富有興趣及適應性；9.應試者易於相信記分或分等的公平。不過早期亦有人對新式測驗法提出疑問，或者批評這種測驗只能測量記憶，不能考察推理及創造能力，或者以為這種測驗作弊或猜度的機會較多，或者以為這種測驗在問題的編擬上頗為費時費力。[13]

二、口試法

口試對於一個人各方面能力之考察，都具有特殊之功效，欲考其學識，則問之以各種知識，欲考其能力，則問之以各種問題解決之方法，欲考其性格之穩定性，則施之以壓迫之面試。此即諸葛亮所說：「問之以是非而觀其志；窮之以詞而觀其變；咨之以計謀而觀其識；告之以禍難而觀其勇。」此外，對於分析能力、判斷能力、組織能力、反應之快慢，辯才之優劣等，均能一一考察出來。因之廣泛運用於政府、學校、企業機構

---

13 張金鑑，行政學典範，頁506-508。

等各種考試。此法具有下列的缺點：1.考試的正確性和可靠性不甚確定；2.口試經過與結果無明白紀錄以為查考或核對的依據；3.主試者與應試者可能串通作弊。[14]

針對上述缺點，採行口試時，應注意以下四點：

（一）計畫與準備方面

考試之主題及相關能力因素之鑑別，宜切實的研究與決定，所提問題之次序，宜合理的安排，口試的紀錄表事前宜就考試性質妥適編製，評分比例與方法亦應有統一規定。

（二）口試人員素養與經驗方面

主試者之態度要適當，應力求客觀公平，使應試人不受壓迫，不感畏懼，俾能盡量表達其能力與內在的心情。

（三）主試者之組成方面

宜採委員制，每人由主試者三人或五人分別或集體口試，對口試內容、題綱先確定後，分別評定分數，通常由資淺者先評定，或分別評定，避免干擾，再相互核對或討論商定，俾能在較公正客觀的情形下，得到較可靠正確的成績。

（四）口試時間方面

應相當充裕合理，不可短促，俾使主試者能從容提出所要問的問題，亦讓應試者能從容回答或提出個人觀點等。

三、調查法

調查法屬於非集中考試（unassembled examination），依據應考人的歷史背景與生活資料，加以調查，藉以判斷其品行與能力，通常調查宜用側面的、非正式的方法為之，較易得到真相。茲將調查法扼要敘述如下：

（一）資格調查

資格調查，係蒐集應考人之個人經歷背景與資料，其調查方式有三：

書面查詢	通常是根據職位情況，及所需資料的種類，設計調查表格及問答題，寄給應考人及其過去工作較為熟悉的人員填寫，用以證實職位申請表中資料之正確性，瞭解應考人往昔經驗的深度，以及在申請書中無法獲致的其他個人特質等。
訪問查詢	通常係以私人會面員方式行之，以獲致更詳盡、確實、完整的資料。由於此一方法耗費的時間與金錢較多，所以僅限於專業的、科學的、技術的及高級的人員，而又無其他更適當的方法，可資使用時採行之。
電話查詢	亦認為是一種面對面的調查方法，可以減少書面查詢中，難以得知的資料，當然在費用上較對面查詢為少，可是在效果上又較對面調查為差。

（二）學經歷評估

係對應考人的教育及經驗程度的評估。因為一個人的教育、訓練與經驗，在某一限度內，能反映所具有的知識、技術與能力，對此若能予以適當的評估，常能相當正確地預測其未來在工作上的成敗。

茲將美國的辦法介紹於下：美國現行辦法是根據聯邦職位申請（application for federal employment）中所列之訓練和經驗而評分，是以一般通稱為「學經歷評估」（evaluation of training and experience）。在品評學經歷時，其方式有三：(1)採服務年資，或(2)分析其才能之實質，或(3)兩種合併實施。前述職位申請表所填資料較中低層公務人員考試所填寫為詳細，其所涉及問題至為廣泛，諸如教育與經驗互換，學校等次之區分，多種類別經驗與訓練之合併計算等。所以，可再要求輔以其他補充資料，如應考者的學術著作，畢業證書，專業執照，以及資歷之補充說明等。在所填申請表內較重要者有：1.必須列出其服務機構主官之姓名與現在地址，以便查詢，並填寫詳細之工作情形。此項資料，為評分時最重要資料之一。2.學歷方面，係著重於大專以後階段，諸如主修科目與學分、著述等，均須列明。茲將其評分方式，按甲、乙、丙、丁四種，分述如次：

1.甲種評分法

其評分之手續，係依表上所列與考選職位有關資歷，分別加以品評，並將各項資歷之評分相加，即為總分。所謂與職位有關的資歷，評分時通常只考慮經歷（experience）年資；至於教育程度，可作為條件之一，亦可折合為經歷的年資，本項需視資格標準和考選公告中之規定為準。其經歷與考選職位之工作性質完全相合者，稱為有效經歷（qualifying experience），計分時以此為主；與考選職位的工作性質相近者，稱為次要經歷（collateral experience），次要經歷也可以酌量給分。有效經歷之年資條件，在資格標準中所規定的，通常為最低之要求標準，合乎此一標準，即可以擔任考選的職位，所以此項最低的年資條件稱為「初任最低經歷年資」（minimum entrance experience）。若應考人之有效經歷年資超過初任最低經歷年資者，每超過一年尚可加若干分。惟為避免過於重視年資，或大材小用之情形發生，通常以不超過四年為限。在美國，除若干具學術性之職位外，其他均不限學歷。

2.乙種評分法

本法係考慮其資歷所顯示之才能實質——知識、技術與能力（knowledge, skills and abilities）將其詳細列舉，作為評分因素（rating factors），而不考慮其資歷年限。評分因素之評定，先查明職級規範或資格標準，再分析職位任務職責，而列出所需知識、技術和能力，為評分因素，然後納入評分辦法內。評分因素的數目，以8項至12項為度，太少則不夠精密，太多則分析計算過於繁複，如不易從學歷資料判斷之評分因素，則須補充其他的資料。

評分時，每一因素分為五個分量（weight），第一個分量為最劣；第三分量為良

好；第五分量為特優；第二分量及第四分量介乎一、三或三、五分量之間，不易決定其歸屬時才加使用。所謂第一分量，即是原始分數一分，第五分量則為五分。對於特別重要之因素，在計分時得將其分量再以二或三乘之，如此，既可以形成重點，亦不致埋沒人才。原始總分求出以後，再換算成百分制的總分。所以，通常都事先製好換算表，俾供使用。本法值得考慮者，乃各項評分因素之重要性如何觀察，並無一定程序與方法，且各因素之相對價值，大致相同，僅特別重要的加倍計算，似嫌刻板。

3.丙種評分法

此種評分法可謂前兩者之綜合，其法為先將應考人全部有效經歷，作一全盤性評分，所得分數稱為基本評分（basic rating）。基本評分的性質和甲種評分法相似，著重於資歷時間之長短及品質之高低。惟其毋需如甲法之對每一學經歷分別評分。基本評分得出之後，再仿照乙法之精神，將應考職位所需之知識、技術和能力（亦即評分因素）作全盤考量，而予以若干的加分（additional points），再合併酌給分數。

按此一評分辦法已兼顧應考人之資歷與才能，兼具甲法與乙法之優點。惟無論就基本評分抑或加分，所採方式皆為籠統的全盤評分，難免有粗而不精之弊。若於實施時能依甲乙兩法，先逐項品評，再匯集計算，當較為細密精確。

4.丁種評分法

此種評分法係採「工作要素法」（job element method）來決定評分之因素，其精神與乙種評分法大致相同，只將評分因素稱為「工作要素」，因其要素係根據應考職位之工作分析（job analysis）得來。在確定某一職位究竟以哪些工作要素來作評分項目時，則根據各要素的相對價值而定。先由有關人員根據職級規範等有關資料對應考職位加以分析，然後開會商定其職位所具的要素──知識、技術與能力，並對其相對價值予以評估，將各人評估的要素和價值加以彙總，就可以排出一張工作要素表，將價值較低的要素予以摒除，保留其較高的要素十項左右，即以之作為品評學經歷的對象，逐項圈定其應得分數，然後得出總分。這個總分仍是原始總分，尚須換算成百分制的分數。此外，各主試者須從各應考人之資歷資料中，作一全盤觀察，以排出名次表，若此一名次表與前面分數之名次表出入太大，則必須檢討原因，並作必要之修正。

在確定各要素之相對價值時，係根據四項考慮給分，此一方式較乙法進步，由於相對價值之評估，係由數位主試者開會決定，因各有其不同之評估分數，所以彙總後，其數值相對大，且各要素之差距亦不等，則於品評應考人之才能時，更易於分出其高低優劣。惟本法之實施，須要預先列出十項左右之評分因素，為避免偏而不全，宜先在各職位之資格標準中統籌予以研訂。

調查法或資格審查法的目的，在對應考人的教育、經驗、能力、及品評等作評估，用以彌補筆試法所不能獲知的資料，亦可用於對高級職位人員之考察品評，並可以完全

取代筆試。通常美國對第九職等至第十五職等，完全採用資格審查法。[15]

四、審查著作或發明、知能有關學歷經歷證明

對於高級職位之職務，非由博學多能之人無法擔任，而此類人員均年逾三十，甚至四五十歲以上，故不能以一般考試方法試之，則審查其著作、發明或其學歷、經歷，以銓定其資格。所以此兩種考試方式實為濟一般考試方法之窮，是一種輔助之考試方法。

五、實地考試

所謂實地考試（Examination by Practicing），乃指以現場實際操作方式，藉以評量應考人專業知識、實務經驗、專業技能，係對應考人之能力或技巧作實際之考察，例如打字員之考試，由於其所欲擔任者，即打字與速記，如不考察其真正之能力，則不知是否能勝任其職務。有時，一個職務須有特殊技能及廣泛之知識，則可以筆試及實地考試同時舉行，如此一來，就可考察其知識及技能，故實地考試（測驗）亦可輔助筆試之不足。

英國於1945年以來對高等文官考試採取了新的考試方法，內容包括三大部分：（一）合格（資格）考試（qualifying examination），用筆試法，作時事論文一篇、數學一篇，及有關「普通智力」測驗的論文一篇；（二）個人品質考驗（test of personal qualification），由一特設的文官考選委員會（Civil Service Selection Board）主持之，簡稱C.S.S.B.考試；（三）口試或面談，由最後考選委員會（Final Selection Board）主持之，文官委員會、大學及工商界三方代表組織之。其中C.S.S.B.考試，則類似演做法（practical experience），這種考試需時48小時，歷時近一週，包括實際演作和設計測驗（projection test），分小組舉行之，每組7人，由主試者3人主持之，舉行一連串的討論及談話會，並指定工作由應考者自行處理，以考察其見解與態度及應付環境、解決問題的能力。

我國高、普考試及特種考試所採用的方法變革中，除早期之甲等特考加著作與發明審查及口試（75年起加考專業科目筆試），而外交官、領事人員考試另加口試（面試）及河海人員、交通專業港務資位士級技術類（電工、機工、測工、化工、纜工、加油、水手）人員，另加實地考試（測驗）外，以往皆以筆試為主，因此考試的方法實嫌單純刻板。現行「公務人員考試法」第10條規定：「公務人員考試，得採筆試、口試、心理測驗、體能測驗、實地測驗、審查著作或發明、審查知能有關學歷經歷證明等方式行之。除單採筆試者外，其他應採二種以上方式。筆試除有特別規定者外，概用本國文字。」係能綜合各種方式。

要之，由於國人較重視或信任筆試，致其他除口試以外，目前相關考試方法之技術

---

[15] 蔡良文，美國公務員考選制度之研究（台北：五南圖書，76年），頁152-157。

尚待賡續開發，又如何靈活應用，雖在施行細則中作合理之規定，但如何落實，以正確的考試方法，考出真才實學的新進公務人員，為考政機關當務之急。

貳、考試程序

考試程序，通常包括下列步驟：

一、調查任用需要

向用人機關，調查近期內各出缺職務需用人員的類別、等別與其人數。

二、決定考試類科及等別

根據調查所得資料，決定應行舉辦考選的類科、等別及各錄取名額。

三、訂定應考資格與應試科目

根據近期內各出缺職務所需資格條件，訂定各類科及等別的應考資格（多以應具學歷及經驗為準作規定）。

四、選定考試方法

考選的方式有筆試、口試、實地考試（測驗）、著作及發明審查、資歷及考績文件審查等多種，需視應試科目內容選用或並用之。

五、舉行考試

在學理上，通常照下列順序進行：（一）公告：將上述決定事項予以公告周知；（二）報名：早期應考人填報名書表並檢附必要文件，函寄辦理考選單位，現行一律採網路報名；（三）審查應考資格：特別注意其是否具備基本條件與消極條件、以及學歷經驗是否合於規定，並經體格檢查（目前部分考試改考試後補驗）；合於規定者始准應試；（四）舉行智力、性向測驗：測驗試題及合格標準，須由心理學家會商行政主官後擬定或購用。按目前我國國家考試，已停止使用，是否重新採用，值得重視；（五）舉行成就測驗：測驗擬任職務所需的學識、經驗及技能，試題及評分標準，由各有關學者專家擬定之；（六）榜示：主管機關聘請有關學者專家評閱，統計完竣，決定採取標準後，再行榜示。其實務作業程序併於下節敘述。

第三節　現行國家考試體系

考選制度在我國歷史悠久，傳統考試與教育密切結合，並採公開競爭方式行之。國

父博古通今學貫中西，既重視我國傳統考試之精神，復精研西方選拔人才之法制。民國成立以後，於19年成立考試院，建構五權憲法體制。現行憲法第85條規定：「公務人員之選拔，應實行公開競爭之考試制度，……非經考試及格者，不得任用。」因此我國公務人員之任用，乃以考試及格者為主體。復依憲法第86條之規定，公務人員任用資格，專門職業及技術人員任用資格，應經考試院依法考選銓定之。早期國家考試體系，概括區分有下列三大類：一、公務人員考試；二、專門職業及技術人員考試；三、訓練業務（民國85年成立公務人員保障暨培訓委員會成立後，訓練事權主要移由該機關辦理，惟仍屬考試程序之一環）。茲以上述考試辦理情形（圖8-1），包括考試種類、報名人數及（合）格人數，教育程度、性別比例均可上考試院、考選部全球網站或考銓統計年報等，於茲從略，僅就其內涵分述如後：

壹、公務人員考試

　　早期公務人員考試可分高等考試、普通考試、初等考試、特種考試，經依類科分別訓練後，分發各機關實習任用。另有升官等（升資）考試，及公務人員檢覈，前者係由現職人員報考，以取得陞任較高官等職務資格之考試；後者則為軍人轉任公務人員之檢覈。依民國103年公務人員考試法規定，上開之檢覈事項均予刪除之。

甲

一、高等考試

　　高、普考試為公務人員考試之主流，前者自民國20年辦理第一屆，後者於民國23年辦理第一屆，均已有70年之歷史，在國人心目中，存有根深蒂固的地位，國人亦往往以參加高、普考試為榮，公務人員考試法第6條第1項規定：「公務人員考試分為高等考試、普通考試、初等考試三等。高等考試按學歷分為一、二、三級。」

　　早期高等考試之應考資格為獨立學院以上學校畢業或具有其他高考應考資格者，得應考以取得薦任職任用資格或執業資格之考試。

　　現行高等考試之應考資格，公立或立案之私立大學研究院、所，得有博士學位者，得應公務人員高等考試一級考試，考試及格者，取得薦任第九職等任用資格。公立或立案之私立大學研究院、所，得有碩士以上學位者，得應公務人員高等考試二級考試。考試及格者，取得薦任第七職等任用資格。公立或立案之私立獨立學院以上學校畢業，或具有其他高考應考資格者，得應公務人員高等考試三級考試。考試及格者，取得薦任第六職等任用資格。

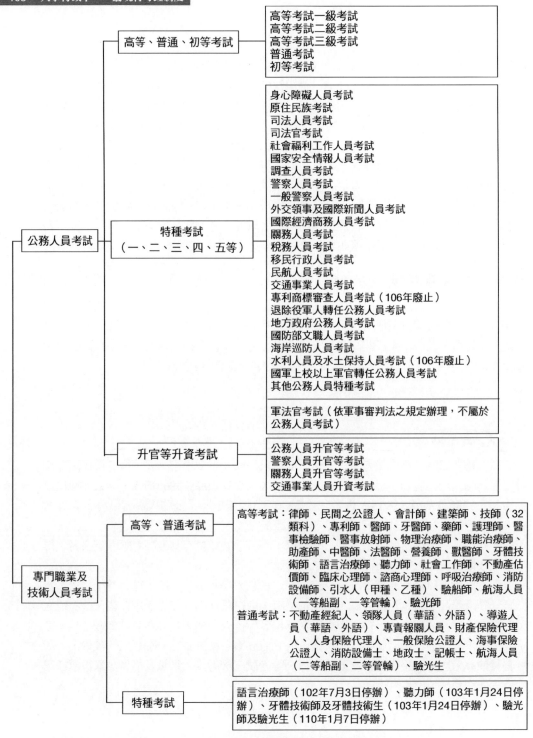

圖 8-1　現行國家考試體系

資料來源：參照現行國家考試種類彙製之。

乙

二、普通考試

　　早期普通考試選拔高級中學以上學校畢業或具其他普考應考資格者，及格者賦予中級以上委任職任用資格或執業資格。

　　現行普通考試之應考資格為公立或立案之私立職業學校、高級中學以上畢業，或具有其他普考應考資格者，得應公務人員普通考試。考試及格者，取得委任第三職等任用資格。

三、初等考試

　　凡國民年滿18歲者，不須任何學歷，皆得應公務人員初等考試，其目的在為公務機關選拔最基層工作所需之人員。考試及格者取得委任第一職等任用資格，並可於及格滿三年後取得參加普通考試之資格。實為無學歷者提供在公務部門中「循序漸進」之管道。相對地，有關檢定考試即予廢除之。

四、特種考試

　　公務人員特種考試，依97年修正之公務人員考試法第3條第2項規定（103年公務人員考試法亦同），為因應特殊性質機關之需要及照顧身心障礙者、原住民族之就業權益，得比照高等、普通、初等考試之等級舉行一、二、三、四、五等之特種考試。所以，國家考試除維持公平、公正、公開原則外，亦能考量類如美國特別文官考選視為「保障和擴張機會平等」的一種手段。[16]易言之，在美國現有的考試和任用方法是為保護功績制度，以及符合各單位任用高級職員的需求。但此一制度受到特別保護退休軍人（戰役有功人員為主）和多數聘用的女性和少數民族的優待之影響。其具體事例，如1971年的Affirmative Action特別針對女性和少數民族給予優待。另外美國1974年起所實施的PACE考試（The Professional and Adininstration Career Examintion），由於其考試程序有利於白人，受黑人與西班牙裔抗議，所以至1982年雷根（Reagan）政府正式廢除。可見美國政府追求功績原則外，不能忽略族群與弱勢團體之保障與照護，亦即重視著重於社會公平、平等之代表性理念的人才甄補觀念。

五、升官等（升資）考試

（一）升官等考試：公務人員升官等考試，分薦任第九職等晉陞簡任第十職考試，委任第五職等晉陞薦任第六職等考試。民國104年1月7日修正之公務人員升官等考試

---

[16]　J. W. Fesler & D. F. Kettl, The Politics of the Administrative Process (New Jersey: Chatham House Publishers, Inc., 1996), pp. 151-155.

法第2條規定：公務人員升官等考試，分簡任及薦任升官等考試。但簡任升官等考試於本法103年12月23日修正之條文施行之日起5年內辦理3次為限。另有警察人員、關務人員之升官等考試，各依其考試規則辦理。

（二）升資考試：交通事業人員升資考試：分員級晉陞高員級考試，佐級晉陞員級考試，士級晉陞佐級考試。

升官等考試乃為便利各機關現職人員，以考試方式取得較高官等職務之任用資格。目前論者有謂宜漸進取消升官等考試而改以更嚴謹的升官等訓練，值得深思。

六、國軍上校以上軍官轉任公務人員考試

依據後備軍人轉任公職考試比敘條例第5條之1及轉任考試規則之規定辦理。其目的在於借重軍中資優及特殊專長之上校以上軍官，轉任行政機關時，考試取得任用資格。

91年1月30日後備軍人轉任公職考試比敘條例增訂第5條之1規定：（第1項）國軍上校以上軍官轉任公務人員，以考試定其資格；其考試類科、應考資格、應考年齡、工作經驗、考試方式、應試科目、成績計算、及格標準及其他有關事項，由考試院另以考試規則定之。（第2項）前項考試得按轉任機關分別報名、分別錄取任用，並得依應考人軍職官等官階採行不同考試方式。（第3項）第1項考試及格人員取得簡任官等任用資格，並按其軍職官階及年資，比敘相當職等及俸級，其轉任簡任低職等職務及先以薦任第八職等或第九職等任用者，除予合格實授外，其依規定應取得之較高官等、職等任用資格，仍予保留。（第4項）第1項考試及格人員，按報名轉任機關，由國家安全會議、國家安全局、國防部、行政院國軍退除役官兵輔導委員會、行政院海岸巡防署及其所屬機關（構）（107年改隸海洋委員會）、中央及直轄市政府役政、軍訓單位任用，並僅得於各轉任機關間轉調。但轉調行政院海岸巡防署及其所屬機關（構），以具有航海（空）、造船、輪機、資訊、電子等特殊專長者為限。（第5項）隨同業務移撥行政院海岸巡防署及其所屬機關（構）之國軍上校以上軍官，尚未取得公務人員任用資格者，本條例修正公布施行後，三年內得依原國軍上校以上軍官外職停役轉任公務人員檢覈規則辦理。（第6項）本條例修正公布施行前，國軍上校以上軍官外職停役轉任公務人員，經核定有案者，依原國軍上校以上軍官外職停役轉任公務人員檢覈規則辦理。

基於上述規定國軍上校以上軍官外職停役轉任公務人員檢覈，已由國軍上校以上軍官轉任公務公務人員考試所取代。如何因應募兵制以及107年的退役年金改革，相關考試均應配合各條例之修正，配套檢討之。

貳、專門職業及技術人員考試

依「專門職業及技術人員考試法」第1條規定：「專門職業及技術人員之執業，依本法以考試定其資格。」同法第2條規定：「本法所稱專門職業及技術人員，係指依法規應經考試及格領有證書始能執業之人員；其考試種類，由考試院定之。」同法施行細

則第2條規定之考試種類如下：

本法第2條所定專門職業及技術人員考試種類如下：

一、律師、會計師、專利師。

二、建築師、各科技師。

三、醫師、中醫師、牙醫師、藥師、醫事檢驗師、護理師、助產師、臨床心理師、諮商心理師、呼吸治療師、醫事放射師、營養師、物理治療師、職能治療師、語言治療師、聽力師、牙體技術師。

四、獸醫師。

五、社會工作師。

六、不動產估價師、地政士、不動產經紀人。

七、保險代理人、保險經紀人、保險公證人、記帳士。

八、導遊人員、領隊人員。

九、民間之公證人、法醫師。

十、牙體技術生。

十一、引水人、驗船師、航海人員。

十二、消防設備師、消防設備士。

十三、專責報關人員。

十四、其他依法規應經考試及格領有證書始能執業之專門職業及技術人員。

本法第24條所定外國人應專門職業及技術人員考試種類，以前項第1款至第8款為限。另於105年10月14日依專門職業及技術人員考試法第12條第1項及驗光人員法第56條規定訂定專門職業及技術人員特種驗光人員考試規則，增列驗光人員考試，分為驗光師及驗光生二類科。

以上各類人員均為專門職業及技術人員，其資格依憲法第86條規定應經考試院考試定其資格，此即為專門職業及技術人員之考試。再者，依專門職業及技術人員考試法第3條規定，專門職業及技術人員考試，得分高等考試、普通考試、初等考試三等。為適應特殊需要，得舉行特種考試，其分等比照高等考試、普通考試、初等考試三等。要之，專技人員主要為因應社會要求而衍生之人員，其執業關涉人民之生命財產等安全，至為重要；其全權由考試院考選部負責，與其他國家制度之設計是不同的。

參、訓練業務

公務人員考試法之相關規定：「公務人員各等級考試正額錄取者，按錄取類、科，接受訓練，訓練期滿成績及格者，發給證書，分發任用。列入候用名冊之增額錄取者，由分發機關依其考試成績定期依序分發，其訓練程序，與正額錄取者之規定相同。」目前，公務人員高普考試筆試錄取人員，應經訓練四個月至一年，訓練分基礎訓練及實務

訓練；基礎訓練由公務人員保障暨培訓委員會及所屬國家文官學院辦理或委託申請舉辦考試機關或訓練機關（構）學校辦理；實務訓練委託各用人機關（構）學校辦理。為顧及考試及格人員權益，自民國79年起，改採筆試錄取人員先分配至各機關後，再參加基礎訓練，俾能帶職帶薪受訓，保障受訓人員權益。惟為強化考試與訓練之連結及訓練篩選機制，考試院責成保訓會逐步推動全面實施未占缺訓練，並於102年7月11日第11屆第244次會議決議，確立未占缺訓練之推行採二階段實施，透過未占編制職缺之訓練方式，使受訓人員體認訓練之意義，用人機關得以必要時篩選汰除不適任人員，期以進一步發揮公務人員考試錄取選訓功能。未占缺訓練制度業於106年度起全面實施，期以透過訓練制度之變革與功能之發揮，進而有助於提升公務人力素質，增進國家競爭力。

　　至於公務人員特種考試，如司法人員特考、司法官特考、外交領事及國際新聞人員特考、關務人員特考、地方政府公務人員特考等，皆有時限不等之訓練程序。

第四節　現行考選制度與方式的檢討建議

　　目前政府人事結構的趨勢，依學者早期指出略有三：（一）考試取人：除強化考試技術外，宜再正確預估未來人力的需求；及將訓練納入考試程序，以利用訓練達成精選和淘汰的目的；（二）年輕化：我國公務人力結構近10年來平均約在41歲左右，故必須營造一個充滿希望的環境[17]；（三）流動性大：由於年輕化的關係，年資在5年以下，其流動性相當大，且往往因流動性大而產生擴散的效果。[18]另外公務人員學歷提高亦宜併同分析，按106年銓敘部統計資料顯示：全國公務人員大學研究所以上教育程度之比率達68.07％，更有逐年增加的趨勢。復以專門職業及技術人員的考選方面，依憲法第86條第2款規定上開人員應經考試院考選銓定之。又司法院釋字第453號解釋指出：「憲法第86條第2款所稱之專門職業及技術人員，係指具備經由現代教育訓練之培養過程獲得特殊學識或技能，而其所從事之業務與人民之生命、身體、財產等權利有密切關係者而言。」當然本號解釋不能以此個案來解決各種問題，不能列舉說明專門職業及技術人員之具體範圍，或許對於有爭議者，均有賴爾後解釋，以期歸納出其範圍與相關理論體系，其詳於茲從略，所以，本節擬淺述其與之較為相關者：「高級文官的選拔」、「高級科技人才之引用」、「高資低考問題之改進」及相關「考選技術議題之檢討」等課題，加以分析。[19]

17　自107年公務人員退休年金改革後，其必然產生大的變化，值得重視，於第15章述明之。

18　彭錦鵬，「創造人事行政的活水」，載人事管理，卷25，期4（中興新村：人事管理月刊社，77年4月），頁4-12。又公務人力供需，常因經濟景氣與否而變更，各國皆然。

19　蔡良文，「文官考選功能之調整與執行方向」，重建文官體制論文研討會論文（台北：國家政策研究中心，82年5月），頁2-18～2-24。

壹、高級文官與科技人才選拔之分析

一、高級文官的選拔

依現行制度，取得簡任第十職等以上職務之任用資格，有四種途徑：其一、前經公務人員甲等特考及格；其二、經公務人員簡任升官等考試及格；其三、經國軍上校以上軍官轉任公務人員考試及格；其四、經銓敘機關審定合格實授薦任第九職等職務滿三年，最近三年年終考績二年列甲等，一年列乙等以上，並敘薦任第九職等本俸最高級，再經晉陞簡任官等訓練合格，且有法定資格之一者，取得升任簡任第十職等任用資格。前三項為考選範圍，後者考績升官等屬任用範圍。

基本上，基層公務人員負執行任務，應以才能為重，即須具有辦事之基本能力；中層公務人員，負規劃及協調之責，自應以學識為重，故其所辦之事最需要管理能力與專業知識；高層公務人員負決策領導之責，應以見識為重，即須深明事理，高瞻遠矚，知事之大小本末，判明事務之真偽、善惡、利害，並作妥適之決定；因此應以見識為重，專門知識次之。關於道德，則無分高中基層公務人員，均為必要條件。[20]

按高級行政人員考選制度，不僅關係國家文官體系之建立，亦涉及社會整體問題。就簡任升官等考試言，其應考資格為（一）具有法定任用資格現任薦任第九職等或薦派第九職等人員四年以上，已敘薦任第九職等本俸最高級者；（二）中華民國80年11月1日前依技術人員任用條例規定銓敘審定以技術人員任用之技術人員，仍繼續以技術人員任用，現任薦任第九職等人員，並具有第一款年資、俸級條件者；（三）依專門職業及技術人員轉任公務人員條例轉任之現任薦任第九職等人員，並具有第一款年資、俸級條件者。考政機關通常應用人機關之需求，每二年辦理一次。在考試方式方面，原除採筆試外，應兼採口試、測驗、實地考試、審查著作或發明等方式中一至二種考試方式。

就甲等特考之建制與發展言，則顯示兩種意義：其一、美國自第二次胡佛委員會的高級文官建議案至1978年卡特時期之文官改革法建立SES制及其逐漸引介評審（量）中心法以考選高級行政人才；英國最近舉行公開競爭之副司長級（Assistant Secretary）考試，證明甲等特考之創建符合時代潮流。[21]因本考試曾為國家最高考試，及格人員之應考資格最為整齊。

由於甲等特考備受重視與爭議，考試院、考選部間曾積極研提改進方案，甚或加以廢止亦有擬議。本項考試之評議，實為現職文官陞遷機會（主管職）之爭，甚至涉及社會各界的「權威價值分配」問題，所以，無論在制度上之設計、修正與實際運作，皆為非政府體系與政府體系所重視，其考選方法之良窳，關係人才之優否，要求對其研究改進者，亦自甚多。

20　參見蔡良文，五權憲法考試權之發展（台北：五南圖書，76年），頁17。
21　同上，見311，另參見The Civil Service Commission, Annual Report, 1984, p. 19.

表8-1　甲等特考考試方法之意見統計表

反應意見 分類組別	人數(n)；百分比(f)	合計		1.可以拔擢高級行政、專業人才，宜維持現行辦法		2.宜先筆試二科，成績及格者再參加著作審查名口試		3.恐仍不易拔擢高級行政專業人才，應作著作發明審查、筆試、口試等方面之改進		x
		N	F	n	f	N	F	n	f	
身分別	合計	1483	100	383	25.8	853	57.5	247	16.7	
	主管	575	38.8	180	31.3	300	52.2	95	16.5	
	非主管	908	61.2	203	22.4	553	60.9	152	16.7	19.42***
機關別	合計	1484	100	383	25.8	853	57.5	247	16.7	
	教育	352	23.7	131	37.2	157	44.6	64	18.2	
	考試	53	3.6	4	7.5	32	60.4	17	32.1	60.77***
	分發	87	5.9	11	12.6	63	72.4	13	14.9	
	用人	972	66.8	237	23.9	602	60.7	153	15.4	

附註：***p<0.001。

　　考選部為應輿論各界對甲考不同之反應，維持甲考之公平性與客觀性及建構完整國家考試體系，並設置層次分明之考試類科及應試科目。曾於民國78年向各界發出「公務人員考試類科及應試科目改進意見問卷」，當時各機關相當重視此調查研究案。[22]在各種意見統計分析，經多方考驗，就整體而言，各類別（含主管或非主管身分及格機關別等）人員之意見並不一致；但除教育機關人員外，皆明顯傾向支持甲考宜先筆試二科，成績及格後再參加著作審查及口試，各約占六成左右。然認為甲考恐仍不易拔擢高級行政專業人才，進而積極主張應於著作發明審查、筆試、口試等方面作改進者，各類人員均約有六分之一以上的比例，其中考試機關更高達32%，且該機關群支持原制者亦僅有10.5%。其詳如表8-1。

　　依高級文官特質與養成而言，吾人同意考政機關意見，即彼等除學識能力外，尚應兼具品德、操守、工作態度、領導統御等能力，而這些都需在長期工作中磨練、觀察、培養才能得到；而培養更應包括淘汰、陞遷、進修、獎懲等。這些條件非考試所能完全

22　蔡良文、王秉倫，公務人員甲等特考及高普考試調查意見之研析（台北：考選部印，79年7月版），頁4。

察考鑑定的，惟就甲等特考與國軍上校以上軍官外職停役轉任公務人員檢覈，甚或前述之公務人員簡任職升等考試而言，茲因各種考試應考資格條件內，均附有經歷事項，倘早期能輔以資格調查（書面查詢、訪問查詢、電話查詢）、學經歷評估（evaluation of training and experience）或輔以評審（量）中心（Assessemnt Centers），如情境測驗中之「籃內測驗」（Inbasket test）、「無領導者團體的討論」（leaderless group discussions）、「競賽（局）」（games）及「分析演練」（Analysis exercise）等，當有助於提高考試之效度，而遭受質疑的可能性必然降低！

　　復以在選拔高級文官時，除上述各種考試方式之採用外，對於運用高級文官之核心能力指標以為遴選標準，或許存有相輔相成之效果。茲以美國人事管理總署為例，在早期提出高級行政主管職（SES）與高級主管之現職人員應具備：確認尋找與處理影響計畫事項的重要外在因素；為所負責計畫在各種組織內外場合從事溝通或代言；規劃組織與督導計畫或方案；獲取與辦理計畫所需預算和其他資源；公正與衡平方式管理所屬人員；以及監視、評估與調整計畫運作欲達成目標。1998年修正採行的標準為「主管人員核心資格條件」（Executive Core Qualifications），包括變革領導（Leading Change）、成員領導、成果導向（results driven）、企業敏銳（business acumen）以及聯盟建立與溝通等五大面向，各核心資格，條件面向均有細目的特性說明和能力面向，[23]均可供為採用何種考試方式、方法、技術之重要參考，俾利選拔所需用之人才，以蔚為國用。至於我國考試院民國98年4月9日[24]行文予立法院，擬修正公務人員考試法第15條，以增列博士學位3年優良經歷者應考，及格者取得簡任第10職任用資格（公務人員任用法第13條配合修正），惟103年1月公務人員考試法修正公布，亦未納入修正，未來似宜參照上述國家之制度設計，能宏觀配套改革為宜，不致如此小幅改進也。

二、高級科技人才之引用

　　由於科學技術的衝擊，行政專業化的程度已達到普遍、全面及深刻之境地，亦因科學技術對人類的政治生活，一直都在發生直接或間接的影響，其影響範圍由經濟而社會、政治，由事務而行為、價值。所以政府不單是扮演社會各行業之仲裁人，或代表人而已，必須預測、規劃未來的藍圖，對未來可能的問題亦能預為化解。當然社會高度分化的結果，各次級系統相互依存的關係，日形複雜，其中政治系統之地位日益重要，而政府為因應性質不同，數量繁雜之事務，非由專門人才擔任不可。當然為期圓滿周妥，由高級行政通才與專才合作，才能克竟其功。就通才應重視其識見，予以拔擢；就專才－尤其是高級科技人才之引進，則必須另有一套客觀衡鑑的選拔標準與方法。

23　施能傑，「英美政府高級文官甄補制度」考選制度與國家發展研討會（台北：考選部，88年1月12日），頁21-25。

24　考試院民國98年4月9日以考台組一字第09800028241號函請立法院審議，惟立法院99年1月三讀通過該法修正案時，並未對第15條做修正。

按科技人才是科技發展及國家建設的原動力，惟負責其規劃及推展乃政府之責，故而積極延攬高科技工作及稀少性技術工作等公職人員，為用人機關當務之急。惟就事實以觀，上開人才，倘要求彼等一體參加高普考有其困難，如何在現行法令規定下，積極引進所需人才，有關單位實宜速提解決方案。因此民國85年1月修正公務人員考試法第4條規定高科技或稀少性工作類科之科技人員，經公開競爭考試，取才仍有困難者，得另訂考試辦法辦理之。90年12月修正公務人員考試法第4條第2項規定，前項高科技或稀少性工作類科標準，由考試院會同行政院定之。同條第3項規定，第1項考試錄取人員，僅取得申請考試機關有關職務任用資格，不得調任。又上開高科技人員或稀少性技術人員進用之待遇、陞遷等亦應與一般行政人員有所區別，期以達到用才、留才之目的。

貳、高資低考問題與應考資格之探析

任何系統之觀察，不能孤立於整個社會環境之外，而任何系統之改變或成長，必將影響其他相關系統運作。由於教育系統之運作，使教育水準日益提高，相對的，各用人機關之學歷素質亦提高。通常公務人力素質之學歷條件高低與其官（職）等應成正比，惟就實際以觀，自民國98年底起，即呈現此種情形，有待思考合理解決，全國行政機關公務人員中，委任職公務人員博士學位有17人（80年底為10人，91年底為4人），碩士學位3,086人（80年底為713人，91年底為829人），大學畢業有20,678人（91年底為12,923人），專科學校畢業者18,883人（91年底為2,454人），而專科以上學校畢業者約占全部委任職人員的78.78%；在薦任職公務人員中，博、碩士者21,703人（91年底為11,101人），占全部薦任職人員的26.02%（91年底占22.7%）而專科以上學校畢業者約占93.26%；在簡任職公務人員中，博、碩士者5,323人（91年底為3,774人），占全部簡任職人員的59.09%（91年底占47%），而專科以上學校畢業者約占99.01%（91年底占97.1%），此一現象，證明事實相當符合教育常態，且有逐年增高之趨勢。[25]

又根據考選部一項問卷調查研究指出國家考試各等應考資格條件規定，係逐次增列條款，以往教育水準不高時，或未有、或少有「高資低考」問題發生，如今，教育水準提高，考政機關似為顧及應考人權益或為廣攬人才，對於大部分國家考試之應考基本學歷，均未相對予以提高，如此才有所謂「高資低考」現象發生。[26]無怪乎普考各類科考試科目中有絕大多數為高中職未教授課程，或有則命題內容難度亦非高中職之程度也。另以107年公務人員初等考試錄取或及格人員教育程度統計[27]觀之，學士學位以上之錄取人數錄取總名額之87%，高中（職）以下學歷僅占10%，同樣地，顯示高資低考問題之嚴重性。目前，現行修正公務人員考試法，對初等考試應考資格放寬為沒有學歷

25　銓敘部編，中華民國銓敘統計（台北：銓敘部印，80年7月、81年7月版暨92年7月版），頁64-65、頁68暨頁51。即便是96年至103年公務人員考試及格者的學歷之逐年增高亦然。

26　蔡良文，國家考試高資低考問題之研究（台北：考選部印，77年10月版），頁58-62。

27　考選部網站。

限制，藉以提昇行政效率、效能，奠基行政大國之礎石，各種考試可漸次提高應考學歷及增加知識潛能之考試方法。因此，公務人員考試法，已規定高考一級考試應考資格之一為博士，二級高考為碩士以上，三級高考為學院以上。而普考似可分一、二兩級，其應考學歷條件應分別規定為專科以上學校畢業者與高中、職畢業者（含普通檢定考試及格與丁等特考初等考試及格滿3年者）。若考試效度極高時，可漸次開放普通考試以下之應考資格，僅只限年齡而任由應考人自行衡評實力，參加各該等級國家考試。

另外，與應考資格相關者，即民國85年修正之公務人員考試法，規定特考特用，即為因應用人機關特殊需要，得舉行特種考試，其錄取人員限申請舉辦考試機關任用，不得轉調其他機關。惟本項規定90年修正放寬為6年內不得轉調。103年修正之公務人員考試法第6條第1項規定，限制轉調年限由1年延長為3年，爰自103年起公務人員高等考試三級考試暨普通考試開始實施，即及格人員於分發任用服務3年內，不得轉調原分發任用機關及其所屬機關、學校以外之機關、學校任職。

再者，當初立法擬議高等考試必要時，得按學歷分級舉行，主要係考量公務人力之供需與質量均應與社會環境、國家整體人力資源、機關組織目標，以及人事規章相配合。在公務人力獲得方面，其主要原則有：須能獲得足夠人才，以滿足機關當前及嗣後連續性之需求；須能獲得各類公務人力，尤以目前公務人力供應最為缺乏，而又為機關所必要者然；所獲公務人力需符機關任務及長期發展者。當時民國79年至84年舉辦高考一級考試，據考選部工作檢討會檢討意見指出，係為紓緩高資低考現象與減輕請辦甲等特考需求。按高資低考，對適格之應考人似乎是不公平，對考試而言，可能影響到理想考試結構應具之標準性；惟若分級過多，考試方式不變，僅採取筆試時，必然也造成相對不公平，諸如命題難易可能因不同命題委員之認知，而難有合理區分試題品質現象，值得考政機關深思與進一步去規劃設計了。

最後，有關國家考試之應考資格問題，除合理正視所謂「高資低考」問題外，吾人同意應朝「資格從寬、考試從嚴」大原則下的六方向努力：（一）貫徹考試公平與機會均等原則；（二）維持國籍基本資格限制；（三）取消基層特考（或所有國家考試）之兵役設限問題；（四）減少特種考試之非必要的性別限制；（五）適切放寬特種考試之年齡限制；（六）積極照顧弱勢團體應考試之權利（其考試方式與技術應配合調整，俾利應考）。[28]

參、考選技術議題之檢討

我們前面指出考試之基本前提為承認個別差異，為社會大眾所重視及基於公職之特性等；而在確認考試前提與目的後，各種考試方式、方法、技術之強化與改進，或考試

28　江明修、蔡金火，「公務人員考試應考資格之研究」考選制度與國家發展研討會（台北：考選部，88年1月11日），頁29。又照顧弱勢團體應試之權利，應有一定配套的規定，以期政治、人權價值與行政、功績價值的衡平。

類科科目之設計，試題題庫之建立等，均應以此為指標。當然負責典試事宜之典（主）試委員會之職責亦是重要的，倘僅為臨時性組織，其功能角色相對降低，如何改進？允宜深入探討之。[29]

一、組織常設典試委員會負責典試事宜

按典試制度，為我國獨特與深具傳統之制度，亦是考試權獨立，考試公平、公正之象徵。就目前實際運作，由於各種考試典試委員會，係於試前一個月成立，由於時間緊促，似難就本考試之性質、需要而設計嚴密、理想之命題、閱卷等作業。為此，吾人以為可於考試院下設常設典試委員會，以獨立超然辦理國家考試典試工作，或至少可朝於各該年度開始前三個月，將全年度擬辦理之各種考試先行報院核定，隨即遴提典試委員長人選，簽請總統派任之，再依典試法之規定，遴提典試委員，儘早成立典試委員會，俾以發揮應有之功能。另以民國91年1月16日修正公布之典試法第2條規定，同一年度同一考試舉辦二次以上者，得視需要組織常設典試委員會。

又有關典試委員長人選，除由考試院長、副院長、考試委員擔任外，允宜遴提典試法第5條第2、3、4款規定資格者擔任，以發揮專長，進而提昇考試院形象與地位。至於典試委員人選不宜過多，原則以不同職組來遴提，若為技術人員考試似可採一至三職系遴提一位典試委員人選，期以充分發揮典試功能。

最後，考政機關建立之典試委員遴選資料冊（檔）方面，其作業方式，由向各機關學校、研究機構等單位索取相關資料建檔；再改由通函有關單位、人員，依法定委員條件逐一篩選建檔為主，輔以歷次辦理考試過程中之敬業精神記錄，加以過濾之。惟為期建立專業制度，精確瞭解其專業素養能力，理應建立典試委員資格審查委員會（為常設機構），凡經該會審查通過者，始得列入資料檔；至於命題、閱卷委員等之遴選程序亦同，爾後，除慎選典試委員外，亦可漸進建立制度，對其命題、閱卷之品質予以評鑑，以提高考試之效度與信度。

二、適時擴大推動分階段考試制度

按考試選才，係建立在人才能力得以評量的基礎之上；惟欲藉考試，以考量工作所需知能條件與學識能力要件，實無法完全達到；復因報考人數眾多，似無法同時採行較精密、複雜與花時間觀察之考試方法與技術；所以，如何正確考選人才，為考政機關之要務，目前要改善此一問題，除後述設計不同組別之考試類科科目外，似應逐次採行分階段考試尤其在經濟不景氣，公務人員工作安定相對有保障下，為報考人數眾多的時期；按以經濟景氣時全年應考人數約30餘萬人次，最高在101年將近有80萬人，最近103、104年則超過50萬人以上，以分期考量、分試淘汰，以期將考試信度與效度提高，為考選最適格的人才，目前雖多所變革，然為期各界瞭解其所研議過程，特分析如次。

29　同註18，頁2-24～2-27。

按以考政機關在研擬分階段考試前，先撰就「國家考試以預試正試方式分階段考試之研究」報告，該報告結論指出：採用分階段，先行預試，求之古今中外，皆有先例。因其確有節省人力、物力、縮短考試流程，提高考試品質等益處，允宜參照各國之例，早日籌劃實施。經依報告要點，撰就「公務人員分階段考試規則訂定要點」。就當時分階段考試係先由專門職業及技術人員醫師牙醫師檢覈筆試開始實施，第一階段考試基礎學科，第二階段考試應用（臨床）學科。凡持有公立或立案之私立專科以上學校或經教育部承認之國外專科以上學校醫學系、科（含須兼修醫學系必需課程之中醫學系）或牙醫學系、科修畢基礎學科成績及格之學校證明或畢業證書者，得分別應醫師或牙醫師第一階段考試。經第一階段考試及格者，始得應第二階段考試。惟民國82年12月31日前，已申請檢覈准予筆試之應考人，得同時應兩階段合併舉行之考試。考試及格者，由考試院發給考試及格證書。另專技人員藥師考試也將採行分階段的考試。

公務人員分階段考試，原擬由司法人員法官、檢察官開始試辦，考選部曾擬就分階段考試規則草案，並徵求司法院、法務部意見報考試院核議。惟經考試院第7屆第248次院會決議，「應擬就通則性之規則」，考選部據以另擬「公務人員考試分階段考試規則草案」，其擬定之前提理念，係仿檢定考試方式，即將本考試分預試及正試兩階段，第一階段考試不及格者不得應第二階段考試。第一階段考試內容以測驗應考人對國家基本認識及通識能力為主，即不全然為現行考試之普通科目；第二階段考試則以考驗專業知能為主。另草案中亦附帶建議本規則係屬新創，允宜先擇定部分考試先行試辦，視成效如何，再行決定擴大適用範圍。原以為公務人員分階段考試可以漸次辦理，惟案經考試院第7屆院會第274次會議決議：俟部研擬修正公務人員考試法，使應考人得於在學期間參加第一階段考試之規定完成立法程序後，再報院審議。

吾人審視分階段考試之推展過程，除專技人員醫師、牙醫師檢覈筆試分階段考試先行試辦外，公務人員考試分階段考試，在考試院院會討論經年未果，倘能就特種考試司法人員考試法官、檢察官分階段考試，先行試辦；或准此新的嘗試，再評估其可能的結果，可供研究推廣其他考試之參考，但由於未能付諸實施，如今只有希望公務人員考試方法能愈益精密化。茲再以民國85年通過的公務人員考試法第12條規定，公務人員各種考試，得分試、分地舉行。惟自民國87年開始實施之分試制度，與原構想應考人得於在學期間參加第一階段考試之規定的精神大異其趣。至分試制度其成效經第10屆考試院會議決議，同意考選部評估，於95年即開始廢止分試制度，是以分階段考試是否重新建構，尤其是民國97、98、99年的情勢發展，應否即重評重設計分階段考試制度，而強化第2階段或第3階段的考試方法，以提昇考試信效度，因以考選取才之成本，遠不及因取材不當所造成人事成本之負擔，故而為政者必請三思者也。

三、彈性運用不同的考試方法

依公務人員考試法相關規定，考試方式得採筆試、口試、測驗、實地考試（測

驗）、審查著作或發明、審查知能有關學歷經歷證明等方式行之。除筆試外，其他應採二種以上方式。學者研究指出考試方法僅測驗專業能力，其科目設計亦然，未能測試其他廣泛才能和人格特質，而發生效度不足的現象[30]。由於公務人員考試希冀除於測試應考人之知識認知能力外，能進一步測驗其潛能品操等。易言之，國家考試應能測知應考者人格特質、態度、創造力、解析問題能力，甚至包括操守廉潔、負責盡職及潛能性向……等多元心智能力與成就評量功能。因為若能經由研究結論或經由各政府機關協商訂出公務人員各等級、類別人員所需的職能指標或研訂類如上述高級主管人員核心能力指標與核心資格條件，則可更大膽的使用除筆試以外之其他如口試、實地考試、經歷審查「卷宗評量」（Portfolio assessment）……等方式，發揮選才、用才之功能。考選人才過程中各種因素亦應併同考量[31]方能使國家考試邁入新的里程。

四、考試類科科目與考試技術之規劃設計

公務人員考試之目的，除在配合用人機關需求，積極選拔人才外，亦應考量經由教育途徑造就人才之特質。故而育才、選才、用才及留才必須環節相扣，亦即教考訓用配合政策之理念作為也。究其底蘊應可界定於考試類科、應試科目之合理設計，另相關課題之考試方法、技術與題庫之建立，當併同實施。

考選部在其考選工作研究委員會成立之初，即責成主管單位研擬「設置、調整考試類科及科目作業應行注意事項草案」，案內決定：在考試類科之設置、調整，依擬任職務之職系為原則，如同一職系內，包括性質不盡相同者，必要時才予分組；其應試科目

30　彭錦鵬，「我國公務人員資源改革方向之研究」（台北：行政院研究發展考核委員會，98年），頁96-97。
31　考選人才過程中心的重要因素，依D. L Presang的觀點，如附圖：THE ROLE OF PERSONNEL MANAGEMENT IN GOVERNMENT.

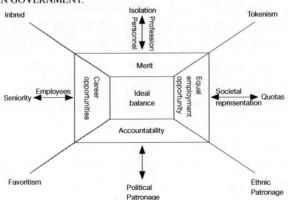

Figure 1.3 Major Influences on the Selection Process

資料來源：D. L. Dresang: Public Personnel Management and Public Palicy (N. Y.: Longam Publishing Gonp, 1991), p. 17.

之擬訂、修訂，依5年內各該考試資料、銓敘部職系有關資料、用人機關就擬任職務所需學識經驗、知能條件等有關資料、中等學校以上必修課程內容及學術研究團體及個人意見資料，以及在限期內對設置、調整及修訂考試資料及科目時，或有特殊需要或社會輿論有重大反應時，得擬訂問卷，廣徵各界意見，併同作為設計參考。

據此原則程序，考選部於民國78年研擬「公務人員考試類科及應試科目改進意見」問卷，考研會負責研究案之推動執行，本案係落實教、考、用配合政策之基礎工作，亦係積極與學術機關、專家學者配合，以尋求考選之精進與突破，以合理設計完整考試類科科目體系。就目前實施以來，均以每三年賡續檢討改進為原則，以期與時俱進，選拔優良人才。至今高普特考多配合95年開始實施之43職組與95職系設計，而做大幅度調整，銓敘部於105年起擬議就職組及職系通盤檢討，未來亦需配合予以調整。要之，公務人員考試在配合用人機關需求，必要考量其職系或職務設置情形而定。

在考試應試科目方面，由於規劃良善之科目，始有助於正確有效的測試應考人程度，以真正拔擢優秀人才；就目前考試題目設計與考試時間規定下，其考試科目數不宜減少。若能改變考試方式，即除筆試外，輔以其他如口試、著作發明審查、或審查知能有關學歷、經歷證明等方式，則科目數可以酌減或科目合併時間加長亦可考量，未來如何彈性運用不同考試方式，以選拔各類人才，是有其必要的，至於及格人員任用後，轉任問題之配套設計，應併同考量，以期周延可行。若配合簡併類科時，除考量學校課程外，亦應考量機關用人需求，有關考試專業科目應依職務等級職務說明或工作分析等、專業程度分層級加以設計，使能真正拔擢最適格人才，以蔚為國用。

至於各種考試題庫之建立方面，按考試試題形式，要分測驗式試題、申論式試題與混合式試題等。考選部自民國70年起即有題庫建立之擬議，至民國72年共編擬五科試題題庫；自73年起，陸續有「考選部推行學科測驗六年工作計畫」以及「考選部建立申論式試題題庫三年工作計畫」使得試題題庫工作有長足進步與發展，對考試命題品質之提昇，助益甚大。自民國80年10月起，考選部全力建立各種考試科目之試題題庫，且計畫在民國95年起全面建立申論式試題題庫，自99年起配合考選部成立各種考試業務基金制度，倘能善用資源與人才（用對的人），當能有效的提昇試題品質。茲因申論式試題重於靈活運用，俾能適應、配合學術思潮、社會政經現況及考驗應考人之學術素養，故是否應大量建立申論式試題，似應進一層深入評估；再者，建立題庫時，除應考量上開因素外，亦應將於題庫試題之預試制度，以作為命題委員之參考，及據以調整試題難易度、修正題幹、選項等之重要參考；當然，考試品質之提昇，除事前之周妥準備工作外，對於題庫試題試前或試後之分析研究工作尤應積極進行，用以供充實更新題庫之參考。就長期而言，我們建議應成立題庫研發中心或成立題庫發展署，置各有關專業人員，即期以網羅各學科專家及測驗專家共同參與試題分析與題庫規劃研究工作，並專門追蹤研究考試結果之正確性與公平性，及評估考試之信度、效度。

肆、公務人員考試法修正重點

　　公務人員考試法（以下簡稱考試法[32]）於民國103年1月22日經總統修正公布，並自1月24日生效。基於修正幅度大，特將本次修正重點摘述如次：

一、為期用人機關得以確實分配到考試錄取人員，錄取人員同時錄取時應擇一分配，落實考用配合政策。

二、高普初等考試限制轉調由1年改為3年，避免浪費行政資源，期能培育出任公務人員，使其得以具備完整之職務歷練，並可與特種考試地方政府公務人員考試之限制轉調規定取得衡平，增加機關用人安定性，提升政府行政效能。

三、縮短因進修碩博士學位申請保留錄取資格之期限不得逾2年及3年，增列子女重症及養育三足歲以下子女等保留事由及其申請保留錄取資格之期限不得逾2年及3年，以衡平機關用人需求與錄取人員權益。

四、保障母性，女性應考人因懷孕或生產前後無法參加體能測驗，准予保留筆試成績，並於下次逐行參加相同考試類科之體能測驗，以提高應考人生育意願，符合憲法平等權利及兩公約精神。

五、活化高科技或稀少性工作取才流程，未來將積極與相關機關合作，配合國家政策及科技發展，增列高科技、稀少性類科或訂定特種考試規則辦理之，以因應機關業務需要，提高用人彈性，有效發揮考試制度功能。

六、引進分階段考試，活化國家考試，引進多元考試技術與方法，使公務人員考試更具彈性並強化評量功能。

七、照顧經濟弱勢，彰顯社會正義，應考人報名費得予減少之適用對象，除原有之身心障礙、原住民族應考人外，增列中低收入戶、低收入戶及特殊境遇家庭之應考人，另針對前述5種身分之考試及格人員，增訂其及格證書費得減徵、免徵或停徵之法源規定，使法制更為完備。

八、考量公務人員須執行公權力，從事為民服務工作，應具良好品德，爰增訂應考人考試涉及重大舞弊，自發現之日起5年內不得應考試院舉辦或委託舉辦之各種國家考試，維護國家考試公平。至於其他強化措施，有待未來適時評估檢討。

32　公務人員考試法於民國103年1月22日經總統修正公布，並自1月24日生效。於考試法修正公布後，始公告舉辦之考試，應適用新法，即103年公務人員特種考試警察人員考試、一般警察人員考試、特種考試交通事業鐵路人員考試及其以後辦理之各項公務人員考試。至於考試法修正公布前，以公告舉辦之考試或已辦理完畢之考試，其錄取人員於元考試法存有信賴保護利益之事由，基於信賴保護原則，可適用原考試法之規定外，其他則應適用新法規定。

第五節　小　結

　　公務人員的引進，即經由考選為服公職的初步。考選者，係以考試的方法為國選拔人才。所以公務人員之考選，在人事行政中占有極重要的角色。

　　考選的目的，在獲取優秀的人才，蔚為國用。其傳統之基本前提為：（一）承認個別差異存在；（二）為社會大眾所重視等。申言之，（一）考選旨在選拔優秀人才，造成萬能政府；（二）濟選舉之窮，才俊得以出頭；（三）促進社會流動，人人可登庸仕途；（四）消除分贓制度，確保政治清明等。對於如何選拔優秀人才到政府來工作，學者意見不一，大致可歸納為：選舉說、委派說、考試說及混合說等。

　　在現行考試方法之學理中，不外：（一）筆試法；（二）口試法；（三）調查法；（四）審查或發明；（五）實地考試（測驗）；（六）審查知能有關學歷經歷證明等。目前考試程序，則包括調查任用需要、決定考選類科及等別、訂定應考資格與應試科目、選定考試方法、舉行考試等。如何擴大運用筆試以外方法取才，是考政機關應重視的課題。

　　若檢視我國現行考選制度之特點，可發現係依考試法而來。現行國家考試體系可分為公務人員考試、專門職業及技術人員考試、考試錄取人員之訓練業務等。目前我國考選制度及考試體系之設計，在面臨多元價值衝擊下，考試取才之對象與標準應加檢討，因應公務人員核心能力職能與人格素質指標與考選之比重，有關考試方法、技術必須再求精進；且以考選用才之成本，遠不及因取才不當所造成的人事成本負擔，必須慎於始也。

學習重點

- 任用的意涵與方式
- 內陞、外補、折衷制之優、缺點
- 在學理上的任用原則
- 現行公務人員任用的沿革與特色
- 公務人員任用法修正現況與內容

- 任用的要件與限制
- 公務人員任用途徑與程序
- 公務人員陞遷基礎
- 現行陞遷制度的檢討與建議
- 公務人員陞遷法制

關鍵名詞

- 任用
- 內陞制
- 外補制
- 陞遷
- 限定界限法
- 規定比例法
- 升官等考試法
- 官等

- 簡任
- 薦任
- 委任
- 派代
- 轉任
- 調任
- 甄審委員會
- 初任考試

- 特考特用
- 升官等考試
- 加薪與陞級
- 機要人員
- 迴避
- 試用

第一節　任用的意涵與原則

壹、任用的意涵

　　由於文官特性至少包括：（一）取得文官任用，要有一定資格及程序；（二）文官要有適當的訓練，要能跟上時代，成有為的文官；（三）文官的俸給、退休、養老，都有適當的安排，足以養廉、安老；（四）文官的考績、陞遷、褒獎都有一定的標準和程

序，不可中間插隊，以維士氣；（五）文官都是終身制，即永業制，無故不得降職或免職，使其依法獨立行使職權，為民服務。[1]所以，文官必要經由公平、公正、公開的考選，接著即是依法派任。所以任用（appointment）者，係各機關首長對經考選合格之人員派以適當職務的過程，為公務人員制度中重要的一環，並與考選制度有密切的關係。考選為任用之前奏，而任用為考選之結果。

任用既是甄補行為的一環，所以任用的意義可分成廣義與狹義兩點來看：就廣義的任用而言，實與甄補（recruitment）的意義相同，在政府職位出缺或新增之時，須加以補充，此即產生公告、選拔與任用等過程；惟就狹義的任用而言，僅指合格人員補充於特定職位的配置過程。本章採狹義之觀點。

又公務人員之陞遷是對現職人員任用之變更，本質上亦是任用之一部分，所以本章重點在探討狹義的任用相關議題外，同時也探討陞遷議題。

貳、任用的方式

公務機關依法任用，惟一旦職位（務）出缺後，究竟採何種方式進用人員？事實上，任用方式乃關係整個人事制度之基本性質。目前有內陞制、外補制與折衷制三種大方向。

所謂內陞制（recruitment from inside the service）：係指機關職位（務）有空缺時，由在職的次一層級人員陞任補充者；而外補制（recruitment from outside the service）：乃指機關職位（務）有空缺時，不以在職之初級人員陞補，而由外界挑選合格的人員補用之。這兩種制度各有利弊，茲歸納張金鑑教授對兩制優缺點的分析，並說明折衷制之內涵於下：

一、內陞制

（一）優點

1. 在職的公務人員認為陞遷有望，機會較多，自然興趣高，效率大，而安心工作。因為陞遷的機會與希望較多，對公務人員就是一種有力有效的策勵與獎進，其視職務為終身事業，則不存五日京兆之心，而見異思遷。
2. 新任的高級人員是原來的舊同事，對機關的傳統較為熟悉，不致多所更張，易於保持機關之安定；僚屬的關係既有感情，易獲得彼此的和諧。
3. 憑一時的考試，有時並不足以發現真才，在長期的服務過程，對一人才能高下、品行優劣可以有完全的瞭解，以為晉陞的根據，易於實現因事以選才，因才而任使的原則。
4. 晉陞新職的人員，以經驗豐富，技術熟練，對於新任的職務可以從容應付，不感

1　王作榮，「文官制度與考選政策」，考銓季刊，期3（台北：考銓季刊社，84年7月），頁4-13。

任何困難。

5. 陞遷得人得當，則可提振士氣及有改善組織氣候。

（二）缺點

缺點即上述優點的副作用：

1. 內部陞遷易阻礙外部新血液的加入，則易滯留不願學習新技術與知識。

2. 內部人員因職位競爭，陞遷若稍有不當，反致組織氣候緊張，不易安和。

3. 品格與經驗可以長期觀察，但對組織須短期改選時，反成一種高成本。

4. 如新任職務為主管職，不確定有經驗者可以延續發揮所長。

5. 因取才有限，難達「廣收慎選」之功。

二、外補制

（一）優點

1. 足以吸收卓越人才至政府服務。

2. 因事選才，因才任使，足收「適才適所」之效，不致生「人事枘鑿」之弊。

3. 機關內有新分子的加入，易有所興革與進步。

（二）缺點

1. 公務人員以晉陞無望，自易減低其工作情緒與效率。

2. 公務人員以前途發展有限，自難安心服務。

3. 新進人員與原有人員毫無關係，易引起不合作的現象。[2]

三、折衷制

前兩制各有所長，亦各有所短，有效人力資源策略規劃上，必須考量其相對適用性，方可捨短取長混合運用，某種程度上以折衷制最為妥當。其方法通常有三：

（一）限定界限法

即將公務人員等級分為高、中、初三等，任職考試亦分為高、中、初三等。初等考試及格者自初級任起（外補制），但可陞至中等的中間級（內補制）；中等考試及格者自中級任起（外陞制），但可陞至高等中間級（內陞制），或者初、中等晉陞中高等，均輔以升等考試，亦屬妥善之法，惟此與（三）升等考試法略有不同，蓋此僅高、中、初三等之劃分。

（二）規定比例法

即職位出缺時，規定其由內陞者與外補者各占一定的比例，當然，也可考慮不同官

2　張金鑑，行政學典範（台北：中國行政學會，60年），頁435-437。

等，而有不同比例，其最高原則與目的，則在求公務人力資源作最佳之運用。

（三）升官等考試法或晉陞官等訓練

前者，公務人員任職已歷級升任至某一等最高階職位後，服務成績優良，得參加升官等考試，經考試及格者始准予以高一官等的職位晉任之。後者，如依公務人員任用法第17條規定之薦任晉陞簡任官等、委任晉陞薦任官等訓練，及公務人員保障暨培訓委員會職掌之升任官等訓練；訓練合格者可晉陞高一官等任用。

參、任用的原則

如從公務人力資源管理流程觀看，任用必須依據組織規劃、工作設計、與人力甄補足量適格而延續。但在公務部門中，任用應把握下列五點基本原則：

一、適才適所

任用的基本原則，即在促使人與事配合，才與位相稱，獲得勝任愉快的人員，亦即適才適所是人事行政首要目標。為期適才適所，最重要的途徑有二：即量才器使及以位取人，前者以尊賢重能為核心，為傳統人事制度之用人原則；後者則以工作需要選擇稱職人員，是現代人事制度之章法。再者，為使才位相稱，用人者宜分辨及鑑別「主官與非主官職位」，「中下階層與高階層職位」、「專業及通才職位」等性質之差別，職責資格不同，其所需之才智亦不同。所以任用是順乎各人才能發展的傾向，賦予職責權限的過程。

本項原則，包括初任人員與現職之陞遷調補人員，均應考量其考試專長、職組職系、職等標準……等指標，至於晉陞為主管或非主管人員或研究發展性質之人員特質、條件應有所不同，所以，適才適所之範圍、條件應極其嚴謹客觀，以使公務人員資源作最佳之運用。

二、任使賢能

任使賢能之原則，即任用人才必期「賢者在位，能者在職」，自古迄今，用人唯才係用人行政的金科玉律，如何尊賢重能，使各盡其才，即為任使之技巧。人才之優劣，不是絕對一成不變的，端視如何識別善任，任用制度最忌「劣幣驅逐良幣」，「親小人遠君子」，但「善善不能用，惡惡不能去」，往往習見不鮮，故用人行政，遂無典型法制可言。根據行政實例觀之，才智發展達中上程度後，即愈不易判別其才賢。一般測驗人才的方式，殆僅適用於中等階層以下人才之甄選，故如何鑑別中上才具之士，乃用人行政最深奧之技巧與藝術。尤其現代社會，魚目混珠，動輒自許為「才俊」，「才有餘而識不足者」與「識有餘而德不足者」尤多，真正具有待人處事才能及光明磊落人才者，反不易察知，這就是任用相關法制所以不能健全之緣故。影響用人唯才制度之因素

尚多，如裙帶關係的攀引、人情關係的壓力，政治因素的介入及資歷名位的影響，均使任用之常規法制受掣肘而變質。這些原本可在依法考試任用規定上，貫徹守法而防弊，但任用賢能的關鍵，是在首長與人事主管是否遵行相當法制及排除上述不良因素之干擾。[3]

　　在我國考試取才的觀念，深植人心，茲以民國104年底資料顯示：行政機關為例，其人員經考試及格任用者約95.57%，其中政務人員雖不須經由考試任用，惟約有46.86%曾經考試及格任用；簡任（派）人員約占87.86%；薦任（派）人員約95.49%；委任（派）以下約占95.17%；警察人員約占98.73%。即使以各機關別（含行政機關、公營事業、衛生醫療業機構、各級公立學校職員）分類，中央各機關考試及格任用者約占80.31%；地方機關為94.43%；兩者平均約為87.37%，較諸民國65年的32.56%，有長足進度。[4]另因政黨輪替因素，決策價值抉擇，以及彈性用人觀的改變，所以，政務人員、常務人員及臨時契約進用人員之三元體系的建置，確實應對現行職務制度應重新思考與配套規畫，將另外為文論述之。[5]茲以美國為例，其聯邦政府約有五分之四的行政單位之文職公務人員適用功績制；在任用過程中，約有五分之三的公務人員的考試與任用由OPM（The Office of Personnel Management）負責，其他則由OPM授權各部會自行負責。[6]雖然其舉行大規模公職考試不若我國，但其公開取才，任使賢能的原則是相同的。

三、客觀公正

　　任用人才必以客觀公正為主要原則，在選擇上必須有三項標準：1.必須是有效度（valid），2.必須是可靠性（reliable），3.必須是與工作有關的（job-related），這三項標準為求運用及發展人員潛能。當任用範圍及途徑廣泛，諸如分發派職、試用、陞遷、調動等，如能客觀公正，促使中立才能發展，鼓舞人才精進。反之，用人者主觀自私，即令任用合乎有關法令規定，亦無法健全用人行政。如用人唯私、排斥異己，則所謂「多黨者進，少黨者退」（姜尚：六韜），何能稱得上任用人才，如此，行政如何上軌道，政務如何推動，國家競爭力如何提昇，均值深思者，惟有用才以客觀公正，方能以致之。

3　繆全吉、彭錦鵬、顧慕晴、蔡良文，人事行政（台北：空中大學印行，79年），頁316-318。

4　銓敘部，中華民國銓敘部統計年報（台北：銓敘部印，91年6月），頁11-13。又由於考試及格者之權益較受保障，各類人員經考試及格者均有提高；詳可參閱各年銓敘部統計年報。而政務人員由於89年之首次政黨輪替，以及民國93年1月1日實施之政務人員退職撫卹條例後，有關常任文官轉任政務人員大幅減少，整體公務人力結構改變，值得進一步去研究。

5　蔡良文，「論聘用人員人事條例之關鍵性議題」公務人員月刊。

6　J. W. Fesler & D. F. Kettl, The Politics of the Administrative Procss. 2ed. (New Jersey: Chatham House Publishers, Inc., 1996), p. 150.

四、激發才能

用人即用才，任用旨在發掘人員才能。人力資源運用與中立才能發展具相輔相成的，不論任何新進或現職人員，如不能激發其工作熱忱與潛能及培育其學識才智，則人才運用便無意義。為使人員在任用的過程中，積極發展其才智能力，則任用與其他人事行政措施宜相配合。一方面，任用須與考選及訓練進修等措施配合；另一方面，任用體制也須有良好的結構設計、工作環境及條件作基礎。尤其是政務人員與高級文官的前瞻、創意思考能力之培養、為利長期職涯發展及潛能開發之文官長制的建立、強化中高階主管人員跨域管理能力等。[7]

五、平等機會

由於人才選拔的價值觀之改變，使得公務人員考選，在強調功能原則下，亦不能不重視性別平等、弱勢族群之照護等代表性人才甄補價值觀之落實。易言之，有關女性主管之拔擢，原住民特種考試之舉辦與任用，身心障礙者之進用等等，均是現代多元人力資源運用與公務人員任用制度，所必須注意與重視者。

第二節　公務人員任用的特色與內容

壹、現行公務人員任用的特色

民國2年1月9日公布文官考試法草案及文官任用法草案，規定簡任、薦任及委任三種任用資格。18年國民政府公布考試法及公務人員任用條例，亦將公務人員任用資格區分為簡任、薦任、委任三等，並逐步實施。其後人事法規雖有修訂，即38年1月1日公布公務人員任用法，經43年1月9日修正公布實施，嗣51年9月1日、57年12月18日及69年12月3日曾三次修正，其體制及精神，並未改變。但自民國50年代起，因社會進步，經濟發展，政府事務日漸專業化，人事管理嘗試施行以「事」為本之職位分類，以增進效率，遂於民國47年10月30日公布職位分類法，並於56年1月公布分類職位公務人員任用法、嗣賡續於58年8月25日、61年2月、67年12月27日歷經三次修正。從此，在任用上，行政機關部分維持簡薦委，部分實施職位分類，形成並行之分歧狀況。

一般而論，原有公務人員制度，即簡薦委任用、重視資格之分類，調解靈活；俸級以年資及考績為給予標準，人與事既難於適切配合，工作與俸給亦不易相稱，以致影響工作效率。而職位分類法制，既以事為取向，重視工作分類，符合專業分工之宗旨，任用調解有其一定範圍；而俸級以職責難易程度及考績為標準，同工同酬亦得實現；但分

7　參照彭錦鵬、劉坤億，同上，頁99-100。

類細密，手續繁複，人員調解，範圍狹小，以致部分機關及人員深感不便。復以兩種人事分類法及精神原本不同，致使同一資格之人員，進入非職位分類機關擔任同等職務時，有關人事管理及公務人員權益，差異隨即發生；尤其兩制人員之調任，遭遇困難。類此問題，層出不窮，終於引致各方改進之要求。

政府為了解決兩種人事分類法制並行在任用上所發生的問題，雖曾對兩法多次修正，以使兩制人員權益平衡，但其間差異，仍難完全消除。民國75年4月21日政府在各方面期望下，公布新的公務人員任用法，並由考試院命令自76年1月16日起施行，適時廢止原先的兩種人事分類法制，達到兩種人事分類法制合一的目的。嗣歷經多次修正，最近一次修正日期為104年6月17日。

新制公務人員任用法是擷取公務人員任用法和分類職位公務人員任用法，兩者之長，捨棄其短而制定，其特色為：

一、揭示任用宗旨

新公務人員任用法參酌現行「分類職位公務人員任用法」的精神，明定：「公務人員之任用，應本專才、專業、適才、適所之旨，初任與陞調並重，為人與事之適切配合。」確切揭示各機關用人的原則。

二、官等職等合併

依現行新公務人員任用法（第3條）及職務列等表之規定，一般公務人員之官等，分為委任、薦任、簡任；職等分為第一至第十四職等。所稱「官等」，係「任命層次及所需基本資格條件範圍之區分」；「職等」則係「職責程度及所需資格條件之區分」；而職務，係「分配同一職稱人員所擔任之工作及責任」；「職等標準」，係「敘述每一職等之工作繁、簡、難易，責任輕、重及所需資格條件程度之文書。十四個職等，搭配於簡任、薦任、委任三個官等中。「官等」與「職等」任用，使兩種結構合而為一。其官等與職等之關係，如圖9-1所示。

由於兩種人事分類法制合一，新制任用法除採用原先簡、薦、委任用法之長處，規定各機關組織法所規定職務，必要時一個職務得跨列兩個至三個職等（第6條），由於對於考績陞等之規定將較為放寬，因此人員之陞任，將具有相當之彈性。

茲再以93年制定公布之中央行政機關組織基準法第7條規定機關組織法規，應包括十項內涵，其中第5、6、7款三款分別為機關首長、副首長之職稱、官職等及員額；機關置政務職務者，其職稱、官職等及員額；機關置幕僚長者，其職稱官職等。據此而論，則機關除首長、副首長、政務職務、幕僚長之外，不必以法律規範其他人員之職稱、官等事項。復以上述99年2月3日制定公布之「中央政府機關總員額法」係為因應組織結構、員額能適時配合政策與業務需要，發揮調整功能。就有關機關內之員額、官職等事項，於本法案中規範。該法第6條規定，機關應就其職責程度、業務性質及機關層

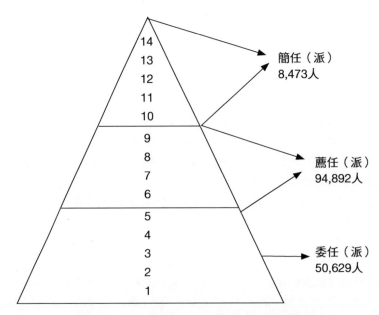

圖 9-1　行政機關人員官等與職等的關係圖

資料來源：106年1月11日銓敘部網站，http://mocs.gov.tw，中華民國104年銓敘統計年報。

級，依職務列等表，妥適配置各官等職等之人員，訂定編制表（第1項）。又為促使機關人力之運用，確實能配合所需，充分發揮業務功能及兼顧職務結構平衡性與合理性，公務人員任用法第6條第4項明定各機關職稱及官等職等員額配置準則，由考試院會同行政院定之，因此，上述總員額法完成立法程序，對於機關用人與配置更具彈性與活化。

三、公務人員之轉任與調任更具彈性

早先兩制之公務人員任用法均無教育、公營事業人員轉任公務人員之規定。現行法規定：經高等考試、或相當高等考試以上之特種考試及格人員，曾任行政機關人員、公立學校教育人員或公營事業人員服務成績優良之年資，除依法令限制不得轉調者外，於相互轉任性質程度職務時，得依規定採計提敘官、職等級；其辦法由考試院定之（第16條）。如此，使行政機關吸收人才的來源，更見廣泛。當然，若於考試方式更彈性客觀，或對凡經由各種國家考試及格人員之準予相互轉任，相信更可以拔擢運用各種人才，蔚為國用。

該法對於現職人員之調任，亦具有相當彈性。在同官等內由低職等調任高職等職務，而未具擬任職務所列職等任用資格者，在同官等高二職等範圍內得予權理。對於依法任用人員，非其本人自願，不得調任低一官等之職務（第18條）。在同官等內調任低職等職務，除自願者外，以調任低一職等之職務為限，均仍以原職等任用，且機關首長

及副首長不得調任本機關同職務列等以外之其他職務，主管人員不得調任本單位之副主管或非主管，副主管人員不得調任本單位之非主管。但有特殊情形，報經總統府、主管院或國家安全會議核準者，不在此限。

四、初任人員之試用

在公務人員任用法規定初任各官等人員，未具與擬任職務職責相當或低一職等之經驗六個月以上者，應先予試用六個月。且以試用人員不得充任各級主管職位。

貳、現行公務人員任用法內容要項

一、特別重視特考特用

前為配合公務人員考試法第3條規定，於公務人員任用法第13條分別明定公務人員各等級考試及格人員取得之任用資格。並配合公務人員考試法「特考特用限制轉調」之規定，明定各等級考試及格人員得予任用之機關及職系等範圍，依各該考試及任用法規之限制行之。另規定高考或相當高考以上特考及格人員，曾任行政機關、公立學校教育人員、公營事業人員服務成績優良之年資，除法令限制不得轉調者外，於相互轉任性質程度相當職務時，得依規定採計提敘官職等級。（公務人員任用法第16條）

二、公務人員之消極資格

依102年1月23日修正之公務人員任用法第28條規定，有下列情事之一者，不得任用為公務人員：
一、未具或喪失中華民國國籍。
二、具中華民國國籍兼具外國國籍。但其他法律另有規定者，不在此限。
三、動員戡亂時期終止後，曾犯內亂罪、外患罪，經有罪判決確定或通緝有案尚未結案。
四、曾服公務有貪污行為，經有罪判決確定或通緝有案尚未結案。
五、犯前二款以外之罪，判處有期徒刑以上之刑確定，尚未執行或執行未畢。但受緩刑宣告者，不在此限。
六、依法停止任用。
七、褫奪公權尚未復權。
八、經原住民族特種考試及格，而未具或喪失原住民身分。
九、受監護或輔助宣告，尚未撤銷。公務人員於任用後，有前項第一款至第八款情事之一者，應予免職；有第九款情事者，應依規定辦理退休或資遣。任用後發現其於任用時有前項各款情事之一者，應撤銷任用。前項撤銷任用人員，其任職期間之職務行為，不失其效力；業已依規定支付之俸給及其他給付，不予追還。但經依第一項

　　第二款情事撤銷任用者，應予追還。

三、現職人員之調任

　　依公務人員任用法第18條規定，現職公務人員調任，依下列規定：
　　（一）簡任第十二職等以上人員，在各職系之職務間得予調任；其餘各職等人員在同職組各職系及曾經銓敘審定有案職系之職務間得予調任；（二）經依法任用人員，除自願者外，不得調任低一官等之職務。自願調任低官等人員，以調任官等之最高職等任用；（三）在同官等內調任低職等職務，除自願者外，以調任低一職等之職務為限，均仍以原職等任用，且機關首長及副首長不得調任本機關同職務列等以外之其他職務，主管人員不得調任本單位之副主管或非主管，副主管人員不得調任本單位之非主管。但有特殊情形，報經總統府、主管院或國家安全會議核准者，不在此限。前項人員之調任，必要時，得就其考試、學歷、經歷或訓練等認定其職系專長，並得依其職系專長調任。考試及格人員得予調任之機關及職系等範圍，依各該考試及任用法規之限制行之。現職公務人員調任時，其職系專長認定標準、再調任限制及有關事項之辦法，由考試院定之。

四、品德、忠誠之注意及查核

　　各機關任用公務人員，應注意其品德及對國家之忠誠，其學識、才能、經驗及體格，應與擬任職務之種類職責相當。如係主管職務，並應注意其領導能力。
　　前項人員之品德及忠誠，各機關應於任用前辦理查核。必要時，得洽請有關機關協助辦理。其涉及國家安全或重大利益者，得辦理特殊查核；有關特殊查核之權責機關、適用對象、規範內涵、辦理方式及救濟程序，由行政院會同考試院另定辦法行之。
　　各機關辦理前項各種查核時，應將查核結果通知當事人，於當事人有不利情形時，應許其陳述意見及申辦（公務人員任用法第4條）。
　　另民國92年3月26日立法院第5屆第3會期法制委員會第7次全體委員會審查「公務人員任用法部分條文修正草案」，作成附帶決議：「涉及國家安全或重大利益公務人員查核條例草案，至遲應於民國92年10月31日前函送本（立法）院。」銓敘部爰會同行政院人事行政局等相關機關組成專案小組研擬涉及國家安全或重大利益公務人員查核條例草案，經考試院與行政院會銜於民國93年2月26日及95年1月19日二次函請立法院審議。另銓敘部亦配合研擬公務人員任用法第4條條文修正草案，經考試院於同日並函送立法院審議，惟上開二草案因第5屆及第6屆立法委員任期屆滿不續審，又於民國97年5月9日由考試院會銜行政院及由考試院第3次函送立法院審議。是以，該二草案除係以依立法院相關委員會附帶決議辦理外，以兩岸人民交流日趨頻繁，而現行涉及國家安全或重大利益公務人員特殊查核辦法之適用對象，並未含括各機關公務人員以外之人員（如政務人員、聘用人員），為使國家安全或重大利益之維護更為周延，爰將擔任涉及國家安全或

重大利益職務之各類人員均予納入查核，故該二草案確有早日完成立法施行之必要。爰銓敘部於103年3月再提修正草案，[8]擬增列上開人員擴及三親等滯中國大陸逾一年者之規定，值得留意。[9]

五、官等晉升之取得資格

依公務人員任用法第17條規定：

公務人員官等之晉升，應經升官等考試及格。但是，經銓敘部銓敘審定合格實授現任薦任第九職等職務人員，具有下列資格之一，且其以該職等職務辦理之年終考績最近三年二年列甲等、一年列乙等以上，並已晉敘至薦任第九職等本俸最高級後，再經晉升簡任官等訓練合格者，取得升任簡任第十職等任用資格，不受前項規定之限制：（一）經高等考試、相當高等考試之特種考試或公務人員薦任升官等考試、薦任升等考試或於本法施行前經分類職位第六職等至第九職等考試或分類職位第六類等升等考試及格，並任合格實授薦任第九職等職務滿三年者；（二）經大學或獨立學院以上學校畢業，並任合格實授薦任第九職等職務滿六年者。

經銓敘部銓敘審定合格實授現任委任第五職等職務人員，具有下列資格之一，且其以該職等職務辦理之年終考績最近三年二年列甲等、一年列乙等以上，並已晉敘至委任第五職等本俸最高級後，再經晉升薦任官等訓練合格者，取得升任薦任第六職等任用資格，不受應經升官等考試及格之限制：

（一）經普通考試、相當普通考試之特種考試或相當委任第三職等以上之銓定資格考試或於本法施行前經分類職位第三職等至第五職等考試及格，並任合格實授委任第五職等職務滿三年者；（二）經高級中等學校畢業，並任合格實授委任第五職等職務滿十年者，或專科學校畢業，並任合格實授委任第五職等職務滿八年者，或大學、獨立學院以上學校畢業，並任合格實授委任第五職等職務滿六年者。前項升任薦任官等人員，以擔任職務列等最高為薦任第七職等以下之職務為限。但具有碩士以上學位且最近五年薦

8　該草案之要點包含立法目的，本條例與其他法律適用之順序、適用對象，查核職務、項目、時機、方式及期限、救濟程序等。

9　公務人員受國家之特別選任，為機關之構成員，代表國家行使職權、處理公務，對國家自應負有忠誠服務之義務，保持良好之品位，並依法執行職務以免影響國家之安全及威信，故對於不同身分、職責之公務人員確有進行品德、忠誠查核之必要，惟吾人認為似可不需單獨統一立法，而將不同屬性人員之一般性或特殊性之查核規範，分定於各該身分人員相關法律中，如任用法第4條係規範依法任用之常務人員涉及國家安全或重大利益者，得辦理特殊查核，政務人員法草案第9條亦有相似條文，另有關聘用人員及民選公職人員則可分別於聘用人員人事條例及地方制度法中規範，其他未有相關法規足資規範之人員，則可另於兩岸關係條例中訂定規範，以維持彈性。我國近年與中國大陸地區交流頻繁，國家安全或利益遭受危害之機率日增，國家安全也受到更嚴格之考驗，故維持警覺、適用範圍不輕易鬆綁，建立忠誠考核機制，仍有其必要性。惟比照歐美等先進國家單獨立法，欲以查核條例含括全部政務、常務及臨時契約進用人員等為查核對象，恐治絲益棼，牽涉過廣，且日後尚可能須訂定其他子法以為因應。倘在各相關法律中強化相關條文內容，以法律明確授權依據，而分開規範、具體授權方式，雖看似複雜，但立法技術實較為簡易，俾利於執行。

任第七職等職務年終考績四年列甲等、一年列乙等以上者，得擔任職務列等最高為薦任第八職等以下職務。

六、考試及格人員之任用

考試及格人員之任用，依下列規定：（一）高等考試之一級考試或特種考試之一等考試及格者，取得薦任第九職等任用資格；（二）高等考試之二級考試或特種考試之二等考試及格者，取得薦任第七職等任用資格；（三）高等考試之三級考試或特種考試之三等考試及格者，取得薦任第六職等任用資格；（四）普通考試或特種考試之四等考試及格者，取得委任第三職等任用資格；（五）初等考試或特種考試之五等考試及格者，取得委任第一職等任用資格（公務人員任用法第13條第1項）。

中華民國85年1月17日公務人員考試法修正施行前，考試及格人員之任用，依下列規定：（一）特種考試之甲等考試及格者，取得簡任第十職等任用資格；初任人員於三年內，不得擔任簡任主管職務；（二）高等考試或特種考試之乙等考試及格者，取得薦任第六職等任用資格。高等考試按學歷分一、二級考試者，其及格人員分別取得薦任第七職等、薦任第六職等任用資格；（三）普通考試或特種考試之丙等考試及格者，取得委任第三職等任用資格；（四）特種考試之丁等考試及格者，取得委任第一職等任用資格（同條第2項）。

七、公務人員之留職停薪及資遣

公務人員任用法第28條之1與公務人員退休法第7條分別規定公務人員留職停薪與資遣事項。公務人員因育嬰、侍親、進修及其他情事，經機關核准，得留職停薪，並於原因消失後復職。其辦法，由考試院會同行政院定之。

而各機關公務人員，具有下列情形之一者，予以資遣：一、因機關裁撤、組織變更或業務緊縮，不符本法所定退休規定而裁減人員者。二、現職工作不適任，經調整其他相當工作後，仍未能達到要求標準，或本機關已無其他工作可以調任者。三、未符前條第一項規定，經中央衛生主管機關評鑑合格醫院證明身心衰弱，致不堪勝任職務者。四、依其他法規規定應辦理資遣者。

八、機關首長不得任用或遷調人員之期間

公務人員任用法第26條之1規定（97年1月16日修正），各機關首長於下列期間，不得任用或遷調人員：（一）自退休案核定之日起至離職日止；（二）自免職或調職令發布日起至離職日止；（三）民選首長，自次屆同一選舉候選人名單公告之日起至當選人名單公告之日止。但競選連任未當選或未再競選連任者，至離職日止；（四）民意機關首長，自次屆同一民意代表選舉候選人名單公告之日起至其首長當選人宣誓就職止；（五）參加公職選舉者，自選舉候選人名單公告之日起至離職日止。但未當選者，至當

選人名單公告之日止；（六）憲法或法規未定有任期之中央各級機關政務首長，於總統競選連任未當選或未再競選連任時，自次屆該項選舉當選人名單公告之日起至當選人宣誓就職止。地方政府所屬機關政務首長及其同層級機關首長，於民選首長競選連任未當選或未再競選連任時，亦同；（七）民選首長及民意機關首長受罷免者，自罷免案宣告成立之日起至罷免投票結果公告之日止；（八）自辭職書提出、停職令發布或撤職、休職懲戒處分議決之日起至離職日止；（九）其他定有任期者，自任期屆滿之日前一個月起至離職日止。但連任者，至確定連任之日止。

駐外人員之任用或遷調，必要時，得不受前項規定之限制。考試及格人員分發任用，不受第1項規定之限制。第1項規定期間內，機關出缺之職務，得依規定由現職人員代理。

第三節　任用的要件與限制

公務人員之任用，其途徑不外陞遷與調派，均必須合乎一定的任用條件，方可任用為公務人員或遷調之，至於任用要件包括了能力要件和資格要件。

壹、能力要件

能力要件是一個人之所以成為公民的法律上原因，而公務人員必然要具備公民資格，能在法律上享受權利，負擔義務，在此基礎上，才能成為公務人員。若公務人員不具能力要件，縱使能任命為公務人員，在法律上亦不發生效力。能力要件包括：

一、權利能力

是指須具有本國國籍者，才能擔任公務人員。蓋受任為公務人員是一國國民所享有之一種公權利，非外國人所能享有；且公務人員對於國家負有忠誠之義務，此種義務，更難求之於外國人。有國家忠誠及兼具外國國籍者之處理等事項，於後述之。

二、行為能力

是指須具有法定的行為能力，才能擔任公務人員。所謂行為能力，乃人之行為能發生法律上一定效力之能力，亦即以自己的行為在法律上享有權利與負擔義務的能力。按理擔任公務人員者，應以是否處理公務識別能力為斷，但依公務人員考試法第7條規定國民年滿18歲者，得應公務人員考試。所以，可將年滿18歲，視為基本行為能力條件。

貳、資格要件

資格要件，即公務人員必須具備一定的資格，方能任用為公務人員。一般學者稱為

積極資格要件，以有別於公務人員任用中的消極資格。資格要件又可分為任用資格要件和一般條件兩種。

一、任用資格要件

公務人員之所以任用為某一職系、某一職等的職位，以其具備擔任此一職系、此一職等之職位的資格。職系是依據工作性質的差異所作的區分，如人事行政職系法制職系、經建行政職系、土木工程職系等。職等是依據職責程度高低所作之區分。現行公務人員任用法將職等區分為十四職等，又歸納為簡、薦、委三個範圍。初任各官等之公務人員，其任用資格的取得，有下列三種途徑：

（一）依法考試及格

公務人員之任用，依照憲法第85條「非經考試及格者不得任用」之規定，自應以考試及格為主要之任用資格。所謂考試及格，是指依據公務人員考試法規定所舉行的各種考試及格，及參加現行公務人員任用法施行前依其他考試法規所舉辦之考試及格。考試又分為初任考試及升官等考試兩種。

1.初任考試

公務人員任用法第13條有關初任考試之條文為：

考試資格	取得資格
高等考試之一級考試或特種考試之一等考試及格者	取得薦任第九職等任用資格
高等考試之二級考試或特種考試之二等考試及格者	取得薦任第七職等任用資格
高等考試之三級考試或特種考試之三等考試及格者	取得薦任第六職等任用資格
普通考試或特種考試之四等考試及格者	取得委任第三職等任用資格
初等考試或特種考試之五等考試及格者	取得委任第一職等任用資格

民國85年1月17日公務人員考試法修正施行前，考試及格人員之任用規定為：

考試資格	取得資格
特種考試之甲等考試及格者	取得簡任第十職等任用資格，但初任人員於三年內，不得擔任簡任主管職務
高等考試或特種考試之乙等考試及格者	取得薦任第六職等任用資格。高等考試按學歷分一、二級考試者，其及格人員分別取得薦任第七職等、薦任第六職等任用資格
普通考試或特種考試之丙等考試及格者	取得委任第三職等任用資格
特種考試之丁等考試及格	取得委任第一職等任用資格

應考高考一、二、三級與原甲、乙等特考及格人員，如無相當職等職務可資任用時，得先以低一職等任用；且上述各等級考試職系及格者，可取得該職系之任用資格；

在配合「特考特用、限制轉調」之規定下，各等級考試及格人員，得予任用之機關及職系等範圍，依各該考試及任用法規之限制行之。

2.升官等考試

依據公務人員任用法第15條規定，升官等考試及格者，取得下列資格：

雇員升委任官等考試及格者，取得委任第一職等任用資格。

委任升薦任官等考試及格者，取得薦任第六職等任用資格。

薦任升簡任官等考試及格者，取得簡任第十職等任用資格。

（二）依法銓敘合格

是指在現行公務人員任用法施行前，依各種任用法規審查合格賦予法定任用資格者。包括：

1. 依公務人員或分類公務人員各種任用法規，及各該機關所定任用資格審查合格者。
2. 依聘用派用人員管理條例實施辦法第2條甲、乙兩款第1項第1目，及第3條甲、乙、丙三款第1目審定准予登記者。
3. 依其他法規審查合格，認為與銓敘合格有同等效力，領有銓敘部證書者。

（三）依法升等合格

是指現職公務人員在任職一定年限以上，且俸級已敘至某一級以上，歷年考績達一定標準，得以考績升等方式，取得同官等高一職等之任用資格。其考績標準為：連續二年列甲等，或連續3年中1年列甲等2年列乙等。至於在民國76年1月16日公務人員任用法施行前，依公務人員考績法及分類職位公務人員考績法，取得升等任用資格或存記，得分別視為具有簡任或薦任相當職等、職務之任用資格。

公務人員任用法第17條規定略以：公務人員官等之晉陞，須經升官等考試及格。依此條文，則公務人員由委任陞薦任、薦任陞簡任均須經過升官等考試及格。但條文中則對薦任陞簡任、委任陞薦任的方式有例外規定，已如前述。

二、一般條件

公務人員任用法第4條規定公務人員任用的一般條件：

品德	公務人員代表國家執行公務，其一言一行均關係國家形象，且其人品、德性和操守，處處受到民眾的注視，故品行優良者，方可擔任公務人員。
對國家忠誠	公務人員執行職務時，須對國家、人民高度忠誠，處處以國家利益為先，人民福利為依歸。
學能條件	學識、才能、經驗、體格與擬任職務之種類和職責相當。
若擔任主管職務，需具領導能力	公務人員擔任主管職務，須具備指導部屬完成各種任務的能力。

三、任用資格別有規定之公務人員

公務人員的任用必須具備法定任用資格，但某些公務人員適用特定之法律規定。這些人員包括：

機要人員	各機關辦理機要職務之人員，得不受公務人員任用法第9條任用資格之限制，其所任職務範圍，應以機關組織法規中所列行政類職務，襄助機關長官實際從事機要事務相關工作，並經銓敘部同意列為機要職務為限。此等人員機關長官得隨時免職，機關長官離職時應同時離職。
另定法律任用之人員	依據公務人員任用法第32條至第38條之規定：（司法人員、審計人員、主計人員、關務人員、外交領事人員、警察人員）、教育人員、醫事人員、交通事業人員、公營事業人員、專門職業及技術人員高普特考及格人員轉任公務人員、特殊情形之邊遠地區公務人員、聘（用）派（用）人員、雇員和政務人員（官）之任用，均另以法律定之。其中司法人員、審計人員、主計人員、關務人員、外交領事人員及警察人員等有關任用資格之規定，不得與本法牴觸。

為期解決公立醫療機構常因適用行政機關人事法規，致有人事運作難以配合業務特性與需要及為因應客觀環境之變遷，根本改進醫事人員人事制度，靈活公立醫療機構醫事人力之運用，以提高醫療服務效能，經制定「醫事人員人事條例」。另為針對目前科技研究及文化事業人員之人事制度之分歧（任用制、派用制、聘用制、聘任制），以致流於「多軌併行、多元管理」現象等機關用人與管理問題，再行規劃建構一套專屬人事法制以資適用，考試院爰研訂「聘用人員人事條例草案」，目前尚於該院審議中。

參、任用之限制

凡是我國公民或現職公務人員具有公務人員任用法第28條所列情事之一者，或依同法之第21條、第22條、第26條及第27條之規定者，或因歸化取得國籍者，其擔任公務人員均有一定之限制。茲分三類說明之：

一、消極資格的限制

具有下列各款情事之一者，不得擔任公務人員	說明
1. 未具或喪失中華民國國籍者。 2. 中華民國國籍兼具外國國籍者。	於第4目詳述之。
3. 動員戡亂時期終止後，曾犯內亂罪、外患罪，經有罪判決確定或通緝有案尚未結案。	所稱內亂罪、外患罪，不僅指刑法第二章中所指內亂罪、外患罪，而且包括陸海空軍刑法第一章所定之叛亂罪及懲治叛亂條例所規定之罪。犯上述各罪經判決確定者，以及犯上述各罪之嫌疑人，經法院通緝尚未結案者，均不得任用為公務人員。

具有下列各款情事之一者，不得擔任公務人員	說明
4. 曾服公務有貪污行為，經有罪判決確定、或通緝有案尚未結案。	政治之敗壞，殆多由於官吏之貪污所致，故欲澄清吏治，除對於犯有貪污行為重加懲治外，並應限制其擔任公務職位，以收正本清源之效。貪污行為經判刑確定，並不以動員戡亂時期貪污治罪條例所定之罪為限，公務人員犯刑法瀆職罪中要求期約或收受賄賂或其他不正當利益者，即為貪污行為，依任用法規定永不得充任本公務人員；但如貪污行為經判刑而受緩刑之宣告，緩刑期滿而緩刑之宣告尚未撤銷時，仍不得擔任公務人員。有貪污行為經法院通緝有案尚未結案者，亦不得擔任公務人員。
5. 犯前二款以外之罪，判處有期徒刑以上之刑確定，尚未執行或執行未畢者。但受緩刑行宣告者，不在此限。	指判處有期徒刑確定，尚未執行或執行未畢，為消極資格之限制。又緩刑者，係認以暫不執行為適當者。如公務人員被判褫奪公權而主刑經宣告者，在緩刑期間內除別有他項消極資格之限制外，非不得充任公務員（44 釋 56）。
6. 依法停止任用。	停止任用，是指依公務員懲戒法之規定，對於公務員的撤職處分，除撤其現職外，並於一定期間停止任用，其期間，至少為一年。在其停止任用尚未屆滿，其原因尚未消滅時，自不得任用為公務人員，但停止任用期滿，仍可准其任用。
7. 褫奪公權尚未復權。	依刑法第 36 條規定，褫奪公權為自主刑執行完畢或赦免之日起算的一種從刑。在此期間，褫奪公權者褫奪為公務員及公職候選人之資格，及褫奪行使選舉、罷免、創制、複決四權之資格，故在褫奪公權期間尚未屆滿恢復公權之前，不得擔任公務人員。
8. 經原住民族特種考試及格，而未具或喪失原住民身分。	為防止應考人以原住民身分參加原住民族特種考試獲錄取，卻於考試及格分發任用後，拋棄或喪失原住民身分之情事發生，爰增列相關之規定。
9. 受監護或輔助之宣告，尚未撤銷。	查 97 年 5 月 23 日修正公布並自 98 年 11 月 23 日施行之民法總則編業將原第 14 條及第 15 條之「禁治產」及「禁治產人」，分別修正為「監護」及「受監護宣告之人」，爰將第 1 項第 8 款「禁治產」之用語，配合修正為「監護」。另前開修正之民法總則編，於「監護宣告」之外，另增訂「輔助宣告」之機制。茲以受輔助宣告之人，係指其精神障礙或其他心智缺陷，致為意思表示或受意思表示，或辨識其意思表示效果之能力，顯有不足；且審酌公務人員係代表國家執行公權力，所為之行政行為，與國家安全、公共利益或人民之生命、身體及財產等權益息息相關，故基於國家利益與確保公共福祉，受輔助宣告尚未撤銷亦不宜擔任公務人員，爰於第 1 項第 8 款予以增列，俾資妥適。
※ 經合格醫師證明有精神病者。	凡屬精神病者，其精神已屬失常，情況比精神耗弱者更為嚴重，基於國家公務的重要性，自不得擔任公務人員。但精神病之有無，須由衛生機關認定合格之精神病科醫師來確定。現行法規定刪除，但尚有特別法律規定如國安、民航、情治人員等應予限制者，應予檢視之。

　　要之，就上述有關條款分析，對於要求公務人員對國家忠誠及品德方面規定，即第1、2、3、4、5、7款等，另外宜再注意有無公職人員選舉罷免法第34條第5款規定之受保安處分或感訓處分之裁判確定，尚未執行或執行未畢之情形。至其考核時機則包括初任、再任及現職人員之調任時等等，期以確保國家安全、及確立廉能政治，強化為民服務之職能。

二、一般限制

　　本項指公務人員基於行政機關內部的特定因素考慮，不得擔任一定之職務。公務人員任用法第21、22、26及27條指出任用公務人員的一般限制。

（一）除法律另有規定外，不得指派未具法定任用資格之人員代理、或兼任應具法定任用資格之職務：為了防止各機關長官，任用親私，以未具法定任用資格之聘派人員兼任、或代理具有法定任用資格之職務，故有此一項限制。

（二）不得任用其他機關現職人員：現職人員，均有一定的職責待其執行，為免影響業務，自不得讓各機關任用其他機關之現職人員。假如有特殊需要，並經商得所在機關首長同意者，得予指名商調。惟指名商調特種考試及格人員時，應受「特考特用，限制轉調」規定之限制（任用法第22條）。但為配合政府再造與「精簡省府組織案」，放寬轉調之限制。

（三）機關長官對於配偶及三親等以內之血親及姻親，不得在本機關任用或任用為直接隸屬機關之長官；對於本機關各級主管長官之配偶及三親等以內血親及姻親，在其主管單位應迴避任用；但應迴避人員之任用，在各該長官接任以前者，不在此限。此一規定的原因是為了避免長官任用親屬，形成裙帶關係（nopotism）的弊病。

（四）不得任用限（屆）齡（命令）退休之人員：此及為了防止公務機關活力減退，或因不同人事分類法制退休制度之差異，影響不平，並貫徹退休制度，加強人員新陳代謝的一項規定。

　　此外，行政機關任用公務人員尚有兩項限制：

1.名額限制

　　機關用人，每一單位及其所需職位之等級，均有一定名額，無論新成立或中途增補，任用人員時，均不能超出其預算員額編制。而各種工作性質及門類（職組職系），更有具體之劃分，彼此不能流用，限制尤為嚴格。[10]

2.任期限制

　　現代各國政府為使公務人員安於工作與提高行政效率，對於事務官之任期，均有明確保障。事務官經正式任用後，無故不得免職，即有過失，亦不得由任用機關隨意撤

10　參考張純典，人事管理（台北：新新出版社，54年），頁69-70。

換，須經法定手續，由專管機關，依法處理。如美國之人事行政總署與功績制保護委員會，及英國之財務委員會與惠德利委員會等負責審查後，依法處理。我國公務人員任期，除軍事機關軍官實行任期制度外，其他事務官除自願退休，屆齡退休之規定及主管一條鞭之人事、主計、政風、警察等外，尚未建立任期制度。

三、歸化人擔任公務人員之限制

依國籍法第10條之規定，外國人或無國籍人歸化，不得任下列各款公職：（一）總統、副總統；（二）立法委員；（三）行政院院長、副院長、政務委員；司法院院長、副院長、大法官；考試院院長、副院長、考試委員；監察院院長、副院長、監察委員、審計長；（四）特任、特派之人員；（五）各部政務次長；（六）特任全權大使、特命全權公使；（七）蒙藏委員會副委員長、委員；僑務委員會副委員長；（八）其他比照簡任第十三職等以上職務人員；（九）陸海空軍將官；（十）民選地方公職人員。此項限制，自歸化日起滿10年後解除之。但其他法律另有規定者，從其規定。另有關大陸配偶之規範亦應審酌應否予以檢討。

肆、雙重國籍擔任公職之限制

任何國家為保衛國家安全和自由，不能忽略直接參與國家機密、決策之公務人員的忠貞、倫理之考核調查。茲以民主之美國而言，向極重視公務人員之忠貞，最早在威爾遜總統（W. Wilson）曾對申請者之忠貞可疑時，計畫以行政命令予以限制應考或任用，後來，雖未予發揮但將具有德國姓名與德國祖先之公務人員予以免職。[11]尤其在第一次世界大戰後，美國文官委員會根據赫奇法（Hatch Act）授權，將公職申請書的內容修改，並規定「凡對美國政府的忠貞有合理懷疑者，可拒絕予以任用。」[12]至1947年杜魯門總統頒布第9835號行政命令規定行政部門公務人員忠貞方案與程序，[13]此一命令確實在保障公務人員權利稍有欠缺。直至1953年艾森豪總統廢止上述命令，而陸續有許多規範公務人員忠貞的相關規定，當然，吾人也同意，忠貞之議題不能完全依賴法律，應訴諸國民對國家的良知良能。

在我國有關公務人員兼具外國國籍問題，早期均以內政部主管之「國籍法」、「國籍法施行條例」加以規範，直至民國59年間，為積極發展科學，若干政府部門或須藉外籍技術人士之助，並兼顧法律與事實之需要，對於聘僱外籍人士擔任我國公職，考試院規定，以具有專長或特殊技能而本國不易覓得之人才，對擔任技術性、科學性而不涉及國家機密之職務，採以約聘方式，期以適應當前需要，並避免涉及我國公務人員之任用

---

[11] O. Glenn Stahl, Public Personnel Administration. 5th ed. (New York: Harper & Row, Publishers, 1962), p. 351.

[12] 楊逢泰，「公務人員的道德和忠貞與國家的自由和安全」，考銓季刊，創刊號（台北：考銓季刊社，84年1月），頁26-36。

[13] 同前註。

範圍。嗣考試院為因應國家整體發展之需要，廣為羅致科技人才，蔚為國用，在不影響常務文官任用體系之前提下，參酌我國教育發展人才培育情況，經通盤研議於民國84年5月18日經考試院第8屆第226次會議決議：「中華民國國民具有外國國籍者，得擔任下列三類公職，但以具有專長或特殊技能而本國不易得人才且不涉及國家機密之職務為限：一、公立中等以上學校教師、講座、研究人員、專業技術人員及經各級主管教育行政機關核准設立之社會教育機構聘任之非主管專業人員與各級主管教育行政機關所屬學術研究機構聘任之非主管研究人員。二、公營事業中對經營政策負有主要決策責任以外人員。三、各機關專司技術研究設計工作而以契約期聘用之非主管職務。」上述有關規定並分別納入國籍法修正草案中。

復於民國85年11月新修正之公務人員任用法第28條增列：具中華民國國籍兼具有外國國籍之規定。考試院於民國86年9月間基於行政院改組之閣員中有兼具外國國籍情事，乃於考試院第50次會議，李委員光雄、張委員鼎鍾等委員發言提出，並經該次院會決議請銓敘部研提方案報院第52次會議李委員光雄、關副院長提出相關議題，均交請銓敘部研處。銓敘部於87年1月正式函報考試院其擬具處理意見略以：

（一）有關公務人員放棄外國國籍之認定，究以聲明放棄或確定喪失為生效標準，在放棄未生效前，前處理公務人員之效力如何部分，擬採下列處理方式：

　　1. 採申辦放棄並已取得書面證明文件者，即准其擔任公職，並於限期內完備放棄手續，惟擬修正「公務人員任用法」予以納入，以符法制。

　　2. 未修法前，對現行已任用兼具雙重國籍者，擬通函各機關，應即申辦放棄取得書面證明文件，並於限期內完備放棄手續，否則即撤銷其公職，其限期擬依各國規定而定。

（二）有關部分不涉及國家機密之職務，得否延攬兼具外國國籍身分或外國人士擔任部分依上述定84年5月18日考試院第8屆第226次會議決議辦理。

全案經考試院會決議交由關副院長一中召集全院審查會審查，會中分別邀請內政部、外交部、中央選舉委員會表示意見（註：內政部並將研議意見報經行政院同意），乃於同年4月20日正式作成決議：

（一）關於公務人員（含政務人員）兼具外國國籍之認定及處理問題部分：

　　1. 有關於是否兼具外國國籍及其喪失之認定，尊重內政部中華民國86年9月26日台（86）內戶字第8605455號函之解釋。（註：該號函釋略以：「按不允許具雙重國籍者擔任我國公職，揆其原意，應係基於忠誠考量，惟具有雙重國籍擔任我國公職者，如已向該外國政府申請放棄該國國籍並取得書面證明文件，應已明白表示其不願意繼續做該外國國民。至其得否續任我國公職，宜請人事主管機關核處認定。」）

　　2. 已辦理申請放棄外國國籍手續者，應於就職日起一年內完成喪失外國國籍手續，

否則撤銷其公職。

3. 政務官與事務官關於兼具外國國籍之認定及處理，依同一標準辦理。

4. 現已任用兼具外國國籍之公務人員（含政務人員），應於一定期間內提出已辦理申請放棄外國國籍手續之具結；新任公務人員（含政務人員），應於就職前提出上項具結。具結後一年期滿仍未確定喪失外國國籍者，均撤銷其公職。

5. 有關兼具外國國籍者之認定及處理程序，由各該公務人員（含政務人員）之主管機關辦理具結及後續放棄生效文件之核處，並送銓敘部列管備查。

（二）關於部分不涉及國家機密之職務，得否延攬兼具外國國籍身分或外國人士擔任部分，仍依本院第226次會議決議辦理。

上開決議之審查報告並提經考試院第9屆第78次院會（民國87年4月23日）正式通過。

要之，有關公務人員之雙重國籍問題之研議過程，事實上已兼顧各國對喪失外國國籍及雙重國籍者任公職之相關規定。[14]在法制上，由概括規定，進入具體規範；實務

14　各國對喪失外國國籍及雙重國籍者任公職相關規定舉隅一覽表。

	申請喪失國籍期限	國籍喪失之生效點	雙重國籍者任公職之規定
日本	申請即生效。	申請即生效。	屬單一國籍制，無雙重國籍者始得擔任公職。
美國	所需時間視駐外使領館與美國國務院之作業時程而定。	國務院批准後生效。	該國並無限制雙重國籍擔任公職之規定，惟政府部門可依「國家安全及忠貞」之理由要求當事人放棄原國籍。
泰國	一般作業時間為六個月至一年。	報請內政部批准後生效。	雙重國籍者，年滿二十歲須選擇國籍，外國人不得擔任公職。
英國	外交部查復資料未載。	向內政部登記，登記當日生效。	允許雙重國籍，他國人民並不需要因申請英籍而放棄其基本國國籍。持有雙重國籍者可擔任公職。
法國	外交部查復資料未載。	以批准命令日期為生效日。	未具法國國籍者，不得擔任公務員，惟未要求當事人放棄其外國籍。
南非	各內政部申請，作業時間約一個月至六星期。	內政部審核無誤後生效。	無具有雙重國籍者擔任公職之規定。
德國	外交部查復資料未載。	經同意後生效。	具有雙重國籍者，因具有德國國籍，原則上可擔任公職，惟特殊職位，如國防部高階職位等須由其單位審核。另依德國公務員法規定，具有基本法第 160 條定義之德籍人士或具有歐盟國家國籍可任公職，惟有前述德籍人士擔任。
加拿大	向加國移民部或駐外使領機構提出申請，作業時間為六十天內。	經公民法官核准後，由移民部長簽發國籍放棄證明後生效。	加國法律未限制具有雙重國籍者出任公職，惟依加國公務員出任法規定，加國公務機關將優先錄用具加國國籍者（相對於僅具加國永居權者）；另該法規定加國公職人員就任前須先宣誓向加國效忠，故具雙重國籍其在對加國之忠誠表現可能影響其公務員資格。

運作上，由行政院內政部併案規範公務人員雙重國籍到考試院銓敘部統一規範；其認定與處理程序可謂兼顧理想現實，值得各界肯定與遵循。關於具雙重國籍者，能否擔任公職，嗣經修正國籍法第20條，予以明確規範，其規定如下：（第1項）中華民國國民取得外國國籍者，不得擔任中華民國公職；其已擔任者，除立法委員由立法院；直轄市、縣（市）、鄉（鎮、市）民選公職人員，分別由行政院、內政部、縣政府；村（里）長由鄉（鎮、市、區）公所解除其公職外，由各該機關免除其公職。但下列各款經該管主管機關核准者，不在此限：一、公立大學校長、公立各級學校教師兼任行政主管人員與研究機關（構）首長、副首長、研究人員（含兼任學術研究主管人員）及經各級主管教育行政或文化機關核准設立之社會教育或文化機構首長、副首長、聘任之專業人員（含兼任主管人員）。二、公營事業中對經營政策負有主要決策責任以外之人員。三、各機關專司技術研究設計工作而以契約定期聘用之非主管職務。四、僑務主管機關依組織法遴聘僅供諮詢之無給職委員。五、其他法律另有規定者。（第2項）前項第1款至第3款人員，以具有專長或特殊技能而在我國不易覓得之人才且不涉及國家機密之職務者為限。（第3項）第1項之公職，不包括公立各級學校未兼任行政主管之教師、講座、研究人員、專業技術人員。（第4項）中華民國國民兼具外國國籍者，擬任本條所定應受國籍限制之公職時，應於就（到）職前辦理放棄外國國籍，並於就（到）職之日起一年內完成喪失該國國籍及取得證明文件。但其他法律另有規定者，從其規定。

第四節　公務人員任用的途徑與程序

壹、任用的途徑

　　公務人員任用法第25條明文規定：「各機關初任簡任各職等職務公務人員、初任薦任公務人員，經銓敘部銓敘審定合格後，呈請總統任命。初任委任公務人員，經銓敘部銓敘審定合格後，由各主管機關任命之。」即對於初任簡任各職等職務公務人員，初任薦任公務人員，呈請總統任命，指初任或升任簡任官等各職等職務人員及初任薦任官等人員，經銓敘部銓敘審定合格後，由該部會呈請總統任命。至於初任委任官等人員，經銓敘部銓敘審定合格後，由該部函送各主管機關任命之。

　　有關任用之途徑，除初任職之任用（係以考選、試用期間之成績作為依據）外，其他主要有陞遷與調派兩種，茲簡要分述如下，另有關陞遷與調派的基礎與方法暨其法制之建立，則於本章第五節加以介紹。

一、陞遷（或稱晉陞）

　　係指現職人員職務調整，職責加重，從而俸級提高、地位上陞。與晉陞相反的則為

降級，係對能力不足或工作態度不佳之人員給予降職。晉陞與降級乃係獎賞與懲處之手段。在一般公私機構中最受重視者實係晉陞。

二、調派

晉陞與降級是縱的人事管道之變動，為官等俸級的改變。調派則指橫的人事管道之異動，等級與地位並未變動，通常調派係基於業務調整的需要或為改變工作環境，以提高工作情緒之方法或增加工作歷練、工作豐富化。前者常見於各相關單位為借調所需人才時為之，後者則稱之為「救濟調派」，是一般職位調動中最重要者。[15]在某些機關組織中，陞遷既不易，為激勵工作情緒及增廣工作經驗與能力，則有系統調派職位，應是人事運用應有之措施，但除因配合精省或政府再造外等實際需要，須遵守「特考特用、六年內限制轉調」之規定。

貳、任用程序

一般而言，公務人員的任用程序如下：

一、任用前

通常考試及格後與派用之前，尚須經視察、提名、人事資料審查等幾個階段，以瞭解其個人基本背景、人事關係、服務態度與情形，可供分析。期以衡量懸缺待補、陞任之重要參考。另依規定應再考慮有三：

（一）迴避

依我國現行公務人員任用法第26條第1項規定：「各機關長官對於配偶及三親等以內血親、姻親，不得在本機關任用，或任用為直接隸屬機關之長官。對於本機關各級主管長官之配偶及三親等以內血親、姻親，在其主管單位中應迴避任用。」任用機關首長對人事行政機關送來名單中，經過資料研判之後，若有上述情形，應予以迴避之。但應迴避人員，在各該長官接任以前任用者，可不受限制。

（二）約談

從資料研判中發現的合格候補人員，應一一定期約見，由工作機關的首長或主管業務單位的主管與之個別談話。在約談中很自然地可以看出其體格、儀容、態度、言語的優劣，更應進一步發現其性情、學問、修養、機智、適應能力，乃至整個的人格，從而選擇最優秀者補用。[16]通常為避免約談失之主觀，可以專業小組方式進行，共同討論決定，或個別評定加總平均決定之，當然，其最終之結果宜由主管認定決之。

---

[15]　G. Strauss & L. R. Sayles, Personnel: The Human Problems of anagement, 3rd ed. (Englewood Cliffs, New Jersey: Prentice-Hall, Inc., 1972), p. 396.

[16]　參考張純典，前書，頁106-109。

（三）期間限制

在正式任用前，除應考量上述程序外。另為增進主管任用人員之客觀、公正，杜絕不適任人員之倖進，在民國97年1月16日修正公務人員任用法第26條之1，即規定各機關首長除駐外人員之任用或遷調，必要時，以及考試及格人員之分發任用外，在特定期間，不得任用或遷調人員，已於本章第二節敘述，茲不再贅。

上述種種規定，當有助於人事安定與合理，亦有助於新接任者在政策業務推動與人事之安排；究其前提亦均以依法辦理，以維人事任命制度正常運作。

二、正式任用

通常正式任用的過程，包括下列幾個階段：

（一）實習或試用

機關首長接到上述名單或按編列名冊，就前述程序考慮後，選定所需人數作為試用（probation）或實習（internship）。其期間，普通為三個月至六個月，多者亦有達一、二年者。試用或實習的目的有三：1.使試用或實習人員在正式任職前，獲得職務上所需的實際知能與技術及有關程序與規範；2.使試用或實習人員對將正式服務機關的情形及內部關係等，獲得適當的認識與瞭解；3.試用或實習期間，觀察發現試用或實習人員的優劣長短，以為正式委派職務的依據或參考。在試用或實習期間由工作機關與人事或訓練機關共同負考核的責任。期滿經考核認為滿意合格者，即予以正式任用。如認為試用或實習成績不佳者，可不予任用，將其姓名及結果通知考試機關另提合格名單，以備選用。經試用或實習合格正式任用者，其地位獲得法律保障，則以服公務為常業，非因犯法並依法定程序，不得撤職或免職。

現行「公務人員任用法」第20條第1項則規定：「初任各官等人員，未具與擬任職務職責程度相當或低一職等之經驗六個月以上者，應先予試用六個月，並由各機關指派專人負責指導。試用期滿成績及格，予以實授；試用期滿成績不及格，予以解職。」

（二）派代、送審、銓敘及正式任用

1.派代

派代之人員係具有任用法上的資格條件，此所稱的資格要件，包括積極與消極條件。所謂積極條件，乃必須具備前面所述之資格要件（如考試及格）；所謂消極條件者，則必須不具備前面所稱各種消極條款的限制以及應行迴避等事項。

2.送審

所謂送審，係指公務人員於任用後，依照任用法規所規定檢送資歷證件送請銓敘機關審查之謂。關於送審，在任用法及其施行細則上有幾點主要的規定：(1)時間的規定：各機關對於所屬公務人員予以派代之後，應即於三個月內填具「擬任人員送審書表」，送請銓敘部銓敘審定。但確有特殊情形未能依限送審者，應報經銓敘部核准延

長，其限制除另有規定者從其規定外，最多再延長以兩個月為限；(2)手續的規定：公務人員送審時，應繳送有關證件，其中包括履歷表、服務誓言及學歷證明文件。其詳細規定請參考公務人員任用法施行細則第22條。

3. 銓敘

銓敘是指銓敘部根據任用法規，就送審人員的資歷證件，加以審查，以銓定其資格，並敘定其級俸之謂。銓敘部根據任用法上的規定審核送審人員的資格，同時並把審查的結果，以任用審查通知書通知送審人。不過審查的結果，除了對不合任用資格者予以退回，尚有幾種不同任用資格認定，即為如考試及格考試用期滿人員或考績升等人員之「合格實授」、初任人員或派用人員之「先予試用」及「准予登記」等，凡取得合格實授之資格，即具備了常任文官的地位，也取得了公務人員各該官、職等資格應有的保障。

4. 請簡、呈薦及委任

各機關初任簡任各職等職務公務人員，初任薦任公務人員，經送請銓敘部審定合格後，依任用法第25條規定係呈請總統任命；而初任委任公務人員，經銓敘部銓敘審定合格後，由各主管機關任命之。又其法源，係依憲法第41條的規定，總統依法任免文武官員。故公務人員在形式上均應由總統任命。按昔日所謂請簡、呈薦之意為：(1)簡任者，簡者分別也，請簡就是請總統親自分別選任之意；(2)薦任者，由主管機關薦請總統任命之意。因之，薦任及簡任人員，由銓敘部呈請總統任命，以完成法定的程序；惟(3)委任者，係法律授權各機關委任之意。今日則悉依公務人員任用法及其施行細則第25條規定辦理。

要之，公務人員之任用程序，極其審慎，過程極為慎重，尤以簡任職人員各職等職務公務人員，均應經銓敘部呈請總統任命，而銓敘官職等，均係肯定及保障文官之永業地位，以增其尊榮，提高服務士氣，造福民眾也。

第五節　公務人員陞遷方法與法制建立

陞遷指現職人員在本機關或至他機關其職務調整，職責加重，從而或職等提高、或俸級提高加給增加或地位上陞等等而言。當然若採以上述較廣義的現點，則包括陞遷（晉陞）（Promotion）與調派（遷調）（Transfer）兩者，且均為人事管理、人力資源運用與工作士氣提昇上的重要方法。

通常在陞遷調補上，除論述其基礎、條件、方法上外，在理論部分有關陞遷與訓練、考績連結之學理上，如：（一）環境系統理論與組織系統理論；（二）考選理論；（三）學習心理相關理論；（四）激勵理論（需要層次理論、二元因素理論、公平理論、期望理論等）；（五）生涯發展系統理論（個人的生涯規劃、組織的生涯管理）；

其餘「說法」上，如（一）行政革新說；（二）職務與資格相關說；（三）人盡其才、事得其人與人事配合說；（四）主管職務異於非主管職務說；（五）久任一職影響員工心理說等，[17]於此暫不予詳述，茲就其實務作為上，加以論述。

壹、陞遷（晉遷）的基礎

　　政府機關待遇多不如企業機構，尤其是中、高階層人員，而其能羅致人才及維持人才之最有效利器，除工作成就感外，莫過於滿足人員熱衷陞遷之心理。故若無法確立工作豐富化與健全之陞遷制度，則優異人才勢將外流。目前一般公務機關之陞遷體制頗不理想，其缺點有二：其一人事陞遷仍較重資歷因素而置才能因素為次要；其二陞遷管道極窄，反以變相的增加薪給以代陞級。[18]其實，陞遷的各項因素中，才德能力因素應較年資因素重要，始合乎用人唯才之原則，故才能優越者晉陞為先，年資因素僅作權衡之參考而已。再者，加薪與陞級是兩回事，後者能涵蓋前者，而前者並不能取代後者，故陞遷系統宜朝激勵機制與制度化之目標改進。

　　在討論陞遷問題時，應對於加薪與陞級二者加以區別。所謂加薪者僅係增多公務人員的經濟報酬，對於工作地位並無任何變更。陞級是初級公務人員轉較高的工作地位，其俸給雖隨之轉變而有所增加，但其重要非僅止於此。機關中，對於具有功績者，往往出諸加薪一途；對其在服務的地位及法律責任，並無任何改變，結果造成機關中辦理相同的事務而有支領不同的工作報酬，誠有違「同工同酬」之原則。以致怨懟不平，時有發生，人事制度必隨之敗壞。故加薪與陞級必須區別，不可互為替代。若欲消除其弊，宜考量下列方法：

　　1. 公務人員的地位，應有更適當及正確的分類。
　　2. 公務人員的各等級中，定出若干不等的薪給等級，以供加薪，不作陞級之用。
　　3. 明定陞級與加薪的主、客觀條件。

　　其次，目前各機關的晉陞除自他機關外補外，僅限於本機關的人員，非本機關的公務人員，自不得參與晉陞競爭；甚至晉陞界限，由於主官、主管因素，而更有僅限本單位，如一司、一署或一科、一股者。按現在職位分類精神上，政府職位均經標準化的統一分類，只要性質相近，應予平等的晉陞機會，而不應有機關與單位分別之限制。此外，晉陞當然應限於現職人員，其他未曾任職之考試及格的候補等，應不在此列。蓋如允許其他非現職人員加入，顯然晉陞機會減少，將影響到人事制度之常業化與永業化。

　　公務人員晉陞的基礎或依據何在？頗有討論的餘地。一般而言，除工作表現、績效成果（資料條件）外，下列標準值得重視：

17 傅肅良「公務人員訓練進修與升遷制度結合問題之研究」，載於考試院，研究發展委員會專題研究報告彙編（二），（台北：考試院研究發展委員會編印，民國85年5月），頁297-514。
18 張金鑑，人事行政學（台北：政大公企中心，55年），頁118-9。

1.個人品格內涵與重要性

優良公務人員，固應具有其職務之知能，而高尚品格，亦同樣重要。所謂品格，包括對人對事之負責認真態度，有擔當，勇於負責，遇事不推諉，能與人坦誠合作，忠誠可靠等。品格惡劣者應予以降黜懲戒。品格優良者在晉陞時應特予考慮。今日公務人員之地位頗為重要，其一舉一動皆足以影響社會視聽，且莫不影響到人民之權益。公務人員如若品格欠缺，發生違法失職情事，將可能對人民權益構成極大之危害，而此等危害將隨公務人員職位之晉陞而遞增。故品格實為陞遷重要之基礎。

2.服務年限

我國傳統，敬老尊賢，反應在人事的晉陞上，亦極為重視服務年資與倫理，因之服務時間的長短，逐成為公認的晉陞基礎。按年陞級雖不足以拔擢優秀，但以其平穩，足以防止鑽營奔競。其實各國人事制度也莫不重視年資，蓋工作經驗為發展工作才能的最佳方法，豐富的經驗與熟練的技術，能使行政問題獲得適時有效的處置。不過按年晉級制，缺點亦復不少，茲分析如下：

(1) 所有人員，不論才具、績效，不到一定年資不能晉陞，則具有特殊才智者，若無適當方法，既乏競進之心，而組織也難收人盡其才之效，實不足以鼓勵才俊的奮發。

(2) 資深者處於優越地位，使年少有為之士，反無發展機會，政府機關往往因受到老成持重心理影響，演變成畏難更張，憚於改革，不求長進現象。

(3) 以公務人員所表現之工作效率為晉陞之基礎，理宜公平、客觀，惟工作效率，其客觀具體之標準甚難測量，尤其效率與效能更不易憑藉，以前在採行職位分類，即就職位之職責內容作為測量之標準，雖經試行，未必理想。

3.訓練進修

過去由於訓練進修與陞遷發展之規範來一配合，遂使陞遷之功能未能發揮激勵之效果，與減弱公務人員自我成長之成就動機。所以，陞遷考核之項目，除應重視公務人員平時或年終考績外，亦應重視訓練與進修，即對擬陞任人員應受過何種訓練及職務歷練，予以明確規定，或明定某一層次或主管應受過特定訓練，以期才學知能與陞職務相配合，使陞遷人員能發揮所長。

貳、晉陞的方法

當晉陞的基礎確定後，即可進而討論晉陞的方法。關於晉陞的方法，約有下列三種：

一、競爭考試	晉陞上的競爭考試，由於參加人員，為合於晉陞條件之現職人員，故在人事行政上稱為「限制競爭考試」。凡經考試及格，即能轉較高級的職位。由於參加競爭考試之人，通常其在品格、工作效率與服務年限，均已合乎要求，考試成績僅為決定晉陞與否之一部分，實際並不占重要地位，故有人反對此種競爭考試。認為，一時的筆試，並不足以測量有無處事的能力，長於工作者未必善於回答問題，考試結果造成無經驗的新進人員反而取得有利的優越地位。不過公務人員處於當前行政事務日新月異的時代，公務人員應不斷的求知上進以免落伍，因而以競爭考試作為陞遷之方法，實有其必要。
二、長官決定	此一方法，係憑長官的個人判斷及觀察以提昇其屬員。雖能表現行政長官的負責保證拔擢人才的品質，惟其問題亦十分顯著，一般而言，有如下列： (1) 負責長官常不能擺脫人情及政治的影響與壓力，易為黨派利益、民意代表或私人情感所左右而失卻公平。 (2) 負責長官的意見與判斷，常各有不同的立場與基礎，不易建立整齊劃一的晉陞標準。 (3) 負責長官個人的知識及觀察有限，未必能與客觀事實完全相符合。
三、成績考核	根據人員的工作績效為晉陞基礎應屬公平合理。一般而言，考核績效的方法如下： (1) 數量的估計； (2) 質量的分析； (3) 成績紀錄法； (4) 委員會法； (5) 百分比法； (6) 統計計算法等。

　　要之，晉陞的方法中，在採以競爭考試來拔擢人才，雖有謂考試不一定能考核出真正人才，惟若能輔以經歷審查及評量中心法等種鑑別人才的方法，當可強化人才之鑑別度，提高其效度；再以長官決定為例，確可能發生上述各種可能缺失，但若能輔以考績委員會及人事甄審委員會之鑑拔人才之功能，薦三舉一之原則，則由長官決定之人選應可符合功績、人才原則；最後以成績考核為例，在各種考核績效的方法中。同樣地，能考量人員之品德、操守、才能因素，再輔以平時之各種考核及訓練進修等，當可達到中立才德兼備之原則，以晉陞最適格之人才，為機關所用。人才得以發展，且有公平客觀的晉陞序列與原則，則組織人員在永業生涯發展中，必能自我成就發展，良性互動，組織氣候必然良善，工作士氣亦得持續提昇，有助於功績制之建立，進而奠定文官制度堅實的發展基礎。

參、現行陞遷制度之內容

　　健全之陞遷制度，不僅能促使公務人員依其工作績效與貢獻，循序晉陞，以充分發揮才能，提振工作表現，亦為建立公務人員永業化暨達成行政革新目標之過程中，不可或缺之重要措施。依「中華民國憲法增修條文」第6條規定，「陞遷」之法制事項係屬

於考試院掌理事項之一。惟查我國公務人員之陞遷法制，僅於昔日「公務人員任用法」第19條（現已刪除）中明定各機關辦理現職人員陞任時，得設立甄審委員會；同法施行細則第18條規定，各機關現職人員陞任甄審辦法，由銓敘部擬訂，報請考試院核定，考試院爰於民國76年1月14日訂定發布「現職人員陞任甄審辦法」一種。由於該辦法之內容較為簡略，尚不足以作為行政機關辦理陞遷之完整準據（民國91年7月10日廢止），是以，實務上，行政院（人事行政總處）曾參照公務人員任用法及其他有關規定，訂定「行政院暨所屬各級行政機關公務人員陞遷考核要點」，以為辦理陞遷之相關事宜，並授權所屬各主管機關因應業務需要，參照該要點之規定，另訂陞遷考核要點及評分標準表。故臺灣省、台北市、高雄市政府等主管機關均分別訂有其所屬機關適用之單行規章。而司法院亦訂有「司法院行政人員陞遷考核要點」。致使目前各機關分別適用不同之陞遷規定。由於缺乏全盤規劃，不僅無統一標準，難以充分發揮激勵士氣等應有之功能，且無法順時代變遷之需要，亟待制定統一完整之陞遷法律，俾資遵循。為期公務人員之陞遷，能合於人與事適切配合之旨，並達擇優陞任以擢人才、遷調歷練以培育人才之目的，特制定公務人員陞遷法。

　　銓敘部於民國86年9月30日、10月1日舉辦之「86年全國人事主管會報」確立公務人員陞遷之立法原則：1.公開評比選才、活絡陞遷管道；2.爰訂陞遷標準、彰顯功績制度；3.推動逐級陞遷、有效運用人力；4.實施職務輪調、增進行政歷練；5.重視培育訓練、配合職務陞遷；6.建立通報系統、擴增選才空間；7.暢通申訴管道、消除陞遷不公。嗣經研擬公務人員陞遷法草案送請立法院審議通過，經總統於89年5月17日制定公布，並由考試院定自89年7月16日施行。

　　本法共有條文19條，其要點、內容如次：

1. 各機關應依本法辦理公務人員陞遷，即公務人員之陞遷，依本法行之。但法律另有規定者，從其規定。（第1條）
2. 明定公務人員陞遷之基本原則。即公務人員之陞遷，應本人與事適切配合之旨，考量機關特性與職務需要，依資績並重、內陞與外補兼顧原則，採公開、公平、公正方式，擇優陞任或遷調歷練，以拔擢及培育人才。（第2條）
3. 明定本法之適用對象。即本法以各級政府機關及公立學校（以下簡稱各機關）組織法規中，除政務人員及機要人員外，定有職稱及依法律任用、派用之人員為適用對象。（第3條）
4. 明定公務人員陞遷之實施範圍。即本法所稱公務人員之陞遷，係指：陞任較高之職務；非主管職務陞任或遷調主管職務；以及遷調相當之職務。（第4條）
5. 明定各機關遇有職務出缺時，辦理陞遷甄審人員之範圍。即各機關職務出缺時，除依法申請分發考試及格或依本法得免經甄審之職缺外，應就本機關或他機關具有該職務任用資格之人員，本功績原則評定陞遷。各機關職缺如由本機關人員陞遷時，應辦理甄審。如由他機關人員陞遷時，應公開甄選。（第5條）

6. 各機關應訂定陞遷序列，遴補條件。即各機關應依職務高低及業務需要，訂定陞遷序列表。各機關職缺由本機關人員陞遷時，應依陞遷序列逐級辦理陞遷。但次一序列中無適當人選時，得由再次一序列人選陞任。（第6條）

7. 明定各機關公務人員陞任之評定項目、標準等。即各機關辦理本機關人員之陞任，應注意其品德及對國家之忠誠，並依擬陞任職務所需知能，就考試、學歷、職務歷練、訓練、進修、年資、考績（成）、獎懲及發展潛能等項目，訂定標準，評定分數，並得視職缺之職責程度及業務性質，對具有基層服務年資或持有職業證照者酌予加分。必要時，得舉行面試或測驗。如係主管職務，並應評核其領導能力。擬由他機關人員陞任時，得參酌本項規定辦理之。
　依前項所評定之積分有二人以上相同時，以較高職等（官稱官階、官等官階）或訓練進修及發展潛能積分較高者，優先陞任。
　第一項標準，由各主管院訂定。但各主管院得視實際需要授權所屬機關依其業務特性定之。
　各機關辦理公務人員之遷調，得參酌第1項規定，自行訂定資格條件之審查項目。（第7條）

8. 明定各機關應組織甄審委員會之原則。即各機關辦理公務人員之陞遷，應組織甄審委員會，辦理甄審相關事宜。但本機關人員之遷調，得視業務實際需要，免經甄審程序。而編制員額較少或業務性質特殊之機關，經主管機關核准者，其人員之陞任甄審得由上級機關統籌辦理，不受前項之限制。（第8條）

9. 各機關公務人員陞遷之作業程序，應貫徹公開評比精神。即各機關辦理公務人員之陞遷，應由人事單位就具有擬陞遷職務任用資格人員，分別情形，依積分高低順序或資格條件造列名冊，並檢同有關資料，報請本機關首長交付甄審委員會評審後，依程序報請首長就前三名中圈定陞補之；如陞遷二人以上時，就陞遷人數之二倍中圈定陞補之。（第9條）

10. 明定各機關得免經陞任甄審程序人員及處理方式。即各機關下列職務，得免經甄審，由本機關或其上級機關首長核定逕行陞遷，並不受第20條第6款至第8款之限制者，如機關首長、副首長；幕僚長、副幕僚長；機關內部一級單位主管以上之人員。（第10條）

11. 明定各機關公務人員得免經甄審優先陞任之積極要件，以拔擢優秀人才。即各機關下列人員無第12條各款情事之一，且具有陞任職務任用資格者，得免經甄審優先陞任：最近三年內曾獲頒勳章、功績獎章、楷模獎章或專業獎章者；最近三年內經一次記二大功辦理專案考績（成）有案者；最近三年內曾當選模範公務人員者；曾獲頒公務人員傑出貢獻獎者；經考試及格分發，先以較所具資格為低之職務任用者。（第11條）

12. 明定各機關不得辦理陞任人員之消極要件。即各機關下列人員不得辦理陞任：最

近三年內曾受有期徒刑之判決確定者；最近二年內曾依公務員懲戒法受撤職、休職或降級之處分者；最近二年內曾依公務人員考績法受免職之處分者；最近一年內曾依公務員懲戒法受減俸或記過之處分者；最近一年內考績（成）列丙等者，或依公務人員考績法曾受累積達一大過以上處分者；陞任現職或任同序列職務合計不滿一年者（但本機關次一序列職務人員均未滿一年者，不在此限）；經機關核准帶職帶薪進修或研究六個月以上，於進修或研究期間者；經機關核准留職停薪，於留職停薪期間者等八款情事。（第12條）

13. 各機關應對所屬人員實施職務遷調，並增進行政歷練，提昇行政效率與效能。即各機關對職務列等（稱階、等階）及職務相當之所屬人員，應配合職務性質及業務需要，實施下列各種遷調，包括本機關內部單位主管之遷調；本機關非主管人員間之遷調；本機關主管人員與所屬機關首長或主管人員間之遷調；所屬機關首長或主管人員間之遷調等。又各種遷調規定，由各主管機關定之。（第13條）

14. 公務人員陞任高一官等或初任各官等之主管職務，應接受相關之訓練。（第14條）

15. 明定公務人員對陞遷事宜得依法提出救濟，以符合「有權利即有救濟」之精神。即公務人員對本機關辦理之陞遷，如認為有違法致損害其權利者，得依公務人員保障法提起救濟。（第15條）

16. 明定辦理陞遷有關業務人員之責任及迴避義務。即各機關辦理陞遷業務人員，不得徇私舞弊、遺漏舛誤或洩漏秘密；其涉及本身、配偶及三親等以內血親、姻親之甄審案，應行迴避。如有違反，視情節予以懲處。（第16條）

17. 明定得準用本法之人員。即教育人員、交通事業人員及公營事業人員之陞遷，得準用本法之規定。（第17條）

18. 分別明定本法施行細則及施行日期由考試院定之。（第18、19條）

　　由於公務人員陞遷法施行多年，發現不少難行或不甚公平之處，例如：得免經甄審（選）適用範圍是否適度放寬，陞任現職或任同序列職務未滿一年之認定，各機關職務遷調歷練範圍是否適度擴大，及免經甄審（選）與獨立人事系統、業務特殊機關（構）之陞遷等相關問題。爰考量本法立法意旨並兼顧機關首長用人權及適度反映機關業務特殊性需求，經參據各機關所提建議及相關會議結論，於民國98年4月22日修正13條、新增2條，修正後共計21條條文，其修正重點如下：

1. 增列配合政策或修組編安置移撥者，免經公開甄選除外規定。（修正條文第5條）

2. 增訂各機關亦得依職務性質不同，分別訂定不同之陞遷序列表，另增訂各機關職缺由本機關人員陞遷時，同一序列中人數眾多，得依序辦理人員陞遷之方式。（修正條文第6條）

3. 增訂辦理本機關以外人員公開甄選時，得訂定資格條件之規定。（修正條文第7條）

4. 增訂鄉（鎮、市）民代表會免組織甄審委員會及同一序列職務遷調免經甄審之規定。（修正條文第8條）

5. 增訂本機關無意願參加陞任甄審人員，得免予列入陞任甄審名冊之規定。（修正條文第9條）

6. 明確規定較一級業務單位主管列等為高之職務，得免經甄審（選）程序，並增列駐外使領館（代表機構）、機構簡任第十二職等以上職務，得免經甄審（選）程序。另增訂擔任免經甄審（選）職務人員，依公務人員任用法律規定再調任其他非屬陞任職務，得免經甄審（選）程序。（修正條文第10條）

7. 合理規範優先陞任方式及期限，規定優先陞任應經甄審委員會同意；曾獲頒勳章、公務人員傑出貢獻獎者，以最近五年內為限。（修正條文第11條）

8. 修正最近3年內因故意犯罪，曾受有期徒刑之判決確定者，不得辦理陞任，但受緩刑宣告者，不在此限。及明定任現職不滿1年者，除特殊情形外，不得辦理陞任；經機關核准帶職帶薪全時訓練或進修6個月以上，於訓練或進修期間，不得辦理陞任。又增訂依法停職期間或奉准延長病假期間者，不得辦理陞任。（修正條文第12條）

9. 擴大遷調範圍及於本機關內部單位副主管、所屬機關副首長、本機關與所屬機關間或所屬機關間之非主管人員，並得免經甄麥（選）之程序。（修正條文第13條）

10. 增訂人事、主計及政風人員，得另訂陞遷規定實施，及軍文併用機關人員得予準用之規定。另規定依本條訂定之陞遷規定，於發布時應函送考試院備查。（修正條文第18條）

11. 將本法施行細則第14條有關依本法第7條、第13條及第17條訂定之標準或規定應送銓敘部備查之規定，提升於本法中規範。（修正條文第19條）

12. 採一般立法體例，修正本法自公布日施行。（修正條文第21條）

　　要之，公務人員陞遷法制，關係公務人員之激勵與發展，讓制度趨於公平是理想，至少在適度尊重首長用人權下，應維持適度之合理性，是必要信守的前提也。

　　茲以實施過程，為使公務人員之考績，應綜覈名實，公正公平，作準確客觀之考核，並對績效不佳人員予以輔導、訓練，藉由獎勵優秀及輔導表現不佳者之機制，以提升政府績效。考試院於101年10月18日修正通過公務人員考績法修正草案、公務人員任用法第17條、第40條修正草案，以及公務人員陞遷法第11條、第12條及第21條修正草案，主要相關條文內容包括，丙等設3%下限、10年內若累積3個丙，而無後功抵銷先前丙等紀錄，是規定被資遣或退休等原則，又司法官不適用考績法丙等淘汰比例限制、考列優等人員快速拔擢陞遷等規定，上開法案業於101年10月18日由考試院函送立法院審

議，惟至106年1月間仍未經立法院審議通過，併此述明。

第六節　小　結

　　任用，係各機關首長對考選合格人員或考績升等人員派以適當職務的過程。通常機關職位出缺後，採取內陞、外補與折衷制三種。究採何種方式進用人員，關係整個人事制度之基本性質。

　　折衷制的進用方式，通常有：1.限定界限法；2.規定比例法；及3.升等考試法等。在任用過程中，基本上應把握：1.適才適所；2.任使賢能；3.客觀公正；4.激發才能；及5.平等機會等原則。

　　我國現行公務人事制度，係擷取公務人員任用法和分類職位公務人員任用法之長，其特色為：1.揭櫫任用宗旨；2.官等與職等合併；3.公務人員轉任與調任更具彈性；4.設置現職人員陞任之甄審委員會等。

　　在任用要件方面，應考量其能力要件與資格要件。前者，包括權利能力及行為能力；後者，包括任用資格要件、一般條件及任用資格免除或別有規定之公務人員等。公務人員在任用時，不得具有下列各限制因素，即凡我國公民或現職公務人員受消極資格限制、雙重國籍限制、一般限制或歸化人擔任公務人員之限制等。在正式任用時，其途徑除初任職之任用外，其他主要有陞遷與調派兩種。再者，公務人員任用程序，可分為任用前之觀察、提名、人事資料審查、迴避、約談，與正式任用之實習或試用、派代、送審銓敘，及正式任用等程序，其過程極為慎重，以示對公務人員之尊榮、藉以提昇服務士氣，造福民眾。另基於國家安全策因素，應特別查核之規範，亦應重視。

　　最後，對公務人員之晉陞與遷調關係著才能之發揮與工作士氣之提高，所以政府積極建立公務人員陞遷法制。其立法原則要有：1.公關評比選才、活絡陞遷管道；2.爰訂陞遷標準、彰顯功績制；3.推動逐級陞遷、有運用人力；4.實施職務輪調、增進行政歷練；5.重視培訓訓練、配合職務陞遷；6.建立通報系統、擴增選才空間；7.暢通申訴管道、消除陞遷不公等。另為期更為公平公正，爰配合新陞遷法制的作修正，其他人事法制亦有配套建議，以期才德兼備之真才出頭，符合功績制原則暨提昇行政績效。

學習重點

- ■ 俸給的意涵與原則
- ■ 政府制定俸給制度之方向
- ■ 俸給決定之程序及其體系
- ■ 我國俸給制度現況之檢討與建議

- ■ 福利之定義與目的
- ■ 福利的需要與種類
- ■ 我國現行公務人員福利制度的概況

關鍵名詞

- ■ 俸給
- ■ 待遇
- ■ 生活俸給
- ■ 績效俸給
- ■ 本俸
- ■ 年功俸

- ■ 職務加給
- ■ 技術加給
- ■ 地域加給
- ■ 權理
- ■ 平調
- ■ 降調

- ■ 晉敘
- ■ 降敘
- ■ 福利
- ■ 撫卹金

第一節　公務人員的俸給意涵與體系

壹、俸給的意涵、原則與決定因素

一、意涵

　　公務人員服務國家，政府給與服務酬勞以維持其生活，是為俸給。易言之，俸給者，國家對於公務人員服務之報酬，以充足公務人員相當地位之生活費用為主旨，於公務人員關係存續中，所負擔之公法上之金錢債務。公務人員享有領取此種俸給之權，即為俸給權，其特色不僅為勞務報酬或生活費用，而且兼具兩種性質。故俸給之多寡，恆

視其事務之繁簡，責任之大小，地位之上下，及生活程度定之。[1]

在人事行政上，俸給（待遇）問題頗為複雜，待遇不僅在公務機關可能發生激勵作用，亦可能引起誤解與衝突，即使在私人企業亦復如是。政府行政首長經常面臨兩種互相衝突的壓力：一方面來自公務人員，希望改善待遇；另一方面來自納稅人，期望削減用人經費。至納稅人也面對兩種矛盾的情勢，一方面站在「雇主」地位當然要求節約；另一方面則立於「顧客」立場又要求政府公務人員能提供最佳而最充分之服務。如此，一種適當的俸給待遇政策及俸給水平，係既能節省用人的費用；又能保有為公民提供良善周全服務的公務人員。薛爾頓（Oliver Sheldon）即曾指出：政府對於公務人員與社會公眾均負有責任，而且這兩種責任是合而不可分的。[2]因此，人事行政的任務，就在調和社會公眾的期望撙節預算，與照顧公務人員之俸給待遇權益，提出兩全其美的均衡政策，俾能贏得民意機關的支持。故公務人員的俸給待遇不僅是技術、政策與制度的課題，亦且是人事行政達到政治藝術化的境界。

二、原則

俸給不僅為公務人員的報酬，亦為促進工作者努力服務的誘因，更足以決定其生活方式與思想行動。所以，政府在決定俸給時，宜遵守下列原則：

（一）要能維持工作效能為標準

俸給不僅是服務報酬，而且是政府吸收優良公務人員的有力號召，亦是促進人員忠勤努力的興奮劑；所以公務人員的俸給，應以能達到吸收優良人才與促進服務人民三項目的為標準。

（二）要顧及公務人員的社會地位

俸給既可決定公務人員生活方式與思想行動，為個人價值的指標及法定地位的象徵，故給與的待遇與俸額須與其社會地位相當。所謂「以官級定官俸，以俸祿保官秩」，官員與俸祿息息相關，因此，合理的俸給確為維護公務人員身分與地位之主要憑藉。

（三）要與民間企業薪給求得衡平

政府部門與民間企業人才是相互競爭與流動的，若以服務政府之社會地位高，俸給待遇高，則人才必將大量流入政府，反之則否，所以如何避免因政府人才過剩形成人事傾軋與鑽營，造成政治、行政之不安，或避免因民間人才過剩，形成政府部門之人才

1　林紀東，中國行政法總論（台北：正中書局，69年增訂6版），頁211。

2　League of Virginia Municipalities, "Salaries and Living Costs in the Municipal Service in Virginia," Report, No. 120 (March 1933)（考試院圖書館藏影印資料）, p. 2.

荒，影響公務人力素質等，均有賴政府研訂合理的俸給待遇結構與水平，俾能妥為因應。

（四）要有一個客觀的根據或標準

俸給數額根據與標準，便是工作的價值，以此決定多寡，方合於「同工同酬」公平的原則。俗語云：「不患寡而患不均」，低薪制是「寡」，紛歧制則使薪給造成「不均」，後者是文官俸給的最大弊端之一，為維持公務人員俸給體系的公平原則，應建立同工同酬為取向的俸給制度。

（五）要有普遍一致的水準

全國各級機關之俸給待遇，都須依據統一的標準，至少在其本俸或核心俸給（薪）部分，不能畸多畸少，同一的根據，切忌厚此薄彼，如中央多，地方少，生產機關多，非生產機關少，均屬不當。故各種俸給體系應作有系統的整理簡化，多類俸給表分別依俸給法決定薪資，適度拉大上下層級的薪俸級距，各機關除合理的專業加給與福利措施外，不宜巧立俸給名目。

（六）要有彈性增減的機制

固定俸給，實欠合理，增減薪額應有彈性，若能與國家總預算成長保持適當的比例，俾能將社會經濟的發展與生活水平的提升，確實地反映在公務人員的俸給、待遇上，促使公務人員認知：努力之成果，利人又利己，使能隨社會經濟變遷或生活水平的升降而相適應。所以馬塞爾（Mosher）等強調說：「中央人事機關的重要功能，在適時調節薪給數額與水平，使與社會經濟變遷相適應。」[3]

當然，有關民間企業之薪資管理制度之原則與方法等，亦可供政府部門參考，茲列表10-1如下：

（一）**對外的公平原則**（external equity）：指企業的薪資水準是否與同類型的企業薪資水準相當。

（二）**對內的公平原則**（internal equity）：指企業內部各種不同類型工作間的薪給結構是否合理。

（三）**員工間的公平**（employee eqity）：員工公平是指企業內部工作相等的員工間他們的薪給是否公平。

3　W. E. Mosher, J. D. Kingsley, & O. Glenn Stahl, Public Personnel Administration (New York: Harper & Row Publishers, 1950), p. 282.

表10-1　民間企業薪資管理原則、方法簡表

原則種類	內容比較	薪資管理目的
公平原則	1. 對外的公平（勞動市場的界定、薪資調查、薪資水準和政策）。 2. 對內的公平（工作分析、工作說明、工作評價、薪給結構）。 3. 員工間的公平（年資加給、績效加薪、加薪政策、獎勵制度）。	確保員工的服務品質保證企業的生存與發展維持良好的勞資關係遵守相關的法令。
合理原則	1. 資格條件。2. 職責程度。3. 一般薪資水準。4. 企業支付能力。	
比較原則	1. 薪資調整。2. 合理的薪資。3. 避免人力外流。	
激勵原則	1. 薪資計畫適度彈性。2. 薪資幅度應符合加薪需要。3. 相當的工作，薪資應相當。4. 高低薪資，應有一定差距。5. 工作報酬與職責程度相結合。	
實惠原則	係指薪資調整確能增加購買力，而不只是數字的增加。	
勞資互惠原則	公平合理的薪資制度，必須能使勞資雙方皆蒙其利，即提高薪資與增加生產齊頭並進。	

資料來源：參考修正自何永福、楊國安，人力資源策略管理（台北：三民書局，民國83年），頁23。

三、決定因素

　　從上述俸給之原則，可知公務人員工作報酬的決定因素，相當複雜，自歷史文化、傳統習俗、政治意理、社會政策、經濟發展、心理趨向等均所關涉。雖然政府不同於企業，其俸給較不受競爭影響，自可依政策而定，但是政府仍是社會之次系統，必須與其他社會系統相應，以達終極一致之目標，則宜考慮下列三種方向：

（一）人力供需與生活水平

　　政府與企業不同，企業界認為現在社會是經濟社會，薪給水平是受實際的限制，蓋其支給總額與總生產力相關，從總收入中撥出，也與其他生產因素相關，故薪金的決定，除考量未來企業之獲利能力與投資報酬率外，即應考慮產業的總生產力與生產的其他因素，才是最「經濟的」。政府的俸給，基於政府業務的獨占性，較不受激烈競爭的影響，得視財政收入而自由決定。

　　最「經濟的」薪給水平，雖係依循人力市場而定，惟企業界所謂之「市場薪給率」是否可以適用？首先，美國人事分類委員會（Personnel Classification Board）調查五十萬從業員，發現同一職務的「薪給率」，因人、事、地及雇主而異，參酌困難。但是政府若能與其競爭人力之優良公司的現行「薪給率」視為標準，仍是足資考量的基礎。惟必須將不能比擬之職位如教師、稅務人員、警員、消防隊員等，另作工作分析後，再加參考採用。

其次，阿勃森（Lent D. Upson）對於難以適用競爭的「市場薪給率」的公務職位指出：「沒有人認為教師之聘任，應是最低價的合格人員，或警員之任用，應以勞動交換的方式，蓋競爭不能決定其俸給額數。故類此人員的俸給當視其必需的生活標準而定。」[4]並進而建議俸給政策的根據，應依照公務人員所期望在社會中的生活水平，而定其俸給；亦即不按人力市場競爭價值定薪給，而採生活水平薪給。

（二）同工同酬與生活俸給

前述「經濟的」生活薪給水平，得為參酌標準，惟不盡符合政府公務人員的特性，則有主張給與公務人員的俸給待遇，足以維持其社會地位的適當生活標準之合理費用，應為「生活俸給」。

「生活俸給」，不免有違反同工同酬的原則之虞。因為訂定「生活俸給」，必須對照社會一般通行的生活標準，加以考慮，而生活水平因地、因時而異，不僅社會群體間不相同，即使境遇相仿，亦有差別。

所以，「生活俸給」，既要決定一般生活標準，又當研究生活費的預算，亦即應對生活費用之各項因素，加以調查分析。其中所謂最低生活費，許多國家採取的方法是僅供單身之所需，若對眷屬給與津貼，違反同工同酬之原則，致有合理單一俸之建議，當然單一俸也可以考量「生活俸給」的合理設計。

整體而言，「生活俸給」實行雖有困難，惟一般趨勢，均朝此方向發展。按國家對公務人員負有相當責任，而公務人員基於特別權利義務關係，缺乏有效的協（工）會組織，其罷工權、團體協議權以及從事政治活動的權利是受限制的；又因政府工作多屬專門性質，殊難轉業私營企業，允宜妥慎研議可行之俸給法制。

（三）策略管理與績效俸給

在新公共管理運動中，政府為學習民間企業之管理策略與技術，而引進績效管理的理念與方法，用以彰顯組織與個人目標，強化公務人力資源管理誘因，建立績效俸給制度。按以策略管理主要包括五項互動要素，即：(1)釐清組織的功能、目標與哲學；(2)認識組織面對的內在與外在環境情境；(3)評估組織的優、缺勢，機會與挑戰等；(4)規劃具體目標；以及(5)形成適當的行動策略。[5]如此，若將策略管理內涵，若運用人力資源管理時，諸如策略性人力資源規劃，而其方法用於人事行政上，如採策略性薪資、策略性甄補、陞遷等等。[6]

至於績效俸給制度創造了一個競爭式的工作文化，也給予管理者更大的權威，其基

4　Lent D. Upson, "How to Determine an Equitable Pay Basis for Public Employees", Public Management, 16 (1934), p. 79.

5　Alan. R. Nankervis, R. L. Compton, & T. E. McCrthy, Strategic Human Resource Management (Victoria, Australia: South-westem, 1992), p. 53.

6　參見張潤書、施能傑，公務人員陞遷之研究（台北：銓敘部印，85年）；何永福、楊國安，人力資源管理策略（台北：三民書局，82年）。

本的管理哲學為：(1)只要努力工作，即可達成預期的工作績效；(2)工作績效雖因人而異；然只要在一定績效程度之上，即可得到更多的獎金或獲得調薪，且調幅隨績效程度而有顯著之差異；(3)若工作績效不佳，則年年自動調薪晉俸之事將不再發生；(4)因每個人都樂於有更多的工作所得，所以努力工作是成員最理性的選擇，也是僅有的選擇。[7] 上述所提績效管理文化必須融入成員的工作意念與行為中，方能產生其效果；而績效俸給制度為新公共管理的主張，雖績效衡量指標有其高度爭議，然必須勇於試誤與變革，以有效運用公共資源，而其意旨在傳達一個清晰的訊息，是俸給、待遇不能僅隨其年資而調整，俸給待遇必須能具備呈現工作績效之差異性功能。未來我國的俸給制度，實應重視工作實責之評估與俸給指標之設立，重視選擇合適之績效策略管理與技術，俾供決定俸給結構設計與制度方法之採擇，期以建立一個由重視職責程度、工作性質之功績俸，到兼顧合於績效策略管理之激勵性的俸給制度。

　　要之，公務人員俸給的決定，除應考慮人力供需與生活水平、同工同酬與生活俸給及策略管理與績效俸給之因素外，事實上尚須對國民所得增加與物價指數變動兩因素加以考量。前者係由經濟成長與發展所導致，公務人員在間接方面亦有其貢獻，國家利益合理分配乃理之所允；後者影響公務人員薪俸之實質所得，對公務人員的生活有直接影響。職是之故，公務人力供需、同工同酬、策略管理與政府績效暨國民所得增加與物價指數變動，均係決定或調整公務人員俸給時不能忽略的要素。

貳、俸給決定之程序與俸給體系

一、俸給決定之程序

　　通常民間企業決定薪資體系內涵，包括本薪、加給、津貼及獎金等。本薪（base salary）又稱為「底薪」，即雇主支付員工的最基本薪給，常作為一些其他給與，如加班費、工作獎金、年終獎金……等的計算基礎。本薪常可分為：（一）年功薪；（二）職務加給；（三）職能給予等三種。

　　加給是針對情況較為特殊的職務，於本薪之外，增給的報酬，目的是要彌補本薪的不足，以使其酬勞獲得更為公平。一般可分為：（一）職務加給；（二）專業（或技術）加給；（三）地域加給予等三種。

　　津貼係對本薪之外之額外補助，以符合實際需要。主要有：（一）物價津貼；（二）眷屬津貼；（三）房租津貼；（四）危險津貼；（五）夜班津貼；（六）交通津貼；（七）伙食津貼；（八）外勤津貼；（九）超時津貼；（十）值班津貼等十項。

　　獎金是在本薪之外因素所給予的金錢獎勵。獎金之種類甚多，常見的有：（一）績效獎金；（二）年終獎金；（三）全勤獎金；（四）考績獎金；（五）提案獎金等。

7　同註五。

政府在擬定俸給方案時，其基本資料有四：（一）機關現況；即職位分類、工作分配、俸給水平、工作條件與人員異動情形；（二）機關外之條件，包括私營企業及其他公務機關之俸給水平資料；（三）一般生活水平及生活費用；（四）國民所得與物價指數。

上述四種資料的蒐集與是否能訂定公平合理之俸給方案息息相關。但由於蒐集公私機構之間的比較資料極為困難，因為私營企業職位既複雜又不確定。或有關職員待遇又常常不加公開。前美國文官分類委員曾調查私營企業之僱傭條件，發現公私機構的職位，確實難做比較。[8]

政府機關在考量俸給時，除考慮薪給政策、經濟薪給、生活標準、國民所得及物價指數外，尚須注意行政與技術方面之因素。即1.職位職務之繁簡難易；2.所具之資格條件；3.任期的久暫或地位之安定；4.職務職級間之責任輕重；5.陞遷發展機會等。目前，行政機關之俸給標準，即參照考試及格等級、任用職務職等……研訂公務人員俸給法及新進派用人員及技術人員核敘俸給要點、臺灣地區省市營事業機構分類職位人員薪給辦法等。根據考試院通過銓敘部所研擬之公務人員基準草案第55條更明定公務人員之俸給應參酌國民所得、物價指數、經濟成長率、基本生活費用、民間企業薪資水準及政府財力狀況，予以訂定並適時調整。其主政機關是由行政院會商考試院辦理。

二、俸給體系

所謂俸給體系，指將薪俸支給方法，加以具體規定之謂。其中包括俸給表之研訂，各項加給標準及俸給調整等多種規定。為求俸給體系單純劃一，宜依職務與責任制定單一俸表，俾符合同工同酬原則，事實上，政府組織龐大，分布廣闊，不得不顧慮實際情況，予以調整，是以俸給體系變成較為複雜。茲列表簡述如次：

俸表	1.俸級額：公務人員各等級應支領的待遇。2.俸階，即俸級幅度：指同一俸級額內劃定幅度，旨在劃分初任及久任之差別。
加給	前述俸給之決定，涉及因素很多，如眷屬津貼、地域加給及特殊加給等，其中如地域加給，係鑑於服勤地之經濟上或地理上條件不同，為期不同地域工作者之實質所得……，特予以調整；特殊加給，乃因職位任務與職責間相異之問題；以及為顧及職員與其眷屬之生活，予以眷屬津貼等。

要之，俸給制度常因各種加給之發給，造成不公允之現象，除由考試院依公務人員俸給法規定研訂加給之給與辦法外，必須注意決定津貼與加給之分量與價值，將公務人員獲得之津貼與加給，宜從俸給總額予以扣除，使公務人員之實質所得與實際工作產生關聯，以落實激勵性俸給制度。

8　Personnel Classification Board, Report of Wage and Personnel Survey（考試院圖書館藏影印資料），p. 66.

第二節　公務人員俸給制度的現況與檢討建議

壹、現行公務人員俸給體系

　　上節對一般俸給體系所含有之項目，作一原則性的介紹，茲就我國實施之俸給體系如表10-2，加以說明。自民國57年推行公務分類職位以來，為簡薦委俸級與分類職位俸點兩制並行。政府為了減少兩制並行的困擾，乃建立新的人事法制，於民國75年7月16日，修正公布公務人員俸給法，並由考試院以命令定於76年1月16日起實施，原先之兩制合而為一。期間於79年12月28日修正公布第4條；86年5月21日增訂公布第6條之1，並修正公布第2、6、8、9、11、16及19條文新法的適用範圍，除了教育人員、公營事業人員之俸給、另以法律規定外，其餘以任用方式之公務人員（包括司法人員、審計人員、主計人員、稅務人員、外交領事人員、技術人員……等）均適用之；派用人員之薪給，準用本法之規定。91年6月26日修正公布全文二十八條，嗣經94年5月18日及97年1月16日修正，其主要內容包括：

一、俸給種類

　　依公務人員俸給法第3條之規定，公務人員之俸給，分為本俸（年功俸）及加給，均按月計算。茲分述如下：

本俸	係指各職等人員，依法應領取之基本給與。
年功俸	係指各職等高於本俸最高俸級之給與。
加給	係指本俸、年功俸以外，因所任職務種類、性質與服務地區之不同，而另加之給與。

表10-2　各類型公務人員職務等級及俸（薪）給制度總表

聘用人員 薪點	軍職人員 軍級	軍職人員 軍階	教育人員 職務名稱	等級	薪額	警察 官等	警察 官階	行政 官等	職等	俸本點俸	金融 職等	金融 薪級	聘用人員薪點
790至670	九等	中將	大學校長、獨立學院院長、專科學校校長／專科以上學校教授	1	680	警	特階	簡	第十四職等	800			
				2	650		一階		第十三職等	750至710			
714至604				3	625								
				4	600		二階		第十二職等	730至650			
				5	575								
648至538	八等	少將		6	550		三階	任	第十一職等	690至610	第十五職等	第十五職等一級至五級	2280至2100
				7	525								
582至472	七等	上校	專科以上學校副教授	8	500	監	四階		第十職等	670至590	第十四職等	第十四職等一級至五級	2080至1840
				9	474								
520至424				10	450	警	一階	薦	第九職等	550至445	第十三職等	第十三職等一級至九級	2020至1620
	六等	中校		11	460								
				12	410								
472至376			專科以上學校助理教授	13	390		二階		第八職等	505至445	第十一職等至第十二職	第十一職等至第十三職	1940至1400
				14	370								
				15	350								
424至328	五等	少校		16	330		三階		第七職等	475至415	第十職等至第十一職	第十職等一級至第十一職等八級	1520至1030
				17	310								
				18	290								
376至280	四等	上尉	專科以上學校講師（助教）、中等學校校長、教師、國民小學校長、教師	19	275	正 警	四階	任	第六職等	445至385	第八職等至第九職等	第八職等六級至第九職等十五級	1320至900
				20	260								
				21	245								
	三等	中別一等士官長		22	230		一階	委	第五職等	370至330	第七職等至第八職等	第七職等十三級至第八職等五級	940至780
				23	220								
				24	210								
	二等	中別二等士官長		25	200		二階		第四職等	340至300	第七職等	第七職等七級至十二級	880至760
				26	190								
				27	180								
		准尉上士三等士官長		28	170		三階		第三職等	320至280	第七職等	第七職等一級至六級	760至660
				29	160								
				30	150								
				31	140								
	一等	中士		32	130		四階		第二職等	270至230	第六職等	第六職等九級至十五級	850至710
				33	120								
				34	110								
				35	100								
				36	90	佐							
		下士						任	第一職等	220至160	第六職等	第六職等一級至八級	690至550

中央銀行人員	經濟部所屬事業人員 職等	薪級	用人費薪點	省市營生產業事人員 職等	薪級	薪點	交通事業人員 薪級	薪額	資位名稱	薪點	薪點
							1	800		1	800
							2	700		2	790
							3	740		3	780
							4	710			
	第十五職等	第十五職等一級至五級	2280至2100	第十四職等	第十四職等本薪一級至五級	第十四職等本薪一級至五級	5	380	長級	4	750
							6	650		5	730
							7	625		6	710
第十四職等	第十四職等	第十四職等一級至五級	2055至1875	第十三職等	第十三職等本薪一級至五級	690至610	8	600		7	690
							9	575		8	670
							10	550		9	650
第十三職等	第十三職等	第十三職等六級至九級	2010至1875	第十二職等	第十二職等本薪一級至五級	670至590	11	525	副長級	10	630
							12	500		11	610
							13	475		12	590
第十二職等	第十二職等至第十三職等	第十二職等一級至第十三職等五級	1965至1450	第十一職等	第十一職等本薪一級至五級	550至490	14	450		13	550
							15	430		14	535
							16	410		15	520
							17	390		16	505
第十一職等	第十一職等	第十一職等一級至十五級	1830至1300	第十職等	第十職等本薪一級至五級	505至445	18	370	高員級	17	490
							19	350		18	475
							20	330		19	460
							21	310		20	445
第九職等六級至第十職等	第九職等至第十職等	第九職等一級至第十職等十五級	1610至1100	第九職等	第九職等本薪一級至五級	475至415	22	790		21	430
							23	775		22	415
							24	760		23	400
							25	745		24	385
							26	737		25	370
第八職等二級至第九職等五級	第七職等至第八職等	第七職等一級至第八職等十五級	1280至900	第八職等	第八職等本薪一級至五級	445至385	27	720		26	360
							28	710		27	350
							29	700		28	340
							30	790		29	330
							31	780		30	320
第七職等十三級至第八職等二級	第六職等	第六職等一級至十五級	1080至828	第七職等	第七職等本薪一級至五級	370至330	32	170		31	310
							33	160		32	300
							34	150		33	290
第七職等七級至十二級	第五職等	第五職等一級至十五級	980至750	第六職等	第六職等本薪一級至五級	340至300	35	140	員級	34	280
							36	130		35	270
							37	120		36	260
第七職等一級至六級	第四職等	第四職等一級至十五級	885至675	第五職等	第五職等本薪一級至五級	320至280	38	110		37	250
							39	100		38	240
第六職等九級至十五級	第三職等	第三職等一級至十五級	810至600	第四職等	第四職等本薪一級至五級	270至230	40	90		39	230
							41	80		40	220
第六職等一級至八級	第一職等至第二職等	第一職等一級至第二職等十五級	735至500	第三職等	第三職等本薪一級至七級	220至160	42	70	佐級	41	210
							43	60		42	200

備註

一、國省（市）營金融事業人員之未列職務列等之總經理、董事長分別參照行政人員之列第十二職等至第十三職等或第十四職等。

二、經濟部所屬事業人員未列職務列等之總經理、董事長分別參照行政人員之列第十三職等或第十四職等。

三、省市營生產業事人員未列職務列等之董事長參照行政人員之列第十三職等或第十三職等。

四、交通事業人員未列職務列等之董事長參照行政人員之列第十三職等或第十三職等至第十四職等。

五、本總表僅供研究參考。實際情形，請參考當時各機關俸給表規定。

加給可分下列三種：

職務加給	對主管人員或職責繁重或工作具有危險性者加給之。又分為： a. 主管加給：按任主管職務之層次及所任職務列等之高低，給予一定金額的主管加給。 b. 危險等加給：這是按所任職務之職責繁重或工作危險程度，給予一定金額的危險加給。
技術或專業加給	對技術或專業人員加給之。
地域加給	對服務邊遠或特殊地區與國外者加給之。又分為： a. 離島加給：這是對服務於偏遠地區之公務人員的加給。 b. 駐外人員地域加給：對派駐外國之公務人員支給。

二、俸表結構

各級公務人員的俸級區分如下：

委任（分五個職等）	第一職等本俸為七級，年功俸為六級，第二職等至第五職等本俸各分五級，第二職等年功俸分六級，第三職等、第四職等年功俸各分八級，第五職等年功俸分十級。
薦任（分四個職等）	第六職等至第八職等本俸各分五級，年功俸各分六級，第九職等本俸分五級，年功俸分七級。
簡任（分五個職等）	第十職等至第十二職等本俸各分五級；第十職等、第十一職等年功俸各分五級；第十二職等年功俸分四級；第十三職等本俸及年功俸均分三級；第十四職等本俸為一級。

本俸、年功俸俸點，依所附俸表之規定（見表10-3）。「俸級」，係指各職等本俸及年功俸所分之級次。「俸點」，係指計算俸給折算俸額之基數。

三、公務人員之敘薪

公務人員之俸給，係在俸表結構內，按公務人員俸給法及其施行細則所定原則，敘定俸級後支給。而敘薪之原則，又因公務人員之初任、陞任、權理、平調、降調、再任、轉任、考績及懲戒等情形而分別規定。

表10-3　公務人員俸表（公務人員俸給法第4條附表）

官等	簡任					薦任				委任				
職等	十四職等	十三職等	十二職等	十一職等	十職等	九職等	八職等	七職等	六職等	五職等	四職等	三職等	二職等	一職等
俸級俸點	800 一	800 三	800 四											
		790 二	790 三	790 五										
		780 一	780 二	780 四	780 五									
		750 三	750 一	750 三	750 四									
		730 二	730 五	730 三	730 三									
		710 一	710 四	710 一	710 二	710 七								
			690 三	690 五	690 一	690 六								
			670 三	670 四	670 五	670 五								
			650 一	650 三	650 四	650 四								
				630 二	630 三	630 三	630 六							
				610 一	610 二	610 二	610 五							
					590 一	590 一	590 四	590 六						
						550 五	550 三	550 五						
						535 四	535 二	535 四	535 六					
						520 三	520 一	520 三	520 五	520 十				
						505 二	505 五	505 二	505 四	505 九				
						490 一	490 四	490 一	490 三	490 八				
							475 三	475 五	475 二	475 七				
							460 二	460 四	460 一	460 六				
							445 一	445 三	445 五	445 五	445 八			
								430 二	430 四	430 四	430 七			
								415 一	415 三	415 三	415 六	415 八		
									400 二	400 二	400 五	400 七		
									385 一	385 一	385 四	385 六		
										370 五	370 三	370 五		
										360 四	360 二	360 四		
										350 三	350 一	350 三		
										340 二	340 五	340 二		
										330 一	330 四	330 三	330 六	
											320 三	320 五	320 五	
											310 二	310 四	310 四	
											300 一	300 三	300 三	
												290 二	290 二	
												280 一	280 一	280 六
													270 五	270 五
													260 四	260 四
													250 三	250 三
													240 二	240 二
													230 一	230 一
														220 七
														210 六
														200 五
														190 四
														180 三
														170 二
														160 一

說明：一、俸級分本俸及年功俸，依公務人員俸給法第4條規定，並就所列俸點折算俸額發給。俸額之折算，必要時，得按俸點分段訂定之。

二、本表各職等之俸級，委任分五個職等，第一職等本俸分七級，年功俸分六級，第二職等至第五職等本俸各分五級，第二職等年功俸分六級，第三職等、第四職等年功俸各分八級，第五職等年功俸分十級，第十職等至第十二職等本俸各分五級，第十職等、第十一職等四年功俸各分五級，第十二職等年功俸分四級；第十三職等本俸及年功俸均分三級，第十四職等本俸為一級，本俸及年功俸之晉級，依公務人員考績法之規定，但各職等以晉至最高年功俸俸級為限。

三、本表各職等本俸俸點每級差額，第一職等至第五職等為十個俸點，第六職等至第九職等為十五個俸點，第十職等至第十三職等為二十個俸點，各職等年功俸之俸點比照同列較高職等本俸或年功俸之俸點。

四、本表粗線以上為年功俸俸級，粗線以下為本俸俸級。

（一）初任人員之起敘

1. 考試及格初任人員之敘薪（公務人員俸給法第6條）

(1) 第6條第1項規定：

　a. 高等考試之一級考試或特種考試之一等考試及格者，初任薦任職務時，敘薦任第九職等本俸一級；先以薦任第八職等任用者，敘薦任第八職等本俸四級。

　b. 高等考試之二級考試或特種考試之二等考試及格者，初任薦任職務時，敘薦任第七職等本俸一級；先以薦任第六職等任用者，敘薦任第六職等本俸三級。

　c. 高等考試之三級考試或特種考試之三等考試及格者，初任薦任職務時，敘薦任第六職等本俸一級；先以委任第五職等任用者，敘委任第五職等本俸五級。

　d. 普通考試或特種考試之四等考試及格者，敘委任第三職等本俸一級。

　e. 初等考試或特種考試之五等考試及格者，敘委任第一職等本俸一級。

(2) 第6條第2項規定：

85年1月17日公務人員考試法修正施行前，考試及格人員，初任各官等職務時，其等級起敘規定如下：

　a. 特種考試甲等考試及格者，初任簡任職務時，敘簡任第十職等本俸一級；先以薦任第九職等任用者，敘薦任第九職等本俸五級。

　b. 高等考試之一級考試及格者，初任薦任職務時，敘薦任第七職等本俸一級；先以薦任第六職等任用者，敘薦任第六職等本俸三級。

　c. 高等考試之二級考試及格者，初任薦任職務時，敘薦任第六職等本俸一級；先以委任第五職等任用者，敘委任第五職等本俸五級。

　d. 高等考試或特種考試之乙等考試及格者，初任薦任職務時，敘薦任第六職等本俸一級；先以委任第五職等任用者，敘委任第五職等本俸五級。

　e. 普通考試或特種考試之丙等考試及格者，敘委任第三職等本俸一級。

　f. 特種考試之丁等考試及格者，敘委任第一職等本俸一級。

2. 升官等考試及格人員初任各官等職務等級之敘薪（俸給法第7條）

　a. 簡任升官等考試及格者，初任簡任職務時，敘簡任第十職等本俸一級。

　　　　b.薦任升官等考試及格者，初任薦任職務時，敘薦任第六職等本俸一級。

　　　　c.委任升官等考試及格者，初任委任職務時，敘委任第一職等本俸一級。

　　本法修正施行前經依考試法、分類職位公務人員考試法、或公務人員升等考試法考試及格者，初任其考試及格職等職務時，分別自各該職等之最低俸級起敘。

（二）調任人員之敘薪

1.升任人員之敘薪

　　根據公務人員俸給法第15條規定升任官等人員，自升任官等最低職等之本俸最低級起敘。但原敘年功俸者，得敘同數額俸點之本俸或年功俸。曾任公務人員依考試及格資格，再任較高官等職務者，亦同。若在同官等內調任高職等職務時，具有所任職等職務之任用資格者，自所任職等最低俸級起敘；如未達所任職等之最低俸級者，敘最低俸級；如原敘俸級之俸點高於所任職等最低俸級之俸點時，敘同數額俸點之俸級（同法第11條）。

2.權理人員敘薪

　　權理人員，仍依其所具資格銓敘審定俸級（第11條第2項）。

3.平調人員敘薪

　　依法銓敘合格人員，調任同職等職務時，仍依原俸級銓敘審定。

4.降調人員敘薪

(1) 在同官等調任低職等職務以原職等任用人員，仍敘原俸級（第11條第1項）。

(2) 調任低官等職務以調任官等之最高職等任用人員，其原敘俸級如在所調任官等之最高職等內有同列俸級時，敘同列俸級；如高於所調任官等之最高職等最高俸級時，敘至年功俸最高級為止，其原敘較高俸級之俸點仍予照支（第11條第3項）。

5.調任或改任

　　依公務人員俸給法第13條規定，不受任用資格限制人員（指各機關辦理機要之人員），依法調任或改任受任用資格限制之同職等職務時，具有相當性質等級之資格者，應依其所具資格之職等最低級起敘，其原服務較高或相當等級年資，得按年核計加級。

6.再任人員之敘薪

　　公務人員離職後，依法再度擔任職務者，其敘薪為：

(1) 本法施行前，經銓敘合格人員，於離職後再任時，其俸級比照本法第10條改任換敘之規定核敘，但所再任職務列等之俸級，高於原敘俸級者，敘與原俸級相當之俸級；低於原敘俸級者，敘所再任職務列等之相當俸級，以敘至所任職務之最高職等年功俸最高級為止。如有超過之俸級，仍予保留。俟將來調任相當職等之職務時，再予回復。

(2) 本法施行後，經銓敘合格人員於離職後再任者，其俸級比照本法第11條陞任、

平調、降調人員敘俸之規定核敘，但所再任職務列等之俸級高於原敘俸級者，敘與原敘俸級相當之俸級；低於原敘俸級者，敘所再任職務列等之相當俸級，以敘至所任職務之最高職等年功俸最高級為止，如有超過之俸級，仍予保留。俟將來調任相當職等之職務時，再予回復。

7. 轉任人員之敘薪

依公務人員俸給法第12條，公立學校教育人員或公營事業人員轉任行政機關職務時，除其他法規另有規定外，依其考試及格所具資格或曾經銓敘審定有案之職等銓敘審定俸級。另行政機關人員轉任公立學校教育人員或公營事業人員時，其服務年資之採計，亦同。又依後備軍人考試比敘條例，後備軍人依法取得公務人員任用資格者，按其軍職年資，比敘相當俸級。

四、俸級之晉敘與降敘

（一）俸級之晉敘

依據公務人員俸給法第16條規定，公務人員本俸及年功俸之晉敘，依公務人員考績法之規定。在同官等內調任低職等仍以原職等任用並敘原俸級人員，考績時得在原銓敘審定職等俸級內晉敘。

（二）俸級之降敘

經銓敘部審定之等級，非依公務人員俸給法、公務員懲戒法及其他法律之規定，不得降敘（第23條）。

1. 降級人員，改敘所降之俸級。
2. 降級人員在本職等內無級可降時，以應降之級為準，比照俸差減俸。
3. 降級人員依法再予晉級時，自所降之級起遞晉；其無級可降，比照俸差減俸者，應比照復俸。給與年功俸人員應降級者，應先就年功俸降敘（第20條）。

五、雇用人員之待遇

又可分為雇員及約僱人員兩種待遇：

（一）雇員待遇

依現職雇員管理要點規定（民國89年7月20日），雇員薪給分本薪、年功薪及加給。各設若干級，並分別規定薪點。加給之給與辦法及薪點折算薪額之標準，適用公務人員俸給法第14條之規定。雇員之各項補助費，比照公務人員之規定（管理要點第五點）。現職雇員薪級薪點，本俸為140薪點（一級）至155薪點（四級），年功俸為160薪點（一級）至310薪點（十六級）。

（二）約僱人員待遇

　　約僱人員之僱用應訂立契約，其內容包括僱用期間、擔任工作內容及工作標準、僱用期間報酬及給酬方式、受雇人違背義務時，應負之責任及解僱原因等。其中有關報酬應視工作之繁簡難易、責任輕重及應具備之知能條件，參照職位分類標準認定支給報酬之薪給，折合通用貨幣後於僱用契約中訂定之（行政院暨所屬機關約僱人員僱用辦法第6、8條），其報酬標準係比照分類職位公務人員俸點支給之。

（三）聘用人員之待遇

　　依聘用人員聘用條例第3條規定，本類人員指各機關以契約定期聘用之專業或技術人員。其職稱、員額、期限及報酬，應詳列預算，並列冊送銓敘部登記備查，解聘時亦同。其中約聘報酬，依前述條例及行政院暨所屬各級機關聘用人員注意事項規定，聘用人員待遇標準，由聘用機關及各級層轉機關，視工作之繁簡難易、責任輕重、羅致困難程度，與應具之專門知能條件，參照原職位分類之職等標準，認定支給待遇之薪點，折合通用貨幣後，於聘用契約中訂定之。

六、違法支薪之禁止

　　公務人員的待遇，係由政府根據預算支付，應依法切實執行，不得有任何違法支俸的情事。公務人員俸給法第18條規定：各種加給之給與條件、類別、適用對象、支給數額及其他事項，由考試院會同行政院訂定加給給與辦法辦理之。本俸、年功俸之俸點折算俸額，由行政院會商考試院定之。各機關不得另行自定俸給項目及數額支給，未經權責機關核准而自定項目及數額支給或不依規定項目及數額支給者，審計機關應不准核銷，並予追繳。又聘用人員聘用條例第8條規定：各機關聘用人員不合本條例規定者，其所支經費，審計機關應不予核銷。

貳、檢討與建議

　　在討論我國俸給制度之檢討與建議之前，茲先簡述各國最近的情形，以供參考。[9]在英國傳統上，公務人員待遇由聯合協商或審查團體決定後適用之，每年對產業與非產業的協商均分開進行。當然公務人員職等調整，待遇也調整。而整個勞動市場生活成本和工作改變，亦影響待遇調整之談判。其中又以高級公務人員俸給待遇是由SSRB（the Review Body on Senion Salaries）特別決定。一般基層人員之待遇略低於民間企業相當層級人員，主要是考量其工作保障性高和其他福利因素。惟以漸次面臨基層人力流失的情況，近些年已正視此一問題，並努力提高高級公務人員的俸給待遇。

9　　1. D. Farnham & S. Horton: Managing People in the Public Services (London: Macmillan Press, Ltd., 1996), pp. 120-127.
　　2. 行政院研考會，瑞典、挪威政府計畫作業實務及組織管理計畫考察報告（台北：行政院研考會，87年11月），頁19-25。

　　有關整體的俸給待遇政策，早於1979年保守黨政府採以薪資系統透明化政策，以各種方法調控薪資的增加。於1980年至1985年間，因應經濟情勢需要，公務人員薪俸平均約降15%，相對造成晉用優秀人士之困境。在1987年至1989年之間，五個工會和財政部達成一個長期、彈性的薪俸協議。其主要內容在於薪俸政策決定不再集中於中央決定，而有些機構、單位可採以新的薪資政策；而幾乎所有員工之工作績效評估均將反應在薪俸上，並且是透過工作績效，來建立彈性的薪資合約。雖然後來英國政府終止或修正此一制度，惟其觀念與程度可資借鏡。

　　至於有關美國自1980年起開始推行功績俸給、績效俸給制度，旨在強調員工工作的滿足感、強化工作動機和重視工作績效之聯絡關係，其間如同英國推行之初難免產生矛盾或效果不佳之情事，惟予以配合策略計畫、策略管理，其成效是可以預期的。又其原則建議已如本章第一節壹之三所述，亦可併同作為檢討我國俸給制度之參考。

　　另外，就瑞典政府之績效管理制度觀察，主要是附屬於預算制度來運作，於1980年末期起，即修正為強調向下授權與績效控制的預算制度，其秉持之原則為「只有負責實際執行的機關，才能最有效研定計畫與運用資源」，所以有關預算使用、人力進用、薪俸高低等，均為執行機關的權限。在挪威政府的績效管理制度方面，除透過預算分配書，必須明白表示目標及績效指標外，其最明顯是應用於高級管理人員之薪俸上，即是主管薪俸之決定，排除於一般薪資標準及集體協商體系，用以引進激勵管理發展及績效之薪資制度。本項制度期間曾受反對或質疑，於1997年3月作修正，而增列授權規定，而每部會亦可依管理者服務結，給予約30%之額外薪資。當然，在我們預算制度於88年度起已於預算書上引入績效評估之做法，惟對公務人員俸給待遇尚未授權彈性調整或其他激勵措施，未來似可考慮引進，而其配套措施亦是不可忽略的。

　　茲再針對目前我國俸給制度實施狀況，提出檢討與建議如下：[10]茲以許濱松、丘昌泰、施能傑三位教授曾指出俸給制度應予簡化類型、並予合理化、法制化（尤以加給部分）。同時強調專業加給的公平性、「只加不減」的俸給政策、有福大家享的考績獎金制度，成為公開化的分贓條款、而未能建立績效導向的俸給政策、俸給待遇公平與業務需要調和的困境等問題，亟待考試院與行政院共同解決，亦需要學界提供良方以資建立良善、激勵的俸給政策與制度。於此謹提檢討建議如次。

一、建立個人與組織績效併行的俸給制度

　　在俸給制度中，若以個人績效為著眼點，即係指功績俸給，強調業務績效獎金或以同工同酬及論件計酬之獎金俸給制；若重視以組織團體績效為著眼，即係強調業務成本

10　參閱丘昌泰，「建立績效導向的公務員俸給政策：公共管理的觀點」文官制度與國家發展研究會論文（台北：考試院主辦，87年1月9日）；施能傑，我國行政機關的俸給政策：理論途徑的應用（台北：83年，自刊本）；陳明忠，從各國公務員待遇調整制度探討我國改進之道，人事月刊，卷17，期1，頁60-61；許南雄，人事行政學（台北：商鼎文化出版社，82年3月初版），頁263。

節省分享制，或強調創造利潤以共同分享制之獎金俸給制。

　　在整體績效俸給制度可考量兩者併重的設計，或許可考量將俸給內容調整為以現行俸給待遇為主之基本薪俸、合理的職務加給以及依工作績效而發給之績效薪俸，當然適切考慮增加便民服務獎金制度，可激勵同仁士氣，強化為民服務機制，以提昇公務生產力與競爭力。

二、建立俸給待遇調整之基準

　　我國公務人員待遇調整之決定，係參考物價變動情形、平均每人國民所得、經濟成長率及民間薪資水準等因素，並視政府預算支援能力而訂定。公務人員待遇調整衡酌政府財力狀況，原無可厚非，但如僅以此為主要考量因素，往往會流於先設定預算後決定調幅或「有錢多調、無錢不調」，難求客觀合理。根據薪資理論，可供設定待遇調整目標之基準，有基本工資、生活費用、物價指數、民間薪資水準、平均每人所得等。我國公務人員待遇調整決策過程，有必要依上述薪資理論建立合理化、制度化的俸給待遇調整之法制基準。

三、合理調整俸給結構與差距

　　依行政院主計處（現行為行政院主計總處）民國81年12月編印「我國行政機關與民間企業之薪資差異比較」顯示，民國81年7月行政機關十二至十四職等人員之薪資水準，較相對之民間企業高階人員約低30%；十至十一職等人員較民間低約11.4%；六至九職等人員與民間相當；而一至五職等人員則平均高出民間7.2%。即便是90年代其趨勢亦變化不大，此種現象容易導致中高級人才外流，尤以經濟景氣等為甚，且基於強化決策與管理品質理應調整中高級人員待遇結構；又目前我國十四職等次長與第一職等本俸一級雇員之待遇差距為4.85倍左右，不僅與各國高低階人員薪資差距比較偏低（新加坡公務人員高低差為18倍），而且亦低我國民間企業之5.4倍左右。由於民間企業之薪資，較能正確反映出不同職責輕重程度，專業技能之合理報酬。因此，合理調整我國公務人員俸給結構，以及高低階俸給差距，縮小中基層年功俸等，以提高中高級公務人員之工作士氣與吸引優秀人才投入公務行列，強化政府的公能力，並可減低退撫基金支出之壓力。

四、成立公務人員待遇調整研議小組

　　目前負責我國公務人員待遇調整作業之機關為行政院人事行政總處，參與決策的機關有國防部、財政部、行政院主計總處及省市政府等，在決定之前，由人事行政總處口頭報告考試院長後並經行政院同意後，陳報層峰定案。至於公務人員對待遇問題之意見，僅能以投書表達，與歐美各國有公務人員團體代表參與協商待遇情形不同。由於我國待遇決策過程中，缺乏公務人員代表與專家學者參與，易引起公務人員對待遇調整幅

度不滿以及導致一般民眾誤認為公務人員待遇調整即將帶動物價上漲等後遺症。

　　為健全待遇調整決策過程，考試院通過之公務人員基準法似宜再明定設立「公務人員俸給調整研議委員會」，其成員包括政府代表、公務人員代表及社會公正人士，專責俸給調查研究工作，以期我國俸給調整過程更為客觀合理化。

五、俸給待遇調整應合理化、公式化與法制化

　　我國雖有「公務人員俸給法」暨其施行細則作為公務人員俸給之依據，然而該法及施行細則大部分係針對公務人員之俸級銓敘而訂定，並未能包含我國待遇全部內涵，難作為支給待遇之依據。至於行政院所訂定之「全國軍公教員工待遇支給要點」，僅作為補充我國軍公教員工待遇實行依據，其所能發揮統籌規範作用，主要在待遇結構方面，對於待遇調整作業細節亦無所規範。且由於缺乏明確法律規範，導致我國公務人員待遇調整問題變成相當複雜，且以俸給待遇涉及公務人員權利義務事項未以法律定之，至少有其研訂之程序、標準等應予公式化、法制化，如此可避免引起誤解與衝突，也使行政首長減少許多壓力與困擾。當然調薪是否因選舉等政治因素影響，值得重視。

　　為期使我國公務員待遇趨向制度化、公式化、法制化，實有必要將有關待遇支給規定、待遇調整目標及決策過程等詳細納入法規內，俾使公務員調薪法制化。

六、俸給待遇配合工作績效彈性調整

　　政府再造與提昇國家競爭力，是目前最重要的政策目的，甚至時下最流行的口號，而型塑具有競爭式的工作文化，績效俸給制度不失為有效的利器。工作績效成果可決定薪俸的多寡，公務人員的調薪非僅年年依比例調薪，而可能不加薪或減薪，或依個人或組織之實績而差別調薪、給與的制度設計或需求日益迫切。所以現行俸給結構應調整外，如何強化公務人員工作的滿足感與成就感，以促進激勵其工作動機，落實工作實踐與俸給待遇的聯絡關係，甚至考量在該機關總俸給待遇中提撥一定比例，作為首長依成員工作成果與績效服務予以額外薪資或獎金，尤其是高級公務人員之激勵機制尤為重要。當然在我國之民主、多元、競爭、包容的行政文化尚未成熟之際，如何強化首長作為之客觀公正性，暨績效俸給給予之方式、程序，減少通案性調薪，均為應妥善配套設計，以發揮其應有之功能。

　　除了上述之檢討與建議外，我國現行俸給制尚有若干特點：（一）政務官（將領及國會議員比照）與高級文官薪俸與待遇差距極大；（二）薪給制係以生活薪資制為基礎，雖有官等與職等架構的俸表，但仍非工作報酬制或工作績效俸給制的體制；（三）公務人員俸給法及其施行細則，不如行政命令「全國軍公教人員待遇支給要點」的凸顯與實用，這也說明人、財、事、物的管理權與行政權的關係極密切（隸屬──監督的關係）；（四）公務人員及軍人數量龐大與人事經費預算限制，軍公教人員待遇調整（近年來均約3%）所受影響極大，間接影響公務人員的工作態度與士氣。

　　以上俸給體制的缺失，或源自於政治環境的特殊，但亦來自於法制、俸給政策與俸給管理的缺失，公務人員俸給體制所承受的包袱壓力已重，而軍公教待遇調整的政策與管理又欲振乏力，欲期公務人員俸給制健全，並不容易。要之，積極注入變動性的績效獎金制度（含固定薪70%與變動薪30%），[11]並重視非主管薦任級、簡任級之俸給待遇外，如果能再界定公務人力供需與人事精確預算，適切調整俸給待遇結構，並予法制化，強化引進組織團體績效個人績效配合，即可能改造整個俸給體制，以激發公務人員士氣，創新政府部門服務績效，更能吸納優秀人才進入政府體系服務。

第三節　公務人員的福利意涵與種類

壹、福利的意涵與目的

一、意涵

　　組織成員之福利，即除俸給以外的待遇。通常行政機關得視需要及依其能力，酌情辦理福利設施，其範圍的廣狹，福利的多少，皆可自由裁量，不無伸縮餘地。所以這種福利，常被稱為「優餘福惠」（surplus welfare），或「邊緣利益」（fringe benefit）。邊緣指在衣物的周圍鑲襯的裝飾品所占的地位，俗稱「緣邊」或「滾邊」。這種福利並非公務人員的法定收入，僅是正規邊緣的多餘福利或附屬福利。公務人員個人及其眷屬不能依靠這種福利維持其經常的生活；僅能使其經常生活略有改善與充裕。所以俸給與福利，雖均屬人員待遇之範疇，但亦有不同處，前者是法定的主要待遇，後者則是從屬的待遇；前者的主要意義是工作的報酬，後者則是生活的保障。又政府機關的俸給具普遍性與一致性，故以單一俸給為原則，各公私機構之福利措施則常因機構的性質不同而有差別，難期劃一。

　　俸給與福利給與之區分，並不表示人員待遇制度之紛歧，相反的，卻有其意義：[12]

　　第一，成員福利措施可以彌補俸給之不足。一般公私機構成員大都抱怨薪給過低，而薪給的調整牽涉之問題較多，與其長期計畫調整薪俸，不如以增加福利方式改善待遇，既快速又具成效；且福利之收入，化整為零，既利用公家的邊緣財物得其實惠，更毋須支付所得稅。

　　第二，俸給之決定多以工作程度及資歷深淺為其主要因素，故俸給待遇體制須顧及職務與資歷，往往不能兼顧生活，而福利給與則以互助互惠為宗旨，保障成員生活可以

11　白崇賢，評丘昌泰所提「建立績效導向的公務員俸給政策：公共管理的觀點」之評論觀點。

12　許南雄，人事行政（台北：漢苑出版社，69年），頁189-190。

獲致為目標。

第三，各公私機構之成員在任職期間，雖不免發生與職務無關聯，卻能影響工作情緒之事件，當發生傷殘廢疾、婚喪生育及家庭變故等事，如缺乏妥善照應或互惠濟助辦法，自必影響當事人之情緒，殊非用人之道。

要之，良善合理的福利互助措施，確能鼓舞成員之感激心理與高昂士氣，運用得當，其重要性是不亞於調整俸給待遇的。

二、目的

行政機關所以要採行一些福利措施，究其原因與目的，張金鑑教授認為：

（一）政府多因早期國庫或公庫的收入不夠充裕，對公務人員俸給支付，不能臻於合理的高度水平，往往低於工商企業界的薪金，公務人員的生活費不免陷於拮据。為謀求公務人員的生活改善，乃採行福利設施，給予一些優餘福惠和邊緣利益以為補助。

（二）無論開發國家或開發中的國家，多不能避免通貨膨脹，因而物價只有上漲的趨勢，很難使之下跌。早期政府雖亦不斷調整待遇，增加俸給。但增加的比例仍多趕不上物價上漲的幅度。所以公務人員的生活，總是在困難中掙扎。為減輕其生活困難，遂採行福利措施，以為濟助。

（三）公務人員因生活改善，足以促進其身體健康及精神愉快。健康和愉快的公務人員自然是勝任工作的先決條件。而有快樂效率的人員，其士氣高昂，踴躍將事，使機關的任務和使命能有效的達成，這是福利設施積極的作用和目的。

（四）福利設施的另一目的，在於培養公務人員的向心力及認同感，以促進機關團體意識及合作精神。

（五）現代的政治思想已由法治國家進為福利國家。政府的地位不僅是「守夜警察」（night-watch-man），保障自由權利，維持社會治安的消極工作；更進而擔任積極的角色，為人民謀幸福，為社會造利益，解決全民食、衣、住、行、育、樂的民生問題。政府既然是為全民謀福利的萬能「服務機關」（social service agency），為適應現代化的政治潮流，應予重視公務人員的福利措施。[13]

貳、現行公務人員福利制度的內容

公務人員福利措施，為銓敘部暨行政院人事行政總處法定職掌之一，經部、總處規劃施行，各級地方政府及各機關學校參照辦理，積年來福利措施眾多，且範圍廣泛，有助予公務人員生活實益至鉅。在法制上，考試、行政兩院會銜函送立法院之「公務人員基準法草案」，第四章管理基準第三節俸給、獎金與福利第57條規定，為安定公務人員

13　張金鑑，行政學新論（台北：三民書局，73年），頁28。

生活，激勵工作士氣，政府應視財政狀況規劃辦理福利措施。未來如法案完成立法程序後，各機關之福利措施當有較為統一妥當的配套作為。

　　按福利措施，就機關管理言，現代行為管理科學家證驗，為激勵人員，增進服務精神，提高工作效能之方法。就國家施政言，現代各國政府銳意發展社會福利，建立社會福利制度，足徵福利工作的重要，尤以我國以三民主義立國，於民生主義揭櫫食、衣、住、行及育、樂，更具建設社會全民福利的深長意義。一般而言，目前我國公務人員福利可分為保險性福利、卹孤性福利、養老性福利和其他福利措施四種。茲因卹孤性福利和養老性福利，為第十五章所討論的範圍，故在此僅分析下兩者：

一、保險性的福利

　　各機關舉辦保險性的福利，通常需遵守下列要點：

（一）保險制度以保險項目、保險費及保險給付三者為中心，在全國實施全民健康保險制度之前，即參加保險人員發生事故時，可依規定申請保險給付。1.保險項目通常包括參加保險人本人之生育、疾病、傷害、殘廢、養老、死亡，及參加保險人眷屬之喪葬等。在全民健保實施後，有關生育、疾病、傷害、三項保險項目，已納入健保不屬於公保，惟在104年後，生育給付重新納入公保；2.保險費係定期繳付保險費用，並設定為保險基金，獨立保管。保險費通常由任職機關及人員共同負擔，並規定分攤比例；3.保險給付，係參加保險人發生保險項目之事故時，可向承保機關領取之給付。保險給付支付現金為原則，並以參加保險人俸額為準計算，但對疾病保險項目之事故，則以免費醫療代替保險現金給付。

（二）要保機關、承保機關及被保險人，為保險制度之三種當事人。

　　1. 要保機關，係指適用保險制度，並替所屬人員辦理保險手續及繳納保險費之機關。

　　2. 承保機關，係指依保險制度規定，承受保險之機關，其主要任務為收繳保險費，被保險人發生保險項目事故時，提供免費醫療及支付保險現金給付之機關。

　　3. 被保險人，係指參加保險之人員。

（三）指定主管機關及設立監理機構：保險制度涉及被保險人權益甚大，故實施保險制度期間，需指定主管機關，以主管保險制度及政策；設立監理機關，以監理保險業務之進行，並審核保險財務帳冊與審議保險給付之爭議。

（四）規定保險盈虧之處理：一種較為理想的保險制度，不應使其發生較大的盈虧，如每年有連續的大盈或大虧，均表示保險制度之設計未盡合理，尤其對保險費之繳納與保險給付之支付標準規定不實，而應重新研究訂定保險費之繳納與保險給付之支付標準。但如貿然增加保險費或降低保險給付，均對參加保險人員發生不利影響，因而一般的處理方法，如保險有盈餘時，則以提高保險給付方式來減少盈餘的累積，如保險有虧損時，除必要時提高保險費外，則規定其虧損應由主管財

政機關審核撥補。為配合全民健保之開辦，公務人員保險法與私立學校教職員保險條例合併修正為公教人員保險法，於88年5月公布施行。其主要內容包括：明定本法保險屬於修法前之虧損及潛藏負債，由財政部撥補，屬於修法後之虧損，應調整費率挹注；本保險事務費由政府編列預算撥付；放寬本保險養老給付之請領條件並改進給付標準；公務人員保險和私立學校職員保險原有保險年資合併計算；以及殘廢標準依身心障礙法規定。

　　本法自發布以來，先後經修正回復由主管機關訂定殘廢給付標準、繳付保費滿15年並年滿55歲而離職退保者，依原法律規定標準予以一次養老給付及配合精省，將政府補助私立學校職員之保險費，改由各級主管教育行政機關分別編列預算核撥之，並規定：

（一）被保險人於留職停薪期間，得依其意願退保或自付全部保險費，自繼續參加本保險；另明定身心障礙者保護法及性別工作平等法對於繳納保費另有規定者，從其規定；

（二）增列88年5月30日本法修正前後保險年資金合計未滿12年6個月之保險人，其養老給付權益損失之補救規定。

（三）增列被保險人退保改參加勞工保險或軍人保險，不合請領本保險養老給付者，其原有保險年資予以保留之規定。

（四）限制被保險人權益或屬重大權益事項。

　　再者，退休人員保險於54年8月開辦，全民健保實施後，醫療給付相關業務已移由中央健康保險局（101年5月20日改隸衛生及福利部，名稱為健康保險署）辦理。又配合全民健保之實施，原公務人員眷屬疾病保險、私立學校教職員眷屬疾病保險暨退休公務人員及眷屬疾病保險等三種，自民國84年3月1日起均停止辦理。

二、其他福利措施[14]

　　本項係指除保險性福利措施外，其他福利事項，要分為：

（一）急難貸款

　　本項貸款旨在紓解公教人員之緊急困難，有利於端正政風。依據行政院於民國69年7月發布，105年1月修正之中央公教人員急難貸款實施要點施行，省市地方機關得比照辦理，其要點節錄如下：

　　1. 貸款項目及金額：

　　(1) 傷病住院貸款：每一員工最高60萬元。

　　(2) 疾病醫護貸款：每一員工最高60萬元。

　　(3) 喪葬貸款，每一員工最高50萬元。

14　參閱繆全吉等著，人事行政（台北：國立空中大學，79年），頁372-376；許南雄，人事行政，頁264-266。

(4) 重大災害貸款，每一員工最高60萬元。

2. 貸款利息：按郵政儲金二年期定期儲蓄存款機動利率減年息0.025厘計算機動調整。

3. 貸款期限：最長分6年（72期）平均償還本息。

4. 貸款資金：由政府撥款新台幣一億一千萬元作為資金，於銀行設立專戶存儲，循環運用。

5. 中央主管機關：為行政院人事行政局公務人員住宅及福利委員會。（民國101年2月6日行政院人事行政局名稱改制為行政院人事行政總處，所屬公務人員住宅及福利委員會亦改制納入其內部單位「給與福利處」）。

（二）舉辦集團結婚

本項措施，旨在倡導婚嫁節約，袪除社會奢靡風氣，在中央向由各機關自行酌辦，在臺灣省政府曾於民國66年元月發布「公教人員集團結婚要點」，凡省政府所屬各級機關學校公教人員，符合民法規定結婚條件者，均可申請登記，於每年3月29日（青年節），10月25日（臺灣省光復節）各舉辦一次。

（三）健康檢查

中央暨省市政府除做健康檢查外，並個別舉辦，通常係視公務人員職務職責程度而有不同的標準，以照護公務人員身心健康，提昇工作效能。

（四）員工文康活動

此項包括文藝類與體能類文康活動，旨在提倡正當休閒活動，維護身心健康，培養團隊精神，及鼓舞工作士氣。其依據為「中央各機關學校員工文康活動實施要點」。（民國102年5月修正）

（五）輔助購置房屋貸款

民國61年7月，行政院將「中央公務人員購置住宅輔助委員會」、「中央各機關學校公務人員福利互助委員會」合併，成立「中央公務人員住宅輔建及福利互助委員會」（簡稱住福會），其組織於民國86年4月完成法制化，改名為公務人員住宅及福利委員會，亦簡稱住福會，隸屬於行政院人事行政局，該局掌理輔建政策與法規研究，住福會負責執行，行政院人事行政局於民國101年2月6日改制為行政院人事行政總處，原住福會同時裁併，相關業務由該總處接辦。凡機關學校興建或自行購建住宅，均可申請貸款輔助，分20年按月平均償還本息。此項依照「中央公教人員購置住宅輔助要點」（民國77年7月訂頒，83年10月、91年6月修正）及「中央公教人員購置住宅貸款注意事項」（民國83年6月訂頒，民國83年2月修正，民國90年3月7日廢止）辦理。

（六）生活津貼

包括結婚、生育、喪葬與子女教育補助四項。此項福利依據「全國軍公教員工待遇支給要點」辦理。

以上幾項係一般公教人員（軍方多比照辦理或另辦）所享有之福利措施。此外，各機關在其公益、福利或互助範圍內亦有自行規劃辦理之福利措施，如員工餐廳、文康競賽、慶生活動等等措施，均極受公教人員關注，故行政首長與主管允宜重視續加改善，以安定並激勵公務人員之工作意願與情緒。

第四節　公務人員福利法制化之分析

由於各國政府向極重視公務人員的福利，藉以激勵人員士氣，提昇生活水平。茲以美國商務部於1993年調查指出「雇主」支付福利平均占薪資的41.3%；其中健康保險占福利支出26.7%，付費休假占25.2%，社會安全失業占21.1%，退休給付占16%，人壽險1.5%，其他學費補助、育兒占3.9%……等。可見政府與民間企業均重視福利措施。[15]其措施實有助於提昇成員對組織的忠誠度、延長服務年限、激勵成員士氣及提高工作滿意度等等。我國有關公務人員的福利事項，已具相當成效。惟以法制化工作而言，可謂波折不斷，茲將其研議過於分析如次：

一、法制化的緣起

考試院與行政院於民國84年1月間之協商「公務人員保障暨培訓委員會組織法」草案時，為福利法制化的起點，具體結論是在考試院第8屆第207次會議決定。由陳委員水逢先生報告，請銓敘部於半年內研擬公務人員福利相關法規後提請院會討論，並經院會決議通過建議案。銓敘部於同年9月25日以八四台中特三字第1190737號函陳「公教人員福利條例草案」到考試院會審議，案內提出立法原則包括：（一）彈性漸進原則；（二）自助互助原則；（三）參與協商原則；（四）公平、公正、公開原則等。其主要內容係植基於在不增加政府財政預算，亦不減少現行公教人員福利實益之前提下，將現行各機關學校、推行具成效之福利事項，予以法制化，以資保障；至於新增的其他福利事項，為顧及政府財務狀況，未大幅擴增。所擬具草案條文（計有十六條），經提報考試院第8屆第242次院會討論，決議略以，本案俟考試院研發會委請許教授濱松召開之「公務人員福利制度法制化之研究」獲致結論，再由毛副院長高文及關部長中、伍秘書長錦霖與行政院方面協商後另行審議。考試院為期整合院部意見提出六項子題討論，其

15　John. E. Pynes, Human Resources Management for Public and Nonprofit Organizations (California: Jossey-Bass, Inc., 1997), pp. 181-202.

主要內容有：

（一）公務人員福利條例有無制定必要？

（二）教育人員應否納入福利條例適用範圍？

（三）本條例立法授權之各項辦法應否修正為由考試院會同行政院訂定？

（四）福利項目除現行已辦理者外，應否參酌國內外公民營機構做法，作整體性之規則？

（五）應否於本條例增訂關於福利法制之基本原則及其他重要事項？

（六）兩院協商時機？

其具體結論主要為：(1)確實有必要推動制定上述條例；(2)確立福利與俸給劃分原則；並明定服務性福利、設施性福利、經濟性福利及其他國家已普遍施行具有成效的福利措施。

二、法案的具體內容

銓敘部依考試院85年6月18日書函（85考台組式2字第03836號書函）函陳有關重擬之「公務人員福利條例草案」暨考試院與行政院協商問題，參考資料報請考試院核定。[16]茲就其草案重點及分析資料略述如次：

（一）法案立法原則

1.彈性漸進原則

由於福利措施易放難收，考量政府財政負擔冗能力及機關特性，對於擬辦理之福利事項宜採漸進與保障性原則。是以，擬將「生活津貼」、「福利互助」、「急難貸款」及「住宅輔購」等四項列為各機關辦理之基本福利事項，由中央政府訂定相關規定統籌辦理，其餘列為彈性福利事項，得由各機關視其個別需要。

2.平等互惠原則

現行我國中央機關與地方機關之公務人員係為一個系統，並無中央公務人員與地方公務人員之區分。惟地方自治法制化以後，為因應各級政府財政寬裕程度不一，在基本福利事項方面應該彼此一致，以達立足之平等。

3.自助互助原則

在不增加政府預算之前提下，可以改為由政府與公務人員共同撥繳成立福利互助基金，連同其孳息數充作福利事項之用，不得移作其他支出。

4.參與協商原則

為期公務人員平等分享福利事項之利益，有關福利事項之辦理，允宜由全體人員或推選代表共同參與。

---

16 銓敘部，民國85年7月2日85台中特4字第1323875號函。

5.公平公正公開原則

各機關學校辦理事項時，應本公平、公正及公開原則，使人人均能平等享有福利實益。

6.合理救濟原則

各機關學校辦理基本福利事項，如有違法或不當情事，所屬人員得依法律提起行政救濟。

（二）草案條文主要內容

1. 規定本條例之立法目的為增進公務人員福利，安定其生活，發揚互助合作精神，以提昇工作效能（第1條）。
2. 規定本條例之適用範圍為支領一般公務待遇之行政機關、民意機關、司法機關及公立學校編制內之人員（第2條）。
3. 規定政府祇規劃辦理之公務人員福利事項包括基本福利（生活津貼、福利互助、紓困貸款及住宅輔購）及彈性福利項目等。
4. 規定公務人員之生活津貼及其支給辦法應由考試院會同行政院訂定（第4條）。
5. 規定公務人員福利互助基金之由公務人員配合繳納及其籌設與管理事項。
6. 規定籌設紓困貸款基金，貸款與公務人員應急（第6條）。
7. 規定籌設住宅購建貸款基金，輔助公務人員購建住宅（第7條）。
8. 規定福利互助、紓困貸款及住宅購建等福利事項由中央政府分別訂定有關規定統籌辦理（第8條）。
9. 規定各機關學校得就其業務特性及實際需要辦理托兒、育幼、膳食、住宿、車輛停放等（第9、10條）。
10. 規定各機關學校辦理第9條、第10條福利事項，得向所屬公務人員酌收必要之費用（第11條）。
11. 規定各機關學校得辦理自強文康活動及其實施辦法應由考試院會同行政院訂定（第12條）。
12. 規定各機關學校得由首長指定主管及所屬人員推選代表組成福利委員會策進福利事項（第13條）。
13. 規定各機關學校辦理福利事項之本公平、公正、公開之原則（第14條）。
14. 規定本條例有關教師、約僱人員分別比照適用及準用之範圍。
15. 規定本條例應由考試院會同行政院訂定施行細則（第14條）。
16. 規定本條例之施行日期由考試院以命令定之。

（三）本案主張立法與否意見簡析[17]

1. 主張立法之理由

(1) 現行法律中已有職工福利條例之制定，針對公民營工廠、礦場或其他企業組織勞工之福利事項予以立法規範。公務人員之福利事項應受同等之保障。

(2) 由於中央及地方公務人員之福利事項並不一致，為其統一，以避造成公務人員之福利豐吝不一，而心中不平。

(3) 查公務人員基準法草案第二章「權利與保障」第21條規定：「國家應維護公務人員之尊嚴與地位，增進其福利，並提供公務人員執行職務之必要措施及良好工作環境。」而依據中央法規標準法第5條第2款「關於人民之權利、義務者」應以法律定之。

(4) 「公務人員保障法草案」曾將公務人員之福利列為實體上保障之項目，作為各機關保障公務人員權益之基準，並確立公務人員權益救濟之程序法制，其中對於福利措施認為不當者，公務人員得提出申訴、再申訴。為期申訴、再申訴之審理有客觀標準，宜予立法。此外，公務人員與國家之關係，按諸公務人員基準法草案之規範，已改採公法上職務關係，如該二草案經立法通過，則人事法規自應相互配合修正。

(5) 依銓敘部組織法第6條第4款規定，該部退撫司掌理「關於公務人員福利事項」，有關公務人員福利事項，自亦有立法規範之必要。

(6) 「公務人員基準法草案」特別以第五章規範「公務人員協會」，將來福利必為協會極力爭取之項目，為避免產生爭端，及有利日後之協商，誠有將公務人員之福利事項予以立法之必要。

(7) 民主先進國家對於公務人員之福利事項，多甚重視，亦頗多立法規範之例，我國政府已頒布許多福利相關規定，且已落實實施時視為公務人員應享有之權利事項。

2. 不宜立法之主要理由

(1) 公務人員福利事項一向由行政院統籌規劃，配合政府財政狀況，已訂頒相關規定辦理，例如福利互助辦法、事務管理規則等目前除輔購建住宅，乃依據預算法第19條，設置中央公務人員購置住宅貸款基金據以執行外，其餘均仰賴行政命令，並未立法規定與無窒礙之處。

(2) 立法委員曾多次質詢政府施政獨厚公教人員，使其享有多項福利，形成社會資源分配不公，要求檢討刪減。且有主張比照公務人員給予勞工、農民子女教育補助費、購屋低利貸款等。是以，公務人員福利條例草案，將來送請立法院審議時，難免遭受質疑與爭議。

17　同上，銓敘部及內所附「考試院與行政院協商問題參考資料」。

(3) 地方自治法制化之後，如欲統一立法，地方政府將以財政困難為由，抱怨「中央請客、地方出錢」，欲期先行溝通協調同意，有其實際困難。

(4) 各機關學校之待遇型態不盡相同，例如，實施單一薪給行政機關（如經濟部國貿局、工業局）、未實施用人費率待遇事業機構（如財政部、經濟部、交通部所屬國營事業等），因其薪給已將生活供應性給與納入，原訂標準較高，故不再支給生活津貼等福利。若將上述三類人員納入或排除，在形成變項加薪或遭其工會或員工抗爭，甚至遊說立法委員為其爭取更多福利，其後果堪慮。

(5) 行政院為期改進待遇制度，係採盡量簡併福利項目及調整提高俸給為主要之做法。值此之際，如果逕行立法，則將徒增日後有關福利項目簡併作業之困難。

(6) 參照外國法例有關公務人員之福利，並未均以立法規範。我國公務人員之福利事項，中央機關既已訂有相關規定，地方機關多已比照另行訂定單行規章，似無立法必要。

(7) 政府已頒布許多福利相關規定，且已落實實施，雖以公務人員將福利視為應享有之權利事項，惟以福利是否屬於公務人員之權利事項，在學理上尚未明確。

　　本案經於85年8月13日考試、行政兩院副院長協商會議獲致四點共識及結論略以：
（一）為激勵成員士氣與提昇生活品質，政府機關應妥予規劃辦理福利措施；
（二）福利與俸給二者性質有別，宜予明確劃分；
（三）福利事項宜以非金錢給付措施為原則；以金錢給付部分，宜研究逐步併入俸給；
（四）公務人員福利法制化，涉及政府財政及各機關執行情形，其推動立法時機應由兩院組專業小組先行研究，俟有結論，再依程序辦理。

　　由於福利措施，涉及政府財政與中央地方機關間之情形不同，希冀在短期內予以法制化、合理化，似乎有其困難，所以，考試、行政兩院爰依85年8月13日結論組成專業小組研究，其成員包括銓敘部（主政機關）、行政院人事行政局、公務人員保障暨培訓委員會暨行政院主計處、中央住福會、臺灣省政府、台北市政府高雄市政府、台北縣政府及基隆市政府等機關內參加，於86年1月10日召開第一次委員會議。同年考試院第9屆第19次會議，蔡委員憲六報告指出，有關公務人員福利法制問題，應考量立法院政治生態變遷、社會上農漁勞工各行業援引比照等因素，且法制化後是否確實增加公務人員實質權益尚有待商榷。銓敘部於86年3月以八六台特四字第1425814號函指出特併案研究討論，俟有具體結論再報院供決策參考，並提考試院第9屆第26次會議在卷，直至88年8月21日銓敘部函陳「我國公務人員福利事項現階段應否法制化之研究報告」，建請暫緩推動公務人員福利法制化工作，經考試院第12屆第149次會議共識，請銓敘部再繼續研究，俟客觀環境改變後，再由銓敘部重行檢討提出。可見公務人員福利法制化工程是複雜且漫長的。未能法制化之前，對福利服務創新可行的方策，如：有效統整福利資源、強化公務人力健康管理、減少支出即是福利的思維、將彈性福利運用推廣之、盡量利用

例假辦理文康活動、各項活動與終身學習結合、文康活動與民間交流、合作之多元化經營，以及福利業務委外經營等，值得主管機關考量全力推展。[18]

第五節　小　結

　　公務人員服務國家，政府給予服務酬勞，以維持其生活，是為俸給。在人事行政上，俸給問題頗為複雜，其不僅在公務機關可能引起誤解與衝突，即使在私人企業亦復如此。俸給之決定，應遵守下列原則：（一）要能維持工作效能為標準；（二）要與民間企業的薪給求得相衡平；（三）要顧及公務人員的社會地位；（四）要有一個客觀的根據或標準；（五）要有普通一致的水準；及（六）要有彈性增減的機制等。

　　公務人員工作報酬的決定因素，應注意：（一）人力供需與生活水平；（二）同工同酬與生活俸給；（三）策略管理與績效俸給等原則。質言之，擬定俸給方案時，應考量：（一）機關現況與工作績效；（二）機關外之條件；及（三）一般生活水平及生活費用；（四）國民所得與物價指數。至於建立俸給待遇體系之原則，即須注意俸給表本身、加給等項，均能使公務人員之實質所得與實際績效工作產生關聯。為建立更公平合理的俸給制度，應針對我國現行公務人員俸給體系予以檢討並提出改進之道。

　　在福利方面，即除俸給以外的待遇。究其目的，旨在給公務人員一些優餘福惠、減輕生活困難、促進團體意識、合作精神及實現福利國家之理想。公務人員在面臨挫折時，身心健康衰弱時，傷殘死亡時，應予以適當合理福利。我國現行公務人員福利制度，主要有保險性的福利及購屋貸款、急難貸款、生活津貼、優惠存款、健檢……等。行政院人事行政總處業訂定「各機關員工福利措施推動原則」並自105年4月26日生效。要之，整個福利制度及形式上已賡續盡求完備。是否應進一步予以法制化，值得研究思考與規劃，以達安定及激勵公務人員工作意願與情緒之目的。

18　參照蔡祈賢，公務福利制度，（台北：商鼎文化出版社，2003年），頁316-326。

學習重點

- 試說明考績的意義與功能
- 試說明追求公正有效之考績，會遭遇何種困難與可能謬誤
- 試說明現行公務人員考績的種類及獎懲意涵
- 試說明考績的原則、方法與內涵
- 試說明現行公務人員考績的程序與要項
- 試檢討我國現行考績制度，並請提出建議

關鍵名詞

- 考績
- 工作績效
- 操行表現
- 平時考核
- 年終考績
- 專案考績
- 另予考績
- 考績委員會
- 考成
- 觀察判斷考績法
- 按項目考績法
- 比較考績法
- 分類考績法
- 績效標準法
- 特殊事例列舉法
- 考績民主化
- 申訴制度

第一節　公務人員考績的意義與功能

壹、考績的意義

目前公務機關之考績是指政府機關各級長官依考核要項對所屬公務人員之工作實績及品德操行，平時予以詳加考核，於年終時予以併計考績，並依成績優劣予以獎懲，以達獎優懲劣的目的。基於上述的定義，可析述如下：

一、考績為長官對所屬人員的考核

由於行政機關以層級節制為其特色，長官對部屬有指揮監督之權，故長官對部屬之工作績效與行為表現有考核之責。而受考人必須具備下列條件，始享有受考績之權利，即：（一）須為現職人員；（二）須銓敘合格實授；（三）須任職年終滿一年或六個月。就此可知考績乃機關組織中主管、人員與工作三者之間的溝通關鍵，人事管理的三個要素──主管、人員與工作三者，雖似分立，實則相關。考績之實施使主管更能瞭解人員並加強工作輔導，積極地改善監督關係及行政效能；亦可使人員更知曉機關組織與長官的要求；亦可使長官和人員共同來檢討組織目標、成員之工作的性質和難易程度。

二、考績以工作績效與操行表現為主

政府任用公務人員主要目的在於執行職務，故其在工作上的績效，自然是考核的要項之一。公務人員品德操守是否忠誠篤實、勤慎清廉，影響人民對政府與公務人員的觀感與形象，故亦為考核重點。在工作績效的考核上，我們可能過分以既有的表現來推測其潛力，為了避免此一缺點，可對人員進行資質測驗（aptitude test），以發掘其處理目前工作以外的能力。[1]

三、考績以平時考核、年終考績和專案考績三者並重

公務人員考績就時間觀點而言，有平時的考核和定期的年終考績；就事件內涵而言，可就重大功過事件辦理專案考績。[2]其目的均在求綜覈名實，獎優汰劣，提昇士氣。

四、考績是達成人事行政目標的方法之一

人事行政的基本目標是獎優汰劣，提昇機關效率與效能。考選是方法之一，但考選施之於任用前，且是一般智識水準測驗。考績則是任用後的考核和實際工作能力的考驗。在人事行政程序上，如僅有考試而無考績，則對已任用人員之工作才能及績效，無從評核其優劣，蓋目前之考試成績優異者未必即為將來工作績效優異者。由此可知，考績可視為考試的延長，惟兩者配合，始能衡鑑人才之優劣。同時行政機關中的獎懲是選優汰劣的根據之一，而獎懲又以考績為基礎。因此考績實係激勵人才與增進效能的手段，亦即達成積極人事功能的主要途徑，其本身之優劣為人事行政努力之目標。

另有關傳統人事管理的考績意涵與現代人力資源管理的考績意涵，允宜併同述明，以期瞭解考績功用及其未來改進方向。即以前者，強調以組織為核心，重視：（一）薪資與生產力相結合：以生產力的紀錄來獲取應有的報酬；（二）事業的選擇：組織採擇

1　O. Glenn Stahl, *Public Personnel Administration*, 7th ed.（台北：華泰書局影印，67年），pp. 208-209.
2　Ibid., pp. 209-210.

優汰劣的方式為之；（三）訓練需求的評估：認知績效的差距；（四）改進主管與部屬間之溝通；（五）工作協議的文件：用來區分責任之所在等。後者，強調以個人為核心，（一）公正：使考績正確，無偏見發掘個人的潛能；（二）發展：以考績來幫助個人的成長，縱的方面，如角色與責任的增加；橫的方面，如工作內容的不同；（三）參與：員工如何參與考評的過程；（四）其他人力資源管理功能的整合與支持等。[3]

貳、考績的功能

由上所述，考績的功能則在確定管理目標的執行績效，建立人事考核資料，激勵工作才能及強化獎懲措施。其主要的意義，在配合其他各項人事行政措施，達到運用人才目標，並以之為激勵人才與增進工作效能的途徑。茲以企業界對考績功能與目的之理論基礎，列如表11-1。

為期周延，再舉出趙其文、吳承恩兩位先生的看法如次：

表11-1　企業對考績的重要性和目的之內涵

企業	1. 員工的任免、陞貶、決定，提供基礎 2. 提供對員工獎勵的基礎 3. 對企業政策的檢討 4. 瞭解企業現有的人力資源運用 5. 瞭解企業未來人力發展需要
員工	1. 瞭解自己過去的工作表現 2. 瞭解自己的優缺點、專長與弱點 3. 瞭解自己需要改進之處

一、趙其文教授見解

（一）肯定工作人員的成就。

（二）依考績結果，實施獎懲。

（三）從考績中發掘人力資源管理的問題，並立即加以改善。

（四）從考績中拔擢人才。

二、吳承恩教授見解

（一）績效考評乃激發員工士氣，促進營運績效之利器。

（二）績效考評扮演策略性人力資源管理的核心角色。

（三）績效考評為促使「激勵」發揮績效之關鍵。

3　Albert C. Hyde, "Performance Appraisal in the Post Reform Era," Public Personnel Management, Vol. 11, No. 4 (Winter, 1982), p. 297.

綜合上述，對於公務人員考績應具有以下七種功能。[4]而A. C.Hyde所提出的考績功用簡表亦可供參考。詳如圖11-1。至於其內涵將一併於本章第三節述明之。

一、健全人事制度

人事行政制度之理想，在於開發公務人力資源，配合國家建設之需要，使事得其人、人盡其才、專才專業、適才適所。而作用則在於公務人力之分析、羅致、規劃、培訓與運用等重要環節，但此等作用之運行，實竟功於健全確實的人事考績制度。

二、發掘培育人才

公務人員的年終考績可按工作（50%）、操行（20%）、學識、才能（各15%）加以考核，其工作績效優良，品行表現良好，若經過數年的考績，仍屬優異，則可證明是一人才，政府自當有計畫的培養，以增進其潛能的開發，期能發揮更大的貢獻，故考績可發掘人才。

三、調整俸給待遇

一般人員在機關中，最敏感且與自身權益最有關者，為俸給調整與待遇的高低。在公務人員俸級表中有許多俸（薪）級，而俸（薪）級的主要作用，是用來晉陞和調薪。公務人員晉陞的主要依據是工作績效與才能行為表現，而這兩者優劣的判定，又以考績為手段。

四、強化遷調退免

公務人員在任用之後，其能力、性向不足以勝任或其私生活糜爛，則應加淘汰。相反地，其工作表現優良，則可作更大的歷練。如無標準或事實作為考績的依據，則無法達到公正無私的遷調退免的目的。反之，藉合理精確的考績項目與標準，可使遷調退免達到公正無私的境地。

五、調整公務人力

考績可檢查機關內公務人力與工作職務之安排結合是否妥適，亦能作為人員培訓、發展的積極人力發展功能、或調任專長轉換訓練的依據，並可強化行政首長的領導。

六、維持團體紀律

公務人員考績中的各種獎優汰劣的標準與手段，若併同參採民間做法，則如獎金、

4　參閱吳定、張潤書、陳德禹、賴維堯編著，行政學（下冊）（台北：國立空中大學，78年9月），頁111-112；繆全吉等著，人事行政學（台北：國立空中大學，79年），頁414-415。

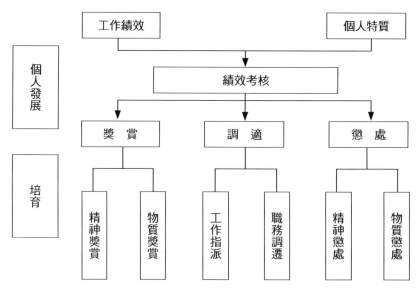

圖 11-1　考績的功用一覽表

資料來源：Albert C. Hyde, "Performance Appraisal in the Post Reform Era," Public Personnel Management,Vol. 11, No. 4 (Winter, 1982), p. 297.

獎狀、申誡、記過、減俸、降級以及陞遷、調職甚或採以休職、撤職，均是維持公務人員團體紀律的方法，如何合理設計，可再進一步研究。

七、提高效率與效能

考績可幫助行政首長發現機關工作中的缺失，和管理制度上的疏漏；並可幫助文官瞭解自己在工作中的缺陷與品德才識的不足，而及時尋求補救改進的方法；同時，考績亦能激勵文官在工作中互相比較、競爭，從而提高行政機關的工作效率與效能。（如圖11-1）

第二節　公務人員考績的原則方法與困難

考績原則可指導考績方法，而考績方法則落實考績原則，試分述於下：

壹、考績的原則

一、綜覈名實信賞必罰

綜覈名實乃考績之結果與實際工作表現相符合，若名實不符，使人無法信服。信賞必罰是該賞必賞，該罰必罰，若該賞不賞、該罰不罰，則虛應故事無法落實，考績徒具形式，自無法發揮真正「獎優懲劣」之效果（註：99年修正草案將信賞必罰刪除，以現代文詞表達）。

二、客觀公正

考績時必須客觀公正，這是指長官於評斷優劣之時，要有充分的客觀事實資料作基礎，而非只憑長官對部屬的主觀印象。為達客觀公正的目的，必須考慮下列條件：

（一）每一職位或同職稱職務，盡可能在質與量方面訂定明確的工作標準。

（二）對於公務人員平時的工作與倫理、品行，要作詳細的記錄，以為考核事實資料。

（三）考績進行期間，力求保密，以防止不必要的阻力產生。

（四）採取客觀量化的考績方法，如心理分析和統計方法。[5]

三、工作績效與倫理品行並重、時間與事蹟兼行

公務人員能力強、工作成果佳，固然合於要求；但若公務倫理與品行不良、貪污、受賄，損害政府公信力及形象，則能力愈強，愈為政府帶來傷害，故兩者不宜偏廢。考績就時間而言，包括了平時考核和年終考績；就事蹟而言，則就重大事件作專案考績。在時間和事蹟上作雙軌考核，則人員的優劣可充分顯現，各機關首長與各單位主管不可不察。

四、考績結果要公開、並准予復審、申訴

考績決定後，要公開發表，以昭公信，並可使公務人員相互瞭解，共同批評。對於因考績成績低劣面臨淘汰之公務人員，因涉及個人去留與生計問題，更應審慎，應給予其復審機會，以免因受不公對待而遭犧牲。而被考績者如認為考績不公或考績過程有違法及政治歧視行為，前者，可向有關仲裁機構申訴或再申訴；後者，向仲裁機關復審，或可向法院提出訴訟，爭取撤銷對其本人的考績決定。[6]

貳、考績的方法

上述的各項考績原則，均需良好的考績方法來達成。考績的方法很多，各種方法的特性、運作、限制與實施對象均不同，難以認定某種方法的優劣或單獨使用某種方法。其實，考績有原則、有途徑，惟考績對象不同，方法亦應有別。如對專家與通才，對主管人員與非主管人員，對高階層行政人員及中下階層人員，……均有所不同。故對於考

5　參考趙其文，中國現行人事制度（著者發行，66年7月），頁263。

6　參考楊百揆等著，西方文官系統（台北：谷風出版社，76年9月），頁246。

績方式不宜拘泥形式，只要合乎考績原理、價值倫理，但求從實品評優劣而作審慎有效之考核。

考績常用之方法，約如下述：

一、觀察判斷考績法

這是由長官對部屬之工作績效與倫理品性，作主觀的觀察與判斷，然後評定成績以別高下。

這種方法在運用上極為簡便，但有其缺點，因主管人員的觀察能力不同，或作業之粗細，或偏執成見，則不當的臆斷與資料不全，極易影響考績的結果。

二、按項目考績法

由主管人員對所屬人員之工作績效及倫理操行等，先選擇若干項，每項中再分若干目，並按目及項分別評定其分數，綜合為總分數，即代表考績成績。此種方法，在運用上需先設計出考績表，列出考績項目與名稱，考績時先目後項，再綜合為總成績。為便於考績起見，可在每一目之下，列出各種表示成績高低的評語，並配以分數，以便考績者在評語或分數上劃記。

這種考績方法，既不過於簡陋，亦不過分繁瑣，為常用的方法，若配於定期適時考核及主管人員之認真運用，不失為良好的考績方法。

三、比較考績法

任何考績法均須從人與人之比較後，確定其優劣等第。此種人與人的比較法，有先訂定因素與等第，然後對全體人員考慮後，再將人員填入適當等第。亦有採配對比較法，比較時先將人員姓名，用成對組合的方法，寫在小紙片上，每一紙片中寫上兩個屬員的姓名，如共有十位人員，則需小紙片 $\frac{N(N-1)}{2} = \frac{10 \times 9}{2} = 45$ 張。次就每張小紙片上兩個人員的成績作一比較後，決定何者較優，凡同一人員得較優次數最多，即為成績最優秀者，得較優次數最少或從未得到較優，即為成績最低劣者。配對法之優點，為考績結果之信度高；缺點為手續過繁，如屬員人數眾多，則無法運用。[7]

四、分配考績法

此種方法，有按常態分布原理，將人員的考績成績硬性區分為若干等第，並規定每等次的人數分配，如規定甲等為10%，乙等為20%，丙等為40%，丁等為20%，戊等為10%。主管人員考績時，需將成績區分為若干等次，每等次的人數並需符合規定。

亦有根據各單位業務績效的高低，作為分配其單位人員考列各等人數之依據。如單

7　傅肅良，考銓制度（台北：三民書局，76年6月），頁328-329。

位業務績效考評列優等者，該單位考列甲等之人數可以增加；業務績效考列中等者，該單位人員考列甲等人數仍照一般規定；業務績效考列甚差者，該單位人員考列甲等人數則予減少，以期單位業務績效與人員考列甲等之人數適切的配合。

分配法的優點是可使考績免於寬濫的弊病。但往往會造成工作表現良好的單位，受制於考列甲等名額，致部分優秀人員，因位居次等而感委屈，所以，組織業務績效評定之客觀公正是本考績方法成敗之前提要件。

五、績效標準法

此法係先依據各種標準（如工作數量、工作品質、工作時限、工作態度等），訂出工作標準，復以所訂的標準從事考核人員的工作實績。績效總評之等第愈高，則測度其人之工作知識技術能力愈高；反之，則愈低。績效標準法的優點，是依工作標準考評實績，具有客觀性，頗適合一般人員之工作考核。其缺點則是個人之氣質、操守及學識等資格條件，不盡為工作標準所能規範，換言之，考核工作之績效，未必即能權衡人才之智慧倫理與德行。況且即就工作考核而論，績效標準（performance standards）雖可力求客觀，卻難周全，如過分苛細，反而增加主考者之猶疑不決，是以目前績效標準法應用之範圍，以一般事業單位中下階層人員之工作考核為主。[8]

六、特殊事例列舉法

此法先由主管人員就某人從事某種職務時，認定為成績優異或低劣之具體事例逐條列舉，予以整理成考績表作為依據。

列舉法之優點，因為應用工作上的具體事例，作為考績優劣的標準，故極為客觀，不僅主管人員於考績時易於選擇與認定事例，而部屬亦易於瞭解績效優劣之區別所在。但缺點為具體的事例，需按屬員職務性質編製，則每種職務均應編製優劣事例，以為考績之用，手續極為繁雜。且在相互評量時，其客觀性不易掌握，應予注意。

除了上述的考績方法，另外仍有許多考績的技術存在。但為了有效評估，絕不能只單用一種方法。[9]茲再舉企業界用以考核員工的考績方法，略述分析如表11-2。

參、個人考績困難與團體績效評比議題

茲分兩方面論述之，前者行政機關在進行考核時，一般而言，有其困難與謬誤；而團體績效考核又可從其現況分析，以及內在含因動力加以探討。

8　許南雄，人事行政（台北：漢苑出版社，69年8月），頁163。

9　Herbert H. Meyer, Emanuel Kay, & John R. P. French Jr., "Split Roles in Performance Appraisal, Harvard Business Review" (January-Feburary 1965), pp. 123-129.

表11-2　企業界常用考績的方法一覽表

	方法	優點	缺點	備註
特質途徑	1. 圖式評等尺度法 2. 交錯排列法 3. 配對比較法 4. 強制分配法	1. 簡單易行 2. 方便排列績效	1. 較為主觀易受偏見影響 2. 說服力弱主管較不願意給予同仁較差績效考核	1. 公私部門常採用 2. 簡單明瞭、容易填寫 3. 現行公務人員考績法便是此形
過程途徑	1. 緊要事件法 2. 敘述性表格 3. 行為定錨評等尺寸法	1. 較客觀針對能控制之事加以評核 2. 明確回應同仁該努力的訊息	1. 人員感覺不自在無時無刻都有人在監視 2. 其發展的過程，都相當繁複，耗時費力	1. 由直屬長官考評 2. 評鑑項目為足以影響其工作效之特別或重要事件 3. 使用時仍需視個別差異來決定評鑑項目
結果途徑	1. 圖式評等尺度法 2. 緊要事件法 3. 行為定錨評等尺寸法	1. 使人員做對的事達到組織整體目標 2. 使人員個人發展與組織成長結合	1. 目標設定不易，具體達成之目標難定 2. 人員可能只在意目標達成，而忽略其他部分 3. 人員可能為達目的，不擇手段	1. 是一種以目標作為考核人員的方法 2. 組織已實施「目標管理制度」為前提 3. 考績期間大約為一季為宜

一、個人考績的困難與謬誤

（一）難於公正與流於形式

此項困難的最大原因，為考績者的主觀偏見。而偏見往往為主管鑑別人才所難免，如主管但求工作績效而不問品德氣質；喜好逢迎而不問是非；器小妒才而不問功過等，造成以偏概全，徇私害公，考績不能公正。[10]

考績流於形式是指考績虛應故事，不能真正甄別出人員的優劣。其原因甚多，可能是考績方法的過於粗疏或過於繁瑣；或是考績限制過多；或是主管偏見與鄉愿作風所致。

（二）過寬或過嚴的謬誤（Leniency or Stringency Error）與趨中的謬誤（Central Tendency Error）

前者謬誤乃泛指考核者偏向兩端的評定或考核。比如，某位職司考績的主管，在評定其部屬在每一工作層面的績效時，如他具有偏向兩端的評定傾向，他會對大多數的工

10　Glenn Stahl, op. cit., p. 212.

作層面或項目，根據過往的傾向，一致地給予極優或極壞的評定。

後者之謬誤乃是考核者對所有考核者，姑不論其績效應予以較高或較低的考績等第，均予以中等的考績，每一位人員被評定於考績表的中間位子，表示既沒有工作特優的人，也沒有工作奇差的人員。

（三）暈輪謬誤（Halo Error）與比較謬誤（Contrast Error）

前者謬誤之所以產生，在於考核者根據受考者在某一工作層面上表現優異，就類推其他工作層面的表現亦是如此，而予以優越的考績；反之，考核者發現考核者在某一工作層面下表現並不如理想，就驟以推定其他工作層面的表現亦大致類同，而予以不佳的考績。

後者謬誤乃考核者對考績的評定，以受考者間的相互比較而定，而非以每位受考者實際工作的績效為評比衡定的基礎。這種考績方式，如果其他共同列入比較的受考者，其績效均並不怎麼傑出，則原本績效平庸者，可能得到極佳的考績評定；反之，如其他作為比較的受考者，個個績效出類拔萃，則原本績效極優者，可能得到並不甚理想的考績。

（四）初期印象或近期印象的謬誤（First-Impression or Recency Error）

這一類謬誤的成立，乃繫於考核者究竟是以受考者哪段時間的工作績效作為評定考績的基礎而定。如考核者過度重視年度考績期限內，人員初期的工作表現，而忽略了臨近考績階段的表現，就有初期印象謬誤的可能；反之，考核者若忽略或忘記人員在年度內初期時所表現績效，而全以臨近考績階段之績效資訊，為評定考績之依據時，則犯有近期印象謬誤的可能。

（五）邏輯謬誤（Logic Error）和臨近謬誤（Proximity Error）

前者之所以產生，乃因兩種列入考核的特質彼此之間的邏輯推論所致。比如，能「體諒」的人員，往往被認為是友善的。後者乃是考績表上，考核者對前面項目的考核反應，影響到其後續的反應。換言之，這兩種謬誤均是考核者並未根據人員在某一層面的實際績效來評定考績，而以邏輯的推理與假定的相關，或考核表上前後項目間的聯想為之所造成的。

（六）服務年資所引發的謬誤（Length of Service Error）

考核者往往有給予資深的人員較高考績的傾向，乃這類謬誤產生之原因。這樣的做法，其基本的假定乃年資愈長者，工作績效愈高。事實上，這種假定並不合理，蓋時空的推移，新技能、新知識的追求，乃是增進績效的必要條件，如資深者未具備與時推移的知識，則何能有高績效可言。

（七）好同惡異的謬誤（Similarity Error or Pitchfork Error）與考核者好強引發的謬誤（Competitive Rater Error）

前者謬誤有積極與消極的兩種。就前者而言，考核者可能因受考者在某些方面的作為特質或態度，與其本身所具有的極相類似，因而予以受考者較高的考績。就後者而言，考核者可能不喜歡某一特質，偏偏受考者又具有這一特質，其因而對受考者每一工作層面的績效予以不好的評定。

後者，考核者如堅持自己的考績，絕不能低於部屬的，一旦其考績只被評定為中等時，他會將這個責任推給部屬，而給予人員較嚴的考績等第，因而引發考績的不正確性。

二、團體績效評比相關議題檢視分析[11]

（一）團體績效考核的現況分析

凡良好且有效的團體績效考核制度能客觀衡量組織績效，並檢驗績效是否符合組織預設標準，同時從中修正個人與組織目標的偏差，以符合組織發展需求。所以，有效的團體績效考核可帶動成員進行學習以改正偏差，進而整合資訊，發揮組織成員之顯性與隱性知識傳承功能，並凝聚組織成員的向心力，以落實推動知識管理（KM），引導（steering）文官體制創造生產力，實踐服務型政府之運作。惟就考績理論有關發展與激勵性功能強化之做法，目前現實情況下實難有效推行，個人考績幾乎流於形式，而行政機關之團體績效考核尚未建立，何能冀望藉由個人的考績來達到考績的發展與激勵性功能。

其次，公務部門的行政管理並非憑空存在，社會大眾、政策領導者與公務人員之間，彼此之間透過制度安排與政治活動而緊密地相聯結（參照林水波、陳志瑋，1999：319-354）。因此，團體績效考核，應考量人民的感受；即公務人員應該考量之指標內涵，可區分為：公共利益、憲法及法令；各層級的政府機關組織職能；媒體、專業與職業標準及社群價值觀；民主規範，以及公民價值等等，此皆與課責（accountability）之運用有關。[12]Jabbra & Dwived對於課責面向的區分（參照Denhardt & Denhardt, 2007：42-43），相當周延，其主要為：1.組織課責（organizational accountability）；2.國會課責（legislative accountability）；3.政治課責（political accountability）；4.專業課責（professional accountability）；5.道德課責（moral accountability）等項，值得參考。[13]

---

11 蔡良文，「個人考績與團體績效評比扣合相關學理與作法之研析」（發表於99年1月9日考試院舉辦「變革中的文官治理國際研討會」）。

12 嚴格的定義下，課責性與責任性並不相同。課責指的是組織中的某個人必須因為其決策或行動而接受責難或獎勵；責任的意義較為模糊，而且是透過層級結構的另一個方向進行。另外顯的課責是行政人員執行其行政任務並對之負責。而人們對於非因自己行為而直接產生的結果有內隱的責任。

13 參照，孫本初，2007：179-184
課責的真義是：要算清楚的、需報告的、可依賴的、能解釋的、知得失的、負後果的、重成果的。「課

　　再次美國歐巴馬的績效管理改革過程中，也呈現許多問題，包括障礙與謬誤。如評量指標未能衡鑑所欲達成之績效；指標與施政目標間因果關係不足；多以投入型、過程型指標作為評量標準；指標的方向性不明確；指標之分項權重分配不適當以及預定目標值不具挑戰性等。至於解決之道略以，在重視指標所評量的標的，須與最終的產出或結果，具有高度相關（不論正向或負向）。應重視結果指標，因其較能反應實質的績效，所以必須扣緊結果指標含中介結果（intermediate outcomes）及最終指標（end outcomes）；至權重之設定方法要為：層級分析法（Analytic Hierarchy Process, AHP）、敏感度分析法及專家德菲法等；另為期預定目標具挑戰性，可以過去該項指標達成度之平均值加上一個標準差等加以考量（胡龍騰，2009：34-48）。要之，上述各種績效管理作業中的可能問題及其解決之道，是值得重視的。

　　政府人力資源管理決策另一最重要的議題就是公平，因為公平對於組織成員而言是一項非常重要的激勵因素，如果組織成員感覺到組織人力資源的相關制度或決策缺乏公平性，則成員士氣將大受打擊。反之，則成員會因為認知到組織的公平對待，而以工作績效、對組織的承諾以及良好的組織公民行為，作為回報。而個人考績或績效評比等相關人事管理措施，均必須考量公平原則。

（二）團體動力到團隊建立與績效考核目的之評析

　　團體績效著重於團體行為模式，以及成員與成員之間的互動關係，即在團體動力（Group Dynamic）的運作下，所表現出來之團體特徵與行為；對團體而言，團體績效為團體運作之結果，亦為團體過程之現象（宋鎮照，2000）。又團體具有科層體制及領導與權威，而團隊強調平等化、分權化，成員共享領導權；團體重視分工及個人之工作成果與責任；團隊則是強調個人和團體之責任並重，較著重集體之工作成果。所以，如何在重視層級節制與指揮監督的行政部門環境中融入團隊精神，也是重要的課題也。

　　再者，霍桑試驗（the hawthorne experiments）為早期重要之團體研究，而團體績效考評對於霍桑實驗延伸之正式組織與非正式組織的正反功能亦宜併同考量。有關團體績效部分，考量重點須放在團體互動，亦即其受「體動力」影響之情形，方能有效進行團體績效管理與評核。任何組織運作有其靜態結構如組織法制、人事法制等，更需瞭解其組織動態運作內涵，亦即團體動力產生之效果對於績效產出與結果之影響。

　　組織成員層級之高低對社會性監督或內部監督績效的影響程度是不同的，且團體中組織成員的背景因素，包括年齡、教育程度、性向等因素，及其彼此之互動，或產生加

責者」要能承擔全責，要確定「負責者」能完成工作，進而要能縱觀全局，也能細審關鍵，能細分課責與負責的不同責任深度與廣度（張文隆，2006：55-71）。由以上論述可知，公務人員淘汰制度的重要原則之一就是要符合「課責原則」。公務人員淘汰制度之所以必須遵守課責原則之目的，一是在明確規範公務人員所應負的責任範圍，以使其在從事行政行為與行政決定時，在行為態度上能恪守相關法規之規定與符合公共組織所定之績效標準，以回應民主國家公民對政府之公共課責。另一目的，則在於保障公務人員不受監督者濫權之侵害，因為當公務人員淘汰制度的課責範圍確定之後，除非公務人員違反應盡義務與責任，否則其身分權及因公務人員身分所享有之權利，均不可被任意剝奪。

成作用，或產生減退作用，其團體表現亦有所不同。如何導引團體互動或團體動力正向功能，是必要正視的課題。又團體績效評比中，也關涉到個人考績及其陞遷發展，必須克服負面競爭的可能後果，如「一個和尚挑水喝，兩個和尚抬水喝，三個和尚沒水喝」的推諉現象。所以，「一種米養百種人」，「人心不同各如其面」，如何導引善心善念的匯聚與團隊的建立，是提昇團體績效時，須認真思索的課題，亦是善治的基礎。

第三節　公務人員考績制度的檢討與建議

壹、考績的種類與獎懲

一、平時考核與獎懲

（一）考核項目

公務人員平時考核依據工作、操行、學識和才能四項分別評分。依96年10月30日發布之「公務人員考績法施行細則」及考績表之規定，其細目如下：

1. 工作細目：分為質量、時效、方法、主動、負責、勤勉、協調、研究、創造、便民十細目。
2. 操行細目：分為忠誠、廉正、性情、好尚四細目。
3. 學識細目：分為學驗、見解、進修三細目。
4. 才能細目：分為表達、實踐、體能三細目。

以上考核之細目，由銓敘機關訂定。但性質特殊職務之考核得視職務需要，由各機關訂定，並送銓敘部備查。

（二）考核步驟

各機關單位主管應備平時成績考核紀錄，具體記載屬員工作、操行、學識、才能之優劣事實。其考核紀錄格式由各機關視業務需要，自行訂定。

（三）考核之獎懲

平時考核獎勵分嘉獎、記功、記大功；懲處分申誡、記過、記大過。於年終考績時，併計考績成績增減總分。嘉獎或申誡一次者，考績時增減其總分一分；記功或記過一次者，增減其總分三分；記一大功或一大過者，增減其總分九分。增減後之總分，超過一百分者，仍以一百分計。

平時考核獎懲得互相抵銷，無獎懲抵銷而累積達二大過者，年終考績應列丁等。「平時考核獎懲得互相抵銷」，是指嘉獎、記功、記大功與申誡、記過、記大過得相互抵銷。嘉獎三次作為記功一次；記功三次作為記一大功；申誡三次作為記過一次；記過三次作為記一大過。但專案考績不得與平時考核功過相抵銷。

至於平時考核獎懲的標準為：

1. 有下列情形之一者，一次記一大功：
   (1) 執行重要命令，克服艱難，圓滿達成使命者。
   (2) 辦理重要業務，成績特優或有特殊績效者。
   (3) 搶救重大災害，切合機宜，有具體效果者。
   (4) 對於重大困難問題，提出有效方法，順利予以解決者。
   (5) 在惡劣環境下，盡力職務，圓滿達成任務者。
2. 有下列情形之一者，一次記一大過：
   (1) 處理公務，存心刁難或蓄意苛擾，致損害機關或公務人員聲譽者。
   (2) 違反紀律或言行不檢，致損害公務人員聲譽，或誣陷侮辱同事，有確實證據者。
   (3) 故意曲解法令，致人民權利遭受重大損害者。
   (4) 因故意或重大過失，貽誤公務，導致不良後果者。
   (5) 曠職繼續達二日，或一年內累積達五日者。

各主管機關得依業務特殊需要，另訂記一大功或一大過之標準，報送銓敘部核備。嘉獎、記功或申誡、記過之標準，由各機關視業務情形自行訂定，報請上級機關備查。

（四）平時考核紀錄與考績之關係

平時成績紀錄及獎懲，應為考績評定分數之重要依據。平時考核之功過，除依規定抵銷或免職者外，曾記二大功人員，考績不得列乙等以下；曾記一大功人員，考績不得列丙等以下；曾記一大過人員，考績不得列乙等以上。即年度內曾一次記二大功者，考績應列甲等；年度內曾一次記一大功者，考績應列甲等或乙等；年度內曾一次記一大過者，考績應列丙等或丁等，惟如在年度內另有嘉獎一次以上之獎勵，因功過相抵之故，仍得考列甲等或乙等。

二、年終考績與獎懲

（一）考績項目與配分

年終考績指各官等人員，於每年年終考核其當年1至12月任職期間之成績。公務人員年終考績，仍如平時考核，按其工作、操行、學識、才能四項綜合評分，此四項之考核細目由銓敘部訂之，但性質特殊職務之考績得視各職務需要，由各機關訂定，並送銓敘機關備查。以上四項評分，工作項目分數占考績總分65%，操行項目分數占考績總分15%，學識及才能項目分數各占考績總分10%。考績表格式由銓敘部訂定，如表11-3。

（二）考績步驟

年終考績步驟如下：

表11-3　公務人員考績表

機關名稱：
機關代號：

公務人員考績表

姓　名			到職	民國　　年　月　日		請假及曠職	項目	日數	平時考核獎懲	項目	次數
國民身分證統一編號			送審	民國　　年　月　日			事假			嘉獎	
職務			官等職等	任第　　職等			病假			記功	
							延長病假			記大功	
職務編號							遲到			申誡	
職系（代號）			俸級俸點	本年功俸級　俸點			早退			記過	
							曠職			記大過	
規定工作項目											

項目	細目	考核內容	項目	細目	考核內容
工作（65%）	質量	處理業務是否精確妥善暨數量之多寡。	操行（15%）	忠誠	是否忠於國家及職守言行一致誠實不欺。
	時效	能否依限完成應辦之工作。		廉正	是否廉潔自持予取不苟大公無私正直不阿。
	方法	能否運用科學方法辦事執簡馭繁有條不紊。		性情	是否敦厚謙和謹慎懇摯。
	主動	能否不待督促自動自發積極辦理。		好尚	是否好學勤奮及有無特殊嗜好。
	負責	能否任勞任怨勇於負責。	學識（10%）	學驗	對本職學識是否充裕經驗及常識是否豐富。
	勤勉	能否認真勤慎熱誠任事不遲到早退。		見解	見解是否正確能否運用科學頭腦判斷是非分析因果。
	協調	能否配合全盤業務進展加強聯繫和衷共濟。		進修	是否勤於進修充實學識技能。
	研究	對應辦業務能否不斷檢討悉心研究力求改進。	才能（10%）	表達	敘述是否簡要中肯言詞是否詳實清晰。
	創造	對應辦業務有無創造及創見。		實踐	作事能否貫徹始終力行不懈。
	便民	處理人民申請案件能否隨到隨辦利民便民。		體能	體力是否強健能否勝任繁劇工作。

總　評		直屬或上級長官	考績委員會（主席）	機關首長
	評語			
	綜合評分	分	分	分
	簽章			

考列甲等人員適用條款	公務人員考績法施行細則第　　條第　　項第　　款第　　目		
考列丁等人員適用條款	公務人員考績法第　　條第　　項第　　款		
備註及重大優劣事實			

1. 考績時機

公務人員年終考績,均於每年年終舉行,若確有特殊情形不能如期舉行者,得由辦理機關函准銓敘機關同意展期辦理,但以不逾次年六月底為限。

2. 考績之核定

各機關公務人員之考績,應由主管人員就考績表(見表11-3)項目評擬,遞送考績委員會初核,機關長官覆核,經由主管機關或授權之所屬機關核定,送銓敘部銓敘審定。但非於年終辦理之另予考績或長官僅有一級,或因特殊情形報經上級機關核准不設置考績委員會時,除考績免職人員應送經上級機關考績委員會考核外,得逕由其長官考核。機關首長則由上級機關長官考績,其餘人員應以同官等為考績之比較範圍。

(三)考績之等次與獎懲

依據公務人員考績法第6條之規定,年終考績分甲、乙、丙、丁等四等,並以一百分為滿分。茲以各等為經,分別敘述各等之分數,獎懲及列甲、丁之條件。[14]

1. 等次與條件

(1) 甲等:八十分以上。列甲等之條件為須受考人在考績年度內,具有下列特殊條件各目之一,或一般條件二目以上之具體事蹟為限。

①特殊條件

a. 因完成重大任務,著有貢獻,獲頒勳章者。

b. 依獎章條例,獲頒功績、專業或楷模獎章者。

c. 依考績法規定,曾獲一次記一大功,或累積達記一大功以上之獎勵者。

d. 對本職業務或與本職有關學術,研究創新,其成果獲主管機關或聲譽卓著之全國性或國際性學術團體,評列為最高等級,並頒給獎勵者。

e. 主辦業務經上級機關評定成績特優者。

f. 對所交辦重要專案工作,經認定如期圓滿達成任務者。

g. 奉派代表國家參加與本職有關之國際性比賽,成績列前三名者。

h. 代表機關參加國際性會議,表現卓著,為國爭光者。

i. 依考試院所頒激勵規定獲選為模範公務人員或獲頒公務人員傑出貢獻獎者。

②一般條件

a. 依考績法規定,曾獲一次記功二次以上或累積達記功二次以上之獎勵者。

b. 對本職業務或與本職有關學術,研究創新,其成果經權責機關或學術團體,評列為前三名,並頒給獎勵者。

c. 在工作或行為上有良好表現,經權責機關或聲譽卓著團體,公開表揚者。

---

14 按立法院法制委員會92年5月26日所通過之公務人員考績法修正草案第6條之內容為:年終考績之等第分為優、甲、乙、丙、丁五等,增列考績分數若為九十分以上者為優等;另第7條亦增列考列優等考,晉本俸一級,已達所敘職等本俸最高俸級或已敘年功俸級者,晉年功俸一級;並均給與二個月俸給總額之一次獎金,已敘年功俸最高級者,亦同。

d. 對主管業務，提出具體方案或改進辦法，經採行認定確有績效者。

e. 負責盡職，承辦業務均能限期內完成，績效良好，有具體事蹟者。

f. 全年無遲到、早退或曠職紀錄，且請事、病假合計未超過五日者。

g. 參加與職務有關之終身學習課程超過一百二十小時，且平時服務成績具有優良表現者。但參加之課程實施成績評量者須成績及格者始得採計學習時數。

h. 擔任主管或副主管職務領導有方，績效優良者。

i. 主持專案工作，規劃周密，經考評有具體績效者。

j. 對於艱巨工作，能克服困難，達成任務，有具體事蹟，經權責機關獎勵者。

k. 管理維護公物，克盡善良管理職責，減少損害，節省公帑，有具體重大事蹟，經權責機關獎勵者。

l. 辦理為民服務業務，工作績效及服務態度良好，有具體事蹟者。

因特殊條件或一般條件各目所列優良事蹟，而獲記功一次以上之獎勵者，該優良事蹟，與該次記功一次以上之獎勵，於辦理年終考績，僅應擇一採認。

(2) 乙等：七十分以上，不滿八十分。

(3) 丙等：六十分以上，不滿七十分。

(4) 丁等：不滿六十分。考績列丁等的條件為：

①依公務人員考績法及施行細則之規定：即依考績法第12條所定，平時考核獎懲得互相抵銷，無獎懲抵銷而累積達二大過者，年終考績應列丁等而言。換言之，符合此一規定者，即可考列丁等，不需再具有特定條件之一。

②特定條件：凡受考人在考績年度內，具有下列特定條件之一者，考列丁等：

a. 挑撥離間或誣控濫告，情節重大，經疏導無效，有確實證據者。

b. 不聽指揮，破壞紀律，情節重大，經疏導無效，有確實證據者。

c. 怠忽職守，稽延公務，造成重大不良後果，有確實證據者。

d. 品行不端，或違反有關法令禁止事項，嚴重損害公務人員聲譽，有確實證據者。

2. 獎懲

(1) 甲等：公務人員考績為甲等者，晉本俸一級，並給與一個月俸給總額之一次獎金；已達所敘職等本俸最高俸級或已敘年功俸級者，晉年功俸一級，並給與一個月俸給總額之一次獎金；已敘年功俸最高俸級者，給與二個月俸給總額之一次獎金。

(2) 乙等：晉本俸一級，並給與半個月俸給總額之一次獎金；已達所敘職等本俸最高俸級或已敘年功俸級者，晉年功俸一級，並給與半個月俸給總額之一次獎金；已敘年功俸最高俸級者，給與一個半月俸給總額之一次獎金。

(3) 丙等：留原俸級。

(4) 丁等：免職。

以上對考列甲等與乙等人員之獎勵，有如下的例外規定：

　　①在考績年度內已依法晉敘俸級或在考績年度內陞任高一官等、職等職務已敘較高俸級，其以前經銓敘審定有案之低官等、職等職務合併計算辦理高一官等、職等之年終考績者，考列乙等以上時，不再晉敘。但考績獎金，仍應照發。

　　②在考績年度內已辦理專案考績晉俸者，年終考績列乙等以上時，仍得晉俸。

　　③經懲戒處分受休職、降級、減俸或記過者，在不得晉敘期間，考列甲等或乙等者，不能取得升等任用資格。

　　④調任同官等較低職等職務，仍以原職等任用，其俸級不予晉敘者，年終考績列甲等給予二個月俸給總額之一次獎金，考列乙等給與一個半月俸給總額之一次獎金。

　　⑤考績列甲等及乙等者，並可取得考績升等之資格。

　　各機關參加考績人員，任本職等年終考績，若二年列甲等或一年列甲等二年列乙等者，取得同官等高一職等之任用資格。

三、專案考績與獎懲

（一）考績種類

　　專案考績係指各官等人員，平時有重大功過時，隨時辦理之考績。可分為一次記二大功和一次記二大過兩種。

　　1. 一次記二大功，其條件為

　　(1) 針對時弊，研擬改進措施，經主管機關採行確有重大成效者。

　　(2) 對主辦業務，建立完善制度或提出重大革新具體方案，經主管機關採行確具成效者。

　　(3) 察舉嚴重不法事件，對維護國家安全、社會秩序或澄清吏治，確有卓越貢獻者。

　　(4) 適時消弭意外事件或重大變故之發生，或就已發生重大意外事件或變故而措置得宜，能予有效控制，對維護生命、財產或減少損害，確有重大貢獻。

　　(5) 遇重大事件，不為利誘，不為勢劫，而秉持立場，為國家或機關增進榮譽，有具體事實。

　　(6) 在工作中發明、創造，為國家取得重大經濟效益或增進社會重大公益，且未獲得相對報酬或獎金。

　　(7) 舉辦或參與大型國際性或重大國家級活動會議，對增加國庫收入、經濟產值、促進邦交或達成國際合作協議，確有重大貢獻。

　　2. 一次記二大過，其條件為

　　(1) 圖謀背叛國家，有確實證據者。

　　(2) 執行國家政策不力，或怠忽職責，或洩露職務上之機密，致政府遭受重大損害，有確實證據者。

(3) 違抗政府重大政令，或嚴重傷害政府信譽，有確實證據者。

(4) 涉及貪污案件，其行政責任重大，有確實證據者。

(5) 圖謀不法利益或言行不檢，致嚴重損害政府或公務人員聲譽，有確實證據者。

(6) 脅迫、公然侮辱或誣告長官，情節重大，有確實證據者。

(7) 挑撥離間或破壞紀律，情節重大，有確實證據者。

(8) 曠職繼續達四日，或一年累積達十日者。

（二）獎懲

1. 一次記二大功者：其獎勵為晉本俸一級，並給與一個月俸給總額之獎金；已達所敘職等本俸最高俸級或已敘年功俸級者，晉年功俸一級，並給與一個月俸給總額之獎金；已敘年功俸最高俸級者，給與二個月俸給總額之獎金；但在同一年度內再因一次記二大功辦理專案考績者，不再晉敘俸級，改給二個月俸給總額之一次獎金。各機關對一次記二大功之專案考績，應引據法條，詳敘具體事實，按規定程序，專案報送銓敘部銓敘審定。

2. 一次記二大過者：其懲處為免職。各機關一次記二大過之專案考績，應引據法條，詳敘具體事實，按規定程序，專案報送銓敘部銓敘審定。

（三）專案考績與平時考核之獎懲，不可功過相抵

專案考績與平時考核設置意義不同，前者針對特定事件考查，後者針對平時之考查，故不可混淆，且專案考績之一次記二大功，並不等於平時考核之二次記大功；專案考績之一次記二大過，亦不等於平時考核之二次記大過；故專案考績不得與平時考核功過相抵銷。

四、另予考績與獎懲

另予考績是指各官等公務人員，於同一考績年度內任職不滿一年，而連續任職已達六個月者辦理之考績。辦理另予考績者，考績項目、各項目之配分比例、考績列等之標準及考績表，均適用年終考績之規定。另予考績列甲等者，給與一個月俸額之一次獎金；列乙等者，給與半個月俸額之一次獎金；列丙等者，不予獎勵；列丁等者，免職。

五、考成與獎懲

各機關依派用人員派用條例派用之人員，其考成準用公務人員考績法之規定。不受任用資格限制人員及其他不適用公務人員考績法考績人員之考成，得由各機關參照本法之規定辦理。考成準用公務人員考績法之規定，只是名稱不同而已。又教育人員及公營事業人員之考績，均另以法律定之。

貳、考績的程序

公務人員考績依據公務人員考績法及其施行細則規定，有一定的程序：

一、查明機關中考績人數

平時成績紀錄及獎懲，為年終考績評定分數之重要依據。故各機關辦理公務人員考績，應由人事主管人員查明受考人數，並分別填具考績表有關項目，如姓名、職稱、到職及送審年月、請假及曠職等後，送經單位主管評擬。

二、主管人員評分

受考人之主管長官就考績表項目評擬，並檢同受考人全年平時成績考核紀錄，依規定加註意見後，予以逐級評分簽章，彙送本機關考績委員會初核。但非於年終辦理之另予考績或長官僅有一級或因特殊情形報經上級機關核准不設置考績委員會時，除考績免職人員應送經上級機關考績委員會考核外，得逕由其長官考核。

三、考績委員會初核

（一）考績委員會之組織與職掌

依考試院訂定發布之考績委員會組織規程規定（104年9月21日修正）：

1. 考績委員會置委員5人至23人，除本機關人事主管人員為當然委員及第4項所規定之票選人員外，餘由機關首長就本機關人員中指定之，並指定1人為主席。主席因故未能出席會議者，得由主席就委員中指定1人代理會議主席。各主管機關已成立公務人員協會者，其考績委員會指定委員中應有1人為該協會之代表；其代表之指定應經該協會推薦本機關具協會會員身分者3人，由機關首長圈選之。第2項委員，每滿4人應有2人由本機關受考人票選產生之。受考人得自行登記或經本職單位推薦為票選委員候選人。前項票選，應採普通、平等、直接及無記名投票法行之。但各機關情形特殊者，得採分組、間接、通訊等票選方式行之。辦理選務人員應嚴守秘密。另104年修正第2條第3項，增訂性別比例之規定。考績委員會組成時，委員任一性別比例不得低於三分之一。但受考人任一性別比例未達三分之一，委員任一性別人數以委員總人數乘以該性別受考人占機關受考人比例計算，計算結果均予以進整，該性別受考人人數在20人以上者，至少2人。

2. 考績委員會職掌如下：(1)本機關職員及直屬機關首長年終考績、另予考績、專案考績及平時考核獎懲之初核或核議事項；(2)本法或其他法規明定應交考績委員會核議事項；(3)本機關首長交議事項。

（二）初核之方法

考績委員會開會時，應由主席將考績清冊、考績表及有關資料交各出席委員互相審

閱，核議分數，並提付表決，填入考績表，由主席簽名蓋章後，報請機關長官覆核。考績委員會對考績及平時考核之獎懲案件有疑義時，得調閱有關資料，必要時並得通知受考人、有關人員或其單位主管到會備詢，詢畢退席。

四、機關首長覆核及交會復議

機關長官如同意考績委員會初核意見，即完成覆核；但如對初核結果有意見，應先交考績委員會復議。機關長官對復議結果仍不同意時，得加註理由後變更之。

五、送銓敘審定與查核

各機關公務人員年終考績辦理後，應依官等編列清冊及統計表，併送核定機關核定後，送銓敘部銓敘審定。其中考列丁等者，應檢附其考績表。上級機關核轉或核定下級機關考績案時，如發現其有違反考績法規情事者，應退還原考績機關另為適法之處分。

銓敘部依考績法第16條規定或核定機關依前述規定，對公務人員考績案，如發現有違反考績法規情事，於退還原考績機關另為適法之處理時，或核定機關依考績法第19條規定，查明各機關辦理考績人員有不公或徇私舞弊情事，通知原考績機關對受考人重行考績時，原考績機關應於文到15日內處理。逾限不處理或未依相關規定處理者，核定機關得調卷或派員查核；對其考績等次、分數或獎懲，並得逕予變更。

六、核定通知

各機關考績案經核定機關核定送銓敘部銓敘審定後，應以書面通知受考人。

七、救濟程序

受考人於收受考績通知後，如有不服，得依公務人員保障法提起救濟；如有顯然錯誤，或有發生新事實、發現新證據等行政程序再開事由，得依行政程序法相關規定辦理。

前項考績更正或變更，得填具考績更正或變更申請表，並檢附有關證明文件，由核定機關核定後，送銓敘部銓敘審定。

八、考績結果之執行

年終考績結果，應自次年一月起執行；一次記二大功專案考績及非於年終辦理之另予考績，自主管機關核定之日起執行。但考績應予免職人員，自確定之日起執行；未確定前，應先行停職。被先行停職人員如其後准予復職，其停職期間併計為任職年資，但在考績年度內停職期間逾6個月者，不予辦理該年考績。

九、考績不公或舛錯之懲處

　　各機關辦理考績人員如有不公或徇私舞弊情事時，其主管機關應查明責任予以懲處，並通知原考績機關對受考人重加考績。辦理考績人員，對考績過程應嚴守秘密，並不得遺漏舛錯，違者按情節輕重予以懲處。應屆辦理考績期間，人事主管人員未向機關長官簽報辦理考績者；或機關長官據報而不予辦理者；或不依規定期限辦理者，均以遺漏舛錯論。

參、現行考績制度之檢討

　　公務人員考績法自民國76年（79、86、90、96年曾修正）施行迄今，仍有若干缺失或問題有待商榷及改善，綜合檢討分析如次：[15]

一、考核觀念有待釐正

　　目前各機關普遍存在下列各種觀念，有待吾人予以端正即：
（一）仍有部分首長或主管誤認人事考核業務係人事單位的職責，與機關首長或主管人員較不相關，以致平時疏於考核、權責不明、績效不彰。
（二）由於部分機關首長或主管人員不能克盡考核權責，或受人情包圍，或因個人偏見，甚至故意偏袒不公，致使考核功能難以完全發揮。
（三）部分機關人事主管於辦理考績時，未能將考績有關規定，向機關首長、單位主管及全體同仁妥為說明，使其瞭解，致使觀念偏差產生誤會或未能適時考核，影響考績業務之進行與考績結果之客觀、公正性。

二、考績民主化之問題

　　茲就代表性、公開性與主動性等三方面予以說明：

（一）代表性

　　現行公務人員考績法第14條規定考績應送考績委員會初核，該委員會雖有由機關人員票選產生之人員參與（按考績委員會組織規程第2條規定，置委員5至21人，每滿3人應有1人為票選人員），有謂因居少數，而實際之運作，亦不像先進國家（如奧地利），規定應有半數名額，而能充分代表公務人員維護其權益。惟以我國之國情與代表本身之學養、認知，吾人以為，現行規定若能重視代表人選之客觀、公正性及其個人之成熟人格特質，相信有助於考績之公平性與代表性。

15　參考施能傑，「考績謬誤的類型與原因：理論闡述與經驗分析」，人事月刊，期4（台北：人事月刊社，81年），頁157-159；劉文隆，「從行政革新論考績制度之整建」，行政革新：理論與實務整合學術研討會（台北：政大公行系，86年）；黃台生，公務人員考績的理論與實際（下），人事行政，期108（82年2月），頁51-57。

（二）公開性

英、美、德等國讓公務員充分參與考績。並重視主管與部屬的雙向溝通。例如英國有品評面談，並且每隔四、五年由人事主管和公務人員舉行永業發展面談；美國用以考評公務人員之關鍵因素與績效標準，係由主管與部屬共同訂定，再據以考評公務人員，年終考績辦理結束後，主管與部屬還要進行成果鑑定討論，彼此交換意見。我國在此方面之做法，似乎有所欠缺，允宜研究改進，似可考量，由主管與考績最優及最差之同仁深入面談、溝通做起，以期發揮考績之積極性功能。

（三）主動性

現行公務人員考績法所規定的考績，分為年終考績與專案考績二大類，均屬於被動的接受考核。如公務人員認為本身具有功績，符合專案考績獎勵標準者，現制並無其得主動要求給予專案考績獎勵之規定。目前世界上有若干國家對於公務人員主動請求給予專案考績之獎勵，已行之有年，我國似乎值得加以研究採行或可引進同仁推介制度，藉以提高公務人員之服務精神與權利意識。

三、形成兩套考評方法，有待落實公平公正之考績

公務人員考績法第5條規定：「年終考績應以平時考核為依據。平時考核就其工作、操行、學識、才能行之」。同法第6條第2項規定：「考列甲等之條件，應於施行細則中明定之」。同條第3項規定考列丁等之條件。依上述規定，年終考績則有平時考核，以及考列甲等及丁等的條件兩套標準，應再予以詳為規範。就實際觀點言之，為避免既已明定考列甲等的條件，復在公務人員考績法施行細則第4條明定，考列甲等者，須在考績年度內具有具體事蹟者為限，可能造成各機關首長與公務人員更不重視平時考核，反而汲汲追求考列甲等之條件，而忽略平日工作表現。所以，平時考核表之設計與落實執行是必要的，如此方能配套設計，以提高公務人員服務品質與績效。

四、考評項目應能針對職務性質與職位高低而適切規定

欲使考績制度發揮應有之功能，考評項目或因素之訂定，必須考慮「職務性質」與「職位高低」。當職務性質不同或職位高低有異，任職人員所應具備之智能與個人屬性即應有所不同。目前英、美、法等國即採此種做法。然而揆諸公務人員考績法第5條規定：「年終考績應以平時考核為依據。平時考核就其工作、操行、學識、才能行之。前項考核之細目，由銓敘機關訂定。但性質特殊職務之考核得視各職務需要，由各機關訂定，並送銓敘機關備查。」依此一條文觀之，並未明文規定，考評項目或因素應依一般職務性質或職位高低不同而異其規定。此一現象將造成考績制度，難以發揮應有之功能。所以，如何參照職等標準，業務性質內容，作客觀的評量是必要的。

五、考列甲等條件過於抽象與寬鬆

現行公務人員考績法第6條及其施行細則第4條明定考列甲等之條件，其用意在取消甲等限制後，將以明確具體的考核標準，打破以往考績列甲等輪流分配的現象，且在預防日後考列甲等人數無設限後的浮濫現象。然就考列甲等之各項條件內容分析除一之（七）奉派代表國家參加與本職有關之國際性比賽，成績列前三名者；及二之（二）對本職業務或與有職相關之學術，研究創新，其成果經權責機關或學術團體評列為前三名，並頒給獎勵者；二之（六）全年無遲到、早退或曠職紀錄，且請事、病假合計未超過五日（87年以前規定為十日，88年1月起為五日）；二之（七）參加與職務有關之終身學習課程超過一百二十小時，較為具體外，其餘不難發現部分條件，過於抽象，適用時彈性過大，例如「重要專案工作」、「如期圓滿達成任務」、「認定確有績效者」等，雖經銓敘部自76年起每年12月間訂頒「各機關辦理公務人員考績（成）注意事項」，對於上述條件之用語，特作詳細的補充規定與解釋。但對於考列甲等之條件之規定，似仍令人感到籠統空洞且又欠具體，在適用上可能因各機關認定的寬嚴不一，而造成不公平。如何增加具體事蹟或較科學化、客觀性之指標，似可再加研究改進。

六、考列丁等條件之不當與過嚴

依現行公務人員考績法第6條第3項各款所列之丁等條件缺乏客觀具體之標準，而與同法施行細則第13條第1項第2款所定「記一大過」各目及同法第12條第3項所定「一次記二大過」各款，似混淆難分，過於彈性，若干項目內容欠缺具體標準，恐難令人折服。又於民國87年10月7日立法院第三屆第六會期法制委員會第二次會議審查傅委員崑成等十六人提案修正通過，公務人員考績法第14條第3項規定考績委員會對於擬予考績列丁等及一次記二大過人員，處分前應給予當事人陳訴及申辯之機會。如此，確實較能保障公務人員權益。另從實務觀點言之，考列丁等即予免職，由於太過於嚴苛，機關首長甚少考列丁等。考列丁等條件，僅聊備一格，未能真正發揮年終考績汰劣之功能。所以，可否考慮改以連續考列丙等者即予免職或資遣，以發揮獎優汰劣功能。

七、未能確實遵守考績比較原則

公務人員考績法第9條規定：「公務人員之考績，除機關首長由上級機關長官考績外，其餘人員應以同官等為考績之比較範圍。」蓋以在同官等之人員優良與否，不難在相形之下比較而定之也，此項規定亦為舊制所有，然各機關實際在辦理考績時，往往並未遵循此一原則，而係以「單位」作為比較範圍，單位主管往往受主觀意識影響，而發生前述之謬誤，諸如以偏概全、中間取向、過寬或過嚴、近期的印象等而發生偏失，而考績委員會又多以尊重單位主管意見，很少變動，致經常造成考績結果的不公平。當然，若不尊重單位主管意見難免造成主管在該單位領導上之困擾，所以考績之評定，常

造成兩難之困境。

　　依據公平理論言之，對於高階人員中之主管人員，應以其稱職者留任，不稱者轉調。所以，高階人員除主管者外，若未能核實考評，則似已侵犯了低階人員考列甲等之機會，對於人員工作士氣或生產力，將構成不利的影響。

八、考績內容應作調整，考績結果未能有效運用

　　現行公務人員考績偏重於考績獎金與晉級陞等，導致公務人員似過分重視金錢物質獎勵，而未能充分發揮考績制度獎優汰劣之積極性，亦忽略了考績的「發展性」目的，即作為幫助公務人員瞭解其個人能力之長短處，進以接受適當的訓練與生涯規劃，使機關可以充分利用每個成員的潛能與公務生產力。而專案考績原係對公務人員有重大功過時辦理，其條件或有多款，但往往因首長強烈介入以為拔擢特定對象之工具，或許其方向正確手段似有不宜；或有因首長的好惡由心，加諸專案考績免職之要件空泛，難免有其不周之處。上開情形又以警察人員為最，值得重視。易言之，目前考績制度之實施，與考績應具有多方面功能的理想境界相去遠矣，允宜配套檢討改進，且以一次記二大過免職，影響公務人員權益至鉅，應否由行政懲處改以司法之懲戒處分，值得檢討。

九、各類人員考績法制之有待建立

　　目前教育與公營事業人員之考績條例，均尚未訂定，其考績係依各該單行考核規定辦理，各該法規對於關係公務人員權益較鉅之規定，如考績列等方式及考績結果之獎懲，不僅與公務人員考績法不同，各考核法規之間的規定亦有所不同，顯非常制，實應加以檢討，設法將其間之差距予以拉近或取消，以免各類人員以規定不同，影響權益，而相互比較，心生不平，以致造成人事管理上之困擾。

肆、專案委託研究建議

　　考試院研究發展委員會曾委託余致力教授主持以「公務人員考績制度改進之研究」為題，進行專案研究，分就整體制度之改進，涉及修法之改進，立即可行之改進等，提出建議，甚具參考價值，茲摘述如下：[16]

一、整體制度之改進建議

（一）憲法層次之定位

　　自長遠制度設計觀點，建議未來若進行修憲，可思考有關「法制事項」和「執行事項」的權限劃分問題，以釐清法規命令制定上可否涵蓋實際行政任務的問題。但在修憲

16　考試院公務人員考績制度改進之研究，委託研究主持人：余致力（台北：考試院研究發展委員會，92年6月），頁329-338。

前所進行的考績法制整體變革，法制事項仍應屬考試院權責、執行事項則歸用人機關，以減少扞格現象。

（二）考績目的之定位

基於現行考績法第2條揭櫫「綜覈名實、信賞必罰」的目的，不足以反映考績制度在績效管理面所應具之功能，爰建議本條修正為：「公務人員之考績，應本綜覈名實、獎優汰劣、培育人才、提昇績效之旨，做準確公平之考核。」

二、涉及修法之改進建議

（一）訂定核心考核項目

基於考績應發揮「評」過去表現與「鑑」未來發展的功能，因此應將「未來發展潛能」納入核心考核項目中，而現行學識與才能兩項亦可視機關特性列為未來發展潛能的部分細目。為顧及「法明確性」的原則，建議法律所訂定之考核項目限縮在各機關通用的核心項目上，亦即「工作績效」和「發展潛能」二者。

（二）訂定不同官等與職務之考核項目

除了透過考核項目分權化來增加各機關的考績裁量權限外，亦應考量不同職務與職位高低所產生的本質差異性。故本研究建議未來在法律層次訂定核心考核項目時，應區別簡、薦、委三官等的不同，以及主管職與非主管職的不同。

（三）考核項目分權化

從管理層次觀之，由於行政部門體系業務與特性各異，本無法以一體適用的考核項目，因應各機關單位的實際績效管理需求。爰此，本研究建議修正考績法第5條第2項規定，除訂定各機關通用之核心考核項目外，其餘應採分權化原則，由各機關自行訂定之。

（四）增加考績等第

建議將現行等第調整為「特優、優等、甲等、乙等、丙等、丁等」六級，但同時需相關配套措施配合，包括等第比例設限，取消以分數決定等第之規定，重新調整各等第之考績結果。管理者宜運用增加等第所產生的區辨效果，進行相對應的例外管理，使表現特優者接受所需的培訓，並提供陞遷管道與機會；表現不合標準者則需提供特別的輔導與訓練來補足其能力或矯正其行為，以落實人力資源的發展與培訓功能。

（五）等第比例設限

1. 主張採取競爭性原則，亦即訂定等第比例限制，以增加公務人員績效表現之區辨力。因此，建議修改現行考績法第6條，取消分數與等第之關係，改訂定各等第比例的上限（特優、優等、甲等與乙等）與下限（優等、甲等乙等、丙等與丁

等），由行政首長同時考量各單位之團體績效，決定所屬機關公務人員的最終考績等第。

2. 為了落實同官等比較的原則，各官等考績等第的比例，原則上應依規定分配，惟必要時可依官等高低酌予小幅調整，但絕不能產生一機關內皆由高階文官列特優與優等之現象，以免考績法第9條繼續成為具文。

（六）實施考績面談

1. 改變現行公務人員考績制度傳統單向與封閉的績效考核過程，建立績效評估面談制度與事前的員工自我評核，在具體做法上，應在考核過程中，要求考評者與受考者共同商討一定期間內的工作績效標準，再由雙方共同檢討工作績效結果，增加考績制度的透明化與客觀性。以達參與和績效回饋的功能。

2. 實施方法，首先由主管與公務人員在考績年度開始時，配合國家總體發展目標、所屬機關策略目標與單位目標，擬定公務人員個人年度工作目標，建立目標管理式的考績制度。其次，直屬主管有責任根據平時觀察，於必要時回饋工作意見給部屬，使公務人員瞭解主管的期望，並幫助部屬在遇到問題時，可尋求主管的指導與奧援。

3. 未來考績制度之規劃，應鼓勵考績評定之當事人兩造進行績效溝通與討論。為了落實考績面談，達成使績效評估民主化、透明化的理想目標，考績法第20條有檢討之空間，應明確界定「嚴守秘密」的定義，使受考者在參與考績過程時，不致出現適法上的爭議。

（七）對管理者課以績效管理責任

建議增列將考績與績效管理結合的規定，管理者除應協助績效不佳員工改善其表現外，一旦發現受考者的績效表現與考績結果出現明顯落差，則顯示考評者並未落實考績作業，也應作為追究責任的依據之一。

（八）調整或取消考績委員會

1. 建議修改考績法第14條第2項規定，納入程序參與、考績面談與自我評估的精神，使所有受考者皆有機會透過考績委員會陳述意見。並建議修正現行《考績委員會組織規程》第2條第3項規定，提高票選委員至二分之一，以符合首長指定及票選產生之人數「比例相當」原則。

2. 若欲徹底落實前述績效管理責任，以及配合參採360度績效評估制度的精神（詳見第九點），未來長期目標則可考慮取消考績委員會及其初核程序，使主管與機關首長直接承擔考績責任與管理責任。

（九）參採360度績效評估精神

長期而言，360度績效評估制度有助於深化公務人員自我反思而後行動的工作態

度，同時亦能激發潛力，協助建立一套合身的職涯發展制度。因此，本研究建議由法律明定考核程序應採360度評估的精神，將現行第一道程序由主管就考績項目評擬的做法，改變為允許各機關根據業務特性，增加自我評量、同事評量、直接部屬評量與服務對象評量等選擇項目。

（十）實施團體績效考核

建議立法整合昔日行政院人事行政局主管之「績效獎金制度」與行政院主管之「機關施政績效評估制度」，結合前述有關考績等第之調整與比例限制，配合團體績效考核之實施，加大各團體間的差距，使管理者在總額的限制下，得依各單位的實際團體績效，給予不同比例的考績等第比例分配，從而使管理者在被課以管理責任的同時，也有更大權限來達成績效管理之目標。

三、立即可行之改進事項

（一）確實進行平時考核

「行政院及所屬各機關公務人員平時考核要點」第4點第1款有關每季辦理一次考核的規定，其落實與否應列入管理者的績效評估標準之一。此外亦應引進例外管理的理念，要求主管針對表現較優或較劣者，除可進行面談給予獎勵或輔導外，亦可針對其實際工作狀況提供培訓或矯正機會，使平時考核發揮更積極的功能。

（二）各機關自訂考績表

在考績法第5條第2項修正前，為避免各機關自訂考績項目因經驗不足可能產生的弊病，並依據我國重視依法行政的原則，本研究建議，現階段仍宜由法律訂定考績之核心項目，各機關僅有依據核心項目訂定考核細目之權，且賦予考評者相當程度的自由裁量空間，惟在考績之記錄當中應該提出說明及具體事證，以確保受考者的權利。

（三）結合考績與培訓功能

建議在現行考績制度下，由機關首長要求考評者在打考績時，應正確反映受考者的工作績效表現，並應具體指出受考者所需加強培訓之項目，作為未來一年之培訓根據，使表現卓越者可做好未來職業生涯發展的準備，而表現低於水準者亦可接受職能補強的訓練與輔導，甚至可以根據考績與培訓後的成果，作為調整工作或職務的依據。其次辦理考績時，應使部屬明瞭自身的工作表現，可能因績效優良而獲得培訓與陞遷機會，亦可能因績效不彰而須接受訓練與輔導，甚至因沒有具體改善而遭到淘汰，如此將可形成部屬的學習動機，提昇培訓效果。

（四）加強考評者能力訓練

建議在管理者的培訓計畫中，應增加有關考績制度與績效評估的訓練，而其內容不應僅限於技術性的知識，而應從績效管理的角度，結合領導目標管理的課程，使管理者

瞭解常見的考績謬誤或錯誤觀念，及考績制度的深層管理意義與功能，進而藉著管理者在實際從事領導時，幫助部屬建立考績的正確觀念。

伍、改進建議

由於現行公務人員考績制度，存有上述之問題，致考績無法落實與發揮其應有之功能，對公務人員之工作士氣產生不利的影響。雖已提出初步建議分析，惟經衡酌當前環境，並針對上述問題以及99年4月函送立法院有關公務人員考績法修正草案，分別研提漸進可行改進建議：[17]

一、考績功能的定位與強化

我們認為考績功能要分為「行政性」與「發展性」的功能。前者，重於以考績結果作為調薪、獎金、陞遷、汰劣的憑據。後者，則將考績結果用以協助人員瞭解本身之工作能力，並藉由適當的計畫以提昇、改善其工作知能。未來考績尤宜以朝向發展性功能定位，使人力資源策略管理能強化其「激勵與發展」價值機制，並且重視績效管理，強調個人考績與團體績效評比之扣合機制。詳言之，即朝（一）考核工作績效重於全人格的評斷；（二）診斷性重於獎懲性；（三）考績資訊正確性與程序正義之結合等方向，改進現行考績法制之流弊。又民國99年4月考試院通過公務人員考績法草案第2條即明確規定其宗旨在於強化激勵與發展等人力資源管理功能，期能落實績效管理，提高機關行政效能及服務品質。[18]

按以美國在實施政府績效與效果法（Government Performance and Results Act of 1993，簡稱GPRA, PUBLIC LAW 103-62），旨在要求聯邦政府各機關必須採行策略管理（strategic management），將企業界實施多年的管理理念引進政府的管理運作過程，在我國之行政院經濟建設委員會、研究發展考核委員會、人事行政局等，均有類此政府再造的理念。未來在引進歐美的政府績效之策略的做法時，有關美國會計總署所提檢討報告指出政府機關實施策略管理面臨的主要挑戰，例如：（一）在多元目標下，如何清楚設定此一目標與策略；（二）如何釐清各機關職掌與分工；（三）對工作績效、成果，非單一機關能獨立完成時，其績效如何評量；（四）缺乏良好具體的績效指標可蒐集有用的資訊；（五）機關管理文化上，存有不重視績效、成果管理及資訊運用等等，均值得借鏡參考，如何規範與確立適合我國環境需要的策略與技術是必要的研究課題。[19]再以，美國學者指出為產生有效的績效考核，使人事法制發揮效能，應有配套之基礎工

---

[17] 同註12，以及民國99年4月6日以考台組貳一字第09900027241號函送立法院草案內容，以下簡稱民國99年考績法修正案。

[18] 其第9條則建構團體績效考核，實屬進步立法。

[19] 施能傑，「策略管理與美國聯邦政府的改革」，人事月刊，卷26，期4（台北：人事月刊社，87年），頁28-42。

程：（一）將想要監督及不願意將員工考核視為必要之惡者，倘具備其他相關資格，則予以調陞為監督之職位；（二）所發展出來的考核工具，是經過員工參與，且將重點放在績效而非個人特質之上；（三）訓練計畫是導向監督用途之考核工具，並理解考核過程中的人員動態性；（四）獎勵有能力，且認真發揮考核功能之監督者；（五）一種開放式討論，並理解上司與下屬之關係；（六）成果產出，具備優秀或不佳績效意涵。[20]如能朝此方向改革與強化其基礎工程，必將有助於發揮公務人員考績制度之功能。

二、加強宣導及端正考核觀念

（一）培養主管重視考核的觀念

利用各種集會，重點灌輸，以培養主管重視考核的觀念，確實負起人事考核的責任；或者為各級主管人員舉辦「人事考核訓練」之課程，俾教導正確做法，端正考核觀念。

（二）規定主管考核監督責任

為促使各級主管認真執行考核工作，對負有考核權責之直屬主管，如有未能善盡督導考核責任，而導致屬員有重大不良後果者，應予適當議處，其應負之責任，宜列為年終考績之重要依據。

（三）實施考績訓練與宣導

平時應對人事人員加強考績法規之訓練或各主管機關在辦理考績時，應對承辦考績業務人員施以講習。各機關在辦理考績時，應利用有關集會，向全體同仁妥為說明考績有關規定，使其瞭解，俾利執行。

三、擴大考績之民主化與人性化

我們同意台積電董事長張忠謀先生的看法，即考績制度可與生涯規劃配套思考。他指出：「最好的生涯規劃，是在每一個崗位，永遠做自己有興趣且對公司有貢獻的事並盡力去做」，而考績應予制度化、書面化，主管願意說出部屬的弱點與優點，以達到溝通效果及發展功能。[21]為了盡速完成上開意旨與目標，宜擴大考績民主化與人性化。簡述如次：

（一）代表性

宜參考奧地利公務人員考績委員會組成之規定（即考績委員半數之名額須由公務人員代表擔任之），建議考試院衡酌當前環境之需要，檢討修正「考績委員會組織規程」

---

20 參見經濟日報，87年12月17日，版2。

21 參照D. E. Klingner & J. Nalbandian著，江大樹、呂育誠、陳志瑋譯，人事行政新論（台北：韋柏文化事業出版社，90年1月），頁379-412。

第2條之規定，使由機關人員推選產生之成熟非主管人員能有更大的比例擔任考績委員，以維護公務人員的權益。考試院民國99年考績法修正案之配套辦理業已納入。

（二）公開性

上述所建議的「民主化的考績指標設定」如獲採行，宜再參考英、美、德等國公務人員考績制度讓公務人員能充分參與討論的做法，使考績在評定之前，主管與部屬能夠相互討論，彼此交換意見或至少同意與最優、最差之10%同仁交換意見；或在評定之後，應告知公務人員，並給予陳述意見的機會。因此，公務人員考績法第14條有修正之必要，使民主化、人性化及目標管理的精神得以發揚。在民國99年考績法修正草案第15條已規定對考列丙等人員於處分前應給予當事人陳述及申辯機會。

（三）主動性

參酌奧地利公務人員可主動申請辦理考績之規定，建議銓敘部檢討修正公務人員考績法時，能夠增列「公務人員認為本身具有功績，符合專案考績獎勵之標準者，得以書面申請考績」之規定，以激勵公務人員士氣，發揮考績的積極性功能，當然，增加若干輔助措施，以強化其客觀、公正性是必要的。

四、重視考績之公平正義

考評因素的設計，應考慮職務性質與職位高低，對於不同機關與職位應規劃不同的考評因素，使考績的辦理，對於公務人員是否能勝任現職，以及是否適合擬晉陞職位之需要，都能達到切實之考評。英、美、法等國公務員考績制度，對於考評因素之訂定因職位高低與職務性質之不同，而有不同的考績項目，似乎值得我國研究參採。為達到上述之目標，建議採下列二種方式為宜：第一，考核的細目與成就水準，應該由各機關於年初自行訂定，以真正符合機關業務的需要。第二，各機關在訂定時應由主管與部屬共同參與協商為之。[22]使其具有目標管理方法的精神。

五、年終考績應確實以平時考核為依據

為預防「平時考核」與「考列甲等具體條件」產生二套不同考績標準，建議各機關首長於辦理年終考績時，仍應以「平時考核」為依據，如平時考核評為80分以上者，又具有考列甲等條件之具體事蹟者，則考列甲等，如未具備考列甲等之條件，則評為乙等。因此，為使「平時考核」工作能夠落實起見要求主管能按月或按週提出同仁工作服務績效具體考核表，並建議對負有考核權之主管，加強有關考績法規及觀念之教育宣導；對於考核不公或徇私舞弊者，依規定予以懲處；宜要求各主管機關對所屬機關平時

22　Jay M. Shafritz, et al., Personnel Management in Government: Politics and Process, 4th ed. (New York: Marcel Dekker, Inc., 1992), pp. 504-505.

考核工作應確實考核，對考核紀錄應予查考，俾其認真執行。且對於主管或高階人員，應依規定切實做到以「同官等」為考績之比較範圍，不應以考列甲等作為酬庸之手段，使機關內不論職位之高低，均應立於平等之地位依考核項目逐一評比，且可考慮同官等之比較，以使考績依法確實辦理，更具衡平、客觀性。民國99年考績法修正草案（第5條）規定年終考績應以平時考核為依據。平時考核就其工作績效與工作態度行之。

六、修正考列丙、丁等之處理規定

目前公務人員考績法第7條規定，考列丙等者，為留原俸級。未來對於考列丙等者，宜以考量強制訓練或調整職務，而連續二年考列丙者，宜予資遣，如此，即可淘汰不適任人員，有助於提昇行政效率與效能，亦為政府再造中，人力精實再造的配套作為。按民國99年考績法修正案（第6條之2）規定，受考人在考績年度內有下列第1款至第10款情形之一，應列考績丙等；有第11款情形，得考列丙等；並訂定3%比例之規定或按團體績效彈性調整之。

目前考列丁等之條件缺乏客觀具體之標準，恐難令人折服，應修法詳加檢討修正各項具體標準，使更具客觀性，以維護公務人之權益。至於考列丁等者，一律免職，太過於嚴苛，無法發揮獎優汰劣之功能。在未取消免職規定前，建議將來修正「公務人員考績法」時，可參照外國之做法，對考列丁等者，留職任用或減俸，並令其一定期間改善，此寓有「留職察看，以觀後效」之意，如第二年仍未改善仍列丁等者，則予以免職。當然，應配套訂列考列丁等以1%為下限以達獎優汰劣功能。按民國99年考績法修正草案規定丙等3%之標準，而對丁等亦訂有具體事證，始得考列丁等（草案第6條之3）。

七、考績結果應予以有效運用

英、美兩國分別在1972年與1978年，大肆改革公務員考績制度，使考績制度具有多方面的功能。我國民國99年考績法修正草案中規範團體績效評比結果作為單位考列甲等以上及丙等人數比率之依據（草案第9條之3）。為期落實考績制度的功能，除宜參酌英、美兩國考績制度的優點之外，尚應確實將考績的結果運用於下列各項人事管理措施：

（一）薦舉人才

對平時工作績效優異、企畫或執行重大政策方案績效卓著，或工作方法有重大創新、突破而獲致重大效益者，應予向上級機關保薦，或保舉參加最優人員或模範公務人員之甄選，有特殊優異者，則推介參加傑出公務人員之選拔，民國99年考績法修正草案中亦訂有獎勵或表揚相關規定（第20條之1）。

（二）培育人才

對品德良好、工作能力優良，並具發展潛力者，應視業務需要，作有計畫培育，為國儲訓人才。

（三）調整職務

針對屬員的長處與短處，隨時調整適當職務、或指派適當工作，俾能用其專長，亦可增加人才之歷練成長。

（四）適當輔導

發現考績結果不佳者，除依有關規定辦理外，應即施予妥適輔導或訓練，俾其知所改進。美國紐澤西州政府於1985年7月1日所實施的「績效評估審核制度」，使工作績效與訓練能夠直接的配合，值得吾人研究參採[23]。

（五）獎優汰劣[24]

發現屬員之表現或行為，符合獎懲規定之條件者，應即依規定辦理，以勵忠勤，而儆頑劣。對於平庸者，輔以訓練，若不成則予以資遣或淘汰以強化公務人力。按民國99年考績法修正草案業已納入此精神，如增列優等（第6條）、增訂應考列及得考列丙等及其功過等次相抵之配套規定，以期養弱成強，否則予以資遣或退休（第7、8條）。

23　參閱黃台生譯，績效與訓練的配合，人事月刊，卷八，期五，78年5月，頁21-27。另就企業界之實際狀況言，考績的應用就企業界實際狀況而言，考績的目的常可因公司的規模而有所差異。下表可顯示出大小企業考績目的之比較：

考績目的	小公司百分比	大公司百分比	百分比平均
獎金制度	80.6	62.2	71.4
績效改進	49.7	60.6	55.2
回饋	20.6	37.8	29.2
陞遷	29.1	21.1	25.1
建立檔案	11.4	10.0	10.7
訓練	8.0	9.4	8.7
輪調	7.4	8.3	7.9
人力規劃	6.3	6.1	6.2
解僱	2.3	2.2	2.3
研究	2.9	0.0	1.5
資遣	0.6	0.0	0.3

24　有關強化淘汰機制方面，至少包括：(1)修正公務人員考績法及其施行細則，以明列淘汰機制之法律依據；(2)工作績效不佳之評斷應適時辦理；(3)考慮在公務員服務法明確規範其體免職事項；(4)對身心失能公務人員之免職程序，應提升至法律位階；(5)型塑淘汰績效不佳成員之管理文化……等。詳參閱蔡良文（台北：五南圖書，97年3月），頁169-178。

八、其他建議事項

（一）曾受刑事或懲戒處分不得考列甲等之規定，有待釐清

　　為避免公務人員因同一事由，於不同之考績年度內，分別受到刑事或懲戒處分以至於兩個考績年度均不得考列甲等，而影響工作士氣，建議修正公務人員考績法施行細則第4條第3項第1款增列：「但以同一事由，於不同考績年度內，分別受刑事或懲戒處分確定者，其後一年度之考績，得由機關視情節予以評列適當等次」之但書規定，俾符合情理。

（二）考績獎金之核發宜名實相符

　　為避免參加考核之職務與發給之考績獎金之內涵不一致，引起爭議，爰建議將公務人員考績法施行細則第9條第1項有關年終或另予考績獎金，以受考人次年一月之俸給總額為發給標準之規定修正為「依本法給與之年終考績獎金，或另予考績獎金，均以受考人次年一月之俸額為準；但加給項目以受考人之職務為準」，俾使考績獎金之發給標準更為合理。按現行考績法考列丙等者不得領有考績獎金與年終獎金，惟年終獎金原為三節發放且有慰其勞績之意，與績效獎金或考績獎金重在其功績有別，爾後宜脫鉤處理。

（三）其他適用及準用本法之各類人員之規範

　　按以往各類人員，於考績法均採較彈性之規定。民國99年修正草案中則有適用及準用本法之各類人員，均不得於專屬特種人事法律或其他相關法律訂定違反本法考績等次人數比例限制之規定。

陸、最新修法動態概析

一、修法緣起

　　晚近由於公務人員迭有考績不公，而外界亦有公務人員考績功能不彰之質疑，無論問題出在「人治」或「法制」，若能透過法制研修，針對現行法制未盡完備之處予以研修，相信均能減少疑慮。有鑒於此，爰考試院民國98年6月通過之文官制度興革規劃方案，將「落實績效管理、提昇文官效能」列為方案內容，並將提昇考績結果之公正、客觀及民主性，作為考績法制重行設計之指導原則，茲依考試院於101年11月18日函送立法院審議之公務人員考績法修正案，[25]主張考績法制亟須修法改革之內外在因素要為：

25　本案因屆期不續審，全案106年仍由銓敘部報請考試院審議中。其重要內容如丙等一定比例，或團體績效評比等，是否修正，值得關注。

（一）外在因素──政經社文環境鉅變

雖以2012年5月31日瑞士洛桑國際管理學院（IMD）公布2012年世界競爭力排名，在59個受評比國家中，我國排名第七，其過程中之表現均賴「國家總體經濟」、「企業效能」及「基礎建設」等其他指標遜色。2012年IMD特別針對各國「政府效能」與「企業效能」排名差異進行調查，結果顯示大部分先進國家的政府效能都明顯落後企業效能，值得重視之；

（二）內在成因──現行法制存有缺失

由於國家文官的績效管理制度首推考績法制，其建制的目的本為促使公務人員積極任事，以追求個人卓越及公務生涯發展，從而提昇政府整體績效而予以設計，但難以凸顯機關對工作特別賣力或績效表現特優人員的肯定，且對績效不佳者應予處理。再以，行政機關長期存在「勞逸不均」、考績甲等「輪流分配」的鄉愿文化，現行的法制若能朝向「績效考評結果可更廣泛應用在績效管理上」、「各級管理者宜積極建立績效管理的觀念」及「妥善建制提昇績效評估信度與效度的方法」等是必要的發展；

（三）回應期盼──提供優質公共服務

良善的考績制度，應兼具肯定績優人員並予拔擢陞遷，以及輔導績效表現不佳者並予適時退場的雙重機制，以提昇其行政績效及公共服務的質與量。

二、公務人員考績法修正的方向與原則

（一）政策方向

包括提昇國家競爭力、提振行政績效、培育優秀文官、重塑文官形象及贏得人民信賴。

（二）執行原則為

有效評鑑、合理課責、彈性授權、良性競爭、緩和退場以及團體績效之重視等。

三、考績法修正的主要內容

（一）考評以工作績效為核心，由各機關自訂關鍵績效指標；
（二）整合重大獎勵法源依據，專案獎勵授權另訂激勵辦法；
（三）拉大考績等次獎勵差距，貫徹獎優激勵之積極性目的；
（四）拔擢培育特殊優秀人才，發揮考績發展性之正面功能；
（五）明定不適任者退場機制，破除外界鐵飯碗之刻板迷思；
（六）課予主管覈實考評責任，深化考績制度之公平與正義；
（七）落實同官等為比較範圍，塑造同級職務良性競爭環境；
（八）規範評等之條件與程序，期使考績作業公正客觀透明；

（九）建立多元彈性評鑑方法，提昇考績評擬之信度及效度；

（十）扣合團體與個人之績效，型塑團隊合作之職場新文化。

四、防範考績成為整肅異己工具之機制與目標之達成

（一）保障機制

　　未來考績法明定考績程序及救濟保障，具體作為包括明定考績等次條件、給予考列丙等、丁等、專案考績免職人員到考績委員會上陳述、申辯主張權益，未來受考人考績丙等將得以復審方式提起救濟，於公務人員保障暨培訓委員會審查會時，受考人與處分機關亦將進行言詞辯論；

（二）課責機制

1. 單位主管課責：主管人員未能對屬員覈實辦理考績及平時考核，致受考人考績遭受不公平對待，經依保障程序提起救濟經撤銷原考績處分時，考績法係明定此等主管考績即不得考列甲等以上，以資警惕。又其考績1年丙等或連續3年乙等即應調任非主管職務；

2. 辦理考績人員課責：考績法明定各機關辦理考績人員如有不公或徇私舞弊情事時，其主管機關應查明責任予以懲處，並通知原考績機關對受考人重加考績；辦理考績人員對考績評擬、初核、覆核及核定等考績辦理過程所涉考核相關事宜，均應嚴守秘密，並不得遺漏舛錯；對考績結果在核定前亦應嚴守秘密，不得洩漏，違者按情節輕重予以懲處。是以，辦理考績人員（當然包括人事人員在內）如有上開違失情形，機關首長或主管機關即得依情節輕重予以懲處，以維護考績之公平、正義；

3. 機關首長課責：考績法明定考績應以受考人之工作績效、工作態度為考核項目，如機關首長對受考人考績的評價，係基於其他因素考量而達其整肅異己的目的，顯已違反考績法規定，受考人因而提起考績救濟，經保訓會本其權責查證屬實而撤銷原考績處分者，未來將協調保訓會將撤銷決定函送上級機關，使上級機關對該機關首長究責。

　　綜之，未來考績法之修正，以達成肯定績優表現、協助後段改進、落實績效管理、結合陞遷培訓、善用人力資源、提昇文官地位、型塑職場文化、課予主管責任、改進績效指標、改良評比技術等積極性目標，以及遏止官僚陋習、改善勞逸不均、導正獎金迷思、破除輪流甲等等消極性目標。未來更朝向彈性化、授權化、民主化、透明化方向規劃，期盼文官制度的設計，符合社會公平正義與人民期待，更期盼建構一流的文官團隊。

第四節　小　結

　　考績是指政府機關各級長官對所屬公務人員之工作及操行，予以考核，以為獎優懲劣的標準。公正的考績可說是激發工作意願的具體手段。

　　一般而言，考績具有如下的功能：一、健全人事制度；二、調整待遇；三、遷調退免；四、發掘人才；五、調整人力；六、維持紀律；七、提高效率。良好有效的考績必須合乎：綜覈名實，信賞必罰，客觀公正，工作績效與品性並重，時間與事件兼行，考績結果要公開，並准予復審、申訴等的原則。考績的原則，需要良好的考績方法來達成，常用的方法為：觀察判斷考績法、按項目考績法、比較考績法、分類考績法、績效標準法、特殊事例列舉法等。在追求公正有效的考績過程中，會遭遇不公正與流於形式的困難及過寬、過嚴、趨中或以偏概全等謬誤。

　　我國目前公務人員考績的種類有：一、平時考核；二、年終考績；三、專案考績；四、另予考績；五、考成五種。考績的程序則為：一、查明機關中考績人數；二、主管人員評分；三、考績委員會初核；四、機關首長覆核及交會復議；五、送銓敘審定與查核；六、核定通知；七、救濟程序；八、考績結果執行等步驟。公務人員考績法自民國76年較大幅修正施行迄今，期間雖歷有79、86、90、96年之修正，尚存有如考核觀念、民主化、考績比例原則……等缺失，爰提出重視考績功能的定位與強化、擴大考績的民主與人性化、落實考績的公平正義……等八點改進建議，另考試院委託研究建議甚有見地，而101年再提出之公務人員考績法修正案，其變革大，值吾人再深入研探。

學習重點

- 保障的意涵與種類
- 比較保障制度的內涵
- 現行公務人員保障制度內容
- 對現行保障制度的檢討與建議
- 培訓的意涵與種類
- 公務人員培訓的種類、內容及流程
- 我國現行培訓制度的運作概況與檢討
- 對現行培訓制度提供若干改進建議

關鍵名詞

- 保障
- 法治主義
- 準司法化
- 功績制度
- 仲裁制度
- 身分保障
- 工作條件
- 官職等級
- 因公涉訟
- 復審
- 申訴、再申訴
- 文官法庭
- 內部單位
- 任務編組
- 訓練進修
- 職前訓練
- 在職訓練
- 國內、外進修

第一節　公務人員保障的意涵與種類

　　文官體制是國家統治機關運作的主體，而文官體制中的主體則為全體公務人員。為加速國家現代化發展，建立一套具有甄補性功能價值、發展性功能價值、激勵性功能價值及保障與維持性功能價值之周延完善的文官制度，實屬必要。因此本章第一節探討，直接攸關於公務人員權益的保障制度。在其設計與規劃上，必須兼具積極性與整體性，俾使公務人員能安心任事，發揮潛能，全力以赴。至於具有發展性功能價值之培訓制度，在於開發公務人員的潛能，增進專業知能，以提昇行政效能，則於第三、四節論述之。

　　在傳統威權體制下，公務人員係基於國家之特別法律關係所任用，有別於一般人民

與國家之間的權利義務關係，亦即強調公務倫理與行政紀律的「特別權力關係」。二次大戰後，民主憲政蓬勃發展，強調對於基本人權的尊重，使得舊有的特別權力關係學說在理論與實務上，面臨衝擊，因而逐漸修正為強調職位與工作權的保障，使公務人員權益在遭受不法侵害或不當處分時，得以尋求法定途徑予以救濟。而國家與公務人員間即形成公法上的職務關係，有關公務人員之保障救濟體系於焉形成。

壹、保障的意涵與重要性

一、意涵

　　公務人員保障係對於政府機關依法執行職務之人員予以合法保障，使其安心任職，提高行政效率、以為民眾提供最佳服務，謀求國家長治久安。是以現代各國建立永業化之人事制度，保障公務人員之地位，非依法定程序不得免職、降級處分，確保其人員不受政黨輪替之影響，而政黨政治在人事安定中與日俱進良善運作。茲就其定義分述如次：[1]

（一）陳鑑波教授：認為公務人員之保障有廣狹兩義：狹義之公務人員保障，僅指對於公務人員職位之保障而言，廣義之公務人員保障，舉凡公務人員之陞遷、調補、退休、養老、撫卹及薪給等制度之確定，均得列入保障之範圍。

（二）前考試委員傅肅良先生認為，公務人員之保障是較為消極的一種措施，但亦是最基本的措施，就現行法制所定，包括對依法執行職務之保障、對工作之保障、對生活之保障及對人事處分公正處理之保障。

（三）前考試委員許濱松教授認為，我國公務人員應享有保障，除身分、地位及依法執行職務之保障外，尚包括請求行政救濟之保障。

　　要之，公務人員保障係指公務人員，在職期間依法所享有身分、工作、生活、職務、服務、請假權益、人事處理及其他各項權益，並受法律保障；如其權益遭受違法或不當之處分，得經由陳述、申訴、再申訴、復審、調解、協議及仲裁及訴願、行政訴訟等途徑尋求救濟。

二、保障之重要性

　　世界各主要民主國家，如英國、美國、德國、法國、日本等，均已建立一套健全之公務人員保障制度，有效保障公務人員之權益，尤以二次世界大戰後，公務人員與國家間之「特別權力關係」，無論在理論上或實務上，均已逐漸修正，例如我國司法院釋字第187、201、234、298、312、323及338號等解釋，對於公務人員重大權益事項，已逐

1　考試院研究發展委員會，「建立公務人員保障制度之研究」，公務人員保障法專輯（台北：考試院印，86年1月），頁4-5。

次認為亦應如一般人民之權利，給予合理保障。而我國憲法第83條及增修條文第6條均規定，公務人員之保障，係屬考試院權責。惟於考試院第8屆起，鑑於有關公務人員權益保障之規定，係分別散見於公務員服務法、公務人員任用法、公務人員考績法、公務員懲戒法等法律之內，並未單獨制定完備之公務人員保障法律，亦未成立統籌處理公務人員保障事項之專責機關，致公務人員權益尚未能獲取充分完整之保障。且國內政黨政治已漸次形成，公務人員權利意識日益抬頭之時，建立超然中立之公務人員保障法制，使公務人員權益於遭受不法或不當侵害時，能循合法途徑獲得救濟，而無後顧之憂，以激勵公務人員勇於任事，並貫徹憲法賦予考試院之職掌，誠屬迫切，[2]爰有成立專責機關與制定其作用法，以資運用之議。茲分述保障之重要性如次：

（一）保障合法合理權益

法治主義之基本原則為依法行政，即要求政府機關行政行為必須合乎法制，其實質目的，在以法規拘束行政權之運作，確保人民之權利與自由。惟行使行政權之政府機關之公務人員，其行政作為上之違失在所難免，亦有侵權之可能性，為救濟違失與糾正不法，乃設計各種必要救濟途徑，依法定程序補救其權益。據此推論，機關各級主管對於屬員所為之行政管理措施，固係在法規範圍內為之，惟欲其作為不發生違法、濫權或不公之情事，且能為民服務造福社群，誠屬難能，因之，若致使公務人員權利受損，自應賦予行政救濟之道，方符有權利即有救濟與依法行政之原則，亦可落實公法上平權關係之旨意。

（二）發揮行政統制運作

公務人員行使行政權，除應合法合理外，對於促進公共利益與實現公平正義，更是責無旁貸的。因此，行政之合法性與行政之合目的性，乃是法治主義下行政之重要原則。如前所述，「有權利即有救濟」，行政救濟制度一方面在發揮救濟權利，以保障行政之合法性與合目的性，同時亦能引發行政機關之自我反省與節制，可以說具有行政統制運作之功能。相同地，行政機關對公務人員所為之措施，如無違法、不當情事，則應就爭議點加以澄清說明，就其應有的權益與尊嚴加以維護，俾建立政府威信；反之，如係行政措施有欠允當，應經由有權機關之審查與復審，予以適切之矯正與監督，澈底檢視行政措施之妥適性，以實現機關本身自有統制調節機制功能，使行政運作有效發揮。

（三）促進行政準司法化

現行公務人員之行為責任與施行救濟方法，因法律制度背景而有不同之設計，大體而言，允許公務人員經由聲明異議、陳情、訴願等方式提起行政救濟。此相對於行政機關而言，亦使得其獲得準司法之職權，兼具有行政司法性質，又其所採取程序及處理案

2　參閱考試院83年12月19日於立法院法制委員會報告設置公務人員保障暨培訓委員會組織法草案之口頭報告資料。

件之方法與態度，與一般行政行為不同，較著重於吸收司法制度之精神，使公務人員權利獲得客觀、公正、合法、合理之裁決。保障制度之實施，有助於促進準行政司法化之發展，所以，公務人員保障機制被視為具有「行政司法」（Administrative Justice）制度之功能。

（四）促進機關團結和諧

行政組織不僅是權責分配關係與行政運作之體系，亦是一種適應與成長之有機體；同時更是機關人員基於對權責觀點之認識，感情互動與思想溝通所形成之團體意識。因此，欲求機關組織之健全，除注意層級節制與權責分配外，更應加強成員間之溝通與協調，使機關目標與人員目標相互平衡，方能真正達成目標。就行政管理觀點言，權利救濟乃是可以解決衝突之一種上行溝通管道，具有紓解不滿情緒，促進共同瞭解，達成機關團結和諧之作用。通常爭訟行為之產生，常導因於當事人內心不滿，而不滿情緒之形成又緣於個人主觀認定，至實際上有無違失情事，則非所論。因之，如缺乏正常紓解管道，小者影響工作情緒，消極反抗；大者四處陳情濫告，傷害機關團體。建立權利救濟制度，提供陳情、申訴甚至訴願等救濟方法，使公務人員內心之不滿或冤屈得以循正式管道獲得宣洩排解，並賦予合法正當之保護手段，對於促進機關之和諧與團結應有裨益。

（五）提高行政運作效能

保障制度非但可使公務人員受損之權益獲得救濟。相對地，可增進工作之滿足感，激勵團體士氣，從而提高行政效率與強化行政效能。蓋公務人員內心若有冤屈而不得紓解時，在工作上可能產生反功能之行為方式，如怠工、缺勤、人事異動率頻繁等現象。再者，組織具有反饋系統（Feedback System），當人員內心之冤屈壓抑時，不惟易於形成感染作用，俟其日積月累，將使人員職能降低，機關之機能衰退，致使問題愈趨嚴重。建立一個公正有效之權益救濟制度，除可減少組織反功能行為之發生，亦可作為機關內部適應與維持之機制（Adaptive and maintenance mechanisms），用以迅速止息內部顯現之問題，促其新陳代謝，使機關正常運作，永續經營發展，亦能滿足公務人員之需求，促使機關職能得以強化，有助於提昇行政效率與效能。[3]

貳、比較保障制度內涵

茲簡要介述主要國家保障制度之主要內容，俾供借鏡與分析。[4]

3　參考歐育誠，「平議公務人員權利救濟」，公務人員保障法專輯（台北：考試院印，86年1月），頁136-141。

4　蔡良文，行政中立與政治發展（台北：五南圖書，87年），頁126-128。另各國之比較文官保障制度，多所變革，謹就其結構性內容予以介述，至最新動態，讀者可自行上各該國政府網站研閱。

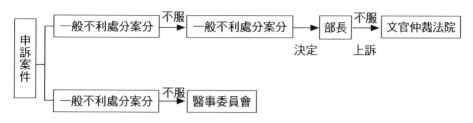

圖 12-1　英國公務員申訴程序

資料來源：參考許濱松，各國人事制度（三民書局，民國83年），頁160。

一、英國公務員保障制度

英國文官保障制度與規範均散見於申訴制度、公務員團體之協議與仲裁等規定，亦未單獨立法規範有關行政中立的行為保障。茲分述如下：

（一）公務員申訴之保障

1. 得提出申訴之不利益處分

文官因品行、工作效率等原因而受免職或提前退休之處分時，有處分權者在決定處分前，應將事實及理由以書面通知受處分者，並接受其答辯。

2. 受處分者之上訴

文官接獲免職通知書時，如任職已達二十六週以上，又未達領取年金之最低年齡者，可向其任職所在部之文官申訴委員會提出申訴；如文官於見習期間，因身體不佳而被取消任用時，或因身體不佳不能繼續執行職務，要求退職遭拒絕時，得向任職所在部醫事委員會提出申請。其程序如圖12-1。

（二）公務員團體之協議與仲裁

英國文官爭議協議，係由文官團體及政府指派之代表組成之全國惠特利委員會議及各部惠特利會議，以處理全國性或部別性之有關公務員待遇及工作情況爭議問題。其中公務員代表與政府代表係處於平等之地位。在惠特利委員會議中，如無法達成協議，則其爭議最後可上訴於文官仲裁法院。

通常文官之俸給（待遇）、工作時間、給假等事項，均得提請仲裁。至行政管理事項如退休養老年金、編制人員之法定地位辦公時間、編制人員法定地位與進用高級文官之爭議事項，則不得提請仲裁。其程序如圖12-2。

要之，英國文官的保障制度，主要規範政府與文官間之和諧關係，確保文官之申訴保障與文官團體協議與仲裁的公正性。再以於1980年成立之全國文官聯盟（The Council of Civil Service Unions），強化了文官協議體制，加強保障文官權益，進一步增進公務員與政府之關係。

圖 12-2　英國公務員團體仲裁程序

資料來源：同上。

二、美國公務員保障制度

公務員保障制度，源於先樹立申訴救濟制度，再形成團體協議制，美國有關保障制度之建立，亦復如此。1940年代聯邦政府基於工會組織與田納西流域管理局（TVA）之協議制度之成就，證明團體協議制度與行政效率是可相輔相成的（Presthus, 1975: 248），自此其政策走向則逐年由保守而趨於開放。在1978年文官改革法施行後，將原有的文官委員會改制設立功績制保護委員會（Merit System Protection Board）聯邦公務員之申訴權利受到更為周密之保障，茲分述如下：

（一）不利處分之保障

經機關以工作不良而擬予降等或免職之人員，具有下列權利：即(1)有權於機關採取降免措施之前三十天，收到書面通知；(2)有權委請律師或其他代表；(3)有權在適當期限內進行口頭或書面答辯；(4)有權收到敘明懲處理由之書面決定書。

各機關於前述有效通知期限屆滿時，若對有關人員為降職或免職之決定，該等人員得向功績制保護委員會申訴，請求聽證，如有關人員屬於工會團體，可循冤情仲裁程序。不服功績制保護委員會決定或命令者可向聯邦上訴法院（The U. S. Court of Appeals）上訴，如為涉及俸給案件，則上訴到求償法院（The Court of Claims）。

（二）混合案件申訴之保障

係指有關人員為歧視而得以向功績制保護委員會申訴，機關所採取之行動，例如免職或降職案件者，機關可在一百二十天內以協商與查處方式嘗試解決。對機關的最後決定不滿意者，或期限屆滿者，得逕向功績制保護委員會申訴。若不提起申訴，工會則可要求冤情仲裁。

有關人員不得將混合案件逕向平等就業機會委員會（Equal Employment Opportunity Commission，簡稱EEOC）申訴，僅得要求該委員會重新審查功績制保護委員會所作之決定。若兩會之決定不一致時，再採其他步驟解決。

（三）歧視案件申訴之保障

指因採取行動或不採取行動而形成之歧視事件控訴案，例如關於陞遷或工作條件之

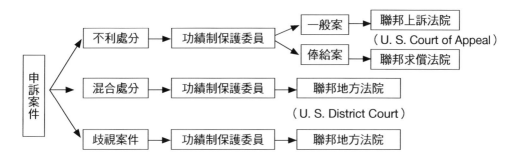

圖12-3　美國公務申訴程序

資料來源：許濱松，各國人事制度，台北：三民書局，頁347-348。

歧視控訴案，不得向功績制保護委員會申訴。此種案件，有關人員可將機關的最後決定向平等就業機會委員會（Equal Employment Opportunity Commission）提出申訴，或由工會要求循冤情仲裁程序解決。向平等就業機會委員會申訴時，應依現行處理歧視申訴案之程序，功績制保護委員會不得參與此類申訴案之決定。

（四）對弊端揭發人之保障

　　所謂弊端揭發人，係指對於有相當理由信其為違反法規、或構成不當管理、浪費公帑、濫用職權、或危害公共衛生或安全之情事，願挺身而予揭發之公務員或職位申請人等而言；但對法律或行政命令特為禁止揭發者，則不予保護。特別檢察官在處理各機關對弊端揭發人施以報復之案件時，應予以調查及保護，調查時亦不得洩漏揭發人之身分，並得向功績制保護委員會的任何委員提出請求，即在該案調查期間停止其有關的人事作業，調查結果應告知弊端揭發人。茲就上開情形，列如圖12-3。

　　就美國功績制委員會每年受理約8,000個個案，進行行政裁決，多能依規定在一百二十天內決定，其中半數案件可經由公聽會得到解決。依據該會向總統及國會提出1994年度報告書指出，該會該年度行政法官審議決定8,552件申訴案件（較上年度7,530件增加9.5%），而三位委員決定2,031件。（ANNUAL report for Fiscal Year 1994: 25-28）該會亦對75件有關赫奇法、特別檢察官紀律行為，對行政法官之案件及申請審查人事管理總署法規等案件作成決定。若不服該會裁決，可向聯邦上訴法院等提出上訴，惟以該會處理公正，通常每年類此案件只約2、4件，可見其功能之顯著，似可供我國公務人員保障暨培訓委員會運作之參考。

三、德國公務員保障制度

　　從德國公務員的權利保障制度，可以瞭解其國家與公務員關係體制運作，其內涵有

申訴與訴訟權、結社參與及協商等權限，茲分述如下：

（一）申訴與訴訟權方面

公務員的申訴要分為三：(1)一般申訴案，如公務員遭到不利之措施，如任用與陞遷案，均得向各部內之申訴委員會申訴；(2)向公務員協議會申訴或請願。依公務員代表法規定公務員協議會接受職員之申訴或訴願時，如認為正當者，該會應與公務員所屬長官協商，並謀求改進；(3)不服所屬長官懲戒處分之抗告。公務員對所屬長官決定之懲戒處分，得於處分書送達後二週內，向處分之長官提出抗告。公務員對上級長官之決定不服者，得再向其上級提出抗告。對於抗告之決定仍不服者，得向聯邦懲戒裁判所申請受理控訴案件，並決定該案件是否有理由。如認為無理由，聯邦懲戒裁判所對此判決，得予廢棄、退回或自為判決。另外，公務員得向聯邦人事委員會提起訴願（聯邦公務員法第171條），暨公務員關係之訴訟適用公務員權利原則法第126條與第127條之規定（同上，第172條），即原則上准許行政訴訟程序。茲繪如圖12-4示之。

（二）結社參與及協商等權限方面

德國憲法及聯邦公務員法賦予公務人員結社之自由（第91條）。有權結合為工會或職業團體；且公務員不因其在工會或職業團體之行為而受到職務上之處罰。又依公務員代表法之規定，各工會及職業團體得設置公務員協議會，公務員透過工會或職業團體，得與服務機關辦理交涉，並參與公務員權利關係一般規定之擬訂。特別應予指出者，即是公務員法未賦予公務員罷工權。此款做法可供有司參考。但公務員可經由「全國公務員聯盟」（約有110名會員）就福利等事項與政府談判。

（三）其他方面

有關主管機關之照顧義務方面，主管機關（Diensterr）應保護公務員執行職務及其為公務員的地位（同法第79條），另有關公務員代表之產生應予特別規定，以加強其功能。

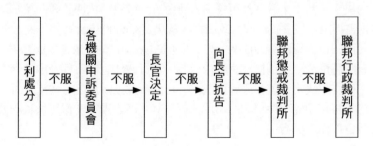

圖 12-4　德國公務員申訴程序

資料來源：同上，頁113。

四、法國公務員保障制度

法國文官法（第一部分）第一、第二兩章規定公務員之保障，要分「身分」、「地位」之保障，亦可分四方面說明：

（一）工作保障

公務員競選或當選國會、歐洲議會……等之議員或經濟社會委員會之委員，其原有公務職位，不得因其得票多寡或其競選或任職期間利害關係人之意見而受任何影響。公務員，除作為公務機關之代表外，於依法組織之機構或依公權力設置之諮詢機關擔任職務者，亦不因而影響其原有公務員職位。

（二）職務保障

法國文官法（第一部分）第11條規定略以，公務員執行職務時，應有依刑法或其他特別法規之保護措施，公務機關應保護公務員執行職務時，免受恐嚇、暴力、暴行、傷害、誹謗或侮辱，如有上開情事，可申請給予合法補償。

（三）地位保障

公務員相對於政府機關，其地位受法令之保障（文官法第一部分第4條），其意見自由應予保障（同前第6條）、自由加入公會之保障（同前第8條）、公務員調任時，其內部異動機關為其職業之基本保障（同前第14條）。

（四）申訴權

法國公務員倘若受損害可依行政法尋求救濟，再輔以行政申訴制度，使法國公務員之權益得以受到完善之保障。

法國政府與公務員雙方為處理集體協議問題所設之相關機構有「最高國家公務員制度協議委員會」、「人事管理協議委員會」、「行政管理協議委員會」、「衛生安全協議委員會」等，其中以「最高國家公務員制度協議委員會」最為重要，其以內閣總理為該委員會主席，審議受諮詢有關國家公務員制度之全國性問題（文官法第二部分，第13條至第16條）。茲再將其申訴保障情形圖示如圖12-5，並分述如次：

1. 不服機關長官之懲戒決定者或因職務上能力不足之休職案件，被懲戒人或被休職者得向最高國家公務員制度協議委員會申訴。
2. 不服部長有關人事懲處決定，被懲處人員得向評政院申訴。

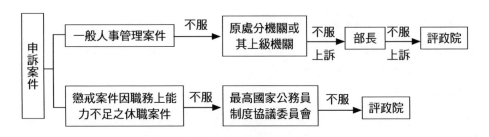

圖 12-5　法國公務員申訴程序

資料來源：銓敘部，各國人事法制叢書（第一輯）（台北：銓敘部，民國78年，頁8-11，20-2）。

五、日本公務員保障制度

　　日本政府極為重視公務員福利，而其廣義的福利制度則包括身分保障、申訴權利等保障制度及其他福利措施，茲分身分保障、公務員團結權及申訴救濟等，加以介述之。

（一）身分保障

　　日本基於行政中立法制，對公務員基本權益特予維護，同時要求應符合公平原則，即不分種族、性別、信仰、社會地位或政治意識，皆受到應有之保障，此為維持公務員永業化的基本前提（國家公務員法第27條）。

　　又公務員任職期間非因責任疏失，其身分權益受到保障，其政治行為受到限制，其相對的，即是適度保障公務員免受政治外力之干擾，亦是一種保障措施。

（二）組織公務員團體及交涉權

　　日本憲法第28條規定略以，勞動者團結之權利，暨團體交涉其他團體行動之權利，均應予保障。即依據憲法之基本精神，公務員應享有組織公會之權利。再依日本國家公務員法規定，公務員團體係指公務員以維持及改善其服務條件為目的而組織之團體或聯合體（第108條之2）。惟下列人員不得組織團體：1.警察人員、海上保安廳人員及監所人員；2.適用公共企業體等勞動關係法之作業人員；3.擔任管理人員、監督人員及處理秘密事務人員等。

　　同時依國家公務員法規定，公務員團體有向當局提出交涉之權利，其交涉事項包括俸給、服務時間等之人事服務事項（第108條之5）。有關國家之事務管理、營運事項等，公務員團體不得提出交涉。當公務員團體對上述事項提出適法交涉時，當局應予處理。

（三）申訴制度（公平制度）

　　日本對申訴係採以消極之救濟與積極之改善工作條件，故而名之為公平制度。

1.基本原則

公平原則：國家公務員法規定，對於所有職員之身分變更、懲戒及保障，應公正處理之（第74條）。

職務保障：公務員非依法律或人事院規則所定，不得違背其本意而予以降任、休職或免職（國家公務員法第75條）。

保障之不適用：對臨時性職員、附條件錄用期間之職員依職位分類改辦歸級之結果，發生與減俸或降任同一結果之職員，不適用保障之規定（國家公務員法第81條）。

2.申訴權（公平制度）之行使

當公務員受到機關極不利處分，包括懲戒處分、降級、免職、休職等身分處分（國家公務員法第89條）及違反公務員意願之調動、輪調等處分時，得依規定向人事院提出申訴，要求撤銷其處分以謀求救濟。此外公務員對於俸給及其他一切工作條件，亦可向人事院提出請求，期使人事院、內閣總理大臣、或機關首長，採取行政上的適當措施（國家公務員法第86條），又人事院對上開請求認有必要得經調查、言詞審理等（國家公務員法第87條），認其有必要救濟措施者，非其權限，則向有關當局建議，屬其權限，則自為處理（國家公務員法第88條）。另不服人事院之處理者，尚可提起行政訴訟。

要之，日本公務員申訴保障制，主要權責由人事院負責辦理，其重視消極性的保障救濟，同時也強調積極性的激勵功能，期以鼓勵人才任使，提高工作效率。

第二節　我國公務人員保障制度

壹、保障制度內涵

一、保障法制的建置過程

我國政府為健全保障法制，加強保障公務人員權益，考試院爰於民國79年擬具「公務人員保障法」草案函送立法院審議，嗣因憲法增修條文中調整考試院職權，考試院組織法爰配合修正，於第6條規定增設「公務人員保障暨培訓委員會」（註：於85年6月1日正式成立），專司公務人員保障暨培訓事項，以因應公務人員權益意識日漸抬頭與提昇公務人力素質之需。有關「公務人員保障法」草案，立法院於83年6月16日將該草案提出審查，經立法院法制委員會第二屆第三會期第七次全體委員會決議：「暫緩審議」，考試院爰將重新擬定之新草案於83年11日14日函送立法院審議，並將原送之草案撤回。案經立法院於85年9月19日三讀通過，完成立法程序，並於同年10月16日奉總統令公布施行。為我國公務人員保障制度創下新頁，至此有關公務人員保障之組織法制與作用法制於焉建立。

92年5月總統公布修正全文104條條文其修正理由如下：

　　公務員與國家之關係，往昔由於受「特別權力關係」理論之支配，致僅強調為民服務及忠實執行職務之義務，公務員之權利因而未受相對之重視。直至司法院大法官會議釋字第187號解釋，始於實務上對「特別權力關係」加以修正。自該號解釋以降，司法院大法官對有關公務員權益之保障，已作成多號解釋在案。考試院為貫徹憲法第83條及憲法增修條文第6條有關公務人員之保障規定，以健全人事法制，爰參照司法院大法官之相關解釋意旨，並參酌世界各主要國家有關公務人員保障制度，擬具「公務人員保障法」草案，嗣經立法院完成立法程序，並於民國85年10月16日奉總統令公布施行迄今。鑑於近年來，司法院大法官對有關公務人員權益保障之相關解釋，已愈來愈多，尤其釋字第396號解釋對公務員與國家之關係為「特別權力關係」之理論更大幅修正，而強調為「公法上職務關係」，致公務人員保障暨培訓委員會（以下簡稱保訓會）於實務運作上，雖跟隨司法院大法官相關解釋之意旨而作適度之配合調整，惟以公務人員保障法僅有35條條文，且兼涵括實體與程序之規定，實嫌簡略。為強化公務人員執行職務有關之權益保障，實應充實其相關之實體規定，以落實國家照護公務人員之責任。

　　再者，公務人員保障法所定公務人員權益救濟制度，亦屬行政救濟制度重要之一環。然該法所定之復審、再復審程序係準用訴願法之規定，但因公務人員受國家機關之處分，究與人民所受之行政處分，其性質並非全然相同，故於適用上，難免滋生疑義，且該法所創之申訴、再申訴制度，其規定之內容，亦甚為簡略，如申訴期間、再申訴之審理程序，均付之闕如，至於實務運作上，時生適用上之困擾，實不足以應付日漸繁複之保障事件，亟需加以全面檢討修正。此外，公務人員亦迭有反應，希能建構完整、自有之公務人員救濟體系。復以87年10月28日修正公布之訴願法及行政訴訟法，對救濟制度已作大幅度之變革，訴願法修正刪除再訴願程序，行政訴訟法亦改採二級二審制，則公務人員保障法所定復審、再復審程序宜否再準用訴願法之規定，實值探討。因此，為縝密公務人員保障法之救濟程序，加強審議功能，以使該法之相關審理程序規定更合時宜、更為周延，爰參酌新修正之訴願法、行政訴訟法、行政執行法及新制定之行政程序法與公務員懲戒法修正草案等之規定，加以修正；且有關救濟程序之法規，如上揭訴願法、行政訴訟法，均係於法律中詳定其相關審理程序，並無授權以施行細則訂定者，公務人員保障法自亦以詳為規定其相關審理程序規定為宜，如此，方能建構公務人員保障法特有之救濟制度，確保公務人員權益，以激勵公務人員勇於任事，並使機關之公務得以順利推展。

　　新法區分為八章茲將其修正要點摘述如下：

一、合併復審、再復審程序，加強原處分機關之自我審查功能。配合訴願法及行政訴訟法之修正，取消再復審，並將復審改由保訓會統一受理，以簡化救濟層級；提起復審則改採應經由原處分機關層轉之程序，以促使原處分機關發揮自我省察之功能，原處分機關審酌結果認為復審有理由者，可即時撤銷或變更原處分，俾使復審人權益迅速獲得救濟。（第4、44條）

二、**加強審理保障事件人員迴避之規範**。增訂曾參與保障事件之管理措施、有關工作條件之處置或申訴程序，曾為當事人之代理人、輔佐人，或於該事件曾為證人、鑑定人者均應迴避，當事人亦得申請迴避，以防杜偏頗；另明定有關機關副首長兼任保訓會之委員者，對於涉及該機關之事件，不得參與表決。（第7條）

三、**增設停職處分經撤銷後之復職保障**。明定停職處分經撤銷後，公務人員復職之依據及復職前之處理、及未復職時之法律效果。（第11條）

四、**調和違法工作指派之責任歸屬**。明定對違法工作指派，公務人員負報告之義務，並得要求該管長官給予書面下達，以明責任。（第17條）

五、**加強公務人員執行職務安全之保障**。對有關公務人員執行職務安全之保障，予以更明確、具體之規定，以激勵公務人員勇於任事。（第20、21條）

六、**修正保訓會審理復審事件之範圍**。將保訓會審理復審事件之範圍，限縮於僅能就原行政處分之違法或顯然不當加以審酌，以兼顧原處分機關行政權之運作；另明定對非現職公務人員基於其原公務人員身分所生之請求權，或亡故公務人員之遺族，基於該公務人員身分所生之公法上財產請求權遭受侵害時，亦得依本法提起復審救濟，以保障權利。（第25條）

七、**強化審議程序**。明定保訓會審議復審事件時之審理方式，並賦予當事人到場陳述或言詞辯論之參與機會，以求公正、客觀之決定。（第50至59條）

八、**設情況決定制度**。對違法或顯然不當之行政處分之撤銷或變更，將發生公益之重大損害時，宜衡量公益與私權保護之孰輕孰重，斟酌當事人所受損害、賠償程度、防止方法及其他一切情事後，得予駁回，惟應同時宣示原處分之違法或顯然不當，並得宣示由原處分機關與復審人進行賠償協議，以促進行政權之合法行使，並兼顧公益與私益之保護。（第67、68條）

九、**申訴、再申訴程序之調整**。明定申訴提起之期限，公務人員離職後始接獲服務機關之管理措施或有關工作條件之處置時，亦得提起申訴；服務機關對申訴事件之答覆，應詳述理由，以減少訟源；並放寬再申訴之審理期間，以期發現真實，其審理程序並得準用復審程序之規定。（第77、81及84條）

十、**增設再申訴事件之調處制度**。明定保訓會審理再申訴事件，於必要時得依職權或依申請進行調處，以妥適解決問題。（第85至88條）

十一、**增設復審決定確定後之再審議制度**。復審決定確定後，如發現有再審議事由，宜允原處分機關或復審人得申請再審議，以資救濟。（第94至101條）

十二、**調整保障對象之範圍**。刪除公營事業對經營政策負有主要決策責任人員之準用規定；另增列私立學校改制為公立學校之留用人員、各機關依法派用或留用人員及應公務人員考試錄取占缺參加學習訓練之人員等，均得準用本法之規定，由公務人員權益保障之專責機關保訓會予以保障，以統一事權。（第102條）

次於104年修正第76條有關送達之規定，嗣於106年再修正第27條新增5條，於106年

6月14日公布：

　　公務人員保障法部分條文修正案業經總統106年6月14日華總一義字第10600080021號令公布，計修正條文27條，新增條文5條。其修正重點摘述如下：

一、公務人員於停職、休職、留職停薪期間，仍具有公務人員身分；但不得執行職務。又此類人員於停職、休職、留職停薪原因消滅或期間屆滿，得依保障法申請復職。（第9條之1、第11條之1、第11條之2）

二、公務人員辭職，要以書面申請，除非有危害國家安全之虞或法律另有規定之情形，服務機關或其上級機關即應准其辭職。（第12條之1）

三、公務人員對於長官書面署名下達之命令，除非違反刑事法律，否則都應服從，其並可免負相關行政責任。（第17條）

四、公務人員因執行職務發生意外導致受傷、失能或死亡時，服務機關應發給慰問金。（第21條）

五、公務人員公法上財產請求權消滅時效期間，分為10年及2年：（第24條之1）

　　（一）請求發給因執行職務發生意外導致受傷、失能或死亡發給之慰問金，及依法執行職務涉訟輔助之費用，請求權消滅時效期間為10年。

　　（二）請求發給一般健康檢查之費用、加班費及執行職務墊支之必要費用，請求權消滅時效期間為2年。

六、公務人員經機關駁回其依法申請之案件時，得提起復審，請求該機關為特定內容之行政處分。（第26條）

七、復審事件也可以申請調處。（第85條至第88條、第91條）

八、再申訴事件決定確定後，有再審議事由，也可以申請再審議。（第94條、第95條、第100條、第101條）

九、應公務人員考試錄取參加訓練之人員，不服保訓會所為之行政處分者，因不宜再向保訓會提起復審救濟，增列此類人員應依訴願法規定提起救濟。另對於參加訓練期滿成績及格而未獲分發任用之人員，亦可準用保障法之規定。（第102條）

二、保障法制之權益種類

　　依據公務人員保障法第2條規定：「公務人員身分、官職等級、俸給、工作條件、管理措施等有關權益之保障，適用本法之規定。」據此，公務人員受保障之權益種類，主要為身分、官職等級、俸給、管理措施、工作條件等五項（據本法修正條文對照表說明，此五項為例示規定）茲分述如下：

（一）身分

1.公務人員之身分非依法律不得剝奪

公務人員之身分保障權係指公務人員得主張非有法定原因，非依法定程序，不得任

意免職或為其他身分之變更。公務人員保障法所稱之「公務人員身分」係指法定機關，依法任用之有給專任人員及公立學校編制內依法任用之職員（公務人員保障法第3條第1項）。具有「公務人員身分者」其在本法公布施行前之身分是否受本法之保障，各有爭議。該法第9條前段規定：「公務人員之身分應予保障，非依法律不得剝奪。」是為我國法制上之直接規範之法律依據。

所稱「非依法律不得剝奪」，係指公務人員身分之剝奪應依法律為之，例如，公務人員考績法之專案考績一次記二大過或考績列為丁等發生免職之效果、公務員懲戒法上之撤職處分、因刑事犯罪受法院為褫奪公權之宣告者等均是依「法律」而剝奪公務人員之身分。

2.基於身分請求權之保障

因公務人員之身分而得享有之公法上請求權，公務人員保障法亦明文加以保障。該法第9條後段規定：「基於身分之請求權，其保障亦同。」例如，基於身分而生之俸給權、退休金請求權、福利互助金請求權等皆屬之。

3.停職後復職

停職係指停止公務人員之職務之執行，但並不喪失公務人員之身分。停職雖非懲戒處分之一種，惟常為懲戒或刑事訴訟進行程序中之一種處置，與人民服公職之權利難謂無影響。故停職之事由消滅後，其復職亦應受到法律之保障。

公務人員保障法第10條規定：「經依法停職之公務人員，於停職事由消滅後三個月內，得申請復職；服務機關或其上級機關除法律另有規定者外，應許其復職，並自受理之日起三十日內通知其復職。依前項規定復職之公務人員，服務機關或其上級機關應回復原職務或與原職務職等相當或與其原敘職等俸級相當之其他職務。如仍無法回復原職務時，應依公務人員任用法及公務人員俸給法有關調任之規定辦理。經依法停職之公務人員，於停職事由消滅後三個月內，未申請復職者，服務機關或其上級機關人事單位應負責查催；如仍未於接到查催通知之日起三十日內申請復職，除有不可歸責於該公務人員之事由外，視為辭職。」

4.機關裁撤、組織變更或業務緊縮之身分保障

因非可歸責公務人員之事由，而係因機關裁撤、組織變更或為業務緊縮時而職務減少，公務人員之職務仍應予以保障。公務人員保障法第12條規定：「公務人員因機關裁撤、組織變更或業務緊縮時，除法律另有規定者外，其具有考試及格或銓敘合格之留用人員，應由上級機關或承受其業務之機關辦理轉任或派職，必要時先予輔導、訓練。依前項規定轉任或派職時，除自願降低官等者外，其官等職等應與原任職務之官等職等相當，如無適當職缺致轉任或派職同官等內低職等職務者，適用公務人員任用法及公務人員俸給法有關調任之規定辦理。」

（二）官職等級

公務人員之官職等級係依公務人員任用法所定之法定資格，於規定期限送請銓敘部銓敘審定。初任簡任各職等職務公務人員，初任薦任公務人員，經銓敘部銓敘審定合格後，呈請總統任命。初任委任公務人員經銓敘部銓敘審定合格後，由各主管機關任命之。所以，經合法銓敘審定及依法任命者，自應受法律之保障。公務人員保障法第13條規定：「公務人員經銓敘審定之官等職等應予保障，非依法律不得變更。」例如，機關擬任之公務人員，經人事主管機關審查而降低原擬任之官等（釋字第323號解釋），自屬對於服公職之權利之侵害，係屬於本法之保障範圍。

又如公務人員任用法第18條第1項第3款規定：「在同官等內調任低職等職務，除自願者外，以調任低一職等之職務為限，均仍以原職等任用，且機關首長及副首長不得調任本機關同職務列等以外之其他職務，主管人員不得調任本單位之副主管或非主管，副主管人員不得調任本單位之非主管。但有特殊情形，報經總統府、國民大會、主管院或國家安全會議核准者，不在此限。」各機關倘違反該規定，公務人員自得依公務人員保障法請求救濟。

（三）俸給

1.俸給之保障

公務人員之俸給權係公務人員執行職務之酬勞，國家對於公務人員依法執行職務，實現國家公法上之目的自應給予一定之報償。俸給權是屬公務人員對於國家之公法上請求權，自應加以保障。公務人員保障法第14條規定：「公務人員經銓敘審定之俸級應予保障，非依法律不得降級或減俸。」

2.加給之保障

加給係指本俸、年功俸以外，因所任職務種類、性質與服務地區之不同，而另加之給與；亦為公法上之請求權。公務人員保障法第15條規定：「公務人員依其職務種類、性質與服務地區，所應得之法定加給，非依法令不得變更。」即保障公務人員之合法加給之給與，亦為對其因工作性質、不同地域服務之肯定與酬勞。

（四）工作條件

1.必要機具設備及良好工作環境之提供

公務人員保障法第18條規定：「各機關應提供公務人員執行職務必要之機具設備及良好工作環境。」以確保公務人員戮力執行職務，落實「工欲善其事，必先利其器」之要求。

2.執行職務安全之保障

公務人員保障法第19條規定：「公務人員執行職務之安全應予保障。各機關對於公務人員之執行職務，應提供安全及衛生之防護措施；其有關辦法，由考試院會同行政院定之。」現行行政院與考試院會銜發布之「公務人員安全及衛生防護辦法」即為維護公

務人員執行職務之安全，避免其權益受到侵害，以提振工作士氣之整體配套的有關之法規，未來亦應配合案例之累積，適時配合修訂，以資周全。

3.不受違法工作指派之保障

依公務員服務法第2條之規定：「長官就其監督範圍以內所發命令，屬官有服從之義務。但屬官對於長官所發命令，如有意見，得隨時陳述。」又依刑法第21條第2項規定：「依所屬上級公務員命令之職務上行為，不罰。但明知命令違法者，不在此限。」惟上開規定對於公務人員不受違法命令指派之保障，仍屬間接。故公務人員保障法第16條規定：「公務人員之長官或主管對於公務人員不得作違法之工作指派，亦不得以強暴脅迫或其他不正當方式，使公務人員為非法之行為。」第17條規定：「公務人員對於長官監督範圍內所發之命令有服從義務，如認為該命令違法，應負報告之義務；該管長官如認其命令並未違反，而以書面署名下達時，公務人員即應服從；其因此所生之責任，由該長官負之。但其命令有違反刑事法律者，公務人員無服從之義務。前項情形，該管長官非以書面下達命令者，公務人員得請求其以書面署名為之，該管長官拒絕時，視為撤回其命令。」

4.因公涉訟之保障

公務人員保障法第22條規定：「公務人員依法執行職務涉訟時，其服務機關應輔助其延聘律師為其辯護及提供法律上之協助。前項情形，其涉訟係因公務人員之故意或重大過失所致者，應不予輔助；如服務機關已支付涉訟輔助費用者，應予追還。第一項之涉訟輔助辦法，由考試院會同行政院定之。」俾公務人員執行職務無後顧之憂，更使公務人員能勇於任事與主動為民服務。

5.上班時間外執行職務補償之保障

公務人員保障法第23條規定：「公務人員經指派於上班時間以外執行職務者，服務機關應給予加班費、補休假、獎勵或其他相當之補償。」俾能保障公務人員合理之工作補償。

（五）管理措施

機關為達行政目的所為之作為或不作為，除屬復審救濟事項範圍以外，包括機關內部生效之表意行為或事實行為，均屬管理措施範圍，如機關長官或主管所為之工作指派、不改變公務人員身分關係之記過、申訴懲處、考績評定或機關長官所發之職務命令等均屬之。

貳、保障之程序與相關規定

保障之程序可分為復審、申訴、再申訴等程序，茲分述如下：

一、復審程序

（一）標的：行政處分

依公務人員保障法第25條規定，復審應以「行政處分」為標的。查訴願法第3條規定：「本法所稱行政處分，係指中央或地方機關，就公法上具體事件所為之決定或其他公權力措施而對外直接，發生法律效果之單方行政行為。前項決定或措施之相對人雖非特定，而依一般性特徵可得確定其範圍者，亦為行政處分。有關公物之設定、變更、廢止或一般使用者，亦同。」故復審應以具備行政處分所定之要件始足以當之。

另依據大法官會議歷次相關解釋意旨，例如，對公務人員依法辦理退休請領退休金為拒絕之處分（釋字第187、201號）、依公務人員考績法或相關法規之規定對公務人員所為之免職處分（釋字第234號）、公務人員基於已確定之考績結果依據法令而為財產上之請求為拒絕之處分（釋字第266號）、請領福利互助金或為其他公法上財產請求權遭受侵害（釋字第312號）、人事主管機關任用審查認為不合格或降低原擬任之官等（釋字第323號）、審定之俸級（釋字第338號）等事項，均係足以改變公務人員身分關係或於公務人員權利有重大影響，均屬公共上具體事件，且已發生法律效果，應為復審之標的。

至於未改變公務人員身分之記過處分、考績評定或上級機關所發生之職務命令，均屬內部之管理措施，應依申訴或再申訴之管道救濟之。惟依最高行政法院104年8月25日法官聯席會議決議，該年終考績列丙等之法律效果，於公務人員權利影響重大，應許提起司法救濟，爰保訓會104年10月28日公保字第1041060456號函，考績丙等事件之救濟程序，自104年10月7日起改依復審程序。

（二）受理機關

公務人員保障法第4條規定，公務人員提起之復審事件，由保訓會審議決定。同法第44條規定：「復審人應繕具復審書經由原處分機關向保訓會提起復審。原處分機關對於前項復審應先行重新審查原行政處分是否合法妥當，其認為復審為有理者，得自行變更或撤銷原行政處分，並函知保訓會。」

（三）救濟途徑

保訓會所為之復審決定，當事人如有不服，仍得依法向行政法院提起行政訴訟以為救濟。公務人員保障法第72條規定：「保訓會復審決定依法得聲明不服者，復審決定書應附記如不服決定，得於決定書送達之次日起二個月內，依法向該管司法機關請求救濟。前項附記錯誤時，應通知更正，並自更正通知送達之次日起，計算法定期間。如未附記救濟期間或附記錯誤者未通知更正，致復審人遲誤者，如於復審決定書送達之次日起一年內請求救濟，視為於第一項之期間內所為。」其第一項稱「向該管司法機關請求救濟」意義較廣，如未來公務員懲戒法依照司法院釋字第298號解釋之意旨予以修正，

則對有關公務人員懲戒性質之復審案件如有不服，得向公務員懲戒委員會請求救濟，公務人員保障法之規定亦足以因應。

再以司法院釋字第395號解釋意旨為有關「懲戒案件之議決」，自應包括再審議之議決在內。而司法院釋字第396號（85.2.2）解釋意旨為有關懲戒處分者為司法權之範圍。且懲戒處分影響憲法上人民服公職之權利，懲戒機關之成員既屬憲法上之法官，其機關應採法院體制，而懲戒案件之審議，亦應本正當法律程序之原則，對被付懲戒人予以充分之程序保障，例如採取直接審理、言詞辯論、對審及辯護制度、並予以陳述之機會。有關機關應就公務人員懲戒機關之組織、名稱與懲戒程序，併予檢討修正。

（四）公務人員保障暨培訓委員會之組織

保訓會為公務人員保障與培育訓練之專責機關，於85年6月1日正式成立，由主任委員一人、副主任委員二人、委員十至十四人（其中五人至七人專任，另有五人至七人兼任）組成委員會議。有關公務人員復審、再申訴案件暨保訓政策、法規、均須經委員會議決定之。上述人員於審議、決定案件時，應超出黨派，依據法律獨立行使職權。該會內部單位則分設保障處、地方公務人員保障處、培訓發展處、培訓評鑑處、秘書室、人事室、會計室、政風室，有關保障案件之幕僚作業係由保障處負責。

二、申訴、再申訴程序

（一）標的：服務機關所為之管理措施或有關工作條件之處置

依據公務人員保障法第77條之規定，申訴或再申訴應以「服務機關所為之管理措施或有關工作條件之處置」認為不當，致影響其權益者為標的。所稱「服務機關所提供之工作條件之處置」，如服務機關是否提供執行職務必要之機具設備、良好之工作環境、安全及衛生完善措施之提供，又如依法執行職務涉訟時是否提供法律上之協助等；所稱「所為之管理措施不當」，如長官或主管所為之違法工作指派、不改變公務人員身分關係之不當懲處或考績評定等。

吳庚大法官指出：在解釋上認為係指行政處分以外對機關內部生效之表意行為或事實行為，包括職務命令（Weisungen）、內部措施（verwaltungsintene Massnahmen）及紀律守則（innerdienstliche Anordnungen）等，不問其內容屬具體、個別或抽象性及普通性，亦不論以書面下達或用口頭宣示。其由服務機關自主所提供之工作條件或所為管理行為，固屬申訴之標的，其非出於服務機關之自主而係依據上級機關決定由服務機關執行者，理論上亦應包括在內。」[5]其見解可供參考。

申訴、再申訴之標的範圍至為廣泛，為避免公務人員濫訴濫控之情事發生，仍應依公務人員保障法第84條準用第61條、第73條之規定加以界定與過濾，分別為不受理決定或不予處理。以維持申訴處理或再申訴決定之品質及減輕機關之負荷。

5　吳庚、盛子龍，行政法之理論與實用（台北：三民書局，106年），頁222。

（二）受理機關

依據公務人員保障法第78條第1項規定，申訴應向服務機關提出。服務機關則應依申訴之事件內容或性質，決定案件承辦之主管單位。例如，對於未改變公務人員身分之考績評定不服，應由人事單位辦理；對於執行職務所需之機具設備不足，應由總務單位辦理。而再申訴亦應向保訓會提出之。

（三）提出之程序及期間之遵守

1. 申訴、再申訴案件提出之程序，依公務人員保障法第80條之規定，應以書面載明下列事項，由申訴人或代理人簽名或蓋章：
   (1) 申訴人之姓名、出生年月日、住居所、國民身分證統一編號或身分證明文件及字號、服務機關、職稱官職等。有代理人者，其姓名、出生年月日、職業、住居所或事務所、國民身分證統一編號或身分證明文件與字號。
   (2) 請求事項。
   (3) 事實及理由。
   (4) 證據。
   (5) 管理措施或有關工作條件之處置達到之年月日。
   (6) 提起之年月日。
2. 關於申訴、再申訴案件期間之遵守，公務人員保障法之規定如下：
   (1) 申訴提出之期間：依公務人員保障法第78條第1項規定，提起申訴、應於管理措施或處理達到之次日起三十日內為之。
   (2) 服務機關處置申訴之期間：依公務人員保障法第81條第1項之規定，服務機關對申訴案件之答覆，應自收受申訴書之次日起三十日內為之，必要時得延長二十日，並通知申訴人。逾期未函復，申訴人得逕提出再申訴。
   (3) 再申訴案件之處理期間：依公務人員保障法第81條第3項之規定，再申訴決定應於自收受再申訴書之次日起三個月內為之，必要時得延長一個月，並通知再申訴人。

三、公務人員保障暨培訓委員會審理復審、再申訴案件之相關規定

保訓會審理復審、再申訴案件除應依該會組織法第9條所定，須經委員會議決定之及委員於審議、決定有關保障事件時應超出黨派，依據法律獨立行使職外，並應注意下列規定：

（一）迴避

保訓會審理及協辦保障案件之人員，依公務人員保障法第7條規定，有下列各款情形之一者，應自行迴避；否則應移送懲戒：

1. 與提起保障事件之公務人員有配偶、前配偶、四親等內血親、三親等內姻親、家

　　長、家屬或曾有此關係者。

2. 曾參與該保障事件之行政處分、管理措施、有關工作條件之處置或申訴程序者。

3. 現為或曾為該保障事件當事人之代理人、輔佐人者。

4. 於該保障事件，曾為證人、鑑定人者。

5. 與該保障事件有法律上利害關係者。

　　有關機關副首長兼任保訓會之委員者，不受上述迴避規定限制。但涉及本機關有關保障事件之決定，無表決權。

（二）訪談及調閱

　　保訓會於審理保障事件期間，得經保障會委員會議決議，派員前往調閱相關文件及訪談有關人員。受調閱機關或受訪談人員，應予必要之協助。

四、復審、再申訴案件決定之效力（第91條）

　　保障事件復審、再申訴事件之決定確定後，有拘束各關係機關之效力；其經保訓會作成調處書者，亦同。

（一）該原處分機關應於復審決定確定之次日起二個月內，將處理情形回復保訓會。必要時得延長，但不得超過二個月。

（二）再申訴案件經決定後，服務機關應於收受再申訴決定書之次日起二個月內，將處理情形回復保訓會。必要時得予延長，但不得超過二個月。

（三）保障事件經調處成立者，服務機關應於收受調處書之次日起二個月內，將處理情形回復保訓會。

五、罰則（第92條）

　　各服務機關未依上述規定於期限內處理保訓會有關復審、再申訴案件之決定者，分別作以下之處理：

（一）保訓會應檢具證據，將違失人員移送監察院依法處理（第92條第1項）。

（二）違失人員為薦任第九職等下人員，由保訓會通知原處分機關或服務機關之上級機關依法處理（同上）。

（三）違失人員如為民意機關首長，由保訓會處新台幣10萬元以上100萬元以下罰鍰，並公布違失事實。逾通知限期不繳納罰鍰者，依法移送強制執行（同條第2、3項）。

六、適用對象

　　公務人員保障法之適用對象，亦即得依該法享有保障權之人員，可區分為下列兩類：

（一）適用人員

公務人員保障法第3條規定法定機關及公立學校依公務人員任用法任用之有給專任人員，均適用該法；但政務官及民選公職人員不適用該法。

（二）準用人員

依公務人員保障法第102條第1項規定下列人員準用該法之規定：(1)教育人員任用條例公布施行前已進用未經銓敘合格之公立學校職員；(2)私立學校改制為公立學校未具任用資格之留用人員；(3)公營事業依法任用之人員；(4)各機關依法派用、聘用、聘任、僱用或留用人員；(5)應各種公務人員考試錄取參加訓練的人員，或訓練期滿成績及格未獲分發任用之人員。

七、其他保障法規

有關公務人員保障法規，除公務人員保障法外，另尚有：（一）「公務人員安全及衛生防護辦法」；（二）「公務人員因公涉訟輔助辦法」；（三）「警察機關員警申訴案件處理要點」；（四）「公務人員因公傷亡慰問金發給辦法」；（五）「公務人員保障暨培訓委員會保障案件審議規則」等有關規章，均與公務人員保障有關。

八、公務人員保障法之申訴、再申訴與教師法申訴、再申訴之辨異

我國法律用語常有名稱相同性質互異之現象，申訴制度便是一例。教師法（84年8月9日公布施行）第九章第29條至第33條所規定之申訴及再申訴，與前述公務人員保障法之申訴、再申訴即有顯著區別。教師法之申訴係「教師對主管教育行政機關或學校有關其個人之措施，認為違法或不當，致損其權益者」，所為之救濟方法。故此之所謂申訴，其對象既包括行政處分亦包括非屬行政處分之內部行為，工作條件及管理措施當然屬之，但必須限於與申訴之教師個人權益有關，似兼具公務人員復審及申訴之功能，故與公務人員申訴不涉入個人權益者有別，此其一。

教師用盡申訴程序，仍未獲救濟時，可按事件之性質分別提起行政爭訟或民刑事訴訟，教師亦可選擇直接提起訴訟或訴願及行政訴訟，故教師申訴乃任擇之救濟手段，既與復審之取代訴願大異其趣，復因其可作為訴願之先行程序，亦與公務人員之申訴不同，此其二。又教師法上之申訴，對其評議決定，除原提出申訴不許其服務機關聲明不服，此其三。

教師申訴案件由教師申訴評議委員會受理，此種委員會之分級，在專科以上學校，分學校及中央兩級；高中以下學校分縣（市）、省（市）及中央三級。

參、檢討與建議

因應訴願法及行政訴訟法之修正，現行保障制度已提出配合改進建議並完成修法，

茲就其保障案件審理之組織體系與實體保障項目等方面，仍有改進之處，提出檢討及建議如下：

一、建立「文官法庭」之組織機制

美國之功績制保護委員會及其所設置之各地分會，職司公務人員保障救濟案件之審理，功能完善。日本之人事院下設公平審查局，由公平審理官審議公務人員之保障案件，著有成效。我國公務人員保障制度建立伊始，保訓會下設「保障案件審查會」其功能類似外國之「文官法庭」宜進一步參酌他國之制度，充實案件審理之機制，建立「文官法庭」之制度。

以檢討目前由於保障處擬具處理意見送專任委員審理後再由保障處簽提「保障案件審查會」審查，審查會由副主任委員一人及專任委員組成，作成決定後，由保障部門擬定決定書稿提由主任委員主持之全體專、兼任委員之委員會議審議決定。茲以主任委員、副主任委員非由專任委員兼任，且以各代表機關副首長與學者專家組成之兼任委員亦參與委員會議審議，能否超然公正獨立行使職權，似有疑義。吾人以為允宜參照外國「文官法庭」設計，或參照大法官會議之方式，由主任委員與專任委員組成審議會議，議決所有保障案件，以符專任委員獨立行使職權之旨意。

二、充實實體保障內涵

我國公務人員實體保障項目，依據公務人員保障法第2條規定，原則有身分、工作條件、官職等級、俸給等事項。對於公務人員應有之保障大致上均已涵蓋，尚稱周妥。惟其中福利事項，因行政院認為「福利」為俸給以外之補助性給與，多由行政規章規範，範圍甚廣，難以界定，且各機關福利措施不一，政策上已逐步檢討併銷，不納入保障法內。雖經考試院列舉大法官會議解釋認為福利已屬公法上財產權之行使，且各機關福利措施不一，納入保障規範後，始可朝公平合理方向改善之理由，在公務人員保障法立法時力爭，但立法院終仍認為考試院刻正研擬「公教人員福利條例」草案，俟完成立法後再依該條例所定內容辦理保障即可，而未將「福利」納入公務人員保障法所定保障項目，造成公務人員保障對於「福利」事項未加規定，似形成美中不足。

福利事項雖未明列為保障項目，但依公務人員保障法第25條規定，公務人員對於服務機關或人事主管機關所為之行政處分，認為違法或顯然不當，致損害其權利或利益者，得提起復審請求救濟。又據本法第2條修正說明，該條所舉應受保障之五種權利係例示，請領福利互助金之爭執，仍可循本法救濟。

三、落實實質平等就業機會

政府對於不同背景團體之人員，應予以平等就業的機會，在美國強調公務部門對於性別、人種、種族、宗教背景、身心障礙者……等，均以修法改善消除一些差別待遇規

定，[6]且能發揮應有的職能，以期建立和諧的工作團隊，如此生產力、競爭力必然提昇。所以，就上述保障的內涵中，除公務人員的身分、工作條件、官職等級、俸給等有關權益，應予保障外，我們認為除應落實性別工作平等法之規定外，倘能就有關更積極性、公正性與合乎正義的平等就業機會，似為未來推動保障制度之方向與重點。

　　英國在平等就業方面，同樣重視性別之無差異性，尤以增加高級文官女性的比率；改善種族歧視規定，重視少數民族的就業與發展機會；重視身心障礙的就業機會，尤其在陞遷和訓練方面的加強。[7]在我國重視女性就業機會，拔擢女性主管；舉辦身心障礙特考，依法進用身心障礙者於政府部門；以及由早期高普考試重視按省分區定額，到舉辦山地特考及成立原住民委員會進用原住民及培育原住民公務人力，以照護原住民的就業機會等，均是合乎時代潮流的人事政策作為，未來應賡續推動多元化管理的公務人力資源運用等策略與方案，以創造更和諧的公務環境，增進工作效能，提昇公務競爭力。

第三節　公務人員培訓的意涵與種類

壹、培訓的意義

　　培訓者，泛指各組織為適應業務及培育人才需要，對所屬人員運用學習心理，採用訓練、進修、考察等方式，予以有計畫的增進所需學識技能，減少個別差異，以期成員能勝任現職工作及將來擔任更重要職務。對政府機關而言，係政府對其所任用之公務人員，為了增進其工作知能，提高其工作效率與效能，由具有實際經驗與學識之人，對工作與學能從事有系統、有計畫的教導與指引的一種方式與發展過程。茲將訓練與進修、教育、發展之較列如表12-1。

　　在說明比較訓練與進修、教育發展之意義、目的（標）功能及結果之投資報酬率後，分析培訓的意涵如下：[8]

一、為適應業務及培育人才需要

　　機關業務在不斷的發展與成長，新的複雜、專業化之業務繼續的增加，新科學技術經常的引進，原有業務不斷的改進與創新，為期現有成員能處理此種新業務，對其所需之學識技能除應定期評估外，自需作經常的訓練與進修。尤其對工作具有優異績效且具

6　J. E. Pynes, Human Resources Management for Public and Nonprofit Organizations (California: San Francisco, Jossey-Bass, Inc., 1997), pp. 42-43.

7　D. Farnham & S. Horton: Managing People in the Public Service (London: Macmillan Press, Ltd., 1996), pp. 112-116.

8　繆全吉、彭錦鵬、顧慕晴、蔡良文，人事行政（台北：空中大學，79年），頁443-446。

表12-1　訓練與進修、教育、發展之比較表

項目＼內涵	意義	目的（標）	功能	投資報酬率	期程
訓練與進修	學習的過程（個人）或者系統化的安排（組織）	1. 因應特殊需要 2. 對某種特別事理的學習 3. 重在特別能力的發展 4. 以適應人生特殊需要為主	1. 改善現存問題 2. 加強工作技術	1. 風險較低 2. 檢測較易	最短
教育	認知技能情意的遞嬗	1. 因應一般性需要 2. 對各種事務的學習 3. 重在基本能力的發展 4. 以適應人生需要為目的	1. 配合未來規劃 2. 觀念與技術有計畫引導	1. 風險較大 2. 評量較不易	較短
發展	未來能力及觀念的培養與提昇	1. 因應未來做準備 2. 著重個人未來能力的培養	1. 完成組織及個人目標 2. 協助規劃組織與個人的願景	1. 風險較大 2. 評量費時不易	較長

有發展潛能的成員，為期將來能擔當更重要或更高職位的任務，亦需施以訓練與進修或教育，以充實儲備將來需要之學識技能，蔚為國用。

二、運用學習心理以增進學習效果

學習心理，係從心理學觀點，研究如何對參加培訓人員提高學習興趣，增加學習記憶及擴大學習效果。因此在辦理培訓時如何針對不同的成員與時空環境，應採用何種方式教學，訓練教材應如何安排，如何訂定制度，對學習成績優良者如何給予獎勵，對學習成果如何作較長期間的保留評量，及如何將已學到的成果再擴大應用到其他的學習上等，於培訓計畫的擬定與執行時，均需根據學習心理妥為考慮，以期增加成員的各種培訓學習效果。

三、有計畫的增進學識技能與減少個別差異

辦理培訓，自需訂定計畫並按計畫進行，在積極方面，要有計畫的增進成員所需的學識技能，以提高工作績效；在消極方面，要有計畫的減少成員學識技能及效率上的個別差異。經由培訓，成員不僅具有擔任現職所需的學識技能，而擔任同性質職務的成員，可具有同等程度的學識技能。當然，各種計畫在策訂之前，可計畫不同目的（標），而規劃不同的培訓計畫，以期培訓效果之彰顯，增進各成員的工作學能與技能。

四、在使成員勝任現職與將來擔任更重要職務

各組織對成員的要求，一方面要求能勝任現職工作，亦即希望具有擔任現職工作所需的學識技能；另方面更要求在將來能擔任更重要的職務，對組織提供更多更大的貢獻，亦即希望事先儲蓄將來擔任更重要職務所需的學識技能，一遇高級職務出缺即可予以陞補，以免因臨時遴選新人或甄審原有人員陞補而延誤時間，所以培訓方式採以長期訓練進修或選派國內外接受教育、或著重塑造終身學習工作環境，增長成員職能等，是必要的。

貳、培訓的重要性

任何人事政策之制定，必須考量政府組織行為與民眾行為間之互應關係，以及組織本身與組織成員之需求。為期因應此種需要，在設計方面觀察，除重視選拔優秀人才，進入政府機關服務外，對於進入政府機關之公務人員之訓練與進修，逐漸重視，以期提高工作績效發揮政府服務功能，增進人民福利。由於科技發展與環境變遷迅速，對於政府、公務人員、民眾間之互應關係，正表現出以下特點，此即機關重視研究發展與公務人員訓練與進修之重要因素：

一、政府對公務人員期許，持續提升

一個大有為的政府甚或小而能的政府，對公職人員必有所期許，我們政府正是如此，蔣經國先生曾明白表示此種期許，他認為：
（一）公務員要認清國家當前處境，瞭解自身職責……，做到無官不是公僕，和一個真正為國效命為民服務之政府。
（二）對政府同仁的中心要求，在於以責任觀念，來激發工作熱忱；以效率觀念，來擴大施政成果；以公僕觀念，來加強為民服務；以創新觀念，來不斷研究發展；以團隊精神，來發揮整體力量。
（三）各級行政機關，處處以民眾的利益為利益，以民眾的願望為依歸。

目前各級政府領導人，依然企盼公務人員能發揮主動積極的精神，主管機關98年訂頒公務人員五項核心價值尤為重要，其目的即在為民服務，提昇國家競爭力，促進國家發展。

二、民眾對政府的需求，不斷提高

由於經濟的持續發展，國民所得、教育水準的不斷提高，民眾的物質生活早已獲得適度的滿足，致民眾開始追求精神生活、高層次需要與願望的滿足。且以資訊發達，民智大開，故現今的民眾已與以前不同，民眾對政府的期望亦愈來愈大，對政府施政的批評與建設性意見亦愈來愈多，因而民眾對政府的需求也在不斷的增加與提高；凡此均對

行政行為形成新的考驗與要求。若政府不能即時有效滿足民眾的需要，日積月累，將造成承載過重無法負荷的窘境，所以政府職能必需提昇而公務人力素質的提昇更顯迫切。

三、各單位對組織成員的要求，賡續增加

組織內部的各單位，為因應科技發展與時代需要，亦為配合民眾的需要與願望，本於創新、求新與為民服務的精神，應推動的業務不但量的方面須增加，質的方面亦須提高，因而對組織的需求（尤其是人力，財務與設備及新的需求），亦在不斷的擴增。相對地，對於公務人員之要求（工作法規、行政效率、效果）不斷增加。一般人往往以公務人員來自嚴格的考試，而對公務人員訓練與進修的重要性，忽視了下列事實：

（一）公務人員的考選，大多根據廣泛的考試類科，而非特定的專業，因之對於特定機關或單位的工作，應有權獲得必要的瞭解之機會，以訓練配合其工作需求。

（二）公務隨時代與環境而進展，欲使公務人員有效適應變遷的方法，必須注意有系統的訓練與進修，確保各行各業的專家使之有與時俱進的途徑。尤其公務機關特有的行業之專業知識或技能，非一般教育機構所能單獨提供，必須政府自行辦理，或委託辦理。

（三）藉訓練進修以改進現職人員之工作技能，並產生整體觀念，進而與其他單位相配合，以達成機關的和睦與協調，共同推動政府事務。

（四）政府機關實施的公務人員進修與訓練，成果俱在，公務人員工作上的智能，多由職務中與職務外之培訓增強，而完全憑藉初選評定之標準，實不多見。

要之，現代國家行政日趨專業化，而科技發展亦日新月異，故公務人員必須透過進修訓練，不斷提昇素質，始能善盡職責，做好為民服務工作。訓練係基於組織業務目標，由機關供給特定之知識與技能；進修則係基於個人成長、潛能發揮，由公務人員透過適當管道，自發學習各種知識與觀念。訓練進修兩者相輔相成結合教育與發展之理念與作為，均屬公務人員人力培育及再教育或終身學習之範疇，一般學者咸視其為組織發展之重要基礎。

參、培訓種類

一般而言，舉凡公務人員的培訓可自訓練與進修兩方面來討論：[9]

一、在訓練方面

訓練的種類，可因不同策略管理而有不同訓練發展，依不同的標準而有不同的種類；以下是我國最常見的四種方式：

9　李宜典，「加強公務人員訓練進修有效培育人才」，人事月刊，卷19，期4（82年10月），頁38-39。

（一）基礎訓練

新進公務人員經由公開競爭考試錄取之後，必須參加考試錄取人員基礎訓練，藉以充實初任公務人員所需具備之基本觀念、品德操守、服務態度及行政程序與技術。另有配套之實務訓練，併此敘明。

（二）職前訓練與在職訓練

前者係指就任職務前所給予的職前訓練，這種訓練也稱為引導訓練；而後者則是指員工在任職一段時間後，組織所提供的訓練。

（三）工作中的訓練與工作外的訓練

所謂「工作中訓練」（簡稱OJT），是指在工作的同時，員工也同時接受指導與訓練；也就是說，工作和訓練（即學習）是同時發生的。而所謂「工作外訓練」，顧名思義，當然是指受訓者離開工作崗位去接受某種訓練，其地點自然是可以在組織內或者組織外，是故，前者又稱為「內部訓練」，後者又稱為「外部訓練」，當然，無論是內部、外部訓練，其潛能動力來自自我發展。茲予架構如圖12-6。

（四）發展性訓練

係基於目前及未來職務發展需要(包括工作豐富化、陞遷、水平發展)而施予之訓練，其目的在於使成員有更好的能力面對目前或未來職務的要求，並符合國家政策的走向。[10]一般以高階文官為主。

茲依據考試院「強化文官培訓功能規劃方案」之內涵意旨，其架構如圖12-6。

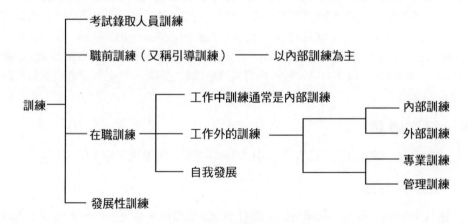

圖 12-6　訓練類別一覽表

10　關中，「文官培訓模型初探」，文官治理：理念與制度革新（台北：考試院，100年），頁362。

二、在進修方面

　　公務人員於國內進修，可分為公餘進修，部分辦公時間進修、帶職帶薪全時進修等方式。政府鼓勵公務人員利用公餘時間至各大專院校推廣教育部門或空中大學、空中專科學校進修。凡因業務需要經服務機關同意參加進修者，其進修期間所需學雜費酌予補助；各機關並可斟酌業務需要情形，薦送所屬公務人員至專科以上學校選修與業務有關之學科，或參加研究所入學考試，如經錄取者，於上課時間給予公假，前往學校進修；另外，各機關如為應科技發展或因應社會變遷，解決新生問題之特殊需要，得報經主管機關核准，選派符合國內訓練進修要點所規定資格條件之人員，參加研究所入學考試，於錄取後准予帶職帶薪，全時進修。此外，並在大學開辦研究所程度之進修班，提供公務人員進修的機會，以增進處理業務所需的知能。

肆、培訓的實施流程

　　培訓的流程可以圖12-7來說明之。

　　茲依其流程各主要項目內容簡述如次：

一、訓練需求的鑑定

　　本項是決定何種情況下，需要培訓，即指舉辦培訓的時機，通常在：

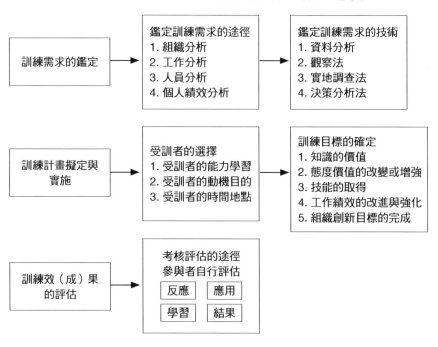

圖 12-7　培訓流程圖

　　（一）進用新進人員時；（二）組織創新需求；（三）需提高組織成員之工作數量或工作素質標準時；（四）需改善成員之工作態度時；（五）需將成員施行互調或準備調陞或指派處理新增業務時；（六）組織之設備、工具、技術、程序、方法有變更時；（七）行政管理與業務技術發展難配合時宜等。

　　擬定培訓要件之步驟，依巴林納（William Berliner）及馬可拉尼（William McLarney）提出擬定培訓要件之二項工作即：

1. 任務說明分析，包括：(1)參照工作說明書的做法，列示各個任務之責任及職責，(2)列出工作績效標準。
2. 決定培訓需求，包括：(1)將實績與標準相較，(2)探討績效不佳之成因，(3)決定採行之訓練方式，以資解決難題。[11]

　　當然機關組織發生問題，並非靠「培訓」即可解決，必須找出真正之癥結所在，所以，界定培訓與發展要求的程序是必要的。茲參考崔希（William Tracey）檢查表（見表12-2），以供評析參考。

表12-2　界定培訓與發展要求檢查表

一、判定當前需要
　（一）評估目前培訓與發展方案以判定培訓是否產生期望的行為變革
　　1.評估正在進行的培訓方案
　　‧充分檢討培訓資料
　　‧觀察培訓者、受訓者的教室、實驗室等學習環境
　　‧分析期中與期末考試的結果
　　‧訪問培訓者與受訓者
　　2.評估培訓系統的「產品」
　　‧訪問業務管理人員
　　‧訪問與觀察工作中的受訓者
　　‧檢討人事資料與績效分數
　　‧對管理人員與受訓者作問卷調查：分析問卷
　（二）列舉分析程序或產品的缺陷，研判其是否由於

1.組織不良	6.工作設計不良
2.監督不當	7.設備或材料問題
3.政策不明確	8.工作方法
4.溝通不良	9.工作標準不適當
5.不恰當的人事甄選政策或程序	10.操作員或管理者訓練不夠

11　余朝權等譯，Dwssler Gry著，組織理論：整合結構與行為（台北：聯經出版公司，72年），頁353-354。

（三）調查實際運作的所有各方面，以研判必須增加培訓的所在

1. 比較工作說明與應徵者的人事資料
2. 分析績效評分
3. 分析全企業紀錄，以查出可能缺失所在
4. 確定與分析操作問題
5. 使用訪問、問卷、團體會商、測驗與工作樣本以判定訓練問題
6. 將每問題仔細分析，以判定問題出在

(1) 組織不良	(6) 工作設計不良	(11) 其他事項
(2) 監督不當	(7) 設備缺失	
(3) 政策不明確	(8) 工作方法不恰當	
(4) 溝通不良	(9) 工作標準不適當	
(5) 人事甄選政策不適當	(10) 訓練進修不夠	

二、判定長期培訓需要

（一）分析計畫、政策及預測以判定其對人員需要的潛在衝擊
（二）界定並分析未來系統、設備、技術與程序，以判定其對人事要求的衝擊
（三）判定目前培訓系統是否可支持未來人事需要，包括

1. 操作人員
2. 監督人員
3. 管理人員

（四）界定培訓系統缺失

三、對每項培練要求，判定培訓是否應基於前提來提供，是否應該正式訓練或在職訓練，考慮

（一）比較成本
（二）組織內可用的人員、設備及設施資源

四、節錄培訓發展需要

五、對於「無前提方案」，設定目標、評估與建議

六、對於組織內培訓方案，設立目標與指導大綱，以符正確的程序方向

資料來源：See, William Tracey: Evaluating Training and Development Systems (New York: Amcrican Management Association: 1968), pp. 37-40.

二、培訓計畫擬定

　　培訓需要確定後，即開始訂定培訓計畫。培訓計畫的擬定除了針對需要性質外，要配合培訓機構的教學體制；培訓計畫宜由機關首長和主持培訓者共同編制。

三、培訓需求的實施

主持培訓者固然承辦有關培訓的工作項目，惟首長與主管實為監督者，事務官培訓與政務官性質不同，宜加強其行政管理及技能，以達成工作的需要。培訓計畫的實際執行，自講師的聘請，訓練、進修、研討之方式，以至課程主題的安排、講義資料的印發、分班分組、及教具教材的準備等工作，均須按部就班進行。在執行培訓措施時，訓練的教具是不可少的，此屬於培訓的設備，不論教具，如投影機、電腦設備、錄音機、圖表、實驗器材等，或教材如書籍、資料、研究報告等，必須適切供應。

四、培訓效果的考核評估

此乃培訓計畫之預期成果與實際成果績效的比較，以作為嗣後各不同層級性質培訓計畫改進之用。培訓成果的考核方法，一般為考試、作業分析、受訓者意見調查以及培訓後工作實地考察。考試及作業分析，雖能區分訓練進修的成績等級，但不易準確評定培訓實際成果。至培訓後的工作績效考評，則客觀而不易實施。要之，培訓成果的考核或績效評估，要在檢討培訓計畫、執行及培訓方法之正確與適當，作為未來培訓政策之參考。

第四節　現行公務人員培訓制度的檢討與建議

有關人力資源策略管理與員工培訓的工作，各國莫不重視，其法制健全類別眾多，用以提昇人力素質，如美國聯邦人事管理總署（Office of Personnel Management）執行聯邦政府公務人員訓練法（Government Employees Training Act of 1958）聯邦政府工作人力重整法（Federal Workforce Restructuring Act of 1994）等相關訓練法規，並訂領導效能架構（Leadership Effectiveness Framework），區劃不同層級主管人員應具備的獨特能力與共同基本能力，同時研訂「主管人員核心資料條件」（Executive Core Qualifications），均可供培訓人才之方式課程之參考。在法國訓練法制完備，如1971年有關文官在職訓練法，1984年有關國家公職人員在職訓練法，在執行上，則較重視A職類高級文官之職前養成訓練與培訓發展，其訓練機關以國家行政學院（Ecole National d'Administration, ENA）為主。在日本以國家公務員法、地方公務員法為訓練主要法源，其訓練執行上，則是分設中央與地方之研修所等訓練機關，均極重視各種訓練，以期提昇公務人力素質，[12]發揮行政效能的目的。

在我國邇來隨著國內外生態環境的快速不變，政府應具備前瞻的回應力來因應多元

12　林基源，「委託研究英、美、法、日及中共公務人員訓練制度及法規情形」，考試院第92次會議，87年7月30日。

的需求。因此，今日的人事行政須以開發豐沛的公務人力資源為政策，才能達到為全體人民創造更多福祉，及提供更良善服務的目標，故人才培訓已成人事制度的重要一環。我國近年來亦非常重視公務人員之培訓。茲就有關法令規章與組織體系、組織型態與培訓功能暨培訓制度的檢討建議及訓練進修法制化等方面，分別說明公務人員培訓制度。

壹、法令規章與組織體系

一、現行法令規章

現行有關公務人員訓練進修之法規，係由考試院及行政院分別研擬，茲分列如下：

（一）考試院研擬者

1. 公務人員保障暨培訓委員會組織法（民國91年1月30日訂定，另於98年11月18日修正，自99年2月10日施行）。
2. 公務人員訓練進修法（民國91年1月30日）。
3. 公務人員訓練進修法施行細則（民國97年1月16日會銜訂定發布）。
4. 國家文官學院組織法（民國99年2月2日發布，自99年3月26日施行）。
5. 公務人員考試錄取人員訓練辦法（民國91年8月14日）。
6. 薦任公務人員晉陞簡任官等訓練辦法（民國91年6月28日）。
7. 委任公務人員晉陞薦任官等訓練辦法（民國90年3月9日）。
8. 警正警察人員晉升警監官等訓練辦法（民國100年12月12日修正發布施行）。
9. 警佐警察人員晉升警正官等訓練辦法（民國100年12月12日修正發布施行）。
10. 交通事業人員員級晉升高員級資位訓練辦法（民國101年1月19日會銜修正發布）。
11. 公務人員行政中立訓練辦法（民國91年6月13日）。

（二）行政院研擬者

1. 行政院人事行政總處組織法（民國100年11月14日修正發布，原為行政院人事行政局組織條例）。
2. 行政院人事行政總處公務人力發展中心組織法（民國101年2月2日發布，自101年2月6日施行）。
3. 行政院人事總處地方行政研習中心組織法（民國101年2月2日發布，自101年2月6日施行）。
4. 行政院及所屬機關學校公務人員訓練進修實施辦法（民國92年3月11日）。
5. 選送公務人員出國專題研究實施計畫（民國90年11月28日）。
6. 交通事業人員佐級晉升員級及士級晉升佐級資位訓練辦法（民國94年4月29日發布施行）。

二、現行組織體系

　　公務人員之訓練與進修意義甚為接近，難以明確劃分，故以上所引有關訓練進修法規，考試院及行政院均有兩者之職掌。惟就現行實際狀況，公務人員保障暨培訓委員會組織法、行政院人事行政總處組織法所定之職掌分析，公務人員保障暨培訓委員會負責考試訓練（大部分僅限於訓練之規劃、協調、審議、督導、考核等事項）、晉升官等訓練、高階公務人員中長期發展性訓練、行政中立訓練及進修之法制及執行事項。但行政院及所屬各機關之專業訓練、管理訓練及進修業務，則由行政院人事行政總處主管。

　　茲將現行行政與考試兩院訓練進修組織體系及公務人員培訓業務分工架構圖圖示如圖12-8、圖12-9、圖12-10、圖12-11及圖12-12。

貳、組織型態與培訓功能

一、組織型態

（一）目前國內已成立之公務人員訓練進修機構總計有61個，分屬不同機關，分別為：

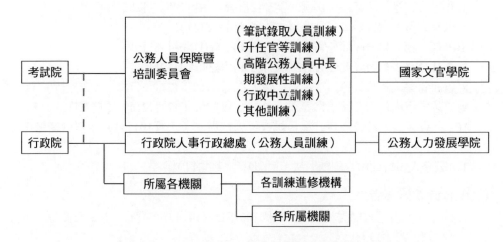

圖 12-8　現行公務人員訓練進修組織體系關係

　　1. 屬中央機關者，分別隸屬於內政部、外交部、財政部、教育部、法務部、經濟部、交通部、行政院主計處、行政院環境保護署、行政院國軍退除役官兵輔導委員會及行政院人事行政總處等。
　　2. 屬地方機關者，分別隸屬於台北市政府、高雄市政府及新北市政府等。

（二）前述六十一個訓練機構依其組織型態大致可歸納成獨立機構、內部單位、任務編組等三種，分別為：

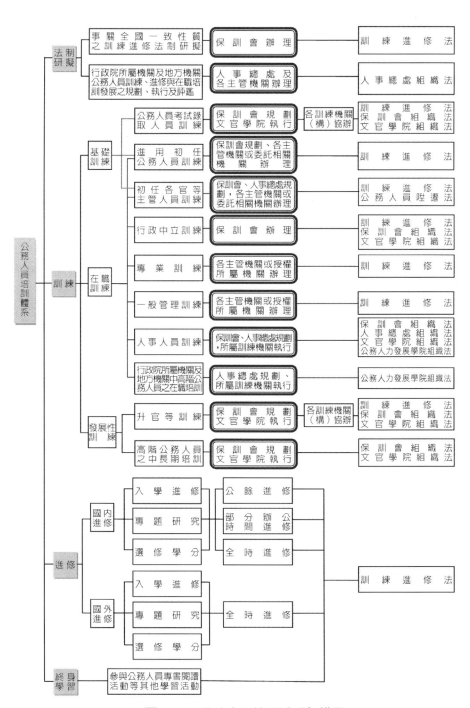

圖 12-9 公務人員培訓體系架構圖

資料來源：考試院強化文官培訓功能規劃方案修正版。

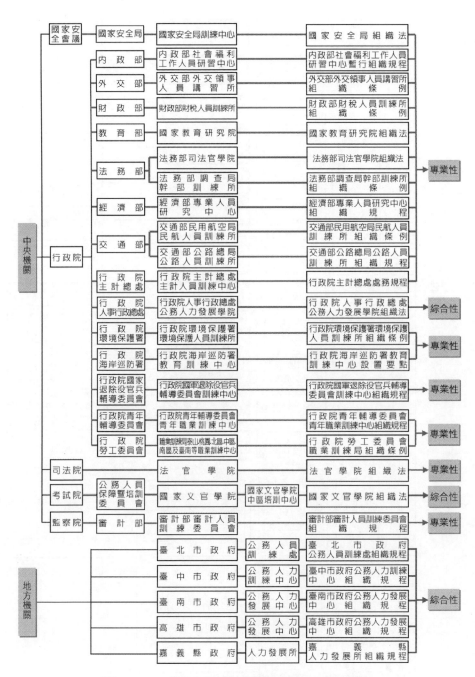

圖 12-10　公務人員培訓機關架構圖—主辦機關

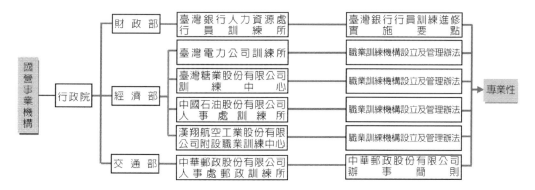

圖 12-11　公務人員培訓機關架構圖─協辦機關（國營事業機構）

1. 獨立機構：根據組織法規設置，有獨立之經費預算，專任之員額，如法務部司法官學院。
2. 內部單位未訂單位組織法規，係機關內部建制單位之一，設有專任人員，無獨立經費預算。
3. 任務編組現無組織法規，亦非機關內部建制單位，係由機關臨時任務編組方式組成，未置專任人員，而以其他單位人員臨時調兼之。

　　另考試院之公務人員保障暨培訓委員會所屬之「國家文官培訓所」，其組織條例於民國87年11月11日公布，其組織型態屬於獨立機構有獨立的經費預算與專任員額等。民國98年11月28日修正公布之「國家文官學院組織法」，強化其在高級文官培訓之職能等，應可進一步檢視之。

二、培訓功能

　　目前國內各訓練進修機構或單位之功能，依其訓練進修之種類及訓練進修對象，可分為綜合性訓練進修機構及專業性訓練進修機構兩類。至於培訓政策內涵，要可分為考試錄取人員訓練、升官等訓練、高階文官發展性訓練、行政中立及公務倫理訓練及公務人員在職進修等5項[13]。訓練之目的應考量個人能力、機關效能及國家競爭力，並於制度結構予以強化。

---

13 5項政策內涵茲簡述如下：一、考試錄取人員訓練：先確定其功能定位（包括占缺及不占缺訓練；不分發是否浪費人才？訓練時再淘汰，如何設計？）及職前訓練（於過程中篩選或分發再補強？）；二、升官等訓練：考量成員是否適合陞遷及與考績結果之連結性（適切性及指標為何？98%乙等以上是否合理？）；三、高階文官發展性訓練：包括職能（改變文官的DNA，不同職務不同條件及組織學習能力等）、潛能（職場生涯，想到下一步？）及彼得原理（創新、卓越及人情因素）；四、行政中立及公務倫理訓練：其相關內含包括成員之熱忱、責任感及使命感（即榮譽提升）；並同時考慮其教育性、文化性與良善治理組織文化等；五、公務人員在職進修：至少考慮者有與學校有關及文官學院授予學位。

（一）綜合性訓練進修機構

以一般行政人員為主要對象，兼及其他專業員之訓練進修，其訓練進修目的在提高行政管理能力、溝通觀念與改善服務效能為主。未來如何增進中高階主管跨域領導能力及強化其氣度與格局，當是應予重視的課題。

（二）專業性訓練進修機構

以專業人員為訓練進修對象，研習專業知識，技術為訓練進修重點，如教育、金融、交通等機關之專業技術人員，其訓練進修目的在增進專業素養，改善技術品質，以提高效率，增加產值為主。

參、現行培訓制度之檢討

我國現行培訓制度，有其時代意義與功能，惟為強化其業務功能，尚有其應行檢討之處，茲分述如次：

一、法令規章與組織體系方面

考試院為中央政府行使考試權最高機關，掌理憲法賦予考選銓敘事項。現代國家各項行政業務，均需依據法律運作，即所謂「依法行政」，為使公務人員訓練進修業務之推動有所依循，爰制定「公務人員訓練進修法」，用以健全訓練進修體系，確立訓練進修目標，明定訓練進修權責等有關規定。我國對於公務人員之訓練進修，早自民國32年，國民政府即公布「公務人員進修及考察選送條例」，同年考試院發布「公務人員進修規則」，當時頗收實效，惜因政府遷台後，情勢多有變遷，原有法制未能配合修正，僅就需要陸續訂定有關規定，但因缺乏整體性、一致性之規劃，致成效未臻理想，且舊有法規分屬行政院及考試院掌管對實際運作而言亦有所窒礙，因此將現行訓練進修法規重新予以整合研訂，考試院乃推動完成公務人員訓練進修法之立法，以整合訓練進修法制，有效運用訓練資源，提昇公務人力素質與服務品質。

組織功能首在完成目標，而制度欲順利推展，亦端賴訓練進修組織結構之健全，而我國公務人員之自我發展教育之訓練進修，長期未能有效建制，致訓練進修權責，對象及課程內容，時有重複，未能發揮統合功能，因此，在訓練進修體系與法制化工程上，均有加以檢討整合之必要。

二、訓練進修機構與培訓功能方面

考試院及所屬保障暨培訓委員會目前對規模較大之訓練尚需委託訓練機構或國立大學代為辦理。而現有六十餘所訓練進修機構為行政院及所屬機關所有，此六十餘所訓練進修機構各自獨立，不相統屬，又無層級區別，無法發揮逐級培訓之功能，而各訓練進修機構，各自因應需要，由各機關自行設置，訓練進修權責，未作區劃，既未建立縱的

層級體系，亦未充分發展橫的溝通聯繫關係，各訓練進修機構資訊缺乏交流，鮮有彼此觀摩學習活動。其主因實為缺乏統一指揮、規劃、聯繫、協調及督導之機關，故應成立主導整體訓練進修機構之最高機關。據此保訓會是責無旁貸的，國家文官培訓所組織條例於民國87年10月22日完成立法程序，其掌理事項如公務人員考試錄取人員訓練；公務人員升任官等訓練、高階公務人員中長期發展性訓練、公務人員行政中立訓練；公務人員訓練之國際交流；公務人員訓練相關圖書資訊之蒐集、分析及服務；接受委託辦理訓練事項等。為發揮統合訓練資源及辦理全國政務人員研習及高級文官之養成訓練，99年起其院長由保訓會主任委員兼任，爰此即提高層級，並將名稱改定為國家文官學院。

因各訓練進修機構各自獨立，其訓練進修班次、對象、課程亦由各該訓練進修機構視其機關之需要自行決定，相互間缺乏之資訊之快速交流，亦無協調聯繫管道，訓練進修對象與課程是必有重複現象，各機關之訓練進修需求亦有脫節情事，如能將現有之訓練進修機構加以檢討評估，針對全體公務人員訓練進修需要（包括分類、分級、對象、課程等），重新加以建構，當可發揮應有之功能。至於保訓會委託代訓部分，因未將高普考錄取人員按類科、等級分別開班訓練，因此訓練效果，自然未能達到預期理想。

三、訓練進修未受重視與人員選派方面

各級機關對於人員之訓練與進修，不論主管或受訓人員，未必重視與支持，形成似屬人事或訓練單位所辦理訓練或進修之情事。究其主要原因：主管往往基於機關業務或人力調配之不易，而不願派員受訓或進修，其情形尤以基層機關為然。至於受訓人員又常視訓練為額外負擔，甚至欠缺積極進修上進的觀念，而對訓練與進修未加重視。

由於國內或國外之訓練、進修與研習，在人員選派或申辦資格條件方面，現行有關法規均有明確規定。然於實際作業過程中，早期發生下述之現象：

（一）參加國內訓練之人員，大部分係經由指派方式不免有「出公差」的性質，並非出自受訓人自願或經由競爭方式選定者。

（二）參加國內、外進修，因需時較長，又大都經由公務人員自動申請，而部分主管基於業務或人力調配，不僅未加鼓勵，甚至加以阻止。

四、訓練進修經費不足與方法呆板方面

現行公務人員訓練進修有關法規，對於經費一項雖加明定，但除部分機關因業務或原設有訓練機構者外，一般機關於年度預算經費中，常不編訓練進修項目或無法編列，以致欠缺固定專項經費，其業務亦成為可有可無的現象。

又國內實施的公務人員訓練方法，早期大部分以集中式大班制的講授方式為主，而欠缺小班制或實作及研討方式之訓練。諸如初任人員學徒式之輔導，以研討或實作的在職訓練等均較為少見，因而影響訓練成果至鉅，亦降低受訓人員之學習興趣。至於教材與師資則多數取之於學術機構，較難切合公務上的實際運用需要，致訓練效果有欠彰顯。

五、訓練未能配合人才、儲備與陞遷方面

依有關法規之規定，公務人員參加訓練或進修，其成績列為考核，陞遷之評量要項（參閱公務人員訓練進修法第19條）。惟基於目前訓練進修成績未與考績或陞遷相配合，而不論機關首長、訓練機構或受訓人員，均對成績不加重視，且大部分均不加成績之考評，其對於訓練或進修人員之學習態度，具有重大影響，致難以達到理想之效果。

如上所述，推行公務人員之訓練與進修，主要目的在增進人員工作知能，以提高行政效能，進而為機關儲備人才。因而訓練或進修體制必須與人員儲備及陞遷途徑密切配合，始能相得益彰。目前除軍事機關人員之訓練進修與其陞遷及人才儲備，已有良好的完整體系外，一般行政機關仍呈脫節之現象，以至於訓練進修措施，未能獲得普遍的重視與支持；甚至因訓練進修未與陞遷體制相結合，而造成受訓或進修後人才外流的現象，其中以事業機關的情形最為嚴重。雖然有關法規曾有訓練或進修後，須回原任職機關服務年限之規定（參閱公務人員訓練進修法第15條）但實際情況，有部分依規定賠償費用而離職，甚至也有逗留國外者，允宜加強改進。

肆、現行培訓制度的改進建議

一、釐清訓練進修業務權責歸屬與發揮統合功能

考試、行政兩院為明確劃分公務人員訓練進修業務權責，經多次協商，獲得結論為：「考試院掌理公務人員訓練、進修之政策及法制事項、行政院以外機關公務人員進修之執行事項、公務人員考試筆試錄取人員訓練、升任官等訓練、文官中立訓練及其他有關訓練；行政院掌理所屬公務人員進修之執行事項及其專業訓練、一般管理訓練及其他有關訓練。」兩院雖已配合分別完成公務人員保障暨培訓委員會，公務人力發展中心及國家文官培訓所之立法，允宜落實運作，解決多年來權責劃分之問題。

復以目前國內61個訓練進修機構各自獨立，不相統屬，既未建立縱的層級體系，亦未發展橫的聯繫，致無法發揮逐級培訓之功能，宜由考試院保訓會積極負責、規劃、聯繫、協調等有關訓練進修之政策、法制及訓練法定事項之執行事宜，以建立完整之訓練進修體系。

在訓練與發展的內涵上，吾人建議參採英國政府的做法，即訓練業務中，由各機關自行辦理約占70%；文官學院（The Civil Service College）約占5%；外包約占25%。其中有關管理發展之重點有財務管理、專業資格、訓練具有潛力主管及訓練參加開發架構（Open Structure）；而文官學院則為文官最高訓練中心，主要訓練管理與專業技能；其他如重視高級文官之才能訓練（Training for Competences），結合核心才能與課題設計，以期完成訓練目標，又英國公共管理的再造亦可供借鏡。[14] 當然，行政院人事行

---

[14]　1. D. Farnham & S. Horton: Managing People in the Public Serrics (London: Macmillan Press, Ltd., 1996), pp.

政總處與公務人員保障暨培訓委員會所屬訓練機構分工可進一步協處，以提昇公務人員治理能力。

二、整建訓練進修法制與強化國家文官學院

以往公務人員訓練進修法規，因分由考試、行政兩院訂定，而各機關亦有另訂配合其需要之規章者，致法令重疊繁複，規定內容不一，造成執行運作上甚多困擾，宜予通盤檢討整合，建立周延之訓練進修法制，以為各機關辦理公務人員訓練進修之準據。

如前所述，先進國家如英、美、法、德、日等國，均設有公務人員訓練進修學校，如英國設有文官學院、美國聯邦行政主管學院、法國設有國家行政學院等，我國除上述六十一所訓練機構單位外，並於民國89年7月26日成立國家文官培訓所，對強化公務人員訓練進修落實升官等訓練，貫徹文官中立制度，加速國家之現代化，有積極正面功能。至民國99年3月16日改制的國家文官學院，除在上述職能用力外，尤其應對高階文官培訓養成以及E化聯結功能與國際訓練交流之增進上著力，當是可行與應行的方向。

三、結合培訓與陞遷考核制度

培訓之施行不僅應符合機關業務需求，更應激發參訓人員之配合動機，如此方可事半功倍。而激發人員配合，最佳的方式則為訓練與陞遷考核的完全結合。現行公務人員陞遷法中將訓練進修同時列入陞遷考核評分標準，並與其他項目依重要程度予以不同給分之方法是可行的。至於以目前公務典範型的發展模式，再配以考試、訓練（包括各官等訓練）及陞遷配合，則可建立公務人員組織發展配合流程模式，[15]如表12-3。

此外，韓國將訓練視為公務人員陞任之必備資格亦是值得學習的。在韓國凡欲陞任局長、課長者，必須經過候補局、課長訓練，且二週以上之訓練成績占陞遷評分20%。[16]將訓練視為陞任主管必需資格之一，不但可於事先授予人員擔任主管職務應具備之知能，亦可藉訓練淘汰不適任者，如此將相當有助於高層人力之培育。

培訓與陞遷考核之適度結合不但可確立培訓之重要地位，並為所有參與者重視，更重要的是有助於前述行政機關人才培育制度的推行，使其更具客觀與聯貫性。[17]

重視培訓之績效評估：Milkovich & Boudreace認為「即使獲得可觀的預算、良好的意圖、及符合組織真正需求，許多訓練計畫仍然無法達成持續性效果，此種現象之原因

136-142.

2. R. D. Bayly: Reformation in Public Governance the British Experience, Conference on Human Resource Development for Public Service（台北：考試院印，88年1月25日）。

[15] 同註7，頁463-466。

[16] 游玉梅，「韓國中央公務員訓練院簡介」，人事月刊，期101（81年5月），頁24-25。

[17] 呂育誠，「我國現行訓練制度問題及策略規劃途徑之探討」，人事月刊，卷18，期6（83年6月），頁21。

常常是由於模糊的訓練目的及拙劣的評估方式所引起的。」[18]持續的培訓績效評估即在協助機關首長及施訓者找出問題癥結並及時改善。

表12-3　公務人員組織發展配合流程模式

官等	職等	代表性職位	考試	中央政府	省（市）政府	縣（市）政府	鄉鎮公所	
委	一等	書記	初等（丁等）					考試線
	二等	書記						訓練及陞遷配合線 考試線
	三等	助理員	四等特考（丙等）					
	四等	辦事員	普考					
任	五等	課員 課員						訓練陞遷配合線升官等考試線 升官等訓練
薦		科員	三等特考（乙等）					
		課長						
	六等	科員	高考三級					
	七等	股長	高考二級					
	八等	（鄉、鎮）秘書	高考一級					
	九等	專員						
		科長						訓練陞遷配合線 考試線
任		主任						
簡		專門委員	（甲等）					升官等考試線 升官等訓練
		（縣）處局長						
		（部）副司長						
	十等 十一等 十二等	（省）副處長						
		（部）司長						訓練陞遷配合線 高級主管研究班 中央或地方政務研究班
		（縣）秘書長						
		（府）局長						
		（部）司、署局長						
	十三等 十四等	（省市）秘書長						
任		（部）次長						

說明：

一、考試、職位、機關、級層、均為代表性。

二、單粗橫線代表考試線，在此範圍內職位，非經考試不得升官職等。

三、雙橫線（包括薦任陞簡任及委任陞薦任之升官等考試）為訓練陞遷配合線，凡線下職位非經訓練不得陞職等。

四、直線箭頭表示同一機關內之陞遷路線。

五、橫線箭頭表示不同機關之平調線。

六、箭頭斜線表示：（一）向左下者陞上級機關高職位（等）；（二）向右下者陞下級機關高職位（等）。

---

[18]　G. T. Milkovich & J. W. Boudreace, Human Resource Management, 6th ed. (Richard D. Jrwan, 1991), p. 407.

雖然系統化、科學化的培訓評估難以實現，但仍不應置之不理。一方面，培訓單位應就學習感受進行調查；另一方面，受訓單位主管應於參訓員工回崗位後的一段時間內，對訓練進修就其工作能力的影響進行瞭解與評估，並做成書面資料，提供給機關內培訓委員會與培訓單位，據以改善日後類似的培訓計畫之設計。[19]

四、寬列培訓經費與強化訓練計畫

培訓經費應由各主管機關單獨編列入年度預算之「節」一項支出，不再在業務費下勻支。除了國家考試基礎訓練外，所有的訓練費用均由各主管機關支付。

在訓練計畫的改善上，各主管機關辦理訓練時應提出完整的訓練計畫，特別是委託其他訓練機關辦理時，應該積極參與訓練課程、師資、教學方式等重要面向之規劃設計，而非只是報送參加訓練者名單而已。此外，訓練方法應力求多樣式，配合訓練目標類型的特性，選擇有效的方法（就方法與目標的對應），採用講授式以外的方法，使訓練過程更為活潑。並且應擴大培訓師資的來源。現有師資很多來自學校機構，或有師資人選固定化的現象，培訓單位在決定師資時，應事先與可能授課人選充分溝通培訓課程之重點與偏好的方法，再選擇最能配合培訓計畫需求者。據此，民間培訓機構應該也視為是師資來源之一，甚至國外師資，鼓勵公私培訓機構經驗與資源的交流。[20]

五、加強組織與人員、主管間之生涯管理的聯絡關係

茲就有關人員、主管與組織在生涯規劃與生涯管理之主要責任與關係，予以列表綜合說明如下表。

另有關美國聯邦政府人力資源發展的重視，如圖12-13。就其訓練均以循序推展，而整個訓練執行策略就是市場競爭。除了政府的訓練機構必須向各機關推銷其服務產品外，各機關若決定委由民間或大學辦理訓練時，因為訓練服務被視為一種服務採購，所以同樣必須適用競爭採購程序。[21]又面對人才管理思潮，其定位宜再思考。

綜之，公務人員之訓練進修對組織機關而言，是一項有利的投資。對個人而言，是一種潛能的激發，所以訓練進修的良窳關乎機關組織之發展與行政品質。公務人員適時接受訓練進修，提昇其知能和服務觀念，有助於機關、個人、民眾整體之和諧，促進工作目標之順利達成。因此，公務人員之培訓制度的賡續整建，是未來我國人事政策的執行重心。

19　參閱施能傑，「公務人力資源的激勵與發展：政策、問題與對策」，重建文官體制論文研討會論文（台北：國家政策研究中心，82年5月），頁4-36。呂育誠，頁21。

20　施能傑，前文，頁4-15。

21　施能傑，美國政府人事管理（台北：商鼎文化出版社，88年），頁179-182。

	生涯規劃	生涯管理
人員的責任	1. 能力價值的自我評估 2. 分析個人各種事業生涯機會 3. 決定事業生涯發展的目的和需求 4. 和主管溝通個人的事業意向 5. 和主管共同描繪雙方可接受的行動計畫 6. 設法讓行動計畫獲得正式認可	1. 提供個人的志向，興趣生涯期望及所需的技術經驗等確實的訊息給管理階層 2. 加強與主管之互動，並共同完成組織目標
主管的責任	1. 以觸媒的角色激發人員做事業生涯規劃 2. 從務實的角色評估人員所提出事業生涯目標與發展需要	1. 審慎評估每位人員的有關個人事業生涯發展資料 2. 提供組織事業生涯路徑人力需求與職業出缺的各種有關組織事業生涯結構的訊息
主管的責任	3. 追蹤人員的事業生涯計畫必要時協助其做適度調整	3. 檢視各項出缺職位的可能接替人選 4. 擬定提供給人員的各項事業生涯發展計畫並安排員工參加
組織的責任	1. 提供人員做事業生涯規劃所需的資料 2. 為主管及一般人員舉辦規劃事業生涯規劃所需的教育訓練活動 3. 提供技術訓練計畫和從工作崗位發展經驗的機會	1. 提供管理階層做決策所需之資訊系統與調適過程 2. 彙整並不斷更新各種資訊 3. 透過途徑使資訊有效運用

伍、公務人員訓練進修法介述

　　為建立公務人員培訓法制，考試院經研擬「公務人員訓練進修法」草案，送請立法院審議，[22] 並於91年1月30日公布；102年12月11日修正第2條、第3條、第4條、第8條及第15條條文，茲將該法之立法目的、原則、主要內容及修正重點分述如下：

一、立法目的

　　由於社會日趨多元，公務體系需不斷迎接艱巨之挑戰。因此如何健全訓練進修法制，對公務人員施以有系統、有計畫之訓練與進修，以充實工作知能，進而激發潛能、鼓舞工作情緒、發揮行政效能，適應環境需求與各機關實務需要，厥為人事行政工作之中心要務。且由於政府迄未訂定統一之訓練法典，而各訓練機構又互不統屬，師資、人力、經費及設施等各項資源，未能彼此有效支援共享。如何分工統整誠屬必要，宜制定完整之「公務人員訓練進修法」，以為執行之依據，並確立訓練進修之重要性，進而建立教、考、訓、用結合之國家文官制度。

22　參見考試院民國86年7月5日86考台組參一字第04389號函。

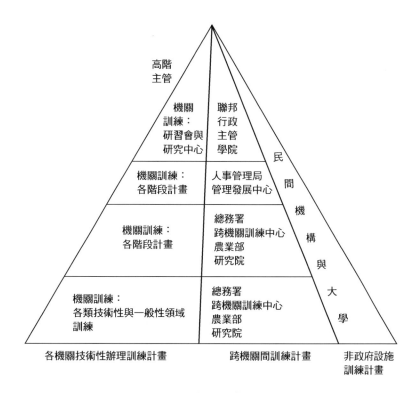

圖 12-13　聯邦政府人力資源發展執行策略

資料來源：Van Wart et al. (1993: 50). 轉引自施能傑（1999），美國政府人事管理（台北：商鼎文化出版社），頁181。

二、立法原則

（一）明定考試院與行政院對公務人員訓練進修之權責分際，並將專業訓練、一般管理訓練暨進修，分由各主管機關執行。

（二）對於選送進修人員，如未依計畫完成進修，或違反限制規定及應盡之義務時，課以懲處及賠償責任。

三、主要內容

（一）明定公務人員之訓練進修依本法行之。（第1條）

（二）明定公務人員訓練進修法制之研擬，事關全國一致之性質者，由公務人員保障暨培訓委員會辦理之。公務人員考試錄取人員訓練、升任官等訓練及行政中立訓練，由公務人員保障暨培訓委員會辦理或委託相關機關（構）、學校辦理之。公務人員專業訓練、一般管理訓練、進用初任公務人員訓練及前項所定以外之公務

人員訓練及進修事項、由各中央二級以上機關、直轄市政府或（市）縣政府（以下簡稱各主管機關）辦理或授權所屬機關辦理之。各主管機關為執行本法規定事項，有另定辦法之必要者，由各機關以命令定之。102年增訂高階公務人員中長期發展性訓練由公務人員保障暨培訓委員會辦理或委託相關機關（構）、學校辦理之規定。（第2條）

（三）明定行政院人事行政局（101年2月6日機關名稱改制為「行政院人事行政總處」）與保訓會會同有關機關成立協調會報。（第3條）

（四）明定公務人員考試錄取人員、初任公務人員、升任官等人員、初任各官等主管人員，應依本法或其他相關法令規定，接受必要之職前或在職訓練。各機關學校進用初任公務人員訓練，應由各主管機關於進用前或到職後四個月內實施之。前項訓練以充實初任公務人員應具備之基本觀念、品德操守、服務態度、行政程序及技術暨有關工作所需知能為重點。102年增訂高階公務人員中長期發展性訓練合格者，納入人才資料庫，俾供機關用人查詢。（第4條）

（五）明定為確保公務人員嚴守行政中立，貫徹依法行政、執法公正、不介入黨派紛爭，由公務人員保障暨培訓委員會辦理行政中立訓練及有關訓練，或於各機關學校辦理各項訓練時，列入公務人員行政中立相關課程；其訓練辦法，由考試院定之。（第5條）

（六）明定公務人員專業訓練及一般管理訓練得按官職等、業務需要或工作性質分階段實施。各機關學校業務變動或組織調整時，為使現職人員取得新任工作之專長，得由各主管機關辦理專業訓練。（第6條）

（七）明定公務人員各種訓練之訓練期間、實施方式及受訓人員之生活輔導、請假、獎懲、成績考核、退訓、停訓、重訓、註銷受訓資格、津貼支給標準、請領證書費用等有關事項，應依各該訓練辦法或計畫規定辦法。公務人員各種訓練之訓練計畫，由各主管機關定之。（第7條）

（八）公務人員進修分為入學進修、選修學分及專題研究，其方式如下：一、國內外專科以上學校入學進修或選修學分。二、國內外機關學校專題研究。三、國內外其他機關（構）進修。前項進修得以空餘、部分辦公時間或全時進修行之。（第8條）

（九）明定各機關學校選送進修之公務人員，應具有下列基本條件：一、服務成績優良，具有發展潛力者。二、具有外語能力者。但國內進修及經各主管機關核准之團體專題研究者，不在此限。前項選送進修須經服務機關甄審委員會審議通過，並經機關首長核定。（第9條）

（十）明定各機關學校選送國外進修之公務人員，其進修期間如下：一、入學進修或選修學分期間為一年以內。但經各主管機關核准延長者，延長期間最長為三個月。二、專題研究期間為六個月以內。必要時，得依規定申請延長，延長期間最長為

三個月。經中央一級機關專案核定國外進修人員，其進修期限最長為四年，不受前項第一款之限制。（第10條）

（十一）明定各機關學校選送國內全時進修之公務人員，其進修期間為二年以內。但經各機關核准延長者，延長期間最長為一年。前項全時進修之公務人員於寒暑假期間，應返回機關上班。但因進修研究需要，經各主管機關核准者，不在此限。

（十二）明定各機關學校選送或自行申請進修之核定與補助規定。（第12條）

（十三）明定各機關學校應視業務需要擬定公務人員進修計畫，循預算程序辦理。並應確實按核定之進修計畫執行，未報經各機關核准，不得變更。（第13條）

（十四）明定公務人員帶職帶薪全時進修期滿，其回原服務機關學校繼續服務之期間，應為進修期間之二倍；留職停薪全時進修期滿者，其應繼續服務期間與留職停薪期間相同。102年為加強帶職帶薪全時進修之公務人員貢獻所學於機關業務之推動，增列其回原服務機關學校繼續服務期不得少於6個月。（第15條）

（十五）明定各機關學校選送或自行申請全時進修之公務人員，有違反規定之懲處。（第16條）

（十六）明定各機關學校應將公務人員接受各項訓練與進修之情形及其成績，列為考核及陞遷之評量要項，依專才、專業、適才、適所之任用本旨，適切核派職務及工作，發揮公務人員訓練及進修最大的效能。（第19條）

（十七）明定本法施行細則，由考試院會同行政院定之。（第20條）

第五節　小　結

公務人員保障係對於政府機關依法執行職務之人員予以合法保障，使其安心工作，提高行政效能。所以，保障制度在政黨政治來臨時刻，尤見其重要性，不但要保障其合法合理權益、發揮有效行政運作及促進行政準司法化外，更期藉此能促進機關團結和諧。

在比較的保障制度方面。可以借鏡先進國家對保障機關之設計與權益維護之措施，進而對現行公務人員保障制度提出建議。查我國公務人員保障暨培訓委員會於民國85年6月1日成立，公務人員保障法亦於同年10月16日由總統公布，開啟公務人員保障的新頁。又於92年5月修正全文104條條文，其幅度至大，影響至深且遠。嗣106年6月14日，再修正案之2條，新增5條，公務人員權益保障，又往前躍進，值得肯定。

現行公務人員保障法主要保障權益種類，要分為身分、工作條件、官職等級、俸給等項。至於公務人員保障救濟程序，要分為復審暨申訴、再申訴。前者之標的為行政處分，後二者之標的為服務機關提供之工作條件及所為之管理。

　　茲為強化公務人員保障機制，乃提出建議如次：（一）建立文官法庭的組織機制；（二）強化保障救濟程序與作業；（三）合理充實實體保障內涵；（四）落實實質平等就業機會等，以創造更和諧的公務服務環境。

　　培訓係指政府機關所任用之公務人員，為了增進其工作知能，提高其工作效率，由具有實際經驗與學識之人，對工作從事有系統、有計畫的教導與指引的一種方式與過程；而發展則是透過培訓的過程，來發展公務人員工作知能，改善態度和激發潛能。

　　公務人員培訓可自訓練與進修兩方面來討論。而其實施的步驟可分為下列四項：訓練需要的鑑定、訓練計畫的訂定、訓練需要的達成、訓練成果的考核。

　　邇來隨著國內外生態環境的快速丕變，政府應具備前瞻的回應力來因應多元的需求。故人才培訓已成人事制度的重要一環。而培訓實況，可就法令規章、組織體系、組織型態、訓練進修功能四方面來說明並檢討。檢討現行培訓制度時發現除法令規章等四面向之問題外，尚有下列缺失：如訓練進修未受到應有的重視，致人員選派不能配合，訓練經費不足，訓練方法呆板，訓練未能配合人員儲備、陞遷等問題。針此，實亟待在五權憲政體制下，釐清訓練進修業務權責歸屬與分工，設立真正的全國性統合規劃決策之主管機關，整建訓練進修法制，強化國家文官學院功能，結合培訓與陞遷考核制度，重視培訓之績效評估，單獨編列培訓經費，確立培訓目標，改善訓練計畫，擴大培訓師資來源，以健全我國公務人員之培訓制度，而推動有關訓練進修法制更為健全周延，為部級之培訓機關應戮力以赴的任務，而民國102年修法已做相當之改善。

學習重點

- 行政中立的意義與原則
- 行政中立推動的途徑與倫理內涵
- 行政中立的價值模式

- 行政中立法制的學理分析
- 行政中立法制規範內容
- 公務人員行政中立法之內容分析

關鍵名詞

- 行政中立
- 行政系統
- 政制結構
- 行政程序
- 公共服務

- 道德／倫理模式
- 政策模式
- 行政／政治分立二元模式
- 依法行政
- 執法公正

- 政治活動限制規範
- 政治中立
- 公務人員行政中立法
- 高架民主論

第一節　行政中立的意義與原則

　　我國由威權體制特型至民主體制；政黨政治的運作，已然成型，文官體制的健全顯得格外重要。目前政府大力推動政府再造工程與文官改造，所以文官制度的內涵與政策內涵應配合調整改變。當然調整人事行政組織結構與功能，強化文官體制的職能，是刻不容緩的議題。惟其底蘊，積極建立一套選才、育才、用人、留才制度，強化行政中立，建立行政倫理與責任行政等價值體系，期以推動文官專業化，中立化及科層體制的再生與維護，是吾人關切的核心議題。

　　再者，因行政體系浸潤於日本殖民體制殘餘影響，及受臺灣地區權威體制政治滲透、影響與制約。所以，大至政府體制再造、行政體系、文官體系之調整，小至公務人員行政作為、價值理念之改變與調適，均有賴民主中立的政治文化的配合。復以文化價值必然要落實到政策層面，再經由法制之建立，必然致之。如此，方能使公務人員依法

行政、執行公正之餘，其政治活動亦有適切之限制規範，建立有效能、有專業的中立機制，使行政體系正確落實憲法精神。準法，本節主要探討行政中立的意涵，暨行政中立的理論與法制之建立。

壹、行政中立的意義

　　就行政中立之定義，國內大多數學者贊成陳德禹教授提出的四點意涵，[1]即：
（一）文官應盡忠職守，推動由政府所制定的政策；
（二）行政人員（文官）在處理公務上，其立場應超然公正，一視同仁，無所偏愛或偏惡；
（三）行政人員在執行法律或政務官的政策上，應依同一標準，公平對待任何個人、團體或黨派，而無所倚重倚輕之別；
（四）行政人員不介入政治紛爭，只盡心盡力為國為民服務，即本著他們所擁有的專門知識、技能與經驗，於政務主管擬訂政策時，提供協助；於政務主管無政策意見時，依自身之專業意見執行政務並建議因應新發生問題的政策方案；並就所主管之業務注意民意而作適當反應。
　　「行政中立」，簡言之，是指文官對處理公務保持中立、客觀及公平的立場，以國家、人民的整體或多數利益為考慮；並非指絕不可涉入政治事務，但不可涉入政爭。

　　又最早國外傑恩（R. B. Jain）嘗試以下列四個層面來界定中立理念的內涵：[2]
（一）公務員在決策過程中影響力的程度，以及政務官（人員）與事務官（人員）間關係之性質與二者互動的範圍。
（二）公務員介入政治與政黨活動的程度。
（三）政治與政黨干預公務員工作的程度。
（四）公務員的一般形象。
　　傑恩指陳測量行政中立程度的四個重要指標，但未提出定義清楚的行政中立概念。
　　吳定教授指出：「文官行政中立的意義，指涉政府機關中的公務人員（事務官），在推動各項政策及行政活動的過程中，應保持中立立場，遵循三項原則，（一）依法行政原則（即公務人員應依據憲法及法律相關規定，忠實執行各項政策）；（二）人民至上原則（即公務人員應以全民福祉及國家利益為依歸，摒除偏私及壓力，切實推動福國利民的行政活動）；（三）專業倫理原則（即公務人員應秉持專業技能及道德良知，處理各項行政問題）。」而能不受政黨、派系、民意代表、利益團體、上司等之操縱、支

1　陳德禹，「文官行政中立的理論與實際」，載於紀念張金鑑教授學術研討會論文（台北：政大公企中心，81年），頁1-4。
2　R. B. Jain, "Politicization of Bureaucracy: A Framework for Comparative Measurement," The Indian Journal of Public Administration, Vol. 20, Oct-Dec 1974), pp. 797-808.

配與關說之影響。[3]

　　許濱松教授對中立的定義指出：公務員是全國國民之服務者，並非部分國民之服務者，是以公務員處理事務，應公正衡平，並秉持中立能力（neutral competence），亦即對政府工作以專業方式處理的能力，處理其事務，並做到：（一）不偏袒某一政黨或政治團體；（二）不受利益團體影響，圖利某一利益團體；（三）不受個人價值理念的影響，以中立能力公正衡平處理事務。[4]

　　我們認為上面所提出的原則，暫且不論是否完善，似未見有實際的操作性定義，縱以陳德禹、吳定等教授[5]所論甚詳，似未具體提出對行政中立的二層配套考量，即認為行政中立的意義是相對，要由行政系統與公務人員個人層次來配合達成之。簡述如次：

（一）就行政系統觀察

　　所謂行政中立應指「行政層級中之文官（公務人員）不參與政黨政治，不受政治因素之影響，更不介入政治活動及政爭。」如此，方有利於社會穩定。即社會的進步靠政治系統來推動；社會的穩定則靠事務系統，二者應兼顧。並使行政系統與政治系統保持適度之分離。政務官角色具雙重性：

　　1. 在引導行政人員，如何執行政策是行政性，所以必須保持適度之行政中立。
　　2. 當其介入政治事務時，即具政治性，但政務官不得利用行政系統之資源來圖利其所屬政黨。

（二）就公務人員個人層次觀察

　　公務人員個人在行政過程中，應盡何責任、持何立場、態度及角色才符合行政中立之作為要求？

　　1. 就責任言：文官（公務人員）應盡忠職守推動貫徹由政府所制定的政策。
　　2. 就立場言：行政人員（文官）在處理公務上，其立場應超然、客觀、公正、一視同仁，無所偏愛或偏惡。
　　3. 就態度言：行政人員在執行法律或政務官所定政策，應採取同一標準，公平對待任何個人、團體或黨派，而無所倚重倚輕之別。
　　4. 就角色言：行政人員不介入政治紛爭，只盡心盡力為國為民服務，即本著他們所擁有的專門知識、技能與經驗，於政務主管擬訂政策時，提供協助；於政務主管無政策意見時，依自身之專業意見執行政務並建議因應新發生問題的政策方案；同時就所主管之業務注意民意而作適當反應。

3　吳定，「如何落實文官行政中立的理念」，轉載公務人員行政中立法專輯，文官制度改革系列叢書，輯1（台北：銓敘部，84年），頁61-62。
4　許濱松，「英美公務員政治中立之研究——兼論我國公務員政治中立應有之做法」，文官體制之跨國比較學術研討會（台北：中研院歐美所，83年），頁4。
5　吳定、張潤書、陳德禹、賴維堯，行政學（二）（台北縣：空中大學，85年），頁407-408。

貳、行政中立的推動途徑

國內學者們所提出較完整的推動行政中立途徑，當推陳德禹教授等人，茲簡述如下：[6]

（一）政制結構途徑

1. 朝野人士須在觀念上劃清國家、政府及政黨三概念的分際。我國過去在一黨獨大支配政治的格局下，人民缺乏釐清三者分際的自覺，造成行政中立意識不易樹立。為因應未來政黨政治新情勢需要，應分清三者之不同與關係，使黨政的運作空間不直接干預行政（事務）運作及人事，為國家的長治久安奠下基礎。

2. 使政黨組織體系與政府的組織體系（包含：行政機關、軍隊、學校、及公營事業機構）徹底分離，文官不可兼任政黨的負責人或幹部。

3. 政務官與事務（常務）官，各扮演不同角色，依不同方式進入政府系統。政務官由政黨提名經法定程序任命或由人民選舉產生，須向民意機關或人民負政治責任。事務官則經考試或其他文官制度進用，向機關首長負行政責任。

4. 使考試權真能獨立運作，我國憲法規定：「公務人員之選拔，應實行公開競爭之考試制度，……非經考試及格者，不得任用。」考試委員須超出黨派以外，依據法律獨立行使職權。期以常任文官選拔客觀公正，惟僅此規定尚不足以保障考試權之必然獨立行使，必須考試機關能夠力排可能的外力干擾，以及社會上的各種政治或利益團體、及政府行政、立法機關對考試機關予以尊重，不予干擾。

（二）文官制度途徑

本項所述之文官採以廣義界定，在推動行政中立時，應注意：

1. 政務官的進退及服公職，以制定專法規範之。政務官的選拔，無資格上限制，但不可有外國籍，以保證其對國家之忠誠。政務官較理想的來源是從黨內或議會中有歷練、有貢獻或於某行業有傑出表現的人員當中選拔，避免從事務官中提任。政務官一旦退職下來，不應安插到事務官系統或公營事業機構中去占事務官的職位。

2. 常務（事務）官之任用與遷調應本著成就或才能取向及是否忠於國家，而不考慮政治或特殊關係，必須超出黨派及人情之外，在永業制與功績制度下，形成獨立管理系統，不受外在政治因素干擾，從而保持行政系統的相對穩定。

3. 簡併改善現行多軌任用制度的缺失，避免為任用私人或政治性用人開啟方便之門。茲為因應文官中立與為事擇人的時代需要，對現行公務人員任用制度，需再作整體而前瞻性的規劃改善，以免政治干涉人事行政。

4. 應於即將制定的「公務（人）員基準法」，以及未來可能修訂之「公務人員行政中

立法」及「公務員服務法」中，參照民主先進國家的文官制度，作如下改善：

(1) 嚴密保障常任文官的身分、地位及任職之安全。

(2) 要合理限制文官的政治權利及行為，以期政黨組織體系與政府的組織體系間有明確分隔及釐清，使公務人員不介入政爭。

(3) 參照美、日、德國對違犯政治活動限制或禁止者訂立罰則，以確保行政中立制度之實效。

(4) 減除「特別權力關係」增加「平等權力關係」之規範，給予文官有知悉有關切身權益之真相、申辯、及申訴之權。

(5) 仿照美國之設置「功績制保護委員會」，而設立類似之公務人員保障機構，以保障公務人員之權益或因遵守行政中立規範所受之傷害的救濟。

（三）行政程序途徑

在行政程序運作中，為規範承辦人員被賦予之行政裁量權及配合有自由心證主義[7]之濫用。以確保行政中立。政府權責機關宜加速完成行政程序法之立法工作，其規範對象包括：行政處分、行政契約、法規命令及行政規劃、行政計畫、行政指導等，以期在行政程序中，對行使公權力者給予必要之規範，如規定公務員應遵循公正與民主程序，避免偏差行政裁量，以保障人民權益，增進人民對政府之信賴。

（四）行政倫理途徑

經由前述文官制度的設計而企圖落實行政中立，其實此策略背後有一前提假定，即文官們有實踐行政中立之意願及價值取向，所以根本之計，還是需要從文官心中營造行政中立倫理。

茲為推動落實行政中立，朝野政治人物、行政人員、及一般社會大眾，應認同行政中立是政治倫理與行政倫理的重要部分，予以支持遵守，以補制度性規範之不足。各方面要不斷強調、說服、示範及教育：行政人員（事務官）應本於道德責任，堅守中立的角色立場，忠於職務及國家、人民與合法政府，奉獻自己的知識、技能及經驗，以公正、客觀的態度，執行國家法律及政府的政策。

（五）其他相關配合途徑

1. 相關法制之配合

(1) 模仿外國制定陽光法、遊說法、資訊自由法、個人資料保護法等時，應留意配合行政中立之需要，作有關規定。

(2) 在現行相關法律中配合行政中立需要，作配合修訂，像公職人員選舉罷免法、人民團體法、公職人員財產申報法等。

7　吳庚，行政院之理論與實用（台北：作者自刊，81年），頁424-426。

2.實際運作之配合

(1) 政黨及政治人物能尊重行政中立，親身示範不去干擾文官系統之運作。

(2) 政府相關機關，經由各種方式向民眾及公務人員宣導行政中立之意義、重要性、具體做法，請求大家全力配合，為國樹立良制。

(3) 司法、檢察及調查機關，應強化對文官行政中立的管制及監督之執行工作。

(4) 行政機關經由教育與訓練方式，將行政中立的價值理念及原則內化到公務人員的心中，進而養成習慣切實自律奉行。

綜之，依陳德禹教授等提出的推動行政中立途徑中，其建議研提的方向，確實可行，惟以相關法制之具體內容或立法設計暨實際作業原則等，可能因篇幅關係，均未能進一步提出，尤其是法制建構與實務法制作業等方面議題。

參、行政中立的倫理內涵

國內文獻討論本議題時，似可看出其論點過於強調公務人員政治活動的限制，而忽略公務人員行政中立倫理的價值意涵。易言之，往往在規範層面對公務人員為何要中立的同時，常忽略公務人員對憲法價值的保護監管角色，即相當於行政倫理的職責要求，同時也應予考量公務人員或文官本身對踐行倫理價值意願的強化。

國內很多學者相當明瞭推動文官中立的法制化，事實上，贊成者隱藏著一種對文官行政中立之倫理觀的前提假定，意即假定文官必須有著實踐中立之意願與價值取向；因為制度設計僅為鼓勵文官勇於實踐，如果文官無此認知與認同，再好的制度設計亦無助行政中立之落實，但對此前提假定，我們懷疑倫理價值的訴求是否能夠壓得過政治文化、行政文化與行政現實的影響，如何因應，亦宜審慎思考也，例如陳德禹教授等。[8] 提出外國行政中立制度中，除分別界定公務人員之責任、角色與立場，保障公務人員身分、工作權外，亦明定：（一）限制政黨活動；（二）參與競選或選舉活動；（三）或參與政黨活動。但未能針對不同國家體制脈絡，而說明其各項制度設計不同的原因，事實上，也可能造成因時空因素等不同，而比較上有所困難。就此類活動限制之立論係在消極防弊，而在積極的立場來自對公務人員的倫理觀的訴求，但不同於行政倫理學者之直接提出此種訴求的期望，例如江岷欽、林鍾沂對公共利益與行政中立的連結，以及Vinzant與Roback之公共行政正當性與公共利益的辯論等，但此種立論卻未關涉公共服務如何落實的方法。

此處值得引用的是Ingraham與Ban[9]提出之「公共服務模式」提出常任文官與政務官（人員）雙方均對公共利益，並維持互相尊重之關係，藉以調解政治與功績、民主與官僚、政治與行政間價值衝突。過去至1883年Pendleton Act確保常任文官不受政治干

8　同註5，頁408-420。

9　P. W. Ingraham & C. Ban. Politics and Merit: Can they meet in Public Serrie Review of Public Personnel Adininistration, Vol. 8, No. 2, 1988), pp. 7-19.

擾，1887年Wilson認知政治與功績間持續對立，並認為行政目的在於平衡政治目的與衝擊，而中立性、穩定性、專門知識能補救政治不穩定與持續變遷之要求，但只要求長期文官行政穩定又違反動態的民主價值，如何在理論與實際上來整合政務官（人員）與常任文官（事務官）關係以服務公眾，過去一直採政治／行政二分法來思考，尤其將所有責任置在常任文官身上，而所解決之方法，則常犯二個錯誤：第一、政務官（人員）與常任文官責任分別認定，但二者間共同職責、責任卻未提及，況且政務官（人員）責任常缺乏說明；第二、為何要解決政務官（人員）與常任文官關係互動之目的常被忽略，而事實上應該是為公共服務目的，是以Ingraham與Ban提出「公共服務模式」希冀二者皆能在政策過程中扮演正當性之角色。

過去有關政務官（人員）與常任文官關係模式至少有三大類型。

（一）管理模式（Management Models）

Ingraham與Ban（1988）指此管理模式可再細分為：中立能力模式、回應能力模式、管理能力模式。

1. 中立能力模式（Neutral competence model）

贊同政治與行政功能分化，由政治任命者與民選官員執行政策決定活動，常任文官扮演中立執行角色，追求經濟、效率運用之原則，以文官專業知識與永業性來平衡政治變遷與不穩定。

2. 回應能力模式（Responsive competence model）

希望常任文官完全針對政治指示做回應，常任文官專門知識並非試圖來平衡政治影響力，係運用以為達成目標的資源。此一模式強調因應變遷與常任文官能完全感受與因應持續變遷的能力。

3. 管理能力模式（Managerial competence model）

不特別強調中立性與對變遷感受回應力，而是強調管理專門技術與能力，某部分類似中立能力模式，惟較依賴私部門之技術與方法，以作為達到公部門效率與效能的最佳方法。此三種均對政治首長與文官管理者有不同之期待，惟未提及為何要改善行政功能之公共目的。

（二）道德／倫理模式（Moral/Ethical Models）

強調「公共」的服務特殊品質，藉以區分公行政與私行政的不同責任與職責，但要定義一個持續廣泛目的問題，Streib（1986）提出三種主要類別行為：1.社會公正模式（Social equity model）；2.政權價值模式（The regime values model）；3.公共利益模式（The public interest model）。

1. 社會公正模式

認為管理模式目標過於狹窄，也不適用於公共服務、效率、經濟與政治回應，同時並不能涵蓋更廣泛民主議題，例如社會公正，係由新公共行政學派提出，不似管理模式

係將常任文官置於政務官（人員）地位之下之消極性角色；社會公正模式提議行政者能積極的以社會正義所趨使之道德與倫理的關切，內化成為公共責任的職業抉擇來服務公眾。

2.政權價值模式

Rohr[10]認為美國憲法反映出之政權價值，足以理出公共利益所在及引導行政價值與行動，而公共行政者之宣誓服務，即要求信守憲法之價值與原則，此也正是正當性之來源。

3.公共利益模式

雖然公共利益難以明確指示規範，但Wamsley et al.（1987）認以機關觀點（Agency Perspective）來追求公共利益之認定，以常任文官服務機關之政策、方案、組織文化來針對特殊公民群所承諾之政府功能與服務，界定其為公共利益，而混和所有以機關觀點，所追求之公共利益來組成之。

要之，上述三種倫理模式提供個人倫理道德與公共利益共同滿足的思考方式，但往往僅對常任文官作適切行為之規範，卻無法對政務官（人員）作明確之限定，無疑地使行政仍然脫離不了政治干擾，所以行政之推展必須得到政治首長之合作。

（三）政策模式（Policy Models）

提出政務官（人員）與常任文官之間的公共政策適切功能與責任之研究，通常關切常任文官常被排除於政策制定之外，但政務官（人員）之技能與專門知識尚不能填補此一空間，所以Heclo（1984）與Rourke（1984）等認為政策網絡，使政務人員與常任文官互動性增加重要性，在需要有效之政治治理者與外部行為者，內部官僚發展工作關係，而Aberbach, Putnam與Rockman（1981）以經驗性跨國問卷研究，描繪出四種形象以說明有關政務官（人員）與常任文官（事務官）間關係：[11]

1.形象一（Image I）：政策／行政

政務官（人員）制定政策、作成決定、常任文官負責行政與執行。在美國早期改革主義者要求政治與行政明顯分離，尤其是Woodrow Wilson以行政必須由政治劃分出來。Frank Goodnow辯稱國家之功能本質地區分為公共意志之表達（政治）與執行其意志（行政）。Luther Gulick更堅信兩者應予區分，以免政治影響行政效率。而常任文官在每個國家必然要服從其政治上司，勞力分工使政治權更加興盛，卻也隱藏了官僚的中立性，成為實務者的神話。B. G. Peters（1978）曾就行政者方面言，行政與政治區分之下，允許其介入政治，但不必為其行動負起任何政治責任，也不必擔心會有政治人物來干擾並要求修改政策；而對政治人物而言，兩分法給他們更大寬廣空間，因為B. G.

10　J. A. Rohr, To Run a Consfitution: The Legitimacy of the Administrative State. (KA: U. Press of Kansas, 1986), p. 187.

11　See: P. W. Ingraham & C. Ban, op. cit., p. 12.

Peters（1978: 137-138）認為政治人物可以將困難決定推給不必面對選舉的行政官僚來做，但是，明顯區分政治（政事）決定與行政（執行）是相當不可能的，因為每一個問題不管有多技術性，仍有政治的重要性，其解決也被政治所考慮所影響著！所以這種區分是模糊的！因政治人物缺乏專技、資訊與時間來決定現代政府每年所必需面對的千萬政策問題，縱使常任文官要服從政治人物命令，事實上也成為不可能的。而Image I假定一種權威層級決策簡易性，與有效的政治崇高性，對現今學理是不切實際的說法！況且在行政裁量上不僅在個別事件處理上，也可在決定法案內容上去發揮，至少對愈高層政府官員層級言，Image I並不是區分政治人物與行政官僚分工的好理由！

2. 形象二（Image II）：利益／事實的分際

此在假定政治人物與常任文官皆參與政策制定，只是貢獻不同。常任文官帶來事實與知識、中立專門技術，考慮的是行政可行性問題；政治人物帶來是利益與價值、政治敏感性，考慮的是政治可行性。當常任文官強調政策的技術效應時，政治人物則強調對選民之回應！Herbert A. Simon建議人類的選擇，其實是將前提推理得出結論的過程，前提可區分為：事實性（描述性）與評價性（偏好性）二種，而決定過程設計區分事實與倫理，也須更有效地區分行政所提供專門技術以作為民主制度之政策形成與作成價值判斷。

其實Image II反映出「政治理性」與「行政理性」之比較，政治人物是較為不耐煩行政細節的。而Image II仍對行政／政治作合理區隔。

3. 形象三（Image III）：能量集結／價值平衡

政治人物匯集分散的利益，行政官僚負責調節狹小、有組織的集體利益。政治人物是熱情、黨派的、理想的、意識型態的、追求知名度、提出創意議題等政策系統。行政官僚是審慎的、實際的、務實的，只在幕後負責漸進和平調整，以提供政策平衡。雙方所需要之政治技能並不盡相同，政治人物要的是公共場合，行政官僚要的是一個單位，當然彼此均是對現狀應有回應能力，只是程度不同。

4. 形象四（Image IV）：純粹混合式

指出雙方均作改變，行政官僚愈趨政治化，政治人物愈趨官僚化，非僅對立於行政官僚的立場，二者亦是政策與責任共同合成的混合公共模式，作者們辯稱是Image IV，主要在使官僚與政客間的緊張關係更具有創意性思考，而Ingraham與Ban（1988）所提「公共服務模式」對於政治人物與常任文官緊張關係之處理也是創意的方式，因為政治人物與行政官僚的角色均同樣被尊重，二者均助益於型塑公共利益。

什麼是公共服務模式？為什麼雙方責任如此重要？目的為何？事實上，要為公共利益服務者，均是政務官（人員）與常任事務官的責任！當然「公共利益」相當抽象，若以認為公共利益為善的標準，以其判斷政治行為，仍然是抽象的。Stephen Bailey（1962: 97）認為公共利益概念是個「迷思」，也有其理想性的價值存在，因為代表官員的良知。一個文明政治政體的核心概念，其本質不在於是否明確，而是在真正地保存

與持續的道德融入（moral intrusion），而置於統治者與被統治者間的外在討論中，也就是公共利益有著這種「道德融入」功能，致其成為解決政治功績辯論中的理想概念，因為此一最高目的的出現，政治與功績兩方面之基層目的的價值則不再成為優先價值，僅成為過程、手段價值，且必須是相互補充與容忍！因此政治與功績之間的共同性（jointness）是相當重要的。公共組織之結構間與領導緊張關係不是任何方面有能力排除，其共同的行動以求取動態平衡是必要的。

如何促進彼此的共同性，Ingraham與Ban[12]則認為藉由公共服務模式以促成之：

1. 必須要求政治任命者與常任文官能認知公共服務為唯一的民主制度，能強調公共服務的民主角色與功能，也能重視公共服務為政治體制的核心議題。

2. 雙方必須對管理能力能認知其特定性質與需求，非僅是轉移私部門技術至公部門來，必須強調在管理政治與公共環境之特殊需求。

3. 必須雙方能互相尊重不同的管理價值，共同促進。互相瞭解對方立場與角色，以避免造成衝突。政務官重視黨派政策目標、立即效應，回應民意目標。常任文官重視永續性目標與方案相結合，對於任何回應必須依照法令與制度如何平衡？需要一個特殊承諾。

4. 雙方必須在公共利益上，求其認知上、行動上的一致性，亦即是Bailey所言的存有「道德融入」的持平思考與行動，即政務官要超越其選舉結果，常任文官必須超越方案本身與組織穩定的思考，求取雙方之配合。

當然Ingraham與Ban也承認這種公共服務模式是個理想，但對現存之緊張關係有啟示作用，而關於過去試圖要彌補政治與行政落差之方法之錯誤，David H. Rosenbloom[13]辯稱，一種行政文化漸漸浮現，即以憲法價值與公共行政為政府的行政文化在形成中，如何擴張解釋公共行政，或瞭解其與外在政治力的關係？又係屬重新引導與定義政治力，是困難的工作，需要各方共同認知與行動支持，也必須肯定行政官僚價值存在，不能將公共服務視為一種市場，個人應從對公共的承諾出發思考，而不是從其陞遷考量。相同地，學者在於研究教導上確定在公共政策、統治上所要扮演之角色，並做行政倫理的再定位與再思考！行政實務者，要知悉其重要性不在自己或機關上，而是為公共服務作出承諾，以達成更高層次的目標。

綜之，在國內各界對行政中立的殷切期盼，似乎是累積長期威權體制下的行政作為流弊的總反應，所以，在探究行政中立意涵，不能僅就選舉期間的政治活動行為限制規範而論，而係包括平時的依法行政與行政公正，因此，在分析行政中立時，也必須併同探討行政倫理的議題。其詳參下一章述明之。

12　P. W. Ingraham & C. Ban, op. cit., pp. 14-15.

13　David H. Rosenblom. Public Administration: Understanding Management, Politics, and Law in the Public Scetor. (New York: Mcgrow-Hill, 1987), pp. 28-30.

第二節　行政中立的相關理論

壹、行政中立的價值模式

在行政中立法制建立之理論層面言，吾人以為公共人事政策與行政是由民主政治價值所主導，如鐘擺般遊走於多元民主政治的要求與行政效率的專業理性組織需求之間，而公共利益之裁量必然在於文官系統運作是否能在「政治回應」與「行政專業」兩端價值中，求得動態平衡？[14]就Yates認為公共行政理論傳統上採以政治與行政的兩分法，造成兩者意識型態之分立，在政治腐敗時，激進改革者汲汲要求建立中立、穩定與具有專業與非政治化的文官系統；長期以往，可能以此機械觀的理念發展下，文官系統本身將呈現對民主政治價值訴求的反應遲緩，以致忽視民意訴求的心態與作風。中國長遠以來，即要求官吏能知廉恥，人民能明是非，社會能辨善惡，而近代自由主義者要求文官系統充滿民主責任、政治回應的動能，在理論與事實的整個互動過程中，上述Ingraham與Ban。[15]指出之鐘擺價值分立，在形成文官系統特定時空下的思考，為屬動態價值觀，此種說明不僅可對目前政治與行政官僚的憲法保障者角色做進一層之釐正，更可對為何我國長久性對公務文官系統設計等價值未定的困擾，提出雙重的解釋模式！

按美國行政學術界在二次大戰之後，即開始批判自威爾遜而來的行政／政治二分法，學者們基於實務者的經驗，抨擊二分法不論在行政的規範面或描述面都是不妥當的概念設計或理論；對民選行政首長及政務官（人員）行政人員、學者三方面而言，因為二分法的根深蒂固造成：

（一）民選行政首長與政務官（人員）獲得很好藉口，即將來自政治系統的譴責轉嫁於常務文官的執行不力；

（二）常務文官不願承認或強調他們的政策影響力，以免招致行政、政治不分的指控；

（三）學者們以此既難以觀察，又不容易量化處理為理由，規避探討兩者關係的意義。

有關學者「對二分法的批判」，以亞波比（Paul H. Appleby, 1891-1963）最足代表，亞波比認為如將「政策」（「政治」之同義詞）界定為國會之決策，「行政」界定為行政部門之行為，則政策與行政當可視為分立，但此定義毫無意義。同理，如將政策界定為高層決策，行政界定為基層決策及應用，當可達成分立說法，但此定義並無用處；或謂國會制定一般性政策，行政機關據以擬定較低抽象層次的政策，此定義雖含部

---

[14] 參考N. J. Coyer, "Public Personnel and Labor Relations" in J. Rabin & W. B. Hildreth & G. J. Miller (eds.) Handbook of Public Administration. (New York: Marcel Dekker, 1989), pp. 277-308. & D. Yates, Bureawcratic Democracy: The Search for Democracy and Efficiency in Admerican Gorernment. (Cambridge, MA: Harvard University Press, 1982), pp. 9-10. & Jyan-Shiu Lu, A Values Orientation Approach to Study of the Public Personnel System of Taiwan: Constructing A Four-Values Framework for Analysis. Doctoral Dissortation unpublishes., the University of Southorn California. 1994.

[15] P. W. Ingraham & C. Ban, op. cit., pp. 7-19.

分事實，但絕非完全有效。亞波比探討政策與行政關係的結論是：公共行政就是政策制定，它是在各種社會力量競爭領域中所發生的一種政策制定，也即是須受制於其他眾多政策制定者的政策決定（1949: 170），從此二者連結難分之論點已成通論，甚少再生爭辯，而有關行政與政策（政治）兩者關係，其間連結難分之論點，也成學界之通論。

惟對政策／行政分際卻導致需要辨識出一個特定研究領域；以及以此分際來改革政府，反對政治腐敗，而建立一個行政中立領域，由文官之法律保障，經濟性效率驅動治理下，能讓分贓制度衰竭，並使政府的政策制定成為民主政治的運作的正軌。其深層之目的在於確保文官的超乎黨派，使輪流的執政黨下之行政效率持續。開發中國家的行政，若是行政官僚徘徊在政治與行政的二分法下，反而使行政搖擺不定，而實務推動上，行政官僚應能尊重民選的政務首長，並小心的回應政治性議題，但同時必須要能確保行政的一致性、永續性，以期抵制腐敗的侵蝕，亦能達到相對於司法機關與立法機關間的動態平衡，所以行政與政策（政治）是相連結的。

在行政與政策的連結關係中，學者史跋勒（James H. Svara）的「政治、行政分立二元模式理論」（Dichotomy-Duality Model），[16]可作為當代行政學對行政與政治關聯詮釋探討的代表性說明。史跋勒認為政治與行政之困窘關係，係解決自威爾遜（Woodrow Wilson）的二分理論。在第二次世界大戰以後，因為行為主義引發之概念重新定義，常任文官影響政策之驗證，以及新公共行政（New Public Administration）運動倡導常任文官應參與制定政策，並捍衛政務官（人員）漠視之公共利益之規範挑戰等之所遭受挑戰。惟以二分理論基於：（一）符合部分事實；（二）提供依據民主理論以衡鑑雙方適當行為的規範性標準猶存。至於政務官（人員）與常任文官之如政策（政治）與行政關係之議題，則可歸納為四模式。[17]

（一）政策行政分立模式（Policy-Administration Dichotomy Model）

此一模式起源於威爾遜、古德諾之「政治／行政兩分說」，並得到1950年代賽蒙（Herbert A. Simon）「價值事實二分說」及1960年代雷福特（Emmette S. Redford）「高架民主論」（Overhead Democracy）之理論強化。其主要論點係強調政府的民主控制及依法治理，政治人物制定政策，行政人員執行政策，行政裁量被允許與期待，惟不可潛越政策規劃領域，雙方的各自發展，不僅有助於消除政府腐敗，亦能避免政治干預行政運作所衍生的不客觀與無效率。

---

[16] James H. Svare, "Dichotomy and Durality: Reconceptualizing the Relationship Between Policy and Administration in Council-Manager cities" Public Administration Review. Vol. 4s, No. 1, Jan/Feb 1985, pp. 221-231.

[17] Ibid., pp. 221-224. 另參考吳定、張潤書、陳德禹、賴維堯，行政學（一）（台北：空中大學，83年），頁363-369。

（二）政策混合模式（Mixture in Policy Model）

係起源於政治學行為革命所產生重新界定政治概念，及公共政策研究重心。而同時期政府職能及官僚體系的急速擴張更有推波助瀾之效，在新學術觀念及大政府環境下，政策制定被視為是政治人物及行政人員雙方職能的混合，行政人員不僅具有參與制定政策的機會，更具有相當的權力資源得以和政治人物協商或抗衡，而在政策執行領域，則其優勢自主性地位穩固，甚至可在執行過程重新賦予政治人物所定政策意涵，所以此一模式認為政治人物與行政人員在政策領域混合的，但在行政領域，行政人員仍是掌握真正自主權。

（三）行政混合模式（Mixture in Administration Model）

是政策混合模式的反向邏輯推論模式，強調議會或政務首長對行政要有深入影響力，例如，介入人事任用或契約審核等細節事務之管理，此一模式的理論邏輯是重新肯定政務首長過問行政之權力主張，以及經由立法監督及立法否決等措施，以抑制難以控制之行政官僚。

（四）政策夥伴模式（Co-Equals in Policy Model）

是由新公共行政運動學者所提倡，除具備政策混合模式特徵外，並增列規範層面之探討，此一模式主張行政人員具有提昇平等、參與價值與反對政治人物危害政治上弱勢群體行動之倫理義務，以期擴張行政人員的角色扮演，匡正在政策過程中，因為立法機關的代表性不足，以及民眾之間的不平衡組織與參與，所導致的行政效率低落現象。行政人員影響及導正政策過程的正當性，是源於民主理論，今日行政運作不僅要擺脫政治的干預，更要建構超越政治人物，而使行政人員與民眾能夠直接聯繫的政策制定與管理機制。政策夥伴模式如同政策混合模式一般，政策領域是政治人物與行政人員的共同職責，但行政領域則仍為行政人員的優勢主控，所不同的是，增加行政人員是政府運作力量與及公共利益保護者的倫理規範，按此模式雖受到許多理論批判及具有實務執行困難，但其闡揚的倫理規範之論點則是重要的。

當然史跂勒認為上述四種模式理論均有缺失，茲分述如下：1.「政策行政分立模式」忽略行政人員確實影響政策制定之事實證據及其價值抉擇之重大後果；2.「政策混合模式」過於誇大行政人員對政策的主導性，通常議題設定是政治人物的優勢領域，行政人員少有影響力，行政仍受到有效的控制，而且「政策混合模式」與「政策行政分立模式」均忽略議會可能參與行政運作之事實及監視政策如何轉化為計畫的合法性角色；3.「行政混合模式」缺失在於無法確認議會參與行政運作的適當界限，以及認為民主政治並非可完全由政黨政治來代替，人民之自由意志並非完全由政黨來表達。「依法行政」是確保實現民主政治手段，與認為立法權容易監督行政權之立論前提；4.「政策夥伴模式」具有如同「政策混合模式」的實務不適當缺失。雖然為行政人員扮演政策制定者角色，提供規範價值，但其主張破壞民主理論及依法行政治理，甚至藐視政治人物政

治權威的意義及範圍。

　　簡言之，四個模式均論及實證性與規範性問題，而問題之癥結乃在於核心概念定義不精確，既然文獻分析所得的四種模式不足取，史跋勒重新提出見解如圖13-1，首先確定政治與行政核心概念之意義；其次分析政府過程要分為兩項工作與四項功能，兩項工作即是：1.決定要做什麼？包括基本任務（mission）與具體政策（policy）內涵；2.做好工作，包含行政（administration）與管理（management）。四項功能為：1.任務、2.政策、3.行政、4.管理。彼此可視為抽象層次價值到細部技術之連續體等四階段。最先與最後之「任務」及「管理」階段是可以二分的，分別屬於政治人物與行政人員的個別職責領域，中間的「政策」及「行政」階段很難分離的，是屬於政治人物與行政人員的共同職責領域。因為：1.任務指的是機關組織的理念、職權、廣泛目標與作為、不作為的抉擇，如中央與地方權責、財政劃分關係等；2.政策指的是中層政策的決定，例如預算支出，新編計畫、新設組織機關分配服務層次；3.行政指達成政策目標所需要的具體性行政決定、辦法規章、程序步驟、實務慣例內規等；4.管理指的是有關政策及行政功能的支援性行動，例如人力、物力、資訊、技術的控制與使用。

　　綜之，「分立二元模式」主張任務制定是政治人物職責，機關內部管理是行政人員職責。除最先與最後政府過程階段可以明確區分外，介於其中的「政策」與及「行政」既非完全分離，亦非完全混合，而是雙方的適當分工。政策制定需要聯手合作，政治人物雖有最終決定權，但應承認並鼓勵行政人員的政策作成過程中的貢獻。相對的，行政運作須有經驗與專業，應為行政人員的主要職責，但政治人物應予監控確保忠誠執行，

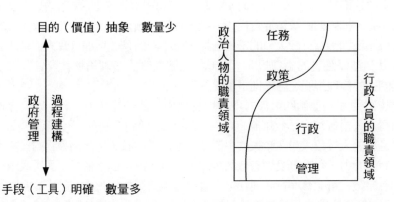

圖 13-1　史跋勒之行政／政治分立二元模式（Dichotomy-Duality Model）

說明：曲線左半邊代表政治人物的職責領域，右半邊代表行政人員的職責領域；曲線軌跡指近似相當程度之雙方分立與職責共享的曲線型關係。

資料來源：Svara J. H. (1985) "Dichotomy and Duality: Reconceptualizing the Relationship Between Policy and Administration in Council-Manager Cities." Public Administration Review, Vol. 45, No. I, p. 228.

任務與管理的職責分立，以及政策與行政的職責共享，不僅使雙方才能及資源獲致最大的效用，同時確保民主政府運作的永續發展。Svara再於2001年修正，以政務官「控制」程度與高階文官的「獨立」程度分為四個模式（Svara, 2001: 179）。前已述及，惟其中若發展成「政務官事務官化」或「事務官政務官化」，均非常態，如何達到政務官與事務官互信、互動、和諧、支持、協力而為，共同推動國務至關重要，茲併予說明供參。

　　由上述政治人物與行政人員之職責不同，可能引申彼此所追求的價值可能產生衝突的問題，所以進一步分析文官應否嚴守行政中立？事實上，也存有在國家行政業務推動與人事管理上的衝突價值，據許濱松教授的研究指出有三點贊成的理由，二點反對的理由。主張公務員（文官）應該嚴守中立的理由是：

（一）公務員為全體國民之服務者，其執行公務之目的在增進全體國民之幸福，故其地位應當超然中立，不能有所偏頗，以免其公權力之行使圖利某一政黨，或淪為政治黨派派爭之工具，以致傷害全體國民之利益。

（二）國家行政需要持續性，無論執政者如何變動，國家活動或政府行政不能一日終止，否則國家之基礎將發生動搖，人民之生活及社會之秩序將難維持。故應使行政系統中立，不受政爭影響，以求穩定。

（三）公務員因執行其職務而行使公權力的關係，享有特殊的地位、機會及權力，倘若偏袒或圖利某一政黨、派系或政治人物，容易對於全體國民或社會造成傷害。基於此，公務員之政治活動權利必須予以限制，不得享與一般人民同等的政治活動權利。

　　除上述理由外，陳德禹教授認為尚有二項理由：即

（一）因社會之開放、利益多元化，各種勢力並存的情況下，為使行政能保持公平正義原則，則須先使行政中立化，才可望保障弱小勢力。

（二）為避免文官系統發生權責贍徇及政黨分贓弊端的發生，必須使行政中立，尤其當政黨政治出現之後，更需要行政中立。[18]

　　反對文官應嚴守行政中立者，其主要理由有二：

（一）各國憲法都規定，人民在法律上之地位一律平等，公務員亦為國民之一，不應例外，自應享有其政治權利。如予剝奪，係屬違憲。

（二）行政與政治不能分離，公務員既然是政策的執行人，對於執政之政黨或政治領導者自然應該順從，並無可以中立之情事可言。

　　文官應否行政中立問題，理論上仁智互見；在實務規定上也常因不同的時空環境或

18　陳德禹，「文官行政中立的理論與實際」，頁7。

國情文化而不一致。例如奧地利憲法及德國威瑪憲法，均承認公務員享有完全之政治活動權利。而義大利憲法、西德基本法、挪威憲法、土耳其憲法等，則均對公務員之政治活動權利加以限制。而一般國家的法制，對此問題亦傾向於限制的情形居多。陳德禹教授就此進一步指出：為追求政治系統的穩定及實現公平正義之價值，以致行政中立：一方面保障行政系統文官之身分及地位，免受外來政治勢力之影響及威脅；另方面則限制文官之政治活動，避免捲入政治衝突之漩渦。就後者而言，在我國方面，陳教授認為基於公共福祉之要求，而可對公務員之參與政治活動權利加以限制。我國憲法第23條亦有類似對人民自由權利之限制規定：「以上各條列舉之自由權利，除為防止妨礙他人自由、避免緊急危難、維持社會秩序或增進公共利益所必要者外，不得以法律限制之」。[19]當然，就各相關基本價值衝突如何求得平衡點是吾人關心的議題，亦正是吾人建構理論的核心價值，而法制之建立，相信更是維持價值平衡的基礎。

貳、行政中立法制的學理

按考試院提出公務人員行政中立法草案之立法目的，係著重於政務（官）人員與常務文官（事務官）權責之區劃，並為因應公務人員與國家之關係應有新定位，強調公務人員除應享有憲法賦予人民之言論、集會及結社之自由，以及參政等權利外，同時也應依其於執行職務時，能夠做到依法行政、公正執法，不介入黨政派系紛爭，以為全國人民服務。據此，擬對上述三項意涵之學理加以探討。

一、依法行政之學理分析

茲以法治國家的國家意思之形成，國家機關與人民間之關係，以及所有政治活動，則實以法律為準繩。又法律是否發生功能，端視執法者之良窳與是否確切落實執行。[20]若以行政程序法之立法目的言，行政程序法是規範行政機關作成行政行為前應遵行一定程序的法律。其立法目的，在使行政機關行使公權力時，能透過一套公正、公開的程序及人民參與的過程，強化人民與政府的溝通，以確保政府依法行政，作成正確的行政決定，進而保障人民權益，促進行政效能（馬英九，1995），其學理論點，略有：以公益理論（Publicinterest theory）為主軸，強調保障人民權益或維護行政效能，以及以利益團體政治（interest group politics）為主軸，強調提供各利益陣營公平競爭的制度環境。又公務員不能依法行政，除法學專長不足與守法觀念不清外，往往是與「腐化」相鄰為伍，而學者對政治腐化的三種解釋有公職中心論（Public Office-Centered Definition）、市場中心論（Market-Centered Definition）及公益中心論（Public Interest-Centered Definition）。上述理論可作為公務人員是否依法行政及執法是否公正之判

---

19 同上，頁8-9。
20 翁岳生，行政法與現代法治國家（台北：台大法學叢編，74年），頁103-105。

準。[21]另外在行政院通過法務部所提有關行政程序法草案[22]之立法原則，強調以公權力行政為規範範疇、為普通法性質、採職權主義、兼顧保障人民權利及提高行政效能原則及兼顧行政實體法之法理等，事實上，在草案中則應再強調引導社會轉型、連結憲政發展，以及正當化行政權等功能。

二、執法公正之論理分析

茲以義利裁量與行政倫理之立法目的言，前者，即將行政運作使用不確定的法律概念（Indefinite Legal Concepts），如公共福利（Public Welfare）、利益（interest）、安全（safety）、程序（order）、善良道德（good morals）等予以大膽化約定義為「義」的廣義內容；而相對的非公共的，自私的、無程序的……等，化約定義為「利」的內容。因為執行法律非行政機關本身的目的，而只是達成國家目的的手段。所以公務運作，不失互動性（initiative），行政行為能檢證存乎平等、客觀、合理與個人誠信的價值。所以，行政裁量之指標採擇，除加強國家與公務間之倫理關係外，事實上，其必是一種反覆檢證的價值判斷過程，而義利化約論，為可供運用之途徑。[23]

再者，有關行政倫理標準，依Mark T. Lilla區分為二，其一，官僚體系信念（Bureaucratic Ethos）之行政倫理，包括效率、能力、專業技術、忠誠及負責任等；其二，民主信念（Democratic Ethos）的行政倫理，包括公眾（共）利益、社會公道（公平正義）或憲法的價值及公民參與的觀念。或亦可將其區分為以「自由」為中心價值及「秩序」（效率）為中心價值，且各自成一圈圈，如何在自由與秩序兩圈之交集下運作，則是倫理議題也（John A.Worthley, 1981: 43-44）。當然，有關憲法價值體系，對基本權利與其他利益衝突時的衡量有其拘束作用，立法者為利益之衡量時，僅有較小的選擇餘地。[24]此為吾人不可不併同思考者。

要之，有關執法公正，無論是立法者、執行者，似應把握下列原則：[25]
（一）公務人員應與人民同受國家法律之制約，秉諸憲法價值、精神，並共同建立廉能、公正的政府。
（二）將行政裁量中的「物化」動機、觀念，強化成尊重人性尊嚴與實踐社會正義的德行裁量，以強化執法公正之倫理意涵。
（三）遵守義利裁量之判準，以確保國家資源之最有效率、效能之分配與運用，落實社會公義。
（四）公務員應重視法治素養，兼及人品陶冶之德行，以確保政治中立與行政中立。

21　張劍寒，行政立法之研究（台北：自刊，62年），頁110-112。
22　馬英九，行政程序法草案口頭補充報告（台北：法務部，84年），頁4-8。
23　蔡良文，「論公務員義利裁量」，中國行政，期56（台北：政大公企中心，83年），頁22-34。
24　朱武獻，公法專題研究（一）（台北：輔仁大學獎助出版，75年），頁451。
25　蔡良文，論公務人員政治行為之限制（台北：民主基金會，78年），頁10-11。

（五）本於誠信原則與良知良能的作為，共同營造良好的管理組織系統與環境。

三、政治活動限制規範之論理分析

茲以日本等國為例，對於有關政治活動限制規範之解釋論理類型要有六（太田一男，1977：29），[26]將參採引介歸納為五，另加列保障救濟一項，以求周延，並簡述如次：

（一）全民服務者論

依日本「最高法院判例」，最早為其政令201號事件，雖以公務員屬於憲法第28條所保障者，惟又以「公共福祉」、「服務全民者」為理由，判定限制公務員之爭議權、團體交涉權合憲。其次，在昭和41年全遞東中郵事件判決，雖「以憲法第15條為據，全盤否定公務員之基本權是不被允許的」，惟又以「依其擔當職務之內容，內涵和民營企業之勞動者不同之制約」；最後，在昭和48年，全農林警職法事件，又作大幅修正，即依憲法第15條規定，以刑罰限制公務員爭議行為為合憲，又基於雇用者為全體國民，所以對公務員之團結權，勞動基本權等，作必要而不得已限度之限制，應是充分有理的。[27]在我國威權轉型過程，在合理限制公務人員政治活動的範圍時，如何考慮其過渡性質是必要的。

（二）政治與行政分離論（行政中立論）

其最早判決強調「行政之運作應與政治分離，在法規之下，民主而有效率的運作」暨全遞標語牌事件一審判決中，即先區分「政治公務員」與「非政治公務員」後，即判斷為「為防止其弊害，依非政治公務員之地位權限及其擔任職務之內容，為求其達成目的，對非政治性公務員加以最小而必要之限制，乃為憲法容許之範圍」。依此而論，規定「非政治公務員」維持行政中立之基準，係考量其遂行職務之要求，與限制或禁止其私人政治活動，無必然之關係。[28]在我國特有的人事制度，如何區隔，允宜重整與釐清之。易言之，有關「公務人員基準法草案」、「政務人員法草案」允宜加速完成立法程序，以釐正政務人員與常務人員之範圍，助益於政黨政治之發展。

（三）特別權力關係理論

按此理論概念係由德國學者拉邦德（Laband）提出建構，而由麥耶（Otto Mayer）集大成，建立完整之理論體系。此一理論，頗能適合亞洲傳統的歷史背景，尤其符合戰前日本之軍國主義思想。[29]戰後，雖作大幅修正仍擺脫不了德國戰後特別權力關係新理論之影響。在日本以特別權力關係理論作為限制公務員政治行為之依據，係岡部史郎

26　李仁淼，日本公務員的基本人權（台北：淡江大學日本研究所碩士論文，80年），頁105-107。
27　同上註，頁142。
28　翁岳生，行政法與現代法治國家，頁138。
29　張嘉政，論我國公務員政治行為之限制（台北：民主基金會，80年），頁21。

氏所主張者。[30]大致上係認為國家與公務員之主從不平等性關係的引申。當然，在盛行之公務員關係以公法上特別法律關係為主，[31]致以公務員政治活動規範之對象、內涵、範圍等，似宜配合調整。吾人以「行政中立」漸為國人重視，事實上與公務員特別權力關係轉變至公法上特別法律關係有其相當之連結關係。

（四）國民之信賴保護論

為確保國民對國家、政府之信賴，除應維持行政的永續發展，亦應維持公務不論在實質與形式之客觀、公正、中立、超然。其理由要有：政治與行政分離、行政的廣泛性與一體性、防止政黨政治侵入行政組織、及基於行政機關之性質等。[32]申言之，因為國民懷疑行政的公正、中立時，政府將失去國民信賴，失去國民信賴的政府，行政就不得安定，民主法治必然無法確立；再以國家為防止公務員積極介入政治行為，而導致國民對國家、政府之一般行政的不信任，尤宜禁止特定的政治行為；又為防止公務員組成壓力團體，而未能依法律（或政策）忠誠落實執行，則必須要合理限制公務員之政治活動；最後，為確保行政公正、中立性的要求及提高其可行性，可依行政機關的性質不同，而對政治活動之限制可有強弱之區別。如司法、人事、主計等機關，依中央及地方個別層級公務員之職務、職等的相對高低而作不同程度之限制與規範。

（五）公務員保護（保障）論

因日本之傳統軍國主義思想之影響，對於限制公務員之政治行為，係以保護公務員身分地位之此種觀點，較少贊同，至以日本有關違反行政中立（政治活動限制）之公務員則處以刑事罰即是明例另日本最高法院認為：1.政府行政運作特質，在追求民主、效能的安定性與繼續性為宗旨；2.人事院規則規定未超越授權範圍；3.授權對象的人事院具有普受社會肯定的中立性、獨立性的特質等理由，認定其合法性。所以，對公務員政治活動限制規範，授權人事院以人事規則加以規範是無庸置疑。[33]本論理主要係緣於美國為對抗分贓制之流弊而發展出來，最早在1883年國會通過之文官法，該法案之特徵中，如中基層公務員地位及政治自由受應有之保障，以及保障公務員依法不從事政治活動時，亦不受到免職或不利益之處分與對待。在我國，由於傳統威權體制之影響與民主素養有待賡續提昇之時，此論點，亦允併同引用參採。

要之，公務人員政治活動規範，在執行職務如何維持公正、中立及獲得國民信賴，是首要前提，而相對地，公務人員亦為國民一分子，同樣享有憲法有關政治參與、活動之自由，如何調和，取其平衡點，亦為本書之核心議題之一。無論引介上述日本學

30　吳庚，各國人事法制叢書（台北：銓敍部，78年），頁10-11。
31　李仁淼，日本公務員的基本人權，頁144-146。
32　施嘉明，「日本國家公務員政治行為的限制」，載於公務員讀本（台北：致良出版社，85年），頁353-360。
33　翁岳生，行政法與現代法治國家，頁156-157。

說、法院判例或美國之赫奇法或文官改革法有關規定，均得見其合理性及適用之侷限性。所以，行政中立法制建立時，如何條理其一般性規範條文及如何針對個案、特例中，詳加檢視，以配合國內政、經、社、文環境需要與國際政治思潮演進，研提可行的法制方案，為應予正視的課題。

（六）保障救濟論

茲以各國重視公務員權利保障制度言，行政法上為特權權力關係理論之演變，而行政學上則為激勵保健理論等之倡導。前者，當為「戰後特別權力關係之新理論」。質言之，緣於以行政法之原則，恆受憲法理念（Verfassungsidee）之支配，在第二次世界大戰後，各國憲法莫不以加強保障人民基本權利為要務。即以戰前著重於鞏固國權與發揮行政權能，戰後各項法制興革，尤以屬行行政訴訟的改革，以符法治國家之要求。[34]復以憲政思潮之時代精神，在民主自由世界內，並無國家之界限存在。就特別權力關係內所為行政機關之行為，應否給予人民權利保護之機會等，均亦重新檢討。

國內學說中，如前所述，翁岳生教授於民國50年代即提出對傳統特別權力關係理論的檢討意見；而林紀東教授亦具體提出：「不能僅以特別權力關係為理由，否認其請求裁判救濟之權利。本憲法對於因國家之行為，而使個人權利自由受侵害者，原則上均許其請求裁判上之救濟，對於具有特別權力關係之人，亦應認許之」。吳庚教授則提出「公法上特別法律關係」學說，亦即昔日特別權力關係理論之改變特點有三，即：1.特別權力關範圍縮小；2.涉及基本權利限制者，亦應有法律之依據；3.許可提起行政爭訟。[35]在實務運作，透過司法院大法官會議解釋，也逐漸配合特別權力關係之轉變而調整。

再者，有關行政學者之激勵發展理論中，如能激勵公務員士氣，提高其工作效率，均有助於公務員執法之公正等。在行政學理論上，要以內容理論上（Content theory）之探討內在動機及外在誘因（Incentives）之激勵理論；過程理論（Porcess theory）則強調激勵行為的因素及行為模式之過程、方向及抉擇的增強理論（Rein-Forcement theory），則分就增加希望行為之可能性及降低不希望行為之可能性。若以公務員保障法制內容，主要涵蓋有身分保障權（工作權）、俸給權（金錢請求權）、退休金權、保險金權、撫卹金權、休假（請假）權、結社權、費用請求權等。[36]而上述激勵理論，均分別適用之。至於因行政中立法制建制思潮中，當以內容理論之需要層級論、兩因子理論及ERG理論等之關係較為密切。

要之，在公務人員行政中立法制建立的配套建構中，國內有關公務人員保障制度學

---

34 吳庚，行政法之理論與實用，頁175-178。

35 同上，頁195-201。

36 施嘉明，行政中立之研究（台北：考試院，83年）；銓敘部，公務人員行政中立專輯（台北：銓敘部印，84年）；林文益，公務人員行政中立之研究（台北：政治大學公行所碩士論文，87年），頁327-329。

理方面，日益充實補強，未來公務人員保障制度應於積極激勵鼓舞士氣，排除各項權益侵害及完善的救濟程序，以使我國公務人員能依法行政，執法公正，並勇於抗拒不合理的政治活動，達到憲政化、永業化、中立化的文官制度，助益於現代民主國家之建立與發展。

綜上分析，就公務人員行政中立法的立法目的中，有關法理、學理而論，對以行政中立法制之完整建立，除應重視上述學理分析外，似應特別強調著重我國政治威權轉型，連結憲政改革工程及行政權正當性、合法性等功能，立法目的的再思考。又從問卷調查、深度訪談之結果分析中時，除考量「依法行政」、「行政公正」（執法公正）、「行政效能」、「人民信賴」之議題外，當然應考量「國家認同」與「威權鬆動」、「五權分立」、「技術官僚角色」、「行政權能」、「公共參與」、「社會運動」甚至「經濟發展」等功能性思考。此即探討行政中立法制之穩定因素時，應併同思考的。

第三節　行政中立法制之建立與評估

壹、國內文獻對行政中立法制建立的建議

在國內文獻有關研究，雖名為行政中立研究；但所論及者，主要以政治活動規範議題，或外國政治活動限制之法制比較，惟甚少考量其時空因素、文化背景、政治體制、文官制度特質，或未考量分析脈絡；更因為渠等為為文時之國內法制不全，致以缺乏對我國本土的行政中立法制的比較。茲就國內多項研究中（施嘉明，1994；林文益，1991、1995），所舉各國法制有關公務人員服務之基準、政治活動之法令、政治活動屬性、限制內容及違犯限制或禁止規定之罰則等，[37]略作校正表如次。

一、公務人員服務之基準

國別	公務人員服務之基準
英國	Estacode：「公務員對國家負有忠誠之義務，並應留意行為之高尚，而且應合於倫理，以期使公務員獲得輿論之讚賞。」
美國	聯邦人事便覽（FPM）：(1) 公務員有為全體人民服務之義務；(2) 公務員為人民之服務者，其行動較之民間雇員須有嚴格之限制；(3) 政府期待公務員誠實、堅定、有責任感、有良好品格並對政府忠誠。
法國	評政院判定：公務員負有配合一般利益以辦理公務之任務，在執行其職務時，應依法令行事，並應以中立之立場，專心公務。

---

37 蔡良文，行政中立與政治發展，（台北：五南圖書，87年），頁327-329。

國別	公務人員服務之基準
德國	德意志聯邦共和國基本法：「國家權力之行使，在通常情形下，應屬於公務員之固定職責，公務員依據公法服務、效忠。」（第33條第4項）德意志聯邦公務員法：「公務員為全國人民服務，而非為一黨派服務，且須公平與公正履行職責，執行職務時注意公共利益之維護。」「公務員應以一切行為維護並保障基本法中意義之自由民主之基本秩序。」（第52條）
日本	日本憲法：「所有公務員係全體國民之服務者，而非部分國民之服務者。」（第15條第2項）國家公務員法：「所有職員均應為全體國民服務，為公共利益服勤務，同時須盡其全力專心執行其職務。」（第96條第1項）

二、公務人員政治活動之法令

國別	法律	行政命令	備註
英國		1953年財政部命令（1984年修正）1960年樞密院院令	常任公務人員統歸常務次長負責管理
美國	1939年赫奇法（1993年最後一次修正）1978年文官改革法案	文官管理規則及其施行細則	
法國			無明文規定
德國	1953年德意志聯邦公務員法（1985年大幅修正）		1994年作部分條文修正
日本	1947年國家公務員法（1983年修正）1950年地方公務員法（1982年修正）1950年公職選舉法	1949年人事院規則	

三、公務人員政治活動之屬性問題

國別	權利	義務	備註
英國	√		區分公務人員為三類，各類參加程度不一。
美國		√	應遵守限制或禁止規定。
法國	√		但有「守法、公正、中立」之積極義務；另司法官受有嚴格限制。
德國		√	要求避免。
日本		√	嚴格限制，規定內容具體明確。

四、公務人員政治活動限制之內容

國別	政治活動限制之內容
英國	公務人員不得兼任下院議員（但得兼任上院議員，其兼任者於職務許可情形下得出席會議，但在退休或辭職前，不得參加辯論或表決），至於其他政治活動，則有下列規定： （一）基層人員及實業人員，可以完全自由地從事政治活動。 （二）高級公務人員，禁止從事全國性的政治活動，但經核准得參加地方性政治活動。 （三）辦事員、打字人員等，除不得為議員候選人外，經核准得參加政治活動。
美國	除刑法之規定外，在赫奇法及文官管理規則均設有抽象的禁止規定。至於具體的禁止活動，則由文官委員會訂定。茲列舉這些規定的大要如下： （一）禁止要求競選捐獻。 （二）不得利用職權強制政治活動。 （三）不得利用職權或影響力干擾選舉或影響選舉結果。 （四）不得積極參與政治管理或政治競選。 （五）不得為公職候選人。 （六）禁止加入破壞性團體。 （七）得依自己的意志投票，對於政治話題及候選人，有表示個人意見的權利。
法國	司法官政治活動的權利受有嚴格限制，一般公務員則除縣長等政治職位外，法規上無明文限制、只要不妨礙執行職務，與所有公民相同。得自由發表政治意見；對於公職選舉可自由參加，亦得自由助選，在競選國會議員期間，可支原俸給並給休假從事選舉活動。得兼任民選公職，但執行國會議員職務時，其身分應改為派遣服務。 對參加政黨無任何禁止或限制的法令，加入反對黨亦屬無妨。
德國	對政治活動盡量自制，減少或採取保守之態度。得為議員候選人，但當選為聯邦議員者，須於一定期間內辭職，否則免除其職務。至於邦或市鄉鎮議員，則可兼任，其以議員身分從事活動者，並得帶薪休假。 聯邦政府列舉對自由民主之基本秩序有顛覆意圖的極左或極右政黨或團體名稱，禁止公務人員參加其組織或活動。違反者，應受免職懲戒處分。
日本	國家公務員法對政治行為的限制規定，可分為四項： （一）政治性捐款。 （二）為民選公職候選人。 （三）為政黨或其他政治團體之職員等。 （四）其他人事院規則規定之政治行為。 人事院規則 14-7 第五、六項列舉「政治目的」、「政治行為」規定。 地方公務員法亦設有限制公務人員政治活動之規定。公職選舉法規定，公務人員不得為公職候選人。

五、違犯限制或禁止規定之罰則

國別	違犯政治活動限制或禁止規定之罰則
美國	赫奇法，觸犯者處以停職三十日至免職處分。
日本	國家公務員法，第 82 條設有懲戒處分；第 110 條第 1 項第 19 款規定，違反第 102 條第 1 項所規定之政治行為限制者，除收受之金錢及其利益均應予沒收外，並得處以三年以下有期徒刑或十萬日圓以下罰金之刑罰。

考試院銓敘部所研提之「公務人員行政中立法」作評述時，事實上，主要係根據英、美、日等國經驗、做法，對草案提出具體的評價與建議。其中對有關「依法行政」、「執法公正」論述不多，倒是特別指出對公務人員之中立，實係僅於公務人員免於被壓迫從事政治活動，至於主動介入政治活動，雖有限制實嫌寬鬆。以此規定預期達到立法宗旨與目的，則恐非易事。其立法態度，實嫌消極，或許是因當前政治生態所造成，然是否滿足社會普遍要求公務人員應嚴守中立的呼聲，不無疑問。當然，國內真正研究或瞭解文官制度者，並不十分普遍，尤其是一般民眾，所以，負責推動文官行政中立理念、法制者之言論，即扮演十分重要的角色，而能否在擷取外國之長時，有否考量我國政治生態、政治需求、國情背景……等因素，的確是吾人應審慎思考的。

貳、完整的行政中立法制體系之擬議

茲綜合上開多項研究暨檢視我國有關行政中立法制，其推動方向，除型塑良好的行政中立文化與強化行政倫理外，則有賴考試院積極與有關機關共同建立行政中立法制體系，茲繪製如圖13-2。

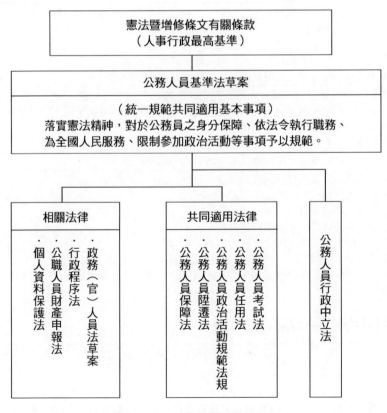

圖 13-2　行政中立法制體系

　　茲就上引各學者之高見與行政機關實務作業方向，至少將行政中立法制體系之中立法制內涵暨相關配合法制之規範功能，歸納如表13-1。

表13-1　原擬公務人員行政中立法主要內容一覽表

<table>
<tr><td colspan="2">**目的
與理想**</td><td>使文官系統體現為國家道德正義的化身，以建立值得信賴與尊敬的政府</td></tr>
<tr><td rowspan="6">**主
要
內
容**</td><td>**適用
對象**</td><td>1. 常任事務文官。
2. 憲法明定依據法律獨立行使職權之政務官、法官。
3. 基於職務性質之政務官，如監察委員或負責選務之最高負責人等。</td></tr>
<tr><td>**服務
對象**</td><td>1. 一般人民（包括壓力團體、利益團體）。
2. 民選首長、民選代表。
3. 各級長官（包含政務官與事務官）。</td></tr>
<tr><td>**服務
原則**</td><td>1. 忠於國家，為國效命，為民服務。
2. 依法行政，其執行職務不因不同之政黨或利益團體等而有所不同，更不介入黨爭、政爭、派爭。
3. 對長官陳述不同意見之權利與義務應予制度化。
4. 不得利用職權影響、干擾選舉或選舉結果。
5. 公務員於（退休、離職）後三年內，不得任職與其原主管職務相關之民間營利事業機構要職。</td></tr>
<tr><td>**保障
原則**</td><td>1. 公務員身分、地位及權益之保障。至其具體保障規定，則另以公務人員保障法規範之。
2. 保護、鼓勵舉發貪污、賄賂（選）等貪贓枉法之告密者。
3. 從寬認定請願行動的合法性。
4. 賦予公務員團結權及視其業務性質適度准許怠工權。
5. 健全申訴制度，強化救濟途徑。</td></tr>
<tr><td>**限制
活動**</td><td>1. 公務員不得利用職權推展或從事政治活動。
2. 公務員不得利用職權勸募政治捐助。
3. 依公務人員中央與地方之層級、職務性質、職政治等高低於非上班期間合理限制參加全國性或地方性政治活動。
4. 公務人員不得擔任各項公職候選人之助選員。
5. 基於職務性質而適用本法之政務官，不宜擔任政黨組織職務。</td></tr>
<tr><td>**懲罰
原則**</td><td>1. 違反「依法行政」、「行政公正」規定者，適用公務員懲戒法有關懲戒處分。
2. 對誣告、濫告者之處分規定。
3. 對離職者違反上開服務原則第 5 項者之處分規定。
4. 參照美國赫奇法、德國公務員法及日本國家公務員法與地方公務員法規定有關罰則規定，對違犯政治活動限制或禁止規定者，分別加以處分。</td></tr>
<tr><td colspan="2">**附註**</td><td>採單獨立法規範公務人員行政中立，將首創世界立法先例，可充分表明我國推動行政中立制度之決心，且以本法之規範密度應予提高，以彰顯決策者（包括立法者）之規範決心與企圖。</td></tr>
</table>

資料來源：筆者自製。

表13-2　行政中立相關法制及其規範功能一覽表

基本規範	憲法	規定中華民國人民，無分男女、宗教、種族、階級、黨派，在法律上一律平等。 規定人民有應考試、服公職之權；公務人員非經考試及格者，不得任用等。
	公務人員基準法草案	落實憲法精神，統攝全盤人事法規，對於公務員身分等之保障，依法行政、為民服務、限制參與政治活動等事項予以規範，期以建立文官共同遵守之現代義利裁量與公務倫理法制規範。
共同適用法律	公務人員考試法 公務人員任用法	規定政府職位公開，經由公開競爭考試取得政府職位，建立公務人員具有為全民服務之意義與作為。 明定合理規範任用管道，秉持專才專業，適才適所原則，避免為任用私人或政治性用人開啟方便之門。
	公務人員政治活動規範法草案	明定維護行政中立及公務紀律，依職務性質、高低而分別規定參與政治活動的權利或限制，避免介入政爭或濫權。
	公務人員陞遷法	明定公務人員陞遷合於人與事配合，達擇優晉陞、遷調歷練以培育人才之目的。
	公務人員保障法	規定公務人員行使職務時，免受恐嚇、傷害、侮辱或脅迫等，並建立申訴管道與獲致公平救濟機會。
相關法律	政務官（人員）法	規定政務官範圍及其任免程序、行為規範、權利義務等事項，俾落實政黨政治，加速政治革新。
	行政程序法	規定公務人員應遵循公正與民主程序，避免偏差行政裁量，以保障人民權益，增進人民對政府之信賴。
	公職人員財產申報法	明定公職人員財產申報制度，確立公職人員清廉作為，避免貪污、斂財，建立其利害關係之規範，促使民主政治健全發展。
	個人資料保護法	規定政府資訊為一種特殊型態的公共財產，在不妨害政府合法活動與不侵及個人隱私權下，應予公開分享，有助於滿足人民知的權利與行政之中立化。
附註		上開法案部分尚在研擬中，其法案內容，可視行政中立專法之研擬內容、規範密度高低，而配合調整之，其他應考量制定者如利益（或迴避）法、司法活動禁制法等。

資料來源：筆者自製。

　　綜之，有關上引法制體系之建立，吾人以為主要在於落實公務人員為憲法精神的中堅核心，使其因應政治價值與行政價值競爭下，能尋求平衡點，暨作為平時與選舉時各種行政作為的判準。易言之，公務人員如何真正做到是憲法價值的保障者、社會正義的執行者與公共利益的促進者，刻不容緩的課題則是加速完成文官行政中立法制的整建工程。

參、公務人員行政中立法完成立法過程

　　我國關於公務人員行政中立法案之版本，計有5種，即民國83年10月30日考試院函送立法院版，85年11月18日立法院法制委員會通過版本，85年11月20日考試院通過修正版，82年5月23日考試院通過版本及84年10月13日考試院函送立法院以及96年5月法制委員會通過案版本。茲就法案名稱言，考試院歷次版本之法案名稱均維持「行政中立」，是經考試院就行政中立之定義審慎考慮，並參考57位學者專家之意見後，認為行政與政治事實上不可能分離，因此行政中立必定是公務人員在處理公務時應保持的中立、客觀及公平的態度與立場。而未採取「政治中立」一詞，主要是考量本法案所明定的條文內容是行政的立場與態度，而非全部針對公務人員的政治行為。所以，行政中立為上位概念且行政中立為大眾都能接受的名詞[38]（參見陳德禹、楊戊龍，96：147-148），用行政中立即可使大家知道：行政中立是讓公務人員要依法行政與執法公正，而不要過分介入政黨問題，同時符合立法目的，明示本法的對象為公務人員。至於85年法制委員會通過版本因與會委員認為法案的制定應偏重於針對握有行政資源的公職人員的行為進行規範，亦欲達到政治中立之目的，同時，認為條文規範對象不僅限於一般常任文官，法案名稱內不應加上「公務人員」，所以採用「政治中立法」名稱，惟至96年5月之版本，則又回復同意考試院所提之「公務人員行政中立法」名稱，並於民國98年6月10日完成立法程序公布施行。

　　茲就上開6種草案及通過之版本，分就規範對象，依法行政、執行公正、政治活動限制規範、罰則種類等予以列舉其條文，並予綜合評析如下：

一、規範對象之評析

　　考試院對於適用對象採取概括性規定，第2條說明適用對象為一般常任文官（狹義的公務人員）、83年版第17條說明準用對象為公立學校及社教教育機構專業人員、公營事業之決策人員及依法聘用、僱用人員等（廣義的公務人員），而85年的修正版本中於準用對象又多加了憲法或法律明文規定須超出黨派行使職權人員，因為這些對象亦必須遵守依法行政的原則，因此準用此法。而92年版本則主要以第16條及第17條將軍訓教官、實習人員等以及憲法或法律明文規定須超出黨派獨立行使職權的政務人員及前述以外的政務人員及民選地方首長，一併納入準用範圍，對於教師與軍人、司法人員等仍不

38　文官應維持「政治中立」或「行政中立」？這個問題若從結果論，其實是殊途同歸，重點都是在規範文官的政治活動，控制文官集團的政治化；基本質也相同，都在強調文官在執行職務時的態度與立場，美國學者Lois R. Wise（2003: 346）指出，中立規範的意義在於官僚不應利用行政裁量的機會加入自身的價值或道德判斷，及在感情上應不受其面對問題情境之影響。又楊文指出：差異點在於外國學者使用「政治中立」，所指「政治」是要被中立化或去除的客體或對象；而我國學者使用「行政中立」，所指「行政」是指實施中立的主體或場域。因此，若指主體或場域，政治中立當然不宜當作行政中立的上位概念；反之，若指客觀或對象，行政中立當然成為笑柄。就事實而論，筆者所指也是主體與場域，而且國人已接受認同此一名詞。

準用此法。94年版本則以第17條及第18條規範準用人員，並將行政法人相關人員納入。98年通過者與之相仿，即除民選首長及政務人員（不含依憲法或法律獨立行使職權之人員）外，包括代表政府或公股出任私法人之董事及監察人。又其中較為外界討論者即公立學術研究機構研究人員（原草案係規範兼任行政職務之研究人員）（參見第17條及第18條）。

又85年之法制委員會則在第1條中概括說明適用對象包括了政務人員及常任文官，而第2條中再列舉對象有哪些，其中還包含法官、軍人、教師、政務官等，將所有從事公務者皆納入該法中，採取綜合立法，與考試院規劃的分開立法不同。至於96年法制委員會版本與94年考試院版本主要為增列各級政府捐資超過百分之五十之財團法人、社團法人、基金會等人員；各政府進用之技工、工友及其他按月支薪之臨時人員應準用之。各版本之規範對象大致相近，僅在適用或準用上有所不同而已。惟基於職工應作不同之規範，爰刪除技工、工友等人員之準用，以符法制。

要之，在規範對象上，究竟採綜合立法或分別立法，除涉及立法階級及立法技術問題外，其根本問題仍應先探究行政中立所擬規範的對象，適用對象及準用範圍如果朝野政黨或行政、立法部門未有共識，則所有的法案條文均無從作體系性結構性的建構設計及實體條文之草擬，因此到底政務人員與常務人員是否綜合立法或分別立法，以及分階段立法或一次性立法，哪些人員應列為適用，哪些人員宜列為準用，政務人員須否再分有任期與無任期之不同而作差別規範，均屬下游作業事項，其上游之根本問題仍應先確立該法草案所擬規範（適用及準用）對象，此一工作宜透過政黨協商，俟有定論，再交主管機關研擬法案條文，應較容易順利完成立法。

二、依法行政之評析

法治國家意思之形成，國家機關與人民間之關係，以及所有政治活動，實以法律規範為準繩。又法律是否發生功能，端視執行者之良莠與是否確切落實執行。若以行政程序而言，如以公益理論（public interest theory）為主軸，強調保障人民權益或維護行政效能，如以利益團體政治（interest group politics）為主軸，強調提供各利益陣營公平競爭之制度環境。而公務人員不能依法行政，除法學專長不足與守法觀念不清外，往往是與「腐化」相鄰為伍，是以依法行政對文官體制運作是極為重要。

考試院歷次版本，均就依法行政予以規範，如公務人員應依據法令執行職務，服務全國人民等，惟立法院85年法制委員會通過者，未就此為規範，而予刪除。至於96年及98年則均照考試院所擬之「公務人員應嚴守行政中立，依據法令執行職務，忠實推行政府政策，服務人民」等條文通過。要之，在依法行政上，無論日後本法案規範對象為何，其人員均須服膺此一宣示性、綱領性、原則性之條文規範，此一依法行政之價值，未因政黨之在朝、在野之不同而有改變。因此，其文字之修正損益實僅為枝節，可任由在依法行政之基本價值下，作不同之文字修正。

三、執行公正相關評析

　　有關執行公正，無論是立法者、執行者，似應把握下列原則：（一）公務人員應與人民同受國家法律之制約，秉諸憲法價值與精神，並共同建立廉能、公正的政府；（二）將行政裁量中的「物化」動機、觀念，強化成尊重人性尊嚴與實踐社會正義的德行裁量，以強化執行公正之倫理意涵；（三）遵守義利裁量之判準，以確保國家資源之最有效率、效能之分配與運用，落實社會公義；（四）公務人員應重視法治素養，兼及人品陶冶之德行，以確保政治中立與行政中立；（五）本於誠信原則與良知良能的作為，共同營造良好的誠正信實管理組織系統與環境。

　　考試院歷次法案條文中均對執行公正（或執法公正）予以規範，同樣是85年法制委員會版本中予以刪除，而在96年及98年通過之版本則較細密規範以公務人員應依法公正執行職務，不得對任何團體或個人予以差別待遇。

　　要之，執法公正與依法行政概念相近，但價值面不盡相同，本草案除立法院法制委員會通過之版本外，考試院版各版本均就執法公正予以規範。

四、政治活動限制規範之相關評析

　　茲就其同異之處加以析述之。

（一）各版本對政治活動的規範寓意主要相同處有：1.不得利用職稱、職權，使他人加入或不加入政黨或其他政治團體，亦不得在職務上掌管或在執行職務之場所，為任何政黨作與本身職務無關之宣傳、指示及其他相關行為；2.不得於規定上班或勤務時間從事政黨或其他政治團體之活動；3.不得為政黨、其他政治團體或公職候選人要求、期約或收受金錢、物品或其他利益之捐助；亦不得阻止或妨礙他人為特定政黨或其他政治團體依法募款之活動；4.不得為支持或反對特定之政黨、其他政治團體或公職候選人，從事某些政治活動或行為；5.輔選、助選方面，不得利用職權要求他人不行使投票權或為一定之行使。

（二）各版本間的主要相異處則有：1.擔任政黨或其他政治團體職務、顧問或其他相當職位方面：考試院92年、94年版本及法制委員會兩次通過版本皆規定不得兼任黨職，而考試院原先83年版本及85年版本中的第6條則不限制；2.參與選舉請假規定：考試院83年及85年兩版本皆規定請假時間為「自登記為公職候選人之日起至投票日止」，92年、94年、96年及98年通過之版本則規定「自候選人名單公告之日起至投票日止」。84年之法制委員會版本則於第10條分為政黨提名及非政黨提名兩類來規範，「政黨提名者，自其政黨公布推薦名單之日起，若為非政黨提名者，則自有事實足認其從事競選活動之日起，至投票日止，依規定請假。」；3.選舉期間對政治資源的分配方面：考試院的版本皆規定應秉持公正、公平之立場，並不得有差別待遇，將場所、房舍或公物、公款等依法給予申請人使用。

而85年之法制委員會版本則在第11條詳加列舉出軍事、法院、警察、安全機關這些場所不得提供為政治性集會、演講之場所，並且限制在辦公廳舍、場地張貼特定政黨之標識，法制委員會版本屬於較詳述，而考試院則傾向概括限制。但96年法制委員會通過之版本待黨團協商之增列：「公務人員不得配合特定總統、副總統、公職人員之候選人或被罷免人，假借職務上之權力、機會或方法，預作人事上之安排或調動人員，或動用行政資源。」似乎顯示出在96年前後朝野之不調和政治氛圍的產物，的確有待理性溝通協調，幸於98年通過之版本中刪除上開規定，誠屬適當；4.85年法制委員會版本第12條對學校教師的言論做出限制，明定學校教師不得利用學校課堂，發表對特定政黨或個人之言論，而通過之版本則無此規定，尊重公教分途與學術自由也。

要之，在政治活動限制上，由於是本法最具政治價值（政治性）考量之處，爰此，在規範對象確立之後，最須優先解決相異處的，即為此一部分，也是必須遷就政治現實之部分，如基於法案能順利完成立法之考量，則理想性之立法應作適度調整，政治價值的妥協性立法似為政治性高的法案所採之策略，先求其有，再就實施過程中，運用公民監督及輿論力量，逐步改良修正，自然有朝一日水到渠成，因此，朝野政黨在立法過程中，堅持己見並無意義；似應讓法案通過為先，完成立法，實施情形則委諸全民監督。事實證明如上述之推論，且主要因素是當時朝野立法委員比例約為4：1，執政黨決心通過立法而在野黨樂觀其成，所得之成果，亦可謂我國正式邁入民主鞏固發展時期，值得重視。

五、罰則種類相關評析

關於罰則考試院83年、85年兩版本僅以第14條其中一部分及第16條規定，對於違反該法者依據公務員懲戒法予以懲戒，或依公務人員保障法規定處理，若有長官違反該法規定者，人員應向長官的上級長官提出報告，由上級長官依法處理，上級長官未依法處理者，以失職論處。而92年、94年的版本及96年立法院委員會通過版本中則分別以第15條及第16條條文規定，而98年通過之版本第16條作同樣規定，即違反之罰則應按情節輕重，依公務員懲戒法、公務人員考績法或其他相關法規予以懲戒或懲處；若涉及其他法律責任，則依有關法律處理。至85年法制委員會版本則將考試院版本中原本簡化的規定細分為9條（第15條至第23條），對於違反條文不同規定者，作不同的處分，適用於公務員懲戒法者則依該法予以懲戒或依公務人員保障法、公務員服務法規定處理；而對軍官除監察院提出彈劾外，也依公務員懲戒法懲戒以及陸海空軍懲罰法處理；關於參與競選之違反規定者，則依公職人員選舉罷免法規定處理。在98年版第14條則規定以長官不得違反本法禁止之行為；違反前項規定者，公務人員得檢具相關事證向該長官之上級長官提出報告，並由上級長官依法處理；未依法處理，以失職論，公務人員並得向監察院檢舉。僅併予敘明之。

　　要之，考試院版本就罰則方面，只採取行政罰的方式，而且沒有將對人或對行為處罰採取不同方式，而85年之法制委員會版本則將對人、對行為的罰則分開，用列舉方式，同時採取行政罰及刑事罰兩制並行，除了懲戒、懲處之外，還有有期徒刑、拘役、罰鍰、罰金的刑事處分，以求達有效嚇阻不中立的行為發生。其理想性較高，但可行性似乎低矣！98年通過版本未採85年版本，應屬可行。

　　綜之，本案之研議過程中，如於82年4月起，由於邱創煥先生接任院長，特別重視行政中立議題，筆者親自觀察或實際參與發現：舉凡渠就職講話、考銓業務座談中心議題、國內考察、全國人事行政會議、中國考政學會與中國人事行政學會等學術研討會，其所討論之主題均包括行政中立。至於公務人員行政中立法草案之擬議自銓敘部陳前部長桂華、關前部長中，經考試院院會通過再送立法院審議。復以85年11月時之前院長許水德及前副院長關中主持審查會及其後92年及94年姚院長任內銓敘部部長朱武獻、考試院副院長吳容明之修正案及96年立法院法制委員會通過案；復經關院長提示立法進程，銓敘部張哲琛部長提出院會，經由副院長伍錦霖主持全院審查會通過，立即函送立法院於98年5月間完成立法程序，並於6月10日經總統公布施行，其施行細則亦於同年11月13日發布，完成此一立法重大工程也。其中適用對象方面，各版本主張有先以常務人員為規範對象，政務人員如大法官、考試委員、監察委員等列為準用對象，亦有漸次擴大適用（準用）範圍。所以，因國家（政治）領導階層之價值抉擇，政治情勢變遷，致著眼點不同，建構之文官體制功能定位亦有差異，所以推動手段速度亦互異矣！觀其法案名稱相同而內容不同，法條之規範密度亦異。筆者參與其間，深刻體認理想的法案不一定可行，可行的法案不一定符合理想，尤其是屬於高度政治性的法案，如能從不同角度觀察，相信對本法案必有深一層的瞭解，如能審時度勢，深入釐正中立價值理性與效率、效能、中立與政治回應、中立與公正等價值的流變，則法案通過指日可待。事實證明推論正確，當然最高決策階層與國會立法委員的抉擇是法案通過的關鍵，值得肯定。

肆、對行政中立法制發展之建議

一、對公務人員行政中立法之建議意見

　　茲以我國公務人員行政中立法採以單獨立法規範，行政中立為上位法律概念，而政治中立為其下位概念，據此，筆者除已試擬一個完整的行政中立法制體系的建議，對於法案的主要內容已併同擬列之；惟以理論與實際是有落差的，而法貴在可行，徒法亦不足自行，未來期盼相關法制能及早完成立法程序，並付諸施行，相信對我國政府施政及中立、良善、公正、正義運作機制必有其助益，更相信有助於提升政府治理與國際競爭能力。筆者評述各種「公務人員行政中立法草案」版本，包括85年及96年分別經立法院法制委員會一讀會通過之「政治中立法草案」，以及98年通過「公務人員行政中立法」，初步歸納後，提出較需要補強之主要建議如次：

（一）**有關行政程序架構立法上**：對考試院各版本中，除原草案條文第3條、第4條規範公務人員忠實推行政府政策，不介入政黨派系紛爭暨應依法令執行職務，為民服務外，建議宜再增列相關條文，以規範行政機關依其職權開始程序之原則、聽證程序等一般規定，以資強化依法行政之立法目的與應國情需要。

（二）**有關公務人員執法公正服務準則**：例如：公務人員行政作為、行政裁量時，應以秉持維護國家利益、公共利益的原則，以及長官與部屬之良性互動關係的建立等等，均宜擬列為具體條文，加以規範之。考試院所列版本之規範，尤其是有關執法公正與倫理裁量作為規定確實應予補強，以期法制之完整周延，並彰顯行政中立三大核心價值之平衡性。

（三）**有關政治活動規範上**：就考試院版本言，主要內容如：規範公務人員不得主動介入政爭、公務人員參加政治活動，有無上、下班時間之區分，筆者建議：似可依公務人員之職責、工作性質而作區隔，分別規範；就登記參選公職人員之類別作應否辭職之不同規定；有關公開助選、輔選規定；有關中間類特別性質之政務人員之政治活動之限制規定；有關增列公務人員團體的政治活動規範……等，均宜細密規定，以彰顯立法者之決心，提升國民對公務人員之信賴度。至於其規範對象是否因過於廣泛，致其限制規定寬嚴不一？對於不同類別人員之政治活動限制如何合理規範，亦須審慎評估妥為研定為宜。

（四）**保障救濟立法上**：考量有關保障救濟之原則，再研擬具體架構性立法條文規範，至以96年法制委員會通過「公務人員並得向監察院檢舉，監察院優先處理」，98年通過版本刪除「監察院優先處理」誠屬妥適。又相關保障救濟之詳細規範可於「公務人員保障法」規定，而實際運作之作業程序，似可考慮以行政中立法施行細則或其他輔助法規作細部規定，以期周妥可行。另有關違反行政中立法禁制規定之罰則，似可對於「政務人員」、「依憲法或法律規定之政務人員」、「地方民選首長」等分別採以列舉規定方式，或概括規定方式。若行政中立法採以宣示性架構立法方式，則可就其業務性質、違反禁制行為程度，分別採以適當的罰則規定為宜，目前朝向於政務人員法中定之。

二、本法制相關配套措施之建議意見

從公務人員行政中立議題之研討及法案之研議，至96年歷經十數年尚未完成立法程序，得見該法是部政治性爭議性極高的法案，基於行政中立之價值與法制，必須深植公務人員思想作為中，所以無論在立法完成前後均應有配套措施，方為正辦。復以行政中立之落實施行，與公務人員相關法制及規範合理政治活動的相關法律，均將對公務人員產生交互影響。基此，對於其配套措施宜予研析，預為籌劃。至少對於無論是該法制通過與否均應辦理者，謹提建議意見供參考。

（一）**在共通性人事法制方面**：公務人員基準法草案為規範公務人員權利義務的根本大

法，政務人員法、政務人員俸給條例草案及政務人員退職撫卹條例則明確釐清政務人員與常務人員之分際，並規範政務人員之權利義務，均為落實公務人員行政中立不可或缺的重要法律依據，相關法律草案，允宜盡速完成立法。當然在配合政府再造有關彈性用人政策等，宜重新建構公務人員基準法草案及上述政務人員三法案之制（修）定工作，對於公務人員行政中立法之建制，應有相當之助益。

（二）在相關性法制方面：為落實行政中立目標，使政府機關行政運作更為公開化、透明化，宜請相關機關配合制定政治獻金法、政黨法，及切實執行遊說法等相關法律，並檢討修正公職人員選舉罷免法第3章第3節「候選人」及第6節「選舉活動」等與本法草案第8條至第12條相關部分之條文，及人民團體法第9章「政治團體」中與本法草案有關政治活動規範之相關部分條文。又政治獻金管理條例草案、政黨法草案已由行政院分別於91年12月20日及同年9月13日函送立法院審議，但至96年均因立法院屆期不續審規定，98年通過之版本已作適切規範。至相關行政中立事件資料，包括較具爭議性之案例，應賡續蒐集之，以作為禁制行為之重要參考。

（三）由考試院與行政院共同研訂辦理行政中立訓練方面：茲以公務人員保障暨培訓委員會於94年開始辦理專家學者、承辦業務之人事人員及北、中南區一般公務人員座談會共計288人參加，與會發言建議事項筆者贊同者包括：行政中立法應盡速通過，並訂定罰則，相關訓練才有依據；機關首長、民選政務人員及民意代表是影響行政中立的主因，應給予訓練；本訓練以針對新進（初任）人員辦理即可；訓練課程內容可以活潑化、多元化、加強充實網頁內容，並以網路學習或視聽學習為主；訓練以觀念（概念）傳遞最重要，俾內化人心；兼任行政職務之教師宜由教育部統籌辦理等意見，均可供主管與相關機關改進及規劃參考。又95年起辦理直轄市、縣（市）政府之高階主管行政中立班，對型塑行政中立之組織文化助益甚鉅，目前亦適時賡續辦理，未來如何併同行政倫理共同研討，值得重視。

第四節　小　結

由於國內民主轉型與政黨政治成型之際，文官制度內涵應配合調整，即除重視選才、育才、用人、留才制度外，應再強化行政中立，建立行政倫理與責任的行政價值體系，用以推動文官的專業化、中立化等機制。

為瞭解行政中立內容宜由行政系統與個人層次兩方面著手，方能瞭解其底蘊。在推動行政中立的途徑中，主要有政制結構、文官制度、行政程序及其他相關途徑等。由於行政中立包括了倫理內涵，所以Ingraham與Ban提出「公共服務模式」加以分析。

有關行政中立的相關理論上，可由行政中立的各種價值模式加以分析，其中史跋勒

的行政／政治分立二元模式主張；任務制定是政治人物職責，機關內部管理是行政人員職責。而行政中立法制的學習上，包括依法行政之學習分析、執法公正之倫理分析、以及政治活動限制規範之論理分析等。當然除重視學理分析上，亦必須著重我國憲政改革、政治結構、行政權設計與行政倫理等特質加以考量。

　　最後，從國內外文獻對有關行政中立法制之建立與借鏡上發現，我國公務人員行政中立法採以單獨立法規範，首創世界立法先例，我們曾試擬一個完整的行政中立法制體系的建議，對於法案的主要內容併同擬列之；惟以理論與實際是有落差的，所以，為期提高法案建立之可行性與發展性，吾人再依據上述之理想法制體系與法案內容，對考試院原所提出公務人員行政中立法草案及立法院通過之法案加以評估，謹提出建議供各界參考。

學習重點

- 行政倫理的界定與相關概念
- 行政倫理的本質與原理
- 行政倫理的理論層次與內容
- 行政裁量與行政倫理的關係
- 行政裁量的困境與倫理作為
- 弊端揭發者與抹黑滋事者之釐清

關鍵名詞

- 行政倫理
- 意識型態
- 義利裁量
- 人本主義
- 公務倫理
- 正義論
- 公共哲學
- 民主主義
- 科學主義
- 公共政策倫理
- 行政決定倫理
- 關係倫理
- 行事倫理
- 行政裁量
- 弊端揭發者
- 抹黑滋事者

第一節　行政倫理的意義及源起

壹、行政倫理相關議題與意涵

　　人事行政的內涵中，涉及行政倫理者，要如服務規範、行政責任及行政裁量的倫理作為等，又從人力資源發展方面言，公務人力資源發展的目標，在於政府應把公共服務發展成為一個由有能力、有效能、有遠見者所提供的消費服務，並培養公務人員的廉潔、正直、卓越服務態度，此關涉行政作為的倫理價值判斷。再以人力資源管理指導原則是精英治理，其管理制度須具創新性，其制度與慣例必須能適應環境的改變，而不違反基本價值觀。而人力資源管理基本價值觀即是：精英治理、公正、一致、效能。所以人力資源發展的新趨向為：（一）通過培訓來改善工作素質，以滿足提高工資收入的需

求；（二）通過管理來改善工作素質，以達成提高管理層工作效能的需求；（三）通過有系統的培訓，以正式獲取合格證書的需求；（四）工作技術與工作程序的培訓需求與日俱增；（五）重訓，再重訓以應付新改變的需求與日俱增；（六）各層級人員對管理技能的需求與日俱增；（七）人力發展部門應是更主動、更積極。[1]又此，均涉及公務人員行政倫理的內涵與應用。

因此，在公務人力資源策略發展上，吾人以為，除專業知能之培養外，相對地，尤須培訓公務人員，使其具有正確的倫理價值觀。申言之，行政倫理有助於公務人員在解決執行時面臨的價值抉擇問題，在公務人力資源策略發展、政府再造工程及於行政革新過程中，行政倫理的理論重建與強化運用亦扮演重要的角色。

一、倫理的全方位透視

吾人認為，為瞭解倫理內涵，宜重視以下二原則：[2]

（一）負責任、守紀律、盡忠職守及各種角色的行為分際。

（二）倫理與道德（規範社會行為的價值系統）、意識型態、宗教（修心與博愛）等概念之釐清。

所以，倫理是：1.集中在行動（action）而不是在行為（behavior）；2.是正當合理化其行動而不是在解釋其行為；3.是要認清應然及實然的差距等。[3]

二、行政倫理的定義

國外學者對於行政倫理之定義，各有不同，茲簡要說明如次：

（一）D. Waldo指出行政倫理為行政人員的倫理義務，並提出，包括對憲法、法律、國家、民主、行政組織規範、專業技術、親友、自我、群體、公益、世界及宗教等12項公務人員的倫理義務，作為瞭解行政倫理的內涵指引。[4]

（二）H. G. Frederickson認為社會公道為行政倫理之核心，並作為要求政府公平的服務、決策和方案執行的責任，及作為如何滿足公民的需求，而非迎合組織目標的要求等。[5]

（三）F. A. Nigro與L. G. Nigro指出：行政倫理是表現價值抉擇，及促使行為標準落實於政策執行的手段。[6]

（四）J. A. Rohr將行政倫理視為公務人員實現公共利益之承諾。並將憲法精神納入行政倫理的考量範疇，且以最高法院的判例作為參考標準，提昇了行政倫理的實質內

1　參閱公務人員保障暨培訓委員會「87年赴新加坡研究報告」（台北：保訓會印，87年），頁20-21。

2　參閱蔡良文，「行政倫理之講授大綱」（台北：自刊，87年2月），頁2-3。

3　蕭武桐，行政倫理（台北：空中大學，85年），頁5-6。

4　D. Waldo, The Enterprise of Public Adminstration (Novato, California: Chamdler & Sharp, 1980), pp. 103-107.

5　H. G. Frederickson, New Public Administration (Tuscaloosa, Alabama: University of Alabama Press, 1980), p. 6.

6　F. A. Nigro & L. G. Nigro, Modern Public Administration (New York: Harper & Row, 1989), p. 49.

涵，而非僅是在道德哲學的範疇。[7]

（五）T. L. Cooper從「責任」的角度來闡述行政倫理，其最主要的觀念在於「負責任的行政」，包括公共參與、法律與政策之重視等議題。Cooper從「內在控制」，強調公務人員內心自我道德意識的覺醒，以及行政倫理意識的發展；從「外在控制」，強調加強績效評估程序的社會化過程。[8]

（六）D. H. Rosenbloom認為行政倫理可視為公務人員個人的「自我課責」（Self-accountability），或就其行為之「內在檢視」（inner-check）之謂也。[9]

（七）陳德禹教授認為行政倫理是指行政生活中，主體（行政機關及行政人員）間正當關係及正當行為準則之一種規範秩序。或亦可說是行政機關及行政人員在推動政務、處理公事時，應有的倫理與道德規範，從消極的有所不為而無害於人（如不貪污、不怠忽職守），到積極的有所為而有益於人（如為國效命，為民謀利的各種服務），並使行政符合公平正義原則，亦即行政機關及人員在公務上的道德共識及道德自律。[10]

（八）蕭武桐教授在《行政倫理》一書指出：「行政倫理或公務倫理是有關公務人員系中，如何建立適當及正確的行政責任之行為，提昇行政的生產力及工作滿足。」[11]

綜合各說，吾人認為行政倫理的意涵，可由二方面說明之：

（一）公務人員應重視專業與倫理道德：即強調行政作為能重視平等、公平、公正、正義（Justice）、忠誠、負責等原則，以達到「其身正，不令而行。」之理想。

（二）公務人員應遵循倫理相關法律，如對現行之「公務員服務法」價值內涵之忠誠、迴避、利益旋轉門、請託關說、贈予、應酬等行為規範之重視與遵行。

另行政倫理從管理、專業、法律及政治等層面立論，其意涵則可界定如次：[12]

（一）重視管理（層面）的倫理：即強調接受組織內部上級長官的指揮監督，以及下級應遵守組織指令者。

（二）重視專業倫理：即行政機關應重視公務人員之專業能力，並偏向於順從個人專業要求與判斷。由此衍生者，為專業倫理、社會化機制及民間社會監控機制的配套

7　J. Rohr, Ethics for Bureaucrats: An Essay on Law and Values (New York: Marcel Dekker, 1989), pp. 68-69.

8　T. L. Cooper, The Responsible Administrator: An Approach to Ethics for the Administrative Role (San Francisco: Jossey Bass, 1990), p. 124.

9　Public Administration: Understanding Management, Politics, and Law in the Public Sector (N.Y.: McGraw-Hill, 1993), p. 508.

10　陳德禹，「現代行政倫理體系初探」，載於行政現代化兩岸學術研究之探專集（台北：台大政治系印，87年12月），頁6-5～6-7。

11　同註3。

12　蔡良文，「論公務人員行政倫理理論與實踐」，人事行政，期152，頁3-210。

　　職能與措施。

（三）遵循法律的倫理：即除陽光法案之相關規定外，主要為對現行之「公務員服務法」價值內涵中，有關忠誠、迴避、利益旋轉門、請託關說、贈與、應酬等行為規範之重視與遵行。

（四）重視政治的倫理：即強調公務體系應強化對外之回應力，且能即時回應外在的主要控制者，上述原則乃在於民主政治規範下，公務人員應接受政務人員及民選首長之指揮，以執行公務。

貳、行政倫理的本質與原理

一、行政倫理的本質——權力與環境

（一）原則性界定

1. 規範倫理：對於決定性價值（責任與權力、群體關係、忠誠、責任、公共利益、平等正義、自由）、衝突議題（公益與利益、公德對隱私）間之爭論問題的調和規範分析。

2. 應用倫理：對於衝突議題（暴力、賄賂、告密……）及爭論性問題（戰爭與暴力），加以探討分析。[13]

（二）學理及個案分析

　　「權力」是管理理論與實務的基石，在組織生活中，權力是重要而且無所不在，吾人可瞭解權力是公務倫理的主要來源，而公務人員所面臨的多元化「環境」，是所有公務倫理行為的基礎。茲分析如次：

1. 史特（O. Glenn Stahl）：「倫理行為問題的產生，是由於公務人員藉行為權力和影響力來行使他的命令而起。」

2. 韋伯（M. Weber）指出：「正常運作之情形下，在機關組織層級體系的權力，其地位是無與匹敵的。」可見公務人員權力，因其專業化，複雜化，而日益擴增。

3. 個案一：公務人員行政權力之運用，比如吊銷駕照，或允許一個不良的駕駛擁有駕照，卻在意外車禍中過失殺人的事件；能審查或增加稅率；或讓你輕易過關；為拓寬馬路，砍掉具有百年歷史價值的樹木；或蓄意破壞文化古蹟，或決定不建造你所需要的公共設施；也可能延誤護照的簽辦時間，使你無法趕上預定的班機至歐洲，或造成更嚴重錯誤的問題。可知行政體系之權力行使，所造成的影響和吾人生活是息息相關的。行政體系中對人民最有影響的，是行政裁量權力，而這些行政裁量權力之行使，便是公務人員倫理之核心。

4. 個案二：如民國67年林安泰古厝，在當年拓寬馬路時，因為「妨害交通」而拆

除，但準備擇地予以重建，現在才瞭解古厝重建不易，因為拆下的木材70%已經受損，木材上的編號亦因蟲蛀與磨損，難以辨認與歸位。但國外對於古蹟之維護卻不遺力。如埃及在興建阿斯萬大水壩的時候，亦有兩座3,200年前的古蹟面臨「滅頂」之危，一時弄得全國憂心忡忡，但是他們深知古蹟的保護，最需要從長計議與專業技術，立即透過聯合國的關係，向全世界徵求技術與財力援助，經過將近十年的研究與搶救，古蹟終得倖免於難。此可印證行政權力之運用，可破壞古蹟，也可維護古蹟。從此案例可瞭解我們尚未積極發揮保存古蹟的力量，公務人員實應發揮我國儒家固有倫理觀念，從盡己之性、盡人之性至盡物之性，維護天人合一的觀念。

5. 從「環境」的價值分析，如美國之整體環境的價值是自由與法治，強調民主及責任政治，能反應回饋系統的主要價值，公務管理被要求在自由與法治化與禮教。我國漢武帝尊經崇儒以後，使歷代聖賢相傳，經過儒家整理的倫理思想，取得正統地位，從此，凡統一的國家政府，無不從事倫理文化的推行。

6. 公務倫理的「環境」的價值，恰似萬花筒一樣五花八門。如從一局外人旁觀者清立場而言，本是極明顯及例行性的行政工作。但在公務人員每天面對著同樣事務時，很容易就疏忽而不注意。尤其是對例行行政工作可能的無效率、不公平或自大傲慢的態度問題，如何去發展和維持對「環境」的價值感受，並促成倫理行為之成熟，是非常迫切且重要之工作。即應留意整個公共行政所處的環境之價值，並應用至公務作為，使能容易瞭解並感受其所處的環境之價值，並能將所面臨環境的價值體系，自覺地建構優先順序，妥慎處理。[14]

要之，行政官僚體系既非是階級宰制的工具，亦非只講究效率、依法行政、強調權責分明的，而是自成獨立自主、且深具人性、重視社會公平正義的有機體，就此進一層分析，則均屬行政倫理之範疇也。當然倫理道德為人類心靈活動的核心與精髓所在。

二、羅斯的《正義論》

（一）理念與原則

1. 從公平正義與公共利益、私人利益間之平衡等思想出發，進而發展出個人責任的自覺及其在組織中的角色的重要性，在建立決策過程中能以公共利益來代表行政人員、機關的自我利益。

2. 以社會正義為前提考量的「平等權利原則」與「社會與經濟的不平等性」等議題。如以最少受惠者應提供最大的期望利益（也能照顧弱勢團體）、所有職位與地位公平無私的對外開放，易言之，可解釋為強調機會均等原則上述二項原則，是希望透過「契約論」來證明。

---

14 參考蕭武桐，前書，頁97-102。

（二）學說要旨

1. 羅斯（John Rawls）提出：「最少受惠者得到最大保障原則」（maximin rule）——要使最少受惠的人得到最大的利益，保障社會上最基層的人福利，這一原則明顯地就是「功利主義」，尤其是運用成本——利益分析（cost-benefit analysis）方法，要產生最大利益總和（或平均數），為多數人謀取最大的福利的批判。

2. 羅斯認為兩個正義原則：第一、是平等自由的原則，即指每個人與所有人所擁有最普及平等的基本自由體系和相容的類似自由體系，都有一種平等的權力。第二、是機會的公正平等和差別原則的結合，即指社會和經濟的不平等應如此安排，使其：(1)在正義的儲存原則一致的情況下，適合於最少受惠者的最大利益；(2)依繫於機會公平平等的條件下，官位（職位）地位應向所有人開放。

   其中，第一原則優先於第二原則，而第二個原則中的「機會公平、平等原則」，又優先於「差別原則」。

3. 羅斯實際上是從最少受惠者的地位，來看待和衡量任何一種不平等，換言之，他的理論反映一種對最少受惠的偏愛，一種盡力想通過某種補償或再分配使一個社會的所有成員，都處於一種平等的地位的願望。[15]暨言之，即重視社會公平正義之前提下，特別重視社會上的弱勢團體，並予特別的照護與關懷。

三、孔孟的正義觀

孔孟的正義觀：（一）以「仁恕」為中心的人性本善論；（二）以正義為骨幹的社會規範論；（三）以禮樂為重點的人生理想論。即由人性的啟迪，發展到以正義為核心的人際關係，為政者尤應重視仁義之踐行。

由於孔孟所重視的仁義精神，其強調的倫理觀，即與西方的倫理觀有別，若引介至行政作為與裁量判準時，亦有不同。深言之，儒家德行之義的優位，遠勝於西方近代自康德以來，以義務為優位的倫理觀，按孔子強調「見利思義」，更強調「先事後得」，「敬其事而後其食」。如果「義」、「利」相衝突，則定要「先義後利」，務其做到「義然後取，人不厭其取」的地步。[16]而孟子所強調者乃是「德性之義」，非但對當代的「人格理論」或「社會理論」有其重要意義，更因以「義」為人本有向善之性的擴充與實現，人們才會真正的好義、行義，而官僚體系的成員亦然也。

要言之，中國傳統之正義觀與個人德行的「存天理，去人欲」，相對於如西方所強調公道、平等及對人性尊嚴的尊重等論點，彼此所用文詞雖有不同，但其對人性的關懷，人道的重視與和諧感應是一致的。

15　同上，頁102-112。

16　參考黃俊傑，「先秦儒家義利觀念的演變及其思想史的涵義」，漢學研究，卷4，期1（台北：75年6月），頁109-150。

參、公共行政的公共哲學

一、新公共行政的主要論點：以「平等性、公共組織」為政治研究主流、強調經驗性研究與價值規範性的研究；重視「公正或正義」、強調「公民參與、分權及民主化的環境」、透過組織發展及政策分析、提昇官僚應變能力及增加社會公正的可能性。

二、公共行政的公共哲學：雖不完全來自哲學家的思辨，但必須反映當代社會的價值取向，以及持續傳統、文化與宗教的倫理規範，而「民主政治」，為當代的一種生活方式、價值取向，依然屬於意識型態也。[17]

三、傳統公共行政重視行政中立，主張政治與行政分立，當代公共行政則重視行政倫理，強調政治與行政的互動關係，前者重視事實與價值二元論，而後者重視事實與價值之批判等。[18]

四、茲將上述兩種行政倫理觀之比較如表14-1。

　　至於當代與傳統的各種倫理面向與意涵，可彙整分析如表14-2。

　　另外，現代行政倫理的基本原則中，包括有：一、行政的道德規範，其內涵有愛心、公正、服務、誠信；二、為行政的價值原則，其內涵為人本主義、民主主義、科學主義等價值原則，簡述如次。[19]

　　政府公共服務的本質是使用和分配社會全體的公共資源，透過民主選舉或任用程序，政府組織的決策者和執行者得以有權合法使用公共資源。因此，民主國家的政府必須根據最高的道德標準運作，摒除一己之私，善盡分配和管理公共資源的職責，屬行公務倫理精神，否則將喪失其治理正當性，導致民眾的信任赤字。

　　民主國家在公務倫理上的實踐原則，應當遵循三道基線（陳德禹，2011：54-55）：

1. 人本（道）主義：其精神即強調人的主體性、自主性、發展性：(1)尊重人的價值和尊嚴。(2)肯定人們相互間的人格平等。(3)肯定個人謀取正當利益的合理性。以個體建構集體，以集體約束個體，向集體負責的社會義務與個人權利平衡兼顧。

2. 民主主義：民主是人道主義的必然要求，也是將人道實踐於政治與社會生活的體現；其核心價值為自主（參與）及與其密切相連的自由、平等，具體落實在民主制度設計上則為：主權在民（全體成員）、分權制衡、權責相稱、法律主治、程序之治。

3. 科學主義：強調依科學精神辦事，要求行政人員於處理行政事務中，應嚴謹治事（尊重事實、勇於糾正、尊重成果）、追求真理、勇於創新、謙虛謹慎；表現在

17　蔡良文，行政倫理講授大綱，頁3-4。

18　J. S. Jun, Public Administration: Design and Problem Solving (New York: Macmillan, 1986), p. 50.

19　陳德禹，「現代行政倫理體系初探」，前文，頁6-10～6-13，及100年，「公共行政核心價值與倫理」，頁46-59。

　　行政事務中，即追求合理的成本與效益關係，本於專業主義，提升效率效能，完成合理、正當的目標。

　　這三道基線是從經過文藝復興、宗教革命、英美法三國政治革命等重大事件凝煉而成，體現求真奮進精神的寶貴歷史遺產，迄今為全人類所共享。時至今日，庫伯

表14-1　兩種行政倫理之比較表

當代行政倫理觀：民主與效能	傳統行政倫理觀：官僚與效率
向民眾直接負責，重平權關係	向直線的主管負責，重權威關係
重視決策的參與和投入；強調多元開放的資訊公開	上下疏離或隔離；資訊對大眾保密和限制
有不同意的權力；重視平行合作關係	堅持對規則與管制措施的順服；以機關部門的看法觀點為優先
重視公民參與及地方、社會的利益，重效能與民眾利益	政策制定以中央集權為主，重效率

資料來源：修訂自J. S. Jun, Public Administration: Design and Problem Solving. New York: Mac Millan Publishing Co., 1986: 139-140.

表14-2　當代與傳統行政倫理觀彙整分析表

面向	意涵	備註
層級關係	指「君尊臣卑」、「長幼有序」、「順應上意」之「從上倫理」關係	當代與傳統倫理觀皆有
經濟效能	是指投入與產生之比例，以時間、成本為主要的衡量標準，即以最小的投入，獲得最大的產生，以最短時間，完成目標	當代與傳統倫理觀皆有，後者尤重
社會公道	從傳統文化而言，「公義」是調合人我利益衝突之根據，輕「利」重「義」即可對社會公道加以彰顯，亦可對公共利益加以肯定。從現代文化來說，公道是社會制度眾德之首，強調弱勢者之地位的改善	當代與傳統皆有，比重有所不同
道德責任	就傳統文化而言，對於個人為「士」的道德責任有「任重而道遠」的深刻自我反省與體認。從現代文化來說，包括「專業責任」與「個人責任」二方面。「專業責任」是指公務人員應秉其專業素養與倫理規範，積極展現其治理力量與自主能力，以實現公共利益。「個人責任」的實踐，需靠個人自我反省的能力，以及人與人之間的交互主觀性來表達	當代與傳統皆有形式不同，實質相似
專業自主	公務人員對於公共政策之決策，應秉其專業素養，從宏觀、整體的觀點出發，以維護公共利益	當代倫理觀比較重視
政治滲透	文官體系在長期威權體制下，受到政治力之扭曲，而形成「政治考量大於一切」的觀念	傳統倫理觀重於當代倫理觀

資料來源：參考補充江明修，我國公務人力發展的困境與對策，1998：29-30。

（Cooper）則從社群意識的觀點進一步闡明倫理的本質，認為公務倫理的內涵，包括：(1)重視個別公民的尊嚴；(2)強調權威的共識本質；(3)強調對於公善（the common good）的關懷；(4)強調公民美德的重要性；(5)強調參與既是公民的權利與義務，更是一種公民教育。

第二節　行政倫理的理論與內涵

壹、行政倫理理論的層次

一、依倫理之層次內涵分析

　　有關行政倫理的各層次理論內涵，通常以人員層級面向分析，有關倫理的內涵、理念略可分成下列三種：

（一）公共政策倫理：政務人員（官）制定高層次政策的倫理觀念。

（二）行政決定倫理：行政（管理）人員做決定所涉及的倫理觀念。

（三）個人倫理行為：公務人員個人行為涉及的倫理，如貪污和腐化、守時和守分等的觀念。[20]

　　勃寧（T. Edwin Boling）和鄧普塞（John Dempsey）將公務人員的倫理，從三方面探討。一是公共政策倫理（ the ethics of public policy）、個人倫理標準（personal ethics standards）、組織角色的需求（organizational role demand）。[21]簡述如次：

（一）公共政策倫理，因公務人員與民選首長共享決策權力，公務人員必須從倫理觀點，衡量在特定情境中，對於公眾、社會，何者是對的（right）決策？可擇哪一項方案最合乎公平正義（just）？

（二）個人的倫理標準，是指公務人員對自己個別行為，不斷地思索對與錯的問題。因為人民往往受到公務人員本身（personal）行為的影響，例如公務人員頻於應酬，將影響社會風氣，且因應酬時的酒色財氣，導致人民不再信任公務人員。所以，公務人員的言行必須要符合禮儀與自我節制、要求，不可因個人社交行為之不檢點，影響個人與機關，甚至政府的形象。

（三）組織的角色需求，因公務人員均於組織工作，是以公務人員必須瞭解組織對個人需求，個人才能全力配合組織運作。

　　依普連特（J. F. Plant）和郭特納（H. F. Gortner）公務人員應考慮下列面向的行政倫

20　海潤富，行政院人事局譯，「行政倫理」，人事月刊，卷4，期5（台北：人事月刊社，76年5月），頁12。

21　T. Edwin Boling & J. Dempsey, "Ethical Dilemmas in Government: Designingan Organizational Respones," PDM. Vol. 10, No. 1 (1981), pp. 11-13.

理，如圖14-1。

公務人員在進入行政機關後，其行為所需負責對象，由內至外，包括自我、組織和社會。個人方面公務人員本身必會對自我有所期許或拘束，此即來自正式的倫理守則和動態的人性發展與改進。組織指公務人員所在之機關、行政機關和政府而言，在靜態上，組織以規則來規約公務人員行為；在動態上，公務人員對組織規則的順從與否，以組織認同的方式表現出來，也就是組織士氣、組織氣候的問題。社會乃指公眾而言，在規範上，公務人員以最大多數人之最大幸福為準則；在行為上，要在變動不羈的基礎上，考慮社會的公道、平等與反應其關係，可繪成綜合行政倫理架構圖如圖14-2。當然行政倫理有其外在的、客觀的及規範的面向，以法令規章、守則、習慣等方式呈現，其核心還是在公務人員「心中的那把尺」，心存「己達達人，兼善天下」的格局。如何把握社會公平正義與專業判斷的平衡點，亦是吾人關心的議題[22]。

	個別的 （個體）	社會的 （整體）
靜態的 制式的	行政守則 （codes of ethics）	功利主義 （utilitarianism）
動態的 行為的	人性發展與改進 （human development and improvement）	社會公道與反應 （Social equity and responsiveness）

圖 14-1　行政倫理架構圖

資料來源：See Jeremy F. Plant & Harold F. Gorther, "Ethics, Personnel Management, and Civil Service Reform," Public Personnel Management, Vol. 10, No. 1 (1981), p. 4.

	個人	組織	社會
制式的	行政守則	組織規則	功利主義
靜態的	人性發展與改進	組織士氣	社會公道與反應

圖 14-2　綜合行政倫理架構圖

資料來源：作者自製。

---

22 繆全吉、彭錦鵬、顧慕晴、蔡良文，人事行政（台北：空中大學，79年），頁491-493。

二、依倫理價值議題分析

在政策制定過程當中，其實行政人員都會涉及和政治敏感性相關層次的特性，茲以美國為例，略可分為四種層次議題：

（一）政治上的價值議題

依美國標準是普遍接受而無所懷疑的，包括最基本的憲政制度價值，如：民主、安全、和平和自由，表現在獨立宣言、憲法和人權法案，目前幾乎很少受到質疑與挑戰。

（二）特定而普遍政策議題

如：自由貿易、外交援助和自由公共教育等價值，這些議題主要是從第一層次的價值引申而來，在此層次，是由國會及行政部門決定，是涉及誰受惠之問題。

（三）重要衍生政策議題

為適應特殊利益團體而產生的政策——如聯邦對教育輔助、越南援助、社區發展、農業補助和環境控制計畫對低收入者糧食補助（food stamps）等。

（四）運作及程序層次議題

如考慮制定或廢止彈性工作時間，警察決定給超速的人開罰單或只給予告誡。這些層次皆反映公務人員自由裁量權的使用，同時也反映著公務人員的價值判斷，所以裁量權的行使，亦形成行政人員的倫理問題。[23]

三、依組織規範與結構分析

倘就官僚結構的分化與功能專化言，依T. L. Cooper認為透過組織結構水平分化和垂直分化，係確保行政官僚行為合乎公平利益的有效辦法。即政策原則性之意圖，區劃成許多特定的方案與工作，然後透過組織結構由組織中各個單位與層級的人員執行，即可達成政策目標。因此，各級行政人員在無形中亦實現公眾的要求。[24]而Paul H. Appleby則認為層級結構是組織人員履行責任的正式工具，並且認為透過層級結構，可使上級所擔負之較廣泛的公共利益克制下級所追求之較偏狹的特殊利益。[25]相對而言，Marver Berstein則認為組織效率和倫理水準的低落，完全是因為組織中缺乏有效的層級控制所致。缺乏層級控制下，組織極易產生利益衝突的現象，而組織往往只為少數團體服務而忽略大多數人的利益。[26]

23　蕭武桐，前書，頁76-77。

24　L. Cooper, The Responsible Administrator (Millwood, N.Y.: National University Publications, 1986), pp. 44-45.

25　P. H. Appleby, Morality and Administration in Democratic Government (Baton Rouge, LA: Louisiana State University Press, 1952), p. 146.

26　Marver Berstein, "Ethics in Government: The Problems in Perspective," National Civic Review (July 1972), pp. 341-347.

　　由於組織規範乃係特定組織系統內的特定行為方式，而價值提供接受或拒絕特殊規範的理由；組織結構乃係政府設官分職、組織內層級節制之間架與標準。因此，兩者之互動，乃能對行政倫理產生正功能，亦有助於提昇行政裁量之妥當性。當然基本上，兩者均與民主、理性與效率有關，而經由理性、效率作為，可提昇人民服務品質，滿足人民合理需求，亦可同時達成行政倫理的要求。

貳、行政倫理的內涵

　　在析述行政倫理的定義、本質及其價值觀之轉變過程，並對行政倫理的層次說明之後，即可對行政倫理的內涵較清晰的看法，亦可藉以讓公務人員於面臨多元化社會環境，自我釐清其價值系統，清楚認知其理想性、意志性、自覺性運用公權力，提高行政效率及效能。茲就個體倫理與總體倫理分述如下。[27]

一、行政的個體倫理

　　茲以公務人員為行動主體來加以區分有：

（一）關係倫理

1.對長官與個人關係之規範

(1) 對長官：可以「敬、從」兩字詮釋，即長官於監督範圍內所發布之命令，屬官有服從義務，但屬官對長官所發布之命令，如有意見，得隨時陳述。

(2) 對同事：可由「和諧、合作」來說明：即同事間要有「寧人負我」「協處危機」，同事需要幫忙時，給予必要協助。

(3) 對部屬：宜以「教、養（培養）」來著手：即為主官者，要以身作則，對部屬要能體恤，亦要能予統馭、約束，並指導其工作方法。不得包庇庸劣人員，使得組織氣候不佳，工作士氣低落。

2.個人與群體關係之規範

(1) 對機關：重視「敬業、盡職」，即應放棄個人與單位的偏狹利益與本位主義，針對個人職責努力從公，並發揮團體精神，以機關整體目標為重。

(2) 對人民：以「仁愛」為核心，即要瞭解民眾利益，樹立親民、愛民、便民風氣，以親愛精誠的態度，確盡為民公僕的職責。

(3) 對國家：以「忠」為首要：即是身為公務人員，要有認同國家，對國家忠誠以及為國忠心的基本觀念。

27　參考陳德禹，「現代行政倫理體系初探」，前文，頁6-13～6-17。

（二）行事倫理（規範）

1. 積極「有所為」的倫理（應為）

(1) 工作倫理：重視工作之專業化、永業化及專業守則（Codes）、自主性及自我發展（Self developmont）。

(2) 決策倫理：重視公平正義之維護。

(3) 服務倫理：重視職業倫理與民眾需求、不同團體或層級行為互動之規範等。

2. 消極「有所不為」的倫理（不應為）[28]

(1) 不可受賄、貪污：對於職務上之行為或違背職務之行為，不得要求，期約或收受賄賂或其他不正利益。

(2) 不能假公濟私：不得假藉權力，以圖本身或他人之利益，並不得利用職務上機會，加害於人。

(3) 不可洩露公務機密：對於機密事件，無論是否主管，均不得洩漏，退職後亦同。

(4) 禁止不實造假：不得偽造、變造公文書或明知為不實之事項，而登載於職務上所職掌之公文，足以損害於公眾或他人。

(5) 不得文過飾非：執行職務，應力求切實，不得畏難規避，互相推諉。

(6) 不可放寬標準圖利他人：同一事項以同一標準處理，不得恣意放寬，圖利特定之人。

3. 個案分析：美國開國元勳、第一任總統華盛頓（George Washington, 1732-1799）

曾對前來謀求一官半職的好友，表白一段引人省思的言語：「您是我和家人非常要好的朋友，但我與您的私交對此事（謀取官位）恐怕沒法子幫忙。我不是喬治‧華盛頓，我是美國總統；就華盛頓個人立場，我可以為您做任何事情，但就總統職位而言，我無能為力。」[29]或謂為政者應為公不得為私；或謂利益衝突以公共利益為先。

二、行政的總體倫理

茲以機關為行動主體來加以分類有：

（一）規範總則

施政者的價值原則：

(1) 重視政治理想、責任與道德：即政治理想係以建設民有、民治、民享的理想國家；政治責任：為國家獨立自主、人民自由幸福社會公平正義而奮鬥政治道德，堅定的信心、果斷的決心、剛毅的勇氣、為民興利除弊。

---

28 See: O. P. Dwivedi, Public Service Ethics (Beligium: International Institute of Administrative Science, 1978), pp. 8-9. and F. A. Nigro & L. G. Nigro, Modern Public Administration, 5th ed. (New York: Harper & Row Publishers, 1980), pp. 453-454.

29 保訓會，87年度委升薦官等訓練專業課程行政學講義（台北：保訓會印，87年），頁170。

(2) 強調行政革新與行政中立：行政方術之變革與行政作為之價值中立。

(3) 尊重各種價值，助其均衡發展：肯定多元價值之存在與發展。

(4) 強調捐棄本位主義、增進相互瞭解、協調合作。

(5) 尊重個性：寬容異己、利他思想。

（二）關係倫理

1. 機關關係之規範

(1) 上下級機關間之關係：依循尊重（下級）、服從（上級）的互動原則。

(2) 平行級機關間之關係：強調互相尊重、協商的原則。

2. 機關與人民關係之規範：必須注重為民服務、向民負責的原則。

3. 機關與國家關係之規範：即以機關組織目標與作為，必須是忠於國家、達成使命的。

（三）行事倫理

1. 公共政策倫理：希能重視下列五項指標

(1) 公眾（共）利益：決策時須將所有相關的利益都加以考慮。

(2) 社會公平：要能使群體的成員，均能針對個別需求獲得滿足。

(3) 公民參與（民主化）：提供民眾可以參與決策之管道──如公聽會等。

(4) 科學化：政策必須系統化、科學化，且具一貫性。

(5) 回應民意：對民眾政策變遷的要求，須予以迅速回應。

2. 行政規劃倫理，其應把握之原則有三

(1) 分配正義：應注意所涉關係人之差異性、區域的獨特性與情境的變動性，採取不同的作為。

(2) 整體長遠利益：不只見及短程及個別利益，更要重視整體及長遠利益，以求發展。

(3) 效能：在既定的時限與預算內，要能達成預定的目標。

3. 行政執行倫理，其理應重視之標準程序與原則有四

(1) 合理合法：依法行政，以合理方式達成行政目標。

(2) 一律平等：對相同事項，為相同之處理，不可為相異之處理招惹人民不平之怨。

(3) 程序正義：行政運作上，必須遵循一定的程序。

(4) 勇擔責任：縱人民有無理非法抗拒執行者，亦應勇擔責任，加強紓解排除困難，完成任務。

參、OECD有關行政倫理的管理原則

經濟合作暨發展組織國家（Organization for Economic Co-operation and

Development）於2000年報告中指出：各會員國的主要行政核心價值，其內涵依序為：客觀中立(24)、恪守法紀(22)、誠實廉潔(18)、透明公開(14)、行政效率(14)、公平公正(11)、負責盡職(11)、公道正義(10)。另該組織公共管理委員會（Public Management Commission）研擬「文官公務倫理之管理原則」（Principles for Managing Ethics in the Public Service），作為會員國檢視行政倫理的指涉架構。

OECD文官公務倫理之管理原則共計12條，詳述如下：[30]

一、公務人員的行政倫理標準應予明確訂定

公務人員必須瞭解職務要求以及行為界限的基本原則與標準：易言之，即對公務人員所應謹守的核心行政倫理原則與標準，予以明確的陳述，藉以規範公務人員之行為。例如，型塑橫跨機關與公務社群的共同認知，俾利建構行為管理之規範。

二、在法制結構中反應行政倫理之標準

政府的法制結構，是約束公務人員行為規範的最低標準。法律與法規可以陳述文官的基本價值，同時也是公務行為的指導方針，甚至是失職行為調查、懲戒與起訴的指涉架構。

三、政府部門必須告知公務人員有關行政倫理的指南

專業的社會化過程，有助於公務人員培養必要的倫理判斷力與道德的推理技能。無私超然的忠告，有利於倫理環境之塑造，並能提高公務人員面對倫理困境、解決倫理衝突之意願。此外，在職訓練與內部諮詢，亦可協助公務人員體認行政倫理之深刻意涵，提高基本倫理標準應用之能力。

四、公務人員面對業務疏失的爭議時，應該瞭解自身之權利與義務

公務人員面對業務疏失的爭議時，需要瞭解自我權利與義務。例如，必須遵循的法規程序以及正式的權責關係。

五、政治上支持對公務人員之倫理行為具有強化功能

政治領導階層有義務要求公務人員履行高標準的行政行為。政治領導階層必須展現推動行政倫理的決心，藉由創設法律與制度的協定，強化行政倫理並防範未然；針對公務機關推行行政倫理的相關行動，提供適切地支持與資源。

30　江岷欽，「行政倫理的核心價值與實踐」（台北：台北大學，抽印本，90年），頁1-5。

六、行政決策過程應透明公開

公民對公務機關運用權力與使用資源，享有「知的權利」。透明化與民主化的決策過程、立法院的監督、公共資訊的獲取，將使公民監督比較容易進行。此外，充分周延的資訊公開制度與積極獨立的媒體角色，亦能強化政府決策過程之透明度。

七、訂定明確的公私部門互動指導原則

公務部門與私人部門的互動規則，應予明確界定，俾利規範公務人員的行為。例如，政府採購的規範與公職任免的條件。當公私部門的互動日益頻繁，行政體系的核心的價值更需受到重視；同時，行政體系的核心的價值，私人部門亦應予以充分尊重。

八、政府管理階層應率先示範倫理的行為，並予以強化

政府管理階層應在公務組織內，針對行政倫理的行為，提供適當的誘因機制，例如，適當的工作環境與有效能的績效評量，俾對文官價值與行政倫理之標準產生直接的影響。政府管理階層對於行政倫理的尊重與推動，對其他政治人物、公務人員與一般公民，均有顯著之影響。

九、公共政策、行政程序與業務執行，應以強化行政倫理為考量

政府的角色不應侷限在依法行政，要求公民順服而已。政府的管理政策與業務執行，應該運用合法的行政倫理標準，砥礪公務人員確實遵守，防弊端於未然。政府的公共政策不應僅止於描繪公務人員所應遵守的最低標準，更應明確宣示全體文官所應追求的理想價值。

十、公職任免條件與人力資源管理，應以行政倫理的提昇為考量

公務人力資源的政策應以型塑行政倫理的有利環境為前提，運用公職聘任的基本原則，例如功績制與考選銓敘等程序，協助政府培養公務人員的廉政觀念。

十一、文官制度應具備適當的課責機制

公務人員對上級與公眾有其課責性（accountability），課責性應聚焦於行政倫理之原則與成果的達成，建立課責機制可以從組織內部、政府整體或公民社會來建立，機制的設計應考量必須兼顧「適當的控制」與「彈性的管理」。

十二、設立適當的行政程序與懲處規則，俾利處理行政疏失之行為

業務過失的獨立調查機制是推行行政倫理的基礎建設。針對文官的違紀行為，公正的程序與充分的資源，係為追蹤考核與調查報告的必要條件。行政管理階層應適當使用

這些機制，以作成適當判斷，防範公務人員的失職。

第三節　行政倫理的應用

　　行政倫理的應用，旨在分析在各項行政運作或人事行政實務作為上相關之議題。茲以常務人員之行政中立應涵融行政倫理的判斷，方能存在發展，其詳細內容與法制內涵，已於上一章論述，於茲暫略。再以人力資源管理與運用上，可於相關公務人員培訓課程納入行政倫理相關議題，使公務人力資源能發揮良善、合法、倫理理念的本資與特色，本議題亦於第十三章述明，於茲不贅。所以，本節有關行政倫理之應用，則偏重於與行政倫理相關之行政裁量與弊端揭發者相關議題加以分析。

　　由於公務人員在作決策與行政作為的背後，均有其價值系統的存在，而所呈現出來的行政行為，除不可違反行政法規外，往往其裁量是呈現或隱含其價值判斷，又此，即含有倫理價值也。茲就行政裁量的意涵與困境等述明如次：

壹、行政裁量與行政倫理

一、行政裁量的意義與類型

　　翁岳生教授認為：裁量是「認為正確的」，是有倫理價值的考量。

　　林錫堯教授則具體闡述如次：

（一）當具備法律要件時，若行政機關得就多種行為有所選擇，即享有裁量權。法律對於符合法律要件者，並非僅規定一種法律效果，而是規定多數法律效果或某種行為範圍，使行政機關自己決定。

（二）裁量的事項，可能涉及行政機關是否為某一合法措施（決定裁量Entschlieβungsermessen，通常法律以「得為規定」出之，選擇一種措施。由行政機關決定是否行為）：亦可能涉及在多數合法措施（選擇裁量Auswahlermessen，即選擇某一法律效果或行為）。

（三）依據裁量所作成之行政處分，稱為裁量處分。反之，如依法律規定，具備法律要件時，行政機關應賦予唯一之特定法律效果，此稱為羈束，作成之行政處分，稱為羈束處分。此外，亦有「無法律規定之自由行政領域」，於此領域作成之行政處分，稱為自由處分，自由處分雖無法律加以拘束，但仍受憲法及行政法一般法律原則之拘束，故亦有學者將自由處分納入行政裁量之討論範圍。

（四）裁量係立法者所賦予，因此，有無裁量，必須就具體案件之有關法規予以瞭解。裁量使行政機關依自己責任而為決定。

（五）裁量有助於達成個案之妥當性。行政機關必須一方面斟酌法律之目的，另一方面

斟酌的具體狀況，就個案尋求最妥當的答案。因此，行政機關首先要探求法律授權裁量的目的，以獲得基本觀點，並基於此項觀點，就具體案件妥為決定。同時，亦得為合目的性（Zweckma βigheit）及便宜性（Billigkeit）之衡量。

要此，裁量不是單純的、自由的、任意的選擇作用，而是就具體個案，衡量各種情況，作成正確之決定，以符合法定目的。行政機關於為裁量之際，有衡量之義務。[31]

二、行政裁量的範圍

直緣西德學者通說，以限制裁量的概念為基礎，即將行政機關的裁量行為嚴格侷限於法律效果的裁量；另像於「例外在使原則確立」之概念，則指該不確定法律概念含有高度價值判斷的性質（如考試、能力、適任公職等及高度專業評價式之行政事務等）方享有裁量（判斷）之餘地，[32]或為明法律授權本旨而輔以使用主觀用語者，此即翁岳生教授所云：依立法論言，今後立法者如欲授與「判斷餘地」，應於法律中明確表明。[33]

再者，有關於「法未規定」的行政領域是否需允許行政機關為行政裁量？目前在我國理論與實務界數傾向於肯定說，前者，如翁岳生、張劍寒先生是，後者，在如行政法院69年度判字第282號：「現行法上無規定應考人得索閱或影印試卷，因而被告機關本諸職權而為裁量，未准原先所請，原處分核無違誤。」當然晚近民眾自我意識高漲，似有要求行政裁量之範圍，應嚴格限制在法規授權的情形之下，以符其本質，惟愚意以為，行政機關為追求行政目的或公共利益，尤宜享有裁量權也。

三、行政裁量的控制

行政機關在法律授權下的裁量行為，應依法行政及法治國家的法理原則而行使，其過程難免有超越自由裁量權、濫用自由裁量權或裁量收縮……等裁量瑕疵行為，如何有效的節制裁量的範圍、規約裁量權之行使與監控裁量之運用，理宜依靠各種控制之方式。茲分述如下：

（一）行政監督

國家設官分職，各有所司，在其法定職掌範圍內，以行使其職權，而控制行政人員之裁量行為最直接的方式，由長官透過層級節制系統對部屬行為予以指導與考核。惟此種方式有其限制，乃宜透過三種方式行之。

1.裁量規則的訂立與審查

基於行政一體之觀念，通常上級機關對下級機關命令違法與否之審查，係行政體系

31　林錫堯，行政法要義（台北：法務通訊雜誌社，80年），頁168。
32　參見葉俊榮，行政裁量與司法審查（台北：台大法律研究所碩士論文，74年），頁16-41。
33　翁岳生，「論『不確定法律概念』與行政裁量之關係」載於行政法與現代法治國家（台北：台大法學叢書，74年），頁72。

本身內部之審查，其性質與其他機關對行政命令所為之審查，頗有差異，其審查之範圍亦比其他機關廣泛，不僅及於命令之違法性，尚得就命令之妥當性或合目的性審查之。[34]當然，行政運作過程中，有些命令為法定職權或法律授權，甚至基於實現公平、正義而不違法的前提下，訂定各相關行政命令，應屬可行的裁量作為。

2.強化行政程序

按行政的正當程序（due process）為1.任何行政機關的決策，必須公開意圖（intent）與理由，接受民眾的評斷；2.當人民的權益可能受到影響時，必須有申訴不平（grievance）的機會；3.行政行為實行前，讓人民有聽證（hearing）的機會；4.人民可由律師代表，來保障其權益。由於行政程序極為複雜，因此人民須請專業人才，以維護自己的權益。[35]

3.經由訴願與再訴願審查，或設立申訴及檢舉（whistle-blowing）制度

依據原訴願法及行政訴訟法之規定，人民對行政機關之行政處分，認為違法或不當，致損害其權利或利益者，得提起訴願及再訴願，若有不服，於符合一定要件後，始得提起行政訴訟。於民國87年10月新修正之訴願法已廢止再訴願程序，惟其救濟程序與功能於行政訴訟法中規定二級制設計予以補強。另非法制管道如設有申訴與檢舉等，將有助於行政裁量正當妥適性之提昇。

（二）立法控制

一般而言，各國立法機關的職權，主要有三，1.立法權：即議決法律案的權力；2.財政權：即政府徵收稅賦，須得人民的同意；3.監督權：議會所採之監督方式如質詢、彈劾和不信任投票、同意權等。就法制上之控制言，如美、德國等國紛紛制定行政手續（程序）法，我國倡議多時，鑑於「程序上正義」之普受重視，終於民國88年1月完成行政程序法之立法程序，值得重視。

至於國會節制行政機關之行政裁量方面，英國係以法律控制（statatory control）為主。蓋因國會制定法律以規範裁量權之行使，若對行使之方式、要件、程序及場會等，規定的愈詳盡，則適度節制裁量之任務即可達成。[36]另外，亦可透過個案調查報告與質詢等方式共同達成節制之目的。惟委任立法的適切授權裁量及立法裁量之充分而適度的運用，以為行政裁量奠定合法、合理的法制基礎，則是吾人所樂見者也。

（三）司法審查

按司法作用，著重於法律穩定性之維護，故恆帶有保守性，而使其在控制行政裁量之功能上，較諸行政監督、立法節制、顯得被動與消極。在我國對於公務人員之職務行

34　翁岳生，「論命令違法之審查」，載於行政法治與現代法治國家，頁113。

35　Marshall E. Dimock & Gladys O. Dimock, Public Admini-stration, 4th ed.（台北：馬陵出版社印，65年），p. 132.

36　Leroy N. Rieselbach: Congressional Politics (New York: McGraw-Hill Book Co., 1973), p. 300.

為，由行政法院審理，另設審計部專掌審計，監察院的監察權，可糾舉違法失職的公務人員。再次司法院尚設有公務員懲戒委員會，對於違法失職的公務人員，可施予撤職、休職、降級、減俸、記過及申誡的懲戒，消極上可以矯正公務人員的違法、廢弛職務，或其他失職行為，積極上可以導正公務人員歸趨於正當的行政行為，以免遭受懲戒。至於各級法院之設置，表示維繫國家公道的所在，不問官吏與人民，但求無人犯法，苟有以身試法，法院本司法獨立之精神，伸張社會正義，維護價值系統的成長，樹立公正判斷的是非標準，亦誠是行政裁量標準的重要指標也。

（四）其他控制

我國設有考試院，對行政人員負責任的行為加以控制，塑造公務人員均為有為有守具有道德勇氣的公僕，莫要於慎選新進的精英。蓋考試政策的方向，足以導引士風的趨流，考試類科的重點，必然反應社會的價值，故全盤系統改進考試的技術與程序，確為良善行政裁量的奠基工程。[37]

行政人員負責任的行為，倘透過政府以外的力量，則包括了利益團體、政黨、專業團體和大眾傳播媒介等進行監督。就利益團體言，雖可能有負面影響，惟彼等透過各種管道表示各種社會價值系統，形構行政裁量的周妥性，更因彼等努力倡導公開的政府（open government）或金魚缸的政府，使政府一切運作均能公開。[38]就政黨言，其對行政人員行為的控制，常持政綱（platform）的指導與黨紀的約束。就專業團體言，按行政人員在依循制定之守則行事，倘成立專業團體，則可進一步對會員之行為標準有其制約作用。至於大眾傳播媒體方面：按媒體為人民「知的權利」（the right of know）與「有權知得正確」（to know the right）的公器。其執業者，可將人民需求與支持的資料經整合而回饋政府，就發生正確的行政裁量之強化功能。

要之，以上行政監督、立法節制、司法審查及其他控制等，均屬外在控制方式，分別各有其作用，合則構成嚴密的壓力，可維持良善、合理的行政裁量於不墮。倘得以透過行政官僚的內在心理因素（Psychological factor），達成行事行為之控制，則有賴行政倫理之內在控制！按行政人員具有大量自由裁量權，使得行政人員不必事事受到監督及請示，且無明確的外在行為規範，此時則有賴於激發出行政人員之內在心理預設情況，以趨向負責任的行為，[39]又此乃屬行政倫理課題之範疇也。

再在行政倫理的標準上，推演有關行政裁量的核心議題。依黎勒（Mark T. Lilla）之劃分為：（一）官僚組織信念（Bureaucratic Ethos）之行政倫理含效率、能力、專業技術、忠心（誠）及負責任等；（二）民主信念（Democratic Ethos）的行政倫理含公眾

37　參閱繆全吉、彭錦鵬、顧慕晴、蔡良文，人事行政（台北，空中大學，79年修訂再版），頁547-552。

38　Bernard Rosen: Holding Government Bureaucracies Accowntable (New York: Praeger Publisters, 1982), pp. 51-53.

39　Terry L. Cooper: The Responsible Administrator, op. cit., pp. 110-116.

利益、社會公道、制度或憲法的價值及公民參與的觀念。[40]若依美國公務員面臨之價值問題說明,可分為「自由」為中心價值,包括民主控制、負責任、回應及代議制度等;另以「秩序」為中心價值,包括強調能力、專業、效率、忠誠、強有力組織結構,希望建立強有力行政部門等;兩者各自成一圓圈,如何在自由與秩序兩圈之交集下運作,則是倫理問題也。[41]也即不倫理行為,不僅僅包括那些在法律觀點之下的違法犯罪行為,如收受賄賂、侵吞公款、執法錯誤等,尚包括不當等行為,如圖利他人、違反公共利益、濫用影響力(influence peddling)、洩漏或濫用公務機密等,倘因此而影響民眾之合理、法定權益時,即構成訴願、再訴願、行政訴訟法之要件;最後尚包括公務人員之對親友之施惠,或從事任何未經授權的政治活動……等。

四、行政裁量的困境與倫理作為

通常在裁量的倫理困境有:權威的(價值與法令要求)的衝突、角色的衝突、利益的衝突等。

至於行政裁量的倫理困境之解決,要有二項原則:

(一)公共利益的重視、公正客觀的作為與程序規則的尊重、手段方法的合法合理限制。

(二)義利裁量的抉擇

　　1. 在國家憲法價值(包括自由、民主、社會正義……等)與行政目標(包括為民服務等)大前提下,應有較大思維空間與自由,不宜過於窄化法律適用範圍。

　　2. 在我國傳統倫理道德之原理原則,可供行政裁量之參考,如梁惠王問孟子曰:「何以利吾國乎?」孟子對曰:「王何必曰利,曰仁義而已矣!」「君子喻於義,小人喻於利」「見利思義」暨荀子曰:「仁,人心也;義,人路也。」

申言之,義利裁量係依循民主、理性、效率、效能而作為。也因為只有民主的行政,才能真正反應民主社會的價值,組織成員的無力感或可能之偏差行為才會減到最低的程度。所以,一個理想的行政人員必須具有民主的素養、公正及仁愛的德行基礎、以及有反應力(Responsive)、有效率的(efficient);而行政裁量是否合宜,端視行政人員內在情性,能以我心來度他心,進而擴大成為對群體的關愛,將國家利益、公眾利益作為公平正義仁慈的分配。易言之,民主的、人道的、公平正義的行政,係以仁愛為根本,及建立在真正民主平等基礎之上,而逐漸衍生並期回歸到人本的價值上,所以行政人員肩負實質的裁量權,務必以仁民愛物的胸懷,為公眾謀求公道及福祉,[42]共同實

---

40 April Hejka-Ekins, "Teaching Ethics in Public Admini-stration," Public Administration Review, Vol. 48, No. 5 (Sep/Oct 1981), p. 886.

41 John A. Worthley, "Ethics and Public Management: Education and Training," Public Personnel Management, Vol. 10, No. 1 (1981), pp. 43-44.

42 莫爾(Mark Moor)語,Cf. Terry L. Cooper, Hierarchy, Virtue and the Practice of Public Administration: A Perspective for Normative Ethics, Public Administration Review, Vol. 47, No. 3 (May/June 1987), p. 326.

踐社會正義。[43]

最後，我們重申現代的政府不能與社會中任何個別利益的一方相結合。政府的功能是在以行政的技術去滿足各方的利益需求；透過教育與決策來提昇個別利益至普遍價值；並透過司法的程序，來仲裁個別利益之間或個別利益與普遍價值之間的衝突。政府應顧及個別與團體的利益，強化利益普遍化原則，此即現代政治中的新義利之。[44]又在公務人員遵循義利裁量規範時，除配合組織採取之「規範豐富化」（normative enrichment）方式，[45]強化、釐正公務人員在組織中各種決策標準、行政裁量作為標準的前提（premise）與後果外，似應再把握下列各原則：

（一）公務人員應與人民同受國家法律之約束與制裁，共同建立廉能公正的政府；

（二）將行政裁量由「物化」的觀念，轉化成為尊重人尊嚴與實踐社會正義的義利裁量；

（三）遵守義利裁量之判準，以確保國家資源之最有效率、效能之分配與運用；

（四）重視法治素養，兼及人品陶冶之德行，以確保政治中立與行政中立；

（五）本於誠信原則與良知良能的作為，共同建立良好的行政倫理組織系統與環境。

貳、弊端揭發與行政倫理

弊案揭發（whistle-blowing）是指公務員把機關的違法失職情形釋放消息讓外界知悉，並以媒體為常見的外露對象，其次為向議會、檢調（政風）或上級機關報告，而做此行為的人稱作「弊端揭發者」（whistle-blower）。「揭發弊端」與「保守秘密」兩項倫理要求經常相互衝突，且揭發者面臨遭機關控告、免職或長官報復的風險，甚且不易留在政府部門繼續公務生涯發展。當然，弊端揭發者在機關應屬少數者，如何避免公務員濫用，是值得重視的。惟推卸責任或抹黑者亦曾慣用上述方法，加以扭曲，所以，公務員之專業倫理的強化是必要的。

一、在探討「弊端揭發者」時，亦同時區隔「抹黑滋事者」，兩者之內涵與標準是不同的，通常兩者行為的判斷標準有四

（一）是否違反法令規範。

（二）是否違反社會的善良風俗。

（三）是否屈服於明示或暗示壓力行為。

（四）是否有助於改善組織文化與組織氣候。

---

43 See: John Rawls, A Theory of Justice (Cambridge: Mass: Harvard University Press, 1971), p. 11.

44 沈清松，傳統的再生（台北：業強出版社，81年），頁203-204。

45 T. Edwin Boling & John Dempsey, "Ethical Dilemmas in Government: Designing an Organizational Response," p. 170.

二、對於弊端揭發者的認定與保護

本議題在我國可參考「公務人員保障法」、在美國可參考「弊端揭發者保護法」等有關規定。其中有關處理弊端揭發行為之認定有其困難，所以，其行為內涵應特別加以留意者有：

（一）正當行為分際的不易確定（饋贈、招待、隱私權、財產公布及公益認定等）。
（二）利益衝突的類型與解決之道，是科學、法制的，亦是藝術的。
（三）公民精神與道德優先於公務人員的服從規範。

要之，吾人以為良好的行政倫理的大環境與機制，是必須能鼓勵公共參與、遵循法律與政策內涵、及重視組織內在品質的體制。

三、個案分析

美國國防部曾爆發一件非常聞名的弊端揭發個案，費茲吉拉德（A. Ernest Fitzgerald）於1969年，在國會聽證會上揭發空軍對新型C-5A噴射運輸機的成本低估一半（註：執行後經費可能追加一倍之意），尼可森總統聞言後立刻下令免職，國防部遵令辦理。從此，費茲吉拉德展開長達十年的司法控訴以維護權益，最後在雷根總統任內，聯邦法院判其勝訴，並下命國防部復其原職。今日，公務人員的揭發弊端行為在美國是被認可的，受到的正式保護始於1978年「文官改革法」（Civil Service Reform Act），接著在1989年「弊端揭發者保護法」（Whistleblower Protection Act）得到較周詳的規定，該法成立一個獨立地位的專責機關；特別檢查官辦公室（Office of Special Counsel），使之從功績制度保護委員會（Merit Systems Protection Board）獨立出來，並賦與「保護公務人員、尤其是弊端揭發者，使其不會遭受被禁止的人事措施（例如：報復、歧視、強迫政治活動等違反功績原則之下該發生的人事措施）」的重責大任。[46] 在我國有關行政倫理或弊端揭發者等相關法制，是否立法規範，似值吾人深思者。

另日本人事院曾實施短期的公務倫理講習，主要內容為：探討公務人員何以必要具備崇高的倫理；如何因應不斷變化的社會環境來重建強化公務倫理；暨探討公務人員不該有的態度、受到限制或禁止的行為，以及該有的態度與積極的行動……等，俾使參加人員在討論中深刻領悟公務倫理的重要性，值得參考。[47]

四、行政倫理與核心價值

為建立公務人員對國家忠誠感、對社會的關懷情、對政府的向心力、對民眾的服務心，對公務的責任感，行政院於90年6月7日核定函發「建立行政核心價值體系推動方案」，本方案實施要項有三分別為：一、加強公務人員行政倫理觀念，包括：公民倫

46　保訓會，行政學講義（台北：保訓會印，87年），頁170-171。
47　施嘉明，「公務員的公務倫理」，公務員讀本（台北：致良出版社，85年），頁92-94。

理、領導倫理、管理倫理、服務倫理等；二、鼓勵公務人員參與志願服務；三、建立合理化、人性化工作關係，包括走動及危機管理、自主及激勵管理等。並提出「建立對國家忠誠感」等5價值，惟考量該5項價值較屬一般國民所應有的共同素養，對當前行政文化的改善，效果有限，行政院人事行政局為澈底革新行政文化，建立公務人員實踐公共服務之價值基礎，多次邀請專家學者及各機關代表會商，經簽奉行政院於2004年2月25日核定「創新」、「進取」、「專業」3項核心價值，同年3月18日分行所屬各機關；此3項核心價值之內容為：（一）創新：勇於變革，彈性多元，展現創造力，經由「批判性思考」與「創造性突破」，達到從無到有、推陳出新、改善現狀的結果；（二）進取：積極主動，追求績效，迅速回應人民需求，透過團隊意識與績效觀念之提升，展現行政執行力及對於服務的熱忱與活力；（三）專業：積極學習，開拓視野，追求卓越，藉由提升專業知能及核心能力，有效解決問題並提升服務水準。

　　惟公務人員所應具備的核心價值，如自行政倫理面向觀察，上述3項核心價值顯有不足。就「創新」而言，倘吾人執著於凡事持「批判性思考」與「創造性突破」，不斷推陳出新，而對過去甚有價值者，則認不足惜，而欲盡去之，則其間是否產生失衡？就「進取」而言，活力與執行力固為達成目標所不可或缺者，惟倘目標一開始就設定錯誤，則「進取」適足以速致失政。就「專業」而言，吾人如只就所具「專業」立場，求績效之表現，而忽略與不同立場者之溝通，或未計及為追求績效所可能造成外部社會成本的重大支出，則其是否適當？均值深思。易言之，行政系統似應重新重視2001年建構之行政核心價值體系推動方案中之國家忠誠等價值，當然憲法精神、體制及運作機制更為必要的礎石，[48]考試院文官制度興革規劃方案確定並公布文官以「廉正、忠誠、專業、效能、關懷」為核心價值。[49]重要內涵如下：

核心價值	重要內涵
廉正	以清廉、公正、行政中立自持，自動利益迴避，公平執行公務，兼顧各方權益之均衡，營造全民良善之生存發展環境
忠誠	忠於憲法及法律，忠於國家及全民；重視榮譽、誠信、誠實並應據道德感與責任感
專業	掌握全球化趨勢，積極充實職務所需知識技能，熟悉主管法令及相關政策措施。實踐終身學習，時時創新，保持專業水準，與時俱近，提供全民第一流的公共服務
效能	運用有效方法，簡化行政程序；研修相關法令、措施，力求符合成本效益要求，提升決策品質；以對的方法，做對的事；明快、主動、積極地發揮執行力，以提高行政效率與工作績效，達成施政目標，提升國家競爭力
關懷	時時以民重福祉為念，親切提供服務；對人民之需要及所遭遇之困難，以同理心及時提供必要之協助與照護，增進人民信賴感。並培養人文關懷與多元文化素養，以寬容、民主的態度，讓族群間相互尊重與包容，社會更加和諧

48　蔡良文，「公務人員核心價值與行政倫理」考銓季刊，期47（台北：考試院季刊社，95年7月）。
49　摘自2009年6月18日考試院文官制度興革規劃方案，頁8。

　　綜之，吾人認為在早期行政院核定之創新、進取、專業3項核心價值，應有更高一層次的行政倫理觀，做為公務人員行事之準繩，如吾人對人類的大愛與全球關照、忠誠於國家、遵依憲法精神、信守公共利益、富有道德感、責任感、政府廉能、由行政中立融入行政倫理判準、重視社會的公平、正義等觀念，均值得我們予以重視。當然文官體系如何建構政府組織價值的承諾，重構授能（empowerment）和逐級授權與分享領導，建立廉能有效機制，共同無私奉獻公共服務，在政務領導過程與各層級人員訓練中，如何融入憲政、社會、個人層次倫理與行為面向暨決策、規劃、執行倫理指標原則內涵，型塑公務人員價值風格等，均企盼經由各界更深入的討論，以完備公務人員核心價值體系，進而對國家社會產生正面向上提昇的動力。

　　要之，當今政府必須積極培育、型塑一批有思想、有正義感、有同理心、關懷情的公務人員，來負責推動政務行政，亦即培養政府官員能以重構與新詮的義利價值層級論，進行倫理思考[50][51]與法制討論。於弊端揭發與建立廉能政府法制外，再建立興利與防弊機制衡平模式等，據以作為人事政策之未來努力的課題，更可作為公務人員行政倫理裁量良善之判準也。

第四節　服務倫理的法制建構

一、美、日、德等國服務倫理之相關規定

（一）美國

　　美國社會的民主化程度尤高，民眾對於服務倫理的期待與監督也自然甚為殷切，在美國公共行政學會（American Society for Public, Administration）所建構之倫理法則，主要在於1994年學術期刊《公共行政評論》（*Public Asministration Review*，簡稱PAR），將過去1981年訂定之倫理原則及1985年通過之12條倫理守則（Code of Ethics），予以修改為下列五大項：

　　1. 實踐公共利益（Serve the Public, Interedt），
　　2. 尊重憲法法律（Respect Constitution and Law），
　　3. 展現個人廉潔（Demonstrate Personal Integrity），
　　4. 倡導倫理組織（Promote Ethical Organizations），
　　5. 追求專業卓越（Strive for Professional Excellence）。

　　在政府方面，於1958年國會通過決議案，提出聯邦公務人員的倫理守則，文官委員會隨後將之納入「聯邦人事手冊」內周知令行。該守則要求所有公務人員需恪守忠誠、

50　蔡良文，「論公務員義利裁量」，中國行政，期56（台北：政大公企中心，83年），頁23-34。
51　潘麗雲，「日本國家公務員倫理法制概述」（台北：銓敘部，89年），頁65-72。

守法、效率、摒棄權、清廉、不假公濟私……等十項倫理行為（Torpey, 1990: 59）。

再以美國於1978年制頒「政府倫理法」（Ethics in Government Act），復於布希總統（George Bush）在1989年以總統命令第12674號即要求公務人員應遵行十四項倫理行為原則，並於1993年2月3日起生效，其主要內容略以：

1. 公共服務是公共信託的職業（Public Service is Public Trust），公務人員應置憲法、法律和倫理原則於個人私利之上。
2. 公務人員不應圖取與職務責任有違之財務利益。
3. 公務人員不得利用政府之資訊，從事財務交易，亦不允許他人不當地運用政府資訊，追求個人私利。
4. 公務人員不得向任何個人或單位，要求或收受任何禮物或其他有價物品。
5. 公務人員應誠實執行職務。
6. 公務人員不得擅自做出任何對政府具有約束力之宣示與承諾。
7. 公務人員不得假借職務，以求公財私用。
8. 公務人員應公正無私對待任何個人組織。
9. 公務人員應保護政府之財產，依法撙節使用，不得挪為他用。
10. 公務人員不得在外從事與正式職務相違之兼職或活動。
11. 公務人員應向權責機關，揭發浪費、詐欺、濫權與貪瀆之情事。
12. 公務人員應善盡公民之義務，包括一切財務義務，尤其是各級政府依法律課徵之義務。
13. 公務人員應恪遵促進全美國國民平等就業機會的所有法令，不得有任何差別待遇。
14. 公務人員應全力於避免任何違法或與倫理標準相違的行為。

（二）日本

日本國家公務人員的倫理行為，係由國家公務人員法作原則性規定，並經人事院訂頒規章以昭遵守。國家公務人員法第三章官職之基準的第七節服務，即規定倫理事項，其要點如下：

1. 公務人員應為公共利益服務，並全力以赴執行職務。
2. 公務人員應依法令執行職務，並忠實服從上司之職務命令。
3. 公務人員不得對公眾（政府所代表之雇主）為聯合罷工、怠職及其他爭議行為或使政府行政效率低落之行為。
4. 公務人員不得有危害其官職之信用或使全體官狀蒙受不名譽之行為。
5. 公務人員不得洩漏職務上知悉之機密，退職後亦同。
6. 公務人員除法令所定外，不得兼任他項官職，其依法令兼職者，不得受領兼職之

俸給。

7. 公務人員不得為政黨或政治目的，要求或受領捐款及其他利益，亦不得以任何方法參與此等行為。

8. 公務人員不得為政黨或其他政治性團體之幹部、政治顧問或其他相同性質之成員。

9. 公務人員不得兼任以經營商業、工業、金融業或其他民間營利事業為目的之公司或其他團體的幹部、顧問、評論員等職務，或自為營利事業。

10. 公務人員離職後二年內，不得擔任與其離職前五年內之職務有密切相關之營利事業職務。

　　至於公務人員倫理行為之具體規定，則係源於日本不斷發生公務人員貪瀆醜聞事件，嚴重影響國民對政府與公務人員之信賴。爰於1999年制定「國家公務員倫理法」，主要內容包括：

1. 立法目的：公務人員為國民全體的俸仕者，受全體國民付託執行公務，應使其保持職務有關之倫理及執行職務之公正性，並進而確保國民對政府的信賴。（第1條）

2. 適用對象：為國家公務員法上所規定之一般公務員。（第2條）

3. 公務員應遵守之公務倫理原則。（第3條）

(1) 公務員應認識其為國民全體之服務者，非一部分國民之服務者，因此於職務上所得之資訊，不得作只對部分國民有利的不當差別處置，並應經常公正的執行職務。

(2) 公務員必須公私分明，不得利用職務或地位，謀求個人或自己所屬組織上的私利益。

(3) 公務員依法行使職權時，不得接受來自該職權行使對象的贈與，以避免遭致國民的疑惑與不信。

4. 關於贈於、有價證券交易及所得報告與公開制度之建立

(1) 贈與等之報告：省廳之課長輔佐級（相當專員）以上人員，於接受事業主的金錢、物品或其他財物上的利益供給或招待時、或與事業主間因職務關係而收受勞務報酬（超過五千日圓）時，每年分1-3月、4-6月、7-9月、10-12月四段期間，在次段時間開始的十四日內，必須向機關長官提出記載包括所得金額、收受日期及原因等內容之贈與等報告書。（第6條）

(2) 股票交易等之報告：省廳審議官（相當專門委員）級以上人員，對於上一年之股票或債券等之取得或讓渡，應於每年3月1日至同月31日期間，向其機關長官提出記載包括股票債券的種類、數量、價值及交易日期等內容之股票等交易報告書。（第7條）

表14-3　違反倫理法或該法相關行政命令時之懲戒處分基準法

	違反行為	懲戒處分種類
1	不提出各種報告書	告誡
2	提出記載虛偽事項之各種報告書等	減俸或告誡
3	接受利害關係者之金錢或物品贈與	免職、停職、停俸或告誡
4	接受利害關係者不動產贈與	免職或停職
5	接受利害關係者之金錢出借	減俸或告誡
6	無償接受利害關係者負擔而提供之物品出借	減俸或告誡
7	無償接受利害關係者或由利害關係者負擔而提供之不動產出借	停職或減俸
8	無償接受利害關係者或由利害關係者負擔而提供之勞務	免職、停職、停俸或告誡
9	接受利害關係者為上市股票之讓與	停職或減俸
10	接受利害關係者之招待（限於引實務之提供）	減俸或告誡
11	接受利害關係者有關遊藝或高爾夫之招待	減俸或告誡
12	接受利害關係者國外旅遊之招待	停職、減俸或告誡
13	接受利害關係者國內旅遊之招待	減俸或告誡
14	與利害關係者共同飲食	告誡
15	與利害關係者共同遊藝或玩高爾夫	告誡
16	與利害關係者共同旅遊	告誡
17	反覆接受利害關係者以外事業者之招待等超出一般社交程度之接待或接受財產上之利益供給	減俸或告誡
18	對利害關係者尾隨糾纏	免職、停職或減俸
19	對利害關係者以外事業者之尾隨糾纏	減俸或告誡
20	未經倫理監督官之同意進行受有報酬之演講等	減俸或告誡
21	默認或隱蔽自己所屬職員之違反倫理法行為	停職或減俸

註：本基準為各種違反行為僅發生一次時之懲戒處分標準，並得視情節加重或減輕處分。公務
　　員發生數個違反行為時，則依上述基準加重處分。

資料來源：參據潘麗雲（2000：70）：「日本國家公務員倫理法制概述」。

　　(3) 所得等之報告：省廳審議官級以上職員，必須於每年3月1日至31日期間，向機
　　　　關首長提出上年度包括課徵所得稅之總所得、山林所得、其他所得，及課徵贈
　　　　與稅之該項贈與財產之課稅價格等內容之所得等報告書。（第8條）

　　(4) 以上報告書，各機關應保存五年，任何人對於贈與利益或報酬金額一件達二萬
　　　　日圓以上者，如無涉及國家安全、國際關係之信賴、犯罪偵防、公共安全等
　　　　者，均可向各省廳機關首長請求閱覽。（第9條）

　5. 設置國家公務員倫理審查會及各機關倫理監督官的設置（第10條至第15條及第39

條）另外，為配合國家公務員倫理法於2000年4月1日之施行，除內閣依倫理法授權制定國家公務員倫理規程（國家公務員倫理法第5條），及人事院發布了違反者之懲戒處分標準外，中央各省廳亦配合發布其所屬職員之行政倫理相關法令，以落實倫理法之實施（潘麗雲，2000：65-72）。其違反倫理法或該法相關行政命令時之懲戒處分基準法羅列如表14-3。

（三）德國

德國聯邦政府對公務人員的倫理要求，係規範於聯邦公務人員法第三章公務人員之法律地位的第一、三、四、五節義務、行使職權行為之限制、公務保密、兼職規定，其要點如下：

1. 公務人員為全國人民服務，非為黨派服務；執行職務時應公正為之並注意公共利益之維護。
2. 公務人員應注意其身分與整體之關係，並考慮職務上義務，對政治活動應節制或採保守態度。
3. 公務人員應全力執行職務，並本於良知，不為私利鑽營。公務員職務內與職務外之行為，須符合維護其職業上之尊嚴與信任。
4. 公務人員對其長官應提供建議與支持，並應執行長官發布之命令。
5. 公務人員對職務上之行為，應負法律責任。如對長官之職務性命令有所疑慮時，應立即向長官陳述意見，如仍為更上一級長官維持原命令，公務人員即須執行該命令而免個人之責任，但命令之行為如違反刑法或秩序法之行為，且公務人員對此犯罪性可認識時，或命令之行為侵犯人類尊嚴者，不在此限。更上一級長官之確認行為，得依聲請，以書面為之。
6. 公務人員不得為自身或親屬，從事職務上之行為。
7. 公務人員應保守其執行職務所知之機密，退職後亦同；未受許可前，不得在法院內外場所透露，亦不得發表聲明。
8. 公務人員於公務員關係終止後，基於長官之請求，對公務上之文件、繪圖、各種描述、公務事件過程之紀錄及以上之複本，應予交還。其遺族與繼承人亦應有此項義務。
9. 公務人員之兼職行為，應事先許可，如兼職有影響職務利益之顧慮時，應停止兼職。

二、我國服務倫理之相關規定

（一）廉政體系

國家廉政體系（National Integrity System, NIS），係由國際透明組織（TI）於2000年所提出，以作為分析評估各國政府廉政度（Integrity）（包括：永續發展、依法治理及

生活品質之理想目標）的衡量指標。依我國之憲政體制及政經社文科環境，建構我國特有之國家廉政體系，如圖14-3。

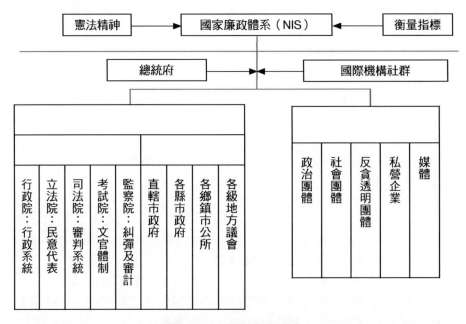

圖 14-3　國家廉政體系

資料來源：作者自製。

（二）公務員服務法之倫理有關規定

　　「公務員服務法」制定於民國28年7月8日，全文共計25條，於31年12月及36年7月兩次修正後，即未作修正，迄至84年12月始再修正，於85年1月15日總統公布，並另增訂第14條之1、之2、之3及第22條之1條文。又89年7月19日修正公布第11條條文。

　　公務員服務法是我國公務員倫理行為的主要法律依據及規範，[52]其對倫理行為之規定，先參考前述個體倫理中之行事倫理定義，主要略可歸納為：

1.道德宣示之倫理事項

(1) 公務員應恪守誓言，忠心努力，依法律、命令執行職務。（第1條）

(2) 公務員應誠實清廉，謹慎勤勉。（第5條）

(3) 公務員執行職務，應力求切實，不得畏難規避，互相推諉或無故稽延。（第7條）

52　「清廉」向為先進民主國家政府的立基，慎勤亦為中國歷代官箴指標，2008年新政府為期確保公務員執行職務時，能廉潔自持、公正無私、依法行政，並提升國民對於政府之信任及支持，參酌美、日、新加坡等國家公共服務者之行為準則等，研具「公務員廉政倫理規範」，可供參酌。

2. 公務員與長官之個別倫理關係

(1) 長官就監督範圍以內所發命令，屬官有服從義務。但屬官對於長官所發命令，如有意見，得隨時陳述。（第2條）

(2) 公務員對於兩級長官同時所發命令，以上級長官之命令為準；主管長官與兼管長官同時所發命令，以主管長官之命令為準。（第3條）

3. 公務員應「有所為」之倫理事項

(1) 公務員有絕對保守政府機關機密之義務，對於機密事件，無論是否主管事務，均不得洩漏；退職後亦同。未經長官許可，不得以私人或機關名義，任意發表有關職務之談話。（第4條）

(2) 公務員除有特別職務，其辦公應依法定時間，不遲到早退。（第11條）

(3) 公務員除法令所定外，不得兼任他項公職或業務，其依法令兼職者，不得兼薪及兼領公費。（第14條）

(4) 公務員執行職務時，遇有涉及本身或家族之利害事件，應行迴避。（第17條）

4. 公務員「有所不為」之倫理事項

(1) 公務員不得有驕恣貪惰，奢侈放蕩及冶遊、賭博、吸食煙毒等足以損害名譽之行為。（第5條後段）

(2) 公務員不得假借權力，以圖本身或他人之利益，並不得利用職務機會，加損害於人。（第6條）

(3) 公務員不得擅離職守，其出差者亦同。（第10條）

(4) 公務員不得經營商業或投機事業，但投資非屬特別規定者或非執行業務相關特定規定者，不在此限；公務員利用權力、公款或公務秘密消息而圖利者，依刑法論斷，其他法令有特別處罰規定者，依其規定。其離職者，亦同。（第13條）

(5) 公務員於其離職後三年內，不得擔任與其離職前五年內之職務直接相關之營利事業董事、監察人、經理、執行業務之股東或顧問。（第14條之1，此條又稱「旋轉門」（revolving door）條款，各國均有類似規定，美國相關法條之規範密度較高。另公務人員違反本條規定者，處二年以下有期徒刑，得併科新台幣一百萬元以下罰金。犯前項之罪者，所得之利益沒收之。不能沒收時，追繳其價額。）（第22條之1）

(6) 公務員對屬官不得推薦人員，並不得就主管事件，有所關說或請託。（第15條）

(7) 公務員對於有隸屬關係者，彼此不得贈受財物；所辦事件，不得收受任何餽贈。（第16條）

(8) 公務員對與其職務有關係之工程、商號、補助……等者，不得私相借貸，訂立契約或享受其他不正利益。（第21條）

（三）公務員廉政規範

公務員廉潔度與國家競爭力息息相關，為確保公務員清廉自持、公正無私、依法執行職務，爰參酌美、日等國家立法例、「公務員服務法」及「公職人員利益衝突迴避法」等相關規定，訂定「公務員廉政倫理規範」，並經行政院於97年6月26日頒布，自97年8月1日生效；並於同日函送臺北市政府、高雄市政府、各縣市政府、立法院、司法院、考試院、監察院、總統府秘書長、中央研究院、國家安全局、國家安全會議秘書處、國史館在案。其重點臚列如下：

1. 揭示立法目的及核心價值，並表明行政院及所屬各機關（構）公務員均適用本規範。
2. 界定有關「公務員」、「與其職務有利害關係」、「正常社交禮俗標準」、「公務禮儀」及「請託關說」等用詞定義。
3. 揭示公務員應依行政，以公共利益為依歸，並迴避利益衝突。
4. 為明確依循標準，使公務員進退有據，爰規定受贈財物、飲宴應酬、請託關說之限制及遇有請託關說之處理程度。
5. 政風機構受理受贈財物、飲宴應酬、請託關說或其他涉及廉政倫理事件之簽報登錄程序。
6. 重申公務員兼職行為之原則禁止。
7. 公務員參與演講等活動，其支領鐘點費或稿費之標準、限制及程序。
8. 機關首長面對受贈財物、飲宴應酬、請託關說時，應踐行之程序。
9. 公務員應妥善處理個人財務，並責成主管落實品操考核。
10. 各機關（構）應指派專人負責倫理諮詢服務，並界定「上一級政風機構」及「上級機關」之意涵。
11. 機關（構）未設政風機構時，相關業務由兼辦政風業務人員或其首長指定之人員處理。
12. 違反本規範時，依現有相關規定懲處；其涉及刑事責任者，移送司法機關辦理。
13. 授權各機關（構）對於本規範所定之各項標準及其他廉政倫理事項，得另訂更嚴格之規範。
14. 行政院以外其他中央及地方機關（構）得準用本規範之規定。

（四）國家廉政建設行動方案

為建構廉能新藍圖，我國政府參酌《聯合國反腐敗公約》及國際透明組織「國家廉政體系」的概念，於2012年6月頒訂「國家廉政建設行動方案」，提出8項具體作為、44項策略及80項措施，由主政部會設定績效目標，整合政府、企業及民間的力量。具體作為如下：

1. 加強肅貪防貪：強化內外控機制，嚴辦貪污不法。
2. 落實公務倫理：徹底實施《公務員廉政倫理規範》，落實登錄及考核機制。
3. 推動企業誠信：建立企業倫理規範，強化公司治理及社會責任。
4. 擴大教育宣導：強化品格及法治教育，促進民眾參與。
5. 提升效能透明：建立電子化政府，確保資訊透明、公開。
6. 貫徹採購公開：落實政府採購法，維護公平競爭。
7. 實踐公平參政：健全選舉法規，嚴辦賄選，使人才出頭。
8. 參與國際及兩岸合作：加強跨國交流、防制洗錢、司法互助。

（五）公職人員利益衝突迴避法之有關倫理規定

總統於89年7月12日公布「公職人員利益衝突迴避法」，共計24條條文，其主要重點有：

1. 立法目的：本法之立法宗旨與目的，為促進廉能政治、端正政治風氣建立公職人員利益衝突迴避之規範，有效遏阻貪污腐化暨不當利益輸送。（第1條）
2. 適用範圍：本法所稱公職人員，指公職人員財產申報法第2條第1項所定之人員；本法規範對象及於公職人員之關係人，包括配偶、共同生活之家屬、二親等內親屬、本人及配偶信託財產之受託人、有關之營利事業。（第2、3條）
3. 主要規定：本法所稱利益包括財產上利益及非財產上利益（第4條）；利益衝突指公職人員執行職務時，得因其作為或不作為，直接或間接使本人或其關係人獲取利益者（第5條）；公職人員如有利益衝突者應即自行迴避；不得假借職務上之權力、機會或方法，圖本人或關係人之利益；關係人不得向機關有關人員關說、請託或以其他不當方法，圖其本人或公職人員之利益；公職人員或其關係人，不得與公職人員服務之機關或受其監督之機關為買賣、租賃、承攬等交易行為。（第6至9條）
4. 迴避程序：規範公職人員迴避義務之相關程序；民代以外公職人員未依迴避義務自行迴避所為相關行為之效力及處理；公職人員有應自行迴避之情事而不迴避者，利害關係人得向有關機關申請其迴避。（第10至12條）
5. 罰則規定：違反本法規定，所處之罰鍰最低為新台幣100萬元，最高為750萬元；所得財產上利益，予以追繳；違反不得為交易行為之規定者，處該交易行為金額一倍至三倍之罰鍰；部分行為（違反第10條第1項、公職人員違反第10條第4項或第13條）可連續處罰；並就裁罰機關及強制執行等為規定。（第14至20條）

（六）公務人員之雙重國籍問題

任何國家為保衛國家安全和自由，不能忽略對直接參與國家機密、決策之公務人員的忠貞、倫理之考核調查。美國在第一次世界大戰後，美國文官委員會係根據赫奇法（Hatch Act）授權，將公職申請書的內容修改，並規定「凡對美國政府的忠貞有合理懷

疑者，可拒絕予以任用。」吾人也同意，忠貞之議題不能完全依賴法律，應訴諸國民對國家的良知良能。

在我國有關公務人員兼具外國國籍問題，早期均以內政部主管之「國籍法」、「國籍法施行條例」加以規範。民國85年11月修正之公務人員任用法第28條增列：具中華民國國籍兼具有外國國籍者不得為公務人員之規定。民國86年9月間基於行政院改組之閣員中有兼具外國國籍情事，全案經考試院會決議全院審查會審查，會中分別邀請內政部、外交部、中央選舉委員會表示意見（註：內政部並將決議意見報經行政院同意），乃於87年4月20日正式作成決議。

關於公務人員（含政務人員）兼具外國國籍之認定及處理問題部分：

1. 有關於是否兼具外國國籍及其喪失之認定，尊重內政部中華民國86年9月26日台(86)內戶字第8605455號函之解釋。（註：該號函釋略以：「按不允許具雙重國籍者擔任我國公職，揆其原意，應係基於忠誠考量，惟具有雙重國籍擔任我國公職者，如已向該外國政府申請放棄該國國籍並取得書面證明文件，應已明白表示其不願意繼續做該外國國民。至其得否續任我國公職，宜請人事主管機關核處認定。」）
2. 已辦理申請放棄外國國籍手續者，應於就職日起一年內完成喪失外國國籍手續，否則撤銷其公職。
3. 政務官與事務官關於兼具外國國籍之認定及處理，依同一標準辦理。
4. 現已任用兼具外國國籍之公務人員（含政務人員），應於一定期間內提出已辦理申請放棄外國國籍手續之具結；新任公務人員（含政務人員），應於就職前提出上項具結。具結後一年期滿仍未確定喪失外國國籍者，均撤銷其公職。
5. 有關兼具外國國籍者之認定及處理程序，由各該公務人員（含政務人員）之主管機關辦理具結及後續放棄生效文件之核處，並送銓敘部列管備查。另關於部分不涉及國家機密之職務，得否延攬兼具外國國籍身分或外國人士擔任部分，以具有專長或特殊技能而本國不易覓得人才具不涉國家機密職務者，仍依考試院第8屆第226次會議決議辦理。

本案之審查報告並提經考試院第九屆第七十八次院會（民國87年4月23日）正式通過。惟89年12月6日立法院第四屆第四期該院法制、預算及決算委員會舉行聯席會議時，作成附帶決議：銓敘部對於公務人員兼具外國國籍者，訂定有相關認定及處理作業規定，其中規定具有雙重國籍者必須於到職日起一年內完成放棄外國國籍手續。此項規定之時限太過寬鬆，銓敘部應於一個月內修正相關規定，縮短放棄外國國籍之時限為三個月。

95年1月27日總統修正公布國籍法第20條規定：「（第1項）中華民國國民取得外國國籍者，不得擔任中華民國公職；其已擔任者，除立法委員由立法院；直轄市、縣（市）、鄉（鎮、市）民選公職人員，分別由行政院、內政部、縣政府；村（里）長由

鄉（鎮、市、區）公所解除其公職外，由各該機關免除其公職。但下列各款經該管主管機關核准者，不在此限：一、公立大學校長、公立各級學校教師兼任行政主管人員與研究機關（構）首長、副首長、研究人員（含兼任學術研究主管人員）及經各級主管教育行政或文化機關核准設立之社會教育或文化機構首長、副首長、聘任之專業人員（含兼任主管人員）。二、公營事業中對經營政策負有主要決策責任以外之人員。三、各機關專司技術研究設計工作而以契約定期聘用之非主管職務。四、僑務主管機關依組織法遴聘僅供諮詢之無給職委員。五、其他法律另有規定者。（第2項）前項第1款至第3款人員，以具有專長或特殊技能而在我國不易覓得之人才且不涉及國家機密之職務者為限。（第3項）第1項之公職，不包括公立各級學校未兼任行政主管之教師、講座、研究人員、專業技術人員。（第4項）中華民國國民兼具外國國籍者，擬任本條所定應受國籍限制之公職時，應於就（到）職前辦理放棄外國國籍，並於就（到）職之日起一年內完成喪失該國國籍及取得證明文件。但其他法律另有規定者，從其規定。」

又考試院於91年1月29日總統公布修正之公務人員任用法第4條規定：「（第1項）各機關任用公務人員，應注意其品德及對國家之忠誠，其學識、才能、經驗及體格，應與擬任職務之種類職責相當。如係主管職務，並應注意其領導能力。（第2項）前項人員之品德及忠誠，各機關應於任用前辦理查核，必要時，得洽請有關機關協助辦理。其涉及國家安全或重大利益者，得辦理特殊查核；有關特殊查核之權責機關、適用對象、規範內涵、辦理方式及救濟程序，由行政院會同考試院另定查核辦法行之。」據此，行政院會同考試院於92年12月29日訂定發布「涉及國家安全或重大利益公務人員特殊查核辦法」，益見公務人員忠誠問題受重視之程度。

另92年3月26日立法院第5屆第3會期法制委員會於第7次全體委員會議，審查公務人員任用法部分條文修正草案時，附帶決議應將涉及國家安全或重大利益公務人員查核條例草案函送立法院。爰研擬本條例草案於93年2月26日及95年1月19日函送立法院審議，惟於立法院第5屆及第6屆立法委員任期屆滿前，均未能完成審議，依立法院職權行使法第13條有關每屆尚未決議之議案，下屆不予繼續審議之規定，爰重新檢討擬訂，並於97年5月9日由考試院及行政院會銜函送立法院審議。本條例草案計13條條文，其要點如下：

一、本條例之立法目的即本條例與其他法律適用之順序。
二、本條例之適用對象。
三、查核職務及其修正程序。
四、查核項目、查核結果之處理及查核決定之救濟。
五、查核之發起機關、辦理查核之權責機關及查核原則。
六、辦理查核之時機。
七、涉及國家安全或重大利益公務人員查核表之填具，以及查核表之訂定機關。
八、查核方式及辦理期限。

九、查核結果之救濟程序。

十、未依規定辦理查核之責任。

十一、查核資料之處理。

十二、本條例之準用對象。

十三、本條例之施行日期。

　　綜上，近十數年來考試院推動之公務人員基準法草案之立法，於其中第2章及第3章分別規範權利與保障及義務與服勤，以取代原「公務員服務法」相關規定，倘完成立法，配合陽光法案(包括政府資訊公開法、公職人員財產申報法、公職人員利益衝突迴避法等)之落實執行，當對廉能政府及行政倫理之建立，定有極大助益。關於在我國是否應就行政倫理或弊端揭發立法規範，值得吾人深思。立法院審查考試院預算時，曾決議請該院就有無擬定揭弊者保護法之計畫，提出答覆。考試院回應表示：美國為保護揭發弊端之公務人員，不致因合法揭露濫用職權等情事而遭到報復，訂有「弊端揭發人保護法」；至於我國是否應仿效美國單獨制定揭弊者保護法，目前在相關法制部分，公務人員保障法第6條第1項規定各機關不得因公務人員依本法提起救濟，而予以不利之行政處分、不合理之管理措施或有關工作條件之處置，已包含相關保障意旨。考試院公務人員保障暨培訓委員會於受理公務人員復審、再申訴案件時，均能就公務人員所受人事措施是否違反現行人事法規審慎處理，對於勇於揭發弊端的公務人員能夠發揮保護功能。考試院考量美國弊端揭發人保護法為美國行政倫理法制之一環，有獨立之特別檢察官主其事，我國相關揭弊或檢舉人保護法制及公務人員倫理法制並無統一規定，分屬各機關權責，兩國人事制度及國情有別，是以，弊端揭發人保護法在我國有無單獨立法之必要，似宜從長計議。當然，實言之，公務人員保障法重在事後救濟，且本條項係指各機關不得因公務人員依該法提起救濟而予以不利之行政處分等，與「揭弊者保護」之本旨仍有甚大差距，值得深思。另日本人事院曾實施短期的公務倫理講習，主要內容為：探討公務人員何以必要具備崇高的倫理；如何因應不斷變化的社會環境來重建強化公務倫理；暨探討公務人員不該有的態度、受到限制或禁止的行為，以及該有的態度與積極的行動……等，俾使參加人員在討論中深刻領悟公務倫理的重要性，值得參考[53]。

　　要之，公務人員對核心價值應有更高一層次的行政倫理觀，做為公務人員行事之準繩，例如：吾人對人類的大愛與全球關照、忠誠於國家，遵依憲法精神、信守公共利益、富有道德感、責任感、政府廉能、由行政中立融入行政倫理判準、重視社會的公平、正義等觀念，均值重視。當今政府必須積極培育、型塑一批有思想有正義感的公務人員，負責推動政務及行政，亦即培養政府官員能重構與新詮義利價值層級理論，鼓勵其就倫理進行思考與討論，於弊端揭發與建立廉能政府的相關倫理法制外，應再建立興利與防弊機制規範及價值衡平模式等，當為吾人未來努力的課題。

53　蔡良文，「廉能政府與倫理法制」，公務人員月刊，期134（台北：銓敘部，96年），頁2-4。

第五節　小　結

　　在人事行政的作為中，涉及行政倫理內涵者，如服務規範、行政責任及行政裁量等倫理作為，在人力資源發展者方面，則希冀政府把公共服務發展成為有能力、有效能、有遠見的消費服務，並能培養公務人員廉潔、正直、卓越服務的態度。

　　在倫理的相關概念如道德、意識型態、宗教等關懷，倫理的本質之「權力與環境」暨原則之規範倫理與應用倫理均應予重視，均是研究主要課題。因為行政倫理的規範是隨著時代環境，學術思潮而作調整，所以當代行政倫理觀之民主與效能，有別於傳統行政倫理觀之官僚與效率。行政倫理的倫理內容，從人員層次則分為公共政策倫理、行政決定倫理、個人倫理行為；從涉及層面又分為行政的個體倫理及總體的行政倫理。前者，包括關係倫理、行事倫理等。後者，包括規範總則、關係倫理、行事倫理等，彼此之內涵有其意別存在。

　　今日為適應我國之生態環境背景、發揚我國固有倫理精神，並恢復本然的自覺理性的目的，行政系統必須審慎營造義利裁量的倫理工程。其不能與社會中任何個別利益的一方相結合，而是應顧及個別與團體的利益，強化利益普遍化原則，些即現代政治所謂的新義利之辨。這種義利價值的重構與新銓。亦將是未來制定人事政策之依歸及行政裁量之判準。至於弊端揭發者，有助於澄清吏治，建立廉能政府，當然「揭發弊端」與「保守秘密」為相互衝突的價值，且以「抹黑滋事」間之判斷標準，均有待釐正，是否強化公務員服務法之立法規範，或制定完備「政府倫理法」亦均有待研究。

學習重點

- ■退休養老的意義與作用
- ■我國退撫制度改革之現況與展望
- ■政府當前退休養老的政策現況及應努力的方向
- ■退休輔導的內涵及其重要性
- ■退撫基金的來源與範圍
- ■退撫基金私運作概況
- ■退撫基金管理與運用方向

關鍵名詞

- ■退休
- ■養老
- ■資遣
- ■彈性退休
- ■一次退休金
- ■老化調適
- ■恩給制

- ■志願服務計畫
- ■撫卹金
- ■退休輔導
- ■生涯發展
- ■自願退休
- ■高齡化社會
- ■月退休金

- ■退休所得合理替代方案
- ■退撫基金
- ■特種基金
- ■命令退休
- ■提撥基金制
- ■信託基金

第一節　公務人員退休養老的意涵與範圍

　　現代國家為使公務人員守法盡職，對於現職人員，固須保障其工作安定其生活，即於退休後，對其晚年生計與生活，亦必須有適當之保障與照顧，然後始能讓其公爾忘私，為民服務。故於人事行政上如有健全的退休養老制度，予以適切的退休養老輔導，不僅消極地使年老力衰的公務人員，得以退休而安享餘年若轉以彈性退休制度，更可積極地引進青年才俊之士，以發揮人事新陳代謝的功用，提高行政效能。

壹、退休養老的意義

　　此種退休養老之人員退離，若就人事轉化功能而言，人力效用已盡，惟人究竟不是物質，不能視同「人渣」一丟了之，何況政府內外尚多借重其經驗，故退離人員之「剩餘價值」，誠為國家社會之寶貴人力，若能運用得當，不僅為退離人員之福利，亦為國家社會無窮之造福，況就人事業務而言，當應延長至辦理退休手續及照顧養老生活。[1]

　　政府機關公務人員的供需情形與其退離照護，同樣關係公務人員的生涯規劃，當然，間接影響公務人力供給的素質優劣，所以，周妥良好的退休養老制度極為重要。

一、退休的適用對象

　　凡在機關或事業機構任職已久之人員，或年事已高，或身體衰病，致難以勝任之人員，均可適用退休之規定。任職已久之人員，對機關縱無功勞，亦有苦勞，自應許其退休。至於年事已高，或身體衰病，難以勝任職務，既為免影響機關業務，又基於人情，亦應予以退休。或以志趣或其他重要因素，切須離開公職，似可彈性退離，以暢通人事管道作有效之人力運用。

二、退休金及生活照顧之基準

　　對退休人員，給予退休金，而退休金之多寡，需依服務年資而定，除有上、下限之年資規定外，年資長者給予多，年資短者給予少。除給予退休金外，在退休期間，尚需給予適度的生活照顧與年節慰問，使其感到生活有意義，心理獲得更多的安慰。

三、酬謝服務勞績與貢獻

　　政府給予退休金及適度照顧生活之目的，一方面在酬謝公務人員在職服務期間對機關的貢獻及勞績；一方面在使退休人員得以安度老年生涯。蓋以老年的生活需要照顧，尤其在精神生活方面，更需較多的慰藉與關懷。

四、促進機關人事新陳代謝

　　政府機關的業務不斷的發展，處理的方法技術亦不斷的更新。因此，政府機關為不斷的保持機關的活力，實施退休養老。既退而能安，年老力衰者自必逐漸退離，而年青力壯者得隨時新進，俾達成機關人事新陳代謝之措施。[2]

1　繆全吉、彭錦鵬、顧慕晴、蔡良文，人事行政（台北：空中大學，79年），頁589。
2　參考傅肅良，考銓制度（台北：三民書局，74年7月），頁471-472。

貳、退休養老的內涵

一、退休養老的目的與照顧規範

透過給予退休金及生活照顧方式，以酬庸退休者在機關服務期間之貢獻與勞績，及使退休者之老年生活獲得適度照顧，使退而能安，並感到晚年生活有意義，給與人性的關懷與尊嚴。

退休人員，多已年老力衰，除給與退休金外，對其老年生涯，尚需加以適度照顧，以期退休人員之心靈上，可獲得較多的安慰。對老年生活照顧的範圍，通常包括物質生活與精神生活兩方面。在物質生活方面，多為給與各種優待，如乘車半價，名勝古蹟參觀門票優待，福利品供應廉價優待等，均屬其例；在精神生活方面，多為給與精神上的安慰，如過年過節的派員慰問，壽慶喪事之派員慶賀與弔祭，各種康樂活動或集會之邀請觀禮，有關業務上問題之向其請教等，均屬其例。

至於有關立法體例上，退休與養老，憲法上原明定為兩個項目，但其間關係極為密切於憲法增修條文中予以刪除「養老」，有關養老則併內政部掌理社會福利事項。就我國現行公務人員退休法之規定目的而言，實已包含有養老之意，但就其條文內容言，又未包括養老在內，因此有關養老之規定尚未立法，而是散見在有關之行政規章中。又退休金與撫卹金之立法體例，各國多有不同，有為退休金與撫卹金合併立法，有係分別立法，而我國則多年來一直採用分別立法方式。

二、退休的類別與給予方式

退休通常分為自願退休、命令退休及屆齡退休三種，自願退休係指公務人員在服務一定年限自願申請退休，如不申請，則毋需退休；命令退休係指機關依規定命令退休人員，退休人員不得拒絕。屆齡退休係指公務人員年滿65歲者，必須予以強制退休。因此三種退休之性質頗有不同，所以，構成退休之條件亦有差別。如自願退休者，只要具有一定期間的服務年資或特定條件即可；命令退休者，需年齡在法定歲數以上，或身體衰病（包括精神疾病）無法勝任職務為條件；屆齡退休者，係指年滿65歲須予強制退休。

對退休人員給與退休金之方式，通常視服務年資的不同作多種的規定：如服務年資較短者，給與一次退休金，對服務年資較久者，給與一次退休金或給與月退休金，可任由退休者選擇，必要時退休者亦可選擇兼領一次退休金及月退休金的方式，以期適應退休人員之個別需要。

三、退休金的核給與經費來源

退休金之給與，通常根據服務年資為準核計。但在根據年資核計退休金時，通常有最低服務年資與最高服務年資之限制。即服務年資必須在若干年以上，始予核計退休

金，及可以核計退休金之服務年資，最高以若干年為限，超過最高年限之服務年資，就不再核計退休金。

退休金之經費負擔，各國情況不一，有政府與公務人員共同負擔，有政府單獨負擔，亦有公務人員以零存整付方式自行負擔。其由政府與公務人員共同負擔者，負擔比例亦各有不同，要視政府財力負擔能力而定。我國的退休制度，向採政府負擔方式，但自民國84年起由於顧及政府財力，及為使退休人員能獲得較多的退休金，已改採儲金制，由政府與公務人員共同負擔。

四、退休金變更的條件與時效

退休人員領取退休金，係以退休人員為領取對象，如遇退休人死亡、則退休人已不存在，其退休金自應喪失。又如退休人員中途發生某種事故時，如觸犯內亂外患罪被判決有罪確定時，或受褫奪公權終身，或喪失中華民國國籍時，通常即喪失其領受退休金之權利，不再給予退休金。又如中途發生某種短暫性之事故時，即需停止其退休金之給與，俟該種事故消失時再恢復其退休金之給與。凡此均屬退休金制度中所規定者，惟引致退休金喪失、停止之條件，在各種退休制度中，可能略有不同而已。

領月退休金人員，領受期間不久即行亡故，如即終止其退休金，又不以其他方式予以補救，則不但對退休人員有所不平，且退休人員之遺族生計亦可能發生困難，更將影響及退休制度之健全，促使退休人員選領一次退休金而增加政府的財力負擔。故在退休金制度中規定，領月退休金人員，如領受期間不久即行亡故，可將其可領而未領之退休金改為遺族撫卹金，由其遺族具領。如此，則不再有上述早期法制之顧慮。

退休金既為對退休者之酬庸與維護其老年生涯而設，則為期此種權利之不受損害自需予以保障，其保障之方式，通常為在退休制度中明文規定不得讓與、扣押及提供擔保等。因之退休金權利，不得憑退休人之意思或約定而讓與他人，如有此種行為及意思表示，應屬無效；不適用訴訟程序上有關扣押之規定，即使有扣押行為，仍屬無效；不得提供為借貸關係上之擔保品，如予提供，亦屬無效。

又退休金既屬退休人之權利，如退休人故意久不行使請領權，使權利關係長期懸而不定，自非所宜。故通常又規定權利行使之期間，如在所定行使權利之期間內，故意不予行使，則因時效屆滿而消滅其退休金權利，此種期限通常定為五年。但如在得予行使期間，並非故意不行使，而係受外界客觀條件或情勢之障礙而無法行使時，則其時效應予中斷，其行使期間應自行使權利之障礙消失之日起再行計算。

五、其他方面

首先，退休者有其一定之條件，而此種條件多屬於任用資格、服務年資、年齡及身體衰病方面之規定。設有尚未辦理銓敘或服務年資、年齡及身體衰病等，均未合退休之條件，而公務人員又因各觀條件（如機關裁撤）或主觀因素（如不適任現職）限制，無

法或不願繼續任職時，如遽予免除職務且不予任何費用，自將打擊公務人員心理，如不予解職又將影響機關管理與業務推行。為免發生此種困擾，乃有資遣制度的建立，以濟退休金制度之窮。凡因機關裁撤及因不適任工作之人員，雖不合退休條件亦可予以資遣，並給與資遣費，以示酬謝及維持生活。[3]

其次，有關約聘（僱）人員除薪酬以外，並無公務人員之生活津貼、福利互助、考績獎金等其他給與，原於離職時亦無退離給與，為保障其晚年生活，考試院與行政院於民國84年2月會同訂定「各機關學校聘僱人員離職儲金給與辦法」，以儲金制之方式，由約聘（僱）機關與當事人於契約中訂定，按約聘（僱）人員月支報酬之7%提撥作為離職給與儲金，其中50%由聘僱人員於每月報酬中扣繳，另50%由聘（僱）機關提撥，設立專戶儲存生息，於聘（僱）人員離職死亡時，將本息發給之。以保障其離職後之生活並酬謝其在職期間之貢獻。公務人員於行政系統之生涯，維持公務永續發展不無微勞，經行政系統轉化再輸出政令服務人民外，前述退離人員，尤能以其豐富之經驗輸入社會環境，亦可回饋行政系統。且以退休養老實為社會系統中退而能安的福利措施，更為行政系統中新進人員之鏡子與生涯規劃之指標，影響至大，所以，退休養老誠為先進國家建立完善福利制度的重要指標也。

第二節　公務人員退休輔導制度的檢討與建議

通常公務人員辦理退休，係於年老力衰時，不克繼續在政府機關服務，惟因時代的變遷，政治、經濟、社會、文化環境的改變，公務人員退休（職）不必然是身心、體力衰退之時，所以，退休後的輔導工作就顯得特別重要。再以社會心理觀點，退休為「一種角色的變遷」，其日常生活時間的調整，若調適不當，極易造成「退休震盪」，妥須對退休後之輔導加以重視。

再以政府運作為典範的人力密集的活動，政府績效良窳的關鍵在人事系統。自1980年代以來，先進國家為因應全球市場化的競爭及愈來愈嚴格服務品質要求，紛紛採以策略性的人力資源管理，希冀藉由提昇公務人力素質與生產力來提振國家競爭優勢，而將傳統重視的「人事管理」（Personnel management）轉化為強調分權化，彈性化及具有市場競爭機制的「人力資源管理」（Human resournce mangement）系統，[4]已於本書人力資源專章論述。茲以分權化，彈性化，在考選方面，委託辦理考試（試務）、彈性考試方式，以靈活選拔各類適格人才；在銓敘任用資格，公私部門人才交流……等，其考量的價值原則，依然是「分權化」、「彈性化」。同樣地，在退休方面，除命令退休

3　同上，頁472-475。
4　孫本初，公共管理（台北：智勝文化公司，87年年9月），頁458。

外，僅規定在公務人員除擔任具有危險及勞力等特殊性質職務者，有特別之減低規定外，任職5年以上年滿60歲者，及任職滿25年者，應准其自願退休。（公務人員退休法第4條）。為能朝向「分權化」與「彈性化」，如何依機關性質、個人生涯發展（career development）或人口結構變遷及人力資源運用等需求，妥為調整固定是必要的。考試院自第九屆（民國85年9月1日）起，許水德院長即提出「彈性退休」的理念並於施政綱領明定之。銓敘部為落實施政綱領之「研修公務人員退休法制及彈性退休法制」，以應未來公務人力結構之演變，及配合政府再造，提昇國家競爭力，並基於人性化管理之需要，銓敘部爰積極研議放寬公務人員自願退休之條件，彈性訂定不同之任職年資及年齡之資格條件，規劃建立彈性退休制度，以提供公務人員多樣化選擇退休機會。於研擬完成初步規劃方案後，為期能集思廣益及擴大參與，經於87年1月至2月間，在臺灣地區舉辦五個場次之座談會，復於同年8月5日向考試院提出簡報。由於考試委員多所創見，銓敘部參酌兼顧人事體制之健全、公私人才交流、政府及退撫基金之財務負擔能力暨個人權益等建議意見，再研提草案，經考試院會審議通過，於91年8月26日函送立法院審議。嗣因立法院屆期未完成審查，考試院復於95年2月及4月再向立法院分別提出公務人員退休法及撫卹法修正草案，其中公務人員退休法於97年8月6日修正公布，並於97年8月8日起施行，並於99年8月4日修正公布之公務人員退休法。

一、強化當前之退休政策與法制

如各類公務人員之退休制度規定並不一致，命令退休之年齡限制是否合理，政務人員與事務人員退休俸之給予標準是否合理，而各級政府機關退休經費之編列能否符合需要等問題，確實需要進一步規劃研究改進方案，否則，以目前評價不高的情況而言，對於公務士氣與行政效率，將有所影響。

其次，應確認退休輔導工作之重要性，並在規劃公務人員養護相關法制時，對於公務人員退休前後必須有的各項輔導措施，應盡量納入法規體系之中，使退休輔導業務能於法有據，而利於推行。其中似又以警察人員之退休輔導尤為重要。

二、公務人員退休輔導中心之設置運作

各級政府機關有必要成立公務人員退休輔導中心，結合人事行政、社會行政及長春俱樂部三方面現有的人力資源，規劃各項有關退休輔導的方案，如：退休計畫的諮商、老化心理調適的輔導、個人生涯發展的協助等，確實發揮退休輔導的應有功能。目前銓敘部與行政院人事行政總處辦理公務人員退休前之座談會與退休後之各類長春活動，可再予擴大運用，以善用公務人力之經驗與智慧。

健全公務人員有關個人退休前後個人資料檔案的紀錄與保存，在屆齡退休之前三年，即由退休輔導中心主動給予有關其個人生涯發展之意見調查，並將其個人之基本背景、退休計畫、對政府退休輔導的期望與需求等狀況，詳細登記並適時給予必要之各項

輔導，同時對退休人力作最佳運用。

三、民間長春俱樂部之成立與活動

盡速由社政單位輔導長春俱樂部，依法成立人民團體組織，其活動經費仍由各級政府從優補助。而社會行政人員，更應積極給予必須之輔導，強化其組織功能。此外長春俱樂部也應適當宣導，以使即將退休之現職公務人員，皆能預先瞭解其組織性質及功能，甚至可先參與部分相關活動。俾在退休後，較能順利地參與此種聯誼性組織，以豐富退休生活，安享晚年人生。

又長春俱樂部應針對會員需要，在社工人員的輔導下積極籌辦各項休閒活動；而對於少數有工作需求或經濟困難者，也要隨時聯絡人事及社政部門，給予相關的輔導與照護。

當然，社政單位亟應積極規劃，如何運用退休公務人力資源，來參與義務性社會服務工作。首先，可以人事部門的退休輔導檔案為基礎，詳細調查退休公務人員參與的意願，及其希望從事之工作性質，給予適當訓練輔導，並且盡量讓其自由選擇工作時間和地點，以提高參與意願及興趣，然後適時給予精神鼓舞與物質獎勵，則必能充分發揮退休公務人員的智慧與愛心，以共同推展社會福利服務工作。

四、實施再就業服務計畫及志願服務計畫

為因應未來彈性退休制度之實施，其必要性將大幅提高。可透過「職務再設計」的科學分析方法，重新設計退休公務人員適任職業，再參考日本高齡者「人力銀行」之做法，建立社政機構與人事行政機構退休公務人員專業職業諮詢人員之培訓及服務制度，如在經費許可下，亦可辦理退休公務人員創業貸款。並建請由社政單位積極規劃，運用退休人力資源，來參與義務性社會服務工作，以強化落實社區主義之理念與作為。

五、加強濟助退休人員措施

考試院為執行政府養老政策照顧退休公教人員，對於早期支領一次退休生活困難人員給予必要之照顧，訂定「早期退休支領一次退休金生活特別困難之退休公教人員發給年節特別照護金作業要點」，為落實退休養護政策，實宜訂定退休公教人員生活補助費最低標準規定如退休公務人員的退休金之利息收入，未達最低生活費用標準時，應設立特別基金，由該基金補足其差額，上項公務人員生活補助費最低標準，應隨物價變動情形，每年或間年調整一次，以適應退休人員生活之保障與安定。而早期支領一次退休金公務人員生活困難者，應優予訂定標準，加以照顧。考試院曾責由銓敘部於民國87年8月組成專案小組，研擬配合行政院經濟建設委員會有關國民年金制度之規劃，對公保制度作必要之調整方案，就公保配合國民年金保險之因應措施暨改進公保承保業務及財務進行研究，間接維護公保被保險人權益，退休後之給付等亦有助於照護退休人員之生活。

　　要之，就人事行政或人力資源策略管理觀點而言，退休輔導的業務絕對是必要的，而且，其功能更是多面向的。相信只要政府機關，今後能正視退休輔導的問題與其重要性，並參依上列各點相關課題，積極規劃退休輔導的新政策方案，則不僅可落實彈性退休制度與人力之新陳代謝的理想目標，更可使公務人力資源的運用與公務人員生涯規劃，達到理想目標。[5]

第三節　公務人員退休撫卹制度的現況與檢討

壹、公務人員退撫法案之改革

　　公務人員退撫制度，自民國32年實施以來，將近半個世紀，對於促進人事新陳代謝，保障退休人員生活與照護遺族生活，確已發揮積極之功效。其間經過四次修正，均仍維持由政府編列預算支付退撫金之「恩給制」，未曾進行重大的改革。

　　公務人員退撫制度改革，經考試與行政兩院自62年起，歷時十餘年的研議，完成改革方案，終於81年12月經立法院完成修法程序，82年1月20日由總統公布。其重點係將公務人員的退撫制度，由傳統的恩給制改為類似儲金制——提撥基金制；有關退休撫卹經費，由政府與公務人員共同撥繳費用建立基金支付。此項變革影響層面甚廣，引起公教人員及社會輿論的普遍重視，由於其施行細則及有關各項子法與輔助法規有待制定修正，並需各相關執行單位的密切配合，因此，修正條文特別規定：「本法修正條文施行日期，由考試院另以命令定之。」經二年多之準備，終以民國84年7月1日為施行日期，教育人員則於85年2月1日，軍職人員於86年1月1日實施退撫新制。茲併同97年8月6日修正案將公務人員退撫制度重點，逐項說明如次：[6]

一、改進經費籌措方法，穩固財務基礎

　　公務人員退撫經費從原來由政府按年編列預算方式，改由政府與公務人員預為撥繳費用設置基金，並設置基金管理及監理委員會，妥為運用孳息，作為退撫給付之用。撥繳費用為公務人員本俸加一倍的8～12%，由政府負擔65%，公務人員負擔35%，滿三十五年後免再撥繳。經分別於退休法第8條及撫卹法第15條予以修訂。

5　參閱江大樹，臺灣省公務人員退休輔導之研究（碩士論文，國立臺灣大學政治學研究所，77年5月）；張俊彥，建立我國公務人員養老制度之探討，人事行政，期106（台北：人事行政學會，78年9月），頁21。

6　葉長明，「公務人員退撫制度改革有關問題之探討」，人事月刊，卷14，期4（台北：人事月刊社，81年4月），頁55-57。

二、增加採計服務年資，改進給與基準

公務人員服務年資採計，由原最高三十年提高為三十五年，並按實際撥繳費用期間作為年資採計之依據。一次退休，以退休生效日在職同級人員之本俸加一倍為基數，每任職一年給與一個半基數，最高給與五十三個基數（相當於一百零六個本俸）；月退休金，每任職一年按基數2%給與最高給與。至於撫卹給與基準則比照退休予以改進，於撫卹法第4條予以修正，任職未滿十五年者，每滿一年給與一個半基數之一次撫卹金；任職十五年以上者，除按給卹期限每年給與五個基數之年撫卹金外，另依任職十五年給與十五個基數，以後每增一年加給半個基數之標準，最高給與二十五個基數之一次撫卹金。茲以對退休法施行細則第13條有關再任公務人員退休者，其年資採計以退休法第6條之1第1項所定最高標準為限之規定，認為欠缺法律具體明確授權，且其規定內容，與憲法第23條法律保留原則有違，爰配合其意旨修正退休法第16條之1第5項第12兩款，改於退休法修正草案第17條規範有關其年資採計等規定，並於98年4月3日將修正草案送請立法院審議，後續情形尚待觀察之。

三、提高給付基數內涵與期限，改善退撫所得

舊制係以本俸加本人實物代金為退撫給付基數之內涵，新制將退撫基數內涵提高為「本俸加一倍」，使退撫所得之基數與現職人員之俸給總額相接近。並將退休法原規定包含其他現金給與予以刪除，以免窒礙難行。經分別於退休法第6條及撫卹法第4條予以修訂。再為加強社會安全保障及照顧退休人員遺族生活，於退休法第13條之1增訂其遺族如為父母、配偶或未成年子女者，不願領取一次撫慰金，得改發原領月退休金之半數或兼領月退休金之半數，給與終身或至子女成年為止。另為有效照顧遺族生活，公務人員病故或意外死亡，其遺族如係獨子（女）之父母或無子（女）之寡妻或鰥夫，得給卹終身。遺族為尚未成年子女者，得繼續給卹至成年，或子女雖已成年，但學校教育未中斷得繼續給卹至大學畢業為止，於撫卹法第9條予以修訂。

四、適應過渡時期需要，增訂有關規定

（一）增訂一次補償金或月補償金

為維護公務人員原有權益，於退休法增訂第16條之1第5、6兩項規定，凡於本法修正施行前已任職未滿十五年，將來於新制施行後退休擇（兼）領月退休金者，應按未滿十五年之年資為準，增加支給一次補償金或月補償金；另對於任職未滿二十年，於新制施行後退休擇（兼）領月退休金者，依其在新制施行後年資，每滿半年，一次增發半個基數之一次補償金，最高增發三個基數。其於新制施行前後任職年資合計超過20年者，每滿一年減發半個基數，至滿26年不再增減。

（二）撫卹給與概按新制標準計算

另為加強照顧遺族生活，於撫卹法第15條第1項增訂於新制施行前後之任職年資應予併計，並依新制之撫卹標準給卹。

（三）新制施行日期另以命令定之

由於公務人員退休法撫卹法修正公布後，尚須相關法律之立法配合與籌措事宜之完成，故新制施行日期明定授權由考試院以命令定之。[7]

五、鼓勵分齡自願離職或提前退休，促進人力新陳代謝

立法院於退休法第6條第2項後段及第8條第4項增訂公務人員於年滿55歲時，申請自願提前退休，一次加發五個基數之一次退休金，另於年滿35歲或年滿45歲時而自願離職者，得申請發還其本人及政府撥繳之基金費用，並以臺灣銀行之存款利率加計利息一次發還，以鼓勵有意脫離公務生活另謀高就之人員申請自願離職或提前退休。

惟為避免年輕公務人員申請自願退休而長期支領月退休金，造成退撫基金不堪負荷之現象。另為有效管制公務人員申請延長服務案件，立法院於退休法第6條第3項後段增訂公務人員年齡未滿50而自願退休，或年滿65歲而延長服務者，不得擇領或兼領月退休金，但本法修正公布前已核定延長服務有案者，不在此限。

六、刪除撫慰金用途及相關規定

立法院依據民法第1185條賸餘遺產歸屬國庫之規定，增訂退休法第13條之1第3項後段規定，領受月退休金人員死亡，無遺族或無遺囑指定用途者，其撫慰金由原服務機關具領作其喪葬費用，如有賸餘歸屬國庫。

茲以原撫卹法第5條第5款規定，因戰事波及以致死亡人員按因公死亡給卹，立法院認為該款規定適用範圍不夠明確，且實務上亦甚少適用，爰經決定予以刪除。

再以公務人員撫卹法修正草案原依政務官退職酬勞金給與條例第2條規定修正撫卹法第17條規定之準用範圍，嗣經立法院法制委員會審查決定刪除第2款總統府副秘書長、行政院人事行政局局長及第5款蒙藏委員會副委員長、委員，僑務委員會副委員長等人員準用撫卹法之規定。

貳、對退撫新制之改革

退撫新制自84年起施行以來，已建立公務人員在職時與政府共同負擔退休準備責任之觀念與制度；然而由於退撫新制自規劃至實施，若干不合時宜之處，亟待再檢討修正；且退撫新制實施以來，國家整體社經情勢與新制實施之初已有顯著不同，此外，隨著科技與醫藥衛生發達，以及人口結構高齡化及少子化社會發展趨勢，現行制度有配合

7　公務人員於84年7月1日施行新制，教育人員在85年2月1日施行，軍人則於86年1月1日施行。

因應調整之必要。又據歷次司法院大法官解釋之意旨及行政程序法之施行，現行人事法令規章涉及公務人員或人民基本權利之重要事項，如銓敘部94年底所提所得合理替代方案中公保養老給付之利息18%的改革方案，其給付以應受法律保留原則之約束，亦應一併提升法律位階規範。[8]有鑒於此，爰參酌各國退休、撫卹法制、我國政經、社會之情勢轉變及立法院之決議，經學者、專家及各機關多次研議，嗣因於立法院第6屆立法委員任期屆滿前，未完成修法程序，考試院爰於98年4月3日及同年5月25日分別將公務人員退休法及撫卹法修正草案，再次函送立法院審議。[9]並經立法院審議通過，總統明令公布自100年1月1日生效。

　　茲將該二法修正重點略述如下：

一、公務人員退休法修正部分

（一）增列彈性退休條件，並將現行公務人員退休種類分為自願退休、屆齡退休及命令退休三種。除維持現行自願退休條件外，另增列公務人員配合機關裁撤、組織變更或業務緊縮，依法令辦理精簡而辦理退休時，符合「任職滿20年以上」、「任職滿10年以上，年滿50歲」及「任本職務最高職等年功俸最高級滿3年」等彈性退休條件者，亦得准自願退休。

（二）將原規定於公務人員任用法第29條有關資遣之規定納入本法，並增列資遣案件之辦理程序規定。另增列公務人員配合機關裁撤、組織變更或業務緊縮，依相關法令精簡而辦理退休、資遣人員得加發俸給總額慰助之規定。

（三）現行退休金給與種類僅保留「一次退休金」、「月退休金」及「兼領二分之一之一次退休金與二分之一支月退休金」等三種。並規定未滿一年之畸零年資應以「月」為標準計給退休金。增訂退撫新制實施以後，初任公務人員且服務逾35年者，一次退休金或月退休金之給與，准予分別提高至60個基數或75%。

（四）對於配合機關裁撤、組織變更或業務緊縮而依彈性退休條件辦理退休人員另訂領取月退休金之條件，俾與一般自願退休人員有所區隔。

（五）對於自願退休人員之月退休金起支年齡規定以60歲為原則，並參採年資與年齡並重之精神，對於任職年資較長（30年以上）者，另訂較低之起支年齡（55歲）；另配合增加展期與減額月退休金之規定。對於本法修正施行前已在職公務人員，另訂保障及過渡規定，亦即修正條文施行前任職年資已滿25年以上且年滿50歲以外，其年資與年齡合計數應符合附表一所規定各年度適用之指標數，始得領取月退休金，以達漸進延後年齡之效果。

8　有關退休所得合理化改革方案的推動過程及後續發展方面，請參閱蔡良文，我國文官體制之變革：政府再造的價值（台北：五南圖書，97年3月），頁246-254。

9　參考98年4月3日以考台組貳二字第09800026351號函送立法院審議。

（六）刪除55歲自願退休加發5個基數一次退休金之規定，並對修正條文施行前任職已滿25年以上且年滿55歲者另訂保障措施。

（七）擔任危險或勞力等特殊性質職務，以降低年齡辦理自願退休者，如擬擇（兼）領月退休金，除任職年資應滿15年以上之外，另配合酌加年齡限制，以年滿55歲以上為領取條件；修正條文施行前已在職之現職人員，在修正條文施行第一年至第五年間，依危險或勞力等特殊性質職務降低年齡自願退休人員，其年資與年齡合計數應符合附表二所規定各年度適用之指標數，始得領取月退休金。

（八）維持現行因公傷病命令退休人員之給與，另參酌警察人員人事條例第35條及關務人員人事條例第20條規定，增列公務人員辦理因公傷病命令退休者，如係執行職務中遭受暴力或危害以致傷病者，得另加發五至十五個基數之一次退休金，其加發標準授權由考試院定之。

（九）為落實退撫基金收支平衡原則，並按照精算結果確實釐訂基金提撥率，爰將退撫基金提撥費率上限提高為15%。

（十）由於撫慰金係公法給付，爰將撫慰金請領遺族範圍修正為配偶、子女及父母、兄弟姊妹及祖父母等家庭成員。又因配偶與退休人員關係最為密切，爰明定配偶應領撫慰金額度為二分之一，但為尊重退休人意願，如退休人員生前預立遺囑，在法定遺族範圍內指定領受人時，從其遺囑。如退休人員生前未立有遺囑，且遺族選擇撫慰金種類無法協調時，配偶得就其選擇之撫慰金種類，領取二分之一。並配合自願退休人員月退休金起支年齡之延後，對於具有工作能力之配偶擇領月撫慰金者，亦增列年齡限制（55歲）。

（十一）增列退休人員再任由政府捐助（贈）之財團法人職務或政府轉投資事業職務等，均應停止領受月退休金之規定。[10]

（十二）規範支（兼）領月退休金人員每月退休所得不得超過現職人員待遇一定百分比，並規定退休案之處理期限；退休、資遣或請領撫慰金遺族對核（審）定結果如有不服，得依公務人員保障法提起救濟；如有顯然錯誤，或有發生新事實、發現新證據等行政程序再開事由，得依行政程序法相關規定辦理變更或更正。

（十三）為增進公私部門人才交流機會，減少公務人員中途離職造成年資損失之情形，增列其相關配套措施規定。

10　關於退休等人員再任公務人員退離者，司法院98年4月10日大法官釋字第658號解釋文以：公務人員退休法施行細則第13條第2項有關已領退休（職、伍）給與或資遣給與者再任公務人員，其退休金基數或百分比連同以前退休（職、伍）金基數或百分比或資遣給與合併計算，以不超過公務人員退休法第6條及第16條之1第1項所定最高標準為限之規定，欠缺法律具體明確授權；且其規定內容，並非僅係執行公務人員退休法之細節性、技術性事項，而係就再任公務人員退休年資採計及其採計上限等屬法律保留之事項為規定，進而對再任公務人員之退休金請求權增加法律所無之限制，與憲法第23條法律保留原則有違，應自本解釋公布之日起至遲於屆滿2年時失其效力。爰配合將施行細則之規定提升其法律位階，於退休法第17條予以明文規範。

二、公務人員撫卹法修正部分

（一）為照顧年資短淺公務人員因病故或意外死亡者之遺族生活，爰增列任職未滿10年之公務人員因病故或意外死亡者，增加其撫卹金給與之規定，另將一次撫卹金給與之採計上限，由25個基數增加至30個基數，並參採年金保險按月繳費精神，對於任職年資以「六個月」為計算撫卹金基數之基準，修正為以「月」為計算之基準。

（二）因公撫卹事項，為符合法律保留原則，將現行撫卹法施行細則有關「於執行職務時，或於辦公往返途中，遭受暴力、發生意外危險或猝發疾病以致死亡」，以及「公差、在辦公場所猝發疾病以致死亡者」，提昇至母法規範，並將「戮力職務，積勞過度以致死亡」納入因公死亡之情事；且將因公死亡加給之一次撫卹金及年撫卹金給與年限，依其涉及因公之程度，予以合理分級。

（三）現行條文第6條中得改領一次撫卹金之任職年資，下修為15年，使合於兼領一次及年撫卹金者均得依意願選擇改領一次撫卹金。

（四）現行條文第8條第1項領受撫卹金遺族範圍修正為配偶、子女、父母、祖父母及兄弟姊妹等家庭成員，並修正第1項規定給與配偶保障最少領取撫卹金之二分之一。

（五）規範未具我國國籍之遺族，不得請領撫卹金及喪失我國國籍者喪失年撫卹金之領受權。

（六）增列退撫新制實施日期、退撫基金之撥繳費率及政府與公務人員撥繳比例等規定。

（七）從寬使公務人員於休職、停職及留職停薪期間死亡，得辦理撫卹，以適切照護公務人員遺族。

（八）增訂不服撫卹核定案之救濟程序。

　　要之，公務人員退撫制度，主要在透過退休（撫卹）及生活照顧方式，以表彰其服務機關（構）之貢獻與勞績，使退而能安，且得到應有的尊嚴與關懷。當然，為配合公法之法律思潮、主客觀環境變遷、政府財政狀況等因素，應作適當的改革，吾人期待主政機關審慎研修法令時，應經由事前、事中、事後的溝通歧見，使法制更臻周延、健全與可行。

參、退撫年金新制之在改革動態分析[11]

一、退撫年金改革的緣起

　　現行公務人員退休及撫卹制度自84年7月1日起，退休金準備責任制度由恩給制轉換

11　本目主要參照考試院102年4月所提公務人員退休撫卹法草案總說明暨106年8月9日總統公布之公務人員退休資遣撫卹法。

為儲金制（以下簡稱退撫新制）並由政府及公務人員共同成立公務人員退休撫卹基金（以下簡稱退撫基金）支應退撫經費，對公務人員退休生活保障發揮應有功能，但實施迄今已近十八年，期間由於客觀環境迥異於退撫新制建制之初，如退休過早、年齡過低、經費不足及世代不均等問題相繼浮現，導致政府及退撫基金沉重負擔及財務安全危機；經考試試院、銓敘部分析其原因略以，（一）退撫基金潛藏負債激增，已危害退撫基金永續經營的根基；（二）退休人數激增及退休年齡下降，致退休給付人數及年限增長，政府財政負擔日漸加重，退撫基金之收支結構亦愈趨險峻；（三）我國人口結構快速高齡化及少子化，已是無可逆轉之趨勢，致政府及退撫經費支出壓力遽增；（四）政府及退撫基金已面臨重大財務支出壓力，必須立刻防阻惡化；（五）公務人員提早退休情形日益嚴重，不利國家發展。因此，在公務人員退休撫卹法制歷經將近80年之運作後，即便經歷民國84年的重大變革及99年的大幅度調整，但在面對「公務人員過早退休」、「政府精英人力快速流失」、「政府退撫經費支出日益成長」及「退撫基金財務危機顯現」等影響國家永續發展之客觀情事重大變遷暨迫切的公共利益維護之必要性的情境下，以及考量公務人員人才培養及生涯發展等，適時重構良善退撫制度至關重要。

二、退撫年金改革的原則

考試院為確保制度建構之合理性與永續性，並依前開改革方案，擬訂該草案（一）採取溫和漸進模式，規劃適切配套制度，務求合理可行；（二）統整軍、公、教退撫基金管理一元化之理念與實務，藉由公務人員退撫法制改革，帶動軍、教人員退撫法制之一致性改革。（三）建構穩健退休撫卹制度，兼採開源及節流機制，減緩退撫基金支出流量，有效搶救退撫基金財務危機，確保退撫基金財務永續健全。（四）兼顧退撫權益及退休所得合理，俾符社會公平、世代正義與世代正義（包容）；（五）減輕政府負擔公務人員退撫經費壓力，合理分配國家資源，促進國家均衡發展及全民公益；及（六）避免公務人員提早退休，有效留住精英人力，以利政府機關經驗傳承，提升國家競爭力等6項立法原則及目的。當然，該草案之立法架構係依據前開改革方案制定，其要旨在「逐步終止現行已經失衡之退撫制度」；「重新建構不留債務於後代子孫之退撫新制」，同時搭配「溫和緩進之過渡措施」及「有效緩解搶先退休機制」等多元思考，以達捨舊立新，穩健發展之理想目標。全案於102年4月11日函送立法院審議中，惟迄至立法院第八屆委員任期屆滿前仍未完成立法程序。在民進黨執政時，考試院重提「公務人員退休撫卹法」草案，經立法院審議通過，並經總統於106年6月17日公布。

三、106年公務人員退休資遣撫卹法之重點

綜觀我國公務人員退休撫卹制度隨給付標準及退休金準備責任等變革所適用之理論脈絡，於早期公務人員待遇偏低及採行恩給制時期，確係著重「功績理論」及「延遲薪資理論」；然而隨著公務人員待遇大幅提昇，以及實施退撫新制採行共同提撥制之後，

公務人員退撫制度所發展而成之建構，業增加「社會保險」之自助互助、權利義務對等及適當生活維持等理論之論述。茲就本法之重點摘要如次：

（一）延後月退休金起支年齡：新法施行後延續舊法85制所訂之過渡期往後增加10年，從110年起法定指標數（年資＋年齡）由85逐年提高1至119年為指標為94，120年以後指標為95，年資及年齡之合計高於或等於法定指標數，即符合支領月退休金條件，不受法定起支年齡限制。法定起支年齡為109年12月31日前退休，任職25年未滿30年且年滿60歲，或任職年資滿30年且年滿55歲。110年退休者，應年滿60歲，之後每年提高1歲，至115年1月1日後退休者為65歲。

（二）調整退休金計算基準：退休金計算方式從107年7月1日起逐年調整，107年7月1日至108年12月31日退休者以最後在職五年之平均俸（薪）額計算；109年1月1日至109年12月31日以最後在職六年計算，之後逐年增加一年在職平均俸（薪）額計算，至118年1月1日以後，均以最後在職15年計算。新法施行前已退休者或已符合可支領月退金而於新法施行後退休生效者，不適用本項之計算方式。

（三）調整退休所得替代率：新法公布後規定所得替代率上限，任職滿15年上限為45％，每增加1年上限增加1.5％，任職35年為75％，35年後每增加1年替代率增加0.5％，最高到40年77.5％。新法施行前已退休人員所得替代率10年內每年依上述比率逐年調降；新法施行後退休人員所得替代率以生效後10年起依前述比率調降。

（四）惠存款利率：支（兼）領月退休金者：107年7月1日至109年12月31日利率為9％，110年1月1日起利率為0。支（兼）領一次退休金者：每月退休所得低於或等於最低保障金額（33,140元）者，利率維持18％。若超過最低保障金額，其利率107年7月1日至109年12月31日降為12％；110年至111年利率降為10％；112年至113年利率降為8％；114年以後為6％。

（五）撫基金提撥費率：新法施行後退撫基金法定提撥費率，由12％至15％增加為12％至18％。實際提撥費率，由考試院會同行政院，依據退撫基金定期財務精算結果，適時檢討調整。

（六）撫基金財源：年金改革中，屬於舊制年資改革所節省的經費，以及優惠存款制度改革所節省的經費，應全數挹注退撫基金。

（七）年資制度轉銜：新法施行後，任職滿5年未辦理退休或資遣而離職者，得保留年資至年滿65歲後申領退休金；任職滿5年離職轉其他職域或由其他職域轉公務機關之年資均可併計。

（八）新進人員建立全新制度：民國120年7月1日以後初任公務人員者，其退撫制度將由主管機關重行建立，並另以法律定之。

　　本法施行後最亟待思維者，或如廖大法官義男指出，憲法及增修條文除保障人民有應考試服公職之權外，為維護公務人員法制之核心理念及價值，並能維持及提升其服務

人民之效率及品質，對代表其行使權力之公務人員，就其考試、任用、銓敘、考績、級俸、退休等事項，明定為考試院之職掌。並分別制定公務人員相關法規予以明確規範，建構一套公務人員法制度，明確並安定公務人員能以任職國家機關為其人生志業，而長久及忠誠努力服其勤務。惟2017年制定新公務人員退休資遣撫卹法，對公務人員之退休、撫卹等有重大改變，動搖公務人員對國家之信賴，使用以安定公務人員長久任職服務於國家機關之作用，失其功能，其中對退休金變革之規定，恐有違憲（信賴保護原則、比例原則等）之虞[12]。亦或如部分學者認為：「不違憲」或「非全然」有違憲之處（部分違憲），均須各界探討，其終極是有待大法官會議決定之。[13]至於本法通過後初步評估，將於第十七章第二節之貳述明之。

第四節　公務人員退休撫卹基金監理管理制度

公務人員退撫制度的實施，已有五十多年的歷史。隨著政經環境的發展，公務人員俸給待遇逐年不斷提高，辦理退休撫卹人數日益增多與國人壽命普遍延長的情形下，恩給制所衍生出的種種問題，已造成政府財務上的負擔。至此，政府經過長期的研究與檢討，公務人員退撫制度逐進行重大變革。如上一節所述，現行的公務人員退撫新制與舊制最大不同處，在於舊制是由政府逐年編列預算支應公務人員退休金，而新制則為由政

---

12 廖義男，「受憲法制度性保障之公務員法制度之核心理念與價值—兼評公務人員退休資遣撫卹法有關退休規定」。法令月刊，卷69，期5（民國107年5月），頁129-153。

13 茲因年改法案合憲與否，未來若經大法官受理後，經其宣告合憲時，該釋憲結果對全體退休公務人員權益並無任何差異，然若經其宣告違憲（含部分違憲）時，恐怕會因該釋憲案係退休人員或機關所聲請，而對聲請釋憲或未聲請釋憲的退休公務人員權益而有不同影響，茲就釋憲的可能結果及影響初步分述如下：(1)合憲：當大法官宣告年改法案合憲時，該釋憲結果對全體退休公務人員依年改法案所重新核給的退休權益並無影響，並不會因該釋憲案係機關或退休公務人員所聲請而有不同。當然也不會因退休公務人員無提起釋憲而有不同。(2)違憲（含部分違憲）：當大法官宣告年改法案違憲時，其影響層面恐會因其係退休公務人員或機關所聲請而有不同：①退休公務人員聲請的釋憲案：①107年7月1日至違憲宣告前該期間的權益：基於大法官解釋的對人效力，其僅對該違憲解釋案的聲請人，或違憲解釋作成前已聲請解釋的人有效，此有釋字第177號解釋「本院依人民聲請所為之解釋，對聲請人據以聲請之案件，亦有效力」、第193號解釋「於聲請人以同一法令牴觸憲法疑義而已聲請解釋之各案件，亦可適用」或第686號解釋「就人民聲請解釋之案件作成解釋公布前，原聲請人以外之人以同一法令牴觸憲法疑義聲請解釋，雖未合併辦理。但其聲請經本院大法官會議認定符合法定要件者，其據以聲請之案件，亦可適用本院釋字第177號解釋」暨第760號解釋略以「警察人員人事條例第11條第2項之規定，對警察三等特考及格之一般生，是否形成職務任用資格之不利差別待遇？……就此範圍內，與憲法第7條保障平等權之意旨不符。行政院應會同考試院，於本解釋公布之日起6個月內，基於本解釋意旨，採取適當措施，除去聲請人所遭受之不利差別待遇。」等解釋可參。至於其餘未聲請人，尚無法據以復權。爰該部分權益會因有無提起釋憲，而有不同。②依違憲宣告意旨修正的法令生效後的權益：相關年改法案倘經宣告違憲(含部分違憲)，並經主管機關依大法官解釋意旨重為修法後，其效力對全體退休公務人員應一體適用，該部分並不會因為有無提起釋憲，而有不同。②機關聲請的釋憲案：倘該釋憲案係由機關所聲請者，如經大法官宣告違憲時，其效力應對全體退休公務人員一體適用，尚不會因其有無另行提起釋憲聲請而有不同。要之，若大法官宣告退休年改違憲(含部分違憲)，修正後之權益維護，銓敘部及保訓會允宜有所思維與因應。

府與公務人員雙方按月共同提撥費用組成退撫基金，並成立基金管理委員及監理委員會，負責退撫基金的管理與監理的有關事項。其特點，主要在於健全財務基礎，減輕政府財政負擔，提高退撫給付，以發揮安老卹孤的功能，並促進公務人員資源的更新與活絡。因此，退撫基金管理與監理制度是推動退撫新制的支撐架構。惟有架構穩定，人員稱職，功能完備，退撫基金的運作才能步上常軌，達成改制之目標。退撫新制的成敗亦繫於此，其重要性不言而喻。

公務人員退撫新制重點之一即為建立退撫基金，有關基金之撥繳、管理及運用等事項，係於「公務人員退休撫卹基金管理條例」所規定，該條例於民國83年12月13日經立法院第二屆第四會期第二十四次會議通過，並於同月28日奉總統令公布。嗣於84年7月1日併同退撫新制施行。

壹、退撫基金制度現況分析

一、基金來源

退撫基金來源，依據公務人員退休撫卹基金管理條例第3條規定，分五種途徑：
（一）各級政府撥繳基金之費用，按年編列預算直接撥繳基金。
（二）公務人員自繳基金之費用，由各服務機關按月（每月15日前）彙繳基金。
（三）基金孳息收入及運用收益。退休基金建立後，除支付退撫給與，應預留支付準備外，亦將存放金融機構孳息，及投資有價證券以獲收益。上開基金孳息及運用收益，均併入基金，欲確保基金支付能力。
（四）經政府核定撥交之補助款項。
（五）其他有關之收入。

茲以民國100年4月底止公務人員退休撫卹基金各類人員收入等計為6,981.62億元，支出累計為2,951.19億元，支出占收入比例為42.27%。

二、基金用途

退撫基金用途依據公務人員退休撫卹基金管理條例第4條規定，限於依退撫法規支付之公務人員（含政務官）新制退休金、退職酬勞金、撫卹金、資遣給與及中途離職之退費；另學校教職員及軍職人員於新制實施後，有關依法核定之退撫給與，亦均由退撫基金支付。至於下列各項依退撫法規加發之費用，仍由各級政府另行編列預算支付：
（一）因公或作戰傷病成殘加發之退休（職）（伍）金。
（二）因公死亡加發之撫卹金。
（三）勳章、獎章及特殊功績加以退休（職）（伍）金、撫卹金。
（四）公務人員於年滿55歲時，自願提前退休加發之退休金。
（五）依公務人員退休法第30條第2、3項、第6項規定加發之一次補償金。

（六）依軍人撫卹條例規定加發之撫卹金。

　　公務人員退休撫卹基金自84年7月1日正式運作以來，即發現部分法令規定與實際情況有不甚契合、未盡周延之處。公務人員退休撫卹基金管理委員會多次邀集相關單位，對基金管理條例重行檢討研提修正草案，案經基金監理會及銓敘部審慎研商，並提報考試院86年11月30日第59次會議通過，增列學校教職員及軍職人員之加發補償金亦由各級政府編列預算支付、並明定退撫基金為「信託基金」等，於91年12月函送立法院，惟迄未完成立法程序，是否應併102年退撫年金改革，強化其基金投資管理，值得正視。

三、基金運用範圍

　　退休基金建立後，即加以運用，以確保各項支付能力，免受貨幣貶值影響並能創造公務人員福祉。基本運用範圍依據公務人員退休撫卹基金管理條例第5條規定包括：
購買公債、庫券、短期票券、受益憑證、公司債、上市公司股票。
1. 存放於本基金管理委員會所指定之銀行
2. 與參加基金人員福利有關設施之投資及貸款
3. 以貸款方式供各級政府或公營事業機構辦理有償性或可分年編列預算償還之經濟建設或投資。
4. 經本基金監理委員會審定通過，並報請考試、行政兩院核准有利於本基金收益之投資項目。

　　退撫基金截至100年4月底止，基金收支淨額，加計運用收益及扣除未實現損失後之結餘數為4,923.62億元，各投資項目運用情形包括存放金融機構：含國內定期存款、國內活期儲蓄存款、國內支票存款、外幣定期存款及外幣活期存款，以及購買短期票券、包購買國內股票、配合辦理貸款存款、購買國內外債券、購買國內外受益憑證、國內外委託經營部分、信託財產等項目。

四、基金管理及監理機構[14]

　　為妥善管理及監理公務人員退休撫卹基金，依據公務人員退休撫卹基金管理條例第2條規定設置公務人員撫卹基金管理委員會，負責基金之收支、管理及運用；並設置公務人員退休撫卹基金監理委員會，負責基金之審議、監督及考核。由於基金數額龐大，涉及全國軍公教人員權益，除應作有效之運用外，其安全性更是重要。妥分別設置，一方面可將基金作最佳之運用，另一方面有一監理單位隨時監督、制衡，可確保基金之安全。考試院與行政院於82年12月17日會商決定，於考試院下設置公務人員退休撫卹基金監理委員會，於銓敘部下設置公務人員退休撫卹基金管理委員會。茲概述該二委員會之

14　參閱考試院83年11月16日於立法院法制委員會報告設置公務人員退休撫卹基金監理委員會組織條例草案口頭報告。

組織編制如次：

（一）公務人員退休撫卹基金管理委員會

依據管理委員會組織條例規定，管理委員會隸屬銓敘部，分設業務、財務、稽核三組及資訊室，掌理基金之收支、保管、運用及規劃等事項。置委員13人至17人，由有關機關業務主管及專家學者組成，主任委員由銓敘部長兼任，另置副主任委員、主任秘書、組長、室主任、科長、稽核、程序設計等，編制員額等55人至85人。

（二）公務人員退休撫卹基金監理委員會

依據監理委員會組織條例規定，監理委員會隸屬考試院，分業務及稽察二組。其內部分工為掌理基金之收入、管理及運用計畫之審議等事項。置委員會19人至23人，由有關機關代表及軍公教人員代表組成，上開軍公教人員不得少於委員總額三分之一，主任委員由考試院副院長兼任，另置執行秘書、副執行秘書、組長、稽核等、編制員額為25人至35人。

五、其他事項

依基金管理條例第2條第4項規定，本基金之運用得委託經營之，有關委託辦法由考試院會同行政院以命令定之。該委託經營辦法已於86年2月26日由考試院與行政院會同發布施行。委託經營由基金管理委員會擬訂年度計畫，經基金監理委員會審定後，始得執行。另基金管理委員會應於會計年度開始前，訂定運用方針編製收支預算，提報監理委員會復核；年度終了並應編具工作執行成果報告及收支決算，提經基金監理委員會審議後公告之。

由於基金運用至為重要，基金管理條例特明文規定基金之運用，其三年內平均最低年收益不得低於臺灣銀行二年期定期存款利率計算之收益，如運用所得未達上述規定之最低收益，由國庫補足其差額。

又退撫新制實施後，新制年資應領之退撫給與，均由基金支付，改制前年資之退撫給與，始由各級政府編列預算支給。故有關公務人員退撫給與之支付，已與以往作業不同。

貳、退撫基金運作初期之評價

因為退撫基金與共同基金的投資管理在目標與需要方面有所不同，故投資管理與操作有其相異地方。共同基金之投資係追求最大利潤，投資人共同分享投資利潤，所以共同基金管理力求投資利潤最大化，故常承擔高風險以冀享受風險報酬。而退撫基金的投資管理旨在保證退休金受取人在退休時領到退撫新制所承諾的退休金給付，故退撫基金之到期風險、再投資風險及流動性風險頗高。且以提存退撫基金至實際支付退休金之間尚有一段時間，退撫新制參與者可能在具有退休資格前離職，死亡或殘廢，無法領取退

休金給付，而新參加人員之屬性也會影響退撫基金的現金流量，故如何增進估計退休金成本的正確性，定期精算之重要性不言可喻。[15]當然，其核心議題，即是在重視基金之運用與提高經營之績效。

基金自85年成立至今，其運用模式已具雛型，未來行政機關的推動方向或可供為評價之參考。

一、退撫基金決策階層之意見分析

公務人員退休撫卹基金監理委員會為考試院所轄之機關，考試院所轄之銓敘部則轄基金管理委員會，所以前考試院院長許水德先生對基金之監理與管理提出以下之意見，可為當時最高決策機關之政策方向。

（一）在基金監理方面，秉持防弊與興利並重的原則，賡續修訂處內部及外部稽核程序，協助基金管理會建立完善的基金管理制度；同時積極推動研究發展工作，使基金精算、資產配置、績效評估以及基金會計制度等主題都有良好的進展。

（二）至於在基金管理方面，則應保持穩健且不失積極的投資原則，逐步提高股票投資比重，並且靈活運用手中龐大的現金部分，在短期票券市場獲取良好的收益。

（三）另外，秉持「尊重專業、扶植市場」的精神，未來風險性高的投資項目，應逐漸走向委託經營為主。同時吸引專業人才，以引領風潮，提昇國內退休基金的經營環境與專業水準。[16]

考試院前副院長關中先生兼公務人員退休撫卹基金監理委員會主任委員時，曾提出三項努力方向：

（一）吸收國外的先進做法，加速國際化腳步：國際金融情勢瞬息萬變，影響力無遠弗屆，因此退撫基金在激烈變動的大環境中，自應加速國際化的腳步，期能精確分析與掌握國際金融情勢的變化，使退撫基金的營運，在可承受的風險範圍內，追求基金最大的報酬。

（二）資訊公開化與運作透明化：退撫基金營運之良窳攸關公務人員權益甚鉅，金融情勢之變化又難以掌握，過去績效不錯，並不代表以後的績效都很好，但是，最重要的是，不管營運情形如何，都要誠實面對所有的公務人員，不能只報喜不報憂。因此，退撫基金應定期公布營運狀況與有關財務資訊，使退撫基金完全攤在陽光底下，進而建立完善的管監制度，不但要使公務人員認識和瞭解退撫基金運作，更要讓公務人員放心和安心。

（三）定期展示研發成果：在管理學上有所謂的「壓力管理」，其立論根據是：「壓力

15　賴春田，「退撫基金之會計制度與評價基礎」87年公務人員退撫基金專題研討會會議資料（台北：87年5月），頁35-36。

16　參閱許水德，「87年度公務人員退撫基金專題研討會開幕致詞」（台北：考試院，87年5月26日）。

可以使人的潛能充分發揮」，退撫基金管理與監理兩委員會，受到經費與人員編制的限制，無法投注大量的經費與人力從事研究發展工作。因此，與學術界合作及向企業界學習便是工作重點之一。不過，也應不放棄提昇自己的研發能力與適時展現研發成果，期能退撫基金不斷改革和進步。[17]

前銓敘部部長邱進益先生兼公務人員退休撫卹基金管理委員會主任委員認為，退撫基金係由各級政府及軍公教人員共同撥付組成而交由基金管理委員會負責管理，屬信託基金性質。是以，有關基金之運作，自應以維護參加基金人員之權益為優先考量，並期能在兼顧安全性及收益性情況下，與政府相關金融政策相結合，共謀國家經濟之穩定發展。基於上述理念，對於未來基金之運作，基金管理委員會將朝多方向積極努力，至少包括：

（一）儘早完成基金管理法規之研修

釐清基金屬性公務人員退休撫卹基金經行政院主計處依預算法第4項規定，認為應屬信託基金之性質，其收支不納入中央政府總預算歲入、歲出範圍，僅列入總預算信託基金收支彙總表內作參考，與現行基金管理條例第6條第2項規定，本基金應屬特種基金，並編製附屬單位預算，顯有不同。為期基金屬名實相符並防杜相關規範之爭議暨適應高齡化社會老人托護、核心家庭（即小家庭）子女照顧之需求，研議基金管理條例修正草案以資配合，其修正重點為：

1. 學校教職員於年滿55歲自願提前退休，加發五個基數之退休金及參加本基金人員非依繳費年資核發之補償金，均為加發之給與，依相關法律規定，須由各級政府另行編列預算支付，爰予修正增列，以杜爭議。
2. 盡速辦理本條例第5條第1項第3款所定「與第1條所定人員福利有關設施之投資」，以適應高齡化社會老人托護暨核心家庭（即小家庭）子女托兒、托嬰之需求，爰增列不動產為本基金之運用範圍。
3. 配合行政院主計處認定本基金屬「信託基金」，刪除本基金須編製附屬單位預算之規定，使本基金除應依預算法、會計法、決算法及審查法之規定辦理外，仍受規定之特殊程序規範。

（二）妥慎辦理基金委託經營，提昇基金收益

「公務人員退休撫卹基金委託經營辦法」發布實施後，基金管理委員會即依本基金管理條例第5條第2項規定，研訂「公務人員退休撫卹基金87年度委託經營計畫」，經基金監理會議審議通過在案，該計畫原訂86年7月2日起撥交基金資金執行委託經營；惟因財政部對於證券投資信託暨證券投資顧問全權委託相關法規當時尚未研訂完成，是以，

17　參閱關中，「87年度公務人員退撫基金專題研討會主任委員開幕致詞」。

基金管理委員會仍立即辦理全權委託國內證券投資信託及投資顧問業者辦理本基金委託業務，致使上開委託經營計畫遲延。至89年6月30日立法院三讀通過證券交易法第18條之3條文並經　總統同年7月19日施行，正式開放證券投資顧問事業、證券投資信託事業得經營接受客戶全權委託投資業務。基金管理委員會遂於90年度起，依據「公務人員退休撫卹基金委託經營辦法」，配合財政發布之「證券投資顧問事業信託事業經營全權委託投資業務管理辦法」及財政部證券暨期貨管理委員會發布之「中華民國證券投資信託暨顧問商業同業公會證券投資顧問事業證券投資信託事業經營全權委託投資業務操作辦法」，透過公開競爭，選擇優良之投資機構，辦理委託經營，截至99年2月底止，共辦理9次國內委託及5次國外委託經營業務，在「委託經營」的既定策略，透過委外代客操作方式，進行國內外有價證券投資之委託經營，達到專業管理，提昇效率及增加收益等多重經營目標。

（三）建構現代化基金資訊網路及作業系統，提昇基金作業績效

基金管理委員會自85年度開始，配合預算分階段逐年建置基金資訊網路，全部完成後，基金管理委員會業務處理將全部自動化。為加強資料庫安全，並規定每日執行資料庫備份作業，每月將備份磁帶異地儲存於台北地方法院資訊室。另基金管理委員會目前並已完成連接關貿網路、網際網路及銓敘部區域網路，現正積極規劃與各機關學校建置資訊網路交換環境，達成網路基金繳費核算及撥付案件查詢功能，期能大幅提昇基金費用收繳與業務處理績效。

（四）建立完備之基金會計制度

公務人員退休撫卹基金會計制度係依會計法並參酌行政院主計處意見修正，於民國92年4月22日基金會管理會委員會審議通過，復經基金監理委員會同年6月23日決議照案通過，並經銓敘部同年7月16日同意備查。

另為因應基金管理委員會實際作業需要，修訂本基金會計制度第9章相關條文，分別經基金管理會本94年2月18日第74次委員會議通過及基金監理會同年3月28日第39次監理委員會會議決議通過在案，業經銓敘部同年4月29日同意予以備查。

二、退撫基金之經營績效分析

退撫基金之運用範圍依基金管理條例第5條規定，已如前述。基金管理自退撫基金成立以來其經營即秉持制度化、透明化、公開化之方向努力，並兼顧收益性、安全性及流動性之原則辦理，按退撫基金會成立10餘年來（自84年7月至98年12月）基金整體之累計已實現收益為998億2,377萬元，平均已實現收益率為3.464%，較基金管理條例第5條第3項規定之臺灣銀行2年期定期存款利率計算之收益率2.528%，高出0.936個百分點。

依相關研究資料顯示，各國退撫基金對股市之投資均占相當比例，以1993年為例，美國退休基金資產中投資股市之比例達52%，英國為86%，而英國退休基金之收益表現

又比美國好，可見基金投資股票之比例愈大則整體之收益愈好。另依我國74年至83年之經驗資料亦顯示，當期股票平均收益率達30%，故退撫基金自開辦後於累積一定經驗及規模後，自民國85年5月起開始投入股市，當年度投資股票平均投資報酬率為9.78%，86年度提昇為39.45%（未實現損失已扣除），可見基金投資股市如以中長期觀點，確可獲得較高之收益。當然，在87年間則為股市具有較高風險，但不能因是高風險就要迴避風險，而係要瞭解風險、面對風險，尋找降低風險之道，才是基金永續經營之所寄。故基金管理會擬訂之88年度之基金投資組合，其中自行運用投資股票之中心配置比例將達整體基金規模之15%，另外為分散投資風險並充分利用業界之專業資源，委託經營投資股票之中心配置比例亦達基金規模之30%，如將自行運用與委託經營加以合計，其比例達整體比例亦達基金規模之45%，金額於當年度結束前將達434億左右，而87年度同一中心配置比例為40%，如上可知基金管理會為進一步提高退撫基金之收益，將廣泛徵詢學者、專家及相關財經主管機關之意見後，審慎逐漸增加投資股市之配置比例。按上述股市之投資比例目前仍低於英美等國，是以，退撫基金投資股市之比例及獲利能力，如在風險控管方面能有效掌握，未來仍有很大擴展空間。

依基金管理條例第8條規定，退撫基金年度決算如有剩餘全數撥為基金。基金管理會除努力經營以提昇基金之獲益外，另一方面則採行下列精打細算、開源節流之措施，以增加基金之收入及節省基金支出。

參、公務人員退休撫卹基金管理條例修正草案

一、修法緣由

公務人員退休撫卹基金管理條例（以下簡稱本條例），前奉總統於民國83年12月28日公布，並由考試院會同行政院定自84年7月1日施行，公務人員退休撫卹基金管理委員會（以下簡稱基金管理會）負責收支、管理及運用，以供支付參加基金人員之各項退撫給與。84年7月1日、85年2月1日及86年1月1日起，公務人員、教育人員與軍職人員分別開始實施退撫新制，另因政務人員退職酬勞金給與條例於88年6月30日明令公布施行，規定政務人員追溯自85年5月1日起實施退撫新制，其退撫基金均一併納入基金統一管理。但政務人員自93年1月1日起已改適用「政務人員退職撫卹條例」，已退出退撫基金，不再繳費。

本條例自施行以來，隨著基金業務之發展與相關法律之修正，及為釐清基金之屬性，以提昇基金經營績效並增進參加基金人員之福利，實務上確有進一步加以增修充實之必要，俾更為周妥以利基金之運作，爰邀集專家、學者及各機關代表就基金法制面與實務面，經多次研商獲致共識，並據以擬具本條例修正草案，由考試院審議通過，於91年12月送請立法院審議，惟截至94年1月31日第5屆立法委員任期屆滿止，尚未完成審議，基金管理會爰重新檢討修正該草案，經考試院審議通過，於94年6月2日函請行政院

同意會銜送立法院中。

二、修正要點

（一）界定本基金為信託財產，並明定參加本基金人員與基金管理會信託關係之成立與消滅時點；基金管理會基於受託人地位，應盡忠實及善良管理人注意義務，得以基金管理會名義登記為信託財產之所有權人，且因本基金屬信託基金，故國有財產法於本基金不適用；另增定基金管理會及基金監理會於行使職權時，有權利能力及訴訟能力，並排除信託法部分條文之適用。（第2條）

（二）由於有關各級政府依法撥繳之款項，應按年編列預算及有關款項之規定，參加本基金人員之退撫法律均已有明文規定，爰將現行條文第3條第2項全項刪除，俾該條純粹規定本基金之來源事項，並參酌信託法第9條規定，增定基金之來源包括因基金滅失、毀損或其他事由取得之收益或其他財產權，另配合公營事業移轉民營條例第9條之規定，將依法或經政府核定辦理收支結算後應撥交本基金之不足款項，併同納入本基金之來源。（第3條）

（三）有關本基金繳費期限之規定，係屬涉及參加本基金人員之權利義務事項，應以法律定之，爰將本條例施行細則第13條有關基金繳費之期限改定於本條例。並明定參加本基金人員應繳之款項，每月均應整月繳納，以符合繳費義務與給與權利平衡之原則。另為使款項能按時順利收繳，以保障全體參加人員之權益，爰增定對逾期繳費之機關（構）學校加徵滯納金之規定，經催繳而未繳者送強制執行之規定，另增訂「參加本基金人員之服務機關（構）、學校連續二個月未依前項規定期限彙繳基金費用者，基金管理會得函請該機關（構）、學校限期檢討督促改善或議處相關失職人員。」促使機關承辦人員依限盡速繳費。（第4條）。

（四）增定國外投資、上櫃公司股票，經政府核准設立之創業投資事業為本基金之運用項目，俾基金多角化經營；並為期有效分散基金運用風險、提昇基金經營績效及增進基金收益，爰將現行條文第2條第4項有關本基金之運用得委託經營之規定，移列於本條第2項，並為期擴大適用範圍，增加基金運用之彈性，爰將文字修正為本基金之運用，得由基金管理會信託或委任信託業、證券投資信託事業、證券投資顧問事業或其他金融機構經營之。至於信託或委任經營辦法，授權由考試院會同行政院定之，俾據以執行。（第9條）

（五）增定本基金運用如有超額盈餘時，應提列基金收入收益平衡準備之規定，以確保基金之財務健全並增定本基金運用所得低於規定收益時，先以基金收益平衡準備補足，如仍不足，由國庫補足其差額，俾使國庫撥補機制更為合理。（第10條）

（六）由於本基金係採分戶設帳，為期符合各帳戶間財務各自獨立之要求，且能反映各類人員退休給與與撥繳費率間之因果關係，爰增訂各帳戶不得流用之規定。另基於政府負責最後支付責任之規定，於基金不足支付時，對於基金管理會調整費率

之建議，仍應於提經基金監理會審議通過後，送請各該主管機關編列預算支應，
以維護參加基金人員權益。（第13條）

肆、檢討與建議

公務人員退撫新制自84年7月1日起正式實施以來，運作順暢，基金規模日益擴增，
成效顯著。不僅提昇公務人員士氣、福利與工作績效，且讓退休公務人員與遺族獲得更
好的生活照顧，為我國日後建立國民年金制度提供良好的示範。惟因應時空環境變化，
為使基金管理更臻完善，謹提供下列建議作為日後公務人員退撫基金運用與改善的參
考[18]：

一、精算分析基金之財務分配與運用，期基金永續經營

由於臺灣社會出生率降低、平均壽命延長，使得人口結構逐漸地走向少子化、高齡
化，軍公教人員退休後生活也就高度依賴退休金來支應，而退撫新制如何規劃退休金財
源也就成了首要之務。在日本泡沫經濟的瓦解後股價和地價遽然下跌，年金事業受到相
當嚴重的打擊，提醒我們在退撫新制中，財務風險管理的重要性，如何採取適當的財務
風險應對政策，以便面臨此種狀況時，能將損害減少到最低，將是退撫基金未來必要的
管理課題。精算師的主要工作，便是基於對現狀的正確認識，及將來的預測，活用統
計、數學、數值解析、財務管理等學問，努力地做到確保退休金及年金方面健全的財務
狀況，與制度的公正營運。退撫基金之特性與共同基金有些不同，故管理時除了一般之
財務管理理論與方法外，尚須考慮退撫基金之特性、退撫新制之類型、退撫新制團體之
屬性精算結果，及所謂之資產負債管理（Asset Liability Management）。退撫基金的投
資風險與結果會影響到退撫新制的清償力，故退撫新制基金的投資在退撫新制中的地位
異常重要，且退撫基金有其特性，即須兼顧安全（流動）與獲利兩種特性，流動性係指
能在短期內變現而又不損及本金的性質。而流動性之要求又與退撫基金之提撥狀況有
關，如果退撫基金之提撥狀況良好，則維持必要之流動性即可，反之則必須維持退撫基
金之高流動性。[19]

二、穩健規劃基金最佳投資組合，提昇基金長期收益績效

退撫基金如係軍公教人員與政府共同撥繳費用而建立，其用途限於支付軍公教人員
之退撫給與，其性與質屬於「有償基金」，故在實際運用上必須特別注意其收益性及給
付條件，亦即基金之運用，在安全之前提下，特別注意參加人員結構之變化。基金管理

18　參閱蔡良文、黃俊英提有關確保退撫改革成效，使退撫基金財務長久穩健發展，因特予退休公職人員人
　　性關懷與尊嚴，維護公務人員士氣等，考試院第11屆第227次會議，102年3月7日；蔡良文，年金制度改
　　革中之基金管理組織再造（上）（下），公務人員月刊，期211、212，103年1月、3月。

19　同註10。

會在擬定其年度投資運用方針及運用計畫，規劃其投資組合時，除參考市場經濟趨勢之預測及「穩健積極」之投資策略，並應參考國外先進國家之退休金管理及投資之模式，對獲利性較高的國內外投資標的之資產配置逐漸加重，逐步降低基金定存配置比例，另對於專業性及風險性較高之投資標的，亦應逐步朝「委託經營為主，自行運用為輔」辦理，期能透過公開競爭及善用社會資源方式，辦理委託經營，而委託機制中包括資訊之對稱、道德風險等問題，金管會建立完備代操機制等。並應報請立法院修訂本基金管理條例，未來規劃可抗通貨膨漲之投資，如基礎建設、不動產、天然資源等另類資產之投資，並適切增加海外投資比重。此外，對於退撫基金中長期資產配置之允適比率，應併同進行研究。

三、嚴密內部控管程序，落實稽核檢查功能

隨著基金累積金額逐漸龐大，投資運用亦逐漸多樣化，基金之運用方向及運用策略，無論長、短期資金之投資運用均將與金融市場相互影響而成為外界關注之焦點。是以，在進行各項投資標的買賣或審核委託經營計畫時，應不斷吸收已有之經驗，依現行規定之作業程序辦理，並加以改進，使之更為完善與落實，使內部之控管機能更為嚴密周延。由於「公務人員退休撫卹基金委託經營辦法」已於86年2月26日經考試院行政院會銜發布在案，基金管理委員會為因應基金即將委託經營需求，業已研訂「公務人員退休撫卹基金委託經營契約書」，配合財政部主管之全權委託投資業務（俗稱代客操作）實施，辦理本基金之委託經營業務，因此，基金管理委員會稽核組每年度於研訂稽核計畫時，業已配合該會年度各批次辦理之國內、外委託經營業務，增修相關之稽核事項。

四、充實委員會、基金經營人專業知識，提昇投資經營能力

退休基金之管理與監理，全世界各個國家由於國情上的不同或制度設計上差異，難免會有不同的架構。我國目前退撫基金係由政府設置專責單位監督、管理與運用，公務人員之心態較為保守，但其身分有較大之拘束力，違規之事件較少發生；而投資之業務雖有委任之性質，然當其發生不當事件時，非具有公務人員身分之管理者，難以公務員懲戒法相關之法令規範之，且多需以長期訴訟方式方可定案。且以退休基金屬長期投資之基金，其成敗根據研究有90%以上皆屬資產配置，是否允當所造成，爰以績效之良窳優劣與組織型態之關聯性，實有深入研究之必要。就現況而言，基金管理委員會基於善盡基金管理人之責任，人員之羅致皆應依該會所訂之基金管理人員遴用要點之規定，以公開甄選方式遴用。另為加強基金經營人員之專業知識，以提昇經營績效，並應積極擬具中、長期培訓計畫，除邀請國內專家學者到會講授外，並選派人員參加國內、外之專業訓練及考察觀摩等，以提昇人員素質及專業能力，使基金之管理運用得到最佳的目標。

五、建構一個具有多元彈性與適用之組織結構

考試院推動公務人員退休及年金制度改革，為建構社會安全結構工程，促進世代和諧與國家發展，因涉及層面極廣，除相關人事法制之研究暨提高基金運用效率，檢討委外機制及多元布局外，長遠之計，應建構一個具有多元彈性與適用之組織結構，爰將基金管理部門行政法人化，不失為徹底改善解決之道。在現行法制上，宜健全倫理機制、周延課責機制、多元評估機制、建立交流機制，其中即談到有關健全倫理機制，在此再針對投資市場之行業特性作補充，按以投資與一般可委外之公共事務實有程度上之差異，投資無法完全以結果來衡量其是否允當，且當進行事後監督時，該項決策皆已定案，故負責投資決策人員之良心與道德，應以最高標準來自我檢視，而此確非一般監督機制可以加以衡量與評估者，是以退休基金之管理，除賦予高報酬之薪資與獎金外，如何賦予法律上之責任亦屬重要事項，以善盡善良管理人責任。其次，行政法人用人之獎勵或退場淘汰、建立可彈性調整之機制，亦十分重要。爾後管理會若改制為行政法人，需審慎思考其組織定位，並應賦予多樣化之監督工具，如行政法人首長之任用權、以理事會之組織運用其理監事之核派、經費之核給、績效評估與風險管理等。且軍、公、教之主管機關目前分屬三個不同部會，現行行政之組織架構之跨院部會治理與專業是否仍適宜，亦應請一併考量。

六、辦理軍公教人員有關之投資及貸款，提昇其生活素質

為因應我國高齡化社會之逐步來臨以及適應雙親上班族照護托嬰兒之需要，運用基金於老人托護及幼兒之托兒、托嬰等福利設施，有其必要性，因此除由基金管理會函請立法院修正公務人員退休撫卹基金管理條例，將第5條基金運用範圍中增列不動產乙項，使基金可投資興辦各項福利設施，基金管理會運用基金所得之不動產有其永續經營的目的與用途，當以辦理基金人員之福利事項及管理為宗旨，絕非以短期買賣賺取價差為目標外，未來基金管理會積極擴大辦理參加基金人員之養老院、托兒育嬰等福利設施，期盼能達到「老人托付、幼兒托育」理想，並可進一步落實「取之於軍、公、教，用之於軍、公、教」之一貫之多贏目標與政策，契合基金設置及努力方向。

第五節　小　結

退休養老，係指政府機關為促進人事新陳代謝，對所屬任職已久、或年事已高、或身體衰病致難以勝任職務之公務人員辦理退休；並依其服務年資核發一定數額之退休金及給與適度之退休生活輔導，藉以酬謝其貢獻心力於國家，而使能安享天年。敬老尊賢與崇功報德是國人傳統美德，而歷代亦有類似之退休養老制度。現行公務人員退休養老

制度，依據憲法第83條，將「養老」、「退休」同列為考試院的兩項職掌，然憲法增修條文第6條第1項（原第14條）則將養老排除於考試院職掌之外，惟因現行法令規定過於分歧，為求事權統一，該制度仍有統一立法之必要，於銓敘部所研擬之「退休公務人員養老法」草案未施行前，一般養老性之福利措施，仍以公務人員退休法為主。

從社會心理學觀點來看，退休是「角色的一種變遷」此種角色的變化，極易造成適應不良的「退休震盪」，亟須政府機關給予各項有關之退休輔導，無論從公務人員的退休計畫、老化調適、及生活發展等來看，或是從社經環境、人口結構的變遷、及人力資源的再運用來看，退休輔導的完善與養老的理想目標，亦應同時達成。尤其是為配合「分權化」、「彈性化」的時代潮流，採以延長退休已是可能的趨勢。相對地，有關輔導再就業，或參與長春俱樂部、志工營等，有效運用退休公務人員是極重要的課題。

一般退休制度，通常均將退休區分為自願退休、屆齡退休與命令退休三種，各有具備不同條件之規定；而退休人員領取退休金之方式，依任職年資及個人意願，亦作不同方式之規定，即領一次退休金、或領月退休金、或兼領二者各一部分比率公退休金。原則上由任職機關編列預算支應，但亦有採機關與人員分攤，並成立退休基金支應者。我國自84年7月起施行新退撫制度，退撫金之支付方式，已由原「恩給制」改為類似儲金制——「提撥基金制」。退撫法案之修正重點計有：除改進經費籌措方法，穩固財務基礎，增加採計服務年資，改進給與基準等項外，並對退休所得合理化方案、人力運用予以配套規範。退撫新制之實施，對於提高公務人員之退撫所得，及紓解政府財政負擔有若干正面的影響，惟仍有諸如退撫所得是否合理及人力運用是否妥善等待解決問題，故仍宜賡續檢討修正相關配套規範。106年公務人員退休資遣撫卹之改革方案，涉及層面既廣且深，至於其初步影響，將於第十七章第二節之貳述明之。

為確保基金之安全，妥善管理基金，創造基金之最大效能，乃於銓敘部之下設置公務人員退休撫卹基金管理委員會，負責基金之收支，管理及運用，並於考試院之下設置公務人員退休撫卹基金監理會（相當於部會層級之相關），負責基金之審議，監督及考核。有關基金之屬性（信託基金）與管理、運用關係退休撫卹業務之推展，亦關涉退休人員之權益與生活照護等，所以，任何組織結構、定位及相關改革監督機制等，均應釐正審慎，惟如何發揮「取之於軍、公、教，用之於軍、公、教」之目標與政策是必然的方向。有關基金運作情形之適時適切的公開化、透明化機制之建立，相關法制之健全與妥善經營，以提昇基金投資報酬率與運作績效為必要關注的議題。

學習重點

- 文官體制與政策改革的時代意義與需要
- 公共組織的特質與政府改造內涵
- 文官改革思考模式之邏輯與思考概念
- 我國國家機關與民間社會關係之探討
- 文官制度興革規劃方案的內涵
- 我國民主化文官制度之趨流

關鍵名詞

- 組織結構
- 改革型模
- 多元參與
- 組織設計
- 管理主義
- 民間社會
- 為民服務
- 精實員額
- 責任行政
- 政府改造
- 行政系統
- 服務行政
- 績效管理
- 輔佐系統
- 新公共行政
- 新公共管理
- 行政責任
- 新公共服務

第一節　政府改造與機關組織結構

壹、機關組織結構之意涵

　　人事行政為行政系統的次系統，欲瞭解人事行政的運作，必須先瞭解行政系統的骨幹，即行政機關組織結構。所謂「行政機關」，指「代表國家、地方自治團體或其他行政主體表示意思，從事公共事務，具有單獨法定地位之組織（行政程序法第2條第2項），其領導人為「首長」，也稱「長官」，而其內部的分工部門為「單位」，單位主持人為「主官」。一般為行文方便及交談的習慣，常將「機關」與「單位」，泛稱為「機構」，此有別於「機構」應為公營（用）事業或營造物的專屬名詞；或各級機關中之控制系統（配屬各機關一條鞭式之機關與單位，如人事、主計系統之概括名詞，同時

為計算起見，又往往將「機關」、「單位」、「機構」，一概視為「單位」，作統計之說明。其次機關「首長」與高層單位「主官」，均可稱為「長官」。

再者，就機關系統而論，有中央機關與地方機關之分別，而地方機關又有省（市）機關，縣（市）機關，與鄉鎮縣（市）機關之分，每一類的機關系統，又有上下級機關之「級次」。在機關系統中，任一機關其內部上下分工之單位稱層，以機關首長為第一層，其所屬單位為第二層，二層單位所屬為第三層，依次類推。要之，機關上下隸屬系統分「級」，稱「級次」，機關內部單位上下隸屬系統分「層」，稱「層次」，機關及單位，合稱應為「級層」，惟習稱為「層級」。有時僅表示垂直之上下系統，通常也逕稱「層次」。

復次，對行政機關的組織結構，欲有清晰之概念，宜先對與人事行政有關的組織（organization）與結構（structure），作一簡明回顧。依據學者高斯（John M. Gause）、韋伯（Max Weber）、巴納德（Chester I. Barnard）、艾文西維其（John M. Ivancevich）及張潤書教授等[1]之說法。吾人歸納為：組織至少包括目的、成員的同意、成員的適當配置及權責合理分配四要素，其係利用群體力量，以達成特定目標功能的角色結構。而結構通常包含有組織的約束、規章、規定及公文書等。

人類既離不開組織，如何為我們做更多更有效的服務，是組織的主要課題之一。而組織設計原則，依孟尼（James D. Mooney）和雷利（Alan C. Reiley）認為：（一）階級原則（the scalar principle）；（二）機能原則（the functional principle）；（三）幕僚原則（the staff phase of functionalism）；（四）協調原則（the coordination principle）等。所以在規劃行政機關時，其步驟不外：規劃結構分訂職掌、編配人事與制定作業程序。[2]另外在機關運作過程中，往往組織不能配合行政業務發展需要，所以健全組織是刻不容緩的事，其基本原則如下：調整行政機關的組織，必須先有一個標準；機關的編制員額，應依職掌範圍與業務需要而有彈性規定；各級機關及其內部單位的名稱，應該「上」、「下」、「內」、「外」，都有所分別，亦即各級機關及其單位的名稱，應明確、統一。[3]

復以，行政組織設計與運作，主要在於為民服務，而非以營利為目的，而公共組織的內涵特質亦有別企業組織，茲列表16-1如次：

1　See J. M. Gause, Frontiers of Public Administration (Chicago Chicago University Press,1936), p. 66; Max Weber, The Theory or Social and Economic Organization, trans. by A. M. Henderson & Talcott Parsons, (Fairlawn, N.J. Oxford University Press, 1947), pp. 150-151; Chester I. Barnard, The Functions of the Executivcu (Cambridge, Mass. Harvard University Press, 1938), p. 73；張潤書：組織行為與管理（台北：五南圖書，74年），頁369。

2　唐振楚，行政管理學（台北：國防研究院，54年），頁41-44；張潤書，前書，頁397-468；戴思樂（Gary Dessler）撰，余朝權等譯，組織理論：整合結構與行為（台北：聯經出版公司，72年），頁121-122。

3　繆全吉，行政革新研究專集（台北：聯經出版公司，67年），頁66-67。

表16-1　公共組織之要項與內涵特質

要項	內涵與特質
環境因素	1. 缺乏市場經濟，財政資源依賴政府撥款支應。 2. 由立法部門、行政部門、監察部門以及所制定的法規規範嚴密或監察部門以及法院之管控限制日見擴張。 3. 出現強烈的政治干擾因素。
組織與環境的互動情形	1. 公共組織及管理者涉及公共財的生產及外部因素之處理，惟其產出在市場上不能以固定市場價格交易。 2. 政府活動常具有懲罰性、獨占性以及必然性。政府通常是唯一制裁與懲處權力的執行者與提供者，一些活動之執行與財政資源的分配，係以法令訂定之。 3. 政府活動常產生廣泛普遍的影響，且具象徵意義，亦引起較多的關注。例如，公共利益的設定標準等。 4. 對公共管理者而言，公眾壓力的負荷較大。 5. 民眾常對公平、回應、誠實、開放、責任等，有極深的期待。
組織角色、結構與過程	1. 組織目標較具有模糊性、多元性與衝突性。 2. 管理者的角色多元與分歧。 3. 行政權威與行政領導逐漸式微，且因自主性低、授權不足及受任期輪調等因素影響。 4. 組織結構分工往往過細微，導致繁文縟節，影響效率。 5. 策略管理的決策過程易受干擾、中斷以及外在因素的影響。 6. 薪資報酬結構受限，人員不易感受「工作績效與報酬」間存有之明確關係。 7. 個人特質、工作態度與工作行為有待統合，致工作滿足感偏低。 8. 組織目標與個人績效目標之間，存在不確定的模糊關係。

資料來源：Hal G. Rainey (1997), Understanding an Managing Public Organization San Francisco Jossey-Bass. pp. 73-74.

　　要之，在未來的行政組織設計與員額配置，沒有任何一種組織型態可以適應所有的情況，組織型態必須配合時代，隨著組織之任務、技術、環境和組織成員而改變。相對地，組織的權責劃分是不可或缺的，所以，各政府均宜適時配合推動政府改造工程。

貳、政府改造的緣起與內涵

　　自1980年代以來，各先進國家紛紛投入政府改造與行政革新工程。英國在1979年柴契爾夫人主政，提出三大改革，即效率稽核（Efficiency Scruting），財務管理改革方案（Finacial Management Initiative, FMI）及續階改革方案（Next Steps），1991年梅爾首相提出「公民憲章」（Citizen's Charter）改革計畫，以及「品質競爭計畫」（Competing for Qualify）等，並於1994至1995年提出「文官的永續與變革之推動」（The Civil Service Taking For Ward　Continuity and Change）等政策白皮書。在美國於1993年由柯林頓總統

（Clinton）指請副總統高爾（Gore）提出政府改造的改革──「全國績效評估報告」（The Report of National Performance Review, NPR）及相關法案；1996年提出「政府的優勢秘密」（The Best Kept Secrets in Government）提出結合民間社會考量、強化績效管理，提高服務品質策略等。在日本可謂於1984年通過「國家行政組織法」，即著手政府組織法制造工程，並規定五年後應進行綜合性檢討；另其於1969年制定之「行政機關職員總定法律」（總定員法），至1996年其施行八次定員削減計畫。其他如紐西蘭、加拿大、荷蘭……等國亦同進行政府改造與定員控制政策。

一、政府再造綱領時期（民國87年至89年）

　　在我國行政革新過程中，實際參照新公共管理學術思潮及各政府再造經驗者，當推1998年1月行政院蕭萬長院長頒布「政府再造綱領」，啟動政府再造推動計畫。本計畫明示：政府再造的總目標為引進企業管理精神、建立一個創新、彈性、有應變能力的政府，以提升國家競爭力。擬訂的行動方針為：組織要精簡、靈活，建立小而能的政府；人力要精實，培養熱忱幹練的公務人員；業務要簡化、興利，建立現代化、高效率的法令制度。負責推動政府再造之組織為政府再造推動委員會，其任務為擘劃再造願景，擬訂政府再造策略，審查各項推動計畫，評估政府再造推動績效，協調解決跨小組及機關有關問題，下設組織再造、人力及服務再造、法制再造等三個小組。其工作內容要為：（一）組織再造小組：(1)由行政院研究發展考核委員會（以下簡稱行政院研考會）主辦，協調內政部、行政院人事行政局等相關機關共同辦理；(2)工作範疇：調整政府角色、簡化行政層級、調整中央與地方職能、調整行政院所屬各機關職能與組織、研訂組織建立基本規範、建立組織績效評鑑制度等項目；(3)該小組並研擬「中央政府機關組織基準法」與「中央政府機關總員額法」等二項法案，該二項法案為我國政府再造之「組織再造」核心工程。（二）人力及服務再造小組：(1)由行政院人事行政局主辦，行政院研考會協辦，協調考試院、法務部等機關共同辦理；(2)工作範疇：改善組織文化、建立廉能機制、激勵員工士氣、強調參與、鼓勵創新、增進機關用人彈性、建立以功績為主的陞遷考核制度、加強人員訓練與職務歷練、培養服務熱誠及修訂相關人事法規、推動行政作業程序合理化、便捷化及效率化、建立電子化政府、提高服務品質、提供單一窗口服務等項目。（三）法制再造小組：(1)由行政院經濟建設委員會主辦，行政院法規委員會協辦，協調各相關機關共同辦理；(2)工作範疇：研訂促進或委託民間參與公共事務相關法令規範、改善財政預算制度、落實使用者付費及興利重於防弊之原則、檢討修正或廢止各項不當限制市場競爭及不便民之業務法令等項目。

　　復以1998年10月28日臺灣省政府功能業務與組織調整暫行條例完成立法，臺灣省政府組織並於1999年7月1日起裁併改隸。對精省作業及相關政府再造工程若不由意識型態或政治目的去評估，筆者覺得在組織調整、業務事項處理或人力資源的改革觀念與措施方面，尚屬妥善，然仍有討論空間。整體而論，由於2000年政黨輪替之影響，原政府再

造相關工程，面臨改弦易轍之境域。

二、政府改造委員會時期（民國89年至97年）

為提昇國家整體競爭力，總統府依經濟發展諮詢委員會議的結論成立政府改造委員會，由總統兼任主任委員，於90年10月25日舉行第一次委員會議。政府改造委員會揭示改造願景為建立具全球競爭力的活力政府，並提出顧客導向、彈性創新、夥伴關係、責任政治、廉能政府作為改造的五大理念，希望達成四大改造目標：（一）彈性精簡的行政組織。（二）專業績效的人事制度。（三）分權合作的政府架構。（四）順應民意的國會改造。

由於政府改造是強調組織合理調整、結構重新架構外，係以文官體制以「技術理性」（technical rationality）與公平正義的倫理關懷為基礎，藉由「新公共管理」（New Public Management, NPM）與「管理主義」（Managerialism）的有效措施，轉以「新右派」（new right）之內涵，來建構行政文化、公務人力策略管理，期以強化政府治理能力與國家競爭力。

我們認為在推動「政府改造」的政策作為時，除要強化立法與行政部門之良性互動、建立倫理文化、建立減輕政府財政負擔、重視企業成本觀念及加速推動民營化措施外，茲就與人事機關相關之「彈性精簡的行政組織」、「專業績效的人事制度」加以分述如下：

（一）彈性精簡的行政組織

政府改造工程將行政院組織調整列為第一階段的工作重點，原預期在二年內確定行政院組織法修正內容，目標將36個部會簡併為23個部會及若干獨立機關，並檢討人事法規及考銓制度。然依93年6月23日公布施行之中央行政機關組織基準法規定，行政院得設13個部、4個委員會、5個獨立機關。此階段組織調整涉及修正組織法，行政院並已將行政院組織法修正草案於91年4月函送立法院審議，期能於93年5月20日前通過生效，惟迄95年9月尚未通過。

政府改造第二階段將照國發會、經發會共識，取消鄉（鎮、市）自治選舉，鄉（鎮、市）長改由縣長依法派任，建立中央與地方二級政府機制。另有關統籌分配款將以單一公式計算，提昇縣市權責，和直轄市同級化。此均待相關法律完成修正後實施。

（二）專業績效的人事制度

政府改造委員會專業績效的人事制度研究分組認為，目前公共問題環境複雜度增高，對內來看，民眾對政府服務標準與問題解決能力要求愈趨明顯積極，對外來看，全球化、國際化的衝擊與挑戰日趨嚴峻，現行政府文官人力資源管理，難以有效因應政府面對新環境的人力資源需求。為因應民主政治與民主社會的趨勢，政府人事政策應該推動改革以實現民主服務、績效課責、專業創新、授能活力等四大願景。為推動上述四個

願景，研究分組認為政府人力資源管理的方式應該秉持三大基本理念：1.政府人力資源管理政策制度重視策略分權化；2.政府人力資源管理制度應減少法律化；3.兼顧政府人力資源資產與成本的雙重特性。基於上述理念與願景，「專業績效的人事制度」研究分組提出五項改革計畫：1.人力運用彈性化計畫：包括政務職位制度方案、高級行政主管職位制度方案、契約進用人力制度方案等三項方案。另建構政府與民間團體連結之第三領域之行政法人制度，亦為公務人力運用之重點之一；2.人力績效管理計畫：包括員工績效考核制度方案、人力淘汰與精簡制度方案、績效獎勵制度方案等三項方案；3.人力服務倫理計畫：包括政治活動中立制度方案、公務服務倫理行為制度方案等二項方案；4.人力專業發展計畫：包括人力專業生涯發展方案、績效導向的終身學習方案、提昇服務品質方案等三項方案；5.人力考選多元化計畫：包括改進考選效度制度方案、推動資格考制度方案、擴大專業證照用人制度方案等三項方案。

　　95年7月27日及28日行政院召開「臺灣經濟永續發展會議全體會議」，5個分組共達成516項共識，其中涉及人事法制相關議題之重要結論計19項，甚值重視，其重要者略以：（一）檢討現行軍公教人員退休制度，期能達成社會公平與國家資源配置的效率及永續；（二）研訂統合性之政府倫理法制，以健全公務倫理規範；相關主管機關應加強宣導相關人員倫理法治觀念，俾各類人員建立正確倫理法制與機制；（三）配合考試院盡速完成公務人員基準法及政務人員法等相關公務人員人事法制；（四）加強推動聘用人員人事條例完成立法，活化政府機關多元用人制度；（五）擴大縣（市）政府政務職任用之範圍，強化縣（市）長人員事權；配合組織精簡，提高縣（市）政府公務人員職務列等；檢討專屬人事管理法律，賦予地方首長更為完整人事權；配合地方制度法之修法，盡速研究建立地方人員制度；加強公務人員中與地方輪調機制；（六）檢討公部門之退休及給付制度對各級政府之財政負擔，並落實改革方案[4]。

　　對於上述意見之（五），吾人認為宜進一步研究。蓋銓敘部配合地方制度法，地方制度法研修方向，將縣（市）政府一級單位主管與一級機關首長，納入政務人員法草案政務人員範圍，已適度擴大縣（市）政府政務任用之範圍。然因地方事務所涉政策性較低，此範圍不宜過度擴大。其次有關配合組織精簡，提高縣（市）政府公務人員職務列等部分，由於涉及中央與地方人才交流，地方機關主管所享有之特別資源優於中央機關，宜先考量相關配套措施，再作決定。此外基於文官永業化及政治動態間之平衡，以及臺灣地區幅員狹小與中央地方交流因素，宜否賦予地方首長更大之人事權或另行建立地方公務人員制度，均宜慎思。

三、文官制度興革規劃方案時期（民國97年至103年）

　　2000年首次政黨輪替，民進黨主要決策階層曾主張考試院雖然可能調整機關層級，

<hr>

4　行政院，「臺灣經濟永續發展會議」紀錄，95年7月27日及28日。

但基於公務人員考選、銓敘、保障、培訓及退撫基金管理業務所具有的超然、中立的特性，曾擬參考日本人事院具有獨立的法規、預算、員額等自主權利的作法，及參照我國司法院預算獨立的作法加以規劃，以維護考銓機關的超然獨立，進而確保公務人員嚴守行政中立，避免政治力的干擾與介入，秉持公正立場為民服務。如今2008年再次政黨輪替，執政的國民黨最高領導人與主要決策階層主張維護五權憲政正常運作，相信未來考試院職權更得以正常運作與發展。

復依愛略特（R.H.Elliott, 1985: 7）指出西方行政價值的變遷中，在政黨政治形成初期官職為選勝者分配政府重要職務之分贓主義時期，逐漸發展到考試取才到個人功績表現時期。在我國早期依中山先生考試權獨立與考試用人思想，而先行落實功績主義精神的文官體制，且許多政務官多來自技術官僚層級，形成高效能政府的表徵。惟隨民主政治發展，甚至兩次的政黨輪替，屬行功績主義的文官體制面臨應配合政治回應與政治課責等衝擊，以及在邁入民主鞏固時期價值，常務官如何配合政務人員施政作為，調適其角色與定位，變成極為重要的倫理課題。易言之，我國與西方民主國家在政黨政治與文官體制的發展互動過程似呈現逆向發展的方向，我國是先進入功績主義時期，再步入政黨政治運作時期，且不必經由分贓主義時期，的確是臺灣經驗奇蹟與文官體制特色。

通常「發展型國家」具有五項特質（Chambers Johnson）：（一）追求經濟成長；（二）重視技術官僚；（三）以功績制培育技術官僚；（四）結合社會精英；（五）與企業界合作。就臺灣發展經驗的特色觀察，包括專業性、自主性、延續性、統合性、有競爭力。而文官體系在臺灣政經社文科發展中扮演重要的角色，也證明健全的文官制度對於政府追求「良善治理」，[5]實具有關鍵性的功能。考試院功能符合上述「發展型國家」五項特質的2、3項，而「良善治理」的八項特性亦值得參考。在考試第11屆上任初始（2009年1月）即成立「文官制度興革規劃小組」，透過跨部會局之合作及相關法制配套建構，提出6年為期的文官制度興革規劃方案，茲簡述如次：

（一）建基公務倫理、型塑優質文化：1.確定並公布文官之核心價值，以「廉正、忠誠、專業、效能、關懷」為核心價值；2.建制各類公務人員服務守則；3.加強公務倫理宣導；4.落實公務人員行政中立法之施行；5.加強公務倫理考核；6.統整公務倫理法制體系；7.型塑文官優質組織文化。

（二）統整文官法制、活化管理體系：1.推動基礎性法律（公務人員基準法）立法；2.確立政務、常務人員及契約用人三元管理法制體系：健全政務人員人事法制，並審慎擴大政務職務範圍、整建常務人員法制並建構公私人才交流法制、健全政

5　至於何謂「良善治理」呢？「聯合國亞太經濟社會委員會」（U.N. Economic and Social Commission for Asia and the Pacific, UNESCAP）列出了以下八項特徵或因素：（一）參與（Participation）；（二）法治（Rule of law）；（三）透明度（Transparency）；（四）回應性（Responsiveness）；（五）共識取向（Consensus-oriented）；（六）公平與包容（Equity and inclusiveness）；（七）效能與效率（Effectiveness and efficiency）；（八）課責（Accountability）。另據悉中國大陸國務院自2010年代起重視之，值得觀察。

府契約用人制度。

（三）精進考選功能、積極為國舉才：1.改進考試方法與技術，提昇考試信度與效度：視考試性質研議採行多元評量方式、建立職能指標標準作業程序、建立國家考試職能指標標準作業程序、通盤研訂建置優質題庫方案、改進命題及閱卷技術。2.因應機關用人需求，改進考試制度：改進人力評估技術，加強考用配合、改進高等考試一級考試，羅致優秀高階文官、改進司法官及律師考試制度、建立警察人員考試分流雙軌制度。

（四）健全培訓體制、強化高階文官：1.建構陞遷歷練與訓練培育有效結合之體制：重新設計晉升簡任官職等資格條件、建立快速陞遷機制、擴大職務遷調範圍及外補比例；2.建立完善培訓體系：成立國家文官學院、建構完整之文官培育歷練體系、明定年度訓練進修時數；3.建構高階主管特別管理制度：經嚴謹選拔、文官學院專業訓練、列入高階主管人才庫、遇缺推薦、任職後採嚴格之績效考核及退場機制、制定專法並成立跨部會之甄培委員會，予以特別管理。

（五）落實績效管理、提昇文官效能：1.研修公務人員考績制度：修正平時考核規定、強化獎優汰劣機制、建立團體績效評比機制。2.建構人力發展型激勵制度：整建人力發展型之公務人員獎勵制度、研修公務人員品德修養及工作潛能激勵辦法、實施階段性多元獎勵。

（六）改善俸給退撫、發揮給養功能：1.推動績效靈活的俸給改革：建構複式俸表及高階文官俸表、重新建構矩陣式俸表並調整俸級級數、強化俸給調整決策機制、檢討加給及整併單一俸點折合率；2.尊嚴安全的退撫保險改革：完成現階段退休法制改革、建構新一代退休制度（雙層制退休給與機制）、建立具公平性之公教保險制度、建立社會安全觀之退休照護體系。

我國以行政院為主體的官僚體系，上自院部會，下至鄉鎮公所等各級機關，在過去50年，殆多蕭規曹隨，甚少在機關組織增設裁併上多作考慮，因之，現有機關單位往往無法適應社會、經濟激烈變動下的人民要求。行政體系既然愈趨複雜，多樣與龐大的公務職能，必須不定期地檢討其組織架構，裁併多餘或退化的機關及單位，並增設因新生事物需求（novelty）的行政組織。例如對於環境污染的管制，就有需要設置專門機關，統籌辦理而收事功。又如有關勞工權益的保障，以往行政體系的層次，及配置的公務人力，皆不足以應付風起雲湧勞工運動的環境，政府除將內政部勞工司擴充為勞工委員會，在行政院組織法研修時，雖注意到改制為勞動部，但在地方政府幾已無合格勞工行政人員之情勢下，增強地方勞動行政之組織，益顯其重要性。又在民國87年起推動之精簡省府組織功能之政策下，地方自治機關之角色與職能，必然須配合調整評估之。

吾人觀察政府組織架構，為因應社會經濟條件而作檢討調整，其以往調整的方向都傾向於增設機構與人員，而較少裁併機構與緊縮員額。政府體系的日趨龐大化，基本上與二次大戰以來，隨著人民主權意識覺醒、福利國家理念勃興，公共部門組織與人事遂

快速增加，致使行政機關組織員額過度膨脹，格外「肥胖」。不過，由於後冷戰時代國際政經環境變遷，經濟力取代政治力主導世局發展，連帶地衝擊世界各民主與共產國家，幾乎皆陸續進行著所謂「世代交替」或政經改革運動。而扮演國家政策執行者的官僚組織與公務人員，勢必因其外在政策和預算層面的大幅轉變，不得不主動或被動地進行內部結構與行為模式之合理化調整，而有所謂「小而美」、「小而能」政府之產生與發展取向。1990年代末期美國柯林頓、俄羅斯葉爾欽、南韓金泳三等領導人的新作風，最引人矚目；海峽彼岸中共「十四大」以次之政經改革和大幅刪減國務院組織與編制員額，同樣值得借鏡。[6]當然晚近美國、中國大陸等政府體制、組織改造均值得借鏡。

要之，本方案之目標，在於再造國家新文官，即能掌握時代脈動、因應國家需要、順應人民期望，遵循憲法考試用人基本政策、落實功績制原則、參酌各國經驗並運用現代管理技術，以達成再造國家新文官之目標，俾建立一流政府，提升國家競爭力。

四、公務人力再造策略方案及行動方案時期（民國104年迄今）

行政院組織改造五大基礎法案在「分批完成立法，分階段施行」原則下，已完成立法之新機關自101年1月1日起陸續施行。行政院函送立法院審議之新機關組織法案，迄今已完成23個部會及所屬組織法案之立法，惟有內政部、經濟及能源部、農業部、交通及建設部、環境資源部、大陸委員會等6個部會及所屬44項組織法案尚待完成立法。因此，鑑於新機關在施行前，須籌備周妥，始能順利施行，「行政院功能業務與組織調整暫行條例」所規範之組織與職掌調整、預決算處理、財產接管、員額移撥與權益保障、法規制（修）定等配套措施，均有必要繼續適用，以無縫銜接到位，該暫行條例第二十一條規定已於106年12月27日修正公布，將其施行期限延至109年1月31日止，俾為適法。

當前民進黨政府以強調之政治責任觀點出發，希推行三級機關首長採取政務職務任用，且為兼顧彈性用人及常任文官發展機會，擬採總量管制方式，規範三級機關首長得採政務職務者以二十五個為限；將二級機關政務副首長設置上限人數增加一人，並採總量管制，以增加用人之彈性，目前尚在立法院審議中。另修正「駐外外交領事人員任用條例」第二條，將非職業外交官的文官得擔任駐外人員的上限，由10%放寬至15%，該條例已於107年1月17日公布，其非職業外交官得轉任代表處應予慎重配置，避免造成倫理與課責的問題。

6　蔡良文，「試論政府再造」，考選週刊，期661至662（87年6月11日～6月18日）版；「大陸地區政府機構改革之初步評估」，期28（台北：考銓季刊，2001年10月），頁17-45。

參、政府組織改造與人事變革管理相關議題

一、組織改造歷程簡述

　　行政院組織法，於民國36年3月31日制定公布，於37年5月25日施行前，歷經3次修正。其後於38年3月21日、41年11月20日、69年6月29日3次修正，僅就第3、5條設置機關之條文修正；38年修正時，將15部3會1局，大幅精簡為8部2會1處；41年修正增列新聞局，維持組織型態迄今；69年修正僅將司法行政部更名為法務部。其間為處理新增事務，行政院依其組織法第6條及相關作用法規定，陸續增設部會層級機關，至76年時，行政院所屬部會層級機關已達27個，自此開始規劃行政革新及組織調整，從77年10月至98年4月間，6度將行政院組織法修正草案函送立法院審議，而部會層級機關數，於95年國家通訊傳播委員會設立後，總數已達37個[7]。

　　97年7月行政院設立組織改造推動小組，重新檢討行政院組織法修正案；馬總統在98年元旦並宣示：「政府改造的目的，是要打造一個『精簡、彈性、效能的政府』，以大幅提升國家的競爭力。這個政治工程已經醞釀了20年之久，卻始終因為局部阻力而無法落實。今年我們要下定決心，排除各種困難，推動行政院組織法的修正工作，合理調整部會數量與功能職掌，以回應社會各界的殷切期盼。」同年4月13日行政院組織法修正草案第6度函請立法院審議，設13部9會3獨立機關4其他機關（共29個機關）；99年1月12日立法院三讀通過，同年2月3日經總統令公布，確立行政院設14部8會3獨立機關1行1院及2總處之新架構（如圖16-1），將現行37個部會精簡為29個（如圖16-2），並自101年1月1日起開始施行。惟至2014年5月1日止，尚有7個部會未完成立法，值得關注。

二、推動組織改造之理由

　　在全球化經濟的競爭壓力下，我國政府組織面臨各種挑戰，根據洛桑國際管理學院IMD所做的國家競爭力報告（如表16-2），我國2008年整體排名第13名，其中「政府效率」排名16，於是政府積極推動組織改造，朝野對於組織改造的重要性已有共識，形成有利改革的氛圍，政府亦展現改革決心，在政府效能上力圖革新，2010年我國政府效能排名大幅進步至第6名、2011年第10名；在商業效率排名亦均大幅進步至第3名情況下，總體排名2010年躍升為第8名，2011年為第6名，另世界經濟論壇WEF在139國家中，其總體競爭力我國排名第13名，未來若能持續改善政府效率，將有助於國家競爭力的提升。此外，由於我國行政院部會層級機關數達37個，遠多於世界各主要國家的部會數（大多在15~25個之間），長久運作以來造成人員及財政負擔增加、組織僵化、功能定位不清、無法適應環境變遷等問題，為增進政府的彈性與效能，亦亟待適度整併。

7　詳細內容參閱行政院研究發展考核委員會（2014年改隸國發會）之行政院組織改造主題網，有關組改軌跡網頁之行政院所屬機關組織調整沿革表、歷次行政院組織法修正重點對照表及所屬部會對照表。

行政院新組織構

14部
內政部
外交部
國防部
財政部
教育部
法務部
經濟及能源部
交通及建設部
勞動部
農業部
衛生福利部
環境資源部
文化部
科技部

8會
國家發展委員會
大陸委員會
金融監督管理委員會
海洋委員會
僑務委員會
國軍退除役官兵輔導委員會
原住民族委員會
客家委員會

3獨立機關
中央選舉委員會
公平交易委員會
國家通訊傳播委員會

8會
1行1院2總處
中央銀行
國立故宮博物院
行政院主計總處
行政院人事行政總處

◎調整為14部、8會、3獨立機關、1行、1院、2總處，共29個機關。

圖 16-1　行政院新組織架構

資料來源：行政院研究發展考核委員會

三、行政院組織改造關鍵法制建立因素

　　回顧23年漫長研議與推動的行政院組織法修正過程，觀察在行政、立法往復折衝協調下，所通過之修法內容，至少可以從以下4個面向來觀察其立法結果：

（一）國家（政治）領導階層價值判斷與抉擇

　　就領導人物的影響而言，政治制度的變遷，隨政治思想之趨向、政治勢力之消長，以及政治人物之特質而變動。組改過程所涉制度再造、法制變動，國家或政治領導階層等政治人物的意願與價值抉擇，往往成為促成改革的重要關鍵。馬總統在競選期間，主張成立文化、農業、海洋、及環境資源等專責部會，以及性別平等、社會福利專責組織，進而促成文化部、農業部、衛生福利部、環境資源部、海洋委員會之設立。惟行政院組織法變動最鉅的思維，當屬蒙藏委員會裁併為大陸委員會下之蒙古、西藏事務

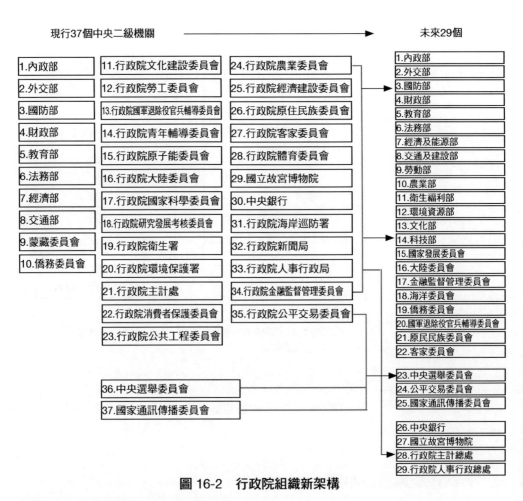

圖 16-2　行政院組織新架構

資料來源：行政院研究發展考核委員會，2013年。

處[8]。在政治現實考量下，領導階層思維隨時空背景轉變，行政院組織改造亦隨之因應，雖該階層人員不多，然其政治性象徵意涵至深且大，不可不察也。

（二）壓力(利益)團體之政治訴求

　　壓力團體是社會發展多元化下的結果，為爭取他們的特定族群或政治利益，會向國會或政府機關施壓，要求政府接納其主張，可謂是政府之外對決策過程最有影響力者。

8　以往在國民黨於大陸時期及播遷來臺長期執政時期，中華民國秋海棠地圖，長期不變，到了第1次政黨輪替民主進步黨（以下簡稱民進黨）執政時期開始改變，現今包含大陸地區之中華民國全圖，位於大陸地區之地理，係依照現況並使用中華人民共和國之行政區劃，海棠消失，母雞也變小。

表 16-2　近年國際管理學院（IMD）對我國競爭力之評比

項　　　目	2007年	2008年	2009年	2010年	2011年	2012年	2013年	2014年	2015年	2016年
總排名	18	13	23	8	6	7	11	13	11	14
一、經濟表現 （Economic Performance）	16	21	27	16	8	13	16	14	11	15
二、政府效率 （Government Efficiency）	20	16	18	6	10	5	8	12	9	9
三、商業效率 （Business Efficiency）	17	10	22	3	3	4	10	17	14	16
四、基礎建設 （Infrastructure）	21	17	23	17	16	12	16	17	18	19

資料來源：IMD World Competitiveness Yearbook 2016；每年5月公布排名。

從行政院組織新架構觀之，保留僑務委員會，維持現行外交部與僑務委員會分立的組織型態；客家委員會、原住民族委員會均單獨設立，都是政治多元主義下妥協的結果。當然其相關組織再造後的變革，涉及價值鐘擺的現象與抉擇。所以文官系統的價值鐘擺如過度傾向於以效率、效能及經濟為主的行政價值，而忽略代表性、政治回應、政治課責的政治價值，必然引發衝擊，如何求其衡平點，亦是行政決策階層與國會領導階層，對應於壓力團體政治訴求中的價值抉擇及其支持取向。

（三）國會各政黨力量之消長

從76年開始，行政院組織法修正草案先後6度函送立法院審議，歷經俞國華先生等13任行政院院長及89年後之2次政黨輪替。按76年解嚴之後，為應國家政務需要及前瞻社會發展趨勢，行政院組成專案小組，通盤研究，完成行政院組織法修正草案，於77年10月首度函送立法院審議，惟為因應動員戡亂時期終止後業務發展之需要，79年6月撤回提案。89年第一次政黨輪替後，民進黨政府組成「政府改造委員會」，由陳水扁總統兼任主任委員，積極推動政府改造事宜，91年4月行政院依政府改造委員會通過之行政院組織調整方案，研擬行政院組織法修正草案函送立法院審議，嗣因93年6月23日中央行政機關組織基準法公布施行，依該法第35條規定意旨，同年9月行政院再次函送立法院審議，並撤回原送草案，惟部分條文於黨團協商時未獲共識，因屆期不連續，94年2月、97年2月行政院組織法2次重送立法院審議。89年以後民進黨政府時期，立法院第5屆立法委員之席次，中國國民黨（以下簡稱國民黨）與親民黨、新黨之立法委員合計席次均略為過半，由於朝野互動不佳，行政部門與國會各自擁有不同主張，哪些部會應該留下、哪些應該裁撤，難以達成共識；尤其朝野政治勢力勢均力敵、席次相差不大，彼此認為有政黨輪替之可能，增加法案通過之難度與複雜度，終未能完成立法。97年5

月國民黨政府重新執政，旋即成立「行政院組織改造推動小組」進行研議，98年4月將行政院組織法函送立法院審議。時值第7屆立法委員共有113席，國民黨席次占有率超過7成，在國會一黨優勢之情況下，加以行政部門展現推動組織改造之決心，促成組織改造法案順利完成立法，顯見除了府會協商與政黨形勢外，國會政黨力量直接影響政策之兌現。105年起，民主進步黨在國會席次過半且為穩定多數，本項法案何時通過立法程序，值得觀察。

（四）立法院議事日程之排定

國家重大政策須主管部會擬定具體法案，經行政院會議通過後，送立法院審議，經立法院三讀通過，總統公布生效，行政機關始能依法行政。而法案送進立法院後，須先由「立法院議事處」排定相關提案，編入議事日程，進入「程序委員會」，由程序委員會負責最後定案，向院會提出建議。法案能否順利排入立法院議事日程，提院會完成一讀，影響舉足輕重。立法院第5屆、第6屆時，行政院組織法修正案等組織改造法案，即有多次被阻絕於立法院議事日程外或經院會決定退回程序委員會重新提出。另立法院法案審查在委員會審查階段最重要，審查的先後順序，召集委員編排議程時如有意排除特定議案，或議案審查後，全案未能審查完竣即遭擱置或另定期繼續審查，均會影響法案進程。行政院組織法修正草案於98年4月13日函請立法院審議後，旋即於同年月28日一讀並交付委員會審查，同年5月至12月間召開8場次審查會、1場次公聽會及1場次朝野黨團協商，99年1月12日完成三讀程序，議程安排上充分展現完成立法決心。

四、各界反映人事變革問題及政府應有作為

行政院強調組織改造必須遵循「精實編制與人力」、「彈性靈活政府運作」兩大原則，在執行過程中，要加強對所屬同仁的溝通，共同細心、耐心推動組織改造，並使所有公務同仁都能安心工作，提升政府效能，以建構一個足以面對未來挑戰與民眾期望的理想政府，建立良善機制，增進人民福祉與國家競爭力。作者經就推動組改過程接獲或聽聞公務同仁反應的問題及意見，以及因應組改啟動人事相關作業整備情形[9]，提出未來各機關推動組改過程中，在人事變革管理的措施上，惟仍應可再加強之事項如下：

（一）組織調整與人員安置方面：

1. 公務人員擔憂組織調整後，業務性質改變，業務量不減反增；不同機關人員配合機關整併或業務調整移撥，組織文化之調適與融合困難，因而產生阻礙變革心理。組織變革過程中的變動不安，考驗著組織之應變力，所以上位者應透過加強行銷宣導，型塑共同願景；並推動由學習型組織管理，進一步到教導型組織領導與管理，發揮引導或教導功能，藉由經驗傳授，培養各階層領導人，為組織的發

9　面臨的可能問題及其加強改善措施，參照行政院人事行政局吳局長泰成2011年11月4日回復作者同年9月29日箋函所附資料。

展與革新而努力，帶動良善的改革。

2. 各機關中部辦公室人員異地辦公，組織調整規劃時，該等單位在功能設計上將與新部會職掌進行整合；在權益保障上原則採「人員就地安置」，以減少所受衝擊。因此，原中部辦公室之核心職能未來應予強化，並整合有限資源，充分運用既有人力。為使人員能符合未來政府機關之需求，應加強專長轉換訓練，使人員經由專長轉換訓練取得新任工作專長，以因應各機關進行組織調整、業務變動時之公務人員移撥安置、單位轉型或功能調整之需要。

（二）優退人員與人力規劃方面

1. 有些機關存有優質公務人員與不適任同仁同時優退，似未見長程人力規劃，可能有經驗傳承困難，短期內難以完成無縫接軌及經驗傳承之問題。為避免經驗傳承中斷及優惠退離之實施造成人才斷層，影響日後業務執行，行政院組織改造推動小組已編印「行政院及所屬機關組織調整作業手冊」，就檔案移轉、業務移交、資訊系統轉移等事項，研訂配套機制供各機關遵循辦理，以確保工作經驗及知識順利轉移。惟在機關內部仍應落實職務代理及工作輪調制度，使成員具備多樣化工作技能，以及建立「知識管理系統」、「知識庫」及學習型組織之良好學習氛圍與個人學習動力，使知識分享持續而有效率。

2. 在精省時，優惠退離要件雖規範明確，但同意優惠退離之員額須精簡，因此，能否辦理優惠退離，最後裁量決定權掌控於機關首長，中央組改亦然。依行政院功能業務與組織調整暫行條例規定，各機關得於組織業務調整生效日前7個月辦理公務人員優惠退離措施，最多加發7個月慰助金，原則該暫行條例權益保障規定適用對象依法均有提出申請優惠退離之權利，由服務機關依據組織業務調整情形，認定是否屬須精簡者；辦理優退後原編列預算員額須配合減列。按優惠退離之員額須精簡，工作若未精簡，同意人員優惠退離會造成機關人力不足。反之，工作已精簡，如不同意人員優惠退離，可能造成不公現象。由於得否優退涉及人員權益，同意優退與否可能會遭遇民代關說與內部人力調配等問題，故行政院研訂「優惠退離准駁行使及員額職缺控管處理原則」，規定優惠退離認定條件，以及優退申請之處理程序上，須經新機關籌備小組審酌是否為須精簡人力，未來實際執行時，應就機關業務推展及人力配置狀況等因素，嚴實准駁，以確保優退公務人力屬於須精簡者。

（三）成員權益與組織認同方面

1. 精省時改隸或被安置於中央機關之原省屬公務人員，多數人員職等提高，人員陞遷發展相對於行政院組改涉及機關層級調降，其組織承諾高。行政院組改使公務人員產生之不安全感、不確定感或未來陞遷管道受阻等疑慮，可能影響個人對於工作之投入及組織承諾，因而降低個人與組織之績效，致使組織改造效益打折。

為避免組織改造因人員不滿而產生負面影響，行政院組改採行之權益保障配套措施，包括配合行政院組織改造移撥人員特考特用限制之放寬、派職原則、調任新職後之待遇支領原則，以及其他有關成員住宅輔購貸款、宿舍之處理、訓練進修、組織調整之前一年度年終考績（成）之作業方式、原支（兼）領月退休金人員之月退休金、子女教育補助費、撫慰金、年撫卹金、遺族子女教育補助費與退休人員優惠存款差額利息之支給機關，原退休（職）組織成員及成員遺族之照護機關認定等權益保障事項，已規範於行政院功能業務與組織調整暫行條例，以及依該條例訂定之暫行條例施行期間人員（工）權益保障處理辦法等相關規定；涉及編制審議、職務歸系、人員派代送審、退休案件核定等事項，亦已研議彈性調整、簡化流程等配套措施，俾公務人員在組織調整之員額移撥及員額調整過程中，仍能安心工作。

2. 行政院組織改造服務團「走動式服務」專案小組於100年8月上旬至9月底，訪問各機關籌備小組，就關切議題與相關同仁以座談方式溝通，並瞭解機關同仁對於組織改造之建議，惟同仁之間在公開場合，與私下意見有落差。未來各機關宜進一步瞭解移撥人員組織承諾與工作滿足之情況與影響因素，以提振其工作士氣；在執行「政府組織改造」之重大組織變革時，亦應推行由下而上之參與管理，型塑成員對工作之期望與對機關之認同感。

（四）機關層級與阻礙因素方面

1. 行政院組織改造推動小組責成各主管機關，希針對所屬各三、四級機關同仁辦理宣導說明會，使其瞭解權益事項及組改相關規劃，惟執行時對四級機關同仁或有聽取意見之安排，惟其組織變革可能面臨之問題，相關機關應更費心瞭解及解決。另二級機關由37個部會精簡成29個，中央行政機關組織基準法規定三級機關署、局總數上限70個，並對二、三級機關內部單位數予以設限，因此，二、三級機關組織有所精簡，三級機關常務正、副首長職務減少設置，以及二級機關至少有8個機關首長、副首長、同仁，未來須予特別關注之，包括在其上級機關設置顧問或相關調節性職務，以期組織變革之人事爭議降低，讓組改順暢之。

2. 二級機關方面，尤其勞動部、農業部、衛生福利部、環境資源部、文化部與科技部等6個新興或改制的部，應研議如何強化其設部之新意與動能，以帶動國家發展與感動人心的契機。另特定公共事務組織將改以法人化、企業組織型態推動執行，如中山科學院改為行政法人，使其在人事及經費運用上更有彈性；航港體制走向行政與企業分離，分置航港局及臺灣港務股份有限公司，期以更有效率及彈性之經營型態，提供更好的服務。面對組織類型趨向多元化，相關配套措施，包括人員權益保障及其運作方式等，宜有完善規劃，以有效發揮組織效能，並應依立法院三讀通過行政法人法之附帶決議，俟各該法人成立3年後評估其績效，據

以檢討行政法人持續推動之必要性，審慎推動組織轉型為行政法人。人才進用部分，基於機關用人彈性需求或特殊專業需要，部分文教、研究、訓練機構人員比照聘任用人，以及首長採常務聘任或政務常務雙軌進用，未來實際進用人員，應本用人唯才、適才適所原則，延攬當當人才。

綜之，從先進國家政府再造的背景因素觀察，我國形成政府再造風潮亦係以提昇政府效能，並撙節政府財政支出為前提，由精簡組織員額以至於引進私部門變革經驗。我國史上最大組織改造工程，經過20多年努力，已邁入新的里程，自101年1月1日起，配合機關組織法案立法進程，將陸續上路，37個部會精簡為29個，各層級之機關總數由760個將精簡為670個以下，減幅一成二，展現國家領導階層的沉默魄力。而組改係進行各機關業務及組織調整與整併，期以更合理之配置達到提升行政效能與國家競爭力之目的，並非以機關裁撤或人力精簡為目的，各階層均必須戒慎虔誠，漸進、和諧、穩健的推動。整體而言，改變的過程中對組織成員造成之衝擊與不安，宜持續提供成員公開明確資訊，建立其信賴與信心，因為組改過程中，人員若無法得知正確的相關訊息，自然易於過度詮釋所得資訊，不利組改工程之推動，所以細心、費心、用心，才能使人員都能安心工作。要之，組織過程中最基礎工程在於須有配套人事管理措施，方能使成員願意全心投入，降低抗拒變革心理，並支持改造工程，達成無縫接軌，暨「精實、彈性、效能」之政府組織改造目標。

肆、調和機關中的兩大系統關係

目前機關中存在較特殊之現象，即行政或目的（line）與輔佐（staff）兩種系統間，甚難明確界定。茲就兩者之構成單位與兩系統之變化略加闡明，試提出統合兩系統功能之原則。如此，當可推論機關與機關之間暨機關內單位與單位間之互動關係。[10]

（一）奉行機關「目的」事項的系統，其構成單位為「行政（即推行政令）單位」或稱「目的單位」，俗稱「業務單位」，更有從英文line unit直譯為「直線單位」，軍中稱為一般參謀（人事、情報、作戰、補給）。當然也包括所屬機關，蓋其本為奉行上級機關「目的」之分支機構，亦兼為其上級機關主管業務的幕僚集團。

（二）直隸本機關或其他上級機關，「輔佐」首長及支援「行政（目的）單位」的系統；其構成單位稱「輔佐單位」其職掌為秘書、機要、人事、主計、法制、公眾關係、企劃、諮詢、協調、研究發展、管制考核、採購供應、文書、事務等工作，往往為首長控制行政（目的）單位的直屬幕僚。

（三）「行政（目的）」與「輔佐」系統變化：機關中所分的「行政（目的）」結構與「輔佐」單位，並非一成不變，有時視機關的主管業務不同而變化。

（四）統合兩大系統功能之原則

10　蔡良文，「文官再造與強化政府職能」，考銓季刊（台北：考試院，87年10月），頁38-48。

綜上分析，針對兩系統既存問題，宜有下列改進原則：1.明確劃分指揮與監督界線；2.明確劃清主從關係；3.明確劃定命令系統；4.明確規定機要人員的身分，機要人員限定為首長的個人隨員，不得核閱公文；5.明確限制「輔佐系統」人員，參加無關其業務的小組等工作；6.發揮諮詢人員的功能，糾正養老酬庸的安排；7.提高人員素質，應以基層「輔佐系統」人員為優先；8.兩單位人員應對流服務；以及舉辦兩種人員共同參加的研討與講習，並盡量利用「任務編組」來協調聯繫；9.總務、事務人員，應盡量精減，其單位名稱應改稱為「服務」，以求名實相符，真正地為同事服務；10.指定副首長或幕僚長，使「行政（目的）單位」與「輔佐單位」的界限，呈現浮動狀態，機關各級人員配合經歷調任，使扮演統合彈性調節角色兼具處理「目的」性與「輔佐」性的工作能力，至少達成彼此瞭解並同情，以便充分的合作。

要之，機關內部兩大系統應調和其互動關係，方能發揮統合力量，增進效能，而機關組織結構與環境因素之關係密切，由於機關組織與其內涵是動態的，在不斷地進行變化，加諸電腦化的技術變革，或對任務與人員產生影響等，促使機關結構改變。除一般企業組織及官僚結構外，也將會有其他類型的機關出現。當然，未來機關結構的真正影響，主要還是由行政當局運用來自組織行為的知識與經驗而決定的。所以，身為組織設計與人員配置之主要幕僚的人事機關單位是責無旁貸的，而「中央行政機關組織基準法」、「中央政府機關總員額法」等政府改造法案，均係由行政院會銜考試院送請立法院審議。前者，業經公布施行，該法第23條規定，機關內部分為：一、業務單位：係指執行本機關職掌事項之單位；二、輔助單位：係指辦理秘書、總務、人事、主計、研考、資訊、法制、政風、公關等支援服務事項之單位。第22條則規定，內部單位應依職能類同、業務均衡、權責分明、管理經濟、整體配合及規模適中等原則設立或調整之。所以未來政府組織改造、員額配置與人事機關（構）之設置與運作，關係至為密切。

第二節　文官體制在民主行政中的角色

現代國家的行政主幹在於文官體制。文官體制也稱官僚體制，在中外文獻上，殆皆貶多於褒，因之「官僚」兩字，似含有相當輕視、敵對的色彩。經過學界研究，為期中性化，所以，有以「科層體制」稱之。在國家的行政運作上，文官體制為統治者的左右手，決策的執行者，與民眾的生活福祉息息相關，古時之地方官稱之為「父母官」，就是形容其親民而又具有左右民生的莫大權力。在政府改造工程中，行政組織改造、人事制度改造、政府架構改造與國會改造是整體配套作為，本節將以文官體制在民主行政中的角色為論述之核心。

壹、文官體制的職能與角色探討

古代官吏之角色，具有兩層次的意義。一方面，士為四民之首，「萬般皆下品，唯有讀書高」，一旦學而優則仕，則享有社會地位的莫大尊榮，頗似自然貴族。另一方面，則在君主制度下，官吏之角色，基於官吏地位，雖有所謂吏律或官箴之範圍，然終乏確切的權利義務之保障，因之阿諛諂媚，夤緣奔競，甚至弄權納賄，貪贓枉法，乃成官場中常見的現象。

現代民主國家崇尚民主行政積極建立負責任、有效能的政府，因之除了推動政府改造外，有關公務人力素質之提昇與觀念的調整是必要的。其中官僚角色，應配合調整。其具體內容為行政中立與伸張社會正義（公道）、效率與效能取向、行政責任、多元參與及多重角色的扮演等，茲依次簡析於下：[11]

一、行政中立與伸張社會正義

行政中立係緣於文官在政治系統中角色地位之改變而生，故行政中立之規範對象應指事務官。而行政中立是指公務人員處理公務時，須秉公正、客觀超然之立場，一切以全民利益或福祉為考量。相對地，國家基於公務人員在盡其保護國家利益責任後，亦應保障其任免、考績、晉陞及調任等工作權益，不受政權更替的影響。但以公務人員特別權力義務關係已為平等人權保障觀點所取代，公務人員可在有關法律規範下參加政黨及其活動，但不得假借行使職權之便圖利所屬政黨，更須嚴守不涉入政爭，影響政治和政府穩定之中立原則。易言之，公務人員執行政策或法律命令時，應依法行政，對同一事件採同一標準辦理，不因政黨派系之不同而時重時輕。

其次，自從新公共行政研討以來，公務人員除貫徹為人民多數支持的執政黨政策外，必須實現社會正義，而且各級人員在作決定過程中，均有價值判斷，故今日所謂之行政中立，應是指消極的行政中立，僅限於行政程序的客觀方式與方法，以及嚴守消極不介入政黨活動。其於積極的計畫行政，必須摒棄往昔的消極中立觀念，而積極發揮社會正義（公道）的價值判斷。

二、效率與效能取向

現代民主國家中，政府應具有高度的回應能力，民意對於龐雜行政業務的需求，既直接而又強烈，所以，政府必須隨時針對需要，採取適當的反應，在民主的原則下，以行政效率與效能為依歸。效率是指在完成一件事務時，運用最少的資源（包括時間），而獲取最大的回收。如果有兩種方法完成同一件事，則以相同資源投入，而得到較大回收的一種方法，或以較少資源，而得到相同效果的一種方法，皆可認為較有效率。也就

11　本目參考修正自主要參考修正繆全吉、彭錦鵬、顧慕晴、蔡良文，人事行政（台北：空中大學，79年），第四章第一節。雖然年代稍久，但理念、原則歷久彌新，至今可參。

是說，輸出除以輸入的比率較大時，則效率較高。例如兩位公務人員在同一天中，均處理簡單的文書審核業務，甲為一百件，而乙為兩百件，則明顯的可看出乙的效率較高，且為甲的兩倍。對於不同機關的效率，也可用不同的標準，加以客觀地衡量。

行政效能是指做最正確的事與最符民意與需要的作為，亦即行政工作應以民意為依歸，達成政治決策所要求的成果。也就是民意所要求的應以最具效率的方式予以達成，不可敷衍塞責或違背民意，例如戶政手續的簡化，是人民所重視的行政工作，如何達成此一目標，而不影響其他相關的行政業務，則可看出行政效能的成果，一般而言，效能高的行政成果，必定意味著高效率，然而高效率並不必然產生高效能。例如市政府為使住者有其屋的政策能盡早落實，在短期內，蓋好數千戶的國民住宅，發現由於地處偏僻，乏人購置而任其日漸破落，就是效率高、效能低的例證。由上可知，民主國家，應建立一個精簡、彈性、有應變能力的高效能政府，而在民主行政的服務人民，要求兼顧效率與效能的達成。

三、依法行政與行政責任

公務人員必須依法行政，如有違法失職，將必受到懲罰制裁。公務人員違反義務會有三種結果：

（一）侵害國家勤務請求權：公務人員侵害國家勤務請求權時，須負懲戒法上之責任，即公務員懲戒法第2條規定：「公務員在左列各款情事之一者，應受懲戒：一違法。二廢弛職務或其他失職行為。」學者以為違法與失職，實為一體之兩面，因公務人員一旦為國服務，不僅依公務人員服務法有恪遵法令，忠誠服務，服從長官，嚴守秘密等義務，且有保持品位，與不為一定行為，致損害其職務之義務。若違反此種義務者，是為失職行為，亦為違法行為。[12]

（二）觸犯刑事法律：公務人員，基於職務而觸犯刑法時，構成職務犯。職務犯，即以公務人員資格而為之犯罪，其一為放棄或濫用職權行為；其二為賄賂行為。

（三）損害私人財產上利益，公務人員在行使職務之際，因不法行為，而加害於私人時，應賠償其損害之責任，即民法上之責任。

以上三類懲戒法上，刑法上及民法上之責任，可視為文官所應擔負的廣義之行政責任。至於有關行政倫理層面的行政責任，其內容則如第十四章所述，包括：行政的政治責任、行政的專業責任及個人責任。

四、權責劃分與多元參與

在政府改造過程中，對於中央機關之間分權設立，中央與地方關係，均以重新調整。建構合理分配資源及劃分權責的分權參與之原則。而在民主行政中的重要特色是多

---

12 同上，參考修正自第二十章第二節第壹目。

元參與的文官體系，不但文官之考選任用要顧及不同種族、性別、地域、年齡之代表性或其他弱勢、身心障礙團體，使其充分反應社會人口之結構，即使在行政決策過程及體系中，亦應充分考慮、體現社會之多元利益。多元參與，消極上可以減少行政業務上的利益衝突與僵局；積極上更可使民意能得到充分的討論，而相關公務人員之意見也能受到充分考慮。

五、多重角色的扮演

目前公務人員在政治體系中，應扮演多重角色，如本書第三章第一節所述，其不僅是憲法價值的保障者，此有別於司法人員為憲法之維護者；亦是社會正義之執行者；更是公共利益的促進者。在民主政治體制中，公務人員不僅求其保有專業知能、有效率、效能的價值觀，更須因應民主政治應保有之倫理道德。因此，專業精神並非文官系統的最終價值，惟有公務人員能以專家知能角色，表達出對公共利益的最大關懷及憲法之完整性與最高性，方能進一層體會政治中立、行政中立之特質，故文官系統之執事係以公共利益與國家治理為其終極價值。

貳、文官體制的政治權益與服務準則

由以上民主行政中文官體制角色的討論，從而延伸出以下有關文官之政治權益、紀律行為及服務準則等事項。有關公務人員之角色與尊嚴，已於本書第六章加以述明之。

一、文官政治活動的權利是受限制的

文官系統是推動政務的主要力量，為期政務之推行，能避免官僚與政治力相互干擾，而令公權力之行使圖利某一政黨；或淪為政治黨派政爭之工具，以致傷害全體國民之利益；或為維持國家活動或政府行政的持續發展，確保人民生活與社會程序之安定，公務人員之政治活動權利必須予以限制，如參加政黨活動、辦理黨務、為黨宣傳、為黨籌款等活動，均應有詳細明文之規範。其次，公務人員的言論自由，亦受到相當的限制，不能像一般人民享受的廣泛。公務人員基於一般公民之身分，所享有之言論自由雖與一般公民一樣受到保障，不過其所發表言論若涉及公務機密或與執行職務有衝突者，即屬違法。如公務員服務法第4條即有明文規定：「公務員有絕對保守政府機關機密之義務，對於機密事件無論是否主管事務，均不得洩漏，退職後亦同。公務員未得長官許可，不得以私人或代表機關名義，任意發表有關職務之談話。」再者，為求各級公務人員能遵守政治中立、行政中立，應積極整建完備行政中立之相關法制，如公務人員基準法、公務人員行政中立法再修正等，用以規範公務人員中立的地位，並維護功績制，型塑行政中立倫理與文化。

二、文官之行為規範首重盡忠職守

公務人員之職務，在行政實務上，不免發生既無法規之規定，且乏長官之指示，必待公務人員自由判斷、自由裁量者甚多。公務人員於此，如明知其處置之方法，不利於國家，或不計國家之利害而逕為之，則縱不違反法律，牴觸命令，亦已違反忠誠之義務，即公務員服務法第1條所規定：「公務員應恪守誓言，忠心努力，執行職務。」公務人員除應盡忠職守外，不得有危害國家安全之事，也不得參加任何顛覆、叛亂或破壞行動。文官之紀律規範相當廣泛，主要在保障國家行政事務之順利推行與國家利益之維護，因之，不僅規範其不得為違反國家利益之事，更積極要求公務人員盡忠職守，保持品位。所謂保持品位，即公務人員應知廉恥、守紀律、誠實、清廉、謹慎、勤勉，以維護國家之威信與形象（公務員服務法第5條）。

民國98年考試院與行政院共同訂頒適用全國公務人員核心價值為：廉正、忠誠、專業、效能與關懷。所以，政務人員（官）與民意代表負責提出政策方向與制定法律，常務人員（事務官）能盡忠職守等，忠於國家與人民，廉節、公正、中立執行既定的政策與法律，並提昇政府效能與關懷人民福祉，維持國家政務之安定與發展。

三、文官之服務觀念必須確立

現代民主政府職能日益擴張，公務人員為民服務的項目隨之急遽增加，相對地，人民所要求於公務人員的服務質與量，亦相形提昇。在行政業務日益龐大化、複雜化的時代裡，人民不可能對政府的施政細節皆能明瞭，甚至於對新興之行政業務，往往一無所知，政府改造除引介企業家精神，建立「以服務導向」、「以民眾至上」的新政府服務觀念，尤其發揮「志工精神」，在此種情形下，文官之服務觀念更見必要，惟有熱心服務，以「身在公門好修行」之意念，為人民造最大的福利，才能贏得納稅人之支持。同時為提昇效能，落實簡政便民的目標，且為使服務的品質，日益精進，文官更必須經由訓練進修等管道，提昇公務生產力與品質。要之，為民服務觀念不僅是消極的工作觀念，亦是為積極主動與「付出無所求」的做事態度與辦事效能，更能強化統治正當性。

第三節　文官體系改革的意義及思考模式

近年來，政府為因應社會變遷、科技發達與人力需求提昇，使得人民不但要求政府要具有代表性，更要求具有反應力、肯負責，而文官亦非僅扮演政府的工具性角色；所以建構一個有績效的文官系統為時勢所需，又要將威權政府成為體現民意、為民所有的民主政府，必須先維護一個公平、正義、功績為基礎，迴避政治力的良善的文官（官僚）（以下同）系統機制；也惟有文官系統機制健全、文官政策方向正確，方能提供一

個有效率、效能的政府。所以，吾人以為：除了憲政改革外，尤須期待透過文官體制改革，重整社會的秩序並提振政府的公能力、公信力和公權力，以提供公共服務。當然，在憲政變遷與政府改造的浪潮中，文官體系與政策改革，亦必然須建立一套正確的思想價值體系。

壹、文官體系改革的時代意義

文官系統在社會生活、國家整體發展中扮演重要角色，而其發展過程呈現出下列特徵：（一）文官系統擴張及人員激增；（二）委任立法與行政裁量權的普遍；（三）文官系統成為政策過程的真正主導者。[13]因為文官系統直、間接擁有之政策資源或政治權力，如何秉持公平正義原則、確保功績制原則，保持政治中立、行政中立，並有效運用公務人力資源，提高行政效率、效能，成為吾人關心的重要課題。事實也證明：文官改革一直是一個現代化國家的重要課題；而對於當前臺灣地區而言，當然更具有意義。從實務面看，要分有三：

一、先予檢視西方國家政府系統在維持整個社會系統的運作過程中，分由政治系統之功能作用的領域方面、外界屬性及功能本身的運作方式等來觀察，當可發現，任一國家政府系統總功能和次功能間，在一定時期內是相對穩定的，而該政府系統必隨其內外環境、要素、結構的變化而變化，以維持正常功能運作。職是之故，整個文官政策之規劃、執行與評估等，旨在促使整體政府系統運作，有效運用公務人力，以提昇公務品質。質言之，是項工作，的確是宜依附在行政系統中從事單純的人事業務的處理，必須體察國家發展與需求，認清行政運作與發展方向，確立文官改革的方向，進而研擬前瞻性的文官政策也。

二、按文官系統為國家統治機關之主體，而且其體質、運作和變遷，亦深受相關政治、經濟、社會和文化結構特質與發展狀況影響。因此，如何在文官改革中建立現代化的文官制度，並提昇系統的效率與效能，不單是一個行政法上或行政管理上的問題，而是涉及整個國家的政治、經濟、社會和文化生態與變遷，因而必須從整體的角度和長期的觀點，對整個文官系統、制度的結構和運作變遷，進行整體性的分析。

三、行政績效是行政運作的一個基本或核心的主題，人事行政即為追求行政績效所設，特別是當我們將績效適當界定包含如中立、公正、公平、與回應的目的上。

公共人事行政系統一直試圖將所管轄的機關人事行政運作均標準化，強調對於人事程序上相當的管控。人事機關與其官員僅注重如何來管制各機關的人事活動，往往忽視如何將人力資源管理與機關任務與策略做一整合。相對地，私部門人事行政者亦面臨同

13　Herbert Kaufman, "Fear of Bureancracy A Raging Pandemic", Public Administration Review, 1981, pp. 1-9; Anthony Downs Inside Bureaucracy (BostonLittle, Brown, 1960).

一般的挑戰，但是公務部門人事行政者在於將人力資源管理整合到策略管理之過程中，將遭遇到特殊的困難。其來自於如何發展出公共人事系統的治理能力，此又可能涉受法規鬆綁與人事行政管控的平衡議題。

綜之，文官體制改革將是一個配合政治、經濟結構和社會價值、文化特質，而進行的總體性合理化調整甚至在於「全球化」與「本土化」或「全球在地化」之衝突與矛盾中如何調適，也是應重視的課題。在本質上，它與民間企業為了生存與發展，在考慮各種內外動態因素後，對其管理階層與制度進行合理化調整是沒有兩樣的。在互動上，如何調整國家機關與民間社會團體的關係是需要的。

貳、文官體制改革的思考模式

我國當前的文官體制，無疑地，深受大陸時代的傳統、日本殖民體制的遺留及光復後臺灣地區的威權體制影響；其中，尤以威權體制影響最為深遠。因此，假如要進行妥善的文官體制改革，首先，我們必須瞭解此威權體制的特質，及其合理政經轉型中，釐正國家機關與民間社會之關係，從而對人事行政組織結構與職權加以調整，進而內化文官法制體系之重整與建立；其次檢視印證此威權體制對文官體制的影響和制約；最後根據威權轉型後的特質與趨勢，建構合理化的文官體制，進而提出具體的政策作為。文官體制改革思考模型圖，如圖16-1。

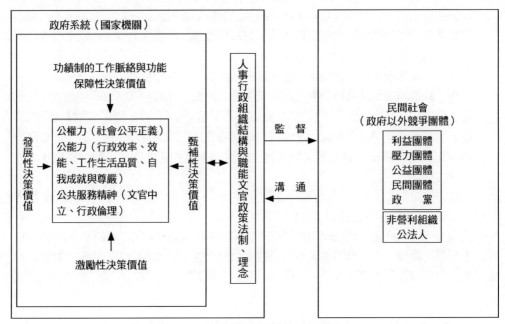

圖 16-1　文官體制改革的分析架構

一、改革型模的分析邏輯

　　此一分析型模的簡單邏輯為：其一、國家最高領導者為因應國內政治、經濟、社會、文化環境的變遷，必然調整國家機關的體質，及其與民間社會之關係；其二、民主體制下的國家機關體質之改善及人事機構之調整，除從事憲政改革外，對於國家機關的主體——文官角色必須重新定位，其有關之甄補、激勵、保障與發展政策，必須配合調整，始符合該體制之需求，以伸強公權力與重振公能力，積極提供良善的公共服務，達成社會公道之目標。上開政策理念亦正是人事行政在考試、任用、銓敘、考績、級俸、陞遷、保障、褒獎、撫卹退休等政策制度設計的指導原則與價值依歸，於後分析之。

二、改革型模的思考概念

　　在此推理過程及研提發展方向中，可串聯以下幾個思考概念：
（一）威權體制民主化過程中，國家機關與民間社會關係必將調整，其勢力呈現互動消長現象，其制約力相互有所變動；而官僚制度（科層體制）（民主化的文官制度）亦將轉化，人事行政理念勢必產生改變。
（二）文官改革，除應調整舊有人事行政組織結構與職能，及建立文官法制架構外，文官政策是建立「功績制」的整體運作的環境；後者，即是建立一個能維護功績制的原則，授予管理者管理的權威，迴避政治力與保障文官的權利，增強人事績效、發展和文官的工作生活品質、公共服務精神的環境。
（三）按國家發展過程中，在推展任何計畫時，必然會遭到既得利益團體、個人之杯葛；以及從事發展所需之人力、物力、財力，甚或法制（規）之限制，而此均有賴政府系統來解決與推動。在現行人事制度中，由於歷史背景關係，以及特殊政治社會環境，使得其間未盡公平合理之處所在多有，尤其是結構性問題，必須在文官體制進行改革，惟此於追求理想的方法手段，宜通達現實以為因應，方可順利達到改革目的；且以既有政府人事制度、理念對於政策改革與目標達成之間的連結具有制約力，所以研提方案時，必須審慎加以考量。
（四）文官政策之決策取向，至少包括引進與甄補性決策功能、激勵性決策功能、發展性決策功能、維持與保障性決策功能等內涵，構成以人成事的政策目標價值與功能體系。個別而言，引進與甄補性決策，乃是指經由公務人力資源探勘後，繼之篩選的人力引進工程，最後由各機關首長對考選合格人員派以適當職務的過程。激勵性決策，旨在提昇公能力（行政效率與效能）與工作士氣、工作意願等；此類政策之主體工具是待遇與福利，前者，包括公務人員精神上與物質上所能享有政府機關之給與；後者，乃指附加之福利，旨在給予公務員一些優餘福惠、減輕生活困難、促進團體意識等。發展性決策，旨在強化成員工作知能，改善態度，激發潛能，進而促進成員自我成長，及運用生活規劃之理念，其主要政策工具是

考績、訓練發展與遷調退免。維持與保障性決策，除消極地使受到違法或不當處分之公務員，得到合理補償，合法權益得到保障外，進一步強調民主對等的關係與權利義務的合理關係的建立等。[14]

第四節　民主化文官制度的趨流

在國內政治、經濟、社會、文化環境網絡，影響變遷之因素中，要分政府體系（國家機關）、非政府體系（民間社會）；在發展中國家之政府系統，負有促進國家發展的中心任務，且為其他民間機構所不及的，其推動核心，則在國家公權力的展現；而國家公權力之消長主要表現在控制政府政策、影響社會動能、有無其他競爭對手及彼此互動關係等。究主其事者，即是行政官僚系統，故而回顧威權體制轉型中文官制度的趨勢是必要的，爰先探討我國國家機關與民間社會之關係，進而分析當前政經環境網絡對文官體制有關公務人力規劃、運作之意涵與趨流，當較為妥適。

壹、國家機關與民間社會關係

在近代國家中，國家機關對於民間社會的主要措施，包括汲取性、保護性與生產性等三種本質不同的活動。此三種活動正隱含國家機關與民間社會相輔相成的共生關係，也隱含其間互剋互制的拮抗關係。若三種活動協調，國家機關必具有權威，反之，則否。[15]再者，民間社會又可分化為不同團體、部門或階層，由於彼此相關利害不一，而國家機關的政策對不同的團體或階層會產生不同的影響，或利益衝突，或利益一致。當然，任何國家政策作為，不可能完全周全完備，故而國家政策自主地制定最有利或最恰當的政策，即是以避免擴大政治危機或經濟危機為其限度也。

吾人觀察臺灣地區的政經變遷過程，其主要特質乃在於超越過去「日本殖民地」及「中國邊疆」的附屬性角色，而逐漸發展健全的國民經濟體制；其間，國家機關與民間社會的特質及相互間的關係，隨著內外環境網絡互動而不斷改變。[16]在整個的轉變過程，執政的國民黨扮演關鍵角色，隨著黨的變質，國家機關配合改變，與民間社會關係亦隨之調整，國民黨一如杭廷頓（S. P. Huntington）指出在社經現代化下，一個原為革命與排他性（revolutionary & exclusionary）的政黨，可能轉化為具建制性與包容性（established & inclusionary）的政黨；而其過程要分三個階段：其一，轉型階段──強調理念與專斷的；其二，鞏固階段──強調務實與制度化；其三，──強調技術官僚、

14　參照繆全吉、彭錦鵬、顧慕晴、蔡良文，前書，另部分觀點來自施能傑先生的指教。

15　參見 J. E. Alt & A. Chystal Political Economics (California The University of California, 1983), pp. 28-29，以及蕭全政，政治與經濟的整合（台北：桂冠圖書公司，77年），頁84-86。

16　蕭全政，「國家機關與民間社會關係之未來發展」，同上，頁30-33。

利益團體與異議知識分子的互動。[17]相對應的，所主導的國家機關，未來的轉變，將是在於對外排除來自外在政經壓力；對內則在維持各政經勢力、團體或階級間的和諧與秩序。國家機關必須大幅度的降低其生產性功能比重，增加經濟性保護措施，當然，國家機關尤須培養大批的科技官僚，才能有效運作與發展。

人力資源的開發運用，為國家機關與民間團體所共同重視的課題，其規劃要求對過去、目前、未來作趨勢評估，內外環境因素同樣被檢視掃描，以求因應各種轉變之需求。[18]而跨國人力資源之運用是值得重視的課題。

貳、我國民主化文官制度之趨流

從憲政改革的基礎言，當為建立民主的行政；而民主的本質，體現於政治上，即是政治的多元化，而該社會內部自由分殊化後，必將產生政治體系內部與非政府體系之間的「質」、「量」改變；整個政府體系核心的文官系統體制必然隨之改革，而民主化文官制度的角色與趨流，具體表現在文官的常（永）業化，即先確立常任文官（Permanent civil service）之體制，且以政治、行政中立為基本原則；其整體建制過程，即是常任文官經考試及格後，政府應予任用，給予優厚的待遇，適當的工作指派，提供公正陞遷發展機會，適切的保障與養老、退休等措施，使文官安心工作，並視其為畢生事業也。

至文官制度的流變發展，其改革之重點，至少包括強化民主化和公共性的機制；學習企業精神，推動政府再造；以及型塑文官的價值和尊嚴。[19]依據上述人事體制價值意涵，主要有：無任何特權介入的公平公開考試制度；由任用保障制度趨於主體權益之發展；從人性化管理到人員理性潛能的發展；從文官中立進展到行政倫理之價值判斷等從文官中立進展到行政倫理之價值判斷等，茲依次簡析如下：

一、無任何特權介入的公平公開考選制度

民主行政中，保持文官中立的重要基礎，必須建立在公平、公開的考選制度，不能因身分不同而排斥而僅准特定應考人報考，才可讓才俊之士有同等的機會參與公職考試的競爭，不使公務職位受到特定階級、團體的壟斷，也不致造成文官體制的特殊意識型態之限制。因之，公務職位應確實之維持著開放、競爭的動態，至於考選制度與方法、程序的公平、公正，乃為辦理考試之重要指標。

當然，在提出公務人員人力需求，對外廣為舉才時，應評估現有機關人員能力和潛

---

[17] S. P. Huntington & C. H. Moore, eds., Authoritarian Politics in Modern Society The Dynamics of One-Party System (New York: Basic Book, 1970), pp. 32-40.

[18] J. E. Pynes, Human Resources Management for Public and Non Profit Organizations (San Francisco Jossey-Bass Publishers, 1997), p. 2.

[19] 關中，文官制度與考試院（台北，98年），自印本。

能，所以，考選人才，亦應做好工作分析方能助益於用人計畫之規劃與發展。[20]

再以機關為實現社會公平正義之理念，政府在僱用身障人士與少數民族（原住民族）比重逐年增加，而對性別平權觀念亦逐漸落實，在先進國家美國如此，英國亦然。[21]所以，強調公平公開公正的考選制度，似乎也不可忽視「平等就業機會」的觀念與方法，使社會更加之和諧進步。

二、由任用保障制度趨於主體權益之發展

文官專業化為民主國家之通例，各國為使常任文官安於其位，勇於任事，除考量設計一個足以能吸收、激勵、留任有效率、效能的員工之薪資（俸給）制度外，[22]均重視其權益之維護，特訂有各種保障制度。就其制度之設計內容，各有殊異。有者，准其籌組工會、罷工；有者，設計完善申訴或復審制度。

我國如欲貫徹功績制原則，確保公務人員權益，避免公務人員遭受濫權處分與不公平待遇，申訴、復審制度之建立，確屬必要。惟過於保障或頻組工會或動輒罷工，亦非所宜，故合理之保障制度，應能暢通申訴與復審救濟等管道，確保合理的公務人員主體權益為鵠的。

三、從人性化管理到人員理性潛能的發揮

在美國的「新公共行政」（New Public Administration）主要提出參與管理（Participative Management），決策民主化（Democratization of Decision-making）和工作場所人性化。[23]就人事行政方面，不僅強調使成為有條理有系統的專門知識技術，考量機械與物力資源之普遍功能及精巧地位，尤須強調「人為管理的中心」及「人性化管理」，其主題為確認文官體制中人員之尊嚴地位，行政人員須從人性與人情的觀點，瞭解人員行為的本質重視人權尊嚴，及建立由「學習型組織」（Learning Organization），而進展到「教導型組織」（Teaching organization）的組織文化，以開發公務人力資源，並發展其理性潛能，再配合以激勵價值的待遇福利，以及發展性決策價值之考績、培訓發展政策，如此，除可維繫工作意願，增強公能力、公信力，獲致工作效率、效能之目標外，並可謀機關組織中公務人員關係及人群關係之改善，融鑄群體意識與士氣，調適群己利益，使成為有機政府體制，完成機關組織發展目標。

20　J. E. Pynes, op. cit., pp. 90-91.

21　D. Farnham & S. Harton, Managing People in the Public Serrices (London Macging People in the Public Serrices, London Millan Press, 1996). pp. 112-116.

22　D. Farnham & S. Horton, op. cit., pp. 119-120.

23　參見Frank. Marini, ed. Toward A New Public Administration The Minnowbrook Perspective (New York: Chandler Publishing Co., 1971) Vincent. Ostrom, The Intellectual Crisis in American Public Administration (AlabamaUniversity of Alabama Press,1974) H. G. Frederickson, New Public Administration (Alabama University of Acabama Press, 1980).

我們不可低估組織中人員而對環境挑戰的能力，政府在制定人事政策時，必須使人力資源符合其目標及外在環境的需求，使得人力資源運用能考量長期組織目標[24]。如此，可以發揮人員之潛能，創造公務生產能量，建立一個高效能的政府，以提昇國家競爭力。

有關責任行政與服務行政之行為模式與準則，除上述所論外，在英國公務人員之服務守則中，如應秉持誠信原則，不可利用辦公室作為私用；公務人員退休後，其政治與商業活動須受到限制，如三職等以上人員退休或離職後二年，進入民間企業工作，必須獲得批准。[25]又此，我國公務員服務法第14條之1，亦有類此規定，如何落實行政，則是關閉「利益旋轉門」的不二方法。

四、從文官中立進展到倫理價值判斷

文官系統是推動政務的主要力量，為國家機關運作之主軸，有其特殊地位，他們影響公權力、公能力與公信力之伸張；至於其地位是否穩定，立場是否中立，則將影響政治的秩序及政府的穩定性，後者，即涉及文官中立的課題。

有關公務人員政治活動的限制，英國與歐盟不同，英國是本於政治中立之原則，公務人員必須忠於政府、公正地提出建言和執行政策。但由於時空環境之改變，其限制政治活動的範圍與人員亦配合調整，諸如將文官分成政治自由類、政治限制類及中間類別團體等，其政治活動之範圍與限制亦有不同。[26]當然，在我國行政中立的內涵，除政治活動合理限制規範外，尚包括依法行政與執法公正。因為後者主要若重視常任文官能考量政治與行政價值平衡外，更能著重專業性與自重性，而其指標即是法治之落實執行。

通常民主國家中，政務人員（官）與常務人員（文官）在政府決策過程，所扮演的角色，大致相當清楚的。事務文官有責任依法辦事，亦應該善盡忠告之責，使國家能維持繼續一致的行政行為，不因政黨的交替執政，而產生決策的搖擺不定與侵害人民權益。文官在各黨政綱的爭議中，應維持中立的角色，不應加入辯論的行列，但對於執政黨決策，應忠實的履行貫徹常務人員是應落實憲法價值、實現民主、公平、效能等價值。故而行政中立的價值除強調行政效率、效能的提昇，以及文官的行政作為在追求合法（legitimate）、良善（good）、有效能（effective）的公共服務外，尤應在重視「意義」與「價值」下，確實反省人與人之間的社會互動，型塑公務倫理，樹立現代化官箴，落實現行公務人員廉正、忠誠、專業、效能及關懷等核心價值，務期循此發展整合創新的文官體制。

由於公務倫理至少如本書第十四章所述包括：公務人員之行政作為能重視平等、公平、公正、忠義、忠誠、負責等原則之專業倫理道德；平時行事作為亦應遵循利益迴

24　D. D. Riley, Controlling the Federal Bureaucracy (Philadephia, Temple University Press, 1987).

25　J. E. Pynes, op. cit., p. 28.

26　D. Farnham & Harton, op. cit., pp. 118-119.

避、避免請託關說、贈予等價值倫理之相關法律，並重視管理、專業、法律、政治之倫理。當然公務人員的倫理作為有其倫理層次之分，如政治人員之政策倫理觀念、行政管理人員與個人之倫理觀念之分際；行政倫理與行政中立、行政裁量等行為互動關係之釐正，至於有關行政倫理或弊端揭發者等相關法制，是否立法規範，均值吾人思考者。

第五節　小　結

　　人事行政為行政系統的次級系統，為瞭解人事行政運作，應先瞭解行政機關組織結構。再以世界各國目前種種從事政府改造工程，所以，整個公共組織的要項與特質均配合調整。

　　在政府改造的政策作為上，除要強化立法與行政部門之良性互動、倫理文化的建立、減輕政府財政負擔及重視企業精神，推動民營化措施外，有關人事機關較直接關聯之行政組織改造、人事制度改造，型塑良善治理文化，尤應特別重視。

　　其次，在民主行政中，官僚角色必須配合調整，主要如重視行政中立與伸張社會正義、效率與效能取向、行政責任、多元參與以及多重角色之扮演等。當然在政治權益與服務準則上，必須重視文官之政治權益（利）、紀律行為及服務觀念之確定。

　　至於文官體系與政策改革的意義及思考模式，吾人指出應重視國家機關與民間社會之互動關係，有關文官政策法制、理念上，應重視功績制的價值脈絡，即重視甄補性決策價值、激勵性決策價值、保障性決策價值及發展性決策價值等，以建構合理化的文官體制，呈現良善的文官政策作為。惟應同時重視多元化或代表性文官理念之衡平。

　　最後，在威權文官體制轉型至民主化、中立化的文官體制，合理建構國家機關與民間社會的關係，真正建立一個無任何特權介入的公平、公開考選制度，由任何保障制度趨於主體權益之發展、從人性化管理到人員理性潛能的發揮、加強責任行政、服務行政的建立、從文官中立進展到倫理價值判斷的現代化文官制度。

學習重點

- 如何建立合乎民主體制需求或在民主鞏固時期的公務人事行政制度
- 掌握人事行政於政治發展中之未來努力的方針
- 人事行政革新與行政現代化、政府改造的意義、內涵及其相互關係
- 當前人事行政工作的重要課題
- 瞭解開發中國家之行政特質及其革新之道
- 瞭解限制行政效能的因素及改進之道
- 我國人事行政在政府發展中之發展方向

關鍵名詞

- 政治回應
- 治理能力
- 多元人事制度
- 人事革新
- 行政現代化
- 目標錯置
- 權威主義
- 關係主義
- 本位主義
- 新公共行政
- 員額評鑑
- 行政文化
- 績效導向
- 績效管理
- 彈性人力運用

第一節　當前人事行政的檢討

人事行政是行政工作的基礎，人事行政健全，政務才能順利推行。因此，如何以健全的人事制度，和完善的人事措施，延攬各機關需用之人才，並使公務人員，都能「人盡其才」，發揮所長；而政府的每項工作，都能「事得其人」，順利有效的推行等，應是人事行政努力追求的目標。我國近幾十年來，社會大眾的權利意識已然覺醒；政治參與的意願提昇，觀念與利益趨向多元化發展，尋求改革與期盼進步的意念熱切，如何使人事政策的設計能反映出不同價值導向？除應注重人事行政之甄選、激勵、發展的價值及體現外，應建立一個合乎民主體制需求的公務人事行政制度，以下茲再就行政中立、

政治回應、治理能力及工作條件與品質等四方面，來逐一討論。[1]

一、行政中立方面

　　文官體系保持行政中立被認為是因應政黨政治之需要，及政治體系穩定運行的重要機制。中立價值的背後主要指行政只是執行政治意志工具的主張。隨著現代公共事務日趨複雜，行政中立之精義已不再是不務實地要求文官要完全不從事政治利益的匯集。[2] 不過，文官的任何努力卻必須在對外「匿名」下為之，所提出的專業性或政治性建議能否付諸推動，完全由政治首長決定之；只要是政治首長不接受的政策方向或計畫執行細節，文官必須放棄其偏好，且應戮力執行。當然，因之所產生的政治責任就不應由文官負擔；惟若涉及行政、民刑事責任則分別論斷。所以除了政策層次的中立外，比較引發爭論的是在日常事務之處理層次。因此，行政中立的另一個重要意涵，是要求文官在處理日常業務上保持公正公平的標準，特別是不因個人、團體或黨派，而有不同之管制標準或服務、利益傳遞方式。當然，執法公正，涉及倫理判斷，而政治活動的合理限制規範，對事務文官是必要的，公務倫理的強化是未來重要配套課題。

二、政治回應方面

　　各國民主發展多呈現的是，當政治愈趨向民主時，特別像是在美國社會，文官體系依恃其組織體制化與傳送資源之優勢，反而在中立的外衣下，日趨變得獨立自主，根據其機關組織利益觀點，推動自己的政策偏好，或抗拒推動自己不認同的政策。或者，有些公共行政學者更鼓吹永業文官體系，要本於其專業知識與行政倫理規範，使真正符合社會公共利益的政策得到推動。[3] 僵化與擴張的中立主張，可能造成文官體系應有的政治回應性之犧牲——回應政治首長們的政治主張。[4] 這也是近幾十年來，不論是民主黨或共和黨的美國總統，對文官體系過分標榜政治中立不斷提出質疑的原因。同時，1955年的「Schedule C」任用職位設計，「行政總統職位」（Administrative Presidency）的用人策略，[5] 1978年文官改革法（CSRA）建立高級行政主管職位制度（SES）的人事政策等，其目的均在使文官體系能更具政治回應力。政治首長的政治需求不必然是濫權，有時是為選票或真正為公共利益而有的需求。譬如，各國定額僱用身障人士、原住民族的規定，甚或社工人員、退伍軍人等之轉任考試，或許不符的人事功績制度原則，

1　參考施能傑，「公務人事政策的改革課題：中立與民主、能力與分權，理論與政策」，卷8，期1（82年11月），頁38-40。

2　Joel D. Aberbach, Robert D. Putnam, & Bert A. Dockman, Bureaucrats and Politicians in Western Remocracies (Cambridge, Mass: Harvard University Press, 1981), pp. 144-180.

3　Gary L. Wamsley, et al. "A Legitimate Role for Bureaucracy in Democratic Governance." in Larry B. Hill (ed.), The State of Public Bureaucracy (Amonk, N.Y.: M. E. Sharpe, 1992).

4　Terry M. Moe, "The Politicized Presidency." in John E. Chubb and Paul E. Peterson (eds.), The New Direction in American Politics (Washington, D.C.: Brookings Institution, 1985).

5　Richard P. Nathan, The Administrative Presidency (N.Y.: John Wiley & Sons, 1983).

對於工作能力或經濟效率等人事政策目標也有不利的影響，但這卻是在時代環境與社會整體利益考量下，人事行政政策必須有的政治抉擇，[6]亦為政治價值抉擇。

三、治理能力方面

　　文官體系的正當性來源是有足夠的治理能力處理公共事務，治理能力是指政策規劃（建議）與執行能力，相關聯的，治理能力也泛指對環境不確定性的監控預測能力，各種專業技術能力等。高度的工作能力將提高個人之工作效率與效能──做得快，而且做得對。個別人員生產力的增進，使整體機關組織生產力通常也會增加。公務人事政策影響人員工作能力是很明顯的。考選方式會影響是否選擇了一個具備工作潛力的人員；任用、陞遷與流動方式影響著人員的適才適所；訓練與發展計畫影響著員工能力的維持與培育；各種激勵措施則影響成員是否願意充分發揮其能力。凡此，適當的人事政策將可使所有的成員都真正是政府的人力資源。尤其是國家機關的治理能力若有不足，則必然形成公能力不足、公信力不張、公權力不振，則人民易於產生信任危機；在國際之國家競爭力之評比方面，政府的治理能力與行政效率、效能則是其主要因素，吾人不可輕忽。

四、工作條件與品質方面

　　工作條件與品質提供工作能力積極發揮的誘因，因為它創造一個令員工感到安全、滿足、參與、有意義的工作環境。換言之，在公務生產過程，政府組織希望成員有好的工作品質，當然也應該提供成員好的工作條件與品質，而非僅視之為單純的生產工具。許多人事管理措施都與工作生活品質直接相關，諸如工作設計成員參與管理、待遇等。工作條件與品質的提昇，自然會增加組織的人事成本，對於傳統的管理者權威概念也有挑戰之處，但因其是以人本主義與社會公平正義為出發點，多數成員會歡迎這方面的改變。當然，在公務人員保障法第2條有關工作條件權益之保障，及第18條有關公務人員執行職務必要之機具設備及良好工作環境之提供等，均是各機關應努力方向。

壹、當前人事行政的重要課題

　　人事行政工作的推展，一向配合政府用人需要，遵循考銓法制，依照既定職掌，持續規劃辦理。近些年來，政府已就考銓人事法制及人事措施，檢討改進，但是因為人事行政工作錯綜複雜，人事問題層出不窮，雖然逐步研究與解決，卻因主觀與客觀環境的變遷，使新的人事問題，仍然不斷產生，茲就至今幾個重要亟待改進的問題，提出探討於下：

6　蔡良文，「我國文官制度改革的脈絡分析」，行政管理學報，創刊號（87年6月），頁21-62。

一、配合現行多元化人事制度，建立共同管理基準

　　現行人事制度又可以概略區分為五種，第一種是一般行政機關適用的「官等職等併立制」，亦即現在的新人事制度；第二種是金融生產事業適用的「職位分類制」；第三種是公立學校適用的「聘任派任制」；第四種是警察機關所適用的「官等職等分立制」以及關稅機關適用的「官等官稱職務分立制」；第五種是交通事業機構適用的「資位職務分立制」，而將來法官法完成立法後，法官部分亦可能有另外一種人事制度。由於這些人事制度併存併行，多元管理，結構不同，權利義務互異，已經引起許多困擾和紛爭。

　　因此，爾後應依各機關不同的特性與需求，例如內政、財政、經濟、教育、法務等各部業務之性質特色，各自訂定適合的人事管理制度，亦即現行所謂五種（或六種）人事制度併行的多元化管理，惟對於共同遵守的事項，則必須建立共同管理基準。[7]民國101年3月考試院五度會銜行政院提出之「公務人員基準法」新草案，已將結構性問題，予以整合調整，該法案亟待立法機關完成立法程序，以利落實建立共同管理基準，求取各類人事法制之平衡發展。

二、政府職能擴張，機關常感人力不足因應

　　為了適應社會發展的需要，政府職能一天天的擴張，各機關為了處理日趨複雜的公共事務，常感人力不足因應，因此，形成不斷的要求擴大編制，增加員額。對於這樣的成長，必須予以重視，因為員額不斷增加的結果，政府人事經費的負擔日益沉重，不僅影響國家的整體建設，而且也影響公務人員待遇的改善。其結果，無論就公務人員的利益，或是政府的施政效能而言，都將產生負面的作用。所以，如何開發公務人員的人力資源，有效運用公務人力，於編制內「骨幹文化」之外，增加臨時性人員，以為調節，似可以兼顧業務成長的需要，同時採行有效的節約人力辦法，以防止員額不斷膨脹，是當前人事行政極感困擾，而又必須妥為規劃調適的問題。當然行政院於91年4月間會銜考試院送請立法院審議之「中央政府機關總員額法」已獲得立法院同意，完成立法，如何賡續總體員額調控，是必要的課題。

三、科技發展快速，人才延用難以完全因應

　　發展科技是當前國家建設的要務，科技人才則為科技發展的根本，尤其我國正在致力科技升級，政府機關對於科技人才之需要，甚感迫切。但是因為現行的人事規定在強調公平公正公開原則與功績甄補價值外，對於科技人才之延攬與留用，似尚難完全適應，因此，在人事行政上，應如何兼顧人事法制完整性的前提下，採行具體可行的因應

7　「憲政改革後人事法制的回顧與前瞻」——銓敘部陳部長桂華在82年全國人事主管會報閉幕典禮致詞，
　　人事行政，期107（83年2月），頁9。

措施，以適用科技發展的實際需要，亦是當前亟待解決，刻不容緩的要務。103年修正通過公務人員考試法第8條規定略以，高科技或稀少性工作類科之技術人員，得另訂考試辦法辦理之。考試院亦辦理過類似考試；另為期根本解決，考試院於民國94年8月將「聘用人員人事條例」草案送請立法院審議，因屆期不續審，102年重行提出，均期透過甄選方式進用人員，是以通過該項法律是三元人事體系建制的急務。當然，考選部若善於運用彈性考試方式，則是類條例似可以不必制定！

四、賡續整建人事法制，促使文官制度架構充實完備

如上所述，考試院多次完成審議的「公務人員基準法」草案，將各類公務員的基本權利、義務事項，作一原則性、共同性的規定，以建立共同標準，統攝各種紛歧的人事法規，實有必要，宜盡速促請立法院通過。其次應依據憲法增修條文第6條第1項規定繼續檢討修正現行的人事法規。對於增訂的新人事法規，亦宜協調立法院早日完成立法程序。此外，有關政務官相關法制，亦宜積極完成立法。為使人事法制能夠切合實際需要，則各類人事法規必須能夠配合社會脈動，隨著時代的進步和客觀環境的變遷，持續不斷地檢討整建，與時俱進，如此才能因應國家整體發展的需要，使我國文官制度的架構，更加充實完備。

五、提高人事服務品質，樹立良好形象

人事行政工作，包括公務人員之考試、任用、銓敘、考績、級俸、陞遷、訓練、進修、保障、褒獎、撫卹、退休、保險等。內容極為廣泛複雜，且與公務人員的權益息息相關。近年來，由於社會日趨民主開放，公務人員對於本身權益的維護和爭取亦已轉趨積極，對於人事人員的期許和需求亦相對提高。因此人事人員除了要能廉能自持，熟悉人事法令規定外，對人事業務更應秉持公平、公正、公開的原則，化被動為主動積極，以「志工服務導向」為理念，誠心誠意的對全體公務員提供服務，如此必可樹立良好的人事人員形象，從而促進機關和諧，提高行政效率。對於全國近萬之人事主管與人事佐理人員是非常重要的課題，至於共同協助政府推動政府再造工程，又為當前急務。

六、推行人事業務資訊化，提高決策效能

改進工作方法，簡化作業流程，為行政革新的重要課題，而推動業務資訊化為其利器。在民國80年全國人事主管會報中，曾以「如何加強人事業務資訊化，提昇人事服務績效案」為中心議題，提經討論決議後，已交銓敘部會同行政院人事行政局及有關機關共同研討，妥慎規劃積極推動全國人事業務資訊化在案。另銓敘部多年來也秉持「整體規劃，逐步開發」的原則，陸續開發完成「公務人員任審及動態作業系統」、「機關組織編制資料系統」、「考績升等自動篩選作業系統」等十餘個系統，諸如「考績升等自動篩選作業系統」等，由銓敘部逕以電腦主動篩選合於考績升等條件人員，列印清冊及

核發升等審定函，直接函送各機關，以減輕各級人事機構辦理考績升等案件所需人力，及大幅縮短考績升等案件之辦理時間。是以，為配合當前政府施政需要，及因應時代發展趨勢，人事業務必須積極推展資訊化，舉凡檔案之建立、資訊網路之規劃等作業，均須持續推展，藉以提昇人事服務品質，提高決策效能，做好人事服務工作。

七、規劃公務人員訓練進修及逐級培育歷練制度

政府的職能不斷擴增與複雜化，人民對公務人員的要求，也日益提高，為有效服務全民，公務人員之專業知能，必須與時俱進，此即人事行政中有關發展價值所特別重視的。因此，應加強現職人員的訓練進修，以充實其知能，再經由逐級歷練，累積其行政經驗，培育成為高級文官。我們知道，有一流的人才，才有一流的政府，高級文官為國家的中堅，行政的樞紐，必須延攬一流人才充任，使具有解決繁雜艱鉅施政問題的能力。當然，推動公務人員終身學習活動是必要的，因為基於經濟發展需要、促進社會團結與進步的要求、加強社會適應能力及壽命延長、生命期任務重新分配的需要等，無論是民間或政府必須要大力推廣，以期社會、國家能永續發展。[8]

貳、目前人事行政亟待推動的工作

根據以上探討的人事問題，並盱衡未來的發展趨勢，除贊成政府落實「中央行政機關組織基準法」、「中央政府機關總員額法」之執行外，下列幾項重要的人事實務工作，亦亟待努力推展。

一、賡續健全機關組織功能

為因應資訊與科技的發展，以及人事機關以事務機具處理人事業務的趨勢，政府機關的組織及人力結構，應循下列途徑強化其功能：

（一）實施組織員額評鑑

為謀機關組織與人力的有效運作，人事行政總處已採評鑑的方式，以客觀超然的立場，對各行政機關的組織結構、職掌與權責、人力的配置、管理方式、工作士氣及團隊精神等，實施評鑑，發掘缺失，檢討改進，使機關組織臻於健全，人力配置趨於合理，期能有效發揮其功能。

（二）訂定員額設置標準

健全機關組織的另一個要素，是使各機關員額的配置能有具體客觀衡量準據。為達到此一目的，依據「計時」、「計量」、「計值」的科學計算方法，建立員額設置標準，

8　許水德，「心靈改革與終身學習」（公務人員訓練講詞）（台北：保訓會印，86年9月），頁16-20。有關高級文官培訓乙節，強化國家文官學院之高階文官飛躍計畫是迫切課題。

乃為最合理而有效的途徑，既不會用人趨於浮濫，也可以避免「討價還價」式的不合理的爭取，達到「當用則用，應減則減」之目的。

（三）擴大精簡聘僱員額

中央機關編列預算專案補助地方之約聘僱員額，應會同受補助主管機關訂定分年裁減計畫。至各機關一般之約聘僱員額，亦應優先全面檢討精簡，計畫已結束者，即予解聘僱，並由各主管機關嚴加管制，配合年度預算之編列，核實檢討減列。另中央機關就主管業務執行專案計畫不宜要求地方機關相對增加員額。[9]

（四）規劃基層人力替代措施

由於資訊管理及辦公室自動化的發展，各機關學校各項行政管理工作，將盡可能以機器代替人力；且為因應民國87年7月1日起政府機關工友適用勞基法之規定，所以，原來由技工、工友擔任之基層勞務工作，也可以擴大採行外包方式由民間專業單位承攬，或是採取其他替代措施處理；又以目前社會服務風氣日漸創新，政府部門也可運用各種義務工作人員，協辦各項服務性的工作。以上各項措施，可以逐步減縮基層僱員和技工、工友名額，達到節約用人與提高效率的雙重目的。

二、積極開發公務人力資源

為因應政府職能擴張，和各機關業務發展的需要，同時又要有效防止編制員額不當膨脹，今後應推動者有：

（一）統籌規劃公務人力

為適應各機關業務發展之需要，今後將依據政府施政方針、業務發展計畫、以往人力成長狀況及人員損耗情形等因素，對未來機關長期發展所需公務人力，進行比較長時期的預判，對公務人力的開發、補充、培訓，作通盤的考量和規劃，分別策定近、中、長程的公務人力計畫，作為爾後規劃學校教育，儲備人才，舉辦考試、訓練，和人力運用的依據，以達到「計畫人事」的目的，並藉以促使機關組織人力的正常發展。

（二）溝通人事交流管道

為了加強人力運用，使行政機關、公立學校、及公營事業人員，能夠相互交流轉用，公務人員任用法第16條規定：「高等考試或相當高等考試以上之特種考試及格人員，曾任行政機關人員、公立學校教育人員或公營事業人員，服務成績優良之年資，除依法令限制不得轉調者外，於相互轉任性質程度相當職務時，得依規定採計提敘官、職等級；其辦法由考試院定之。」據此，考試院於民國79年4月訂定發布「行政、教育、公營事業人員相互轉任採計年資提敘官職等級辦法」，使公營事業及公立學校的人員，

9　人事行政局（總處）人力處，前文，頁44-45。

都可以依照規定相互轉任，對於擴大人事交流，活絡人力運用，有相當大的助益。

（三）加強檢討機關人力運用

各主管機關應全面辦理人力評鑑，在不增加本機關及所屬機關總員額及能達成精簡要求之前提下，配合業務消長，合理調配員額。各機關檢討節餘人力（含因機關、單位裁併之剩餘人力），應由其主管機關依「行政院所屬各級行政機關實施員額移撥暨人力相互支援作業注意事項」及「行政院暨所屬各機關組織及員額精簡計畫作業手冊」規定，將其人力移撥至人力不足之機關，或依法予以遣退。被移撥人員如因工作性質或專長不同者，應由各主管機關或受撥機關依「行政院暨所屬各機關公務人員專長轉換訓練實施要點」辦理專長轉換訓練後再辦理移撥，或以出缺後移撥員額之方式辦理。

（四）全面推行工作簡化

對機關現有工作項目、工作流程及其法令依據，檢討予以取消、合併、簡化之可行性，並推動業務資訊化，以減輕工作負荷，將節約人力移撥至人力不足單位。對於不合時宜或執行效果不佳之業務，宜本宏觀簡化改進策略檢討停辦，以有效節約人力。[10]當然，推動「單一窗口」之作業原則，既可統合相關機關業務，亦可達到便民之目的。

三、賡續提高公務人員素質

公務人員素質對於行政效率與服務品質，影響至鉅。因此，如何提高公務人力素質，是人事行政工作一致追求的目標，今後應循下列途徑努力：

（一）處理不適任現職人員加強人力轉換訓練

為疏通人事管道，各機關屆齡退休人員，應嚴格執行退休，不輕易延長服務年限，以確保人力素質精壯，對工作意願不高者，可配套退撫法實施「彈性退休制度」，以提高工作士氣；各主管機關應支持考績法之修正，積極協調所屬機關首長破除情面，主動處理不適任現職人員；對因工作方法與技術改變，機關裁撤編餘人員、業務消長轉換工作人員及不適任人員等，研究實施專長轉換之知能補充訓練，使其獲得本機關其他工作或其他機關工作所需之專長，以便重新指派工作或改調其他機關服務。

（二）加強在職培訓提昇人員素質

今後政府機關人力結構的變化，必然由「人力密集」逐步的邁向「能力密集」的「精兵主義」，也就是與企業經營一樣重視人員素質的提昇，而非僅考量量的擴充。因此，除應有效的汰除閒冗及注重新進人員的素質外，尚應配合訓練進修法精神，積極規劃公務人員訓練培育體系，使現職人員依其職種納入各階段之訓練，並擴大赴國外研究進修的範圍，使中低層人員亦有充實新知之機會，充分開發公務人力，提昇人員素質，

10　同上，頁45-46。

以厚植國家建設力量，達成國家整體發展的目標。[11]本項目標之達成，除宜加強整合訓練資源，籌建國家文官培訓機關外，加強公務人員之終身學習理念，亦是提昇公務人員素質之良方。

四、有效延攬高級科技人才

行政院人事行政局（總處）為實際瞭解科技機關用人實況，曾經在民國75年1月間，實地訪問中山科學研究院、新竹科學園區管理局等，具有代表性的八個科技機關，廣泛交換意見，經深入檢討結果，顯示目前政府機關所需中、低階層科技人力進用，尚無太大困難，但高級科技人才之延用，則存有若干困難猶待突破；因此，行政院人事行政局（總處）根據「人事行政與科技發展之配合」與「行政革新」政策的改進構想，循下列途徑謀求解決，至今仍有參考價值。

（一）放寬科技行政主管進用規定

建議修訂有關規定，希望放寬聘用人員得擔任科技行政主管職務，使具有科技專長，兼具領導、規劃能力之人員，得以主持推動科技發展工作，以解決高級科技行政主管進用困難問題。（註：聘用人員人事條例修正草案已予納入修正，惟尚待立法院同意。）

（二）檢討調整科技機構職位配置

配合科技發展實際需要，科技研究發展機構之職位配置，在不增加總員額原則下，宜由「金字塔型」結構，逐步調整減少初級職位，增置中、高級職位以「橄欖型」、「橢圓型」的組織結構方式，以充實中、高級科技人力，強化研究、設計與規劃工作。落實科技興國之目標。

（三）研究科技人員待遇支給標準

為兼顧整體平衡與科技發展需要，今後對於特殊性、稀少性高級科技人才待遇，宜視實際需要及其所具知能條件，個別專案處理，相對從優支給。當然多數人員之加給亦宜配套設計，以求平衡可行。

（四）鼓勵旅外高級科技人員回國服務

運用各種優待辦法，如提高研究環境、待遇等條件，以鼓勵海外高科技人才回國服務，或許早期之鼓舞激發國族主義之思維，是否引介，值得重視。

五、建立公營事業人員管理法則，進而整合公務人員法制

公營事業人事管理法制之建立，必須兼顧其事業特性及經營特性，人事行政對於公

11　同上，頁46。

營事業人事管理法制之規劃，將本諸企業家精神與理念協助其改善經營管理，促進事業發展，並對人事管理規定，去蕪存菁，重新就人員身分關係、職等、結構、進用、陞遷及薪給待遇等問題，檢討訂定公營事業人員管理的共同基準，促使公營事業人事管理更趨健全合理。當然，加速推動公營事業民營化政策及建制合理人事法制是必要的。

俟公營事業人事管理法制建立後，進而以公務人員四法建構之基準，容納各類人事法制，如司法人員、警察人員、教育人員、交通人員、科技人員，甚至外交人員等，整合為完整之公務人員法制。於此再引介企業人事管理精神與概念，但非以其為榜樣，畢竟公、私部門是不同的。目前之公務人員基準法草案，及前行政院研究發展考核委員會前專案研究的公務人員法，均屬殊途同歸。所以，考試院與行政院共同會銜提案之公務人員基準法草案，此一艱鉅之法制工程，尚待進一步之努力，必須整合行政與考試兩院意見如俸給培訓等，進而說服立法院委員之同意，完成立法程序，塑造我國公務人員之新形象，為人事行政開創新氣象，俾真正以人事革新達成行政之現代化。

六、訂定政治活動與服務行為的規範

衡諸我國現狀，職位愈高的常務文官，以及某些工作性質愈特殊的公務人員，像法官、檢察官、其他司法人員，宜適用愈嚴峻的政黨活動參與規範。例如，不能成為任何黨派的公職候選人（自然也不能參與初選），可以參加黨員活動但不可以擔任任何黨職（從小組長至黨主席），可以參與選舉投票，但不可以在選舉過程擔任助選員、助講員或散發競選文件等工作，可以自由對政黨捐獻但不可以負責或處理政治獻金事宜等。當然，某些應超然獨立行使職權政務職位人員也應自制，避免從事上述活動，這些人像是考試院、司法院與監察院之政務職位人員。另外，幾十年前訂定的公務員服務法令也應大幅修改或於「公務人員基準法」通過後，即可相對廢除「公務員服務法」；許多「聖人」式的行為準則條文有無可行性？為減低對任何個人、企業、團體與政黨的不中立行為發生，公務員服務法對於離職後的轉業行為已有適當的規範，這是西方所稱的「利益衝突」（conflict of interest）的管制，適切加強予以落實是必要的。[12]

七、實踐民主對等的人事管理

即使有前述的制度改革，人事政策上更應致力於保障人員不受報復性的威脅、懲罰與迫害。我國原採行的特別權力關係理論，已受到全面性檢討，增強公務人事管理的民主化精神，方有助於文官中立的增進。大法官會議自釋字第243號等解釋以來，已主張構成公務人員「身分改變」或「重大影響」之懲戒（處）處分，均可尋求司法救濟，但是人事政策主管機關似未有積極的反應，包括就公務員懲戒法、公務人員考績法、退休法等進行必要的修改。吾人建議可由態度上的轉變，進而推動法制配套的修正，以落實

---

12   參考施能傑，前文，頁42-43。

民主平等之人事管理的理念作為。

八、申訴制度與工會的法制化

在民主對等的人事管理設計，必須有一套申訴制度處理屬於管理權（行政處分）濫用的範疇，以保障文官權益，減低「假公報私」的壓力，增加文官中立的意願。允許公務人員組織工會，則會使申訴制度的影響力更為落實；目前我國公務人員保障法已有一套法定的申訴制度，公務人員保障法第77條規定：公務人員對於服務機關所為之管理措施或有關工作條件之處置認為不當，致影響其權益者，得依本法提出申訴、再申訴。又以再申訴案件經決定後，服務機關應於收受再申訴決定書之次日起二個月內，將處理情形回復保訓會（第91條第3項前段）。此外如：哪些人事行政處分或決定是構成申訴的原因？申訴的程序、管轄機構、審議程序如何？當對終審申訴審理機構的決定仍不服時，是否能再尋求司法救濟？均有所規範。民國91年7月10日總統公布公務人員協會法，明文規定公務人員為加強為民服務、提昇工作效率、維護其權益、改善工作條件並促進聯誼合作，得組織公務人員協會，雖非賦予組織「工會」的權利，但該規定協會得提出之建議及協商事項，該法歷經94年、95年二次修正，95年5月17日修正時，並放寬協會籌組之條件，如落實執行當可更為保障公務人員權益。

第二節　現行考銓政策方針與主要議題

壹、考試院第十二屆施政綱領之政策方向

考試院第12屆文官制度改革的總綱領[13]，其政策目標主要有四項：1、符合專業與通才需求的文官制度；2、民主課責的文官制度；3、彈性多元的文官制度；4、資訊化的人事制度與決策。在這四項政策目標之下，各有許多主要的改革議題，分述如下：

一、四項政策目標的內涵

（一）符合專業與通才需求的文官制度

在全球化的複雜快速變遷情形下，專業分工的體系勢必要再重整，目前文官體系的基本建置原則，不論考選、銓敘、保訓制度，仍然是高度分工的體系，未來應該往重視通才特質與通才深化的方向調整。主要改革議題如下：

1. 考選方面，應注意單一的專業已無法適切解決目前全球及多元化所帶來的新興形態的複雜問題。為因應這股跨領域的風潮，相關國家考試的考試類科與科目必須

13　伍錦霖，文官制度改革政策目標與推動策略，（人事月刊，104年），期360，頁1-15。

研議配合調整，以符實需。

2. 銓敘方面，茲為落實專業維持與通才深化之政策目標，需修正的制度包括：第一，職組暨職系名稱一覽表；第二，與職組職系設計密切相關的規定。第三，為強化中高階文官的通才能力。第四，擬推動建置之高階主管特別管理條例，在制度設計上必須反應此一精神，例如，遴選階段，宜重視其廣博的知識；在任用上可設計較彈性之輪調制度。

3. 保訓方面，為因應全球化對於政府職能及文官體系的衝擊，培訓部門更須掌握公務人員必須具備通才特質及通才深化的原則，在不同培訓課程中強化此一政策目標。

（二）民主課責的文官制度

1. 政務三法草案的推動：政務人員法草案、政務人員俸給條例草案及政務人員退職撫卹條例修正草案（簡稱政務三法草案），考試院已數度送立法院審議，惟迄未完成立法程序。政務人員僅有政務人員退職撫卹條例一種，其餘事項尚付闕如，或散見於相關法令中，迄無統一完整之法律規範。近年來我國政黨政治迅速形成與發展，以及民眾對民主政治要求日益殷切，因此，就政務人員之進退、行為分際、責任範圍、權利義務、俸給、退職等事項，作完整配套之規範，實有其必要。

2. 績效管理制度之改革與落實：績效管理制度的改革，主要目的就是要提昇政府及公務人員的績效，縮短人民期待與政府實際作為之間的差距。因此，績效可說是政府責任的表現，而在 OECD 國家中，有高達三分之二的成員國實施所謂績效俸給制度（Performancerelated Pay, PRP），我國亦可考量此一機制，進行公務人員考績制度改革，建立績效獎金或績效待遇制度的。

3. 強化倫理培訓、完備倫理法制與行為規範：公共服務係為一種公共信賴，民眾期待文官能夠公平地提供公共利益，並合理有效地管理公共資源，表現出合乎倫理的行為。考試院已選定「廉正、忠誠、專業、效能、關懷」為文官核心價值，並根據核心價值的理念，通過「公務人員服務守則」。其次是有關紀律、忠誠、保密與盡職等項。雖公務倫理法制規範不少，但缺乏統合，似可考量訂定完整而統一的公務人員倫理規範。

（三）彈性多元的文官制度

第12屆施政綱領的重點在於數量彈性，除了常任文官之外，要運用契約性全職或兼職人力、臨時性人力等，透過多樣化人力的組合，控制人力成本，也提供政府推動績效管理的有利環境。另一個值得推展彈性化的改革議題是：考選方法的彈性化，茲為達成替機關選拔最適合人才的目標，應依據實際需要選擇各考試法中最適當的方法。

（四）資訊化的人事制度與決策

　　就文官制度而言，資訊化帶來的影響，首先是人事業務的資訊化，這是指作業系統部分。有關作業系統部分，可達成簡化人力作業、提升跨機關作業效能、節省辦公室費用支出等效益。但在決策系統上，則尚有不足，未來如何透過資訊化的服務，支持人事決策的品質，有效整合目前廣為建置的各類人事資訊系統，將是下一步的業務重點。針對資訊化的衝擊，主要改革議題如下：1.整合行政、考試兩院所屬訓練機構之數位學習平臺、建置大規模開放式線上課程（massive open online courses, MOOCs）；2.開放政府；3.善用大數據分析，提升考銓人事決策品質。

二、政策目標與議題連結

　　茲就上述4個政策目標與主要改革議題，列表如下：

政策目標	主要改革議題
符合專業與通才需求的文官制度	1. 考試類科與考試科目的檢討 2. 職組職系名稱一覽表暨相關規定檢討 3. 現職人員調任辦法及職務輪調制度 4. 高階文官特別管理制度 5. 培訓課程置入相關概念
民主課責的文官制度	6. 政務三法草案之推動 7. 績效管理制度的改革與落實 8. 強化倫理培訓、完備倫理法制與行為規範
彈性多元的文官制度	9. 文官法制的彈性化 10. 彈性化的用人：聘任與聘用條例草案 11. 彈性化待遇規劃
資訊化的人事制度與決策	12. 整合兩院所屬訓練機構之數位學習平臺、建置大規模開放式線上課程（massive open online courses, MOOCs） 13. 開放政府 14. 善用大數據分析，提升人事決策品質

貳、當前主要考銓政策議題概述

一、公務倫理與公務人員核心價值[14]

　　王前院長作榮指出公務人員要有擔當、有正義感，重振良善的政風體系。諸如文官不朋比為奸，反官官相護。且以官何會怕民？其理由不外乎（一）怕事。（二）怕錢。（三）怕惡勢力。更近一步指出：「國家之敗，由官邪也 。」所以，建議參照蜀丞相諸葛亮治蜀之策，以為殷鑑，即「科教嚴明，賞罰必信，無惡不懲，無善不顯。至於吏不容奸，人懷自厲，道不拾遺，強不侵弱，風紀肅然也。」而守法必自政府及官員始。申言之，當今改革萬事莫如整飭政風急，王前院長認為整飭廉潔政風須從：其一、嚴格的法治精神；其二、嚴正的政治與社會道德；其三、完整的人格要求，公眾人物尤然也（參照王作榮，1996：102-120），斯言至今可參也。

　　依據國際透明組織（Transparency International, TI）公布2017年全球清廉印象指數（Corruption Perception Index，簡稱CPI），在全球180個納入評比的國家和地區中，紐西蘭以89分，成為全球最清廉的國家，其次則為丹麥的88分，芬蘭、挪威和瑞士則是以85分名列第3，新加坡則是以84分名列第6。臺灣2017年在8個涵蓋臺灣之原始資料庫的計算下，得分為63分，排名全球第29名，近六年（2012～2017）臺灣整體廉政情況皆維持在61～63分之間，2017年的63分，顯示我國整體的廉政情況有逐漸的改善 。至於代表政府執行公權力的公務人員則必須具有擔當與執行力，以展現其「能」的基礎工程，方能建構完備的廉能政府。

　　按實現廉潔效能的政府，首在政治的革新、法制的完備與落實，尤須將公務倫理價值內化至文官體系中。一般而言，公務人員須具有管理性的價值（managerial values）、政治社會性的價值（political social values）與法律性的價值（legal values）（Rosenbloom et al., 2009: 14-37）。這三項的價值是公務人員對外界所必須達成的目標，即屬公務人員外顯式之價值。至於公務人員內觀式之價值，即行政過程中，公務人員所須履行之個人式價值，有廉潔、誠實、正直、中立等。且此公共服務就是一種公共信賴，民眾期待文官能夠公平地提供公共利益，並合理有效地管理公共資源。雖然各國政府均有其獨特的文化傳統、政治與行政系絡，但通常卻面臨著類似的倫理挑戰，在處理倫理議題上也呈現出共通性。

二、政府公務人力體系建構與配置設計

　　公務人力體系在落實民主政治和增進治理能力的作為上，主要依賴幾個次級系統層級及其相互間之配合。

　　我國政府機關人員在基本架構上除政務人員外，可區分為常任人員與非常任人員兩

14　參照王作榮，考選部六年施政回顧（台北：考選部，85年），頁102-120。

大類，其中常任人員制度係以公務人員任用法為主要架構，人員之進用以考試用人為主。至於非常任人員之進用，主要係輔助機關任用體制之臨時用人，非應經常性且長期性政務推動所設，有其期限與目的性，與常任人員之永業性有所區別。

契約人力之進用，除人員所具身分均為臨時性及不必具有考試任用資格即得進用外，其餘如設置目的、進用依據、資格條件、敘薪標準、進用期限、考核獎懲、退離撫卹、給假及權益保障等事項均不盡相同。另現行臨時人員所適用之相關法令，均有進用期限之規定。惟實施多年來，臨時人員已成為方便首長用人之門徑，除機要人員須隨機關長官同進退外，各機關多未能確實依計畫執行，致形成長期存在之情形，已背離非常任制度之建制精神，加上進用管道之寬鬆，導致人數不斷增加，反形成政府財政上沉重負擔。惟考量此一制度已施行數十年，爰就政府機關整體用人規劃，由銓敘部再行研擬，更名為契約人員人事條例，並配合廢止聘用人員聘用條例，於106年4月22日函送考試院會審議，並於同年5月11日召開全院審查會審查，經決議略以，請銓敘部考量相關人員之法律關係及定位等，併同公務人員基準法草案做整體規劃設計後，再行提報考試院審議，後續值得關注。

三、高階文官考訓用制度改革

根據OECD國家的經驗，建構獨立的高階文官制度是基於下列理由（OECD, 2008）：第一、建立合作的文化，打破部會各自為政的分裂情形。第二、創設一個更彈性的甄補及進用條件。第三、釐清政治與行政的分界。第四、促進改革（fostering reforms）。

考試院借鏡歐美各國建立高階文官發展經驗，規劃建構我國高階主管特別管理制度，惟制度無法全部移植，必須配合環境成長，始具可行性，惟其中部分作法仍值得我們參考，說明如下：

1. 競爭性機制方面：按擴大甄補範圍有助於找到更適合的人才，開放外補有也助於形成競爭性的文化，讓保守的官僚體系接受外界的刺激。英國高級文官最大特色之一，就是高級文官的出缺，由傳統的「內升制」改為兼採公開甄補。

2. 考試用人方面：即為獲致最優秀的領導者，在原有人事制度架構下變革，將甄選機制適度採用公開競爭的方式，尤其是不排除從文官體系以外而來的人才；至於公開競爭取才係依工作分析而得來的工作職能要求，作為遴選的核心標準訓練制度，並且注重高級文官領導才能之培訓。

3. 固定任期方面：高級文官團的制度採用固定任期制後，才能夠使得高階職位的輪替具有制度性的力量，從而防止高級文官久任一職的情況。

要之，未來高階文官之甄拔選任，宜以及評量（審、鑑）中心法（Assessment center）為核心，亦必須考量憲法及憲法精神所規範之公開競爭下選才，均是值得重視。

四、退休年金改革後之公務人力運用之衝擊

針對公務人力未來趨向老化問題部分，公務體系如何因應解決？至少可分為四個課題。

其一、公務人力運用上，由於年金改革大幅調降退休所得，將可能造成人員久任（尤其是簡任人員），影響年輕人報考國家考試意願及機關人力新陳代謝，未來，應訂定人事等其他配套措施，以兼顧現職與新進人員的衡平與權益。

其二、年齡管理上，政府部門應配合退休年齡改革，修改工作期間的訓練、遷調；對於組織內不同任職年資與年齡的現職者，進行不同的重點溝通；至於新進人員，則提供公務生涯規劃發展前景，並預為規劃安排。此外，政府應能考慮於適當時機調整待遇，以鼓勵現職同仁，在不增加政府未來退休金支出的前提下，調整專業加給。

其三、強化公務倫理方面，對現職人員而言，應積極瞭解年金改革對其生活安排、士氣等可能之影響，並加強對現職公務人員的關懷與激勵，減少年金改革對現職人員與組織文化之影響。

其四、推動老化健康活躍，成為「清高老人」：年金制度提供老年基本經濟安全的保障，健保與長照則提供基本醫療保健的照顧，至於老人休閒、學習與無障礙生活空間或交通設備等亦至為重要。銓敘部應與相關公務人員退休協會合作，並配合長照制度，或可解緩年金改革對高齡老人的衝擊。

第三節　人事行政革新與行政現代化

人事革新即人事行政制度化與社會化之過程。簡而言之，即人事行政必然形成系統的制度，而又為社會結構之體系。人事制度何以必須制度化與社會化？蓋任何制度之成長如不能深植於社會的土壤中，則必無法茁壯。人事革新絕不僅止於新瓶裝舊酒式的改變，必須使之成為共信共守的理念，及演進中的政治社會新體系。要之，人事制度能否健全，端視社會理念之信守程度，及社會結構之維繫關係，此為現代政府人事革新之基本法則。[15]茲就人事行政革新與行政現代化兩個面向分述於下：

壹、人事行政革新

人事行政革新是政府就靜態人事制度，和動態人事運作，隨時革新，為適應政務的需要，以達到福國利民的目標。茲析其義如下：

第一、人事行政革新之層面，略分為靜態的人事制度（包括法令、規章、組織、結構、工作方法等），與動態的實際運作（包括人事政策與人事管理等運作）等。

15　參考吳定，「以人事革新帶動行政現代化」，人事行政季刊，期80（75年1月），頁1。

　　第二、人事行政革新的做法，是對不合理、不合時與不合用的制度、方法、程序等加以革除；對合理、合時與合用的保留，加以發揚光大，進而創新合乎時空需要的制度、辦法等。

　　第三、人事革新主要的目標，是為協助整體行政運作，而達到為民服務、福國利民的目標、蓋人事革新為行政現代化的先決條件，惟有人事業務處理得好，才能使行政運作得好。

　　第四、制定性別思維的文官人事策略，案以性別平等亦是一種價值，一種思維方式，以人為本，可讓不同性別的人，生活得更有人性、更平等、更有尊嚴，文官制度自不例外，而基於性別思維之文官政策，才能使政務的推動，真正體現每一層級想法，更貼近人民。相關作法為：推動代表性文官人事法制、國家考試納入「性別意識」、檢視人事法規、性別意識之培訓。

　　茲再將人事行政革新的內涵，約如下述：

一、革新人事制度與人事行政運作

　　制度是靜態的，就人事行政而言，例如憲法增修條文第6條第1項規定：「考試院……掌理一、考試。二、公務人員之銓敘、保障、撫卹、退休。三、公務人員任免、考績、級俸、陞遷、褒獎之法制事項。」均在人事制度範圍之內，其中每項均須訂出有關法令規章，始能付諸行事。惟法令規章倘若幾十年未見修改，其是否尚適合當前環境的需要？則人事人員必須隨時檢討，使靜態的人事制度，能應時變化，歷久而常新。

　　徒法不足以自行，再好的法令制度，執行如有偏差，都不可能落實。以考績法來說，即使考績法本身完善，仍待運作上力求改進，設法在公正、公平原則下，使人事制度步上軌道。同時，制度也不能太僵化，僵硬的制度，易使人走向旁門左道，或陷入另一個極端，就是美國學者墨頓（Robert Merton）所說的「目標錯置」（goal displacement）的危險，即執行時將手段看成目標本身，公務人員處理事情時，只求符合法令規章，而不考慮民眾的需要能否滿足。因此，如何使制度不致過於僵化，亦不致太有彈性。目前的組織理論強調「經權理論」（the contigency theory），就是既有之組織原則與管理方法，必須因人、因時、因地、因事、因物而制宜，公務人員核心價值之領悟與落實執行，是重要的。整體而言，所謂運用之妙，存乎一心。

二、革新人事行政觀念與人事行政研究

　　觀念形成態度，態度形成行為，所以如果觀念不正確，即可能導致行為不正當。就人事行政觀念而言，人事制度的運用，乃便於政務之推動，不應視為利己的工具，人事人員在推動人事業務時，除應具正確觀念外尤應具有創意理念，首須認清自己的角色提供更佳的人事服務，改變例行的思考模式，配合時代脈動，予以因應導引。政府機關，一般而論，有兩種幕僚人員，一是輔佐（staff）人員；一是行政（line）人員。人事、

研考、總務、公眾關係等人員是輔佐行政人員，完成機關目的，所以要以積極主動的協助態度，代替消極被動的牽制態度；應以「機先」（proactive）的觀念，代替「後應」（reactive）的觀念。因為積極主動創新方能發現問題，機先方能未雨綢繆；消極被動無法發現問題，後應則事情已經發生，再想辦法解決，已經落後一步，即失機而悔也。

　　人事問題，千頭萬緒，牽涉極廣。人事革新，不是頭痛醫頭，腳痛醫腳，必須從學術化、專業化、系統化、科學化的觀點，與行政、人事、心性、教育等專家學者諮商，針對問題，整合分析，當然在解決人事行政之方法技術問題時，人事行政研究者，必然應考量人員心靈之改革，強化公務人員服務以顧客為導向及主權在民理念，建立以民眾福祉為導向之行政理念，以因應社會脈動需求，如此才能收到事半功倍的效果。

三、革新人事資訊與整建公務資訊系統

　　人事政策的擬訂，乃至於政務的推動，參考人事資訊是必要的。因此，人事人員需要的是具有參考價值的資訊。資訊管理的演進，自1950年代，推動電子資料處理系統；1960年代推動管理資訊系統；1970年代推動決策支援系統；1980年代推動辦公室自動化。在這種資訊管理快速進展的情形下，就應建立完整的人事資訊，整建公務資訊系統，以供前瞻性人事行政的運用，當然雲端網路時代來臨，應特別重視。

　　茲民國86年行政革新方案的目標是建立廉能政府，其重點焦注之一是建立電子化政府、創造競爭優勢，其具體策略做法有：

（一）配合國家資訊通信基本建設，普及網際網路應用，提供各項線上服務；

（二）建置政府機關內部網際網路，提高機關作業效能；推動各機關行政資訊系統橫向連線，邁向「一處收件、全程服務」之目標；

（三）推動各機關落實執行「公文處理現代化推動方案」，提高公文處理效能等；

（四）推動各機關資訊業務整體委外作業，運用民間資源，簡化政府資訊業務；

（五）推動電子郵件普及運用，提升各機關內外溝通效能；

（六）運用網路、共同資訊服務站、傳真回轉及數據語音等多元化便民服務管道；

（七）增修訂定資訊相關法規，推動政府資訊處理標準，健全電子化政府環境；

（八）推動資訊安全管理措施，確保資訊作業之整合性、可用性及機密性。

　　昔日資訊系統，衡諸整體性公務人力策略管理時，不管公務環境生態、競爭力分析、策略任務規劃、制定、執行、回饋、評估，均缺乏整合性的人力資源系統。基於人力管理資訊蒐集，涉及行政管制性人事管理，並有益於激勵發展型人力資源管理。整合性的人力資源資訊系統，宜配合資訊系統設計、績效導向預算、績效指標、人事管理資訊系統改革、採購制度改革、財政預算資訊系統，事實上，行政院主計總處網頁資料中（URL http://www.dgbasey.gov.tw/）在納入中央政府總預算資訊時，已將這些初步資訊提供瀏覽，是以學者盧建旭教授建議由行政院主計總處，協同人事行政局（總處）、研考會與經建會、法務部、考試院與各級政府人事機構，共同建構整合性的公務人力資源

表17-1　各資訊系統內涵一覽表

行政管制性人事資訊	現行人員績效評估、考試、任用、人力結構、人事法規、人力資源統計、人事異動。
激勵發展性人力資訊	考績、訓練、任用、輪調、福利、退休、革新性人事管理（分析工作、遠距工作地點、彈性上班時間）。
組織績效資訊系統	組織結構、功能、業務職掌、績效評鑑。 目標管理、專案列管、革新範例、品質認證。
資源資訊系統	政府採購資訊、預算、審計、決算、財務管理、公債。
法制法規資訊系統	1.現行法規查詢、2.擬定修定中法規查詢、3.建議研訂法規查詢。
便民服務資訊系統	電子單一窗口、民意電子投票、視訊論壇、民意網路蒐集調查、電子認證系統。

資料來源：參考盧建旭提供資料，民國87年。

資訊系統，其內涵如表17-1。

　　我國自民國87年開始推動以網際網路為基礎之電子化政府，12年來已順利完成第一階段的政府網路基礎建設、第二階段的政府網路應用推廣計畫以及第三階段著重社會關懷、提供民眾無縫接軌的優質政府服務，顯示電子化政府的成效，已從政府行政簡化、為民服務品質提升逐步擴及政府良善治理、社會公平參與，進而帶動社會及經濟發展等層面，並邁向更具積極意涵之數位機會推動。又鑑於第三階段電子化政府計畫「優質網路政府計畫」於100年12月執行屆滿，國發會為考量先進國家電子化政府發展趨勢、因應國內外主客觀環境變化，提出接續計畫「第四階段電子化政府計畫（101年至105年）」，期以提升政府行政效能，增進政府整體服務品質，提供符合民眾需求的全程創新服務（http://www.ndc.gov.tw/print.aspx?sNo=0002477，2014.5.1）。

　　資訊化可改造虛擬組織，資訊社會的全民參與機制：例如電子民意表決，參與政府再造決策，顧客取向的企業家精神政府，主動行銷其特定服務，提供法令須知，便民服務措施，積極因應不同顧客需求改革組織職掌、服務項目與範圍，在於資訊科技系統連結的網路環境上，引入虛擬組織的概念，更可以相互支援提供整體性的立即多元化的公共服務品質，不僅可使滿意度提高，亦可提昇行政效能。

　　近年電腦網路發展迅速，各機關經由網路連結，在業務推動上有極大進步，舉例而言，銓敘部網站已建置銓敘業務作業系統，提供各人事機關透過網路辦理銓敘各項業務之途徑，亦提供退休等試算作業，堪稱便捷。再以考試院第十二屆施政綱領之資訊政策作為，亦是善用大數據等相關資訊於人事決策上，值得重視。

貳、行政現代化

　　行政現代化，就是調整行政的變數，使政府的作為，能適合人民在現代時空中，維

持合理生活品質的變遷過程。而所謂行政有關變數，即包括行政制度、法規，公務人員的態度、作為、觀點等，所以，假如這些變數不適合現在的時空環境，就需要配合調整，尤其是觀念、思維上，尤應重視與時俱進，步步踏實。

行政現代化追求的現代性，約有下列五點：

行政服務專業化	現代的公務，惟有專業知識的公務人員才能勝任。
行政管理企業化	行政管理與企業管理的精神、方法相通，均在期望能提高行政效率及效能。
行政績效適切化	為政不求至善，但求行事之適切有效也。
行政作為合理化	公務人員或行政機關對民眾的作為，應把握合理原則，使之接受。
行政研究學術化	現代行政問題龐雜，必須以學術方式始能與時俱進。

基上所述，行政現代化應朝下列方向努力：

行政觀念現代化	公務人員不再是從前高高在上的作官，而應有公僕的自我認識；但公僕人格亦須受到尊重，常見民意機關之議員在質詢時，對行政人員施以謾罵等人身攻擊，實非正確觀念。故單方面要求公務人員觀念現代化是不公平的；公務人員的身分、地位，也應給予適當的尊重，故必須雙方面配合。
行政制度現代化	包括所有行政制度之設計與法令規章，均須視環境與事實需要，增刪研訂，這也是人事人員的主要工作。
行政運作現代化	行政運作常因手續繁瑣，造成不便民的現象，因之，就要不斷的從事工作簡化，惟有執簡馭繁，行政才更有效率。單一窗口則是橫向手續化之方法也。
行政設備現代化	「工欲善其事，必先利其器」，各機關應設法對辦公的機器資訊設備加以汰舊換新，以節省人力、物力、時間而增進行政績效。
行政研究現代化	行政研究必須透過有系統的研究，最好與學術或教育機關合作、配合，找出現階段最重要的行政問題，編集提供行政人員參考，俾能訂出改進的方法。[16]

綜觀人事行政革新之內涵與行政現代化所追求之現代性，可知人事行政革新是行政現代化的先決條件，若人事行政辦不好，則行政現代化將失其動力，難期收效。人事人員之幕僚角色，猶如政府大門的守門員，進用人員，必須經過人事機構的選擇與任用，故云：「慎於始」。西諺：「好的開始，就是成功的一半。」足見行政現代化的起點在於人事，而人事行政革新在於人事人員之首先革新，也惟有優良的人事人員從事現代化改革，行政運作才能達到理想；反之，革新就無法臻於理想之道途，其行政現代化的目標，勢將難以達成。

16　參閱江大樹，「以組織調整落實政府之減肥——『行政院組織法修正案』發表會紀要」，國家政策雙週刊，期61（80年6月1日），頁9。

第四節　我國人事行政的未來發展

我國人事行政在民國76年以後，有了相當明顯的改變。這些改變大致上可分下列三方面：第一、民國76年起，有關公務人員的重要法令，如考試法、任用法、俸給法、考績法等，經過大幅修正，分別訂定施行細則，並正式實施。這些法律的修訂，使以往公務人員之雙軌並行的簡薦委任制與分類職位制，合而成為兼有官等與職等的新人事分類法制。第二、由於政治情勢的重大變遷，民國76年7月政府宣布解除戒嚴令，及其後之報禁解除、政黨開放等，使公務體系依法行政、中立價值面臨更嚴厲的批評與更嚴格的監督。第三、由於社會運動，蓬勃發展，如消費者運動、環保運動、勞工運動等，人民的權利意識相對大幅提高，對於政府提供之服務及其質量，就有更廣泛與更昇高的要求，相對衝擊政府組織結構、組織效能的調整與改變。第四、於是我國的公務體系，面對國內各種不同的要求，旰衡開發國家人事行政演變之軌跡，以及學術界新行政發展之方向，至少應有下述九種未來的發展。

壹、重建政府人力運用的思考架構，落實民主政治與強化治理能力[17]

從落實民主政治和增進政府治理能力的角度而言，政府人力運用政策的主要目標有三個，包括：其一穩定政策領導能力，其二遂行績效管理及其三彈性組合，三個目標皆分別需要有對應的職位設計，由此構成政府職位（務）的彈性與多元化。

一、政府職位與政策領導

「穩定政策領導能力」的政策目標是指政府人力職位的設計應該提供經由民主選舉產生的政治領導者，有適當數量的人力，尤其是可以「信」得過的人力，可供政治領導者運用，扮演提出政策、推動計畫和監督計畫執行的工作。這樣的人力運用需求是跨越黨派性的，任何政黨或政治領袖一旦獲得執政權，都可有制度化的政治性職位可加以運用，提供政治領導者有足夠的政治領導人力，是落實民主政治政府治理的重要一環。另政治性職位的設計不僅是數量的問題，更必須重視應該擺置在政府整體和個別組織中那個層級的位置，政治性職位的設計若有不當，除了將剝奪永業文官的陞遷機會外，也影響及其適當參與政策形成的機會，所以應重視兩者合理的板塊推移！

二、政府職位與績效管理

「遂行績效管理」的政策目標是指，政府永業職位的設計和運用要能使文官人力有效率地實踐合理化政府組織存在的政策績效和推動政治領導者的政策主張，體現政府績

17　施能傑，「彈性化職位設計與政府人力運用」，行政管理論文選輯，輯16（91年7月），頁265-269。

效管理的美景。就此一目標而言，首先，政府應該有特別的高階主管職位，擔任機關組織中「政策」層級與「管理」階層的介面，擔任這些職位者雖然主要是負責實踐政策的各項計畫之日常領導和管理工作，但是對於政治首長所推動的政策精神又必須有相當的體認和支持，因此必須兼備政治判斷和行政領導技能。

不容許政府有不適任人力的存在是遂行績效管理的人力運用目標之第二個重點。政府人力不適任的原因有多樣化的，施能傑89年領導的研究小組，大體上將之歸成四個類別，即工作績效不佳、服務行為不當、身心失能和身心調適不良。處理不適任人力的方式可以有多樣化，免職、強迫退休或資遣是最強烈的方式，減薪、降等、停職不支薪或紀律處分等手段也皆可運用，不論是採取哪些方式，應該秉持管理者高權原則、法制原則、功績原則、課責原則、公平原則和救濟原則等為基本主軸，使政府有效處理不適任人力，又能使不適任人力知所警惕盡可能達到應有水準，給予政府各級管理者有充分且明確權威依據處理不適任人力，並對其縱容課責。

為利於績效管理之進行，政府也應該設計特殊性交流職位專供非政府部門（包括企業營利機構、非營利機構、學術研究機構）人力的交流和運用，至於其比例可予重視。

三、政府職位與進用彈性

彈性組合的人力運用政策目標是指，機關組織在總人力或總運作經費的框架下，有足夠的空間自行決定達成組織職能所需要的人力組合方式，並隨時調整組合方式。

彈性組合的主要操作工具就是政府職位的多樣化，不再完全以永業制久任性職位設計為主，容許可以運用各種臨時性人力的職位，臨時性的工作類別可以自純粹書記庶務性到專業技術性的諮詢顧問職位等，縱使是永業性職位，也可以採全職或部分工時方式。

雇用彈性的法律基礎應該是契約聘用化，過去政府普遍採用的久任且無契約雇用型態應該適度修正，尤其是讓政府中純粹是執行性質的工作職位轉為契約性關係，適切運用非典人力等。這也有助於處理不適任人力的處理，以及推動績效管理。

貳、建立績效導向的人力資源管理系統，落實績效管理

一、公共管理下績效導向之意涵[18]

「績效」是現代公共行政重要的課題之一。大部分的計畫強化績效、引進新的績效測量工具等。績效有各種不同的涵義，從過程觀點來看，績效可指為達成某特定結果下投入轉換成產出的過程，指涉經濟、效率、效能（economy、efficiency、effectiveness）。

18　本節摘譯自OECD. 2002/09/24. "Assessing Performance-Oriented HRM Activities in Selected OECD Countries." In http://www.oecd.org/EN/document/ Latest update 2003/05/21.

　　績效導向的人力資源管理最主要目的在於使得政府部門提昇對於績效的投入。希望文官能經由高績效的激勵（3E）而達成上級所交付的組織目標。經由適當的人力資源觀念與工具來瞭解一個績效導向的工作環境應指涉如下：

（一）有效的甄選與用人程序（能選出具高績效有德性的人）。

（二）教育與訓練，包括管理發展、領導訓練以建立績效管理必要的技巧與態度。

（三）激勵與誘因系統的建立，以激發高績效。

（四）適才適所，可使人員發揮其潛能（包括工作輪調）。

（五）激勵管理者的領導行為（包括培訓）。

（六）以績效為基礎的評鑑（包括輸出與結果的評量）。

（七）對於高績效者，予以物質或非物質報酬。

（八）成員的陞遷與生涯發展的重視。

　　如上所述，人力資源管理提供吾人對於績效與人事管理作適當之連結。

　　績效之高低，嘗試個人之能力與意願。茲如圖17-1所示。

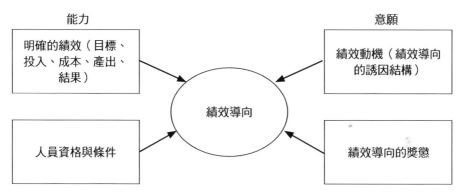

圖 17-1　績效導向下之個人能力與意願連結圖

資料來源：Christoph Reichard, 2002, Assessing Performance-Oriented HRM Activities in Selected OECD Countries. Paries, p. 4.

二、績效導向的人力資源管理內涵與挑戰

　　本議題之主要內涵包括：

　　（一）基於人員參與下所產生明確任務陳述與組織認同；（二）多元化的誘因系統；（三）績效基礎的訓練及發展測量；（四）人員參與過程包括目標設定、方案規劃、預算、產出／結果的評估；（五）將績效指標轉化為個人績效協定、並集中於個人課責；（六）重視績效導向的領導行為；（七）強調個別成員成果評量；（八）績效評量（鑑）及報酬（績效俸）之給與。

　　績效人力資源管理亦有亟應予補強之道，即：

（一）將績效管理導入政府人力資源管理，透過目標規劃、績效指標設定、評量績效、採取必要的修正措施、並獎勵高績效者，確實能改善公務員的績效。惟須培養以績效為導向的組織文化為先決條件。

（二）在追求高績效導向的人力資源管理的同時，不能忽略某些行政原則，如忠誠、歸屬感責任、公平等價值，值得吾人深思。

　　另有關個人考績與團體績效評比扣合之管理作為，可從下列面向切入探討：[19]

（一）機制面向：互信參與建構共同願景與連結配套作為

　　績效管理之核心，必須經組織與成員經由過去經驗下進行良性對話，即由相互對立到互相信賴，由組織疏離到組織承諾提升成員工作潛能與歸屬感，型塑共同願景與良善運作之績效管理機制，並以「前瞻發展」評估（核）取代「回顧管控」之績效管理。

（二）法制面向：研訂個人與組織目標之連結及評量工具規範

　　未來公務人員考績法應規範配套性的績效管理工具，主要包括「目標管理」及「平衡計分卡」以及有條件參採360度績效評估回饋制度（徐木蘭，2000：239-246）。至於全國實施績效評估時的問題及其解決之道，亦可併同思考，而「同仁自評先予納入」，同儕互評則應斟酌。

（三）管理面向：強化首長與主管領導及考核能力

　　有效的績效管理，除考量品德、操守、忠誠、廉正、關懷外，亦須留意知能、效率與績效，並以確實分工與責任歸屬為評量基礎，同時針對不同業務性質訂定適當而多面向之評估方法與工具，以利評鑑個人考績等次與團體績效。其次，首長與主管必須承擔個人考績與團體績效評比的責任。首長考核主管時，除重視功績原則（merit principle）外，更須重視民意，以同理心傾聽與關懷民眾的心聲等政治性價值因素。

（四）技術面向：配合雙軌多元之評核方式。

　　其內涵至少包括機關組織績效、各單位績效、個人考績，以及三者間之互動連結關係。目前政府部門個人表現及整體績效產出與結果，係透過人事考績及研考評鑑之兩元體系進行，其結果除國營事業及相關機構外，施政績效不影響個人考績，個人考績少有反應組織績效產出與結果。

　　在新的考績制度修正設計中，除實施團體績效評核外，亦應將研考職能導入制度設計中，或賦予人事部門具有部分研考職能；而程序上亦應有完整地連結設計。績效考核

19　蔡良文，「個人考績與團體績效評比扣合相關學理與作法之研析」，考試院舉辦「變革中的文官治理國際研討會」抽印本（99年），頁27-33。

主要根據施政目標。透過目標管理等方法進行所屬機關之團體績效考核，其等次分配之審查，係將團體績效考核結果，送考績審查單位進行先期審查，以決定所屬等次比例分配或其他考核標準；最後確定評核審查，由所屬根據先期決定之等次比例及考績標準，完成個人考績之初評，再送考績審查單位進行確認審查，俾使團體績效評核確實，並能於個人考績評核中發揮應有之功能。

參、克服公務人力的質量將面臨大幅成長與精簡員額之兩難

一、合理配置優資、適量的公務人員

　　就各國公務人力占總人口的百分比而言，我國公務人力總數固然比開發國家偏低，但較開發中國家亦未必偏高。據黑勒與泰特（Heller & Tait）的統計資料顯示：在1980年前後，開發國家公務人員占總人口的比例，澳大利亞是10.97%，丹麥12.53%，瑞典16.31%，英國13.21%，德國7.70%，美國8.07%，日本最低也有4.44%。開發中國家公務人員占總人口比例較低，不過也都在2.5%到5.5%之間，如肯亞2.84%，埃及5.41%，韓國3.65%，菲律賓4.35%。[20]茲再以1993年之統計資料顯示：澳大利亞是20.8%，丹麥是30.5%，瑞典是31.9%，英國是19.4%，德國是15.1%，美國是15.5%（其中聯邦占18%，地方占82%），日本是8.1%[21]且英國中央政府公務人員（含軍方）人數由1999年的48萬人次回升到2004年之54萬人次；法國狹義公務人員（不含軍職、事業機構人員）人數在2002年時近253萬。[22]均值得重視其發展。而我國80年代公務員人數，占臺灣地區人口的2.5%～2.8%，若除去教育及事業人員，行政機關人員尚不足1%；縱然包括軍職人員在內，也只有4.75%左右。以此比例，和歐洲國家相較，則似顯然少了許多。

　　歐美國家公務人員比例較高的原因，除了部分國家是因為國營企業人員人數較多外，大部分以其政府採行的福利措施較多的緣故。例如1980年代初期，美國的衛生教育福利部，預算高達聯邦政府總預算的三分之一，當然一部分為社會福利的直接金錢補助，而社會工作人員及醫療保健人員的人事費用，也是支出的大宗。1994年美國政府公務人員有1,800萬人，美國柯林頓政府於其1993年的NPR（National Performance Review）報告指出在未來的六年內精簡12%的公務人力，即裁減25萬2千人的計畫；而實際上，在1997年3月間，共減少30萬9千人左右，人事管理總署（OPM）精簡比例高達30%以上。已大幅精簡人力，亦有顯著成效。我國於兩次的政權輪替後，在公務人力之員額管制配有多重措施，加諸民營化與委外化方案，造成不少衝擊，未來成效值得研究。

20　James W. Fesler & Donald F. Kettl, The Politics of the Administrative Process, 2ed. (New Jersey: Chatham House Publishers, Inc., 1996), pp. 136-138.

21　施能傑，「政府的績效管理改革」，人事月刊，卷26，期5（87年5月），頁35-53。

22　蔡良文等，考試院94年度國際文管學術交流英法研究團研習報告，p.162、p.71。

二、克服社福業務、人口老化造成增加公務人力需求的兩難

　　一個國家公務人力的多寡，不應單純視其總數的成長，或某些機關冗員之充斥，就認為整體公務人力應加凍結，或約聘僱人員、非典人力的配置應合理設計。

　　由於我國社會福利方面支出所占國民所得或政府預算的比例偏低，即表示以往做得不夠廣泛深入。如果未來要把社會福利的工作做好，則必須大幅增加有關社會福利方面的公務人力，其他科技公務人才之需求亦必然增加。再從目前我國人口結構日趨老化，於1990年代步入高齡社會來看，社會福利工作的範圍與業務負擔，將更形加重，且以社會公正正義之落實，其對弱勢團體，少數團體的保障必然要求增加，所以，相對的公務人力需求也因之增加，加強推動配套周全的彈性退休制度是必要的。當然，政府在民國87年以來推動「政府再造」與精實員額政策，大幅減併中央機關，及大幅精實中央政府組織員額，上述兩項法案已初步得到立法院的支持，即將完成立法程序，另五都一準人力配置與職務列等的衡平性等值得重視。又有關縣市一級機關（單位）副局處長（副主管）（由原九職等調為九至十職等）及科長（由第八職等調為八至九職等）之職務列等，經考試院第十二屆第186院會通過，其後續效應，值得研析。

肆、解決公務人力之選拔與運用將面臨勞動市場的競爭壓力

一、重建調適「官本位」尊榮受到的挑戰

　　以往傳統的觀念認為：「萬般皆下品，唯有讀書高」，「學而優則仕」，仕的意義殆即當官。不過現代的官與傳統的官，已有相當大的差距，民主社會的官，扮演的是公僕的角色。在政黨政治與民意政治之下，公務人員所作所為，經常都要受到民意的監督，不可能胡作非為而毫無約束。以往對於官位的重視心理，在現代多元化社會各種因素衝擊下，已經漸漸淡薄，而且現代政府中的職位，屬於科學、醫藥……等技術性質者越來越多，純粹政治性的行政管理職位，則少有增加。要之，公務職位的「官位」思想，更形淡薄。如何賡續重建公務人員形象，增進尊榮是必要的。

二、強化策略性公務人力資源管理，以面對企業之競爭壓力

　　公務人員的待遇，一般均比企業界偏低，所以，從事公職的吸引力就相對的減弱。社會上對於公務人員的尊敬程度，一旦受到嚴重的損傷，而所得待遇又無法相對合理的改善與激勵，則參與公職考試人數將日漸減少。民國75年以後，各種國家考試的報名人數逐年遞減，就是一項值得警惕的趨勢。因此在國家經濟處於順境時，如何使有意從事公職者能進入政府機關服務而不群趨於私人工商企業，就需要人事行政的主管認清勞動市場的競爭本質，也就是說，我國人事行政的未來，必須加強總體人事結構的合理化與現代化，與富有彈性與挑戰性的私人企業競爭，以吸收最優秀的高層人員，甚至中層、

基層的公務人員。所以，民國86年年底的國發會共識結論，建立一個集全國精英於政府體系之目標，是考政機關所追求的政策目標。至於「黃金十年」國政方針，亦應參照之。

當然，在公務部門的人力資源管理，亦應引進策略管理（Strageico Management）的概念，包括策略性人力資源規則、策略性薪資、甄補、陞遷等，而策略性人力資源規劃理論，其基本概念是指政府部會人力需求規則必須配合其現有與未來功能所需人力之知識、技術和能力為重心，然後透過各種執行策略吸引到所要的人力，以達到組織預期的績效。[23]

伍、邁向新行政，率先型塑現代公務倫理，以強化行政作為

一、重視社會公道，實踐新道德規範

自1971年《邁向新行政》（*Toward a New Public Administration: The Minnow brook Perspective*）論文集[24]出版以來，行政學界檢討了傳統行政學者對效率、效能、預算與行政技術的觀點，特別強調規範理論、哲學、與實踐主義，提出倫理問題與主張社會公道，新行政的特性進展為道德性格，呼籲從政治學和管理學中獨立出來。蓋行政學既不是「新官僚體制政治學」（the new politics of bureaucracy）；也不是非規範的僅著重技術處理的管理學，自然而然地，開始重視「意義」與「價值」，公務人員面臨後工業社會（postindustrial society），亦即資訊社會（information society），確應反省人與人之間的社會互動，於是期望人事行政能夠配合此種發展趨勢，型塑公務倫理，樹立現代官箴，可謂當務之急。

二、重視公務倫理與義利裁量

當代行政倫理觀，重視民主效能，主張各民眾直接負責，重平權關係，強調公民參與、社區主義等。在面對行政倫理的困境，其解決之道，則有重視公共利益、公正客觀的作為與程序規則之尊重、手段方法的合法合理限制，強化義利裁量的範圍與抉擇

23　See: Donald E. Klingner & John Nalbandian, Public Personnel Management: Confexts and Strategies (New Jersey: Prentice-Hnc., 1998), pp. 386-405。可參照江大樹、呂育誠、陳志瑋，人事行政新論（中譯本）（台北：韋伯文化事業出版社，2001），頁531-560。其中論及策略性人力資源管理，包括略以：（一）人力資源管理為一關鍵的組織機能；（二）由職位管理精化至工作管理與員工管理；（三）釐清分採正職（核心工作）與非正職工作之資產課責（asset accountalility）與成本控制（cost control）政策；（四）對正職者重視其員工訓練與發展、涉入與參與、工作人力多元化、欲生產力有根據之薪體制度、重視以家庭為核心的休假與津貼計畫；（五）擴大人力資源管理資訊與評估制度；以及（六）如同企業家的公共人事管理者等。

24　Frank Marinied, Toward A New Public Administration: The Minnowbrook Perspective (N.Y.: Chandler Publishing Co., 1971).

等。[25]因之，展望新人事行政，應該是高舉實踐行政「倫理」與貫徹「社會公道」兩大價值目標，尤其強化政務人員與高階文官倫理道德，即強化君子儒，去除小人儒思維，重視「依天道、存天理」等，向新行政大道上邁進，此是我國未來人事行政最基本的展望。

第五節　小　結

人事行政是行政工作的基礎，有賴健全的人事行政，國家政務才能順利推行。而我國當前要建立一個合乎民主體制需求的公務人事管理制度，除賡續重視甄補、激勵發展等價值之體現外主要依據下列四方面來推行：（一）行政中立方面；（二）政治回應方面；（三）治理能力方面；（四）工作條件與品質方面。

近十年來，政府已就人事法制及人事措施，檢討改進，但是因為人事行政工作錯綜複雜、人事行政問題層出不窮，雖然逐步研究與解決，卻因主觀與客觀環境的變遷，使新的人事行政或管理問題，仍然不斷產生，如人事制度多元化管理、人力不足、科技人才不易延攬、服務品質要求日漸升高等，皆值得重視。往後應以健全機關組織功能，開發公務人力資源，提高公務人員素質與民主素養，有效延攬高級科技人才等手段加以改進。

再次對於現行考銓政策方針與重要議題方面探討，包括（一）考試院第十二屆施政綱領之政策方向，其政策目標主要有四項：其一、符合專業與通才需求的文官制度；其二、民主課責的文官制度；其三、彈性多元的文官制度；其四、資訊化的人事制度與決策。（二）當前主要考銓政策議題概述，議題包含公務倫理與公務人員核心價值；政府公務人力體係建構與配置設計；高階文官考訓用制度改革；退休金該革後之公務人力運用之衝擊等。

至於人事行政革新與行政現代化方面，分為（一）人事行政革新，其內涵為革新人事制度與人事行政運作；革新人事行政觀念與人事行政研究；以及革新人事資訊與整建公務資訊系統。（二）行政現代化，是永續的改革過程。

最後，提出我國人事行政的未來發展方向上，如（一）重建政府人力運用的思考架構，若實民主政治與強化治理能力，其需強化政府職位與政策領導；政府職位與績效管理；以及政府職位與進用彈性。（二）建構績效導向的人力資源管理系統，落實績效管理，其涉及公共管理下績效管理之意涵；績效導向的人力資源管理內涵與挑戰。（三）克服公務人力的質量將面臨大幅成長與精簡員額之兩難，包括合理配置資優、適量的公

25　蔡良文，「行政倫理」與「公務倫理—高階班」，抽印本（台北：公務人員保障暨培訓委員會，87年8月以及102年5月）。

務人員；克服社福業務、人口老化造成增加公務人力需求的兩難。（四）解決公務人力之選拔與運用將面臨勞動市場的競爭壓力，包括重建調適「官本位」尊榮受到的挑戰；強化策略性公務人力資源管理，以面對企業之競爭壓力。（五）邁向新行政，率先型塑現代公務倫理，以強化行政作為，其作法有重視社會公道，實踐新道德規範；以及重視公務倫理與義利裁量。要之，人事行政改革過程係在維持公務體制之良善運作，秉持與時俱進原則，並以提昇公務效能為目標。

國家圖書館出版品預行編目資料

人事行政學——論現行考銓制度／蔡良文著.
-- 七版. -- 臺北市：五南圖書出版股份有
限公司, 2018.09
　　面；　　公分.
　ISBN 978-957-11-9625-1（平裝）

1.人事行政　2.考銓制度

573.4　　　　　　　　　　107002805

1PC2

人事行政學——論現行考銓制度

作　　者 ― 蔡良文(374.1)

發 行 人 ― 楊榮川

總 經 理 ― 楊士清

總 編 輯 ― 楊秀麗

副總編輯 ― 劉靜芬

責任編輯 ― 高丞嫻

封面設計 ― P.Design視覺企劃、王麗娟、謝瑩君

出 版 者 ― 五南圖書出版股份有限公司

地　　址：106台北市大安區和平東路二段339號4樓

電　　話：(02)2705-5066　　傳　　真：(02)2706-6100

網　　址：https://www.wunan.com.tw

電子郵件：wunan@wunan.com.tw

劃撥帳號：01068953

戶　　名：五南圖書出版股份有限公司

法律顧問　林勝安律師

出版日期　1999年 6 月初版一刷
　　　　　2003年11月二版一刷
　　　　　2006年10月三版一刷
　　　　　2008年 9 月四版一刷
　　　　　2010年 7 月五版一刷
　　　　　2014年 5 月六版一刷
　　　　　2016年11月六版一刷
　　　　　2018年 9 月七版一刷
　　　　　2023年 9 月七版三刷

定　　價　新臺幣580元